Provence

Susanne Tschirner

Reise-Taschenbuch

Inhalt

Reiseinfos, Adressen, Websites

Panorama – Daten, Essays, Hintergründe

Unterwegs in der Provence

Inhalt

Auf Entdeckungstour

Karten und Pläne

▶ Dieses Symbol im Buch verweist auf die
Extra-Reisekarte Provence

Schnellüberblick

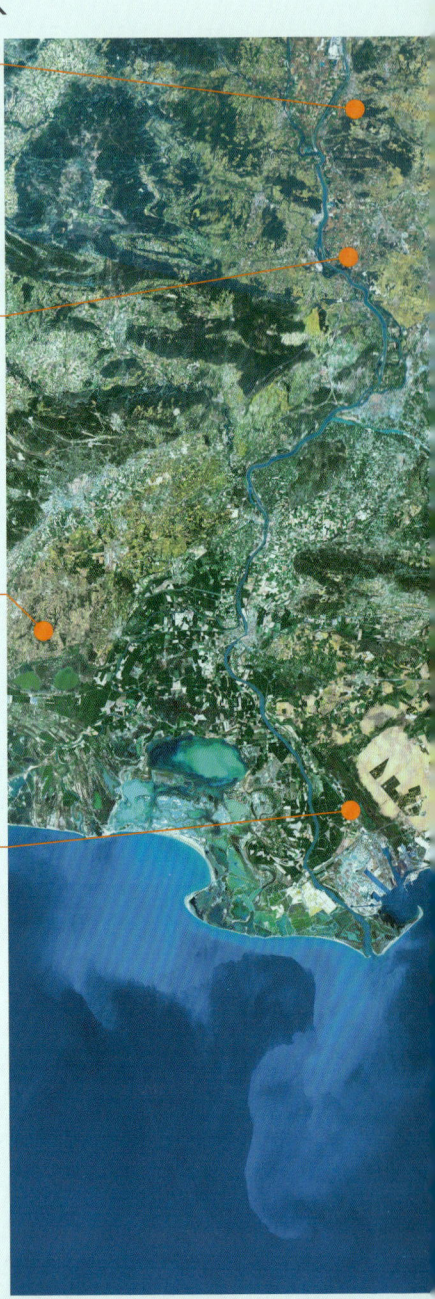

Zwischen Orange und Mont Ventoux
Die Landstädtchen Orange und Vaison-la-Romaine bieten römische Denkmäler, die Alpilles und der Mont Ventoux, Landschaftserlebnisse und Sport. S. 80

Avignon und Comtat Venaissin
Papstpalast und Altstadt von Avignon gehören zum UNESCO-Welterbe, auch in Villeneuve und Châteauneuf-du-Pape lassen sich Kunstgenuss und Kulinarisches bestens verbinden. S. 98

Nîmes und Umgebung
Die Hauptstadt des Département Gard ist berühmt für ihre römischen Monumente und ihre postmoderne Architektur. Ganz in der Nähe kann man den weltberühmten Pont du Gard besuchen. S. 130

Arles, Alpilles, Camargue
Die Landschaften um Arles, dessen römische und romanische Denkmäler zum UNESCO-Welterbe gehören, sind so etwas wie die Essenz des Provenzalischen: die von Wein und Olivenhainen geprägte Kalksteinlandschaft der Alpilles und die flache Schwemmlandebene der Camargue, berühmt für ihre Stiere und Pferde. S. 146

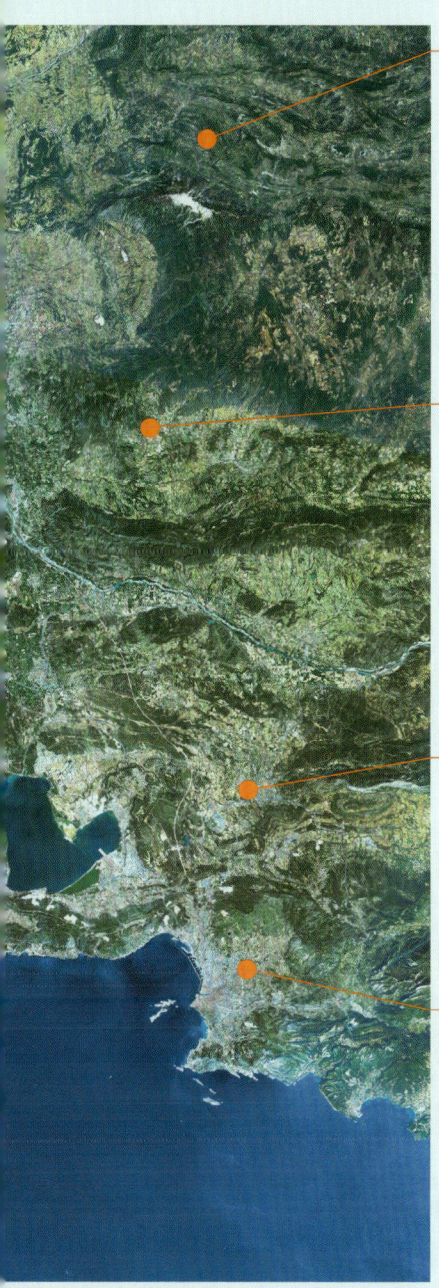

Die Haute-Provence
Der am spärlichsten besiedelte und am wenigsten besuchte Teil der Provence ist etwas für Reisende mit Entdeckermentalität. Jean Giono, Lavendel und windgepeitschte Hochebenen gehören dazu. Die Gorges du Verdon laden zu Outdoor-Sportarten wie Wandern und Kajakfahren ein. S. 264

Der Luberon
In dem großteils gebirgigen und bewaldeten Regionalpark Luberon gibt es schicke und erholsame Landhausunterkünfte sowie attraktive Möglichkeiten zum Wandern, Radfahren und Erleben der Landschaft. Man kann Zisterzienserabteien entdecken oder die netten regionalen Bauernmärkte besuchen. S. 244

Aix-en-Provence und Umgebung
Die elegante Universitätsstadt mit einem komplett erhaltenen barocken Stadtbild ist in punkto Kultur, Einkaufen und Gourmetszene Marseilles' Rivalin. S. 224

Marseille und Umgebung
Die dynamische Metropole lockt mit einer Museen-, Shopping-, Ausgeh- und Restaurantszene, die ihresgleichen sucht. Naturerlebnisse bieten die einsamen Buchten der Calanques. S. 188

Die Autorin

Mit Susanne Tschirner unterwegs
Susanne Tschirner, Jahrgang 1959, lebt als
Reisejournalistin und Autorin historischer
Krimis in einem Männerhaushalt – Mann,
Kind, Hund, Kater – bei Bonn. Ihr Roman-
thema ist die Steinzeit, ihre Reisethemen
sind Irland, Schottland, Elsass und eben Provence. Susanne Tschirner studierte Germa-
nistik, Geschichte und Kunstgeschichte in
Bonn und promovierte mit einer Arbeit
über den »Fantasy-Bildungsroman.«
Danach arbeitete sie als Übersetzerin sowie
als Lektorin in einem Verlag, wo sich ihr die
Möglichkeit eröffnete, ihr liebstes Hobby,
das Reisen, zum Beruf zu machen.

Die Sehnsucht nach dem Süden

»Die Luft war ruhig, und der würzige
Duft der Hügel erfüllte wie ein un-
sichtbarer Dunst die tiefe Schlucht.
Thymian, Lavendel und Rosmarin
mischten sich mit dem Geruch des
goldgelben Harzes, dessen lange, un-
bewegliche Tränen wie Glas auf dem
lichten Schatten der schwarzen Baum-
rinde glänzten. Ich marschierte lautlos
in der Stille dieser Einsamkeit.«

Mit diesem Zitat aus Marcel Pagnols
»Eine Kindheit in der Provence« ist viel
gesagt. Über die Sehnsucht des Nord-
länders nach dem Licht und der Sonne
des Südens, nach dem »blauenden Himmel« (Gustave Flaubert), nach Zikaden
und Schirmpinien, Ölbäumen und Wein.
Zerklüftete Kalksteinmassive, der Kräu-
terduft der Garrigue, die Gerüche und
Geräusche eines Wochenmarkts, die My-
then der Camargue. Kein Zweifel, die
›Marke‹ Provence mit ihrem Sonnenla-
bel verkauft sich gut.

Seit ich mit 20 Jahren zum ersten
Mal an Frankreichs Mittelmeerküste
reiste, hat sich hier viel getan: Man

scheut sich in der Region kaum mehr,
andere Idiome als das Französische zu
sprechen. Die Denkmäler werden blitz-
blank restauriert: Wer hätte gedacht,
dass das Arleser Amphitheater unter
all den Rußschichten so weiß war? Die
Restaurantszene ist dezidiert zeitgenössisch geworden, früher vorherr-
schende Hotels mit Strukturtapete und
Neorokoko-Möbeln sind seltener und
somit fast schon Kult geworden. Und
natürlich ändern sich mit den Jahrzehnten auch die eigenen Reisege-
wohnheiten, das Reisebudget, die Rei-
sebegleiter, was unseren Beruf immer
wieder spannend macht.

Aussteigen und gut essen

Wer einmal herkommt, kehrt meist
wieder zurück. Viele Urlauber fahren
immer wieder in denselben Ort, entdecken jedes Mal wieder Neues und
manch einer fühlt sich so wohl, dass er
irgendwann ein Ferienhaus kauft. Peter Mayle machte es vor, als er 1987
seine Werbetexter-Existenz im regneri-

schen Großbritannien für die Provence aufgab und ein Buch schrieb, von dem er und sein Verleger glaubten, mehr als 3000 Engländer mit einem Ferienhaus in der Provence würden es nicht kaufen. Britisches Understatement eben. »Mein Jahr in der Provence« und mehrere Nachfolgebände wurden zu Weltbestsellern. Aussteigen und auch noch gut essen, wer will das nicht?

Kaum ein Buch hat jemals den Besucherstrom in eine Region so angekurbelt wie Mayles ironische Provence-Hymnen. Leidtragender des Erfolgs ist der Autor selbst, der 2005 sein Haus in Ménerbes verkaufte und nach Long Island zog. Ihn nervten italienische Fans in seinem Swimmingpool und Landsleute, die mit einem Glas Orangenmarmelade um ein Autogramm baten.

Savoir-vivre pur

Für Mayles Gesundheit dürfte der Umzug schlecht sein, denn die Provenzalen werden statistisch betrachtet rund zwei Jahre älter als die Nordlichter. Die älteste Frau der Welt lebte in Arles. Jeanne Calment (1875–1997) war Vincent van Gogh – »er war hässlich und stank« – noch persönlich begegnet. Olivenöl-Diät, Rotwein in Maßen, Sonne sowie Muße und Geselligkeit wirken lebensverlängernd: der *apéro* vor dem Abendessen, die gemütlichen Riten des Boule-Spiels, die Männerreservate der Nachbarschafts-Bistrots. Beim hochsommerlichen Dorffest, der *fête votive*, feiert die Dorfgemeinschaft sich selbst und stärkt ihren Zusammenhalt. Ein großes Festessen, das *Aïoli monstre*, vereint Einwohner und Fremde auf dem Dorfplatz.

Die Farben des Südens

Blau ist die Farbe der Provence. Jean-Claude Izzo rief zur Differenzierung auf: »Für den Touristen (…) ist Blau immer Blau. Erst später, wenn man sich die Zeit nimmt, Himmel und Meer zu betrachten und die Landschaft mit den Augen zu liebkosen, unterscheidet man Graublau, Schwarzblau, Leuchtendblau, Tiefblau, Lavendelblau. Oder das Auberginenblau der Gewitternächte. Das Blaugrün bei hohem Seegang. Die kupfernen Blautöne des Sonnenuntergangs kurz vor dem Mistral.« (Jean-Claude Izzo, Die Marseille-Trilogie, S. 393)

Entspannte Atmosphäre auf dem zentralen Platz von Gigondas, S. 94

Imposant und viel besungen: der Pont d'Avignon, S. 108

Lieblingsorte!

Annäherung an Marseille vom Boot aus, S. 196

Sonnenuntergang auf den Felsen hinter Callelongue, S. 216

Les Baux – dörfliche Idylle vor
spektakulärer Felskulisse, S. 168

Aussicht bis zum Meer vom Kirchdach
von Les Stes-Maries-de-la-Mer, S. 182

Die Reiseführer von DuMont werden von Autoren geschrieben, die ihr Buch
ständig aktualisieren und daher immer wieder dieselben Orte besuchen. Irgendwann entdeckt dabei jede Autorin und jeder Autor seine ganz persönlichen
Lieblingsorte. Dörfer, die abseits des touristischen Mainstream liegen, eine ganz
besondere Strandbucht, Plätze, die zum Entspannen einladen, ein Stückchen
ursprüngliche Natur – eben Wohlfühlorte, an die man immer wieder zurückkehren möchte.

Auf der Place de l'Hôtel-de-Ville in
Aix, S. 234

Ockergebirge Colorado provençale in der
Nähe von Rustrel, S. 254

Reiseinfos, Adressen, Websites

Ein Traum für Segler und Bootsausflügler – die Calanques bei Cassis

Informationsquellen

Infos im Internet

Falls nicht anders angegeben, sind die Websites auf Französisch. Fast alle Internetseiten privater Anbieter (Hotels, Gästezimmer, Restaurants) sind auch auf Englisch, einige sogar zusätzlich auf Deutsch.

www.pagesjaunes.fr
Frankreichs »Gelbe Seiten«, keine Akzente eingeben, jeder Eintrag mit Lokalisierung im Stadtplan.

www.franceguide.com
Offizielle Internet-Adresse des Maison de la France für ganz Frankreich, Portal zu den Seiten der Regionen und Départements, auch in Deutsch.

www.decouverte-paca.fr
Offizielle Internet-Adresse der Region Provence, Sehenswürdigkeiten, Kultur, Freizeit, auch auf Deutsch.

www.visitprovence.com
Website des Département Bouches-du Rhône, auch in Deutsch, Online-Buchung, Sehenswürdigkeiten, Transport, Sport, Natur etc.

www.provenceguide.com
Website des Département Vaucluse, auch auf Englisch (und Niederländisch, Japanisch, Chinesisch, aber nicht Deutsch), sehr umfassend auch zu Natur, Lebensart, Kultur, Sport, Online-Buchung, interessant die Rubrik »Saveurs & Terroirs« z. B. zu Lavendel und Tomate mit Adressen, Rezepten etc.

www.alpes-haute-provence.com
Website des Département Alpes-de-Haute-Provence, auch auf Englisch, Online-Buchungen möglich, Infos über Kuren, Sport, Rundreisen, Restaurants und das Rezept des Monats.

www.cdt-gard.fr
Website des Département Gard, auch in – einem überraschenden – Deutsch, z. B. zum Pont du Gard: »Die reine Quelle zu empfangen, hieß das nicht auch das stille Glück zu empfangen, das die Gegend überschwemmte?« Sehr ausführliche Site zu Freizeit, Kultur, Unterkunft und natürlich ein Brandade-Rezept, Online-Buchung.

www.parcs-naturels regionaux.tm.fr
Alle 45 französischen Regionalparks, auch auf Englisch, auf einer Karte kann man die vier provenzalischen – Luberon, Camargue, Verdon, Alpilles – anklicken und wird weitergeleitet.

www.provenceweb.com
Kommerzielles Web, auch auf Englisch, jede Menge nützlicher Infos, z. B. zu Städten, Unterkunft, aktuellsten Veranstaltungen etc.

www.index-paca.net
Mit Links zu Hunderten von provenzalischen Sites, geordnet nach Rubriken wie Wirtschaft, Unternehmen, Immobilien, Tourismus, Städte, Kultur etc.

www.laprovence-presse.fr
»La Provence«-Tageszeitung: Aktuelles, Ausgehtipps (*Sortir/Loisirs*), touristisch interessant auch der »Vorschlag des Tages«, OM hat eine ganze Rubrik, Blogs heißen »Tchats«.

www.provence-insolite.org
Die ungewöhnliche Provence von einem beliebten Moderator des Radiosenders France Bleue, bringt Rund-

gänge, Besichtigungen, Anekdoten – geistreich bis witzig.

http://class.rock.free.fr

Alle jungen Musikgruppen der Region Paca werden von der Organisation Aix'Qui gefördert, mit Hörproben, gute Initiation in die provenzalische Musikszene.

http://artistesprovencaus.free.fr

Umfassendes, exzellentes Portal, das nicht nur alle in der Provence arbeitenden Künstler verzeichnet, sondern auch alte Meister, Galerien, Museen, Bücher.

www.provence-en-famille.org

Unter diesem Link der Website des Tourismusbüros von Vaucluse findet man alles, was Kids glücklich macht, vom Bauernhofbesuch über Schokoladengeschäfte bis zum selber Töpfern.

www.degrifprovence.com

Dieser Link des Tourismusbüros von Vaucluse bietet Infos zu Sonderangeboten und preiswerten Unterkünften, Restaurants etc.

Fremdenverkehrsämter

Die lokalen **Offices de Tourisme** helfen bei der Unterkunftssuche, halten Stadtpläne bereit und informieren über öffentliche Verkehrsmittel und Besichtigungszeiten. Englisch wird immer gesprochen, manchmal auch Deutsch. Für lokale Wanderungen, Radtouren und sonstige Sportarten kann das sehr hilfreich sein. Die größeren Ämter in den Städten haben auch einen Ticketservice für Veranstaltungen. **Öffnungszeiten**: tgl. 9–18 Uhr in großen Städten, in kleineren meist Mo–Sa 9–12, 15–18 Uhr, in der Saison auch So 10–12 Uhr; viele kleine Büros öffnen nur während der

Saison, alle haben in der Hochsaison erweiterte Zeiten.

... in Deutschland

Maison de la France (Französisches Fremdenverkehrsamt)
Westendstr. 47
60325 Frankfurt/M.
Tel. 0900 1 57 00 25
Fax 0900 1 59 90 61
info.de@franceguide.com
www.franceguide.com
keine Zimmervermittlung

... in Österreich

Maison de la France
Lugeck 1–2/Stg. 1, Top 7
1010 Wien
Tel. 0900 25 00 15
Fax 01 503 28 72
info.at@franceguide.com

... in der Schweiz

Maison de la France
Rennweg 42, PF 3376
8021 Zürich
Tel. 044 217 46 00
Fax 044 217 46 17
info.ch@franceguide.com

Comité Régional de Tourisme Provence-Alpes-Côte d'Azur
Les Docks
10 pl. de la Joliette
Atrium 10.5
13567 Marseille Cedex 02
Tel. 04 91 56 47 00
Fax 04 91 56 47 01
information@crt-paca.fr

Lesetipps

Braudel, Fernand/Duby, Georges/Aymard, Maurice: Die Welt des Mittelmeers. Fischer TB, Frankfurt/M. 2006. Wer das Wesentliche zu Kultur, Ideengeschichte, Gesellschaft und Geografie des Mittelmeerraums verstehen will, sollte diese Erkundungsreise von drei französischen Historikern der Annales-Schule lesen.

Bosco, Henri: Der Esel mit der Samthose. Freies Geistesleben, Stuttgart 1999. Der 1888 in Avignon geborene Bosco siedelte seinen fantastischen Roman in einer dem Luberon ähnelnden Kalkstein- und Garriguelandschaft an.

Charef, Mehdi: Harki. Beck & Glückler, Freiburg 1991, antiquarisch. Roman über algerische Franzosen und französischen Fremdenhass.

Daudet, Alphonse: Briefe aus meiner Mühle. Insel, Frankfurt/M. 2005. Der Erfolg der »Briefe« ist der liebevollen Schilderung der dörflichen provenzalischen Landschaft, Gesellschaft und ihrer Menschen zu verdanken.

Daudet, Alphonse: Tartarin von Tarascon. Insel, Frankfurt/M. 2001. Die Burleske dreht sich um einen ›echten‹ Provenzalen und seine Jagdleidenschaft.

Giono, Jean: Der Mann, der die Bäume pflanzte. Sanssouci, München. 2006. Ein Denkmal für das erdverbundene, archaische Leben einfacher Menschen in der kargen Haute-Provence; antiquarisch erhältlich: Der Berg der Stummen; Ernte.

Izzo, Jean-Claude: Die Marseille-Trilogie; Total Cheops; Chourmo; Solea. Unionsverlag, Zürich 2007.

Le Clézio, J. M. G.: Wüste. Kiepenheuer & Witsch, Köln 2002. Ruhiger Roman um die Marokkanerin Lalla und ihren ›Ausflug‹ nach Marseille; Le Clézio, 1943 in Nizza geboren, gehört zu Frankreichs bedeutendsten zeitgenössischen Autoren.

Mayle, Peter: Mein Jahr in der Provence. Droemer Knaur, München 2000. Vergnüglicher Bestseller eines britischen ›Umsiedlers‹, Fortsetzungen »Toujours Provence« u. a.

Niebelschütz, Wolf von: Die Kinder der Finsternis. dtv, München 1999. In Nie-

---

Mein Tipp

Krimis von Pierre Magnan

Der 1922 in Manosque geborene und noch heute dort lebende Krimiautor lässt seinen Helden, Kommissar Laviolette, in der Haute-Provence ermitteln – eine spannende Urlaubslektüre, z. B. *Laviolette auf Trüffelsuche* oder *Das ermordete Haus*, Fischer TB, Frankfurt/M. 2006 und 2007.

---

belschütz' »Kelgurien« lässt sich leicht die Provence erkennen, in der »Burg Ortaffa« Les Baux, in »Rodi« Arles oder in »Lorda« Avignon. Diese einzigartige Lektüre über das unruhige 12. Jh. im Kopf, gewinnen Orte wie die romanische Kirche von St. Gilles, in der mächtige Graf Raimund gepeitscht wird, für den Reisenden eine lebendige, eindringliche Bedeutung.

Meuth, Martina, Neuner-Dutenhofer, Bernd: Provence. Küche, Land und Leute. Droemer Knaur, München 2000. Opulenter Bildband.

Pagnol, Marcel: Eine Kindheit in der Provence. Piper, München 1999. Wenn nur Platz für ein Buch im Koffer ist, empfiehlt sich dieses.

Pagnol, Marcel: Die Wasser der Hügel. Piper, München 1999.

Seghers, Anna: Transit. Süddeutsche Zeitung Bibliothek, Stuttgart 2007. Deutsche Flüchtlinge im Marseille der Nazi-Zeit.

Sobin, Gustaf: Der Trüffelsucher. bvt Berliner Taschenbuch Verlag, Berlin 2001. Mitreißender Roman um den Avignoneser Professor Philippe Cabassac, der besessen ist von Trüffeln, Alt-Provenzalisch und seiner toten Frau Julieta.

Wetter und Reisezeit

Klima

Mediterranes Klima heißt generell wenig Niederschläge, heiße, trockene Sommer und im Küstenbereich milde Winter selten unter 10 °C. Im Süden 3000, im nördlichen Teil 2200 Sonnenstunden pro Jahr. In den höheren Lagen der Gebirge und bei Mistral kann es empfindlich kalt und auch frostig werden.

›Meister‹, *Mistrau*, heißt der kalte, alles austrocknende Nordwestwind im Provenzalischen. Ein altes Sprichwort nennt ihn neben der Durance und dem Parlament von Aix die dritte Geißel der Provence. Und auch wenn er den Himmel blau fegt, Regenwolken vertreibt und eine fantastische Fernsicht bietet, liebt man ihn als Tourist nicht wirklich. Bis um 10 °C sinken die Temperaturen; seine Windgeschwindigkeit reicht von 60, 70 bis zu Spitzen von über 135 km/h.

Angeblich bläst der Mistral drei, sechs oder neun Tage lang und nachgewiesenermaßen 100 bis 150 Tage im Jahr, vorzugsweise im Frühling und Sommer. Bei Mensch und Tier liegen die Nerven blank, wenn der *mangio fango*, der ›Schlammfresser‹, in südöstlicher Richtung durch das Rhône-Tal stürmt. Es verstärkt durch seine Tunnelwirkung die Kraft des Windes. Die Metereologen erklären den Mistral so: Die kalten Hochdruckgebiete des Massif Central suchen Ausgleich mit den Tiefdruckgebieten des Mittelmeers, dessen wärmere Luftmassen hochsteigen und wie eine Ansaugpumpe den Windzauber zusätzlich anfachen.

Wer so vom Wind gebeutelt wird, der trifft Vorkehrungen, und genau das tun die Provenzalen seit Jahrhunderten. So haben die romanischen Baumeister ihren Kirchen auf der Nordseite keine Fenster gegeben und die alten Ortskerne sind so angelegt, dass sie dem Wind aus dem Norden die kalte Schulter zeigen. Nur moderne Städteplaner meinten auf die Mistral-Vorsorge verzichten zu können, mit dem Effekt, dass manch ein Betonbunker aus den 1970ern inzwischen unter dem Ansturm des Windes bröckelt.

Kleidung und Ausrüstung

Pullover/Fleecejacke und Windjacke einzupacken, schadet sicher nicht, denn außer im Hochsommer kann es kalt werden. Einen Sonnenhut sollte man ebenso dabeihaben wie Sonnenschutzcreme. Im September, wenn die Mücken am stechaktivsten sind, benötigt man Pflaster, Salben oder Sprays zur Prävention und zur Linderung nach dem Stich. Festes Schuhwerk braucht man zu allen Jahreszeiten, auch wenn man nur kleinere ›Spaziergänge‹ in die

Klimadiagramm Provence (Marseille)

	J	F	M	A	M	J	J	A	S	O	N	D
Tagestemperaturen in °C	11	12	15	18	22	26	29	28	25	21	16	11
Nachttemperaturen in °C	3	4	6	8	12	16	18	18	15	11	7	3
Wassertemperaturen in °C	13	13	13	13	15	18	22	21	20	19	16	14
Sonnenstd./Tag	5	6	7	8	9	11	12	10	8	7	5	5
Regentage/Monat	7	7	6	6	5	4	2	3	4	6	5	6

Reiseinfos

steinige, unwegsame Provence unternimmt, in der Dorngengestrüpp, Skorpione und Schlangen keine Seltenheit sind. Die Badehose nicht vergessen, die meisten Hotels haben einen Außenpool.

Wetterbericht auf Französisch: Tel. 08 36 68 02 04 (Alpes-de-Haute-Provence), Tel. 08 36 68 02 13 (Bouches-du-Rhône), Tel. 08 36 68 02 84 (Vaucluse). Im Internet (Französisch) unter www.provence-web.com und www.crt-paca.fr.

Reisezeiten

Die besten Reisemonate für die Provence? Frühjahr und Herbst, würde nicht nur der Pflanzenliebhaber sagen, denn von März bis Mai blüht alles und im September und Oktober kommt ein zweiter, etwas weniger üppiger Blührausch. Doch selbst im heißen Sommer, wenn die mediterrane Pflanzenwelt der Provence ihre Wachstumspause einlegt, und im milden, regenreichen Winter wird die Provence nie kahl. Der Grund: Fast alle Pflanzen sind immergrün.

Französische Schulferien
Allerheiligen 25. Okt.–6. Nov. Weihnachten 20. Dez.–5. Jan. Winter 7.–23. Febr. Ostern Karfreitag–Ostermontag Frühling 4. April–4. Mai Sommer 2. Juli–1. Sept.

Nebensaison
Mai, Juni und September sind die schönsten Reisemonate: Meist kann man an relativ leeren Stränden baden und Besichtigungen sowie Wanderungen unternehmen. In der Nebensaison kommt man auch als Spontanreisender gut durchs Land. Die deutschen Oster- und Herbstferien liegen zwar vor bzw. nach diesen idealen Monaten, sind

aber sehr entspannt zum Reisen. Nur hat man keine Gut-Wetter-Garantie. Ab der zweiten Septemberhälfte muss man immer wieder mit starken Gewittern rechnen: Wegen der Gefahr von Erdrutschen und Flutwellen sollte man vor Wanderungen den Wetterbericht befragen und Campingplätze und Feriensiedlungen in ehemaligen Flussbetten meiden. Im November sowie von der ersten Januarwoche an bis in den Februar ist fast alles geschlossen. Die meisten Campingplätze und manche Unterkünfte haben den Winter über zu. Etwa ab März geht es wieder los. Ausnahme ist Advent/Weihnachten/Neujahr, wo wegen der Santon-Märkte und Schäferweihnachten noch mal Saison ist.

Hochsaison
Während der großen Ferien von Anfang Juli bis Anfang September zieht es zahlreiche Franzosen in die Provence, vor allem an die Strände. Vorausbuchungen für Hotels und Campingplätze sowie Tischreservierungen sind für diese Zeit unerlässlich. Einige Restaurants nehmen im August ihren Jahresurlaub. Sommerliche Hitze mit Maximalwerten von 40 °C und mehr – Tendenz steigend – lassen Wandern und Besichtigen unerträglich werden. Außerdem sind die meisten Gebirge Mitte Juni bis Mitte September wegen Waldbrandgefahr auch für Fußgänger geschlossen.

Frühes Buchen gilt in etwas geringerem Ausmaß auch für das Osterwochenende und die zweiwöchigen französischen Frühlingsferien, die gestaffelt von etwa 4. bis 27. April gehen. Während der großen Festivals von Avignon, Orange und Aix, der Zigeunerwallfahrt in Les Stes-Maries und den großen Férias in Arles und Nîmes steigen die Hotelpreise um bis zu 100 %. Trotzdem muss man lange im Voraus buchen.

Rundreisen planen

Die Entfernungen in der Provence sind nicht sehr groß, auf den Autobahnen kommt man schnell voran. Man sollte sich überlegen, ob man nicht lieber zwei, drei Tage an einem Ort verbringt und von dort aus Ausflüge unternimmt. Entfernungsbeispiele: Avignon–Nîmes, Orange–Avignon, Avignon–Arles sind grob gerechnet 100 km, auf der Autobahn eine Stunde Fahrzeit.

Rundreise mit dem Auto

1. Tag: Man reist über die Autoroute du Soleil entlang der Rhône mit dem Auto an, besucht die Krokofarm Ferme aux Crocodiles in einem großen, vom Kühlwasser des Kernkraftwerks Pierrelatte gewärmten Glashaus mit üppigen exotischen Pflanzen (Pierrelatte, Autobahnausfahrt Montélimar Sud, März–Sept. tgl. 9.30–19, Okt.–Febr. 9.30–17 Uhr, www.lafermeauxcrocodiles.com). Übernachtung in Vaison.
2. Tag: Besichtigung von Orange und Vaison-la-Romaine. Übernachtung in Vaison.
3. Tag: Durch die Dentelles de Montmirail geht es nach Avignon, wo man auch übernachtet.
4. Tag: Stadtbesichtigung und Besuch des Papstpalastes in Avignon, Übernachtung Avignon.
5. Tag: Stadtbesichtigung von Nîmes, vielleicht mit einem Besuch im Carré d'Art. Ausflug zum Pont du Gard. Übernachtung in Nîmes.
6. Tag: Fahrt durch die Alpilles mit Besichtigung der Abbaye de Montmajour und Abstechern nach St-Rémy und Les Baux. Übernachtung in Les Baux, St-Rémy oder Arles.
7. Tag: Camargue: Landschaftserlebnisse, vielleicht auf dem Pferderücken,

Besuch bei Flamingos, Stier- und Pferdeherden. Übernachtung in Arles oder Les Stes-Maries-de-la-Mer.
8.–9. Tag: Stadtbesichtigung Marseille, vielleicht mit Bootsausflug. Übernachtung in Marseille.
10. Tag: Aix, Übernachtung in Aix.
11. Tag: Luberon, Gordes, Sénanque, Übernachtung in Rustrel.
12. Tag: Manosque und Haute-Provence, Übernachtung in Forcalquier.
13. Tag: Heimreise an der Durance entlang über Sisteron durch die Alpen (Route Napoléon) gen Norden.

Fünf Tage in den Alpilles

Für alle, die eine Art Provence-Destillat möchten. Man kann die ganze Zeit in Arles bleiben, das erspart lästiges Umziehen. Wenn man es einrichten kann, sollte man wegen des Wochenmarkts über einen Samstag kommen.
1. Tag in Arles: Besichtigung des römischen Arles (Amphitheater, Theater, Musée de l'Arles Antique); Rundgang auf den Spuren Vincent van Goghs (s. S. 154); Shopping bei Christian Lacroix und Arlésienne.

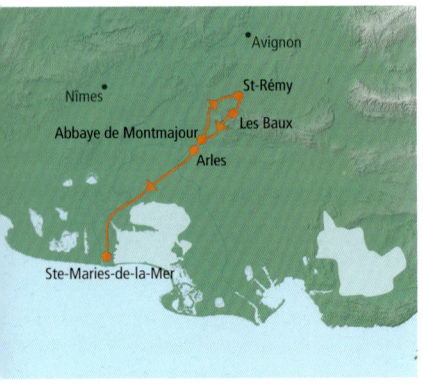

2. Tag: Besuch des Wochenmarkts von Arles mit Gourmetshopping; Besuch der romanischen Kirche St-Trophime und des Kreuzgangs sowie Museums-besichtigungen.

3. Tag in der Camargue: Musée Camar-guais; Flamingopark Parc Ornithologi-que; ein- bis zweistündiger Ausritt; Be-such der Wehrkirche von Les Stes-Ma-ries-de-la-Mer, die vom Dach einen schönen Blick bietet. Strandspazier-gang oder Baden oder Fahrradausflug oder Bootsfahrt.

4. Tag: Besuch der Abbaye de Mont-majour und der Chapelle St-Gabriel und kurze Wanderung. St-Rémy: Anti-ques, Glanum, St-Paul-de-Mausole; Shopping in der Altstadt; ein Abend-picknick am römischen Aquädukt von Barbegal.

5. Tag: Les Baux mit Einkauf und Ver-kostung von Olivenöl und -produkten.

Anreise und Verkehrsmittel

Einreisebestimmungen

Personalausweis oder Reisepass und nationaler Führerschein sowie Fahr-zeugschein genügen für Deutsche, Österreicher und Schweizer; die Inter-nationale Grüne Versicherungskarte wird empfohlen, für Schweizer und Österreicher ist sie jedoch Pflicht. Kin-der brauchen einen Kinderpass oder einen Eintrag im Reisepass eines El-ternteils.

Zollvorschriften
Seit der Öffnung des europäischen Bin-nenmarkts werden innerhalb der EU folgende Richtmengen (pro Person) als abgabenfrei bei der Ein- und Ausfuhr akzeptiert: 800 Zigaretten, 400 Zigaril-los, 200 Zigarren oder 1 kg Pfeifenta-bak. An Alkoholika dürfen 10 l Spiri-tuosen, 20 l sogenannte Zwischener-zeugnisse (z. B. Liköre), 90 l Wein (davon maximal 60 l Schaumwein) oder 110 l Bier ein- bzw. ausgeführt werden. Erst wenn größere als oben genannte Mengen über die Grenze ge-bracht werden, muss u. U. nachgewie-sen werden, dass diese für den priva-ten Gebrauch bestimmt sind.

Mitnahme von Haustieren
Haustiere, die älter als drei Monate sind, dürfen mitgenommen werden, wenn man eine Bescheinigung für eine Tollwutimpfung vorweisen kann, die mehr als einen Monat und weniger als zwölf Monate zurückliegt. Tätowie-rung oder Chip-Kennzeichnung wird empfohlen. Kampfhunde der Katego-rie 1 dürfen nicht einreisen.

Anreise

Mit dem Flugzeug
Die preiswerteste Anreise bietet Ger-manwings (www.germanwings.com).

Von mehreren deutschen Flughäfen, u. a. München, Berlin und Köln/Bonn, geht es mehrmals wöchentlich nach Marseille. Auch Air France (Tel. 0180 5 56 98 20, www.airfrance.de) und Lufthansa (Tel. 01805 83 84 26, www.lufthansa.com) fliegen von verschiedenen Flughäfen – darunter Berlin, Düsseldorf, Frankfurt, München und Zürich – direkt nach Marseille-Provence. Wenn man nicht sehr früh bucht, wird es sehr teuer. Außerdem ist Lufthansa nicht Mitglied der Luftfahrt-Schlichtungsstelle. Das bedeutet, dass man nicht wie sonst üblich bei Nicht-Antritt eines Flugs Kerosinzuschlag und Flughafengebühren zurückbekommt. Die Verbindungen von Ryanair (www.ryanair.com) sind dagegen nicht sehr günstig: Es geht von Charleroi bei Brüssel nach Marseille und Nîmes (Tel. 04 66 70 49 49, www.nimes-aeroport.fr, Busse vom Busbahnhof) oder von Hahn nach Montpellier.

Wichtigster Flughafen der Provence ist Marseille-Provence, 25 km nordwestlich von Marseille (Tel. 04 42 14 14 14, www.marseille.aeroport.fr, Flughafenbus alle 20 Min. zur Gare St-Charles, 8,50 €, Taxi etwa 40 €). Avignon-Caumont (Tel. 04 90 81 51 51, www.aeroport.fr) wird von innerfranzösischen Flügen und Billigfliegern aus/nach Southampton bedient.

Mit der Bahn

Bequem reist es sich mit dem reservierungs- und zuschlagspflichtigen Hochgeschwindigkeitszug TGV Méditerranée, z. B. in vier Stunden mit dem Thalys von Köln nach Paris und von dort 17-mal täglich in drei Stunden nach Marseille (www.tgv-europe.de auf Deutsch).

Weitere TGV-Bahnhöfe sind beispielsweise Avignon und Aix sowie auf einer anderen Strecke weiter nach Südwesten Nîmes.

Für eine Bahnfahrt mit ›normalen‹ Zügen empfiehlt sich ein Nachtzug, für den es recht unbequeme Sechser-Liegewagen-Abteile der 2. Klasse (*couchettes*) und teils auch Schlafwagen der 1. und 2. Klasse mit ein bis drei Personen pro Abteil gibt. Je früher man bucht, desto mehr kann man von den zahlreichen (um nicht zu sagen verwirrenden) Sondertarifen profitieren. So gibt es TGV-Karten »Prem's« schon ab 25 €. Hilfe bei Buchung und Reduktionen gewährt die SNCF-Tochter Rail Europe, www.raileurope.eu.

Buchungen und Infos nehmen ferner vor: Reisecenter größerer deutscher Bahnhöfe (www.db.de), Reisebüros mit Bahnangeboten sowie französische Bahnhöfe. Website der französischen Bahn (SNCF): www.sncf.fr und www.sncf-voyages.fr. Der DB AutoZug fährt in der Sommersaison von Berlin, Hamburg und Hildesheim nach Avignon. Information, Beratung und Buchung unter Tel. 018 05/24 12 24 sowie unter www.dbautozug.de.

Mit dem Auto

Die schnellste Anreise mit dem PKW führt über durchgehende Autobahnen früher oder später auf die Autoroute du Soleil von Lyon nach Marseille. Die Strecke Bonn–Orange über Saarbrücken z. B. ist 1020 km lang (Gebühren s. u.). Ca. drei bis vier Stunden länger dauern die landschaftlich reizvolleren Strecken durch die Alpen, die Route Napoléon (N 85 Grenoble–Gap–Sisteron) oder die N 75 Grenoble–Serres–Sisteron. Für Österreicher ist die Anreise über Italien die günstigste.

Verkehrsmittel

Mietwagen

Für die Hauptsaison empfiehlt sich eine Vorbestellung von zu Hause, was oft auch preisgünstiger ist, vor allem in Verbindung mit Anreise per Flugzeug oder Bahn. Man muss mindestens 21 Jahre alt sein und seinen Führerschein seit einem Jahr haben. Eine Kaution, zahlbar meist mit Kreditkarte, wird verlangt. Achten Sie auf *kilométrage illimité*, unbegrenzte Kilometerzahl. Für Spontanbuchungen in der Region sind Gesellschaften wie ADA oder Rent-a-Système meist die preiswertesten (pro Woche für einen Kleinwagen ab 210 €).

Autofahren

Straßen: Für alle Autobahnen ist eine Maut *(péage)* von ca. 5 € pro 100 km fällig. Meist zieht man sein Ticket bei der Auffahrt an der *station de péage* und bezahlt, einfach z.B. mit Kreditkarten, bei der Abfahrt.

Auf den in der Provence meist gut ausgebauten Nationalstraßen kommt man, weil sie durch die Ortschaften führen und viel Lastverkehr aufweisen, nicht ganz so zügig vorwärts. Diese Routes Nationales (RN) haben oft eine dritte Fahrspur in der Mitte zum Überholen in beiden Richtungen. Wenn man Zeit hat, sollte man die kleinen, oft engen Départementalstraßen (D) nehmen, die in der Regel geruhsames Fahren durch schöne Landschaften ermöglichen und sich häufig auch für Fahrradfahrer eignen.

Verkehrsregeln

Höchstgeschwindigkeiten: innerhalb geschlossener Ortschaften 50, außerhalb 90, auf Schnellstraßen 110, auf Autobahnen 130 km/h. Bei Nässe und wer seinen Führerschein noch kein ganzes Jahr hat, muss 10 bzw. auf Autobahnen 20 km/h langsamer fahren. Viele Franzosen fahren in den Dämmerstunden gern mit Standlicht in geschlossenen Ortschaften, bei Regen- und Schneefall sowie in Tunnels ist Ab-

blendlicht vorgeschrieben. Vorfahrtsstraßen enden an den Ortsschildern, gelbe Streifen am Fahrbahnrand verkünden Parkverbot, in der städtischen Zone Bleue darf nur mit Parkscheibe geparkt werden. In den praktischen Kreisverkehren hat man Vorfahrt.

Promillegrenze: 0,5.

Anschnallpflicht und alle anderen Verkehrsvorschriften gelten wie in Deutschland. Die Geldbußen für Verstöße sind saftig, vor allem bei Alkoholdelikten.

Pannenhilfe: Auf den Autobahnen und Fernstraßen stehen Notrufsäulen. Einen deutschsprachigen Notrufdienst des ADAC erreicht man jederzeit unter Tel. 04 72 17 12 22.

Tankstellen: Durchschnittliche Öffnungszeiten an Autobahnen durchgehend, an Hauptstraßen 7–24, an anderen Straßen 7–22 Uhr. Die Preise sind derzeit noch etwas teurer als in Deutschland.

Bahn

Tickets müssen vor Fahrtantritt an den orangefarbenen *composteurs* entwertet werden. An allen Bahnhöfen gibt es den kostenlosen »Guide régional des Transports«, der alle Bus- und Bahnverbindungen auflistet. Kinder unter vier Jahren werden kostenlos, von vier bis zwölf Jahren zum halben Fahrpreis befördert. An vielen Bahnhöfen kann man Mietwagen ›Train & Auto‹ mieten. Alle Bahn- und Busverbindungen zwischen größeren Städten bei Transport Express Régional (TER), www.ter-sncf.com, Tel. 0891 70 30 00.

Bus

Nur die größeren Städte werden mit häufigen, für Touristen praktischen Verbindungen bedient. Kleinere Orte fahren die meist privaten Busunternehmen auf ihren Überlandtouren in der Regel nur einmal morgens und einmal abends an, an Sonn- und Feiertagen oft gar nicht.

Fahrkarten und Fahrpläne gibt es in den Bussen, an den *gares routières* (Busbahnhöfen) in größeren Orten oder an Kiosken, in Bars und *Tabac*-Läden, vor denen die Busse in kleineren Orten starten. Hier oder bei den lokalen Fremdenverkehrsämtern kann man sich vor Ort über die genauen Abfahrtszeiten erkundigen.

Marseille, Arles, Avignon, Nîmes und Aix verfügen über ein gut ausgebautes lokales Busnetz, Marseille sogar über eine U-Bahn und Tram. Der letzte Schrei sind teilweise elektrisch betriebene Minibusse, die für wenig Geld durch die teils zu Fußgängerzonen gemachten Innenstädte von Arles, Aix und Nîmes kurven.

Taxi

Transportiert werden maximal drei Personen, der Beifahrersitz ist tabu. Schwere Gepäckstücke kosten extra. Wenn man ein Taxi am Straßenrand anhält oder in einem Taxistand zusteigt, kommt es billiger als bei Anruf/Bestellung und Zusteigen am Bahnhof/Flughafen. Ein Kilometer kostet 0,60–1,50 €, am teuersten sind Taxifahrten an den Wochenenden.

Übernachten

Hotels

Hôtels de Tourisme sind entsprechend staatlicher Kontrolle nach Ausstattung – nicht nach ›Schönheit‹ – in vier Kategorien eingeteilt. Vier Sterne: Luxus, ab ca. 230 €; drei Sterne: sehr komfortabel, ab ca. 100 €; zwei Sterne: komfortabel, d. h. fast alle Zimmer mit Dusche und WC, ab ca. 50 €; einfach: nur einige Zimmer mit Dusche und WC, ab ca. 30 €. Die hier und bei den Empfehlungen genannten Preise gelten jeweils für zwei Personen im Doppelzimmer – Einzelzimmer oder eine Person im Doppelzimmer kostet meist nur geringfügig weniger.

Das Frühstück kommt immer extra, je nach Hotelstufe ca. 6–17 €. Man kann es auch in der nächsten Café/Bar einnehmen, da ist es aber auch nicht viel billiger. Die Hotels in den Touristenzentren sind teurer als die in abgelegeneren Gegenden. Preis-Spitzenreiter sind Avignon, Aix und Marseille. In diesen Städten plus Nîmes und Arles trifft man inzwischen auch auf Boutique-Hotels zwischen minimalistischem und Landhaus-Schick.

Die meisten Hotels, besonders auf dem Land, haben ein Restaurant. Im Logis de France sind meist einfachere, familiäre, rustikale Häuser mit zwei, höchstens drei Sternen und Restaurant zusammengeschlossen, zu erkennen am gelben Kamin auf grünem Grund (Fédération Régionale des Logis de France, zentrale Reservierung Tel. 01 45 84 83 84, www.logis-de-france.fr).

Günstig, mitunter schon ab ca. 25 €, sind ebenfalls einige in letzter Zeit auch in der Provence zahlreich vertretene Hotelketten wie Formule 1, Ibis, Arcade, Arcotel oder Campanile. Sie konzentrieren sich in den Gewerbegebieten: unschöne, aber verkehrsgünstige Lage, null Atmosphäre, aber meist standardmäßig zufriedenstellend ausgestattete Zimmer mit Etagenbetten, Plattenbauweise und hohe Bettenkapazitäten.

Schlösser und Herrenhäuser mit um so mehr Atmosphäre und um so höheren Preisen sind der Relais & Châteaux-

Vereinigung angeschlossen (in Deutsch Reservierung Tel. 00800 20 00 00 02, www.relaischateaux.com). Das Buchen über diese Einrichtung kann, muss aber nicht billiger sein. Bei Anbietern wie www.LateRooms.com, www.ho tels.com, www.hrs.de u. a. lassen sich Zimmer mit bis zu 70 % Nachlass zu den Standardtarifen buchen, besonders billig in der Nebensaison. Bei www.tripadvisor.de lassen sich die Angebote vergleichen. Ist ein bisschen Arbeit, kann aber durchaus lohnen.

Chambres d'hôtes

Eine absolut empfehlenswerte, meist – für das Gebotene – preisgünstigere Alternative zu Hotels sind Privatunterkünfte, Chambres d'hôtes. Manchmal handelt es sich um sehr schlichte Unterkünfte beim Bauern, manchmal um liebevoll restaurierte historische Gebäude mit künstlerisch ausgestalteten Zimmern und allem Komfort. Das Frühstück ist im Preis inbegriffen und meist reichhaltiger als das karge Frühstück in (preiswerten) Hotels. Oft verstehen sich Wirtin oder Wirt auf provenzalische Landhausküche und bieten ein dreigängiges Abendessen für 25–30 € an. Lokale Infos und Tipps sowie persönliche Begrüßung sind nahezu immer dabei.

Der »Guide de Charme« listet für ganz Franreich die Landgasthäuser mit Charme auf, Bestellung s. u. Gîtes. Vor allem in Luberon und Alpilles verwöhnen luxuriöse Mas im provenzalischen Landhausstil ihre Gäste. Die Preise divergieren stark je nach Qualität von ca. 40–190 € pro DZ mit Frühstück, manchmal wird auch analog zum britischen B & B der Preis pro Person angegeben. Chambres-d'hôtes-Broschüren vertreiben auch die unten genannten Gîtes-Adressen.

Gîtes de France

… sind wochenweise vermietete Ferienwohnungen oder -häuser, hauptsächlich auf dem Land, klassifiziert mit ein bis vier Ähren (épis). Die Qualität ist meist einfach und rustikal, braune Neobarock-Möbel herrschen vor. Generelle Infos finden Sie bei der Zentrale unter www.gites-de-france.com. Darüber hinaus gibt jedes Département einen gebührenpflichtigen Katalog mit Abbildungen und allen Einzelheiten heraus und nimmt, wenn nicht der Vermieter selbst dies tut, Buchungen entgegen:

Alpes-de-Haute-Provence: Maison du Tourisme, rond-point du 11 Novembre, 04001 Digne Cedex, Tel. 04 92 31 30 40, Fax 04 92 32 32 63, www.gites de-france-04.fr

Bouches-du-Rhône: Domaine du Vergon, 13370 Mallemort, Tel. 04 90 59 49 39, Fax 04 90 59 16 75, gitesde france@visitprovence.com

Gard: Gîtes de France, Gard, 3, rue Cité Foulc, BP 59, 30007 Nîmes Cédex 4, Tel. 04 66 27 94 94, Fax 04 66 27 94 95

Vaucluse: BP 164, 84008 Avignon Cedex 1, Tel. 04 90 85 45 00, Fax 04 90 85 88 49, gites.vaucluse@wanadoo.fr

Bei diesen Adressen oder bei der Zentrale erhält man auch die kostenpflichtigen Kataloge für ganz Frankreich: für Chambres d'hôtes, Wandererunterkünfte (gîtes d'étape), wo man preiswert mit Schlafsack im Schlafsaal unterkommt und meist eine Kochgelegenheit findet, sowie für Angler, Reiter, Wintersportler oder Familien mit Kindern.

Ferienhäuser

Es gibt darüber hinaus private oder durch Großanbieter wie TUI (www.tui ferienhaus.de) vertretene Ferienhaus-

Oft liebevoll restauriert – die provenzalischen Chambres d'hôtes

besitzer. Interchalet bietet beispielsweise recht qualitätvolle Häuser an (www.interchalet.de). Über Atraveo, einen Megaveranstalter, der viele Ferienhausanbieter bündelt, findet man allein in der Provence über 4500 Häuser, die per Klick auf der Landkarte genau lokalisiert werden können (www.atraveo.de).

Jugendherbergen

Man braucht einen Internationalen Jugendherbergsausweis. Die französischen *auberges de jeunesse* sind von einfachen bis zu großen, ganzjährig geöffneten und auch mit Doppelzimmern ausgerüsteten Häusern mit ein bis vier Tannen-Symbolen bewertet. Durchschnittlicher Preis für eine Übernachtung: ca. 12 €. In den meisten Herbergen bekommt man Frühstück (ca. 3,50 €) und ein Abendmenü (ca. 8 €). Das Empfangsbüro hat in der Regel 7.30–20 Uhr geöffnet. Oft sind Sportmöglichkeiten und eine Küche vorhanden. Eine komplette Liste mit genauen Infos erhält man beim Maison de la France oder bei der Fédération Unie Auberges de Jeunesse (FUAJ), 27, rue Pajol, 75018 Paris, Tel. 01 44 89 87 27, Fax 01 44 89 87 49, www.fuaj.fr.

Camping

Da Camping in der Provence sehr beliebt ist, gibt es eine entsprechend große Auswahl, wie die Hotels staatlich kontrolliert und in Kategorien von einem bis vier Sternen eingeteilt. Für neu eröffnete oder renovierte Plätze gehören Schwimmbad und Sportanlagen mittlerweile zum Standard. Camping *à la ferme*, Camping auf dem Bauernhof, bietet viel Atmosphäre und dafür etwas weniger Komfort (Prospekte s. o. Gîtes). Da die Franzosen selbst sehr gerne campen, sollte man in der Hochsaison unbedingt vorbestellen.

Wildes Campen ist an der Küste, an Seen und Flüssen und in Waldgebieten wegen der Waldbrandgefahr strengstens verboten. Will man auf einer Wiese zelten, muss man beim jeweiligen Besitzer oder im Rathaus die Genehmigung einholen.

25

Essen und Trinken

Der Kulinaria-Stil in der Provence ist sehr viel kosmopolitischer und zeitgenössischer geworden als noch vor wenigen Jahren. Das zeigt sich auch im geradlinigen, minimalistischen Design der Restaurants – Lederbänke mit hohen Lehnen, dunkle Holzstühle, bunte Wände, Parkett –, das für neu eröffnete Etablissements nunmehr verpflichtend ist. Trend und Style, immer weniger rustikale Gemütlichkeit schreiben sich die Neuen auf ihre Fahnen. Und kombinieren typisch Provenzalisches mit exotischen Gewürzen, Salziges mit Süßem, Olivenöl mit Ingwer. Willkommen in der weltweiten Fusion-Küche! Die gute alte **Brasserie**, eigentlich Brauerei, bietet eine Rundumversorgung mit einer kleineren Gerichteauswahl vom Frühstück bis zum Mitternachtsimbiss, oft von 8–24 Uhr und länger. Mittags und abends – Kernzeiten 12–14 und 19.30–22 Uhr – steht eine größere Auswahl auf der Speisekarte. Auf alle Fälle duftet sie, die provenzalische Küche. Nach Rosmarin und Thymian, Salbei und Fenchel, Basilikum, Lavendel und Bohnenkraut. Scharf nach Knoblauch und Zwiebeln, würzig nach Auberginen und Tomaten, moschusschwer nach Trüffel und nach Meer, wenn der Seebarsch über Algen und Fenchelstücken gegart wird. Wie riecht die zartgelbe Blüte der Zucchini, gefüllt mit Kräutern und Zucchinifleisch? Ganz zart, nach Gurkengemüse und Frühling.

Nicht ohne mein Olivenöl

Ohne Olivenöl ist die Küche der Provence nicht denkbar. In Olivenöl brutzelt das berühmte provenzalische Lamm, mit Olivenöl werden die für die Region so charakteristischen Pasten sämig aufgeschlagen, erst mit Olivenöl wird der Salat zum Genuss und der Ziegenkäse haltbar und Olivenöl kommt in die vielen verschiedenen Brote. Wer seinen Facettenreichtum möglichst pur testen will, tunkt ein Stück Weißbrot ins Olivenöl. Da die Provenzalen wis-

Ein beliebtes Mitbringsel – das Traditionsgetränk Pastis

sen, dass ihr Öl zu den besten der Welt gehört, lassen sie den Großteil erst gar nicht in den Export kommen. Vielleicht leben die Provenzalen deshalb so gesund und lange: Mediziner jedenfalls freuen sich über die wohltuende Wirkung des Olivenöls auf Verdauungsapparat und Herz.

Frühstück auf Französisch

Das *petit déjeuner* aus einer großen Tasse Milchkaffee, Orangensaft, Croissant und/oder Weißbrot mit mehr oder weniger großzügig bemessenen Butter- und Marmeladerationen ist wie meist in Frankreich eine frugale Angelegenheit. Je besser das Hotel, desto reichhaltiger das Frühstück.

Ab Drei Sterne Hotels ist ein Buffet eigentlich obligatorisch, da gibt es hart gekochte Eier, ein wenig Aufschnitt und Käse, Cerealien, Kuchen etc. In Luxushotels bekommt man auch warme Küche, sprich gebratene Gemüse, Spiegeleier, Rühreier, Schinken, frische Obstsalate.

Mittags ein eher abgespecktes Menü

Wer es mittags eilig hat, isst ein Tages-Tellergericht, *plat du jour*, eine Pizza, einen Crêpe oder Salat in einer Brasserie oder einem **Salon de thé**. Letzteres entspricht unserem Café und bietet neben Kaffee, Tee und zuckersüßer, hinreißend gestalteter Patisserie, für die der deutsche Begriff des Kuchens viel zu grob klingt, meist kleine warme Speisen an.

Auch die Restaurants haben ein abgespecktes Mittagsmenü. Zwei-Gang, Tagesteller, preiswerter als abends. Doch die Speiseetablissements sind auch mittags sehr voll. Tischeweise ge-

Pastis

In manchen Restaurants wird als Spezialität *pastis à l'ancienne* angeboten, das sind auf traditionelle Weise destillierte Alkoholika mit wahlweise mehr oder anders akzentuierten Kümmel-, Wacholder- oder sonstigen Kräuterbeigaben. Man verdirbt diese Köstlichkeiten nicht durch Wasser, sondern tut nur ein Eisstück hinein.

hen Angestellte und Unternehmer aus, drei Gänge, Wein, die Mittagspause ist heilig. So heilig, dass man bei Behörden, Autovermietern, Geschäften und Museen nur in wenigen Fällen von 12–14 Uhr sein Ziel erreicht. Gehen Sie ins Restaurant, da treffen Sie die ersehnten Personen.

Pause im Café

Im französischen Café gibt es im Gegensatz zu unserem Kaffee-und-Kuchen-Café dagegen nur zu trinken. Eine Preisliste hängt an der Theke aus. Eine Institution, die man als Urlauber gerne übernimmt, ist der frühabendliche *apéro*, oft der Anisschnaps Pastis, der sich eintrübt, wenn man ihn mit Wasser verdünnt. Beinahe so etwas wie ein Glaubenskrieg herrscht zwischen den Anhängern der beiden Marken Ricard und Pernod. Will man einen (grünen) Pastis mit Minzsirup, bestellt man einen *perroquet,* mit Grenadine einen *tomate,* mit Mandelmilch einen *mauresque.*

Knigge für Abends

Im Restaurant nimmt man ab etwa 12 Uhr das *déjeuner* und ab frühestens 19.30, häufig auch erst 20 Uhr, das *dî-*

Spartipps

Ein Menü, das oft auch innerhalb der einzelnen Gänge Wahlmöglichkeiten bietet, ist im Allgemeinen preiswerter als à la carte zu speisen. Das Mittagsmenü ist immer preiswerter (und weniger elaboriert) als das Abendmenü. Mittags lassen sich Sterneküchen also relativ erschwinglich ausprobieren.

ner ein. In feineren Restaurants sollte man vorbestellen. Auch sucht man sich außer unter freiem Himmel den Tisch nicht selbst aus, sondern wartet, bis der Kellner – der als Monsieur, nicht als Garçon angeredet werden möchte – einen an einen solchen führt.

Eine Mahlzeit besteht aus mehreren, mindestens drei Gängen. Ein Korb mit Baguettestücken sowie eine Karaffe mit Leitungswasser gehören zu jeder Mahlzeit. Bezahlt wird pro Tisch, Einzelrechnungen zu verlangen, gilt als unfein. Selbst der einfachste Landgasthof bekocht seine Gäste selten für unter 25 € für ein Drei-Gang-Menü, der mittlere Preis liegt bei 30–40 €.

Käse und Nachtisch (in dieser Reihenfolge) bestellt man meist erst, wenn das Hauptgericht abgeräumt ist und etwaige Magenfreiräume korrekt einzuschätzen sind. Fast gilt als Barbar, wer zum Abschluss keinen Kaffee nimmt, den oft gefährlich schwarzen petit noir. Wer nach Vorspeise und Hauptgericht satt ist, kann statt Nachtisch direkt Kaffee bestellen. So ein Essfest – je nach Gangzahl – dauert bis zu drei Stunden.

Gewisse Regeln gilt es zu beachten, wenn man im französischen Restaurant glücklich werden will. Indessen nehmen immer mehr Gastwirte Abstand von steifem Gourmetpomp. Die Zufriedenheit des Gastes ist oberste Maxime und dieser darf Sonderwünsche äußern: ein menu d'enfant für die kleinen Kostverächter oder beispielsweise Gratin statt Salzkartoffeln? Und dass er nicht in fehlerfreiem Französisch bestellen muss, um das Gewünschte zu bekommen, ist inzwischen auch akzeptiert. Die Speisekarten sind immer öfter auf Englisch, ansonsten tun Hände und Füße und ein nettes Lächeln gute Dienste.

Rotbarben (rougets), ein schmackhaftes und leichtes Gericht

Aktivurlaub, Sport und Wellness

Baden

Lange, teils unberührte Sandstrände liegen in der Camargue, am leichtesten zugänglich in Les Stes-Maries-de-la-Mer und an der Plage d'Arles. Voller sind die an der Côte Bleu, z. B. die Plage du Rouet in Carry-le-Rouet sowie im Stadtgebiet von Cassis. Marseille hat kilometerlange Strände, teils Sand, teils Kiesel, teils Felsbuchten. Ein Badeerlebnis ganz besonderer Art bieten die azurblauen Wasser der Felsenbuchten der Calanques zwischen Marseille und Cassis, die meist am Kopfende einen kleinen Kieselstrand aufweisen.

Die Wasserqualität ist nicht hervorragend, aber hygienisch einwandfrei, fast überall wehen Blaue Flaggen. Bei Martigues und im Etang de Berre dürfte Baden nur Hartgesottenen Spaß machen. Erhöhte Schadstoffkonzentrationen tauchen in der Nähe von Fluss- und Kanalmündungen auf, besonders nach starken Regenfällen. Der ADAC-Sommerservice informiert von Juni bis September unter Tel. 01805 10 11 12 über Badewasser- und Strandqualität, Wetter, Wasser- und Lufttemperatur an Südfrankreichs Stränden. Darüber hinaus haben sehr viele Unterkünfte Swimmingpools, die je nach Witterung von Mitte April bis September geöffnet sind.

Motorrad fahren

Auf www.decouverte-paca.fr findet man unter Sport/Motorrad Vorschläge für zahlreiche, vorzugsweise in gebirgigen Gegenden angelegte Motorradwandertouren durch die ganze Provence mit Angaben zu Kilometern, Passhöhen, auf Biker eingestellte Unterkünfte etc. Geführte Tagestouren auf klassischen Motorrädern bietet: Classic Bike Provence, Mas Peiro Flourido, Ventabren (bei Aix-en-Provence), Tel. 04 42 28 76 10, www.classicbikepro vence.com.

Radfahren

In Frühling und Herbst ist die Provence ein Eldorado für Fahrradtouristen. Bis auf die Camargue sind allerdings in den schönsten Tourengebieten – um und natürlich auf den Mont Ventoux, in den Dentelles de Montmirail, in den Alpilles, im Luberon und in den Gorges du Verdon – erhebliche Steigungen zu absolvieren, die ein Zwölf-Gang-Rad erforderlich machen. Der Luberon ist mit mehreren angelegten Rundfahr-

Infos im Netz

Was auch immer Sie suchen: Auf der Website des Département Vaucluse, www.provenceguide.com, finden Sie exakte Infos zu allen, auch ausgefallenen Sportarten: Höhlentouren, Canyoing, Eselwanderungen, Baumklettersteige *(acrobranche)*. Hier können Sie Broschüren bestellen oder herunterladen, finden Vermieter, Anbieter, Vorschläge für Sporturlaube, Rundfahrten und angelegte Wanderwege. Umfassend! Empfehlenswert ist auch die Website des regionalen Tourismusbüros unter www.decouverte-paca.fr (deutsch einstellen). Unter Sport findet man z. B. Angeln, Bergsteigen, Radfahren, Motorradfahren, Reiten, Wandern und Wellness.

Reiseinfos

ten der Branchenführer in Sachen Radtourismus.

Fährt man mit der Bahn, ist das Rad
einige Tage vor Fahrtbeginn als Gepäckstück aufzugeben und am Ziel-
bahnhof abzuholen (Versicherung rat-
sam, Radfahrerhotline der DB: Tel.
0180 3 19 41 94). In Bussen kann man
das Rad meist nicht mitnehmen, wohl
aber auf mit einem Radsymbol gekennzeichneten Zügen in Extra-Wag-
gons. Auf TGV- und anderen großen Linien darf das Fahrrad auseinanderge-
nommen und verpackt als Gepäckstück
transportiert werden. Die Broschüre
»Guide Train & Vélo« von der SNCF, an
Bahnhöfen erhältlich, gibt detailliert
Auskunft. Oft werden an Bahnhöfen
vélos vermietet (»Train + Vélo«).

Fahrradverleih: Verschiedene Ketten
haben Niederlassungen in allen großen Städten, z. B. **Provence Bike**. Man
bekommt Stadt- und Geländeräder,
Tandems, Kinderräder, Anhänger für
Kinder und Hunde … mit entsprechen-
der Ausrüstung, Routenvorschlägen
und Karten. www.provence-bike.com;
Preise pro Tag 15–25 €.

Reiten

Die ganze Provence hält vielfältige
Möglichkeiten zum Reitsport bereit,
vom spontanen einstündigen Ausritt
für blutige Laien bis zu organisierten
Reiterferien. Der Luberon, die Alpilles und die Camargue sind die bevor-
zugten Reitgebiete. Im Internet findet man unter www.provenceguide.
com/cheval/asp umfassende Infos zu
Reiterhöfen, Kursen, Unterkunft,
Reitwanderungen etc. im Département Vaucluse sowie die Broschüre
»Tourisme à cheval« zum Herunterladen. Kontakt im Vaucluse: Comité
Départemental de Tourisme Equestre
de Vaucluse (C.D.T.E.V 84), Philippe

Teissier, Président, 13, Le Pré du May,
84510 Caumont sur Durance, Tel. 04 90
01 26 63, Fax 04 90 23 16 92, cdtepro
vence84@aol.com.

Steilwandklettern

Beliebte Reviere für Kletterer sind die
Dentelles de Montmirail, die Alpilles,
das Tal der Aiguebrun im Luberon, die
Calanques und die Gorges du Verdon.
Auskunft rund um das Klettern gibt das
Comité Départemental F.F.M.E. du Vaucluse, 27 bis, av. de la Trillade, 8400 Avignon, Tel. 04 90 14 06 10, Website der
Fédération Française de la Montagne et
de l'Escalade: www.ffme.fr. Nützliche Infos zum Département Vaucluse findet
man unter www.provenceguide.com/
escalade/asp.

Wandern

Vor allem die Dentelles de Montmirail,
die Alpilles, die Calanques, der Montagne Ste-Victoire, das Plateau de Vaucluse, der Luberon und die Gorges du
Verdon eignen sich zum Wandern. Festes Schuhwerk, eine Kopfbedeckung,
ein Regenschutz (in Frühling und

Achtung Sperrungen

In den Sommermonaten, etwa von Ende
Juni/Anfang Juli bis Anfang oder Mitte
September ist in großen Teilen der Provence Wandern nicht möglich! Infos
über die genaue Sperrung von Waldgebieten, die nach Bedarf und akuter Ge-
fährdung gehandhabt wird, erteilen das
Département Bouches-du-Rhône unter
Tel. 0811 20 13 13, www.bouches-du
rhone.pref.gouv.fr, das Département
Vaucluse unter Tel. 04 90 80 55 55 und
natürlich die lokalen Tourismusbüros.

Herbst) und Wasservorrat sind dringend erforderlich.

Über die schönsten lokalen Wandermöglichkeiten, die auch meist leichtere Spaziergänge von ein bis zwei Stunden umfassen, informieren vor Ort die Offices de Tourisme. Ganz Frankreich ist von einem Netz von Fernwanderwegen durchzogen, den Sentiers de Grande Randonnée oder GR, überall mit einem weiß-roten Querbalken gekennzeichnet. Regionale Wanderwege, die GR de Pays, sind mit einem gelb-roten Querbalken gekennzeichnet. Als Wanderkarten empfehlen sich die Cartes bleues des IGN, des Institut Géographique National, im Maßstab 1: 25 000 (www.ign.fr).

Wegen der akuten Waldbrandgefahr auf keinen Fall im Wald rauchen, Feuer machen oder, aufgrund von Selbstentzündungsgefahr via Brennlinse, Glas fortwerfen. Besonders gefährdete Regionen (z. B. Ste-Victoire, Calanques, Alpilles) werden in den Sommermonaten gesperrt.

Mit Eseln wandern

Der letzte Schrei in punkto sanfter Tourismus ist Wandern mit Eseln, denn von Eseln lernen heißt, Gelassenheit lernen. Muriel Aucher in Malaucène züchtet z. B. die bis vor kurzem vom Aussterben bedrohte alte Haustierrasse der *ânes de Provence* und bietet geruhsame Ausflüge mit Eseln durch die Naturlandschaft am Fuß des Mont Ventoux an (Asinerie du Devens, s. S. 126). Nur Kinder dürfen auf den tierischen Begleitern reiten. Ein halber Tag kostet etwa 23 €.

Wassersport

Am Meer: Die zerklüftete Küste zwischen Carro und Carry-le-Rouet, an der sich Felsklippen und kleine Buchten mit Sandstrand abwechseln, gilt als Eldorado für Windsurfer, Wellenreiter und Taucher, die hier von Sportzentren mit Schulen und Ausrüstungsverleih, den starken Winden und lohnenden Tauchrevieren wie dem Meeresschutzgebiet von Carry-le-Rouet profitieren (s. S. 223). Marseille ist das Zentrum für Wind- und Kite-Surfen, Wasserski und andere Wassersportarten. Auch in Les Stes-Maries-de-la-Mer und Martigues ist jede Art von Wassersport möglich. Funboarder zieht es nach Les Stes-Maries-de-la-Mer und Port-St-Louis.

Auf Flüssen und Seen: Wildwassersportler werden am Verdon gefordert, gemütlichere Ausflüge in Kanu und Kajak absolviert man auf der Sorgue und den Stauseen des Verdon wie dem Lac de Ste-Croix (s. S. 273). Dachorganisation ist die Fédération Française de Canoë-Kayak (87, quai de la Marne, 94344 Joinville le Pont). Auf ihrer Website www.ffcanoe.asso.fr findet man unter der Region PACA (= Provence) lokale Clubs, die Kanu, Wildwasserkajak oder ruhigere Kajak-Flussfahrten, Rafting, Abseilen etc. anbieten. Besonders am Verdon konzentrieren sich die Wassersportanbieter, z. B. Aqua Viva Est, www.aquavivaest.com.

Wellness

Entspannen und Kuren mit den Heilkräften des Wassers und der regenerierenden Wirkung von Algen kann man in den Thalasso-Therapie-Instituten der Städte Marseille, Les Stes-Maries-de-la-Mer und Aix-en-Provence. Mit Mooranwendungen, Aquagymnastik, Relaxmassagen und Whirlpools geht es gegen Alltagsstress und Falten an. Vorschläge sind auf der Website des regionalen Tourismusbüros www.decouverte-paca/fr unter Wellness zu finden – Französisch heißt es *bien-être*.

Feste und Unterhaltung

Fête votive

Der Sommer ist *die* provenzalische Festzeit. Mit dem Patronatsfest – dem Namenstag des Patrons der jeweiligen Dorfkirche – stärkt die kommunale Dorfgemeinschaft ihren Zusammenhalt. Ein großes Festessen, das *Aïoli monstre*, vereint Einwohner und Fremde unter den Platanen des Dorfplatzes. Folkloregruppen in der farbenfrohen ländlichen Tracht des 18./19. Jh. tanzen zum Ausklang der Dorffeste eine *farandole*, einen Gruppentanz, in dem sich die Tänzer an den Händen oder Taschentüchern halten. Zum provenzalischen Brauchtum zählen die *tambourinaires*, die mit rechts die umgehängte hohe Trommel schlagen und mit links die *galoubet* spielen, eine kleine Flöte mit drei Löchern.

Fête de la St-Éloi

In der gesamten Provence wird zwischen Juni und September der Tag des hl. Eligius gefeiert, des Schutzpatrons der Hufschmiede und Zugpferde. Die Region um Marseille begeht ihn mit Pferdeweihen in der Kirche, berühmt ist die von Château-Gombert. Im Arleser Land galoppieren Zehnergespanne farbenfroh aufgezäumter Kaltblüter durch die Orte, im Schlepptau den *carreto ramado*, einen hoch mit landwirtschaftlichen Erzeugnissen beladenen oder mit Laub geschmückten Karren.

Fête de la Transhumance

Im Mai/Juni findet vielerorts ein Transhumanz-Fest statt, wenn die Schäfer ihre Herden auf die Sommerweiden treiben. Folklore mit Tamburinspielern und die festlich geschmückten Schafe sind die Hingucker.

Stierkampf

Nîmes und Arles sind die südfranzösischen Hochburgen des blutigen **spanischen Stierkampfs** mit *mise à mort*. Arles eröffnet mit der Féria de Pâques die Stierkampfsaison, Pfingsten übernimmt Nîmes mit der Féria de Pentecôte, einem der drei beliebtesten Festivals Frankreichs. Den Abschluss bilden die Arleser Féria du Riz am zweiten September-Wochenende und die Nîmoiser Féria des Vendanges Mitte September.

Arles ist auch Hochburg des unblutigen **provenzalischen Stierkampfs** (Course Camarguaise, s. S. 56) und am ersten Juli-Wochenende Austragungsort der bedeutenden Cocarde d'Or.

Zigeunerwallfahrt

Sara-la-Kâli, was auf Romanes die ›schwarze‹ indische Göttin und ›die Zigeunerin‹ heißt, nennen die Zigeuner ihre Schutzpatronin. An die 10 000 von ihnen, meist südfranzösischer oder katalanischer Herkunft, besuchen das Pilgerfest in Les Stes-Maries-de-la-Mer um den 24. und 25. Mai. In den letzten Jahren hat der Hype etwas nachgelassen, aber das Fest ist noch immer eines der größten touristischen und religiösen Ereignisse in der Provence.

In dem kleinen Küstenort, der aus allen Nähten platzt, bilden sich eigene Straßen und Stammesviertel. Hier treffen sich die Familien und Sippen, reden Heiraten und Geschäfte ab, schlichten Streitfälle. Als Handleserinnen, Tänzer

Festkalender

Februar
Chandeleur (Mariä Lichtmess): 2. Febr., das bekannteste ist in Marseille

Ostern
Féria de Pâques: Arles

Mai
Fest der Gardians: 1. Mai, Arles
Zigeunerwallfahrt: Woche um den 24./25. Mai, Les Stes-Maries-de-la-Mer

Pfingsten
Féria de Pentecôte: 2 Wochen, Nîmes

Juni
Fêtes d'Arles: 10.–30. Juni, Arles

Juli
Festival International d'Art Lyrique (Opernfestival): Ende Juni–27. Juli, Aix-en-Provence
Cocarde d'Or: 2. Juli. Wichtigste Course Camarguaise, Arles
Nuits de la Citadelle (Tanz, Theater, Musik): drei Wochen von Mitte Juli bis erste Augustwoche, Sisteron
Rencontres Internationales de la Photographie (Fotografiefestival): zweite Juliwoche, Arles
Festival d'Art Dramatique: die letzten drei Wochen, Avignon
Rencontres Musicales de Haute-Provence (Musikfestival der Hochprovence): eine Woche Ende Juli/Anfang Aug., in Forcalquier und Orten der Umgebung
Chorégies (Opernfestival): Mitte Juli bis Anfang Aug., Orange

August
Choralies (Chormusikfestival): alle drei Jahre erste Woche, das nächste 2010, Vaison-la-Romaine
Les Riches Heures Musicales de la Rotonde: zwei Wochen vom ersten Wochenende an, Simiane-la-Rotonde

September
Fête des Prémices du Riz (Reiserntefest): zweites, drittes, viertes Wochenende, Arles
Féria des Vendanges (Ernte-Féria): zweites Wochenende, Nîmes

Oktober
Fiesta des Suds (Musik des Südens): zwei Wochen zweite Monatshälfte, Marseille

Dezember
Foires des Santons (Santon-Ausstellungen): Ende Nov.–Mitte Januar, die größten in Arles und Marseille
Mitternachtsmetten: 24. Dez., die berühmteste in Les Baux

und Musikanten verdienen sich die Zigeuner ein Zubrot. Bei aller touristischen Vermarktung dominieren doch glühende Devotion, gelebte Frömmigkeit und eine sinnlich-magische Religionsausübung. In der nächtlichen Vier-Uhr-Messe am 24. Mai rufen die Gläubigen »Vive les saintes Maries«, halten Kerzen hoch und singen uralte, traurig klingende Lieder. Bei der *Descente des châsses* werden die Schreine der beiden Marien von der Michaelskapelle behutsam auf Hunderte von Händen herabgelassen. Die Pilger behängen die Statuen der Marien und Saras mit zehnfachen Lagen kostbarer Kleider, halten ihre Kinder hoch, damit sie die Münder der Heiligen küssen. Die Ge-

Bei der Zigeunerwallfahrt wird die hl. Sara symbolisch wieder mit dem Meer vereint

sichter der Statuen werden gestreichelt, der Saum der Kleider an die Stirn gehoben, Taschentücher und Fotos daran gerieben, um die schützende Aura mit nach Hause zu nehmen. Im Jahr 1935 erhielt auch Sara, von der Kirche nie offiziell als Heilige anerkannt, auf Vermittlung des Marquis de Baroncelli ihren Pilgerzug ins Meer: am 25. Mai, einen Tag, nachdem die Barke der beiden Marien in die Salzfluten getaucht worden ist. Begleitet von den *Gardians* auf Pferden, den Vertretern des Klerus, den Arlesierinnen in Festtracht und Tausenden Schaulustigen, schwankt die vor Brokat und Gold starrende Sara-Statue in Richtung Strand. Die Träger in ihren weißen Kitteln stammen immer aus denselben Familien – es gilt als hohe Ehre, die Heilige wieder mit dem Meer in Berührung bringen zu dürfen, über das sie gekommen ist.

Musik- und Theaterfestivals

Die vielen Kulturfestivals der Provence steigen fast alle im Juli. Das Dreigestirn, von hohem internationalem Rang, besteht aus dem Opernfestival im römischen Theater von Orange (Chorégies), dem Opernfestival von Aix (Festival International d'Art Lyrique) und dem Theaterfestival (Festival d'Art Dramatique) von Avignon.

Weihnachten

Noël feiert die Provence vom 1. Advent bis Lichtmess am 2. Februar mit Santons-Krippen in den Kirchen, Weihnachtsmärkten und Krippenmessen oder mit Schäferspielen: Bei einer solchen *pastorale* oder *pastrage* verwandelt sich beispielsweise ganz Séguret in eine Krippe, das »Bethlehem der Provence«: Die Opfergabe der Schäfer an das Jesuskind wird nachgespielt und mancherorts noch der uralte *cacho fio* erteilt, die Segnung durch das älteste oder jüngste Mitglied der Gemeinschaft. Während der Mitternachtsmetten – die berühmteste ist die der Schäfer in Les Baux – werden die mittelalterlich anmutenden Weihnachtslieder in Provenzalisch gesungen.

Reiseinfos von A bis Z

Apotheken

Apotheken *(pharmacies)* sind mit einem grünen Kreuz ausgewiesen. Vieles ist billiger als in Deutschland und ohne Rezept erhältlich. Geöffnet 9–12.30, 14–18.30 Uhr. Ein Aushang informiert über Notfallapotheken.

Ärztliche Versorgung

EU-Bürger können sich überall mit der bei ihrer Krankenkasse erhältlichen blauen Chipkarte »European Health Insurance Card« behandeln lassen. Man bezahlt im Voraus und bekommt die Kosten zu Hause erstattet. Der Abschluss einer zusätzlichen Reisekrankenversicherung ist für Nicht-EU-Bürger obligatorisch.

Diplomatische Vertretungen

Deutsches Generalkonsulat

338, av. du Prado
13008 Marseille
www.marseille.diplo.de
Tel. 04 91 16 75 20
Fax 04 91 16 75 28

Österreichisches Konsulat

27, cours Pierre Puget
13006 Marseille
consulatautriche@renardassocies.com
Tel. 04 91 53 02 08
Fax 04 91 53 71 51

Schweizer Konsulat

7, rue d'Arcole
13291 Marseille Cedex 6
Tel. 04 96 10 14 10
Fax 04 91 57 01 03

Elektrizität

Wie in Deutschland beträgt die Netzspannung 220 V. Für ältere Steckdosen kauft man sich am besten einen Adapter, z. B. einen Eurostecker.

Feiertage

Neujahr (Jour de l'An): 1. Januar
Ostern: Ostermontag (Lundi de Pâques)
Tag der Arbeit (Fête du Travail): 1. Mai
Waffenstillstand 1945 (Fête de l'Armistice): 8. Mai
Christi Himmelfahrt (Ascension)
Nationalfeiertag (Fête Nationale de la France): 14. Juli
Mariä Himmelfahrt (Assomption): 15. August
Allerheiligen (Toussaint): 1. November
Waffenstillstand 1918 (L'Armistice de 1918): 11. November
Weihnachten (Noël): 1. Weihnachtsfeiertag, 25. Dezember

FKK

An den meisten Stränden wird es toleriert, wenn man als Badender die Hüllen fallen lässt. An den Stränden Plage d'Arles in Salin-de-Giraud, Calanque de Sugiton von Cassis und Plage de Fos in Cassis ist das Nacktbaden sogar offiziell erlaubt. Auf der Website www.naturisme.fr (Französisch) findet man alles Wissenswerte über den Nacktbadekult in Frankreich und die Möglichkeiten, diesen in der Provence auszuleben. Ein Beispiel für eine durchorganisierte Anlage ist der Campingplatz Belezy, Bédoin (www.belezy.com, Tel. 04 90 65 60 18, Fax 04 90 65 94 45).

Geld

Kreditkartenzahlung ist in Frankreich weit verbreitet. Hotels, Restaurants, Tankstellen und Geschäfte nehmen meist die gängigen Kreditkarten, Autobahnmautstellen immer. In Chambres d'hôtes wird häufig Bares verlangt. An einem mit einem blau-roten Symbol gekennzeichneten Geldautomaten bekommt man mit ec-Karte und Geheimnummer oder Kreditkarte Bargeld – Ersteres ist billiger, gezahlt wird ca. 3 € pro Abhebung. Banken, Wechselstuben und größere Hotels tauschen Reiseschecks in Euro.

Kinder

Die Touristenbüros oder bessere Hotels bieten oft einen Babysitterservice, Autoverleihfirmen einen (zusätzlich zu bezahlenden) Kindersitz, Restaurants, Hotels und Ferienwohnungen Babybetten bzw. Hochsitze. Es gibt Dreioder Vierbettzimmer für Familien, Jüngere können häufig kostenlos im Zimmer der Eltern übernachten. Die meisten Restaurants bieten ein *menu d'enfant* – Pommes und Gehacktes, Eis, u. Ä. für 10/12 €. Neben Baden und Plantschen wird den Kids der Besuch eines unblutigen provenzalischen Stierkampfs, ein Ausritt auf den lammfrommen Camargue-Pferden, eine Bötchenfahrt zum Château d'If (aus dem »Grafen von Monte Christo«), ein Zoobesuch in La Barben, die Tropfsteinhöhle Grotte de Thouzon, Klettern auf dem Marseiller ›Acrobranche‹, die Naturkundemuseen von Avignon und Aix, eine Fahrt im Minizug durch Marseille, Avignon oder Orange oder eine Bahnfahrt im Alpilles-Zug von Fontvielle nach Arles bestimmt viel Spaß machen (siehe auch www.provence-en-famille.org, S. 15). Machen

Sie es wie die Einheimischen mit ihren *pitchounes*, so der umgangssprachliche provenzalische Begriff: Mittags eine lange Siesta, dafür kann man dann abends lange aufbleiben.

Medien

Zeitungen
Die führende, neutrale Regionalzeitung ist »La Provence«, die mittwochs die Rubrik »Sortir« zu Veranstaltungen hat. Daneben gibt es »Midi libre« und die linke »La Marseillaise«. Zusätzlich hat jede Region ein kostenloses Blättchen mit Veranstaltungshinweisen, z. B. das am weitesten verbreitete »Farandole« (s. vor Ort). Deutsche Printmedien kommen mit ca. einem Tag Verspätung in den *maisons de presse* der Städte und in den Touristenorten an.

Radio und Fernsehen
Deutsche Welle: Mittelwellenfrequenz 702. Radio Traffic auf 107.7 MHz FM, ein Verkehrssender, bringt alle 15 Minuten Verkehrsnachrichten für den Midi, zur vollen und halben Stunde zusätzlich in Englisch. Radio France Bleu Provence auf 103.6 MHz FM ist *der* Sender für die Provenzalen: Nachrichten, Infos in Französisch, klassische Musik und Pop, Rezepte, Quizze etc. Radio Galère (88,4 FM), das sozial eingestellte, progressive Sprachrohr der Marseiller Stadtteile, und Radio Grénouille (88,8 FM), das Musik meist elektronischer Art und aktuelle Clubnächte etc. bringt, sind Lokalsender der alternativen Kultur und werden im Medienzentrum des Marseiller Viertels Friche de Belle de Mai produziert. Frankreich hat drei öffentliche und drei private Fernsehkanäle, z. B. Nachrichten auf TF1 und Antenne 2, Arte und Planète.

Notruf

Europaweit: 112
Polizeinotruf mit Unfallrettung (Police Secours): 17
Notarzt (SAMU): 15
Feuerwehr (Pompiers): 18

Öffnungszeiten

Banken: Mo–Fr 9–12, 14–16, in großen Städten meist durchgängig 9–16.30 Uhr (vor oder nach Feiertagen in der Nähe des Wochenendes wird gerne am ›Anschlusstag‹ geschlossen).
Geschäfte: keine gesetzlichen Ladenschlusszeiten; Kernzeit 9–12, 14/15–19 Uhr; oft bis in den späten Abend geöffnet, auch Supermärkte teils bis 21 Uhr; sonntagmorgens haben Bäckereien und Lebensmittelläden in den kleinen Orten meist offen; dafür montags oft geschlossen.
Hotels: Am wöchentlichen Schließtag werden keine neuen Gäste aufgenommen, alte dürfen selbstverständlich bleiben; manchmal Nov.–Febr./März geschlossen.
Kirchen: meist über Mittag geschl.
Museen: Kernzeit 10–12, 14–17 Uhr, meist Di geschl. (in Marseille Di–So 10–18, 11–17 Uhr im Winter)
Offices de Tourisme s. S. 15
Restaurants: geschl. oft So abends, ganzen Mo sowie drei bis vier Wochen im August
Wochenmärkte: 8–12 Uhr

Post

Die mit einem gelben Schild PTT gekennzeichneten Postämter öffnen Mo–Fr 8–12, 14–19, Sa 8–12 Uhr, in größeren Städten auch durchgängig. Briefmarken und Telefonkarten gibt es aber auch im *Bureau de tabac*; Porto für Karte/Brief: 0,46 €. Die hellgelben Briefkästen haben zwei Einwurfschlitze, A für innerhalb der jeweiligen Stadt, B für alle anderen Destinationen.

Rauchen

Frankreich ist seit dem Gesetz vom November 1992 das restriktivste europäische Land in Sachen blauer Dunst. Unter Androhung hoher Bußgelder ist es untersagt, in öffentlichen Räumen, z. B. Bahnhöfen, Zügen etc. zu rauchen. In Restaurants und Bars wurden Raucher- und Nichtraucherzonen geschaffen, viele sind streng *non fumeur.*

Reisende mit Handicap

Die Association des Paralysés de France, www.apf.asso.fr, gibt den regelmäßig aktualisierten kostenpflichtigen Hotelführer für Behinderte heraus (»Où ferons nous étape?«). Die Marseiller Dépendance der APF befindet sich: 279, av. de la Capelette, 13010 Marseille, Tel. 04 91 79 99 99.

Generell sind die modernen Hotelketten geeigneter, da sie gesetzlich verpflichtet sind, einen bestimmten Prozentsatz rollstuhlgerechter Zimmer anzubieten. Ein Führer »Gîtes accesibles aux personnes handicapées« listet für Behinderte taugliche Ferienwohnungen auf (Prospekte s. Gîtes).

Sicherheit

Autoeinbrüche sind schon fast die Regel, besonders häufig an Parkplätzen vor touristischen Attraktionen, aber auch an einsamen kleinen Provinzstraßen oder in bewachten Parkhäusern, wo man es eigentlich nicht erwartet.

Reiseinfos

Erste Regel: Absolut nichts im Fahrzeug liegen lassen, Handschuhfach und Kofferraumablage möglichst öffnen, so dass die Knackprofis sehen, dass es sich nicht lohnt. Auch ganze Autos werden gestohlen, bevorzugt teure. Bei Mietautos empfiehlt sich eine Versicherung ohne Eigenbeteiligung, auch wenn sie teuer ist.

Fälle von Vandalismus kommen vor. Taschendiebstahl ist in Frankreich grundsätzlich weit verbreitet, auf dem Bahnhof, an Strand und Pool, im touristischen Gedränge etc. Vorsicht auch beim Tanken: Immer das Auto abschließen! Am besten nimmt man nur das Nötigste an Bargeld mit, trägt Wertsachen und Kreditkarten versteckt am Leib. Eine Anzeige beim örtlichen *Commissariat de Police* ist Voraussetzung für die Schadensregelung bei der deutschen Versicherung oder z. B. für einen Ersatzwagen vom Autovermieter.

Souvenirs

Beliebte Mitbringsel sind glasierte Tonwaren und Keramik, z. B. die *vases d'anduze* die allgegenwärtigen Zikaden *(cigales)* oder Santons. Eine Firma mit Niederlassungen in vielen Orten ist »Terre de Provence«. Eine feste Größe für die Deko im provenzalischen Landhausstil sind die bunt bedruckten Baumwollstoffe *(indiennes)*. Die Traditionsfirmen »Souleïado« und »Les Olivades« haben Geschäfte in fast allen größeren Städten. Sie verkaufen neben Meterware Damenmode, Tischwäsche und Haushaltswaren.

Typische kulinarische Mitbringsel sind Olivenöl, Nougat, Calissons, Honig und natürlich Wein, aber auch Ziegenkäse verschiedener Sorten und erfinderisch gewürzt und garniert. Auf den Wochenmärkten bekommt man all dies häufig preiswerter als in Geschäften und direkt vom *producteur*.

Nicht nur Lavendel, sondern auch weitere Blüten füllen Livestyle- und Souvenirläden in Form von Essenzen, Parfums oder Marseiller Seife. Die weltweite Marke »L'Occitane en Provence« produziert Kosmetika auf der Basis natürlicher provenzalischer Produkte wie Olivenöl, Lavendel, Honig. Zudem hat die Provence eine Vielzahl von Künstlern und Kunsthandwerkern angezogen, die in Ateliers Gemälde, Textilkunst, Skulpturen u. Ä. produzieren und verkaufen.

Tipps für die Reisekasse

Mit folgenden Preisen sollte man auf jeden Fall rechnen:
1 l Milch: 1,10 €
Baguette: 0,80 €
Espresso: 2 €
½ l Mineralwasser: 3 €
Bier: 4 €
Drei-Gänge-Menü: 28 €
DZ im Zwei-Sterne-Hotel: 80 €
Frühstück: 9 €
Bett in der Jugendherberge: 12 €
Museumseintritt: 5 €
Tag im Parkhaus: 8 €
Busfahrkarte: 1 €
zwölf Kondome: 1,90 €

Benzin bekommt man günstiger an den rund um die Uhr geöffneten Tankstellen der *hypermarchés* wie Leclerc, Géant, Casino, Carrefour.
In den Lebensmittelabteilungen dieser Großmärkte kann man preiswert **Feinkost** für ein Picknick erstehen.
Auf den **Wochenmärkten** ist auch vieles (Öl, Honig, Ziegenkäse, Dauerwurst, Produkte aus Olivenholz u. a.) preiswerter als in der Souvenir-Boutique. Preiswerte **Stadt-Wochenenden** s. Infobox S. 100, 132.

Sprache

Die Provence ist auf dem touristischen Sektor nahezu zweisprachig – Französisch und Englisch – geworden. Der britische Schriftsteller Peter Mayle lässt grüßen. Wenn die Empfangsdame im Hotel oder im Tourismusbüro Deutsch beherrscht, spricht sie es auch. Das war nicht zu allen Zeiten so, obwohl die Provenzalen seit jeher erheblich weniger sprachchauvinistisch waren als z. B. die Pariser. Hin und wieder trifft man aber auch auf jemand, der partout nicht langsam sprechen will und ganz und gar nicht verhehlt, wie weh es ihm tut, seine Muttersprache so verhunzt zu hören.

Telefonieren

Die öffentlichen Telefone in Frankreich funktionieren fast nur noch mit *télécartes* – Telefonkarten, die man an Postschaltern, in Tabakgeschäften *(tabacs)* und an Supermarktkassen sowie in Bahnhöfen erhält (zu 50 oder 120 Einheiten). In Telefonzellen mit dem Symbol der blauen Glocke kann man sich anrufen lassen. Besonders billig sind die Tarife ab 23 Uhr, doch schon ab 18 Uhr wird's ein bisschen günstiger.

Bei Anrufen nach Frankreich wählt man 00 33, gefolgt von der Teilnehmernummer ohne die erste 0. Nach Deutschland: 00 49, nach Österreich 00 43, in die Schweiz 00 41 und sodann die Ortsvorwahl ohne die 0. Auskunft national: 12.

Per Handy kann man in vielen Netzen telefonieren, es setzt allerdings recht deftige Zusatzgebühren, wenn man einen französischen Netzanbieter nimmt. Roaming kann teuer werden – in dem herrschenden Tarifdschungel sollte man vor der Reise beim jeweiligen Netzanbieter die aktuellen Preise erfragen. Auch für den im Ausland Angerufenen kostet es.

Toiletten

Im Midi sind vor allem in älteren Bars und Cafés die traditionellen Stehklos noch verbreitet. Da hilft nur: Mundatmung und schnelle Flucht, bevor die Spülungswelle kommt. Öffentliche WCs sind relativ spärlich gesät.

Trinkgeld

Ist zwar offiziell im Preis enthalten *(service compris)*, doch üblich ist ein Trinkgeld von 5–10 % der Rechnung in Restaurants und Taxis. Selbst beim *café* rundet man mit ein paar Cents auf. Man sollte das *pourboire* jedoch durchaus von der Qualität des Gebotenen abhängig machen.

Umgangsformen

Es kommt gut an, zum *Bonjour, Au Revoir* und *Merci* ein *Madame, Monsieur* oder auch *Mademoiselle* hinzuzufügen; Letzteres hat nicht das leicht Despektierliche des deutschen »Fräulein«, sondern ist in Frankreich übliche Höflichkeit.

Jeans, Gesundheitsschuhe und Goretexjacke sind die Eckpfeiler der internationalen Touristenkluft. Mit modernem City-Schick bewegt man sich als Tourist vor allem in den Städten unauffälliger und damit manchmal auch sicherer. In guten Restaurants darf die Kleidung ruhig etwas feiner sein. Hier setzt man sich auch nicht einfach selbst an einen Tisch, sondern wartet, bis der Ober einen an einen Tisch führt. Ist genügend Platz, darf man seine Wünsche äußern.

Panorama – Daten, Essays, Hintergründe

Die Camargue ist ein Refugium für Flamingos

Steckbrief Provence

Lage und Fläche: Die Provence ist die südlichste und drittgrößte Region Frankreichs. Die Fläche beträgt 31 400 km².

Regionalhauptstadt: Marseille (808 000 Einw.). Der Großraum Marseille mit 1,35 Mio. Einwohnern ist nach dem Großraum Paris der zweitgrößte Frankreichs.

Amtssprache: Französisch

Einwohner: ca. 4 743 000 (davon im Département Vaucluse ca. 529 000, Bouches-du-Rhône ca. 1 906 000, Alpes-de-Haute-Provence 153 000), Ausländer und/oder Residenten ca. 500 000

Währung: Euro

Zeitzone: MEZ, im Sommer MESZ

Flagge: Le Tricolore tauchte erstmals in der französischen Revolution auf und bedeutet die eingeschränkte Macht des Königs (Weiß) zwischen den Farben von Paris (Blau und Rot).

Geografie und Natur

Zwischen dem Meer und dem höchsten Berg, dem Mont Ventoux (1909 m), erstrecken sich die Flussniederungen und Küstenebenen der sogenannten »Niederen Provence« (Basse-Provence). Hier konzentrieren sich Bevölkerung und Unternehmen. Kalksteingebirge: Die Hälfte der Region machen zerklüftete Mittelgebirge zwischen 500 und 1300 m aus, wie Alpilles, Montagne Ste-Victoire, Luberon oder Plateau de Vaucluse. Sie bestehen aus Kalkstein und wurden im Tertiär, vor etwa 70 bis 2,5 Mio. Jahren, in west-östlicher Richtung aufgefaltet, was man an den Gesteinsformationen noch gut ablesen kann. Flüsse: Durch das Rhône-Tal, seit der Antike ein bedeutender europäischer Handelsweg, verbindet der supermoderne TGV Paris und Marseille. Mit 812 km ist *le Rhône* Frankreichs zweitlängster und wasserreichster Strom. Die Durance, der mit 320 km zweitgrößte Fluss der Region, entspringt in der Dauphiné und mündet südlich von Avignon in die Rhône. Sie galt einst wegen der häufigen Hochwasser als eine der drei ›Geißeln‹ der Provence. Heute sind beide Flüsse durch Staustufen gezähmt und genutzt.

Geschichte

Nachdem die Römer die keltoligurischen Stämme besiegt hatten und die Provence dem Römischen Reich einverleibten, überzogen sie die Provinz mit einem Netz von Bauwerken. Der römische Einfluss kennzeichnet auch die mittelalterliche Kultur. 1481 gelangte die Provence mit dem Tod des letzten eigenständigen Herrschers an Frankreich.

Staat und Verwaltung

Die Region Provence-Alpes-Côte d'Azur, kurz PACA, besteht aus den sechs Départements Bouches-du-Rhône, Vaucluse, Alpes-de-Haute-Provence (die als »klassische Provence« Gegenstand dieses Buchs sind), sowie Var, Hautes-Alpes und Alpes-Maritimes (Côte d'Azur und Seealpen). Der Regionalrat (Conseil régional) wird direkt von den Provenzalen gewählt und beschließt einen eigenen

Haushalt. Alle Hoheitsrechte liegen beim französischen Staat.

Wirtschaft und Tourismus

Die insgesamt 1 783 000 Berufstätigen sind nur zu 1,3 % in der Landwirtschaft, zu 13 % in der Industrie und zu ca. 80 % im Tertiärsektor tätig. Das durchschnittliche Nettojahreseinkommen beträgt ca. 14 000 €. Ein höherer Angestellter verdient ca. 32 500 €, ein unqualifizierter Arbeiter ca. 9300 €, weniger als im restlichen Frankreich. Tourismus: 35 Mio. Besucher kommen jährlich in die Provence, Der Schwerpunkt liegt auf urbanem Tourismus. In der Tourismusbranche arbeiten 80 000 Personen. Mit einer Arbeitslosigkeit von 11 % liegt die Provence auf dem neunten Rang von 22 französischen Regionen. Das Bruttoinlandsprodukt beträgt 126 000 Mrd. €, auf jeden Einwohner entfallen 23 000, auf jeden Berufstätigen 71 000 €. Handelspartner sind Italien, Deutschland, Spanien, die USA und die Maghreb-Staaten.

Landwirtschaft: Ein knappes Drittel der Provenz gehört der Landwirtschaft. Kleinbetriebe von nicht mehr als 20 ha herrschen vor. 83 % der landwirtschaftlichen Erzeugnisse gehen auf das Konto der vier Großen – Wein, Gemüse, Obst und Blumen. Das Département Bouches-du-Rhône ist französische Spitze im Export von Obst und Gemüse.

Industrie: Um Fos, den Etang de Berre und Marseille erstreckt sich das »Ruhrgebiet des Mittelmeers«, einer der größten Industriekomplexe Frankreichs (chemische Industrie, Raffinerien, Stahlindustrie). Um Städte wie Avignon, Arles, Aix, Orange und Nîmes haben sich kleine bis mittlere Unternehmen angesiedelt, z. B. aus der Nahrungsmittelindustrie.

Hochtechnologie: Ein zukunftsweisender Wachstumspol ist die »Straße der Hochtechnologie«, die postindustrielle Unternehmen des vierten Sektors zusammenschließt (Avignon-Montfavet: nationales Agrarforschungsinstitut, Manosque-Cadarache: atomares Forschungszentrum, Aix-les-Milles: mikroelektronische Betriebe, Château-Gombert: Institut Méditerranéen).

Bevölkerung, Sprache und Religion

Die Bevölkerungsdichte beträgt ca. 144 Einwohner/km^2 (Vaucluse 140; Bouches-du-Rhône 361; Alpes-de-Haute-Provence 20). 93 % leben in Städten mit über 2000 Einwohnern, womit die Provence nach der Ile de France die am zweitstärksten urbanisierte Region Frankreichs ist. Das Bevölkerungswachstum beträgt 0,63 % – jedes Jahr gibt es 40 000 neue Provenzalen. Männer werden durchschnittlich 77,3, Frauen 84 Jahre alt, ca. zwei Jahre älter als die Franzosen der nördlichen Regionen. Frauen leiden unter höherer Arbeitslosigkeit, geringerem Einkommen – das durchschnittliche Nettojahreseinkommen für Männer beträgt 15 396 € und für Frauen 12 966 € – und weniger verantwortlichen Posten. Nur ein Beispiel: auf zehn Bürgermeister kommt eine Bürgermeisterin.

Sprache: Umgangssprache ist Französisch, das Provenzalische hat weder im alltäglichen noch im kulturellen Leben eine wirkliche Bedeutung.

Religion: Die überwiegende Mehrheit ist römisch-katholisch. Muslime stellen in der Provence mittlerweile ca. 10 % der Bevölkerung.

Vorgeschichte und Griechen

ca. 5000 v. Chr.	Neolithische Revolution: Sesshaftwerdung, Ackerbau, Viehzucht, Keramik; bei Châteauneuf-lès-Martigues machten Archäologen die weltweit ältesten Funde von domestizierten Schafen.
600 v. Chr.	Handel treibende und seefahrende Griechen aus Phokäa, einer athenischen Kolonie in Kleinasien, gründen Marseille. Die Griechen beeinflussen durch ihre Kultur die Ligurer und Kelten, indem sie das Eisen, den Weinstock, den Ölbaum, die Schrift und das Geld bringen.
5. Jh. v. Chr.	Die indoeuropäischen Kelten dringen auf ihren europaweiten Wanderzügen auch in die Provence ein und vermischen sich mit den Ligurern zu den sogenanten Keltoligurern. Die kriegerischen Völker errichten Oppida, die Saluvier z. B. Entremont.

Die Römerzeit

154 v. Chr.	Die Massalioten rufen Rom zu Hilfe gegen angreifende Keltoligurer.
125 v. Chr.	Rom lässt sich nicht lange bitten.
122 v. Chr.	Sextius Calvinus gründet Aquae Sextiae Salluviorum (Aix), während Domitius Ahenobarbus sukzessive die keltoligurischen Stämme besiegt. Das ist der Beginn der durchgreifenden Romanisierung der *Provincia*.
102 v. Chr.	Marius schlägt die germanischen Kimbern und Teutonen vernichtend bei Aix – 100 000 Invasoren werden getötet.
22 v. Chr.	Augustus reorganisiert die Provincia Gallia Narbonensis, die sich bis Vienne im Norden und von den französischen Alpen bis Toulouse erstreckt.
Anfang 5. Jh. n. Chr.	Die ersten christlichen Klöster Europas entstehen wie St-Victor in Marseille.

Das Mittelalter

972	Wilhelm, Graf von Arles, vertreibt die lästigen Sarazenen und begründet das unabhängige sogenannte erste Grafenhaus der Provence.
1032	Rudolph II. hinterlässt sein Königreich mitsamt der Provence den deutschen Kaisern; die Grenze zwischen Frankreich und dem deutschen Kaiserreich verläuft nun an der Rhône.
1112	Die ersten provenzalischen Grafen hinterlassen nur Erbinnen: Douce

de Gévaudan heiratet Raymond Bérenger I., den Grafen von Barcelona, Emma den Grafen von Toulouse.

1125 Ein Teilungsvertrag zwischen den Katalanen und den Tolosanern verhindert nicht, dass sich die Grafen untereinander, mit den Adelsfamilien, die Adelsfamilien unter sich etc. befehden.
Durch die kirchliche Gottesfriedensbewegung werden diese Fehden jedoch begrenzt, eine Blütezeit für die Provence beginnt: Die Bevölkerung wächst, bislang unkultivierte Ländereien werden urbar gemacht. Sümpfe werden trockengelegt und Felslandschaften bewässert.

1209–1245 Raymond Bérenger V. erbt als Frucht einer Eheverbindung Toulouse-Barcelona alles. Er residiert permanent in der Provence und gestaltet sie zu einem straff geführten Herrschaftsbereich.

1245 Bei seinem Tod hinterlässt er vier Töchter, die aufgrund ihrer hohen Heiraten auf den französischen, englischen und deutschen Thron die vier Königinnen genannt werden. Die vierte und jüngste, Béatrix, bekommt den jüngeren Bruder des französischen Königs, Karl von Anjou, und der die Provence; die straff geführten Steuerlisten der Première Maison d'Anjou lassen auf etwa 400 000 mehr oder weniger glückliche provenzalische Untertanen schließen.

1274 Die Päpste ergattern als Kriegsbeute aus den Albigenser-›Kreuzzügen‹ das Comtat Venaissin um Venasque, das bis zur Französischen Revolution in ihrem Besitz bleiben wird.

1348 bis ca. 1440 Avignon mausert sich als Residenzstadt von Exil- und Gegenpäpsten zum ›zweiten Rom‹.

1382 Nachdem Charles von Duras Königin Jeanne zwischen zwei Kissen hat ersticken lassen, stirbt er ohne Erben und vermacht Louis d'Anjou, wieder einem jüngeren Bruder des französischen Königs, die Provence: voilà, la Deuxième Maison d'Anjou.

1434–1480 Der ›gute König René‹ beglückt als Mäzen vor allem die Künstler. Die Provence beginnt, sich langsam wieder zu erholen.

Frühe Neuzeit
1481 Mit dem Tod des letzten Angeviners, Karls III. von Maine, fällt die Provence an Frankreich, das in der Folge Schritt für Schritt die im Übergabetestament verbrieften Rechte, Privilegien und auch Freiheiten (sog. provenzalische Konstitution) unterminiert und denen des übrigen Königreichs anpasst; mithilfe eines königlichen Gouverneurs.

1545	Während der französischen Religionskriege richtet der Adlige May-nier d'Oppède auf Befehl des Parlaments von Aix ein Massaker unter den ketzerischen Waldensern im Luberon an.
1660	Ludwig XIV. zieht persönlich durch eine Mauerbresche ins rebellische Marseille, erobert es und läutet auch für die bislang relativ selbst-ständige Provence das Zeitalter des zentralistischen Absolutismus ein.
1789	Auf der revolutionären Versammlung des Dritten Standes in Versailles machen zwei Kinder der katholischen Provence von sich reden: Graf Mirabeau aus Aix und Abbé Sieyès aus Fréjus. Weil der im Elsass kom-ponierte Revolutions-Gassenhauer von Kontingenten aus Marseille auf den Schlachtfeldern geschmettert wird, heißt er Marseillaise.
1790	Die Provence als Relikt des Ancien Régime wird in nach geografischen Kriterien geschaffene und zentral von Paris kontrollierte Départe-ments gegliedert.

Vom 19. Jh. bis heute

1814	Napoleon liebten die Provenzalen nie besonders, weshalb er auf der Rückkehr von Elba in Avignon fast (und sein Marschall Brune tatsäch-lich) gelyncht wird.
2. Hälfte 19. Jh.	Mittlerweile hält die Industrielle Revolution zögerlich ihren Einzug, auch in die Provence (1849 erste Eisenbahnlinie Marseille–Avignon); in den Städten, vor allem in Marseille, das von Frankreichs übersee-ischem Kolonialreich profitiert, treffen sich Einwanderer aus der von der Landflucht entvölkerten Haute-Provence, den Cevennen, Korsika und Italien, an der Küste die ersten Touristen der Upper Class.
1942	Das ›freie‹ Vichy-Frankreich, also auch die Provence, wird von deut-schen Truppen besetzt; den Immigranten in Marseille und an der Küste wird es immer schwerer gemacht, Europa zu verlassen; bei Aix-les-Milles werden deutsche Intellektuelle in einem Lager interniert.
1944	Die Alliierten landen und bombardieren dabei Marseille und Avignon, die fliehenden Deutschen zerstören u. a. Sisteron, die Abtei von Mont-majour und die Papstburg in Châteauneuf-du-Pape.
1962	Mit Ende des Algerienkriegs und des französischen Kolonialreichs kommen Hunderttausende von Algerienfranzosen (*pieds noirs*, »Schwarzfüße«) sowie algerischen Kollaborateuren *(harkis)* haupt-sächlich über Marseille in den Midi.

ab 1962	Paris ruft das Industriegebiet um Fos ins Leben und ausländische Arbeitnehmer ins Land.
1982/83	Mitterrands Regionalreform macht die Provence zu einer Gebietskörperschaft mit direkt wählbarem Regionalrat, dem Conseil Régional, und eigenem Haushalt.
späte 1980er/ 1990er	Der traditionell eher rote Midi leidet unter dem Niedergang des Industriegebiets von Fos und der daraus resultierenden hohen Arbeitslosigkeit sowie unter Strukturkrisen in der Landwirtschaft. Der hohe arabische Bevölkerungsanteil entwickelt sich für manch einen Provenzalen zum Problem: Einige Wähler, vor allem in den großen Städten wie Marseilles, schwenken in das Lager des rechtsextremen Front National über.
1994	Die Abgeordnete Yann Piat, wegen ihres Kampfs gegen Korruption und Verbindungen zwischen Mafia und Politik als »Yann d'Arc« bekannt, wird in Hyères ermordet.
1998	Frankreichs ›multikolore‹ Mannschaft wird Fußballweltmeister. Zweimal traf Nationalheld Zinédine Zidane (›Zizou‹), in Marseille geborener Sohn algerischer Einwanderer.
2004	Bei den Regionalwahlen setzt sich Michel Vauzelle von der Linken Liste (u.a. Parti Socialiste, Les Verts) mit 73 Sitzen gegen Renaud Muselier von der Rechten Liste (UMP/UDF) durch, der nur über 31 Abgeordnete im neuen Regionalrat verfügt. Der Front National hält 19 Sitze. Die nächsten Regionalwahlen finden 2010 statt.
2006	Die Vernichtung der heimischen Unterwasserwelt durch die pazifischen Algenarten Caulerpa taxifolia und Caulerpa racemosa nimmt katastrophale Ausmaße an.
2007	Bei den Präsidentschaftswahlen geben beinah zwei Drittel der Provenzalen ihre Stimme Nicolas Sarkozy. Bald sorgt auch die frisch gebackene Präsidentengattin Carla Bruni international für Schlagzeilen.
2008	Bei den Kommunal- und Kantonalwahlen erteilen die Provenzalen Sarkozys UMP einen Denkzettel und wählen die Sozialisten. Ausnahmen: In Marseille setzt sich der langjährige Bürgermeister Jean-Claude Gaudin (UMP) knapp gegen den Regionalratsvorsitzenden Jean-Noël Guérini (PS) durch. Auch Avignon, Aix und Nîmes behalten gegen den Trend ihre UMP-Bürgermeister.

Gegen Wassermangel gewappnet – die Pflanzen der Provence

Zypressen und grüne Olivenhaine brauchen im provenzalischen Klima Bewässerung

Das typische Mittelmeerklima, das auch in der Provence vorherrscht, zeichnet sich durch Hitze und Trockenheit aus. Die Vertreter der lokalen Flora kommen mit wenig Wasser aus oder können erstaunliche Wasservorräte speichern. Ihr größter Feind sind Waldbrände.

Macchia und Garrigue prägen als immergrüne Pflanzengemeinschaften die trockene, sonnenreiche Provence. Das korsische Wort für Zistrose, *mucchio*, und das okzitanische Wort für die Kermeseiche, *garoulia*, gaben ihnen ihre Namen. Die Garrigue ist so etwas wie eine kleine Macchia, denn ihre Hartlaubgewächse werden nur bis zu 2 m, die der Macchia bis doppelt so hoch. Für den Kampf um das begehrte

Nass entwickelte ihre Vegetation besondere Tricks: Die Kermeseiche, die Leitpflanze der Garrigue, verhindert Verdunstung durch glänzende, wachsartige Blätter, die Kräuter schützen sich mit Dufthüllen aus ätherischen Ölen. In der Felsheide wachsen und duften die berühmten Herbes de Provence: Rosmarin, Lavendel, Thymian, Salbei, Basilikum, wilder Fenchel, Minze, Zitronenmelisse, Majoran. Sie werden seit alters her als Gewürze genutzt; man macht aus ihnen Liköre, z. B. den *Farigoule* aus Thymian. Bei Taufe, Hochzeit und Tod galt z. B. Rosmarin als probater Geisterbanner. Lorbeer, Wacholder und Stechginster verstärken das Duftorchester. Rosa blühen Tamarisken, Oleander und Oleaster, die Wildform des Oleanders, weiß oder rosa die Zistrosen, weiß die Baumheide. Granatapfel, Feige und Pistazie, anderswo begehrte Kulinaria, fruchten hier gratis.

Von Waldbränden bedroht

Und gegen einen weiteren Feind sind die Felsheidensträucher besonders gewappnet: gegen Waldbrände, die alljährlich nicht nur in der Provence lodern. Garriguepflanzen können von der Wurzel erneut ausschlagen, sodass sie schnell nachwachsen und häufig abgebrannte Wälder ersetzen.

Weggeworfene Zigaretten, Lagerfeuer oder Glasscherben können in den gnadenlosen Sommermonaten, wenn so gut wie kein Niederschlag fällt und das Land vor Trockenheit knistert, einen Waldbrand entfachen. Aus diesem Grund sind die provenzalischen Mittelgebirge von etwa Juli bis Mitte September gesperrt. Schranken und Schilder weisen am Beginn der gefährdeten *zone rouge* darauf hin, dass Wandern während dieser Zeit verboten ist. Gegen Brandstiftung, etwa zur Baulandbeschaffung durch die Handlanger einiger Spekulanten, greifen solche Vorsichtsmaßnahmen zwar nicht, aber acht von zehn Bränden entstehen aus Unachtsamkeit. Mit Brandschneisen und Zisternen, auf die man vielerorts in den Mittelgebirgslandschaften trifft, mit Löschflugzeugen und Brandwachen, versucht man den Feuersbrünsten beizukommen. Trotzdem werden alljährlich etwa 3000 ha Wald vernichtet.

Das wiegt in der Ökologiebilanz umso schwerer, als dichte Wälder in der Provence wie im gesamten Mittelmeerraum aufgrund des Wassermangels ohnehin rar sind. Am Mont Ventoux, im Luberon und in der Ste-Baume, den wasserreichsten Regionen, findet der Wanderer und Naturliebhaber sie noch.

Mediterrane Bäume

Die klassischen südfranzösischen Nadelbäume, Schirmkiefer (*pin parasol*) und Zypressen sind an Wassermangel angepasst: Der Schirm der älteren Kiefern saugt den nachts aufsteigenden Dunst optimal auf und die nadelspitze Zypresse lässt die Sonneneinstrahlung wirkungslos abgleiten. In den Städten beschatten Platanen mit ihren breiten Kronen und der hellen, sich schälenden Rinde Boulevards, Alleen und Plätze – ein südfranzösisches Markenzeichen. Sie verbreiten ein scheckiges Dämmerlicht und bieten den Gästen der Cafés Schutz vor der sengenden Sonne.

Essen wie Gott in Frankreich

Mit duftigen Kräutern der Garrigue und viel Aroma ist sie inzwischen legendär – die provenzalische Küche entzückt das Genießerherz. Vegetarier und Fleischliebhaber können hier gleichermaßen glücklich werden. Und wer Fisch und Meeresfrüchte mag, kommt auch nicht zu kurz.

Was heute als Paradies für Vegetarier erscheinen mag, entsprang einst dem Mangel: Da Fleisch teuer und für die Festtage reserviert war, haben die Köchinnen der alten Provence eine breite Palette von Gemüsegerichten kreiert: Gebraten, überbacken, gefüllt, in einem Teigmantel in Öl ausgebacken, als Salat, süß oder salzig, im Ganzen, gehackt, püriert, pur oder mit Sahne gedickt, wird Gemüse auf den Tisch gebracht. Deftig, aromatisch, bodenständig, autark – so war die provenzalische Küche ehemals, so ist sie in Grundzügen noch heute. Man nutzte klug die Ressourcen, die zur Verfügung standen: Pilze, Käse und Lamm aus den Gebirgsregionen, Gemüse und Obst aus der Tiefebene, Fisch und Meeresfrüchte aus dem Mittelmeer. Die Garrigue-Kräuter gab es überall gratis dazu, aber Vorsicht: Das Würzen ist eine Kunst, die von der Zurückhaltung lebt.

Zwei Gemüsesuppen belegen die Vorliebe der Provenzalen für die

Genießerherzen schlagen in der Provence höher

fleischlose Küche: die altväterliche *aigo boulido*, eine dünne Knoblauchsuppe mit Salbei, Lorbeer, Olivenöl und Croûtons, und die gehaltvolle *soupe au pistou*: In die Suppe aus Bohnen, weiteren Gemüsen und Nudeln wird kurz vor dem Servieren der *pistou*, eine Art Pesto ohne Pinienkerne, eingerührt. Sie stammt ursprünglich aus Genua, ein Beispiel für den starken italienischen Einfluss in der Küche der Provence.

Weltberühmt ist auch die *ratatouille*, ein arbeitsaufwendiges Gemüsepotpourri aus Paprika, Zucchini, Zwiebeln, Auberginen, Tomaten und jeder Menge Kräuter. Der Trick dabei: Die Gemüse müssen einzeln geschmort werden.

Tapenade und *Aïoli*

Hauptsächlich aus Olivenöl, Kapern und Oliven wird die *tapenade* gemengt, eine schwärzliche, salzige Paste, die gut zu Geflügel oder schlicht auf Weißbrot mundet. Selten nur bekommt man *pissala*, eine überaus salzige Paste aus Sardellen. Das *aïoli* besteht aus reichlich zerstoßenem Knoblauch, Eigelb, Zitronensaft und natürlich Olivenöl. Beim *Aïoli monstre* fließt diese scharfe Knoblauchmayonnaise über gedünsteten Kabeljau oder Stockfisch, über gegarte Kartoffeln, Möhren, Kichererbsen, Porree, Eier und rohe Meerschnecken. Und wenn das ganze Dorf dann an langen Tischen sitzt und feiert und schlemmt: Setzen Sie sich dazu!

Echte Trüffel

Nur Könner und ihre Hunde wissen, wo die richtigen *truffières* stehen, jene Flaumeichen, unter denen die Hexenringe der schwarzen Trüffeln wachsen. Und sie wären dumm, wenn sie es herausposaunten. *Rabasse* heißen die kostbaren schwarzen Edelpilze, die in den Départements Drôme und Vaucluse sprießen. In der Gastronomie werden sie Périgord-Trüffel genannt, was irreführend ist. Von November bis März werden die Trüffelmärkte abgehalten, bieten die Restaurants Trüffelmenüs und die Fremdenverkehrsämter Trüffelwochenenden an.

Auf kleiner Flamme

Ferran Adriá und seine Adepten kamen zu spät, denn die provenzalischen Hausfrauen hatten die Molekularküche schon lange erfunden. *Adobo* heißt das traditionelle Rinderragout auf Provenzalisch. Erst liegt es in einer Marinade aus Gewürzen und natürlich Olivenöl, dann köchelt es stundenlang mit viel Rotwein sanft vor sich hin. Jede gute *daube*, so der französische Begriff, ist ein Geheimnis. Der eine gibt Orangenschale, der andere Walnüsse dazu, Frédéric Mistral liebte zerdrückte Anchovis, die Avignoneser mögen Nelken. Im Pays d'Arles wird die Sauce gern mit Blut gedickt, was ihr einen wildartigen Geschmack, eine nahezu geleeartige Konsistenz und die entsprechende Farbe beschert. In das *bœuf gardian* kommt idealerweise das AOC-Fleisch der Camargue-Rinder, doch steht der Begriff in der real existierenden provenzalischen Gastronomie allgemein für Rindergulasch. Auch Lammfleisch ist einer der üblichen Verdächtigen auf der Speisekarte, meist mit *herbes de Provence* oder Oliven zubereitet.

Pieds et paquets dagegen sind nicht jedermanns Sache: Die Schafsfüße wer-

Rezepte im Internet
Die Zubereitung der echten Bouillabaisse findet man unter
www.bouillabaisse.com.
Provenzalische Rezepte (in Französisch) gibt es unter www.pacai
foeco.com/magazine/gastro.
Für Trüffelfans: www.truffes-lu
beron.com (Géo Balme verkauft
Trüffeln im Netz und bietet auch
Themenaufenthalte mit Trüffelsuche und Trüffelessen an).

den mit einer Farce gefüllt und in Pan-
sen gewickelt, sodass sie wie ›Pakete‹
aussehen. Schmoren müssen sie auch,
ganze sieben Stunden lang.

Nichts geht über eine echte *Bouillabaisse*

An der Küste serviert man naturgemäß
neben Fisch die Früchte des Meeres.
Ironie der Geschichte: Das Mittelmeer
ist inzwischen so leergefischt, dass
Krabben- und Schalentiere und auch
die Flossenträger teils von weither im-
portiert werden müssen. Die *tellines*,
winzige Muscheln aus den Brackwas-
serseen der Camargue, sind allerdings
nur vor Ort zu bekommen. Lauwarm in
einer Sauce aus Knoblauch, Olivenöl,
Zwiebeln und Essig verzehrt, sind sie
eine Köstlichkeit, für die man sich gern
die Hände schmutzig macht.

Eine Fischsuppe enthalten meist
auch die preiswerten Standardmenüs.
Zur *bourride* oder *soupe de poisson*
gehören Croûtons, ein Schälchen mit
rouille, einer mit Safran und scharfem
Paprika gewürzten Aïoli, und eines mit
geraspeltem Käse. Man geht folgendermaßen vor: Rouille auf die Brotstü-
cke, Raspelkäse auf die Rouille und

dann die rötlich-braune, opake Fisch-
brühe über alles.

Mit geröstetem Weißbrot und Aïoli
oder Rouille genießt man auch die Legende unter den Suppen, die *bouillabaisse*, was so viel wie ›auf kleiner
Flamme gekocht‹ bedeutet. Ursprünglich eine Armeleutespeise, in die die Fischer rund um den Marseiller Hafen
ihre Fangüberschüsse warfen, ist die
vraie bouillabaisse, die ›echte Bouillabaisse‹, heute ein Streitobjekt der Gastronomie. Einige Küchenchefs haben
die ›Bouillabaisse-Charta von Marseille‹ unterschrieben und sich zu einer
bestimmten Herstellungsart dieser
edelsten aller Fischsuppen verpflichtet.
Bei Christian Buffa vom »Miramar«, einem der Initiatoren der Charta, kann
man Kochkurse belegen (s. S. 213).

Verwendet werden nur fangfrische
Meeresbewohner wie Sankt-Peters-
Fisch, Meerspinne, Seeteufel, Knurr-
hahn, Seeaal oder Petermännchen,
Felsfische eben. Der Drachenkopf gehört auf alle Fälle dazu. Fehlt er,
schlürft man eine ordinäre Fischsuppe.

Schon im Einkauf für die Familien-Bouillabaisse würde die Köchin an die 22 € zahlen, daher zahlt man im Restaurant nicht unter 50 €. Die Fische kommen unzerteilt und nicht zerkocht auf den Tisch, erst der Gast übergießt sie mit der Fischbouillon, die aus Kartoffeln, Zwiebeln, Fenchel, Tomaten, Safran und natürlich Olivenöl sowie Knoblauch zubereitet wurde.

Feine Käse und ganze 13 Nachtische

Der Käse stammt meist von der Ziege, ein *chèvre*, *crottin* oder *banon*. *Lou cachat*, das klingt altehrwürdig und ist es auch, denn dieser Ziegenkäse hält sich nahezu unbegrenzt. Mit Lorbeerblättern und Bohnenkraut eingelegt, erstaunlicherweise einmal nicht in Olivenöl, sondern in Branntwein, zieht er einem die Socken aus. Der Banon ist ein kleiner runder Ziegenkäse, der in ein Kastanienblatt gewickelt und mit einem Naturbastfaden verschnürt wird. Besonderer Clou dieser AOC-Käsespezialität: Das Kastanienblatt wird vorher in hochprozentigen Alkohol eingelegt. Kenner lieben den würzigen, ein wenig säuerlichen Geschmack.

Danach mag der Provenzale es süß: kandierte Früchte (*fruits confits*) aus Apt oder die berühmten Calissons d'Aix aus Mandelpaste und kandierten Melonen. Das ebenfalls regionaltypische Nougat gehört zu den Treize Desserts, den (mindestens) 13 Nachtischen des traditionellen provenzalischen Heilig-Abend-Festmahls, dazu *fougasse* und *pompe*, Konfitüren, Obst, Nüsse und Trockenfrüchte. Die *quatre mendiants* dürfen dabei nie fehlen. Das sind Mandeln, Walnüsse, Trockenfeigen und Rosinen, die ihren Namen der Kuttenfarbe von vier Bettelmönchsorden verdanken. Das Weihnachtsmahl selbst ist eine recht bescheidene Angelegenheit. Es besteht aus vielen fleischlosen Gerichten, eine frühe Art der Tapas, und ist so etwas wie die Quintessenz der bodenständigen provenzalischen Gemüseküche.

Ziegenkäse in köstlichen Variationen

Wild leben die Herden in den Salzsteppen und Sümpfen der Camargue. Größtenteils sich selbst überlassen, selbst bei Frost und Unwetter in freier Natur. Die einen weiß wie Schnee, die anderen schwarz wie Kohle. Vom Solutré-Pferd und vom Bos Taurus asiaticus sollen sie abstammen, von Artgenossen also, die vor ca. 20 000 Jahren lebten. Heute sind sie Zuchttiere, Hütepferde, Kampfstiere und natürlich eine Touristenattraktion.

Visitez les toros à cheval, die Stiere auf dem Pferderücken besuchen, lautet keit der auf dem Pferdepopo, hinter dem Gardian, der die Hosen anhat.

Wendige Pferde mit Kuhverstand

Die robusten Pferde mit dem schweren Kopf und dem ausgeprägten Unterkiefer, die ein wenig wie große Ponys wirken, halten das aus. Sie haben durchweg eine glückliche Jugend. Die zwischen März und Juni ohne menschliche Hilfe zur Welt kommenden Fohlen sind zunächst grau, braun oder falbfarben. Erst zwischen dem fünften

Kult und Zucht – Pferde und Rinder in der Camargue

die Devise der Camargue-Touristik. Die *toros* sind natürlich nicht nur Stiere, sondern auch Kühe, aber das passt nicht so gut zu dem ein wenig cowboyhaften und ziemlich machohaften Mythos. Ihre geringe Größe – die Camargue-Pferde dürfen laut Zuchtbuch eine Widerristhöhe von 1,45 m, die Camargue-Rinder eine von 1,20 m nicht überschreiten – spricht für ihre ›steinzeitlichen‹ Gene.

Der Baron Folco de Baroncelli-Javon schuf den Mythos um die Camargue-Cowboys zu Beginn des 20. Jh. (s. S. 179), und trotz einiger weniger *gardiannes*, provenzalischer Cowgirls, ist der angestammte Platz der Weiblich-

Camargue-Pferde, Teil eines Mythos

und siebten Lebensjahr werden sie weiß. Bleiben sie ihr Leben lang ein Apfelschimmel, war ihr Blut nicht rein. Die Herde ist in ständiger Bewegung, um die mageren Weiden mit ihren trockenen Riedgräsern, Quecken, Saladellen und Salicornen optimal auszunutzen. Dass sie hierbei auch an Jungtriebe gelangen, die sich noch nicht aus dem Wasser herausgetraut haben, verdanken sie ihrer unter Pferden einzigartigen Fähigkeit, die Nüstern zukneifen und so ›submarin‹ äsen zu können.

Für den *ternen*, spätestens für den *quatren* (Drei- und Vierjährigen) ist Schluss mit der Freiheit. Er wird eingeritten und grast von nun an in Sichtweite der Menschen, um sich morgens zur Arbeit mit dem Hafersack in den

Korral locken zu lassen. Der Gardian, der ›Cowboy der Camargue‹, wird das einmal von ihm eingerittene Reittier nicht mehr aus der Hand geben, da es an seine Person adaptiert ist. Von der Wendigkeit seines Camargue-Pferds, das abrupt stoppen, beschleunigen und auf der Stelle drehen kann, und seinem ›Kuhverstand‹ hängt viel ab bei der Hütearbeit. Etwas über 100 *manades* bewirtschaften in der Camargue ca. 40 000 ha Weideland. Sie haben großen Anteil am Landschaftsschutz, da sie zur Stier- und Pferdezucht weite, naturbelassene Flächen brauchen und die Camargue in ihrer ursprünglichen Gestalt erhalten.

Spektakel für Touristen

Auf dem Mas de Cacharel an der Route de Cacharel, wo Albert Lamorisse 1952 den für den Mythos Camargue so wichtigen Pferdefilm »Le Crin Blanc« drehte, wurde der ›sanfte‹ Reitertourismus erfunden, den heute beinah jeder *manadier* praktiziert: Er vermietet Pferde und veranstaltet in einer kleinen Arena Spektakel für Touristen.

Im Frühjahr z. B. die *ferrades*. Die Gardians, die in ihren kastenartigen Sätteln sitzen und einen *trident* benutzen, eine Lanze aus Eschenholz mit dreizinkiger Eisengabel, sondern einen Jungbullen von der Herde ab; ein

Mann packt ihn bei den Hörnern und wirft ihn zu Boden, anschließend wird dem Tier das Zeichen der Manade auf den Schenkel gebrannt und ein oder beide Ohren in einer für jede Manade unterschiedlichen Form coupiert (*escoussouro*). Auch *abrivado* und *bandido*, wenn die Stiere vor Kampfspielen in die Arena und wieder zurück auf die Weiden getrieben werden, kann man die ganze Saison über miterleben.

Etwa 20 000 Rinder der *Rao di bròu* gibt es, 6000 werden jährlich geschlachtet. Ihr Fleisch hat das AOC-Gütesiegel. Wenn Sie einem Stier begegnen, dessen Hörner nicht die typische Lyraform aufweist und dessen Körper bullig und schwer wirkt, ist das ein Kampfstier spanischer Herkunft, von denen auch etwa 6000 in der Camargue gezüchtet werden.

Hier gewinnt der Stier

Ein unblutiger Stierkampf? Einer, bei dem der Stier gewinnt? Das gibt es nur beim provenzalischen Stierkampf, der Course Camarguaise. In vielen Arenen des Pays d'Arles wie in Les Stes-Maries-de-la-Mer, St. Gilles und Vauvert, kann man sie sich in der wärmeren Jahreszeit ansehen. Die bedeutendsten finden im römischen Amphitheater von Arles statt. Zu den mehr oder weniger schiefen Klängen des Toreromarsches aus »Carmen« marschieren die weiß gekleideten razeteurs in die Arena ein. Freunde, Gardians und Eingeweihte schauen aus nächster Nähe hinter den hölzernen Barrieren zu, was nicht ganz ungefährlich ist, da der Stier auf der Jagd nach einem flüchtigen razeteur schon mal die Holzlatte kurz und klein tritt. Nachdem es in Vauvert zu einem tragischen Todesfall kam, herrschen verschärfte Sicherheitsvorkehrungen.

Bei der Course Camarguaise rettet oft nur noch der Sprung über die Holzbarriere

Auf der Tribüne nehmen kurz vor Beginn der Kämpfe die Stierbesitzer Platz, die *manadiers,* respektvoll begrüßt und mit schwarzen Samtwesten, Gardian-Hemd und breitkrempigem Hut ganz im Stil eines *Grand Seigneur* à la Baroncelli herausgeputzt. Auf den Steinstufen sitzen die übrigen Zuschauer – nie so viele wie bei den blutigen Corridas, obwohl die Eintrittskarten erheblich billiger sind.

Mit Hilfe ihrer ›Krallen‹ *(crochet)* müssen die *razeturs* nun, im Laufen und in gehöriger Entfernung von der Bande, dem Stier, dem *cocardier,* seine Kokarde und die um die Hörner gewickelten Quasten *(gland)* und Bindfäden *(ficelle)* entreißen. Auf jede dieser Trophäen ist eine Geldprämie ausgesetzt, die der örtliche Blumenladen oder der Bankdirektor ausgesetzt hat. Bei der Cocarde d'Or, der bedeutendsten *Course,* spenden auch große Industrieunternehmen. Noch während des Kampfes werden zusätzliche Prämien ausgerufen.

Sechs oder auch neun Stiere – der beste kommt meist an vierter Stelle – versuchen in je etwa 20 Minuten zu verhindern, dass die Razeturs an ihre Trophäen und die Geldpreise kommen. Spektakuläre Sprünge der weiß Gekleideten über die hölzerne Barriere sind Folgen eines *coup de barrière* vonseiten des Stiers. Das gibt einen Sonderapplaus – für den Stier. Die besten eines Arenajahrs werden als Bioù d'or prämiert. Obwohl die Tiere geringfügig von den Eisenkrallen bluten, liegt doch das ganze Risiko dieser Sportart beim Menschen. Überzeugt der Stier in der Arena, darf er bis zum nächsten Kampf wieder in die Freiheit der Camargue-Weiden.

Kugelschießen für die Galerie – Pétanque

Das metallische Klacken, wenn schwere Kugeln zusammenprallen, und das Knirschen, wenn sie über den Sand rollen, sind für die Provence so typisch wie das Zirpen der Zikaden. *A ped tanco,* »mit beiden Füßen auf dem Boden stehend«, wird Pétanque gespielt. Der gehbehinderte Jules Hugues alias Jules Le Noir, der beim athletischen *jeu provençal* den Anlauf nicht hinbekam, soll 1907 die neuen Regeln für das alte Kugelspiel Boule erfunden haben.

Pétanque ist das Spiel der kleinen Leute. Als Spielgrund dient irgendeine feste Oberfläche – ideal sind die provenzalischen Plätze oder Wege aus festgestampftem Sand, wenn möglich mit Schatten spendenden Platanen. Der Satz etwa faustdicker Metallkugeln, jede zwischen 650 und 800 g schwer, kostet nicht die Welt und hält ein Leben lang. Der Elsässer Kapitän Félix Rofritsch, den die widrige See nach Marseille verschlug, stellte dort 1904 die ersten genagelten Holzkugeln her. Es folgten 1925 die ersten Bronzekugeln und 1947 die ersten der berühmten bläulichen Stahlkugeln. Noch heute produziert das prestigeträchtige Familienunternehmen Boule

Ehrgeiz, Ehre, Männersache: Wer ist dem Schweinchen am nächsten?

Bleue in Marseille. Die Hundertjahr-feier 2007 wurde stilecht mit einer Reinszenierung des ersten Pétanque-spiels im Boulodrôme von La Ciotat be-gangen.

Einfache Regeln

Zwei Spieler *(tête-à-tête)* oder zwei Mannschaften mit je zwei *(doublette)* oder drei Spielern *(triplette)* treten ge-geneinander an, bis nach mehreren Aufnahmen *(mène)* eine Mannschaft die vorher festgelegte Punktzahl, meist 13, erreicht hat. Möglichst nah sollen die drei Kugeln *(boules)* der Ein-zelspieler oder die sechs Kugeln der Mannschaft an das Schweinchen *(co-chonnet)*, die kleine, hölzerne Zielku-gel, kommen, die 6–10 m entfernt auf-schlagen muss.

Auf die Strategie kommt es an: Legt man seine Kugel möglichst nah an das Schweinchen *(pointer)* oder schießt man gegnerische Kugeln und gar das Ziel weg *(tirer)*? Hat die eine Mann-schaft den Punkt, d. h. liegt eine ihrer Kugeln am nächsten am Ziel, ist die an-dere Mannschaft so lange an der Reihe, bis sie den Punkt oder keine Ku-geln mehr hat. Am Ende einer jeden Aufnahme zählen alle Kugeln als Punkte, die von einer Partei am dich-testen beim Schweinchen liegen.

Von Ehrgeiz und Ehre

Nichtprovenzalen neigen zu dem Irr-glauben, Pétanque werde zum Zeit-vertreib gespielt. Dabei geht es um die Ehre! Aus diesem Grund ist auch die Zuschauergalerie so wichtig. Optima-lerweise besteht sie aus kundigen Bou-leveteranen, im Notfall tun es auch knipsende Touristen.

Die Spielleidenschaft, eine Möglich-keit zu Ehrgewinn und Ehrverlust, ist ein typisch provenzalischer Charakterzug. Seinen Ehrgeiz lebt der Provenzale bei der Jagd aus – man denke nur an den Königsschuss in Marcel Pagnols »Eine Kindheit in der Provence«, der dem Va-ter des kleinen Marcel die immerwäh-rende Ehrerbietung der lokalen Jagd-prominenz verschafft. Oder eben beim Pétanque. Deshalb gibt sich die Termi-nologie auch so kriegerisch. Es wimmelt von Kanonieren alias guten Schießern und Aufrufen wie *aux armes!*, ›nun schieß schon‹. Eine *portée*, der schwie-rigste Wurf, muss die gegnerische Kugel in vollem Bogen versenken, ›plombie-ren‹ eben. Bums und tot.

Somit ist Pétanque zu 90 % Männer-sache. Eine fragwürdige weibliche Komponente bringt die Fanny ein. Die-ser Statue muss derjenige, der zu Null verloren hat, mit einem Kuss auf ihr entblößtes Hinterteil seine Reverenz erweisen, was diskret im Hinterzimmer des örtlichen Cafés abgehandelt wird.

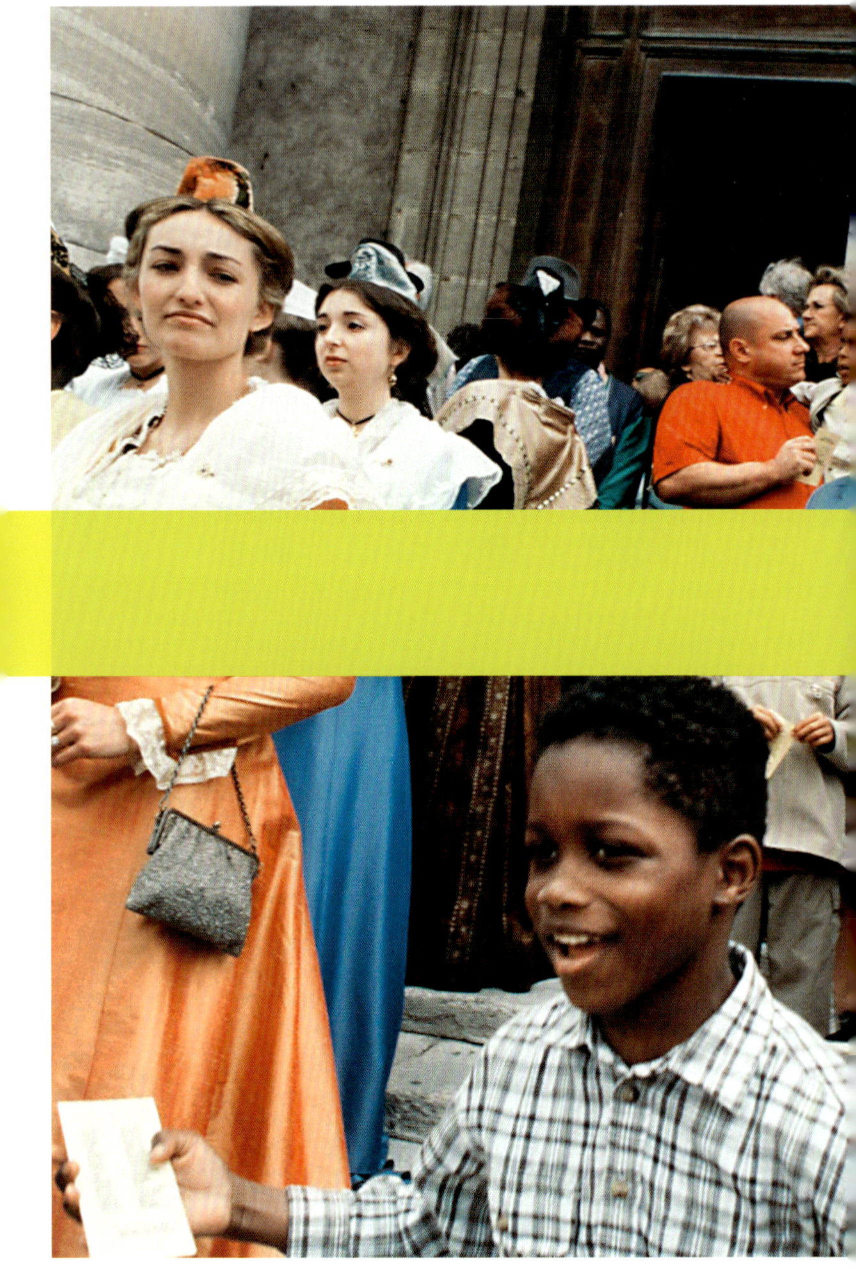

Marseille ist der multiethnische und multireligiöse Schmelztiegel der Provence und hat eine lange internationale Tradition. In der pulsierenden Stadt treffen die Kulturen aufeinander und da bleiben Konflikte nicht aus. Toleranz und Zusammenleben wollen eben gelernt sein, auch in der Provence.

Am Beginn der *Cité phocéenne*, wie sich Marseille gern nennt, steht eine Liebesgeschichte. Die schöne ligurische Königstochter Gyptis bot dem starken Protis, dem Anführer der griechischen Phokäer, den Willkommenstrunk, ihre

Alteingesessenen zunächst großes Misstrauen entgegenschlug, verstanden sich indes gut in die provenzalische Gesellschaft zu integrieren. Größtenteils blieben sie an den nördlichen Gestaden des Mittelmeers, die Algerien klimatisch und geografisch so ähnlich sind.

Gastarbeiter für das Wirtschaftswachstum

In den 1960er- und 1970er-Jahren kamen dann Gastarbeiter aus Nordafrika für die ›europäische Fabrik‹. Damals

Einwanderungsland Provence

Hand und die Teilhabe am Land. Dies spiegle die wohl friedlich erfolgte Landnahme der Griechen wider, deuten die Historiker die Gastfreundschaft für die Fremden. So weit die Legende.

Die Provence war immer ein Schmelztiegel der Völker und Kulturen – ein Einwanderungsland. Italiener und Korsen kamen im 19. Jh., nach 1915 Armenier, die den Völkermord in der Türkei überlebt hatten. Nach dem verlorenen Algerien-Krieg 1962 flohen über eine Million heimatlos gewordener *pieds noirs* (Algerien-Franzosen) und *harkis* (algerische Kollaborateure) nach Frankreich: Marseille platzte aus allen Nähten. Die Algerien-Franzosen, denen von den

Viele Kulturen, viele Feste

von den Predigern des Wirtschaftswachstums gerufen, heute von rechtsextremen Politikern als Sündenböcke für die wirtschaftlichen und sozialen Probleme Frankreichs ausgegrenzt. Maghrebinische ›Überfremdung‹ lautet ein Schlagwort der Hetzredner. Fremdenfeindliche Übergriffe mehrten sich auch im Süden.

Viele Provenzalen fühlen sich verunsichert von Bandenkriminalität und Gewaltorgien in den Vorstädten. Manche Nord- und Schwarzafrikaner suchen angesichts von Diskriminierung und Benachteiligung ihr Heil in islamistischen Gruppierungen, eine Tatsache, die nach den Terroranschlägen des 11. September ganz neue Dimensionen angenommen hat. Integration: Was bei den bisherigen Einwanderungswellen quasi von selbst funktionierte, wurde zum Desiderat.

Die provenzalischen Muslime

Etwa 150 000 Muslime leben heute in Marseille und der größte Fehler wäre, sie alle über einen Kamm zu scheren. Unter ihnen gibt es Fundamentalisten und Gemäßigte, Tunesier und Marokkaner, Kopftuchgegner und Kopftuchanhänger. Die Algerier stellen die größte Gruppe. *Beurs* nennen sich die in Frankreich geborenen Kinder algerischer Einwanderer. Mit 18 Jahren können sie den französischen Pass beantragen, bis dahin besitzen sie die französische und algerische Staatsbürgerschaft. Dennoch sehen sie sich bei Wohnungs- und Jobsuche konstant benachteiligt und zu Bürgern zweiter Klasse degradiert. Ein großes Vorbild ist der Fußballstar Zinédine Zidane: aufgewachsen in Marseille, groß geworden bei OM, ein Franzose mit algerischen Wurzeln, der es geschafft hat.

Lösungen für friedliches Zusammenleben

Als 2002 im Zuge einer landesweiten Welle antisemitischer Gewalt auch in Marseille ein jüdischer Friedhof geschändet wurde, gründete sich Espérance, eine wahrhaft einzigartige Vereinigung. Christliche, muslimische, jüdische und buddhistische Würdenträger eint der Protest gegen religiös motivierte Gewalt und die Suche nach Lösungen für ein friedliches Zusammenleben der Religionsgemeinschaften in Marseille. Espérance tritt auch für den seit Jahrzehnten ausstehenden Bau der

Grande mosquée in Marseille ein, wo es zwar 62 muslimische Gebetshäuser gibt, teils in Hinterhöfen und Kellern untergebracht, aber eben keine würdige Große Moschee. Der Streit um die Große Moschee ist ein Politikum mit hoher Symbolkraft.

Toleranz in Sachen Moscheebau

Dass 67 % der Marseiller für die Große Moschee sind, spricht für ihre Toleranz. Und es veranlasste den konservativen Bürgermeister Jean-Claude Gaudin, eine Kehrtwende zu vollziehen. 1995 hatte er noch getönt, er sei auch für eine Große Moschee: in Marrakesch. 2006 genehmigte er sie dann: in Marseille. Genauer gesagt auf dem Erschließungsgebiet von Saint-Louis im XV. Arrondissement. Bis zu 5000 Gläubige soll die Moschee aufnehmen, 2007 sollten die Bauarbeiten beginnen. Doch der rechte Präsidentschaftskandidat Philippe de Villiers erwirkte einen erneuten Aufschub. Unerlaubte finanzielle Begünstigung einer Religionsgemeinschaft durch den per Gesetz laizistischen Staat sei die Jahrespacht, die Gaudin den muslimischen Bauherren zugedacht hatte: 300 € Jahrespacht, wahrlich ein Schnäppchen.

Für eine arabische Identität
Jenseits von Fundamentalismus und Kriminalität engagieren sich die Selbsthilfeorganisation SOS Racisme, www.sos-racisme.org, und der arabische Marseiller Lokalsender Radio Gazelle (98,0 FM), www.radiogazelle.net, für eine arabische Identität.

Santons – die Provence in Miniatur

Bethlehem liegt in der Provence. Den Eindruck erwecken zumindest die aus der Souvenirindustrie nicht wegzudenkenden Krippenfiguren, provenzalisch *santoun*. Die kleinen, bunt bemalten Tonfigürchen sind die originalen Santons aus dem 19. Jh., die etwas größeren, angezogenen Püppchen, *santons habillés*, gehen auf eine Erfindung des Abbé César Sumien von 1916 zurück.

In den Santon-Szenarien bringen die typischen Vertreter der Landbevölkerung dem neugeborenen Christuskind ihre Geschenke dar: der Hirte, der ein Schaf auf den Schultern trägt, das Bauernpaar Marguerite und Jourdan, der Jäger mit geschulterter Büchse, die Fisch- und die Gemüseverkäuferin, der Bürgermeister schließlich, um nur einige bekannte Figuren aus der Santon-Welt zu nennen.

Erfunden hat die Santons, die ›kleinen Heiligen‹, der Marseiller Jean-Louis Lagnel (1764–1822). Er formte die ersten Modellfiguren, nahm von ihnen einen Abguss, presste Ton in die so gewonnene zweiteilige Hohlform, brannte ihn und bemalte die fertige Figur – die Reproduzierbarkeit hielt die Kosten niedrig. Aubagne ist *die* Hochburg der *Santonniers*, aber auch in Crestet und Marseille gibt es mehrere Ateliers. Oft kann man den Künstlern in ihren Werkstätten bei der Arbeit zusehen.

Santons – kleine Heiligenfiguren aus Ton, mit viel Akribie bemalt

Die Gruppe Dupain – bekannt für unverwechselbar okzitanischen Sound mit Drehleier

Sprache als Protest – auf Provenzalisch dichten und singen

In den Fußstapfen des Literaturnobelpreisträgers Frédéric Mistral protestieren provenzalische Musiker und Rockbands bis heute gegen den Verlust ihrer Regionalsprache. Im Blickpunkt: ein jahrhundertelanger Konflikt um kulturelle Identität.

Die Sprachfresser kamen aus dem Norden. In ihrer Sprache hieß Ja *oui*, und sie wollten, dass auch die Südfranzosen *oui* und nicht *oc* sagten. Der Zentralismus, mit dem Paris im Laufe der Jahrhunderte alle Provinzen unter die Knute zwang, richtete sich gegen die Sprache des Midi. Die *langue d'oc*, Ausdruck seiner kulturellen Identität, wurde als Dialekt verunglimpft. Zu Beginn des 20. Jh. erlahmte der 400 Jahre währende Widerstand der Provenzalen und sie nahmen das Französische

als Umgangssprache an. In der zweiten Hälfte des 19. Jh. wurde die Sprache der Troubadoure erstmalig zum Gegenstand von Wiederbelebungsversuchen. Félibrige (www.felibrige.org), vom provenzalischen Wort für ›Dichter‹, nannte sich die Bewegung. Mit dem monumentalen »Lou Tresor dóu Félibrige« veröffentlichte die zentrale Figur dieser regionalistischen Bewegung, Frédéric Mistral (1830–1914), das heute noch maßgebende Wörterbuch samt Grammatik. Er schrieb die provenzalische ›Nationalhymne‹, den »Coupo Santo«, sowie 1859 das ›Nationalepos‹ »Mirèio«, für das er 1904 den Literatur-Nobelpreis bekam.

»Man muss sich der Welt öffnen, aber seine Identität bewahren«, erkannte André Ariès, der 1975 die Bewegung ›Parlaren‹ zur (zweiten) Wiederbelebung des Provenzalischen gründete.

Fremdsprache im eigenen Land

Viele Städte begannen ihren Ortsschildern eine provenzalische Variante hinzuzufügen, z. B. Ais de Prouvènço. Es gibt sogar einen provenzalischen Radiosender Radio Mistral Provence, der auch unter www.a4a.fr/radio/mistral sendet. Die wenigen, die heute noch Provenzalisch verstehen, sprechen es in der Familie, im Dorf oder in der Schule, wo man es inzwischen wieder als Fremdsprache lernen kann. Doch im Jahr 2006 kürzte Paris radikal die Unterstützung für die bilingualen Calandretas-Schulen, in denen Provenzalisch und Französisch unterrichtet werden: Sie stehen vor dem Aus. Bis heute hat Frankreich nicht die europäische Charta der Regional- und Minderheitensprachen unterzeichnet.

Bei allem Wohlwollen kann man sich des Eindrucks nicht erwehren, dass die Sprachfresser Fakten geschaffen haben. Am lebendigsten ist das Provenzalische heute als Protestmedium in der Musik. Da gibt es die Veteranen der regionalistischen Bewegung der 1970er-Jahre wie den Barden Claude Marti und Mont-Joia, Letztere gleichzeitig eine Musikgruppe und eine Vereinigung zur »Verteidigung und Förderung der provenzalischen Kultur in ihren okzitanischen und mediterranen Dimensionen«.

Barden des Protests

Die Gruppe Massilia Sound System, 1984 in Marseille gegründet, hat es auch international zu einiger Berühmtheit gebracht. Die vier Herren mittleren Alters wettern stramm anarcho-sozialistisch gegen die ›Herrschenden‹. Ihre Texte sind teilweise in Okzitanisch, teilweise in Französisch, teilweise im Marseiller Slang, dem *Tchatche*, gehalten, ihre Musik ist eine Mischung aus jamaikanischem Reggae, digitalen, an Kraftwerk erinnernden Tönen und okzitanischen Chören. Schon Alben-Titel wie »Occitanista« sprechen für ihre Verwurzelung und ihr Engagement im französischen Süden. Noch näher an zeitgenössischem Rock und Pop stehen die mittlerweile fünf zornigen jungen Männer der Gruppe Dupain, eine weitere Kreation des Marseiller Schmelztiegels. Ihr orientalisch-okzitanischer Stil, der scharf akzentuierte Rhythmus, die ungewöhnlichen Instrumente Drehleier und Mandola sowie die charakteristische Stimme ihres Sängers Samuel (Sam) Karpiénia schaffen einen unverwechselbaren Sound.

Kelten, Köpfe, Kult: Auf Spurensuche

In Entremont bei Aix kreuzten sich zwei bedeutende Fernhandelsstraßen und hier lag von etwa 200 bis 100 v. Chr. ein Jahrhundert lang die Hauptstadt der Kelten. Ein Bild von ihrem Lebensalltag und den kriegerischen Taten, denen sie ihren barbarischen Ruf verdanken, bekommt man auch in den Museen von Aix, Marseilles, Nîmes und Avignon.

»Zu ihrer Torheit gehört auch der barbarische und fremdartige Brauch ..., dass sie, aus der Schlacht zurückkehrend, die Köpfe der getöteten Feinde über den Hals der Pferde hängen, mit sich nehmen und vor der Haustüre annageln«, berichtet der römische Historiker Strabon. Das klingt ganz schön schaurig, weshalb sich das geheimnisvolle Volk der Kelten heute großer Beliebtheit erfreut.

Die geheimnisvolle Welt der Kelten

Von etwa 200 bis 100 v. Chr. war **Entremont bei Aix** die Hauptstadt der Saluvier, einer Konföderation keltischer Stämme (s. S. 238). Das etwa 3 ha große Oppidum bewachte die Kreuzung zweier wichtiger Fernstraßen – zahlreiche Funde beweisen weitreichende Handelsbeziehungen. Die ältere Hochstadt weist kleine Häuser und ein größeres Gebäude auf, wohl das Heiligtum, das mit Ritzzeichnungen von Köpfen und einer Schlange versehen ist. Die größere und jüngere Unterstadt bestand sogar aus zweistöckigen Häusern. Man fand Reste einer Ölmühle, einer Schmiede und eines Glasofens. Die urbane Siedlung mit Geschäften und Wohnbauten scheint so gar nicht zu Strabons Köpfe sammelnden Barbaren zu passen. Waren die kriegerischen Völkerscharen mit der Zeit zahm geworden?

Wie grausam waren die Kelten wirklich?

Zu zahm möglicherweise, denn weder die strategisch günstige Lage mit den steil abfallenden Felswänden noch die künstlichen Befestigungen halfen gegen die überlegene römische Kriegstechnik. Die Griechen von Massilia ärgerten sich schon lange über die starke keltische Macht in ihrem Rücken. Sie riefen die Römer zu Hilfe, die sich nicht zweimal bitten ließen. 123 v. Chr. eroberten sie Entremont und legten es in Schutt und Asche.

Die Exponate im Aixer Musée Granet scheinen wiederum Strabon Recht zu geben (s. S. 236). Im Erdgeschoss steht der makabre ›Kopfbaum‹, mit Funden aus Entremont rekonstruiert. Sehen wir hier den Sieger vor uns, der seine Hand auf die abgeschlagenen Köpfe seiner Feinde legt? Sie sind mundlos, also stumm und tot, wiedergegeben. Will sich der keltische Achilles so auf magische Weise die Kraft seiner Feinde einverleiben? Will er sich vor ihren rachsüchtigen Geistern schützen? Wen die Fragen zu diesem kriegerischen Volk nicht mehr loslassen, der wird auch in den Museen von Marseille, Avignon und Nîmes fündig.

So kann man in Marseille vor einem der rätselhaften Janusköpfe darüber philosophieren, was die beiden in entgegengesetzte Richtungen schauenden Gesichter wohl bedeuten. Auf Merkmale keltischer »Porträtkunst« jedenfalls trifft man im gesamten europaweiten keltischen Kulturkreis: Aus mandelförmigen, blicklosen Augen ohne Pupillen starren sie den Betrachter an. Die Nase ist gerade und lang, Ohren und Haare fehlen oft. Die Darstellungsweise wirkt seltsam modern und geht in Richtung Abstraktion und Expressionismus. Mit Furcht erregendem Kriegsgeschrei und nackt sollen die keltischen Heere die Römer das Grausen gelehrt haben. In den erhaltenen Kriegerstatuen findet sich indes kein Hinweis auf diese rituelle Nacktheit. Charakteristisch sind vielmehr die seltsamen Hauben, die z. B. die Kriegerbüste in Nîmes trägt.

Detail des aus Funden von Entremont im Musée Granet rekonstruierten »Kopfbaums«

Bauen für den Staat – die römische Architektur

Die Italiener und besonders die Bewohner Roms werden es nicht gern hören. Dennoch: Wer die antike römische Baukunst kennenlernen will, sollte in die Provence fahren. Keine andere Region kann sich so vieler gut erhaltener Denkmäler des römischen Altertums rühmen. Sie decken das gesamte Spektrum der antiken Architektur ab: Amphitheater, Triumphbogen, Tempel, Heiligtümer, Städte, Thermen, Brücken, Aquädukte, Kenotaphe. Alle entstanden in der Zeit vom 1. Jh. vor bis zum 2. Jh. nach der Zeitenwende, als Rom fast die gesamte damals bekannte Welt beherrschte.

Wie überall, wo die Römer Länder erobert hatten, gingen sie auch in der heutigen Provence sofort daran, ihre Herrschaft für die Ewigkeit zu zementieren. Das hieß zunächst, im ›unterentwickelten‹ Feindesland eine Infrastruktur zu schaffen, die vor allem anderen militärischen Erfordernissen gehorchte. Aufstände würden der Eroberung folgen, das wusste man in Rom, und die Keltoligurer der Provence würden da keine Ausnahme machen. Um also schnelle Truppenverschiebungen zu gewährleisten, erschlossen die römischen Ingenieure das Land mit einem bewundernswerten Straßennetz. Die Via Iulia Augusta, eine Fortsetzung der Via Aurelia entlang der südfranzösischen Küste, führte von Aix auf einem nördlichen und einem südli-chen Abzweig nach Arles. 962 km marschierten Soldaten von Rom nach Arles. Später dann, als der militärischen Eroberung die dauerhafte Einverleibung folgte, kamen auch Handwerker, Bauern und Händler.

Städte, Thermen und Aquädukte

Romanisierung war gleichbedeutend mit Urbanisierung. Die neuen Städte wie Aquae Sextiae Salluviorum (Aix) und Colonia Augusta Nemausus (Nîmes) verbreiteten die römische Lebens- und Denkweise bei den ›Eingeborenen‹. Und diese urbanen Menschenansammlungen brauchten Wasser.

Durch kilometerlange Leitungen plätscherte es, Täler wurden mit Aquädukten überwunden, Hügel durchbohrt. Nur einige wenige Zentimeter Gefälle pro Kilometer weisen die Wasserleitungen auf, technische Meisterleistungen in Hinblick auf mathematische Berechnung, Baupläne und Konstruktion. Nach 50 km floss so das Quellwasser der Eure in Nîmes' Wasserwerk, das Castellum Divisorium. Wasser benötigten die Römer und die, die nach der römischen Fasson glücklich werden wollten, nicht nur zum Trinken, sondern auch zum Baden. Thermen wie die von Arles waren Bollwerke der römischen Lebensart.

Maison Carrée, Nîmes

68

Größe und Ordnung

In den Aquädukten wird ein charakteristisches Merkmal römischer Architektur sichtbar: Die Bauten wurden nicht in die Natur eingepasst, nein, die Natur wurde den Bauwerken im übertragenen Sinn, also der römischen Herrschaft, dienstbar gemacht. Auch am Mauerwerk erkennt man den ordnungsliebenden römischen Geist. Hat man einmal die großen, glatt gefugten Blöcke des Amphitheaters von Nîmes gesehen, wird man nie in Verlegenheit geraten, sie mit dem unregelmäßigen Bruchsteinmauerwerk eines keltoligurischen Oppidums zu verwechseln. Auch der Rundbogen, die einzige Gewölbeform, die die Römer kannten, ist ein sicheres Erkennungsmerkmal. Und die schiere Größe: Vor den Römern gab es in der Provence nichts Vergleichbares, nach ihnen erreichen erst wieder Sportstadien und Industrieanlagen unserer Zeit solche Dimensionen.

Theater für die Massen

Das Amphitheater haben die Römer erfunden. Zunächst aus Holz gezimmert, entstanden die ersten Amphitheater aus Stein am Ende des 1. Jh. n. Chr. wie das von Arles. Den elliptischen Baukörper, in Nîmes und Arles etwa 130 mal 105 m, stützen von außen massive Arkadenreihen. Im Innern schützten Zeltdächer die Zuschauer vor der Sonne, in Untergeschossen wurden Tierkäfige und Kulissenmechanismen versteckt. Die Konzentration der Zuschauer wurde ganz auf das blutige Geschehen im Zentrum gelenkt: Tierhat-

Das Mosaik eines Pfaus zierte eine römische Villa in Vaison-La-Romaine

zen, Gladiatorenkämpfe und Hinrichtungen, ja sogar Seeschlachten – einige Amphitheater ließen sich fluten. Sollten die Emotionen der Tausenden von Zuschauern einmal hochbrodeln, hatten die Architekten vorgesorgt. Die Zuschauerkompartimente waren klein gehalten und mit ausgeklügelten Fluchtwegen versehen. So lassen sich Massen kanalisieren, Untertanen lenken. Ein ordnungsliebender Geist waltet auch im Baudekor. Er besteht aus sich wiederholenden, meist symmetrisch auftretenden Schmuckmustern: Kassetten, Girlanden, kannelierten Säulen und Pilastern, Reliefs und korinthischen Kapitellen. An der Maison Carrée in Nîmes oder an den Antiques von St-Rémy kann man sich fragen, wie dieser wie abgezirkelt wirkende Dekor auf einen wirkt: elegant, perfekt, klassisch eben – oder eher kalt, formalistisch, seelenlos?

Römischer als die Römer

Die Romanisierung erfasste auch den wichtigen Bereich der Religion. Keltische Götter erhielten einen römischen Namen und ein römisches Gewand. Heiligtümer der Keltoligurer ließ man bestehen wie in Glanum bei St-Rémy, wo Agrippa neben dem keltischen Quellheiligtum ein der römischen Gesundheitsgöttin Valetudo geweihtes Tempelchen bauen ließ. Die *interpretatio romana* sorgte dafür, dass die Namen der keltischen Quellgöttinnen verloren gingen. Irgendwann wussten wohl auch die Ur-Provenzalen nicht mehr, zu wem sie beteten. So wurden im Laufe der Jahrhunderte die Gallier römischer als die Römer. Als Rom schon längst untergegangen war, hielten sie im ehemaligen Musterländle noch die Fackel der *romanitas* hoch.

Arles, das kleine Rom

Wie wichtig die Provence für Rom war und wie sehr die Römer dieser Provinz vertrauten, belegt auch Arles' hervorragende Stellung in der Spätantike. 308 n. Chr. residierte Kaiser Konstantin der Große hier vorübergehend. Als kurz vor dem Untergang das Römische Reich in zwei Gebiete aufgeteilt wurde, wurde der Sitz für die Verwaltung des Westreichs nach Arelate verlegt: 395 schlug der Praefectus praetorio Galliarum seine Residenz in der Rhône-Stadt auf. Und Honorius (395–423), der Kaiser dieses Westreichs, ließ eine Lobeshymne auf Arles los: »Dieser Ort liegt so günstig, hat einen derart lebhaften Handel und einen so großen Reiseverkehr, dass alle Produkte der Welt hier umgeschlagen werden. Denn alles, was der reiche Westen an Kostbarkeiten besitzt, auch das wohl duftende Arabien, Assyrien und Afrika, das verlockende Spanien oder das fruchtbare Gallien, davon ist hier im Überfluss vorhanden, als handele es sich um einheimische Produkte.«

Römische Blockbuster
bei Nîmes: Pont du Gard
Nîmes: Amphitheater und Maison Carrée
Arles: Amphitheater und Musée de l'Arles Antique
Orange: Theater, Triumphbogen
St-Rémy: Les Antiques
Vaison-la-Romaine: Stadtruinen

Für Kenner und Interessierte
Nîmes: Castellum Divisorium
Barbegal: Mühle
St-Rémy: Ausgrabungen von Glanum
St-Chamas: Pont Flavien
Arles: Kryptoportiken

Bauen für die Ewigkeit – romanische Kirchen

Im europäischen Vergleich setzte die Romanik in der Provence relativ spät ein. Alle zwischen 1125 und 1225 entstandenen Bauten rechnet man heute dazu. Der allgemeine Wohlstand sorgte dafür, dass sich auch bescheidene Dorfgemeinden ein greifbares Symbol ihrer Gemeinschaft errichten konnten: Noch im kleinsten Nest stößt man auf sehenswerte Pfarrkirchen.

Es ist eine spannende Frage, warum ausgerechnet in der Provence die römischen Bauwerke besser erhalten blieben als anderswo. Hatten die durch und durch romanisierten Provenzalen eine besondere Beziehung zu ihrem antiken Erbe? Zog man es in der früh christianisierten Provence vor, nur das späte, christliche Rom Konstantins zu sehen? Oder war es einfach praktisch, im Amphitheater zu wohnen, wie es die Bürger von Arles und Nîmes taten?

Abbaye de Sénanque: In dieser Zisterzienserabtei leben bis heute Mönche

Wie auch immer. Als die Provence unter den mächtigen mittelalterlichen Adelsgeschlechtern nach Jahrhunderten des Niedergangs eine wirtschaftliche und politische Blüte erlebte, waren die römischen Bauten eben noch da. Und sie dienten, ob man sie nun für heidnisch hielt oder nicht, als Muster für die Kirchen der Romanik.

Antiker Bauschmuck

Der antike Einfluss ist klar erkennbar. Kirchenfassaden ahmen den Aufbau römischer Triumphbogen – in St-Gilles – oder römischer Tempelfronten – in St-Gabriel – nach. Der Bauschmuck aus kannelierten Säulen und Pilastern, korinthischen oder Blattkapitellen, Zierfriesen oder -stäben verweist auf die Antike. Römische Spolien wie eingemauerte Grabsteine oder Säulen sind wohl die direkteste Art, sich die Antike ›einzuverleiben‹.

Römisch inspiriert sind auch die perfekt mit wenig Mörtel gefugten regelmäßigen Quadersteine des Mauerwerks, die oft noch die Zeichen der Steinmetze tragen. Meisterhaft haben diese wohl von Baustelle zu Baustelle ziehenden Spezialisten Rundungen und Kuppeln, ja sogar komplizierte Treppenwindungen wie in der Vis de St-Gilles gemauert. Samtglatt fühlen die Wände sich an, unglaublich fast, was man aus sprödem Stein schaffen kann. ›Unordentlich‹ wirkendes kleinteiliges Bruchsteinmauerwerk weist fast immer auf eine vor der romanischen Blütezeit liegende Entstehung im 10. oder 11. Jh. hin.

Das Baptisterium in der romanischen Kirche in Venasque

Schlichte Eleganz

Figürlicher Schmuck wird in der provenzalischen Romanik im Vergleich mit dem übrigen Europa nur sparsam angewandt. Wir treffen ihn an den großartigen Bildfassaden in Arles und St-Gilles sowie in den Kreuzgängen an, die häufig mit Figurenkapitellen geschmückt sind. Auch diese Zurückhaltung darf man wohl auf die römischen Vorbilder zurückführen.

In guter römischer Tradition ist die Bauform der provenzalischen Kirchen von eleganter Schlichtheit. Kein Vergleich mit den gestaffelten Apsiden und Türmchensymphonien der ›barocken‹ rheinischen oder elsässischen Romanik. Von außen blockartig geschlossen, faszinieren die provenzalischen Kirchen durch ihre harmonischen Proportionen sowie die strenge, geometrisch wirkende Verteilung und Gliederung der Baumassen. Ihr Grundriss ist einfach: Die kleinen Dorfkirchen besitzen meist nur einen Raum, die Gotteshäuser der Städte bevorzugen die dreischiffigen basilikalen Plan, mitunter auch ohne Querschiff. Besonders auffällig sind die hohen, engen Seitenschiffe, die z. B. in St-Trophime in Arles wie gequetscht wirken. Sie haben nie Fenster auf der Nordseite, denn von dort kommen der Mistral und das Böse.

Kathedralen der Romanik
Arles: St-Trophime und Kreuzgang, s. S. 150
St. Gilles: Abteikirche, s. S. 144
Abbaye de Montmajour, s. S. 172
Abbaye de Sénanque, s. S. 248
Abbaye de Silvacane, s. S. 260
Abbaye de Ganagobie, s. S. 275

Für Liebhaber der romanischen Kirchenkunst
Chapelle St-Gabriel, s. S. 165
Stes-Maries-de-la-Mer: Wehrkirche, s. S. 179, 182
Simiane-la-Rotonde, s. S. 276
Abbaye de Carluc, s. S. 275

Masse und Klasse – die Weinlagen der Provence

Auf den Schiffen der Griechen kam die Weinrebe ins Land, die Römer beglückten es mit dem weinbauerischen Know-how. Seitdem gehören die ordentlichen Reihen niedriger, im Alter oft skurril verwachsener Weinstöcke zum Bild der Provence wie Olivenbaumhaine und Pinienwälder.

Geerntet wird in diesem von der Sonne des Südens begünstigten Land früh, ab Anfang September. Die Grenache-Rebe ist die am häufigsten kultivierte. In der Provence werden ausschließlich Massenweine produziert? Nun, Vorurteile sind dazu da, abgebaut zu werden! In den letzten zwei, drei Jahrzehnten haben junge, qualitätsbewusste Önologen viele Weingüter im einst geschmähten Rosé-Land übernommen. Durch Einsatz modernster Techniken, verbesserter önologischer Erkenntnisse und teilweise auch ökologischer Anbauweisen hat eine wahre Revolution

Bei Weinproben kann man sich von der Qualität zahlreicher Provence-Weine überzeugen lassen

vom Massen- zum Klassewein stattgefunden. In sinkenden Ertragszahlen, derzeit 4,5 Mio. hl jährlich, und einem immer höheren Anteil von qualitativ hochwertigen AOC-Weinen *(Appellation d'Origine Contrôlée)* an der Produktion äußert sich die provenzalische Exzellenzinitiative.

Sieben Weinanbaugebiete

In der Provence können Sie sieben Tage lang einen anderen Wein aus einer der sieben *appellations* des Reisegebiets genießen. Vier sind es im Norden, im Département Vaucluse, wo überwiegend Rotwein produziert wird. Das ausgedehnteste und renommierteste dieser Weinanbaugebiete, **Côtes du Rhône,** liegt teilweise in der Provence, teilweise im Département Drôme. Zu dem wohl berühmtesten Cô-tes-du-Rhône, dem Châteauneuf-du-Pape, führt die Entdeckungtour S. 118. Ausgeschilderte Weinstraßen erschließen auch weniger bekannte Weinberge und AOC-Lagen rund um die Rhônewein-Hauptstadt Avignon. Spitzenreiter sind die gehaltvollen Roten von Vacqueyras und Gigondas in den Dentelles de Montmirail, die gut zu Wild und Käse passen, sowie der Muscat de Beaumes-de-Venise. Die Süße dieses weißen Aperitif- und Dessertweins kommt durch das Unterbrechen der Gärung mit Weingeist zustande.

Auch in deutschen Weindepots in Mode gekommen und verhältnismäßig preiswert sind die **Côtes du Ventoux**, hauptsächlich leichte, fruchtige Rote, deren Rebstöcke die breiten Füße des provenzalischen Hausbergs bedecken.

Das nur 325 ha große Anbaugebiet der **Coteaux des Baux-de-Provence** in den Alpilles ist das jüngste, erst 1995

geschaffene der Region. Seine kalkhaltigen Böden bringen einen ansprechenden, charaktervollen Rotwein hervor. Ganz passable, aber nie Spitzenqualität erreichende Weine gedeihen auf den **Côtes du Luberon.** Die Stammkunden kommen mit dem Plastikkanister, der literweise mit einer fatal an Tankstellen erinnernden Zapfpistole eingefüllt wird.

Längst nicht mehr nur Massenweine

Unter dem Massenwein-Problem – mehr Quantität als Qualität – haben die **Costières du Gard** zu leiden, die auf flachen Pisten um Nîmes ›grillen‹. Klein, aber fein, darf sich die nur 180 ha große und auf zwölf Winzer beschränkte **Appellation de Cassis** zugleich rühmen, mit einem Geburtsdatum von 1936 die älteste der provenzalischen Anbaugebiete zu sein. 80 % sind fruchtige Weißweine.

Die Appellation **Coteaux d'Aix** erstreckt sich über die unteren Hänge der Montagne Ste-Victoire und produziert zu über zwei Dritteln Rosé. Der je nach Vinifikation blassrosa bis orangebraune Rebsaft gilt als fruchtiger, flacher, kühl geschlürfter Ferienwein. Oft ein wenig enttäuschend, wenn man ihn zu Hause trinkt, bestätigt er die Maxime, dass nicht der Spitzenklasse angehörende Weine am besten dort schmecken, wo sie produziert werden.

Um ihrem Renommee auf die Sprünge zu helfen, bauen qualitätsbewusste Winzer auch hier verstärkt Rote an, die meist eine tiefe Farbe, einen kräftigen Geschmack und sanfte Tanninaromen aufweisen. Bis zu fünf Jahre können sie gelagert werden. Der sonnenverwöhnte Jahrgang 2006 verspricht, ein exzellenter Wein zu werden! Decken Sie sich direkt bei den Winzern ein, die hier und in allen anderen Appellations kostenlose Weinproben anbieten.

Weinlehrpfade
In den Weinbaugemeinden Rasteau (3 km), Châteauneuf-du-Pape (16 km), Oppède-le-Vieux (5 km).

Infos im Internet
www.vins-rhone.com
www.cotes-ventoux.com
www.cotes-luberon.com
www.coteauxaixenprovence.com

Knigge bei einer Weinprobe

Damit man sich in den Probierstuben nicht grob danebenbenimmt, einige kleine Verhaltensregeln. Als unverschämt gilt, wer sich ein oder mehrere kostenlose Probiergläschen füllen lässt, um sich einen Aperitif zu gönnen, und dann mit einem fröhlichen »Merci, au revoir!« verabschiedet. Eine ernste Kaufabsicht sollte also vorliegen. Wenn es einem gar nicht schmeckt, muss man natürlich nichts kaufen. Auch eine einzige Flasche wird beim Verkäufer keine überschwängliche Freude hervorrufen.

Am besten überlegt man sich schon vor der Weinprobe, ob man lieber einen Weißen, Roten oder Rosé kosten und wie viel man beim Weinkauf in etwa ausgeben möchte. Die meisten Weingüter haben mehrere qualitativ und preislich differenzierte Cuvées. Auch die einzelnen Jahrgänge kosten je nach Qualität verschieden. Eine Vorauswahl des Winzers, den man besuchen will, lässt sich gut im Restaurant treffen.

Unterwegs in der Provence

Schon ab der Obstblüte lockt es Natur- und Kulturliebhaber in die Provence

Zwischen Orange und Mont Ventoux

Highlight!

Orange: Diese Kleinstadt im Norden der Provence besitzt mit dem Theater und dem Stadtgründungsmonument, vulgo Triumphbogen genannt, zwei der bedeutendsten provinzialrömischen Bauwerke Europas. S. 82

Auf Entdeckungstour

Römisches Theater – zwei Jahrtausende Bühnenkunst: Spiel und Spaß im *théâtre romain*, von römischen Revuen bis zum Musikfestival der Chorégies. In Orange steht eines der größten und am besten erhaltenen römischen Theater, ein Highlight jeder Provencereise. S. 86

Kultur & Sehenswertes

Römische Denkmäler von Orange und Vaison-la-Romaine: Das Theater und der Triumphbogen von Orange, die zum UNESCO-Welterbe gehören, sowie die Ausgrabungen der antiken Stadt Vasio sind absolute Sehenswürdigkeiten. S. 83, 89

Aktiv & Kreativ

Wandern um Notre-Dame-d'Aubune: Felskraxeln und Erkundung der Kultur- und Naturlandschaft der Dentelles. Der pittoreske Gebirgszug ist auch bei Kletterern sehr beliebt. S. 96

Wein: In einer der vielen Probierstuben von Vacqueyras, Gigondas oder Beaumes-de-Venise kann man gut Weine verkosten, z. B. auf dem von Frauen geleiteten Familienweingut Domaine la Fourmone (Vacqueyras) oder der Domaine de la Pigeade (Beaumes-de-Venise). S. 96

Genießen & Atmosphäre

Altstadt von Vaison-la-Romaine: Eine der schönsten der Provence, überragt von einer mächtigen Burg. In der Abenddämmerung aus schattigen Gassen über die sonnendurchglühten Felsplatten steigen, eine Flasche Wein mitnehmen, dem Zikadenkonzert lauschen und über einem die mächtigen Burgruinen, die an alte Rittergeschichten erinnern ... S. 89

Plätze: Im Sommer sitzt man in vielen Städten und Dörfern schön draußen, z. B. auf dem Platz von Gigondas. S. 94

Abends & Nachts

L'Evêché: Traumhafte Gästezimmer in der Altstadt von Vaison-la-Romaine. Im buchbestückten Salon des ehemaligen Erzbischofspalastes lässt es sich abends gemütlich am Kaminfeuer schmökern. S. 88

Wer über die Autoroute du Soleil von Lyon ankommt, trifft als Erstes auf diese Region der Provence. Mit Weinbergen, Ölbaumpflanzungen und Garriguevegetation, Altstädten unter roten Ziegeldächern und umgeben von Platanen gesäumten Boulevards bietet sie einen guten Einstieg in das, was für die Provence typisch ist. Orange und Vaison-la-Romaine sind gemütliche Kleinstädte, deren antikes Erbe für ihre jetzige Bedeutung ein wenig überdimensioniert erscheint. Die touristische Infrastruktur im Haut-Vau-cluse ist sehr gut und reicht vom rustikalen Landgasthof bis zum trendigen Bistro. Überall kann man die exzellenten Côtes-du-Rhône-Weine verkosten.

Besonders das Kalksteinmittelgebirge der Dentelles de Montmirail bietet exzellente Sportmöglichkeiten. Wanderer, Felskletterer, Radfahrer und Reiter kommen auf ihre Kosten.

Der Mont Ventoux, mit 1912 m der höchste Berg der Provence, ist etwas für konditionsstarke Radsportler oder Wanderer. Einst war der Ventoux Schauplatz einer berüchtigten Autorallye, heute quälen sich die Radprofis der Tour de France hier bergauf-mehrfach war der Gipfel Etappenziel. Francesco Petrarcas Ventoux-Besteigung im Jahr 1336 markiert in der europäischen Geistesgeschichte den Beginn einer individuellen Naturbetrachtung. Beim Aufstieg wanderte er und wandert man auch heute noch durch fünf Pflanzengesellschaften, die auf der Erde vom Mittelmeer bis zur Polarregion vertreten sind. Hier wachsen 1000 verschiedene Arten, von der Palme zum gelben arktischen Mohn.

Infobox

Internet
Die Sites www.orange.fr sowie www.vaison-la-romaine.com geben auf Französisch alle nötigen touristischen Infos für die beiden Hauptstädte der Region sowie für die Umgebung.

Fremdenverkehrsämter
Zentrale Anlaufstelle für die Dentelles de Montmirail ist das große Office de Tourisme am Marktplatz von Beaumes-de-Venise: Tel. 04 90 62 94 39, www.ot-beaumesdevenise.com, Mo–Sa 10–12, 14–18 Uhr. Broschüren zum Radfahren, Wandern, Familienurlaub, Unterkunft und vielem mehr.

Anreise und Weiterkommen
Verkehr: Orange ist verkehrstechnisch das Zentrum des Nordens. Von hier fahren Züge, TGV und Busse.
Bahnhof: Avenue Frédéric Mistral, Tel. 08 36 35 35 35, mehrmals tgl. nach Avignon, Marseille. Tgl. zwei TGVs nach Paris, Fahrdauer: 3.20 Std.
Busbahnhof: Cours Pourtoules, Tel. 04 90 34 15 59, z.B. nach Châteauneuf, Vaison, Carpentras.

Orange‼ ▶ E 2

Die Provinzstadt (29 000 Einw.) gegenüber der Atomfabrik von Marcoule zehrt von den römischen Bauwerken ihrer Blütezeit: Die 35 v. Chr. von Oktavian gegründete Veteranenkolonie Aurasio zählte mehr als dreimal so viele Einwohner wie das heutige Orange. Im 12. Jh. wurde das kleine Fürstentum von dem Troubadour Raimbaut d'Orange regiert, im 16. Jh. fiel es auf den verschlungenen Pfaden der europäischen Adelsverbindungen und -erbfälle an Wilhelm von Oranien-Nassau, den ersten Statthalter der Niederlande. Erst im Jahr 1713 kam es zu Frankreich.

Eindrucksvoller Reliefschmuck ziert den römischen Triumphbogen von Orange

Das heutige Orange ist ein charmantes, aber etwas verschlafenes Provinzstädtchen, in das alljährlich im Sommer zu den Chorégies die große Welt einfällt. In der Antike war Orange drei-, viermal so groß wie heute, und das sagt viel über den Charakter dieses »großen Dorfs« aus, das von seiner allzu großen Vergangenheit lebt.

Spaziergang durch die Altstadt

Typisch provenzalisch sind die engen Altstadtgassen zwischen der stark veränderten, ursprünglich romanischen **Kathedrale Notre-Dame 1**, Theater und Rathaus. Beim Flanieren entdeckt man platanenbeschattete Plätze mit antiken Säulentrümmern, Renaissancegiebel und gotische Erker in versteckten Hinterhöfen. Zentrum des Geschäftslebens ist die Place Clémenceau. Hier und auf den angrenzenden Einkaufsstraßen stellen donnerstags vormittags 300 Verkäufer auf dem farbenfrohen, schon im Mittelalter belegten Wochenmarkt aus. Im **Rathaus 2** regiert seit 1995 Bürgermeister Jacques Bompard vom rechtsextremen Front National, der mit seiner fremdenfeindlichen Kulturpolitik für Schlagzeilen sorgte.

Triumphbogen 3

Triumphbogen wird er umgangssprachlich genannt, ist aber ein Stadtgründungsmonument. Abgase und Steinfraß hatten einem der schönsten römischen Denkmäler der Provence, das zusammen mit dem Theater auf der Liste des UNESCO-Welterbes steht, schwer zugesetzt. Erst seit kurzem steht er in einem kleinen Park und die Nationalstraße führt außen herum. Von dem verschwenderisch angebrachten Reliefschmuck blieb der auf der stadtabgewandten Nord- und auf der Ostseite am besten erhalten: Tro-

Orange

phäen, Waffen, Schlachtszenen, gefesselte nackte Gefangene, die eindeutig als Kelten, und überlegene waffenstarrende Sieger, die eindeutig als Römer ausgewiesen sind – Stein gewordene Propaganda aus dem 1. Jh. n. Chr. an der ehemaligen Via Agrippa.

Stadtmuseum 5

Museum und Theater s. S. 86
Gegenüber dem römischen Theater 4 bewahrt das Stadtmuseum mit Fragmenten verschiedener Kataster für Frankreich einzigartige Dokumente auf. Diese »Grundbücher« stammen aus der zweiten Phase der Romanisierung: Nach der militärischen Eroberung wurde das Land an römische Siedler verteilt. Diese coloni waren meist, wie hier in Aurasio, ausgediente Legionäre.

Fahrt mit dem Minizug 6

Der *Petit train touristique* kurvt ca. 40 Minuten lang von der Place des Frères Mounet vor dem Theater durch die Stadt und auch auf den Colline St-Eutrope. Kinder bis zwölf Jahre fahren kostenlos mit.

Colline St-Eutrope 7

Kaum zehn Minuten dauert der Aufstieg über die Treppen zu beiden Seiten des Theaters auf den Hügel im Rücken desselben. Man kommt weniger wegen der bescheidenen Ruinen der Burg der Grafen von Orange in den Park hier oben als vielmehr des weiten Ausblicks wegen. Das rote Ziegeldachmeer liegt einem zu Füßen. Aufführungen im Theater kann man übrigens hier oben noch recht gut hören!

Sérignan-du-Comtat

www.mnhn.fr, Mitte März–Okt. Mi–Mo 10–12.30, 14.30–18 Uhr, Eintritt: 5 €
Hier liegt – 8 km nordwestlich von Orange – L'Harmas, das Landhaus des in der weiten Welt mehr als in seinem Heimatland bekannten Insektenforschers Jean-Henri Fabre (1823–1915). Es blieb fast unverändert erhalten und wurde behutsam renoviert.

Im Wohnhaus gibt es Speise- und Arbeitszimmer, Herbarien, Insektensammlungen, Pilzaquarelle, Fotografien, das zehnbändige Hauptwerk »Souvenirs Entomologiques« und die Botanisiertrommel des »Homers der Insekten« zu entdecken. Draußen in dem wirklich zauberhaften Garten mit seinem Teich, den alten Bäumen und dem Gemüsegarten wird der lebensbejahende, gütige Geist des Mannes mit dem schwarzen Schlapphut noch besser erfahrbar.

Übernachten

Großbürgerlich – **Hôtel Arène 1** 1: place Langes, Tel. 04 90 11 40 40, Fax 04 90 11 40 45, www.hotel-arene.fr, DZ 98–160 €. Dieser alteingesessene Klas-

siker vor Ort ist kürzlich renoviert worden und erfreut seine Gäste nun mit komfortablen, gepflegten Zimmern im provenzalischen oder geschäftsmäßigen Stil, viel Holztäfelung und zwei Restaurants. Die Lage in der Fußgängerzone unter alten Platanen sorgt garantiert für Ruhe.

Jedes Zimmer ist anders – **Le Glacier** 2: 46, cours Aristide-Briand, Tel. 04 90 34 02 01, Fax 04 90 51 13 80, www.le glacier.com, DZ 49–80, Familienzimmer 70–95 €. Seit drei Generationen in derselben Hand, bietet dieses Familienhotel ein ausgezeichnetes Preis-Leistungsverhältnis; die meisten Zimmer haben einen gutbürgerlichen 1970er-Jahre-Touch, manche auch Kiefernholzmöbel und Möbel im provenzalischen Stil.

Frühstück unter der Kuppel – **La Maison de Saunier** 3: 39, rue Victor-Hugo, Tel./Fax 04 90 34 11 71, EZ 65, DZ 80 €. Kleine, einfache Privatzimmer, am besten ist das in weiß gehaltene namens

»Lys«, in einem Stadtpalais aus dem 16. Jh. Von der belebten Einkaufsstraße tritt man durch ein Portal in den kleinen Garten ein. Grandios ist der Frühstückssaal mit unverputzten Steinwänden unter einer klassizistischen Kuppel.

Familiär – **Camping Le Jonquier** 4: 1321, rue Alexis-Carrel, Tel. 04 90 34 49 48, Fax 04 90 51 16 97, www.camping lejonquier.com, Stellplatz ca. 25 €. Der Drei-Sterne-Platz nahe dem Triumphbogen hat von April bis Mitte Sept. geöffnet (Pool und Spiele für Kinder).

Essen & Trinken

Der Klassiker von Orange – **Le Parvis** 1: 55, cours Pourtoules, Tel. 04 90 34 82 00, So abends und Mo geschl., Menüs 17–34 €. Faire Preise für eine Regionalküche mit sparsamen modernen Zitaten; das Ambiente ist gutbürgerlich, mit Perserteppich und Holzbal-

85

Auf Entdeckungstour

Römisches Theater – zwei Jahrtausende Bühnenkunst

Die schönste Wand Frankreichs? Für den Sonnenkönig Ludwig XIV. war das keine Frage: In einem viel zitierten Bonmot pries er die 103 m breite und 37 m hohe Bühnen-Außenwand des römischen Theaters von Orange. Es ist einer der am besten erhaltenen Bauten der Antike überhaupt und das besterhaltene antike Theater. Wie der Triumphbogen von Orange ist es UNESCO-Welterbe.

Chorégies: www.choregies.asso.fr 2009: Mitte Juli–Anfang Aug., Karten s. S. 89, online bestellen: billetterie@choregies.com.

Theater und Stadtmuseum: tgl. Nov.–Febr. 9.30–16.30, März, Okt. 9.30–17.30, April/Mai, Sept. 9–18, Juni–Aug. 9–19 Uhr. Eintritt: 4,50 €, Theater: 7,70 € – gilt auch für das Museum, www.theatre-orange.com.

Das rötliche Ziegelmauerwerk, auf das unser Blick fällt, bekamen die Römer gar nicht zu sehen. In dem vermutlich in der Regierungszeit Kaiser Augustus, also von 27 v. Chr. bis 14 n. Chr., errichteten Theater gab es schon beeindruckend viel Schmuck und Komfort. Hell leuchtete damals die Marmorverkleidung; Säulen, Kapitelle und Friese schmückten es. Einen Eindruck vermitteln die im Museum nebenan ausgestellten Schmuckreliefs mit Amazonen und Kentauren. In 36 m Höhe erkennt man am oberen Abschluss der Mauer die doppelte Reihe von Kragsteinen für die Balken, an denen das *velum* befestigt war – eine riesige Leinwand, die über das gesamte Theater gezogen werden konnte. Heute genießen nur die Künstler auf der Bühne absoluten Regenschutz. Das grazile Glas-Stahl-Dach, 2006 von Didier Repellin errichtet, ruht auf einem eigenen Träger, sodass seine 1000 durchsichtigen Quadratmeter nicht die antike Bausubstanz belasten. Doch im Juli und August, wenn die Chorégies stattfinden, regnet es in der Provence ohnehin kaum.

Internationale Opernbühne mit besonderer Akustik

Frankreichs ältestes Festival wurde 1869 gegründet, um bewusst an die griechisch-römische Aufführungstradition anzuknüpfen. Seit 1971 ist es auf Opern spezialisiert. Hier schmetterten die besten und teuersten Stimmen der Welt: Placido Domingo, Angela Gheorgiu, Montserrat Caballé. Die internationalen Opernjünger lauschen hier den Blockbustern wie Aida 2008 und Carmen 2009. In römischer Zeit war man auf Unterhaltung aus: Gigantische Aufmärsche und figurenreiche Musikrevuen ersetzten mehr und mehr die griechischen Mensch-heitsdramen. Tänzer und Tänzerinnen stellten pantomimisch die Geschehnisse dar, die parallel gesungen und von einem Orchester begleitet wurden. Diese Aufführungen erforderten eine besonders gute Akustik und deshalb bauten die Römer Bühnenwände, die wie Steilklippen aufragen. Auch heute noch wenden die Sänger bei schwierigen Arien dem Publikum den Rücken zu und singen »gegen die Wand«, im Blick die Statue des Augustus in einer zentralen Nische. Und das neue Glasdach tut ein Übriges: In 32 m Höhe geht es auf Stimmenfang, denn die menschliche Sprache steigt nur bis zu 25, der Gesang sogar bis zu 27 m Höhe. Und so wird die menschliche Stimme über das immense Halbrund des Zuschauerraums, die *cavea*, getragen.

Hochrangige Gäste saßen bequemer

Insgesamt 37 Sitzreihen lehnen sich an die Flanke des St-Eutrope-Hügels, dessen Gipfel den besten Blick auf das Theater bietet. Treppen teilen die Sitzreihen in sechs vertikale *cunei* (Keile). Ein ausgeklügeltes System von Stiegen, überwölbten Gängen und Vomitorien kanalisierte die Zuschauermengen und ›spuckte‹ (lat. *vomere* = *ausspucken*) sie auf ihre Plätze aus. Nach ihrem sozialen Rang saßen die römischen Besucher in drei Sektoren, die durch ca. 2 m hohe Mauern getrennt waren. Vorne waren die besten Plätze und daran hat sich bis heute nichts geändert. Die hochrangigen Gäste bekamen bewegliche Sessel direkt um die halbkreisförmige *orchestra*, dahinter saßen die Mitglieder der Priesterkollegien, dann Handwerker und Kaufleute – und ganz oben die *pullati*, das niedere Volk, Bettler, Prostituierte und weitere ›nicht gesellschaftsfähige‹ Gruppen.

kendecke; bei schönem Wetter wird auf der Terrasse serviert.

Loungig – **Monteverdi Café** : 443, blvd. Edouard Daladier, Tel. 04 90 34 70 03, Di–So 8–1.30 Uhr, Rinderfilet mit Foie-Gras-Sauce 19 €. Farb- und Lichtdesign werden in dieser trendigen Café-Brasserie-Bar großgeschrieben. Man kann aber nicht nur an der Bar und auf den Sofas ›auschillen‹, sondern auch richtig gut essen.

In Sérignan-le-Comtat und für Gourmets – **Le Pré du Moulin:** route Ste-Cécile-les-Vignes, Sérignan-le-Comtat, Tel. 04 90 70 14 55, Fax 04 90 70 05 62, www.predumoulin.com, DZ 110–220 €, Restaurant 12–14, 19.30–21.30, Okt.–Mai So, Mo geschl., Menüs 29–110 €. Eine ehemalige Schule mit blumenübersäter Terrasse bietet geräumige Zimmer und, weswegen die Gourmets kommen, ein Sternerestaurant, dessen Drei-Gang-Menü für 29 € ein exzellentes Preis-Leistungsverhältnis bietet.

Einkaufen

Für Weinliebhaber – **Palais du Vin:** In diesem neoprovenzalischen Palast an der RN 7 nach Avignon stellen sich 120 unabhängige Winzer von Rhône-Weinen mit 600 Weinen zum Probieren vor. Man kann an Verkostungsseminaren teilnehmen und im Restaurant La Table du Vigneron speisen (tgl. 9.30–18 Uhr).

Aktiv & Kreativ

Probier-Seminare – **Lycée Viticole:** Château Mongin, 2260, route du Grès, Tel. 04 90 51 48 00, www.lpa.orange.free.fr, ca. 9 km südlich von Orange. In Französisch werden hier Weinverkostungen und Probier-Seminare von den Profis des Wein-Gymnasiums angeboten. Ren-

ner sind derzeit die »Schwarzen Abende«, wo man – eine Zeit lang – im Dunkeln seine Sinne auf ungewohnte Weise auf den Wein fixieren lernt.

Abends & Nachts

Billiardtreff – **Billard Académie** : 67, cours Pourtoules, Tel. 04 32 81 17 90, tgl. 19–1 Uhr. Zehn Billardtische locken die örtliche Jugend zum Stoßen. Schnellrestaurant und Bar passen zum Ambiente der 1960er-Jahre.

Bowling, Disco und Karaoke – **RDV-Café-Restaurant-Club:** Route de Jonquières, Ausfahrt Orange Sud von der

A 7, Tel. 04 90 51 02 00, Mi–So 19–5 Uhr. Großes Vergnügungscenter mit fünf Bowlingbahnen, einer Grillterrasse, einer Disco und Do abends Karaoke.

Infos & Termine

Office de Tourisme: 5, cours Aristide Briand, Tel. 04 90 34 70 88, www.ot orange.fr. April–Juni, Sept. Mo–Sa 9–18.30, So 10–13, 14–18.30, Juli/Aug. bis 19.30, Okt.–März Mo–Sa 10–13, 14–17 Uhr.
Chorégies: www.choregies.asso.fr. Im Jahr 2009: s. Entdeckungstour S. 86. Mitte Juli–Anfang Aug. Kartenbestellung: schriftlich an Chorégies d'Orange, BP 205, 84107 Orange Cedex, Tel. 04 90 34 24 24; Kreditkarte: Fax 04 90 11 04 04; online: billetterie@choregies.com. Theaterkasse neben dem Theater, ab Okt. des Vorjahrs Mo–Fr 10.30–12.30, 14–17, ab Mitte Juni tgl. 10–19 Uhr. www.theatre-antique.com

Bahnhof: Avenue Frédéric Mistral, Tel. 08 36 35 35 35, mehrmals tgl. nach Avignon, Marseille. Tgl. zwei TGVs nach Paris, Fahrdauer 3 Std. 20 Min.
Busbahnhof: Cours Pourtoules, Tel. 04 90 34 15 59, z. B. nach Châteauneuf, Vaison, Carpentras.

Vaison-la-Romaine

▶ F 1

Vaison (6000 Einw.) besteht aus drei Orten: der Altstadt auf dem Burgfelsen am südlichen Ufer der Ouvèze, der modernen Stadt am nördlichen Ufer und den römischen Ruinen nördlich davon. Die im 19. Jh. unwesentlich restaurierte **römische Brücke** schlägt einen einzigen kühnen Bogen über die Ouvèze.

Die Altstadt

Die Ville Haute, die mittelalterliche Oberstadt, ist mit ihren schmalen Gassen, dem Brunnen, den Galerien und historischen Häusern eine der schönsten der Provence und im Gegensatz zu Les Baux bewohnt. Das Stadttor wird von einem Campanile mit eisernem Uhrturm bekrönt. Etwa fünf Minuten steigt man bergauf über einen steilen, fast kahlen Felsen oberhalb der letzten Häuser: der ideale Ort zum Lesen, Sonnen, Dösen. Dann steht man am Fuß der Ruinen der **Burg**, von Raymond V. von Toulouse um 1200 errichtet. Der Blick über die rote Dächerlandschaft und bis zum Mont Ventoux ist herrlich.

Die Ruinen der antiken Stadt

tgl. Nov., Dez., Febr. 10–12, 14–17, März, Okt 10–12.30, 14–17.30, April, Mai 9.30–18, Juni–Sept. 9.30–19 Uhr, Quartier Villasse macht 12–14.30 Uhr Mittagspause. Eintritt: Ticket für zwei Tage: Ausgrabungen, Museum, Kathedrale und Kreuzgang 7,70 €
Das ausgedehnte Ruinenfeld des antiken Vasio Vocontiorum lässt, vergleicht man es mit dem regelmäßigen Stadtplan von Orange, privatbaulichen Wildwuchs erkennen – wahrscheinlich verlebten hier vermögende Pensionäre ab dem 1. Jh. n. Chr. ihren luxuriösen Lebensabend. Die Ausgrabungen umfassen das **Quartier du Puymin** und das **Quartier de la Villasse**, die die Avenue Charles de Gaulle und ein Parkplatz trennt. Komfortable Villenanlagen, *basilica* (Markt- und Gerichtshalle), drei Bäder und die Reste des stark rekonstruierten römischen Theaters lassen auf ein ländliches Städtchen schließen. In dem übersichtlichen, hellen **Museum Théo-Desplans** sind die in Vaison gefundenen Kunst- und Alltagsgegenstände ausgestellt: Kaiserstatuen, eine silberne Porträtbüste des 3. Jh., das Pfauenmosaik oder Wasserhähne aus Blei. Im **Quar-**

tier de la **Villasse** wurden u. a. die Reste einer säulengesäumten Einkaufsstraße mit Abwasserkanal, Straßenpflaster und Grundmauern ausgegraben.

Kathedrale Notre-Dame-de-Nazareth

Östlich des Quartier de la Villasse, Kirche jederzeit, Kreuzgang tgl. Nov., Dez., Febr., März, Okt. 10–12, 14–17, April–Sept. 10.30–12.30, 14–18 Uhr

Einer der wichtigsten Bauten der provenzalischen Romanik wurde 1150/60 errichtet, auf einem Vorgängerbau des 11. Jh., von dem noch die innen mit Säulen und Stufen geschmückte Apsis stammt, und auf römischen Fundamenten, wie man an den Säulentrommeln außen an der Apsis sehen kann.

Das Berühmteste an dem romanischen Kreuzgang ist die lateinische Inschrift an der Kirchennordwand. Ver-schlüsselt durch Allegorien und Zahlensymbolik, legte sie den Domherrn nahe, den Kreuzgang schnell in Richtung Süden, dem Land der Verheißung, zu durchschreiten.

Ausflug nach Rasteau ▶ F1

Der kleine Ort, 10 km westlich von Vaison, bekrönt von drei Kirchtürmen und mit den Ruinen einer Stadtmauer und einer Burg recht romantisch, steht ganz und gar im Zeichen der Rebe: Weinmuseum, Weinlehrpfad, Winzer. In der schon 1925 gegründeten Cave de Rasteau kann man den hiesigen natürlichen roten Süßwein mit 17 % Alkohol kaufen, aber auch einen kräftigen Roten, der wie in Châteauneuf-du-Pape auf Kalkkieseln gedeiht (Route des Princes d'Orange, tgl. 9–

Verspricht herrliche Ausblicke: die Burgruine von Vaison-la-Romaine

12.30, 14–18, Juli/Aug. 9–19 Uhr, www.rasteau. com).

Übernachten

Historisch – **Hostellerie du Beffroi**: rue de l'Evêché, Tel. 04 90 28 74 79, Fax 04 90 36 24 78, www.le-beffroi.com, DZ 90–140 €, Menüs 29–45 €. Unterhalb von l'Evêché nimmt diese traditionelle Herberge ein weiteres wundervolles Stadthaus des 17. Jh. in Beschlag. Freigelegte Steinmauern, glasierte Kachelböden, barocke Möbel und Holzverkleidungen besitzen viel Charme, das Freibad bietet Blick auf Vaison.

Ein Hotel mit Kunst – **Burrhus**: 1, place de Montfort, Tel. 04 90 36 00 11, Fax 04 90 36 39 05, www.burrhus.com, DZ 46–115 €. Diese Traditionsherberge im modernen Stadtzentrum bietet unterschiedliche Zimmer. Restaurant, Flure und Zimmer sind auch Ausstellungsflächen für moderne Kunst.

Landhausstil ein wenig außerhalb – **La Combe**: chemin de Ste-Croix, Tel. 04 90 28 76 33, Fax 04 90 28 73 70, www.bastide-lacombe.fr. DZ mit Frühstück 90–105, Suiten 110–130 €. Die dreistöckige Bastide liegt im Grünen (Frühstück auf der Terrasse). Die Chambres d'hôtes sind in einem zurückhaltenden, sehr klaren Landhausstil gehalten. Ausgezeichnete Küche.

Essen & Trinken

Newcomer – **Le Bistro du'O**: rue du château, Tel. 04 90 41 72 90, Di–Sa 12–14, 19–22, So 12–14 Uhr, Menü 25, für Kinder 10 €. *Bistronomique* nennen begeisterte Food-Kritiker und Stammkunden, darunter auch viele Familien, dieses Bistro. Auf einer Schiefertafel steht ein einziges Drei-Gang-Menü mit je zwei Wahlmöglichkeiten, perfekt präsentiert, zeitgenössisch gekocht. Ein Glas Wein aus der Region kostet 3 €. Der Service darf noch dazulernen.

Einkaufen

Wochenmarkt: Di morgens in der Neustadt. **Biomarkt** der Selbsterzeuger: Di, Do morgens, place François-Cevert. **Flohmarkt:** dritter So im Monat, place Montfort.

Infos & Termine

Office de Tourisme: place du Chanoine Sautel, Tel. 04 90 36 02 11, 15. Okt.–15. April Mo–Sa 9–12, 14–17.45, im Sommer auch So 9–12, Juli/Aug. tgl. 9–12, 14–18.45 Uhr, neben den Ausgrabungen; von Ostern bis Pfingsten fährt hier

der Minizug ab; www.vaison-la-ro
maine.com.
Festival de Vaison: im Juli Theater und
Musik im antiken Theater, www.vai
son-festival.com.
Choralies: Chormusik-Festival alle drei
Jahre Anfang August, das nächste
2010, www.choralies2010.com.
Suppenfestival: Ende Okt. Testen Sie in
13 Dörfern 150 Suppen, nach Familien-
rezepten zubereitet!
Journées Gourmandes: Ende Okt./An-
fang Nov. können Sie bei 120 Ausstel-
lern Wein, Trüffel, Honig oder Weih-
nachtsgebäck probieren.

Dentelles de Montmirail ► F 1

›Häkelspitzen‹, das klingt passend für
die kahlen, bizarr geformten Kalksteinfelsen, die Dentelles de Montmirail südlich von Vaison-la-Romaine. Eine vom
Menschen geschaffene Kulturland-
schaft aus Weinbergen, Obst- und Man-
delhainen geht in höheren Lagen in
karge, unwirtliche Garriguevegetation
über, zuletzt in nackten Fels. Die
höchste Erhebung dieses westlichen
Ausläufers des Ventoux-Massivs ist der
Mont St-Amand mit 734 m.

Séguret ► F 1

Hohe alte Häuser aus unbehauenem
Stein säumen kopfsteingepflasterte
Gassen. Ein Kirchturm mit eisernem
Glockenkäfig steigt über dem rötli-
chen Dachpfannenmeer auf. Der Re-
naissancebrunnen Fontaine des Mas-
carons plätschert vor sich hin. Am Heiligen Abend ist ab 22 Uhr in der
Dorfkirche mit dem romanischen Schiff
eine lebende Krippe *(crèche vivant)* zu
bewundern, gefolgt von einer Mitter-

nachtsmette in Provenzalisch. In dieser
Hochburg der provenzalischen Weih-
nacht fertigt der Santonnier Philippe
Fournier seine kleinen Krippenfiguren
(Dorfmitte, Tel. 04 90 46 91 35).

Sablet ► F 1

Auch Sablet reiht sich in die Riege char-
manter Dentelles-Orte ein – steinalte
Häuser mit hoheitsvollen Katzen, teils
überdachte Gassen, mittelalterliche
Stadtmauern. Die im Kern romanische
Kirche St-Nazaire hat Seitenschiffe aus
dem 15. Jh. An der Straße um den für
Autos zu engen Altstadtkern bietet die
Caveau Les Girasols lokale Weine und
Feinkost. (Route de Vaison, April–Okt.
tgl. 10–17 Uhr, Tel. 04 90 46 84 33).
Hinter der einsam in einem engen Tal
gelegenen romanischen **Kapelle Sts-
Cosme-et-Damien** führt nach dem
Ende der Stichstraße ein Fußweg auf
den Pass **Col du Queyron.** An die 600
angelegte Kletterstiege sind ganzjäh-
rig benutzbar. Von hier starten auch
viele markierte Wanderwege.

Vacqueyras ► F 1

Um den Winzerort wächst einer der
drei Grand Crus der Côtes du Rhône-
Weine. Er lässt sich per Verkostung
oder aktiv entdecken: Ein 8 km langer
Weinlehrpfad schlängelt sich vom
Ortszentrum durch die Weinberge, für
den man gute zwei Stunden braucht.

Beaumes-de-Venise ► F 1

Der Winzerort steht ganz im Zeichen
des hier angebauten natürlichen Süß-
weins. Er wird jung getrunken, da er
sich in der Flasche nicht mehr verändert. Auch geöffnet hält er sich im

Kalksteinfelsen wie Häkelspitzen gaben den Dentelles ihren Namen

Kühlschrank noch lange. Die D 90 führt über Lafare und Suzette nach Malaucène, eine kleine Serpentinenstraße mit sehr schönen Ausblicken.

Crestet ▶ F 1

Das Mini-Felsennest erreicht man über eine abenteuerliche Serpentinenstraße. Vom viel besuchten Parkplatz neben der im Untergeschoss restaurierten und von Privatleuten bewohnten mittelalterlichen Burg in Crestet reicht der Blick über den markanten Kirchturm in die Weite.

Übernachten

Rustikal – **La Bastide Bleue:** Tel./Fax 04 90 46 83 43, http://perso.wanadoo.fr/la bastidebleue, DZ mit Frühstück 66–78,50, Drei-Gang-Menü 27 €. Ein stei-

nernes Mas in Séguret mit Garten, farbenfroh provenzalisch eingerichtete Zimmer, eine Terrasse mit bunten Eisenstühlen unter Oleander. Familienzimmer und Außen-Schwimmbad, deftige Regionalküche mit Rinderbäckchen oder Forelle.

Privatzimmer auf dem Weingut – **Domaine de Bellevue:** route de Vacqueyras, an der D7 gegenüber Notre-Dame-d'Aubune, Tel. 04 90 65 01 92, www.domainedebellevue.fr, DZ mit Frühstück 64–70 €, eines davon auch für Familien. Eine junge Winzerfamilie führt das im Grünen gelegene adrette Mas aus dem 18. Jh. mit Außenpool. Die Zimmer sind schlicht, freundlich und mit viel Liebe dekoriert.

Wandererherberge – **Gîte d'étape des Dentelles:** Tel. 04 90 65 80 85, Fax 04 90 65 83 44, www.gite-dentelles.com, ca. 12 bzw. 15 € pro Person. In Gigondas. Für Wanderer, Felskletterer und sportliche Menschen; funktional, modern,

Lieblingsort

Auf dem Dorfplatz von Gigondas ▶ F 1

In dem Winzerort **Gigondas** wachsen unterhalb der zerklüfteten Kalksteinfelsen der Dentelles Sarasines (Sarazenen-Spitzen) in einer Höhe von 160–400 m jene Weinstöcke, deren schwere, körperreiche Erträge man in zahlreichen *dégustations* (Probierstuben) kosten kann, z.B. am charmanten unteren Dorfplatz mit seinen einfachen Terrassenrestaurants. Empfehlenswert ist die **Weinverkostung** im ehemaligen Pilgerhospiz: Nov.–März Mi–So 14–17, April-Okt. bis 18 Uhr, Juli/Aug. tgl. 10.30–13, 15.30–19 Uhr.

Wandern um Notre-Dame-d'Aubune ▶ F 1

Die renovierte romanische Wallfahrtskirche von Aubune hat einen markanten viereckigen, antik inspirierten Turm. Der gelb-rote Wanderweg an der Kapelle weist die Richtung, aber man kann einen der vielen Zickzackpfade den steilen Felsen hinauf nehmen. Etwas zurück auf dem Hügelkamm steht die romanische **Chapelle St-Hilaire**. Vorsicht, die Ruine ist ungesichert! Etwas unterhalb sieht man Felsgräber einer frühchristlichen Mönchsgemeinschaft. Hin und zurück geht man ungefähr eine Stunde. Einen etwa dreistündigen weiteren Bogen schlägt der blaue Wanderweg, der auf einem zunächst asphaltierten, dann steinigen Wirtschaftsweg rechts von der Kapelle wegführt. Es geht durch Weinberge, Ölbaumhaine und einen Kermeseichenwald, oben auf dem Kamm hat man einen weiten Blick bis zum Mont Ventoux.

sauber, Schlafsaal bzw. Doppelzimmer. Es gibt eine Kletterschule, geführte Wanderungen und auch einen Geländeradverleih.

Aktiv & Kreativ

Die Offices de Tourisme haben Vorschläge für markierte große und kleine Rad- und Wandertouren.

Kletterführer – **André Charmetant**: Tel. 04 90 82 20 72, www.charmetant.org. Veranstaltet seit 25 Jahren für Anfänger und Fortgeschrittene Touren mit Unterkunft in der **Gîte d'Etape de Lafare**, einem Dorf bei Beaumes-de-Venise, www.gitelafare.free.fr/; Schlafsaal 14 €.

Kochkurse – **Restaurant Dolium**: Cave des Vignerons, place Balma Vénitia,

route de Vaison (D 7), Tel. 04 90 12 80 00, ein Mo und Mi im Monat 18–21 Uhr, 50 €, www.dolium-restaurant.com. Öffnungszeiten des Restaurants: 15.9.– 15.6. Do–Di 11.30–14, Fr, Sa 19–22, 16.6.–14.9. Do–Di 11.30–14, 19–22 Uhr. Kochkurse mit verschiedenen Themen, auch für Kinder. Anschließender Verzehr des zubereiteten Menüs.

Einkaufen

Weine der Region – **Vignerons de Caractère**: route de Vaison-la-Romaine, www.vigneronsdecaractere.com, tgl. Nov.–Febr. 9–12.30, 14.30–18, März–Okt. 9–19 Uhr. Zusammenschluss von 80 lokalen Winzern. Neben Vacqueyras auch andere AOC-Weine der Region ab ca. 7 €. Design-Cave mit Restaurant.

Wein von Winzerinnen – **Domaine la Fourmone**: route de Bollène, Vacqueyras, Tel. 04 90 65 86 05, www.four mone.com, April–Okt. tgl. 9–12, 14–18 Uhr, Nov.–März So geschl. Das von Frauen geleitete Familienweingut baut rote Vacqueyras, Gigondas und Côtes-du-Rhône an sowie Rosé- und Weißweine (ca. 8 €). Die Gemälde der Winzerin Marie-Thérèse Combe schmücken die schlichte, stimmungsvolle *cave*.

Olivenölprodukte – **Moulin La Balméenne**: av. Jules Ferry, www.labal meene.fr, Mo–Sa 9–12, 14–18.30, Ostern–Aug. auch So 14–18.30 Uhr. Preisgekröntes, fruchtiges Olivenöl (ab ca. 17 €), Boutique mit Honig, Seife, Keramik etc., kostenlose Besichtigung der alten Ölpresse von 1925.

Feine individuelle Weine – **Domaine de La Pigeade**: Route de Caromb, Beaumes-de-Venise, Tel. 04 90 62 90 00, www.lapigeade.fr, April–Okt. tgl. 9–12, 14–18 Uhr, Nov.–März So geschl. In diesem Familienbetrieb wird manuell geerntet und der Ertrag niedrig gehalten. Die mehrfach prämierten Roten der

Côte-du-Ventoux- und Côtes-du-Rhône-Appellation kosten ab 5 €. Der fantastische Beaumes-de-Venise-Süßwein kostet das Doppelte.

Malaucène ▶ G 1

Ein Platanenboulevard umrundet den engen Stadtkern des recht untouristischen Regionalzentrums im Pays du Ventoux. Am Hauptplatz, wo mittwochmorgens der »pralle« Wochenmarkt stattfindet, steht noch ein altes Waschhaus. Die Wehrkirche stammt aus dem unruhigen 14. Jh., ihr Langhaus noch aus der Romanik.

Von Malaucène führt die D 974 auf den ›Nationalberg‹ der Provence, vorbei an der romanischen Kapelle **Chapelle Notre-Dame-du-Groseau** aus dem 12. Jh. Der quadratische Bau mit einem Türmchen auf dem Dach hat einen Anbau, die noch 100 Jahre älter **Chapelle St-Blaise**. Die Quelle des Groseau wurde bereits in keltischer Zeit kultisch verehrt und das Wasser von den Römern nach Vaison geleitet.

Mont Ventoux ▶ G/H 1

Die D 974 verläuft von Malaucène aus in zahlreichen Serpentinen über spektakuläre Aussichtspunkte einmal um den Mont Ventoux herum. Der Nordhang, schroff, wasserreich, mit Libanon-Zedern, Steineichen, Lärchen und Kiefern bewaldet, zeigt einen nordeuropäischen, alpinen Charakter.

Auf dem kahlen, windumtosten Gipfel in 1912 m Höhe, wo einst die Kelten ihren Windgott verehrten und die Römer ein Heiligtum errichteten, stehen heute Radar- und Wetterstation, Fernsehturm und die moderne Kapelle Ste-Croix. Hier oben herrschen oft hohe Windgeschwindigkeiten und

von Dezember bis in den Mai hinein ist der Berg verschneit und die Passstraße gesperrt. Dann kommt man nur bis zum Châlet oberhalb des Mont Serein und kann oft noch an Pfingsten dem Rodeln frönen.

Wenn der Ventoux von Wolken eingehüllt ist, und das ist er häufig, lohnt die Fahrt hinauf nicht. Am besten besucht man den ›Windigen‹ in den halbwegs klaren Morgenstunden. Auch das nächtliche Schauspiel der lichtschimmernden ›Unterwelt‹ bis hin zum Mittelmeer ist faszinierend.

Übernachten, Essen

Einfach geschmackvoll – **Le Pont de l'Orme:** route de Suzette, Tel. 04 90 46 17 50, www.lepontdelorme.com, DZ mit Frühstück 60 €, Menüs 15/35 €. Kleine, gemütliche Zimmer in einem einstöckigen alten Haus inmitten alter Baumriesen; warmrote Kachelböden, weiße Wände und eine präzise, sehr persönliche Regionalküche. Fazit: Ruhe und perfekte Gastfreundschaft.

Aktiv & Kreativ

Wandern – Wer den anstrengenden Aufstieg auf Petrarcas Spuren per pedes unternehmen will, gelangt auf dem rot-weiß markierten GR 4 von Beaumont-du-Ventoux in sechs Stunden nach oben.

Alpinski und Langlauf – **Mont Serein:** www.stationdumontserein.com, Infos auch in Deutsch. Die Station Mont Serein auf 1400–1800 m Höhe ist zwar nicht schneesicher, aber eine von Frankreichs traditionsreichsten Skistationen. Sie bietet neun Alpinskilifte auf 12 km, Langlaufloipen, eine Schneeschuhpiste, Ausrüstungsverleih und Skischulen.

Avignon und Comtat Venaissin

Highlight!

Avignon: Papstpalast, Pont St-Bénézet und Altstadt muss man einfach gesehen haben! Doch diese Stadt besteht bei weitem nicht nur aus Geschichte: Das ganze Jahr über kann man hier wunderbar shoppen, essen und flanieren. Eine ganz besondere Stimmung herrscht in den alten Gassen während des berühmten Theaterfestivals – jedes Jahr drei Wochen im Juli. S. 100

Auf Entdeckungstour

Weinverkostung in den Kellern von Châteauneuf-du-Pape: Lernen Sie die Geschichte dieses berühmten Weins im Museum, auf Weingütern und den Weinbergen dieses renommierten Weindorfs kennen. S. 118

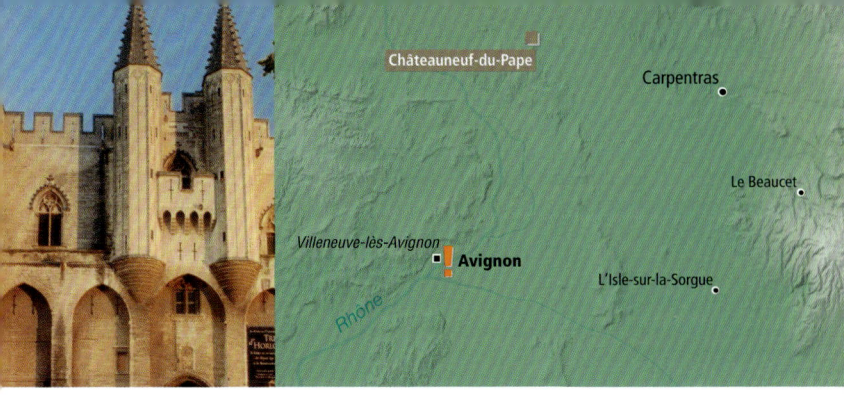

Kultur & Sehenswertes

Villeneuve-lès-Avignon: Kartause, Fort St-André und Museum ergänzen die Papstkultur von Avignon. S. 116

Carpentras: Die Rokokosynagoge ist eine der ältesten Frankreichs. S. 121

Aktiv & Kreativ

Kochen mit Profis:
In Avignon kann man in den Markthallen oder bei Conceptchef die Kochkünste echter provenzalischer Profiköche erlernen. S. 114

Fromagerie du Comtat: In Carpentras kann man bei der Käsemeisterin Claudine Vigier einiges über die Käseherstellung lernen und verschiedene regionale Käse verkosten. S. 124

L'Isle-sur-la-Sorgue: Eine Kanufahrt bis Fontaine-de-Vaucluse ist auch für Anfänger und Familien mit Kindern empfehlenswert. S. 126

Genießen & Atmosphäre

Hôtel Cloître St-Louis: Luxus, Design und lebendige Geschichte in einem barocken Kloster der Stadt Avignon. S. 112

Ballonfahrt ab Le Beaucet: Hot-Air Ballooning Provence, an der Kreuzung unterhalb des Bergs von Joucas, bietet 40-minütige Ballonfahrten. S. 126

Abends & Nachts

Avignon: Im Grand Café oder auf der Place de l'Horloge die Nacht beginnen, im Le Blues oder Le Bokao's Party machen. S.115

Der Papstpalast, das Theaterfestival und das Lied vom »Pont d'Avignon« haben Avignon weltberühmt gemacht. Kunstgenuss und Päpstereminiszenzen verspricht auch die stille Zwillingsstadt Villeneuve am anderen Rhône-Ufer. Die wertvollen Weinberge von Châteauneuf-du-Pape gehörten einst den Päpsten, ebenso wie Carpentras, wo Frankreichs älteste Synagoge steht, und das Comtat Venaissin.

Avignon ❗ ▶ E 3

Avignon (89 300 Einw.) ist sicher eine der schönsten Städte Europas. Im kompletten Rund der mittelalterlichen Stadtmauern pulsiert das Leben einer agilen Kulturstadt. Die gesamte Altstadt gehört zum UNESCO-Welterbe.

Geschichte der Päpste

»Was hatten die Bischöfe von Rom in Frankreich zu suchen?« fragt man sich unwillkürlich. Im Spätmittelalter schlugen die Oberhirten der Christenheit ihre Residenz an der Rhône auf, um innerrömischen Parteikämpfen zu entgehen. Clemens V. (1305–1314) und Johannes XXII. (1316–1334), gebürtiger Franzose und Bischof von Avignon, begründeten die ›Babylonische Gefangenschaft‹ der Kirche, deren Führer unter den Einfluss des französischen Königs gerieten. Sie setzte sich fort unter Benedikt XII. (1334–1342), der den Papstpalast erbauen ließ, Clemens VI. (1342–1352) und Innozenz VI. (1352–1362), unter dessen Pontifikat die Stadtmauer entstand. Gregor XI. (1370–1378) beendete gegen den erbitterten fran-

Das Theaterfestival in Avignon vereint Kleinkunst und große Namen

zösischen Widerstand das Avignoner Exil, doch die Franzosen riefen daraufhin Gegenpäste aus, die noch bis 1417, bis zum Ende des Großen Abendländischen Schismas durch das Konstanzer Konzil, in Avignon residierten. Machte diese politische Sonderentwicklung Avignon zu der am wenigsten provenzalischen Stadt der Provence? Sie betraf jedenfalls auch das päpsteeigene Comtat Venaissin mit den Städten Venasque, Carpentras und Fontaine-de-Vaucluse, die ebenso erst 1791 an Frankreich fielen. Heute profitieren Zehntausende Besucher jährlich davon, dass Avignon sich unter den Päpsten des Spätmittelalters zu einem kosmopolitischen Kunstzentrum ersten Ranges entwickelte. Der Papsthof zog bedeutende italienische Maler an wie Simone Martini oder Matteo Giovanetti und Dichter wie den großen Petrarca. Die Stadt streifte sich ein prunkvolles Gewand aus Kirchen, Türmen und Kardinalsresidenzen über, den *livrées*. Das Kunst- und Sündenbabel

platzte aus allen Nähten und wuchs über den Mauerring hinaus, denn die etwa 40 000 Menschen – Papstgefolge, Kardinäle, Adlige, Händler, Handwerker, Kleriker, Kurtisanen, Glücksspieler und Beutelschneider – wollten untergebracht sein.

Auf Schritt und Tritt stößt man heute in Avignon auf flippige oder edle Geschäfte, kleine Bistros und verlockende Restaurants. Trotzdem sollte man sich auch architektonische Details wie Heiligen- und Madonnennischen, Spitzbogenfenster und Fassadenschmuck nicht entgehen lassen.

Festival d'Art Dramatique

Im Jahr 1947 rief der legendäre Jean Vilar, Schauspieler, Regisseur und Theaterleiter, das Theaterfestival von Avignon ins Leben. Eines der ganz großen Events des europäischen Kulturlebens zog auch die ganz großen Namen

Avignon

Chapelle St-Nicolas
Porte du Rocher
Tour du Châtelet
Tour des Chiens

Chemin de Bagatelle
Chemin Vn°. 58
Chemin Cn°. 65
Chemin des tennis
Impasse des Pavillons
Nautica

Pont Edouard Daladier

Rhône

Chemin de l'Île Piot

Boulevard du Rhône

Place du Palais
R. du Rempart du Rhône
Rue du Limas
Rue St-Étienne
Grande Fusterie
Racine
Tresorie Générale
R. Vieille Poste
Rue de la Monnaie
Centre de Congrès
Rue du Vice Leg

Hôtel Europe
Porte de l'Oulle

Rue du Mail
R. Joseph Vernet
R. Petite Fusterie
Place Campana
Zecca
Rue Molière
Place D. Sorano
Place de l'Horloge
Musée Aubanel
Place St-Pierre
Place Carnot
Place Jérusalem

de l'Oulle
Rue du Rempart de l'Oulle
Pas. de l'Oratoire
Chapelle l'Oratoire
Rue St-Thomas d'Aquin
Rue St-André
Félix Gras

Boulevard
Rue du Rempart de l'Oulle

Porte St-Dominique

Rue Victor Hugo
Rue d'Annanelle
Préfecture
Place Préfecture
Rue Viald
Rue Bonquerie
Rue Dorée
Rue Bancasse
Rue Galante
Rue Piot
Place Principale
Rue Rouge
Chap. des Pénitents Blancs

Boulevard St. Dominique
Rue du Rempart St-Dominique
Veloutterie
Rue de la
Porte Evêque
R. Horace Vernet
R. Collège d'Annecy
R. Figuière
St-Didier
Rue de la République
Rue du Roi Ren

Jardin St. Dominique

Rue Joseph Vernet
Charles
Rue Violette
Raspail
Livrée Ceccano
Rue Fr. Mistral
R. du Laboureur
Cours St-Michel
Pl. des Etudes
Rue des Etudes
Rue du Chat
Rue Pétramale

Rue de Toulouse
Boulevard
Rue de Observance
Rue Henri Fabre
R. Agricol Perdiguier
Rue de la Bourse
Rue du Coq
Rue Barancan
Rue Grande Monnai
Rue Paul Manivet
Rue de l'Aigarde

Couvent des Carmelites
Ticket Festival d'Avignon
Rue Saint
Rue du Portail Boquier
Cours Jean Jaurès
Rue du Mal de Lattre de Tassigny
Rue St-Michel
Rue du Rempar

Boulevard
Rempart St- Roch
St- Roch
Porte St-Charles
Chemin J. F. Président Kennedy
Avenue du Génie
Porte St-Michel

Avenue Eisenhower
Caserne de Salles
Rue du
Porte de la République

Gare (SNCF)
Gare Routière

Avignon

Sehenswert
1. Palais des Papes
2. Hôtel des Monnaies
3. Pont St-Bénézet
4. Stadtmauer
5. Musée du Petit Palais
6. Rocher des Doms
7. Notre-Dame-des-Doms
8. Ch. des Pénitents Noirs
9. Theater
10. St-Agricol
11. Musée Lapidaire
12. St-Pierre
13. Musée Angladon
14. Ch. des Pénitents Gris
15. Collection Lambert
16. Musée Calvet
17. Musée Réquien

Übernachten
1. Hôtel Cloître St-Louis
2. Citotel de Garlande
3. L'Anastasy
4. De Blauvac
5. Kyriad
6. Camping

Essen & Trinken
1. Brunel
2. Cloître St-Louis
3. Le Bain Marie
4. Cuisine & Comptoir
5. L'ami du voyage … en compagnie

Einkaufen
1. Pylones
2. Place des Carmes

Aktiv & Kreativ
1. Petit Cuisine des Halles
2. Conceptchef
3. Ateliers Culinaires Les Etapes Gourmandes
4. Ceran Provence
5. Fähre
6. Freibad

Abends & Nachts
1. Grand Café
2. Gambrinus
3. Le Red Zone
4. Le Blues
5. Le Bokao's
6. Utopia Manutention
7. Oper
8. Théâtre du Chêne Noir
9. Du Chien qui fume

an: Gérard Philippe, Jeanne Moreau, Peter Brook und Ariane Monouchkine. 2005 war ein Krisenjahr: Die Zuschauer verließen die sehr experimentellen Inszenierungen in Scharen. Romeo Castelluccis Inszenierung des Stücks »Inferno« war 2008 ein Highlight: zwölf Kinder, zehn Hunde und Kletterer am Papstpalast kamen zum Einsatz. Jedes Jahr im Juli verwandelt sich die Stadt in ein multimediales Kunst-Spektakel der Superlative. Das *In* bietet große Theaterkunst im Ehrenhof des Papstpalastes. Im flippig-experimentellen *Off* zeigen junge, noch nicht etablierte Künstler ihre Performances von Pantomime bis Tanz. Das Ticketbüro des Festivals eröffnet jedes Jahr in alter Gewohnheit im Cloître St-Louis (s. S. 112, www.festival-avignon.com, 16. Juni–3. Juli Mo–Fr 11–18, ab 4. Juli tgl. 11–18.30 Uhr).

Der Papstpalast

Die Hauptattraktion Avignons ist zweifellos das **Palais des Papes** 1. Der größte gotische Palast der Welt entstand in einer Rekordbauzeit in den 1330er- und 1340er-Jahren. Wehrhaft, abweisend und stolz ragen die monochromen Mauern und Türme über der weiten, leicht ansteigenden Place du Palais auf: bis zu 50 m hoch die Tour de la Campane an der linken Ecke. Sie gehört zu dem von Pierre Poisson unter Papst Benedikt XII. erbauten ›Alten Palast‹, dessen Gebäude sich nach hinten in einem unregelmäßigen Trapez um einen Innenhof gruppieren. Die zisterziensische Herkunft dieses Papstes spiegelt sich in dem strengen Charakter seines Palastes und einem Kreuzgang ähnlichen Innenhof. Der ›Neue Palast‹, durch seine vorversetzte Fassade gekennzeichnet, wurde im Wesentlichen von Jean de Louvres unter Papst Clemens VI. errichtet, einem lebensfrohen Renaissancefürsten. Seine Gebäude bilden nach hinten die West- und Südseite des Großen Innenhofs.

Die Revolution und die anschließende Umwandlung des Papstpalastes in ein Gefängnis und eine Kaserne haben zwar vieles unwiederbringlich zerstört, doch blieb noch genug von der – ab 1906 restaurierten – Innenausstattung erhalten, um den unerhörten Luxus ahnen zu lassen, mit dem der ›Diener der Diener Gottes‹ sich einst umgab. Die Ausmalung der Räume wurde hauptsächlich von Matteo Giovanetti ausgeführt, einem Schüler des zuvor ebenfalls hier tätigen Simone Martini.

Die Innenräume

www.palais-des-papes.com, Kassenschluss 1 Std. vor Besuchsende: 2. Nov.–14. März tgl. 9.30–17.45, 15.–31. März 9.30–18.30, April–Juni, 16. Sept.–1. Nov. 9–19, Juli–Festivalende, 1.–15. Sept. 9–20, Festivalende bis August 9–21 Uhr; kostenloser Audioguide in Deutsch. Eintritt 7,50–9,50 €, Kombiticket mit Pont St-Bénézet 9,50–11,50 €; Café-Terrasse mit großartigem Ausblick.

Die Besichtigung der Innenräume beginnt im **Musée de l'Œuvre**, das mit archäologischen Objekten und Modellen die Baugeschichte des Papstpalasts beleuchtet. Im **Trésor Bas** lag unter den hochklappbaren Steinplatten des Fußbodens das Fundament der päpstlichen Macht: die – nun leeren – Münzdepots der Schatzkammer. Ernennungen von Kardinälen und Empfänge hoher Würdenträger wurden im **Consistoire** abgewickelt, der Versammlung der Kardinäle unter Vorsitz des Papstes. Heute werden hier die schlecht erhaltenen Fresken Simone Martinis vom Tympanon der nebenan gelegenen Kathedrale aufbewahrt. Die Fresken der **Chapelle St-Jean** von Matteo Giovanetti, 1346–48 ausgeführt, stellen die Geschichten Johannes' des Täufers dar.

Dem **Grand Tinel**, der Banketthalle, schließt an der Schmalseite die **Küche** mit einem 20 m hohen Rauchfang an. Die in strahlendem Blau gehaltenen Fresken Giovanettis in der **Chapelle St-Martial** (1344/45) an der Lang-

seite des Grand Tinel wurden wie die der Johanneskapelle von den hier im 19. Jh. kasernierten Soldaten bis in Kopfhöhe abgeschlagen, um sie stückweise verkaufen zu können – vor dem Gekreuzigten hatten sie offenbar Respekt, denn der blieb, obwohl in bequemer Höhe, unversehrt. Verlässt man den Saal, sieht man einen zugemauerten Spitzbogen. Bei einem Konklave, der Versammlung der Kardinäle zur Papstwahl, wurden die Wahlberechtigten in einer Zimmerflucht eingemauert, bis es einen neuen Papst gab. Der Spitzbogen wurde dann aufgebrochen, um den Kardinälen Bewegungsfreiheit innerhalb ihrer Suite zu geben.

Den Höhepunkt der Besichtigung stellen die **Privatgemächer der Päpste** dar. Die Wände des Schlafzimmers überzieht eine leicht verblichene Bemalung in Temperafarben: Vögel tummeln sich in Weinranken, Eichhörnchen in Eichenlaub. Das Studierzimmer, auch Hirschzimmer genannt, zeigt Jagd- und Fischfangszenen. Ein im Spätmittelalter einsetzendes Interesse an der profanen Umwelt dokumentiert sich hier, das die Renaissance anzukündigen scheint. Gigantisch sind die Ausmaße der schlichten, 52 m langen ›Kapelle‹ **Clemens' VI.** Der Große Innenhof sah im Juli 1947 die erste Aufführung des Theaterfestivals: Shakespeares »Richard II.« mit Jean Vilar in der Titelrolle. Ein Teil des Papstpalastes wurde in ein modernes Kongresszentrum umgewandelt.

Bevor man durch die reichlich bestückte Souvenirboutique entlassen wird, kommt man in die **Bouteillerie des Papes**: In diesen gotischen Gewölben warten effektvoll drapierte Flaschenbatterien darauf, unter der Anleitung von kundigen jungen Damen verkostet zu werden. Die Auswahl von 50 Côte-du-Rhône-Weinen stellt eine exzellente Möglichkeit dar, falls man keine Zeit zur Verkostung vor Ort hat (Zugang kostenlos über die Place de l'Amirande oder durch den Palast-Haupteingang). Und falls Sie ein bisschen Französisch verstehen, ist die Führung **Le Palais Secret** zu empfehlen. In kleinen Gruppen entdeckt man Privatgemächer, Ankleidezimmer, Bäder, Privatkapellen, Gärten, jüngste Ausgrabungen. Belohnung: ein Brunch mit Côtes-du-Rhône-Verkostung (nur nach Voranmeldung, Tel. 04 90 27 50 00, Sept.–Mai Sa 12.30, So 10.30 Uhr).

Hôtel des Monnaies 2
Dass Avignon nicht nur eine Stadt der Gotik, sondern auch des italienisch inspirierten Barock ist, zeigt dieser Adelspalast von 1619. Im 17. Jh. erlebte die Stadt durch Tuchmanufakturen eine zweite Blütezeit, die sich in der Errichtung barocker Stadtpalais niederschlug. Die an und für sich überdimensionierten Fassadenreliefs, unter ihnen ein putziger zweibeiniger Drache, nehmen die Herausforderung der gigantischen Dimensionen der Place du Palais an. Vom 15. März bis 15. Oktober fährt der Petit Train hier ab.

Pont St-Bénézet 3
Öffnungszeiten wie Papstpalast, Eintritt 3,50–4 €
Ein Kinderlied machte die Pont d'Avignon weltberühmt. Heute besitzt sie nur noch vier der ursprünglich 22 Pfeiler und nur noch 140 der einst 915 m Länge. Zweifellos ein technisches Meisterwerk des 13. Jh., folgte die Brücke dem Vorbild römischer Aquädukte in der Provence: Nicht gerade, sondern mit einem stumpfen Winkel versehen, stemmte sie sich gegen die Rhône-Strömung. Die Legende berichtet, der Hirtenjunge Bénézet habe die Stimme des Herrn vernommen, die ihm befohlen habe, diese Brücke zu erbauen. Und wie es in Legenden so geht, ließ

die göttliche Hilfe nicht lange auf sich warten.

Stadtmauer 4
Die Päpste umgaben die Stadt in den Wirren des Hundertjährigen Kriegs mit der noch heute komplett erhaltenen Stadtmauer. Ihr grob elliptischer, der Rhône-Schleife angepasste Bogen hat eine Länge von insgesamt 4,3 km. Die Restauration durch den berühmten Baumeister und Kunsttheoretiker Viollet-le-Duc (1814–1879) verringerte den früheren wehrhaften Charakter der Befestigung.

Musée du Petit Palais 5
Juni–Sept. tgl. 10–18, Okt.–Mai Mi–Mo 10–13, 14–18 Uhr, Eintritt 6 €
Ein Museumsbesuch in der ehemaligen Residenz des Kardinals Arnaud de Via erschließt eine herausragende Samm-

Sich sonnen und genießen im Café vor der Kulisse des Papstpalastes

lung italienischer Malerei vom 13. bis 15. Jh. – Taddeo Gaddi, Lorenzo Monaco, Sandro Botticelli, Domenico Ghirlandaio – und Avignoneser Skulptur des 12.–15. Jh. Die letzten drei Säle widmen sich der Schule von Avignon, deren Hauptvertreter Enguerrand Quarton mit dem 1450–55 entstandenen Retable Requin vertreten ist. Auf dem glatten Pflaster vor dem Palais liegt das Reich der Skater und sonstiger jugendlicher Akrobaten.

Rocher des Doms 6
Ob schon die in der Steinzeit auf dem Rocher des Doms siedelnden Menschen den Sonnenuntergang von hier oben genossen haben? Breite Rampen führen hoch zu den Aussichtsterrassen – der Blick schweift über die Ile de la Barthelasse, Villeneuve, nordwärts zu den Dentelles und dem Mont Ventoux.

Unter hundertjährigen, vom Mistral gebeugten Kiefern und Zedern, um Teich und Grotte mit Koi-Karpfen und Federvieh amüsieren sich die Familien. Bar und Kinderspielplatz machen den Park vollends zum Lieblingsausflugsziel der Avignoneser.

Notre-Dame-des-Doms 7
Die imposante Rampentreppe führt auf der anderen Seite hinunter zu der einschiffigen, romanischen Kathedrale aus dem 12. Jh. Sie ist berühmt für ihre antikisierende Vorhalle, deren Kompositionsschema das Vorbild des Juliermonuments in Glanum bei St-Rémy erkennen lässt. In dem harmonisch barockisierten Kircheninneren verdienen der aus Italien stammende Bischofsthron des 12. Jh. sowie das Grabmal Papst Johannes' XXII. im Flamboyantstil Beachtung.

Lieblingsort

Am Rhône-Ufer in Avignon
Ein gemütlicher Spaziergang führt
von der Fähre unterhalb des
Rocher des Doms zur Europabrü-
cke. In der Mitte dieses Parks ist
man genau richtig, um *unter* dem
Pont d'Avignon 3 zu tanzen.
Mireille Mathieu und das weltberühmte Lied stammen aus Avignon: *Sur le pont d'Avignon l'on y
danse tout en rond.* Warum *auf* die
Brücke gehen? Vom Ufer sieht sie
viel imposanter aus. Das gilt auch
für die Stadtmauer, die man von
hier gut im Blick hat.

Um den Papstpalast

Flanieren Sie über die spektakuläre, teils in den Fels gehauene **Rue Peyrollerie**, die Straße der Kesselflicker. Aus steilen Felsen wächst der Papstpalast in dieser Enge noch mächtiger empor. Die **Rue de la Banasterie** mit barocken Stadtpalais wie Nr. 13 und 25 und der **Chapelle des Pénitents Noirs** 8 (Juni–Sept. Do–Sa 14–17 Uhr) wirkt etwas heruntergekommen. Sie führt durch die Stadtmauer zum Rhône-Spaziergang, s. S. 108, und der Fähre, s. S.114).

Place de l'Horloge

Die Place de l'Horloge mit **Theater** 9, Rathaus und einem Holzkarussell aus dem 19. Jh. ist *der* Treffpunkt für Avignoneser, Touristen und Festivalbesucher. Zahlreiche Brasserien laden zum *apéro*, *petit noir* oder Lunch ein. Probieren Sie das verschwenderisch-loungige Opéra-Café Le Cid in minimalistischem Grau, wo abends DJs auflegen, oder das mythische Lou Mistrau, wo schon Jean Vilar trank. Straßenkünstler finden hier ihre Bühne und den einen oder anderen Euro.

Quartier de la Balance

Ein Beispiel gelungener Stadtsanierung bietet das Quartier de la Balance zwischen Place de l'Horloge und Rhône. Noch im 19. Jh. gingen hier Wäscherinnen auf hölzernen Booten ihrer Arbeit nach. Die Kirche **St-Agricol** 10 ist eine der ältesten der Stadt, obwohl ihr heutiges Gesicht auf das 15. Jh. zurückgeht. Rundherum harmonisiert postmoderner Schick mit historischen Strukturen von Mittelalter bis Barock. Hier entdeckt man elegante oder witzige Läden, teure Eigentumswohnungen und jene farbenfrohen Trompel'œil-Malereien, die zu Ehren der Festivalkünstler nun die Fassaden ganz Avignons schmücken. Einladend: das

Straßenmusiker während des Theaterfestivals

Tartine-Restaurant Chez Floriane in der Rue Petite Fusterie oder die Bistro-Klassiker La Fourchette und L'Isle Sonnante in der Rue Racine.

Rue de la République

Die etwas hektische Hauptader Avignons säumen Geschäfte internationaler Großketten. Das **Musée Lapidaire** 11 zeigt in einer ehemaligen Jesuitenkapelle die keltischen, griechischen, etruskischen, römischen, frühchristlichen und ägyptischen Skulpturen des Musée Calvet. Glanzstücke sind die keltoligurische Tarasque de Noves, ein menschenfressendes Ungeheuer, und ein gallischer Krieger (27, rue de la République, Juni–Sept. tgl. 10–18, Okt.–Mai Mi–Mo 10–13, 14–18 Uhr, Eintritt 2 €).

Westlich der Rue de la République

Geruhsamer ist das altstädtische Gassengewirr westlich davon, etwa das gemütliche Einkaufsviertel um die spätgotische Kirche **St-Pierre** 12 mit ihren holzgeschnitzten Renaissancetürflügeln. In der Nähe gibt es preiswerte Restaurants.

Die **Chapellerie Mouret** an der von Boutiquen gesäumten Rue des Marchands hat ihre Einrichtung aus dem Jahr 1860 bewahrt: Ein klassifiziertes historisches Monument, in dem Hüte verkauft werden. Etwas südlich davon erstreckt sich das Einkaufsviertel um die Rue des Marchands, Rue du Vieux Sextier und Rue de la Bonneterie, das größtenteils Fußgängerzone ist.

Musée Angladon 13
5, rue Laboureur, www.angladon.com, Mi–So 13–18 Uhr, 15. März–11. Nov. auch Di, Eintritt 6 €

Gegenüber dem Haupteingang der Bibliothek Ceccano, einst spätgotische Kardinalsresidenz, heute städtische Bibliothek und Mediathek, liegt ein altes Adelspalais, das es in sich hat: eine hochwertige Sammlung des Mäzens Jacques Doucet. Mittelalterliche Gemälde werden in Räumen mit gotischen Truhen, Malerei des 18. Jh. zwischen feinen Chinoiserie-Tapeten ausgestellt. Die Malerei des 19. und frühen 20. Jh. – triste Farben scheinen Doucets Vorliebe gewesen zu sein – ist mit großen Namen vertreten: Cézanne, Manet, Picasso, Sisley, Modigliani, van Gogh.

Rue des Teinturiers
Außerhalb der Saison ist die ehemalige Färberstraße ein ruhiger, unspektakulärer Ort. Neben ihr verläuft ein romantischer Kanal mit alten Wasserrädern, unerlässlich für das einst hier betriebene Handwerk. Früher büßten die »Grauen« in der barocken **Chapelle des Pénitents Gris** 14, heute ziehen Trödelläden und exotische Restaurants wie L'Empreinte und Le Wooloomooloo fröhlichere Register.

Collection Lambert 15
5, rue Violette, Di–So 11–18, Juli tgl. 11–19 Uhr, Eintritt 5,50 €
Zum Millennium erhielt Avignon aus der Schenkung des Kunstsammlers und Galeristen Yvon Lambert ein bedeutendes Museum für zeitgenössische Kunst. Schwerpunkte sind Minimal und Land Art sowie konzeptuelle Kunst von ca. 1960 bis 2000. Im Sommer dehnt sich das Petit Café mit Designermöbeln von Andrée Putman in den lauschigen Innenhof des Hôtel de Caumont aus dem 18. Jh. aus.

Rue Joseph Vernet
Hier findet, stilecht hinter barocken Stadthausfassaden, Luxusshopping auf

Mein Tipp

Design mit Geschichte

Luxus und historisches Erbe genießen, das klappt prima im Kloster/Kreuzgang des hl. Ludwig (z. B. mit *Bon week-end à Avignon*, s. S. 100). Das Hotel nimmt den Nordflügel des denkmalgeschützten Jesuitenklosterkomplexes aus dem 17/18. Jh. ein. Wo immer möglich, wurden denkmalpflegerische Aspekte berücksichtigt, z. B. die langen Galerien, die Steinwände und die flachen Gewölbedecken erhalten, schön in Salon und Bar zu sehen. Als Hotelgast haben Sie vom ersten Stock freien Zugang zu der 1611 von Etienne Martelange entworfenen frühbarocken Kuppelkapelle. Durch die hohen Sprossenfenster des historischen Trakts blickt man auf den wunderschönen Innenhof. Die geräumigen Zimmer mit hohen Decken und freigelegten Steinwänden sind dezent minimalistisch designt. Die brandneuen Bäder in schwarzem Granit möchte man am liebsten gar nicht verlassen. Der zweite Zimmertrakt trägt die elegante zeitgenössische Handschrift Jean Nouvels. Dem Wohlbefinden des Gasts dienen auch der Fitnessraum, der hinreißende Pool auf dem Dach des Nouvel-Trakts, der freundliche Service sowie das reichhaltige Frühstücksbuffet. **Hôtel Cloître St-Louis** 1 : 20, rue du Portail Boquier, Tel. 04 90 27 55 55, Fax 04 90 82 24 01, www.cloitre-saint-louis.com. EZ/DZ 145–360 €. Restaurant 2 : s. S. 114.

dem Bekleidungssektor statt. Von den Anstrengungen erholt man sich in exklusiven Cafés und Restaurants wie dem Vernet oder dem Petit Bedon.

Musée Calvet 16

65, rue Vernet, Mi–Mo 10–13, 14–18 Uhr, Eintritt 6 €

Das schönste Adelspalais der Rue Vernet, das Hôtel de Villeneuve-Martignan aus dem 18. Jh., beherbergt in lichten Sälen um einen von vier Platanen bestandenen Innenhof das Musée Calvet. Allein die Statuengalerie und das Treppenhaus lohnen einen Besuch. Die hervorragende Sammlung, zur Zeit noch nicht vollständig reinstalliert, umfasst Plastik und Gemälde vom Mittelalter bis ins 20. Jh. Schwerpunkte bilden die flämisch-holländische Malerei des 17. Jh. sowie die aktionsgeladenen Gemälde aus Barock, Manierismus und Klassizismus. Die Avignoneser Malerdynastien des 17./18. Jh. wie die Vernet, Parrocel und Mignard erfahren besondere Berücksichtigung. Auf keinen Fall verpassen sollte man die stimmungsvoll arrangierten archäologischen Räume mit anthropomorphen Menhirstatuen und Exponaten aus der Bronzezeit.

Musée Réquien 17
67, rue Vernet, Di–Sa 9–12, 14–18 Uhr, Eintritt 2 €
Im Palais nebenan kommen im Naturkundemuseum nicht nur Kinder auf ihre Kosten. Ansprechend und lehrreich sind Fossilien, Mineralien, Tierpräparationen und die Höhlenbärenknochen vom Mont Ventoux präsentiert. Ein Unikat ist das komplett fossilierte Skelett eines tapirähnlichen Paläotheriums, das vor etwa 40 Mio. Jahren in der Provence verstarb.

Übernachten

Während des Festivals gilt es, früh vorzubestellen und mehr zu zahlen! Schauen Sie auch in Villeneuve, da gibt es eine günstige Jugendunterkunft (s. S. 117) mit Schwimmbad.

Farbenfroh – **Citotel de Garlande** 2: 20, rue Galante, Tel. 04 90 80 08 85, Fax 04 90 27 16 58, www.hoteldegarlande.com, DZ 75–115 €. Jedes Zimmer in dieser ehemaligen Kardinalsresidenz ist anders und in einer anderen starken Wandfarbe konzipiert.
Künstlerhaus im Grünen – **L'Anastasy** 3: Ile de la Barthelasse, Tel. 04 90 85 55 94, Fax 04 90 82 59 40, www.avi

gnon-et-provence.com/bb/anastasy, DZ 89 €, Table d'hôte 30 €. Schlichte, lichte Gästezimmer in einem alten Bauernhaus auf der Rhône-Insel mit üppigem Garten und Pool. Die Gastgeberin Olga Manguin bietet Kochkurse an. An den Wänden hängen Bilder von Großpapa Henry Manguin, einem Malerfreund von Matisse.
Gemütliches Stadtpalais – **De Blauvac** 4: 11, rue de la Bancasse, Tel. 04 90 86 34 11, Fax 04 90 86 27 41, www.hotelblauvac.com, DZ 62–87 €. Die individuellen Zimmer mit freigelegten Steinwänden und alten Möbeln passen vorzüglich zur historischen Atmosphäre dieses Palais; einige haben ein Mezzanin. Ganz ähnlich: Médieval, www.hotelmedieval.com.
Nette Kette – **Kyriad** 5: 26, place de l'Horloge, Tel. 04 90 82 21 45, Fax 04 90 82 90 92, www.kyriad-avignon.com, DZ ca. 75 €. Neu eingerichtete, nicht allzu große Standardzimmer in warmen Tönen, ausgezeichnetes Frühstücksbuffet, zentrale Lage – alles in allem eine gute Wahl im preiswerten Segment.
Den Papstpalast im Blick – **Camping du Pont d'Avignon** 6: Tel. 04 90 80 63 50, Fax 04 90 85 22 12, www.camping-avignon.com, März–Okt., 16–20 €. Vier-Sterne-Platz auf der Ile de la Barthelasse, auf der auch noch weitere Plätze liegen. Dieser hat großzügige Stellplätze und bietet auch Sportmöglichkeiten.

Essen & Trinken

Cool – **Brunel** 1: 46, rue de la Balance, Tel. 04 90 85 24 83, Di–Sa, Sommer auch Mo 12–14, 19–22 Uhr, Tagesgericht ca. 10, Menü ab 30 €. In schickem minimalistischem Ambiente wird mittags schnörkellos gut gekocht, abends eine provenzalische Gourmetküche zelebriert. Nur mittags: preiswerter Bistro-Annex **Le Mesclun** im Haus nebenan.

Grandiose Location – **Cloître St-Louis** 2 : 20, rue du Portail Boquier, Tel. 04 90 27 55 55, So–Fr 12–14, tgl. 19–22 Uhr, Menü 32 €. Zeitgenössische Küche mit Glanzlichtern wie Gänseleber, gute regionale Weinauswahl (s. S. 112).

Verstecktes Juwel – **Le Bain Marie** 3 : 5, rue Pétramale, Tel. 04 90 85 21 37, Di–Fr 12–14, Mo–Sa 19–22.30 Uhr, Menüs ab 30 €. Ein Stadthaus aus dem 14. Jh. in einer unspektakulären Wohngegend, das zu einem winzigen romantischen Innenhof hin öffnet. Von innen wirkt es mit seinen Spiegeln und dem Holzparkett etwas theatralisch. Semigastronomische Küche mit viel Fisch und Schalentieren und gelungen-gewagten Kombinationen.

Offene Küche – **Cuisine & Comptoir** 4 : 17, place des Corps Saints, Tel. 04 90 82 18 39, Mo–Mi 8–22, Do–Sa 8–23 Uhr, Hauptgericht ca. 12 €. Frisch in der offenen Küche zubereitete Gerichte vom Traiteur, serviert in kleinen Holzkästchen mit Holzbesteck – Bio trendig.

Unter Büchern – **L'Ami du voyage … en compagnie** 5 : 5, rue Prévôt, Tel. 04 90 87 41 51, Mo–Sa 10–19 Uhr, Tagesgericht ca. 9 €. Unter einer Buchhandlung mit Schwerpunkt Kunst im ersten Stock ist dieses Café mit preiswerten Tellergerichten und Kuchen ebenfalls literarisch; jedenfalls klebt hier jede Menge Gedrucktes auf den Tischen und an den Wänden.

Einkaufen

Für Liebhaber alter Interieurs – **Antiquitäten**: rue de la Petite Fusterie.

Flippiges und Lustiges – **Pylones** 1 : 21, rue St-Agricol, Mo–Sa 10–19 Uhr. Bunte Objekte für Haushalt, Kinder, Deko und zum Verschenken.

Floh- und Blumenmarkt – **Place des**

Carmes 2 : ein idyllischer Platz mit Kirche und Kloster der Karmeliter ist sonntagmorgens Schauplatz des Flohmarkts und samstag morgens des Blumen- und Gemüsemarkts.

Aktiv & Kreativ

Kochshow in den Markthallen – **La Petite Cuisine des Halles** 1 : Place Pie, Hallen, sonst Di–So 7–13 Uhr**,** www.avignon-halles.com (mit Rezepten) Samstags um 11 Uhr lassen sich lokale Chefs in die Kochtöpfe gucken und verraten den einen oder anderen Trick.

Kochkurse – **Conceptchef** 2 : 5, rue du Roi René, Tel. 06 25 36 12 40, www.conceptchef.com, 65 €, für Kinder 35 €. Julien Charvet, Chef im sternegekrönten Marmiton, bietet dort (Hôtel la Mirande, 4, place de la Mirande) oder montags in den Halles halbtägige Kochseminare an. Morgens wird in den Halles eingekauft, in der Lehrküche gekocht und gemeinsam verzehrt.

Kochen mit Profis – **Ateliers Culinaires Les Etapes Gourmandes** 3 : Allée des Fenaisons (2 km außerhalb an der Route de Marseille, N 7), Tel. 04 90 13 86 66, www.avignonvaucluse.cci.fr, Sept.–Juni 1 Abend pro Monat 18–21 Uhr, ca. 65 €. Auf dem Campus der Hotelfachschule geben Profis ihre Tricks an ein interessiertes Publikum weiter.

Sprachkurs – **Ceran Provence** 4 : 825, av. Léon Blum, 84310 Morières-lès-Avignon (ca. 5 km östlich), Tel. 04 90 02 05 00, www.ceranprovence.com. Im entspannten Rahmen eines provenzalischen Anwesens mit Swimmingpool werden verschieden lange und intensive Französisch-Kurse für Ausländer angeboten.

Ausflug auf die Flussinsel – **Fähre Ile de la Barthelasse** 5 : 16. Febr.–März, Okt.–Dez. Mi 14–17.22, Sa/So 10–11.52, 14–17.22, April–Juni, Sept. tgl. 10–

12.30, 14–18.30, Juli/Aug. tgl. 11–21 Uhr. Die 700 ha große Rhône-Insel ist Frankreichs größte Flussinsel. Eine kostenlose Fähre (*bac du Rocher des Doms*) setzt zu ihr über. Vom Uferweg, dem alten Treidelpfad, hat man das beste Avignon-Panorama. Fahrradwege durchziehen die stillen Wiesen, die ein Biotop für Vögel sind.

Freibadvergnügen – **Piscine des Arènes 6**: auf der **Ile de la Barthelasse,** Mitte Juni bis August, 10–19 Uhr. Das renovierte **Piscine des Arènes** mit Becken mit Olympiamaßen, großzügigen Rasenflächen und einem netten Bar-Restaurant verspricht Abkühlung.

Provence von oben – **Flughafen** Tel. 04 90 92 22 84, www.provence-vue avion.com, 15 Min. ab 80 €. **Panoramaflüge** in Vier-Sitzer-Flugzeugen. Gemietet wird stets das ganze Flugzeug für ein bis drei Personen.

Abends & Nachts

Vor der Disco trifft man sich in einer *pré-boîte,* z. B. in den Brasserien an der Place de l'Horloge (s. S.110).

Beliebter Treffpunkt – **Grand Café 1**: 4, rue Escaliers-Ste-Anne, Tel. 04 90 86 86 77, Di–Sa 10–24 Uhr, Menü ca. 20 €. Im Rücken des Papstpalastes trifft man sich in dieser Café/Brasserie. Es ist eine moderne Adaptation eines Bistro aus dem 19. Jh. mit hohen, goldgerahmten Spiegeln und einer erfreulich raffinierten Küche.

Bierbar-Kette – **Gambrinus 2**: 62, rue Carretière, Tel. 04 90 86 12 32, 8–1 Uhr. Biere aus dem Zapfhahn und dazu ein paar elsässisch angehauchte Gerichte wie beispielsweise Choucroute locken auch in der Woche viele junge Leute an. Am Wochenende reserviert man besser.

Bar-Club – **Le Red Zone 3**: 25, rue Carnot, Di–Sa 21–3 Uhr. Jeden Abend prä-

sentieren DJs ein anderes musikalisches Thema von R & B bis Salsa.

Discos/Clubs

Abtanzen – **Le Blues 4**: 25, rue Carnot, 23–5 Uhr. Musikmix der letzten Jahre, Disco auf drei Etagen, hier trifft man sich mit Freunden.

Spezielle Soirées – **Le Bokao's 5**: 9 bis, quai St-Lazare, Mi–Sa 22–5 Uhr. Disco mit verschiedenen Club- und Themenabenden und breitem Musikspektrum.

Kino

Programmkino – **Utopia Manutention 6**: 4, rue des Escaliers Ste-Anne, gegenüber Grand Café, www.cinemas utopia.org: Intimes Autoren- und Experimentalkino, beliebtes Café im Art-déco-Stil.

Oper/Theater

Grande Dame – **Opéra-Théâtre d'Avignon et des Pays de Vaucluse 7**: place de l'Horloge, Tel. 04 90 82 81 40. Ein opulentes Haus aus dem Jahr 1825, auch Tanz, Chansons, Theater.

Zeitgenössisches Theater – **Théâtre du Chêne Noir 8**: 8 bis, rue Ste-Cathérine, Tel. 04 90 82 40 57, www.theatredu chenenoir.asso.fr.

Experimentierfreudiges Ensemble – **Du Chien qui fume 9**: 75, rue des Teinturiers, Tel. 04 90 85 25 87, www.chien quifume.com. Comedy, Café-Theater.

Infos & Termine

Touristeninformation

Office de Tourisme: 41, cours Jean Jaurès, Tel. 04 32 74 32 74, April–Okt. Mo–Sa 9–18. Juli bis 19, So 10–17, Nov.–März Mo–Fr 9–18, Sa 9–17, So 10–12 Uhr, www.ot-avignon.fr. Stadtführungen April–Okt. Di, Do, Sa, im Winter nur Sa 10 Uhr. Internet und Spartipps auf S. 100.

Termine

»Avignon Actualité«, monatlich vom Rathaus; »Rendez-vous d'Avignon« gibt es beim Office de Tourisme.

Le Festival d'Avignon: die letzten drei Juliwochen. 20, rue Portail Boquier, 84000 Avignon, Tel. 04 90 27 66 50, www.festival-avignon.com, Tickets während des Festivals, s. S. 104. Avignon Off, 68, av. Trillade, Tel. 04 90 85 79 62, www.avignon-off.org.

Verkehr

Avignon ist ein Knotenpunkt für Bus- und Bahnverbindungen in fast alle Richtungen.

Bahn: SNCF-Bahnhof, blvd. St-Roch, Tel. 36 35.

TGV-Bahnhof, Quartier de Courtine, ca. 5 km südlich, Tel. 36 35. Alle Autovermieter, Bus-Shuttle zum Zentrum 15 Min.

Busbahnhof: blvd. St-Roch, Tel. 04 90 82 07 35.

Autoverleih: Europcar, 42, blvd. St-Roch, Tel. 04 90 85 01 40.

Fahrradverleih: Provence Bike, 52, blvd. St-Roch, Tel. 04 90 27 92 61. Räder, Geländeräder, Roller, Motorräder.

Schiff: Kreuzfahrten auf der Rhône mit verschiedenen Unternehmern, Anlegestellen um den Pont St-Bénézet und südlich davon, z. B. www.mireio.net.

Villeneuve-lès-Avignon ▶ E 3

Gegenüber der Stadt der Päpste erhebt sich ihre Zwillingsstadt Villeneuve-lès-Avignon (12 000 Einw.), die Stadt der Kardinäle, denen Enge und Hektik in Avignon missfielen. Im Jahr 1271 gelangte die Stadt in den Besitz der französischen Krone: Die zu Frankreich gehörende Rhône bildete von da an die Grenze zwischen dem französi-

schen Königreich und der nominell zum Deutschen Reich gehörenden Provence, also zu Avignon auf der anderen Flussseite.

Fort St-André

www.monuments-nationaux.fr, April– Sept. 10–13, 14–18, Okt.–März 10–13, 14–17 Uhr, Eintritt 5 €

Eine der spätgotischen *livrées* (Paläste), die des Kardinals Giffone, liegt linker Hand an der zum Fort St-André hinaufführenden malerischen Gasse. König Johann der Gute ließ das Fort 1362–1368 errichten, um auf die Päpste am Ufer gegenüber ein Auge zu haben und die Söldnerbanden der Grandes Compagnies zu zähmen. Das Glanzstück der Festung bildet das massige, von zwei perfekt gerundeten Zwillingstürmen flankierte Haupttor. Im Mauerrund liegen Reste der einst überaus bedeutenden Benediktinerabtei mit einem der schönsten Gärten Frankreichs – Teiche, Pergolen, Rosen – und ebensolchem Blick auf Avignon sowie die schlichte romanische Kapelle Notre-Dame-de-Belvezet (Jardins de l'Abbaye St-André Okt.–März Di–So 10–12, 14–17, April–Sept. Di–So 10– 12.30, 14–18 Uhr, Eintritt 5 €).

Musée Pierre de Luxembourg

rue de la République, Okt.–März Di–So 10–12, 14–17, April–Sept. Di–So 10– 12.30, 14–18 Uhr, Eintritt 3 €

Das kleine Museum in der Rue de la République zeigt erlesene spätmittelalterliche Kunstwerke. Glanzstück ist die Marienkrönung des Enguerrand Quarton von 1453: Die beiden in leuchtenden Farben gemalten Städte stellen vielleicht Avignon und Villeneuve dar.

Chartreuse-du-Val-de-Bénédicition

rue de la République, www.chartreuse.org, April–Sept. 9.30–18, Okt.–

März 9.30/Sa/So 10–17 Uhr, Eintritt 6,50 €

Etwa 500 m weiter nördlich an der Rue de la République versteckt sich das Kartäuserkloster. Es verdankt seine Existenz dem Ordensmitglied Jean Birel, der, unüblich für seine Zeit, die christliche Tugend der *humilitas*, der Demut, ernst nahm: Seine Wahl zum Papst im Jahr 1352 lehnte er ab. So bekam Innozenz VI. seine Chance – als Papst bedankte er sich mit der Gründung dieses Klosters, das bald zur mächtigsten Kartause Frankreichs wurde. Heutigen Besuchern veranschaulicht die Einrichtung einer der großen Mönchsbehausungen den strengen, aus Beten, Arbeiten, Bibelstudium, äußerst kargen Mahlzeiten und Schweigegelübde bestehenden Kartäuseralltag. In den schick renovierten Häuschen suchen Wissenschaftler, Künstler und Filmleute ihr zeitgenössisches Heil. Die Kartause ist heute ein Kultur- und Begegnungszentrum (C.I.R.C.A.).

Im Juli ist sie Austragungsstätte des renommierten Theater-, Tanz- und Musikfestivals, der Rencontres Internationales d'Eté. In den Ruinen der Klosterkirche steht das spätgotische Grabdenkmal Papst Innozenz VI., es gibt einen kleinen sowie einen großen Kreuzgang, dessen Kapelle Fresken von Matteo Giovanetti zum Leben Johannes des Täufers aufweist.

Tour Philippe le Bel

av. Gabriel Péri, Okt.–März Di–So 10– 12, 14–17, April–Sept. Di–So 10–12.30, 14–18.30 Uhr, Eintritt 5 €

Ein Spaziergang die Rue Montée de la Tour hinunter in Richtung Rhône endet an diesem Wehrturm aus dem 13./14. Jh. Er bewachte einst das französische Ende des Pont St-Bénézet. Nach 176 Stufen wird man mit einem Blick auf die Rhône und die Stadt der Päpste belohnt. Von hier führen kilometerlange Wander- und Fahrradwege an den Rhône-Deichen entlang.

Übernachten

Gediegen – **L'Atelier:** 5, rue de la Foire, Tel. 04 90 25 01 84, Fax 04 90 25 80 06, www.hoteldelatelier.com, DZ 53–104 €. Traumadresse in einem stilsicher ausgestatteten Palais des 16. Jh., das noch viel originale Architektur aufweist.

Jugendhotel – **Centre de Rencontres Internationales YMCA:** 7 bis, chemin de la Justice, Tel. 04 90 25 46 20, Fax 04 90 25 30 64, www.ymca-avignon.com. Die einfachen Zimmer mit hellblauen Holzmöbeln haben ein bis vier Betten und kosten für zwei Personen mit eigenen Bädern 36–45 €, mit Bad auf dem Gang 25–30 €; Schwimmbad.

Infos

Office de Tourisme: 1, place Charles David, Tel. 04 90 25 61 33, Mo–Sa 9– 12.30, 14–18 Uhr, Aug. auch So. www.villeneuvelesavignon.fr.
Bus: Buslinie 11 ca. viermal stündlich vom Office de Tourisme nach Avignon.

Châteauneuf-du-Pape ► E 2

Der 2000-Einwohner-Ort mit seinen verwinkelten Gassen unterhalb der mächtigen Ruine der Papstburg aus dem 14. Jh. ist Weinkennern in aller Welt ein Begriff (s. S. 118).

Einkaufen

Rotwein vom Erzeuger – **Château Mont-Redon:** route d'Orange, Tel. 04

Auf Entdeckungstour

Verkosten und genießen – Châteauneuf-du-Pape

Was im 14. Jh. die Luxus verwöhnten Päpste im nahen Avignon schlürften, kann nicht schlecht sein. Tatsächlich ist der Châteauneuf-du-Pape der Spitzenreiter der Côtes-du-Rhône-Weine. Ein alkohol- und tanninreicher dunkelroter Rebsaft, den der Weinkenner »üppig, breitschultrig und muskulös« und der Dichter »einen königlichen, kaiserlichen, päpstlichen Wein« (Mistral) nennt.

Reisekarte: ▶ E 2

Musée du Vin Brotte: route d'Avignon, Châteauneuf, Okt.–März tgl. 9–12, 14–18, April–Sept. 9–13, 14–19 Uhr.
Vinadéa: 8, rue Maréchal Foch, www.vinadea.com, tgl. 10–12.30, 14–18.30 Uhr.
Cave von Beaurenard: 10, av. Pierre de Luxembourg (route d'Avignon) ww.beaurenard.fr, Mo–Sa 9–12, 13.30–17.30 Uhr.
Château La Nerthe: route de Sorgues, Tel. 04 90 83 70 11, www.chateau-la-nerthe.com, Mo–Sa 10–12, 15–18 Uhr.

Im Zentrum des mittelalterlichen Weinbauerndorfs Châteauneuf-du-Pape, das außerhalb der Saison ziemlich entspannt ist, reiht sich *cave* an *cave*, überall heißt es: *dégustation*. Die sollte auf alle Fälle kostenlos, *gratuit*, sein. Wer nicht bei den einzelnen Weingütern vorbeifahren mag, findet bei **Vinadéa** eine Auswahl von 90 lokalen Weingütern. Hoch oben, um die beeindruckenden Ruinen der Papstburg, wachsen die niedrigen, sorgsam beschnittenen und gelenkten Rebstöcke. Schon der erste Blick enthüllt das grundlegende Geheimnis des Châteauneuf: Er wächst auf Böden mit einer dicken Schicht Kalksteinkiesel, rund geschliffen in eiszeitlichen Rhône-Gletschern. Sie speichern tagsüber die Wärme und geben sie nachts wieder an die heranreifenden Trauben ab.

Im **Musée du Vin Brotte** unterhalb des Dorfs Châteauneuf erfährt man einiges über die Rebsorten, die Arbeit des Winzers und die Geschichte des Châteauneuf. Zu den Exponaten des Museums zählen Raritäten wie eine hölzerne Traubenpresse aus dem 16. Jh. und ein 4000-Liter-Fass aus Kastanienholz aus dem 14. Jh. Aus dem könnten schon die Päpste getrunken haben! Die Flaschengrößen mit ihren biblischen Namen kann man bei Günther Jauchs Millionärsquiz sicher mal gebrauchen: Magnum (1,5 l), Jeroboam (3 l), Reroboam (4,3 l), Mathusalem (5,4 l), Salmanazar (10,5 l).

Weine verkosten im Museum

Das Museum ist auch ein Weinkeller mit Verkostung, geführt von Laurent Brotte, Winzer und Weinhändler in der dritten Generation. Seine Familie vertreibt die Marke Père Anselme und verkauft 400 000 Flaschen jährlich, die mancher etwas flach findet. Einige der Weine werden in einer aparten, dem gekrümmten Wuchs des Rebstocks nachempfundenen Flasche, der Fiole du Pape, verkauft. Man darf einen immer gleich schmeckenden, weil verschnittenen, sofort trinkbaren Wein erwarten.

In der renommierten *Cave* von **Beaurenard** unmittelbar vor dem Museum gruselt man sich wohl angesichts solch eines *blended wine*. Eine Probierstube ohne Chichi, ein ausgestopfter namengebender Fuchs, Durchblick zu den Eichenholzfässern, in denen der beinah rauchige Rote und der göttliche Weiße mit deutlichem Tanninaroma reifen. 2005 war ein Jahrhundertjahrgang! Ein Weißer kostet 39 €. Die Domaine verschickt den Wein auf Wunsch auch nach Deutschland.

Leichter lieblicher Messwein

Aus 13 Rebsorten darf ein Châteauneuf verschnitten werden und es gibt einige Erzeuger, die tatsächlich alle 13 mischen. Durchschnittlich werden jedoch sechs bis acht Rebsorten gemischt. Zwei Drittel des Anbaus stellt die kräftige, alkoholreiche Grenache-Rebe. Bei Châteauneuf-du-Pape denkt man erst einmal an Rotwein, aber auch der weiße Châteauneuf-du-Pape gewinnt zunehmend an Reiz und an Liebhabern. Die Päpste wollten damals einen nicht ganz so schweren Messwein und hielten die Verwalter ihrer Weingüter an, Grenache Blanc und andere Weißweinrebsorten zu kultivieren. Verständlich, wenn man bedenkt, dass die wenigsten Messen spät abends gefeiert werden und man morgens gern einen etwas leichteren Wein zu sich nimmt. Nach der verheerenden europaweiten Reblauskatastrophe um 1865 wurden sämtliche Weinberge um Châteauneuf aufgegeben und teilweise durch die noch heute zahlreich vertretenen Kirschbäume ersetzt. Noch bis zum Zweiten Weltkrieg wanderte ein Großteil des Châteauneuf-du-Pape als namenloser Verschnittwein nach Burgund. Erst nachdem 1936 die AOC-Appellation geschaffen wurde, begann der Siegeszug dieses Spitzenweins. Heute ergeben ca. 6 % der angebauten Reben Weißweine, die zudem den Vorteil haben, etwas weniger kostspielig zu sein. Domaine de Mont-Redon, Clos des Papes oder Terre Ferme sind für ihre exzellenten Weißen berühmte Domänen.

Echter Papstwein

Eine ganz besondere Adresse ist, ein wenig außerhalb, das **Château La Nerthe**. Die lange haltbaren Qualitätsweine pries und trank schon der große Mistral. Die körperreichen Roten haben ausgeprägte Holznoten, werden drei Jahre im Eichenfass ausgebaut, die Weißen sind aromatisch und frisch. Die Weinberge sollen die ältesten vor Ort und im 12. Jh. erstmalig bebaut worden sein. Die Visitenkarte des Guts, die edel-minimalistisch gestylte Probierstube, zeigt indes, dass man mit der Zeit zu gehen weiß.

Heute werden zwei Drittel des in aller Welt begehrten Nobelweins von Handelshäusern abgefüllt, die weit ab vom Schuss arbeiten – diese Pseudo-Châteauneufs erkennt man meist daran, dass sie zu billig sind. Einen »echten« Papstwein gibt es ab 25 € aufwärts. Selbstabfüllern vorbehalten sind auch die *bouteilles écussonnées,* Spezialflaschen mit der Tiara und den gekreuzten Petrus-Schlüsseln auf dem Hals.

Viele Weinkeller in Châteauneuf sind zugleich Degustationsparadiese

90 83 72 75, www.chateaumontre don.fr, tgl. 8–19 Uhr. Einer der Großen, üppiger Roter mit Brombeeraroma. *Rotwein mit Trüffelaroma –* **Domaine du Vieux Télégraphe**: 3, route de Châteauneuf-du-Pape, Bédarrides, Tel. 04 90 33 00 31, Mo–Fr 8–12, 13.30–17.30 Uhr. Wuchtiger Roter mit Trüffel- und Cassisaromen aus alten Weinstöcken.

Infos

Office de Tourisme: place de la Fontaine, Tel. 04 90 83 71 08, Mo–Sa 9.30–12.30, 14–18, Juli/Aug. durchgehend und auch So. Plan der Weingüter der Umgebung.

Carpentras ▶ F 2

Die schon zu keltischen und römischen Zeiten bedeutende Handelsstadt Carpentras (26 000 Einw.) ist heute ein Umschlagplatz für die Weintrauben-, Kirsch- und Erdbeerkulturen des bewässerten Umlands. Nachdem Clemens V., der später nach Avignon umzog, zu Beginn des 14. Jh. hier seine Residenz aufschlug, war Carpentras bis zur Revolution 1791 Hauptstadt der päpstlichen Grafschaft Comtat Venaissin, schlicht Comtat genannt. Geschäftig zeigt sich die Stadt am Freitagvormittag mit dem Wochenmarkt unter den Platanen der Avenue Jean Jaurès und in den Altstadtstraßen. Abends werden die Bürgersteige hochgeklappt.

Porte d'Orange **1**

Bis auf die Zinnen bekrönte Porte d' Orange wurde die Stadtmauer, die Papst Innozenz IV. 1357–79 errichten ließ, im 19. Jh. zerstört und durch den Boulevardring ersetzt. Bevor man sich in Carpentras' malerischem Kern aus engen Altstadtgassen verliert, sollte

Mein Tipp

Winzerromantik in Châteauneuf-du-Pape ▶ E 2

Yvon und Maryse haben ein ehemaliges Winzerhaus im Grünen mit Gärtchen und zwei geräumige Chambre d'hôtes-Zimmer mit Bad, besonders gemütlich ist »Lourmarin« mit Himmelbett und blau karierten Vorhängen. Den Frühstücksraum wärmt ein alter Kamin. **La Muscardine**: Fournerie, 3, rue Puits Neuf, Tel./Fax 04 90 83 53 86, www.gui deweb.com/provence/bb/muscardine, DZ mit Frühstück 70 €.

man den weiten Blick auf die Dentelles de Montmirail und den Mont Ventoux genießen, der sich etwas unterhalb der Porte d'Orange eröffnet.

Kathedrale St-Siffrein **2**

Di–Sa 10–12, 14–18 Uhr
Die einschiffige, düstere Kathedrale, deren Bauzeit sich von 1404 bis ins 17. Jh. erstreckte, vermittelt noch ganz das Raum- und Formgefühl der provenzalischen Romanik. In der Kapelle links neben dem Chor wird Carpentras wichtigste Reliquie aufbewahrt: die hl. Trense (St-Mors). Die ebenfalls hl. Helena soll sie einst für das Pferd ihres Sohns, des Kaisers Konstantin, aus einem Nagel vom Kreuz Christi hergestellt haben. Durch das Südportal im Flamboyantstil, die Porte Juive, zogen ›bekehrte‹ Juden zur Taufe in die Kirche ein – unter einer von Ratten angenagten Weltkugel hindurch, vielleicht ein Symbol des Ketzertums und der Warnung an die meist unter Zwang Konvertierten. Der **römische Ehrenbogen 3** an der Nordseite der Kathedrale vom Be-

Carpentras

ginn des 1. Jh. zeigt eine außerordentlich gut erhaltene Darstellung zweier an einen Trophäenbaum geketteter keltischer Krieger.

Passage Boyer 4

Von 1848 stammt diese elegante, von einem Glas- und Eisendach geschützte Einkaufspassage. Zwei Schritte weiter, an der Rue des Halles, bieten die Markthallen jeden Tag beste provenzalische Erzeugnisse an.

Synagoge 5

place de l'Hôtel de Ville, Mo–Do 10–12, 15–17, Fr nur bis 16 Uhr
Im Gassengewirr des einstigen Ghettos, in dem bis zur Revolution an die 2000 Juden unter dem – teuren – Schutz der Päpste lebten, versteckt sich hinter einer unscheinbaren Fassade die Synagoge.

Das älteste jüdische Gotteshaus Frankreichs und eines der ältesten Europas wurde im 18. Jh. im Rokoko-Stil errichtet. Neben dem Thoraschrein steht ein rotes, zerschlissenes Sesselchen in einer Wandnische, das, eine spezifisch comtadinisch-jüdische Tradition, den Propheten Elias symbolisiert. Im mittelalterlichen Erd- und Untergeschoss liegen die Mikwe, das Bad für die rituellen Waschungen, sowie die Bäckerei zur Herstellung der ungesäuerten Brote. Die Restauration der Synagoge ist nocht nicht ganz abgeschlossen, nicht alle Räume sind zu besichtigen.

Hôtel-Dieu 6

place Aristide-Briand, Mo, Mi, Do 9–11.30 Uhr
Ziemlich pompös für ein Krankenhaus, was Monseigneur d'Inguimbert, Bischof und Wohltäter von Carpentras, da im klassizistischen Stil des 18. Jh. errichten ließ. Hier entsteht das Centre Culturel, in dem die Museen der Stadt (Inneneinrichtung, Gemälde, Volkskunst) sowie die Bibliothèque Inguimbertine Platz finden. Kostbarster Schatz des Kulturzentrums ist die Apothekeneinrichtung aus dem 18. Jh.: In Schubladen und provenzalischen Fayencen lagerte vom Salbei bis zum Mumienpulver einst alles, was das Apothekerherz begehrte.

Übernachten

Provence goes east – **La Salamandre** 1: 81, rue de la Monnaie, Tel. 04 32 85 07 53, www.salamandre-provence.com, DZ mit Frühstück 97–122 €. Harmonisch verbinden sich provenzalische Antiquitäten und fernöstliche Zitate zu luxuriösen von Künstlerinnenhand gestalteten Privatzimmern. Das Stadthaus des 18. Jh. im Zentrum gruppiert sich um einen lauschigen Innenhof. Hier kann man bei schönem Wetter auch angenehm Abendessen.

Gutbürgerlich – **Le Fiacre** 2: 153, rue Vigne, Tel. 04 90 63 03 15, Fax 04 90 60 49 73, www.hotel-du-fiacre.com, DZ 68–110 €. Das Palais aus dem 18. Jh.

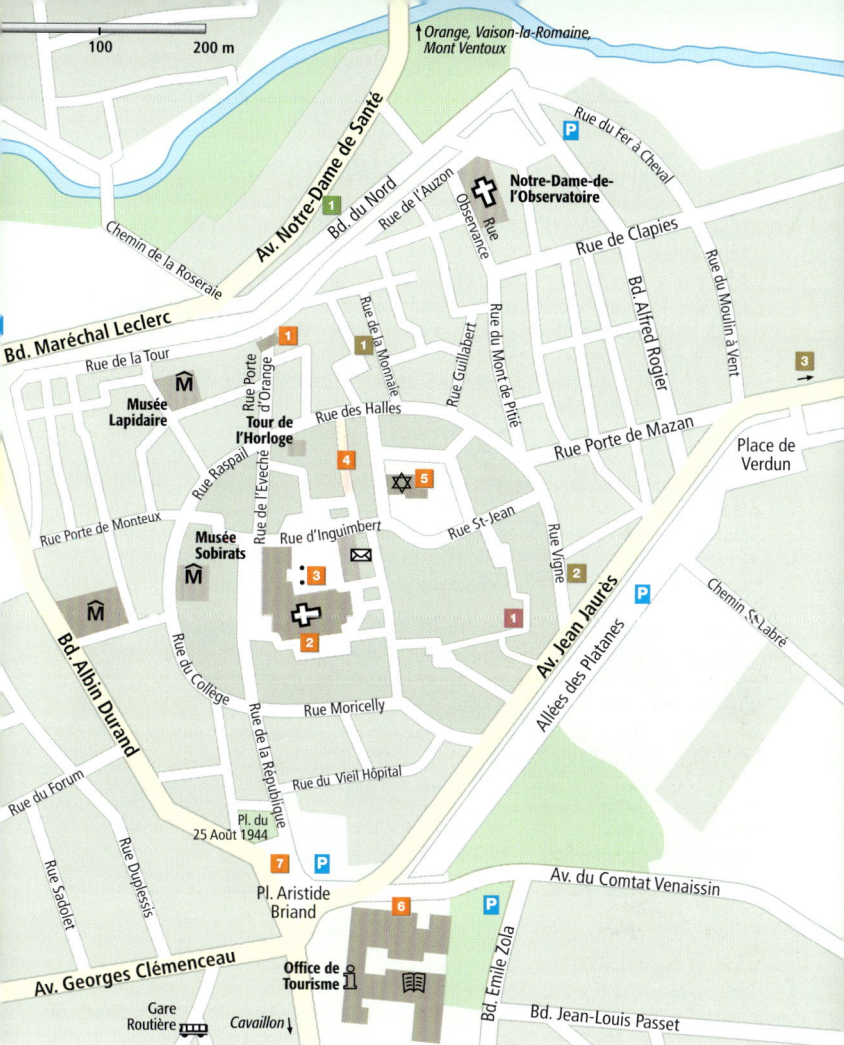

zeigt sich mit seinem Frühstücksraum, dem Innenhof und der Treppe mit dem hübschen schmiedeeisernen Gitter von seiner besten, historischen Seite. Die Zimmer, bis auf die Vorzeigesuite Nr. 1, sind jedoch im Vergleich zur äußeren Erscheinung des Palais enttäuschend; einige sind ziemlich klein und ein wenig verwohnt – vorher ansehen.

Für Sparsame – **Logis des Jeunes du Comtat-Venaissin** 3: 200, rue Robert Lacoste, Tel. 04 90 67 13 95, vier bis fünf Personen, Zimmer mit eigenem Bad/WC, pro Person mit Frühstück 16–19 €. Eine zweckdienliche Unterkunft mit gutem Service: Mahlzeiten, Internet, eingestellt auch auf Familien, Fahrradfahrer und Wanderer.

123

Mein Tipp

Trüffelmarkt 7
Atemwölkchen stehen in der Luft. Es ist früh und kalt vor dem Hôtel-Café de l'Univers auf der Place Aristide Briand: Hochkonspirativ lungern ein paar Dutzend Menschen herum, auf Klapptischen stehen wie verloren Leinensäckchen und Plastikschälchen. Das Nichtstun hat Methode. Hier ist psychologische Kriegsführung angesagt. Frankreichs bedeutendster *marché aux truffes* in Carpentras wird jeden Freitag in den kalten Monaten November bis März gegen 8.45 Uhr eröffnet, eine Stunde später ist er auch schon vorbei. Wie viel kostet ein Kilo *rabasse* heute? 400 €, das ist miese Qualität mit viel Erde, womöglich getürkt, mit Bleikügelchen im Innern schwerer gemacht. 800 €, das ist Edelware, die richtig müffelt. Morgen früh in Richerenches ist auch noch ein Markt. Da bieten die *courtiers*, die Makler, ihre schwarzen Diamanten direkt aus dem Kofferraum ihrer Autos an, die auf der Avenue de la Rabasse unter den kahlen Platanen parken. Und da ist das Kilo womöglich 50 € billiger!

Essen & Trinken

Bistro Design – **Bistro Chez Serge** 1: 90, rue Cottier, Tel. 04 90 63 21 24, Mo–Sa 12–14, 19–22 Uhr, Menüs 17, 32 und 39 €. Hier herrscht eine einladende Atmosphäre dank der freundlichen, großen Fensterfront und einem Landhausdesign vom Besten. Im Sommer kann man sein Essen in dem lindenbeschatteten Hof genießen. Die perfekt gestylte südliche Bistroküche kitzelt Gaumen und Sehsinn. Im Winter Trüffelmenü!

Einkaufen

Süßes und Knallbuntes – **Confiserie du Mont Ventoux** 1: 288, av. Notre-Dame-de-Santé, Di–Sa 9–12, 14–18.30 Uhr. Confiserie für Nougat und Berlingots, knallbunte Zuckerbonbons, für die Carpentras berühmt ist.

Aktiv & Kreativ

Käsekunst – **Fromagerie du Comtat:** 23, place de la Mairie, 84200 Carpentras, Tel./Fax 04 90 60 00 17, 17–23 €. Die junge Käsemeisterin Claudine Vigier erzählt über die Geschichte und Herstellung von Käsesorten, anschließend wird fachgerecht verkostet.

Infos & Termine

Office de Tourisme: im Hôtel-Dieu, 97, place du 25 Août 1944, Tel. 04 90 63 00 78, Mo–Sa 9.30–12.30, 14–18, 15. Juni–15. Sept. 9–13, 14–19, So 9.30–13 Uhr, www.carpentras–ventoux.com und www.carpentras.net
Trödel- und Antiquitätenmarkt: So 11–19 Uhr, allée Jean-Jaurès.
Fahrradverleih: Terzo sports, 233, av. du Mont Ventoux, Tel. 04 32 80 26 72.
Busbahnhof: Gare Routière, blvd. St-Michel, 13, Tel. 04 90 82 07 35. Zwei Busgesellschaften bedienen von Carpentras aus Comtat Venaissin und Nord-Vaucluse: Cars Comtadins, 192, av. Georges Clémenceau, Tel. 04 90 67 20 25 und Cars Arnaud, 8, av. Victor-Hugo, Tel. 04 90 63 01 82.

Comtat Venaissin

Venasque ▸ G 2

Venasque, das dem gesamten Comtat Venaissin seinen Namen vermacht hat, ist ausgewiesenermaßen eines der schönsten Dörfer Frankreichs. Einst eine päpstliche Festung, thront der romantisch verschlafene Ort mit seinen engen Gassen auf einem Fels über der Nesque, der einen weiten Blick bis zum Mont Ventoux erlaubt. Bei dem sogenanntem Baptisterium – einem Bau mit kleeblattförmigem Grundriss und reicher Blendbogengliederung – in der romanischen Kirche des Orts handelt es sich vermutlich um eine Grabkirche des 11./12. Jh., die auf Resten eines äl-teren Taufheiligtums entstand (Grand'Rue, tgl. 7. Jan.–6. April, 13. Okt.–14. Dez. 9.15–12, 13–17, 7. April–12. Okt. 9–12, 13–18.30 Uhr, Eintritt 3 €). Mehrere Wanderwege, gelb markiert für Venasque, orange für Le Beaucet, sowie einfache Spaziergänge locken in die felsige Garrigue. Im Office de Tourisme gibt es Broschüren dazu.

Übernachten, Essen

Vor dem Fenster plätschert der Dorfbrunnen – **Auberge La Fontaine:** place de la Fontaine, Tel. 04 90 66 02 96, Fax 04 90 66 13 14, www.auberge–lafontaine.com, Restaurant Do–Di 19–22 Uhr, Menü 38 €, DZ 125 €. Das Gebäude aus dem 18. Jh. schmücken Terrakottaböden, weiße Wände, viel Holz und Stein sowie antike Objekte. Exquisite Gästezimmer mit Terrassen und Dächerblick, Regionalküche mit vielen Trüffeln, unbedingt reservieren.

Infos

Office de Tourisme: Grand' Rue, Tel. 04 90 66 11 66, Sept.–Mai Mo 14–18, Di–Sa 10–12, 14–18, Juni–Aug. Mo–Sa 10–12.30, 15–19 Uhr, www.tourisme-venasque.com.

Le Beaucet ▸ G 2

Mit Burgruine, romanischer Kirche und teils troglodytischen Steinhäusern bietet Le Beaucet ein Paradebeispiel für ein liebevoll restauriertes Felsnest: Der Bäcker und Bürgermeister Roger Bouvier hat das sterbende Dorf wieder zum Leben erweckt. Seine *boulangerie* verkauft duftende provenzalische Brotspezialitäten (Di–So 7–12.30 Uhr). Anschluss an die Region um Gordes bringt die landschaftlich reizvolle Strecke über die *villages perchés* Murs und Joucas, die durch die anfangs steil aufragenden Monts de Vaucluse mit duftender Garrigue führt. 8 km vor Gordes erreicht man Murs, an dem einst die Keltoligurer siedelten und dessen alte Häuser eine romanische Kirche und ein spätmittelalterliches Schloss umgeben. Joucas' Charme machen die engen Gassen, die mit barocker Illusionsmalerei geschmückte Kirche und eine teils in den Fels gehauene, uralte Ölmühle aus.

Aktiv & Kreativ

Ballonfahrt – **Hot-Air Ballooning Provence:** unterhalb des Bergs von Joucas, Tel. 04 90 05 79 21, www.avignon-et-provence.com/ballooning, 40 Min. und Ballontaufe 155 €.
Wandern mit Eseln – **Asinerie du Devens**: Le Beaucet, Tel./Fax 04 90 66 14 53, http://asidudevens.free.fr/, Tag 39 €. Der letzte Schrei in punkto sanfter Tourismus ist Wandern mit Eseln, denn von Eseln lernt man Gelassenheit. Muriel Aucher züchtet die bis vor kurzem vom Aussterben bedrohte alte Haustierrasse der *ânes de Provence* und bietet geruhsame Ausflüge durch die Natur am Fuß des Mont Ventoux an. Nur Kinder dürfen auf den tierischen Begleitern reiten. Auch Geländeradverleih und Übernachtung im Schlafsaal.

Pernes-les-Fontaines ▶ F 2

Pernes (10 000 Einw.) war vor Carpentras bis 1320 Hauptstadt des Comtat Venaissin. Seine Stadtmauer hat trutzige spätmittelalterliche Festungstore. Pastellfarbene Stadthäuser und vor allem die 36 Brunnen, denen Pernes sein »les Fontaines« verdankt, locken zum Flanieren. Oder man lehnt sich in einer

Pferdekutsche zurück (im Sommer, Office de Tourisme, 3 €).

Nicht verpassen: Die gotischen, um 1285 gemalten Fresken in der Tour Ferrande sind eine historische Rarität. Sie zeigen neben religiösen Darstellungen und höfischen Szenen wohl den Kampf Karls von Anjou gegen die letzten Staufer Manfred und Konradin um Sizilien und Unteritalien (Di und Do 10 Uhr, vom Office de Tourisme).

Essen & Trinken

Aus dem Stall direkt auf den Tisch – **Ferme-Auberge Les Adoux:** Straße von Pernes nach St-Didier, Tel. 04 90 61 66 40, mittags und abends auf Reservierung, Menü inkl. Wein 25 €. Authentische Bauernküche mit Produkten vom eigenen Hof – Kaninchenlebergratin, Rosmarin-Zicklein, Kirsch-Tarte.

Einkaufen

Typisch – **La Forge:** 11, chemin Paluds Les Valayans, Tel. 04 90 62 03 81. Jean-Philippe Fally verkauft hier typisch provenzalische schmiedeeiserne Gitter.
Wochenmarkt: Hier kann man sich samstags morgens mit Obst eindecken.

Infos

Office de Tourisme: Place Gabriel Moutte, Tel. 04 90 61 31 04, Mo–Fr 9–12, 14–17, Sa 9–12.30, Juli/Aug. bis 19, auch Sa 14–18, So 10–12.30 Uhr, www.ville-pernes-les-fontaines.fr.

L'Isle-sur-la-Sorgue ▶ F 3

»Comtadinisches Venedig« nennt sich die Sorgue-Stadt (17 000 Einw.). Tatsächlich umschließen zwei flache, von Algen dunkelgrüne Kanäle die Insel-Altstadt, bieten vielen Enten ein Zuhause und treiben pittoresk bemooste Wasserräder an. In vielen Ufer-Cafés sitzt man mit Blick auf das träge dahinströmende Wasser.

Die Stadt ist das Zentrum des provenzalischen Antiquitätenhandels, ein Mekka für US-amerikanische Einkäufer mit vielen Dollars. Den Preisen tut das nicht gut. Die Kirche Notre-Dame-des-Anges mit ihrer farbenfrohen barocken Ausstattung ist ein Werk der PR-orientierten Gegenreformation.

Die Maison René Char präsentiert Dokumente, Arbeitszimmer und Bücher des berühmten französischen Dichters René Char (1907–88), der in L'Isle-sur-la-Sorgue geboren wurde. Auch Ausstellungen zeitgenössischer Kunst finden hier statt (20, rue du Docteur-Tallet, Di–So 10–13, 15–18.30 Uhr, Eintritt 6 €).

Übernachten

Luxus über der Sorgue – **La Prévôté:** 4 bis, rue Jean-Jacques-Rousseau, Tel./Fax 04 90 38 57 29, www.la-prevote.fr, DZ 90–190, Menüs 25–65 €. Billig ist die ganze Stadt nicht. In diesem versteckten Palais des 18. Jh. im alten Zentrum wird elegant-rustikales Design zelebriert. Und der Ort verpflichtet geradezu zu Antiquitäten. Gourmetküche im Restaurant.

In die Jurte – **Camping Municipal La Sorguette:** 1,5 km N 100 Richtung Apt, Tel. 04 90 38 05 71, Fax 04 90 20 84 61, Mitte März–Mitte Okt., www.camping-sorguette.com, Stellplatz ca. 20 €. »Hotel an der frischen Luft« nennt sich der naturnahe Platz am Sorgue-Ufer. Hier kann man eine mongolische Jurte (ab 45 € pro Nacht) oder ein Indianer-Tipi beziehen (ab 30 € pro Nacht). Man

kann auch ein adrettes Holzferienhäuschen ab 58 € pro Nacht haben. Vielfältige Sportmöglichkeiten: Angeln, Kanu- und Kajakfahren, Fahrradverleih.

Einkaufen

Antiquitäten und Lebensmittel – **Antiquitätenmarkt**: Sonntags den ganzen Tag über am Quai des 4 Otages (und vormittags findet um die Quais auch ein Wochenmarkt statt). Von hier über den Cours René Char stadtauswärts drängen sich Dutzende von Antiquitätengeschäften und *Villages d'Antiquiaires.*

Aktiv & Kreativ

Angeln – Der Fluss Sorgue ist berühmt bei **Anglern,** die ab März mit der Angel auf Forellen Jagd machen. Man muss sich allerdings vorher einen Angelschein besorgen.

Kanufahrten – **Canoë-Evasion**: 23, rue Alphonse Daudet, Tel. 04 90 38 26 22, www.canoe-evasion.net. Kanus und Kajaks kann man von April bis Oktober jeden Tag hier mieten. Um 9.30 und 16.30 Uhr geht es nach kurzer Einweisung im Minibus nach Fontaine-de-Vaucluse. Von da gleitet man familientaugliche 8 km in etwa zwei Stunden flussabwärts nach L'Isle-sur-la-Sorgue. Auch für Anfänger und Kinder. Die Veranstalter empfehlen klugerweise Badekleidung.

Infos & Termine

Office de Tourisme: Place de la Liberté, Tel. 04 90 38 04 78, Mo–Sa–12.30, 14.30–18, So 9–12.30 Uhr, www.oti-delasorgue.fr.

Im Vaucluse-Massiv sorgt das Wasser der Sorgue für erfrischende Kühle

Antiquitätenmessen: Ostern, Pfingsten, August, Allerheiligen.
14. Juli: Der Nationalfeiertag mit einem Boots-Défilée auf der Sorgue.

Fontaine-de-Vaucluse ► G 3

Die nur etwa 600 Köpfe starke Einwohnerschaft ist von Ostern an eindeutig in der Minderzahl. Das an und für sich idyllische Örtchen ist daher nichts für Reisende, die nicht gern im großen Pulk laufen.

Sorgue-Quelle

Tausende von Ausflüglern pilgern in der Hochsaison täglich zur Quelle der Sorgue. Der Weg, zunächst gesäumt von Straßencafés, Andenkenläden und Imbissstuben, führt unterhalb der mittelalterlichen Burgruine an der Sorgue entlang. Am Ende des »geschlossenen Tals« (von lat. vallis clausa) überragt ein steiler Klippenrand des Vaucluse-Massivs den Quelltopf der Sorgue. 630 Mio. Kubikmeter sprudeln jedes Jahr aus der mächtigsten Quelle Europas. Nur im regenreichen Frühjahr läuft sie mit Abflussgeschwindigkeiten bis zu 120 Kubikmeter/Sekunde über. Dann speist sie das sehr weitreichende Netz der unterirdischen Kanäle des Vaucluse-Massivs, deren Wasser hier, von undurchlässigen Gesteinsschichten am Weiterfließen gehindert, emporsteigen. In 308 m Tiefe stieß 1985 der Tauchroboter Modexa auf den vermutlichen Quellboden, mit 205 m stellte der Deutsche Hasenmeyer im Jahr 1983 den Weltrekord im Süßwassertauchen auf. Im Höhlenkunde-Museum **Ecomusée du Gouffre** (chemin de la Fontaine, Febr.–Mitte Nov. tgl. 10–12, 14–18, Juli/Aug. 10–18 Uhr, Eintritt 6 €) bekommt man den unausgeschriebenen Tauchwettbewerb im Quellschlund erklärt, geht durch rekonstruierte unterirdische Räume und bewundert die Stalaktiten- und Mineraliensammlung des Höhlenforschers Norbert Casteret. Nach Verlassen des Speleologie-Museums durchquert man die Papiermühle **Moulin à Papier Vallis Clausa**, wo Papier noch wie im 15. Jh. mit der Hand geschöpft und verkauft wird. Das **Ecomusée du Santon** (tgl. 10–18, Juli/Aug. bis 20 Uhr, Eintritt 4 €) an der Place de la Colonne vereint die Werke von nahezu

100 Santon-Künstlern. 2000 der Weihnachtspüppchen sind zu Krippen oder Szenen aus Marcel Pagnols Werken gruppiert. Gegenüber erinnert das moderne, didaktisch hervorragend konzipierte Résistance-Museum **Appel de la Liberté** an die Geschichte des Widerstands in der Region (chemin du Gouffre, April–Okt. und Ferien Mi–Mo 10–12, 14–18, Juni–Sept. 10–18 Uhr, März, Nov., Dez. nur Sa/So, Eintritt 5 €).

Angesichts des heutigen Rummels ist schwer vorstellbar, dass der Dichter Petrarca den idyllischen Ort einst wegen seiner Einsamkeit zum Domizil auserkor. In den Jahren 1337 bis 1349 zog Petrarca sich aus Abscheu vor dem Sündenbabel der Avignoner Papsthofes, in das er als ›Angestellter‹ des Kardinals Colonna eingetaucht war, hierher zurück. Das winzige Petrarca-Museum **Musée-bibliothèque Pétrarque** am linken Sorgue-Ufer steht angeblich an diesem Ort (April–Allerheiligen Mi–Mo 10–12, 14–18 Uhr, Eintritt 3,50 €).

Ausflug zu den Grottes de Thouzon ► F 3
März So 14–18, April–Juni, Sept./Okt.

tgl. 10–12, 14–18, Juli/Aug. 10–18.30 Uhr, www.grottes-thouzon.com
Zehntausende von gelben und orangefarbenen Stalaktiten hängen in der 1902 bei einer Steinbruchsprengung entdeckten Tropfsteinhöhle **Grotte de Thouzon** – pro Jahrhundert wachsen sie 2 cm! Die dünnen Fisteln heißen sehr anschaulich Maccaroni, weil sie innen hohl sind.

Übernachten

Die Hotels in Fontaine-de-Vaucluse sind nicht wirklich empfehlenswert; lieber außerhalb übernachten.
Jugendherberge und Camping – **Auberge de Jeunesse:** Chemin de la Vignasse, Tel. 04 90 20 31 65, Fax 04 90 20 26 20, www.fuaj.org, ca. 16 € mit Frühstück. Febr.–Mitte Nov. An der D 100 a ca. 1 km südlich des Orts liegt dieses schöne provenzalische Mas im Grünen. Rustikale Einrichtung, 50 Betten in Sälen für vier bis elf Personen. Auch Zelten ist möglich.

Aktiv & Kreativ

Kanu- und Kajakfahrten – **Kayak-Vert:** Tel. 04 90 20 35 44, www.canoe france.com. Auch von hier ist die 8 km lange **Kanu- und Kajak-Fahrt** nach L'Isle-sur-la-Sorgue buchbar, die Rückfahrt erfolgt im Minibus (s. .S. 127). Der Veranstalter am Aquädukt am Ortsausgang bietet übrigens auch Forellenangeln an.

Infos

Office de Tourisme: Chemin de la Fontaine, Tel. 04 90 20 32 22, Di–Sa 9.30–12.30, 13.30–17.30 Uhr, www.oti-dela sorgue.com.

Nîmes und Umgebung

Highlights!

Nîmes: Eine kosmopolitische Stadt, viel Midi-Flair, eine gute Prise Spanien, bekannt für römische Denkmäler, Férias und postmoderne Architektur. S. 132

Pont du Gard: Die wahrscheinlich bekannteste Wasserleitung der Welt. Das römische Meisterwerk der Ingenieurkunst liegt in einer klassischen Garriguelandschaft. S. 143

Auf Entdeckungstour

Postmoderne in Nîmes: Lernen Sie mit Werken von Norman Foster, Martial Raysse und Philippe Starck die schönsten Plätze für einen Kaffee im Freien kennen. S. 134

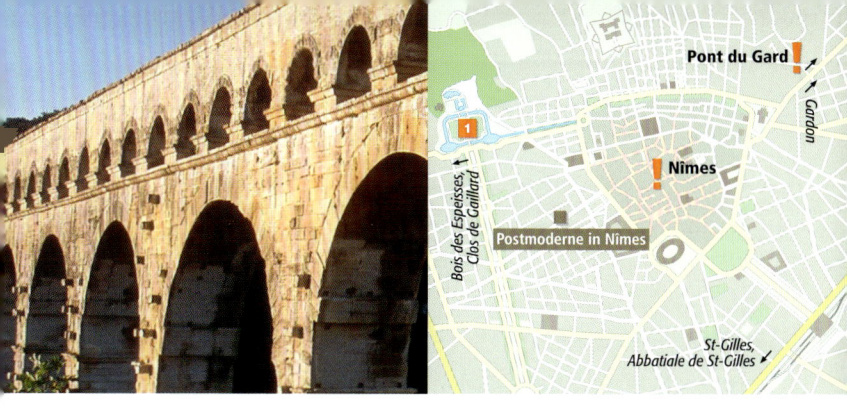

Kultur & Sehenswertes

Abbatiale de St-Gilles: Ein romanisches Figurenportal, das einen römischen Triumphbogen zitiert; eine dunkle Krypta, in der ein mächtiger Graf fast zu Tode gepeitscht wurde; ein Wunderwerk von Treppe, dem Steinmetze aus ganz Frankreich Reverenz erweisen. S. 145

Aktiv & Kreativ

Wandern und Joggen am Stadtrand von Nîmes: Auf angelegten Wegen im Bois des Espeisses und Clos de Gaillard die würzige Luft der Garrigue ganz tief in die Lunge ziehen. S. 142

Im Gardon: Unterhalb des Pont du Gard kann man schwimmen oder Kanu fahren. Seit jeher kommen die Leute der Umgebung zum Sonnenbaden und Familienausflug hierher. Wer den Rummel scheut, findet ein paar Meter weiter in der Garrigue ein Paradies fast für sich allein. S. 144

Genießen & Atmosphäre

Nîmes, Jardin de la Fontaine: In einem kulturellen Ambiente kann man wahrscheinlich kaum frische Luft schnappen; Wege und Treppen schlängeln sich durch den Park und hoch zum römischen Tour Magne, der einen hervorragenden Ausblick und die Kulisse für das klassische Nîmoiser Hochzeitsfoto liefert. **1** S. 133

Abends & Nachts

Nîmes' Plätze: Terrassencafés neben Bars und Restaurants – Nîmes' gesellschaftliches Leben spielt sich abends an den Plätzen der Stadt ab. In Clubs und Pubs kann man auch Livemusik hören. S. 142

Obwohl Nîmes, der Pont du Gard und St-Gilles zum Département Gard und damit zum Languedoc gehören, ist eine klassische Provence-Reise ohne sie unvollständig. Nîmes und Umgebung laden zu einer Zeitreise durch die Baugeschichte ein – Postmoderne, römische Ingenieurskunst am Pont du Gard und die auf das 12. Jh. zurückgehende Abbatiale de St-Gilles inbegriffen.

Nîmes! ▶ C 3/4

Nîmes' römische Denkmäler, allen voran das Amphitheater – das dem von Arles gleicht wie ein Zwilling – und die Maison Carrée, gehören zum Kostbarsten, was uns aus der Antike überliefert ist. Postmoderne Stararchitekten zitieren die römische Antike und zu Corrida-Zeiten geht es spanisch-heiß her – Stiere, Flamenco, Bodegas, Straßenfeste bis in den Morgen. Die Hauptstadt des Département Gard (140 000 Einw.) hat einen ganz eigenen Rhythmus, zu dem auch die 10 000 Studenten der Uni – Unimes – und zahlreiche Künstler und Künstlervereinigungen beitragen.

Krokodile und Jeans

Kosmopolitisch war Nîmes schon immer. An der Stelle einer Siedlung der keltischen Völker gründete vermutlich Augustus die Colonia Augusta Nemausus. Der römische Imperator siedelte Veteranen aus den ägyptischen Kriegen an und so wurde das an eine Palme gekettete Krokodil, ein Symbol des eroberten Ägypten, zum Wappen und Sinnbild der Stadt. Nemausus' Blütezeit lag im 2. Jh., als die Kaiser Hadrian und Antoninus Pius es mit prächtigen Bauten ausstatteten. Im 18. Jh. erfreute sich

Infobox

Infos
Gazette de Nîmes: In Nîmes' Tageszeitung findet man für 1 € Adressen, Veranstaltungstermine etc.
www.sortiranimes: Ausflüge, Besichtigungen, Ausgehen etc.; in französischer Sprache.

Pass Romain
Das Office de Tourisme hat dieses Paket geschnürt, das vor allem von November bis März lukrativ ist, denn dann bekommt man eine Übernachtung mit Frühstück im Doppelzimmer eines Zwei-Sterne-Hotels, ein Abendessen, alle Eintritte in Nîmes und für den Pont du Gard pro Person für insgesamt 79 €. Von April bis Oktober kostet es mehr, man kann aber auch einen Aufenthalt mit zwei Übernachtungen sowie Drei- oder Vier-Sterne-Hotels wählen (www.ot-nimes.fr, Tel. 04 66 58 38 20).

Anreise und Weiterkommen
Mit dem Bus kommt man zum Pont du Gard und nach St-Gilles. Busbahnhof für Fernbusse: Rue Ste-Félicité (hinter dem Bahnhof), Tel. 04 66 29 27 29, www.stdgard.com, Nr. 169 nach Remoulins hält auch am Pont du Gard, ca. 8 x tgl., Dauer 30 Min. Stadtbusse halten vor dem Bahnhof, Infos bei Tango Tel. 08 20 22 30 30, www.tcn.fr, stdl. nach St-Gilles, Dauer ca. 40 Min.
Flughafen: Nîmes-Arles-Camargue, ca. 15 km südöstlich; Tel. 04 66 70 49 49, www.nimes-aeroport.fr

Corrida in Nîmes: Spanische Feststimmung und passionierte Fans

Nîmes aufgrund der Seiden- und Baumwollverarbeitung neuen Wohlstands: Ein robuster blauer Baumwollstoff, der Denim (»de Nîmes«), sollte als »Jeans« eine Karriere rund um den Erdball antreten. Postmoderne Stararchitekten (s. S. 134/135) bereicherten Nîmes' Peripherie: Das Sportstadion **Stade des Costières** konzipierte Vittorio Gregotti. Jean Nouvel, 2008 mit dem Pritzker-Preis, dem (inoffiziellen) Nobelpreis für Architektur ausgezeichnet, schuf aus preiswerten Materialien das schiffförmige **Nemausus**, 144 Sozialwohnungen an der Avenue du Géneral Leclerc. Kisho Kurokawa schließlich hat den Bürokomplex **Colisée** einem römischen Amphitheater nachempfunden.

Römische Denkmäler in der Nordstadt

Jardin de la Fontaine [1] / Temple de Diane [2]
Park und Tempel tgl. 15. Okt.–15. März 7.30–18.30, 16. März–14.Okt. bis 22 Uhr

Die barocke Gartenanlage des Quellengartens verweist auf Nîmes' zweite Blütezeit im 18. Jh. und führt gleichzeitig zu den Ursprüngen der Stadtgeschichte zurück. Hier lag einst das Quellheiligtum des keltischen Gottes Nemoz, den die Römer in Nemausus umtauften: Der römische Tempel der Diana war eigentlich ein Nymphaeum. Heute ist der Park mit seinem pariserischen Flair ein Treffpunkt für Verliebte, junge Mütter, Entenfütterer und Jogger.

Tour Magne [3]
tgl. Nov.–Febr. 9.30–13, 14–16.30, März, Okt. 9.30–13, 14–18, April, Mai, Sept. 9.30–18.30, Juni–Aug. 9.30–19 Uhr, Eintritt 2,70 €, lohnendes Kombiticket für drei Sehenswürdigkeiten – Tour Magne, Maison Carrée und Amphitheater 9,80 €
Ein angenehmer Spaziergang führt vom Park auf den mit hohen alten Bäumen bewachsenen Mont Cavalier. Hier erhebt sich die 15 v. Chr. erbaute Tour Magne, der bedeutendste Rest der römischen Stadtmauer, der noch kelti-

133

Auf Entdeckungstour

Nîmes – Eldorado der Postmoderne

Renommierbauten und Stadtarchitektur namhafter internationaler Protagonisten der Postmoderne zieren die Hauptstadt des Gard und zitieren ihre römische Vergangenheit, wie insbesondere Sir Norman Fosters Carré d'Art, das viele Besucher und Schulklassen mit zeitgenössischer Kunst fasziniert. Ein etwa zweistündiger Spaziergang durch die Innenstadt führt auch zu einigen traumhaften Plätzen mit Cafés, wo man entspannen kann.

Carré d'Art **7**: 16, place de la Maison-Carrée, Tel. 04 66 76 35 35.
Öffnungszeiten: Di–So 10–18 Uhr.
Eintritt: 5 €.

Nîmes' postmodernes Highlight ist das **Carré d'Art**, das der britische Stararchitekt Sir Norman Foster 1990–93 so baute, dass sich das römische Highlight, die Maison Carrée, in seinen weiten Glasfronten spiegelt. Der quadratische Grundtypus (*carré*), der angedeutete Treppenunterbau, die Vorhalle mit ihren schlanken weißen Säulen, all das zitiert die römische Bauform mit zeitgenössischem Vokabular. Beton, Stahl, Glas, das Dreigestirn der aktuellen Architektur – und alles schwerelos, licht, in allen Richtungen zu durchstreifen. Anfangs von der Bevölkerung abgelehnt, weil Foster die Reste des abgebrannten Theaters nicht in den Neubau integrieren wollte, wird das Kunstzentrum heute von den Nîmoisern begeistert angenommen. Schulklassen erfahren vor den Werken des Kunstmuseums ihre Initiation in die zeitgenössische Kunst oder basteln in Workshops. Studenten büffeln in Bibliothek, Videothek und Mediathek im Untergeschoss – von den neun Stockwerken des Gebäudes sind drei tiefer in die Erde eingelassen. Hungrige fahren in dem rundum gläsernen Aufzug in den dritten Stock, wo das Restaurant Le Ciel (s. S.141) zeitgenössische Küche mit traumhaftem Ausblick serviert.

Ein janusköpfiger Platz

Die lang gestreckte, im Sommer von Cafétischen belebte **Place d'Assas** wurde 1989 von Martial Raysse gestaltet. Die Wasserrinne erinnert an den Ursprung des römischen Nîmes: ohne Wasser keine Stadt. Es fließt zwischen zwei Brunnenköpfen, einem großen männlichen für den römischen Gott Nemausus und einem kleineren weiblichen für die ältere keltische Quellgottheit. Auch der Säulenbaldachin des zentralen Brunnens mit einer männlichen und einer weiblichen Sta-

tue spiegelt diesen janusköpfig-zweigeschlechtlichen Ursprung. Jean-Michel Wilmotte befreite in den 1980ern einige der historischen Gebäude vom Staub der Jahrhunderte. Der von braunen Stahllamellen verschalte Riesenblock der **Halles** zeigt indes, wie schnell modernes Design veralten kann.

Das allgegenwärtige Krokodil

Die **Place de l'Hôtel de Ville** ist *der* Terrassencafé-Platz. *Tout Nîmes* sonnt sich hier von den frühen Morgenstunden bis tief in die Sommernacht, wenn das gelbliche Laternenlicht eine ganz besondere Stimmung schafft. Am Brunnen in der Mitte begegnet man Martial Raysse wieder. Das behäbige, an eine Palme gekettete Krokodil zitiert auf nahezu augenzwinkernde Weise Nîmes' Stadtwappen. Der Ibis, einer der beiden Vögel, wurde immer wieder geklaut, aber immer wieder ersetzt. Das Krokodil war wohl zu schwer dafür.

Überhaupt: Das Krokodil unter der Palme ist allgegenwärtig. Die Kinder bekommen in den Cafés am Rathausplatz ein Gummibeer-Kroko, die Fußballmannschaft heißt *crocos.* Das Krokodil bekrönt die Straßenpoller, und wenn man hier in der Innenstadt zu Boden schaut, entdeckt man die von Stardesigner Philippe Starck entworfenen Messingknöpfe im Pflaster.

Designbushaltestelle

Die Bushaltestelle **Abribus** in der Avenue Carnot entwarf Philippe Starck im Jahr 1987. Der eckige Baldachin und die Schlangenlinie aus kniehohen Kuben bestehen aus dunkelgrünem Marmor. Eine echte Palme verweist einmal mehr auf Nîmes' römische Vergangenheit. »Mausoleum« tauften die Nîmoiser das Ensemble, das ziemlich verloren und schlecht gepflegt in diesem Kleine-Leute-Viertel steht.

Römisches und Pariser Flair für Flaneure – im Jardin de la Fontaine

sche Baustrukturen zu umfassen scheint. Von der Spitze des achtecki- gen, für einen reinen Zweckbau ei- gentlich zu aufwendig gestalteten Bauwerks, überblicken Sie ganz Nîmes, und andersherum sieht man den nachts beleuchteten 32 m hohen Turm von überallher.

Castellum Divisorium 4
Dieses antike Wasserwerk verteilte über zehn Bleirohre von je 40 cm Durchmesser das Quellwasser der Eure, das auf seiner ca. 50 km langen Reise hierher schon den Pont du Gard durch- flossen hatte, in die einzelnen Stadt- teile. Wirkt nicht spektakulär, ist aber eine archäologische Rarität.

Hôtel Impérator Concorde 5
www.hotel-imperator.com
Seit 1930 beherbergt das Luxushotel gegenüber dem Jardin de la Fontaine Star-Toreros und VIPs. Schon Heming- way und Lauren Bacall wohnten hier. Während der Férias findet im Garten

der Aficionado-Treff »Les Jardins de l'Impérator« statt, Jet-Set pur, doch wenn man früh kommt, lassen die Tür- steher einen meist ein.

Maison Carrée 6
Tgl. Nov.–Febr.10–13, 14–17, März, Okt. 10–18.30, April, Mai, Sept. 10– 19, Juni–Aug. 10–19.30 Uhr, Eintritt 4,50 €
Seinen einzigartigen Erhaltungszu- stand verdankt dieses römische Denk- mal der Tatsache, dass es im Mittelalter in eine Kirche umgewandelt wurde – mittelmeerweit die beste Überlebens- chance für ein heidnisches Gebäude. Agrippa hatte den Tempel mit seinem vollendeten Steinmetzdekor um die Zeitenwende dem Kult seines Schwie- gervaters, des Augustus, genauer des- sen beiden früh verstorbenen und ver- göttlichten Enkeln Gaius und Lucius geweiht: So blieb der Herrscher in der Provinz präsent. Typisch für einen rö- mischen Podiumtempel erhebt sich das Bauwerk auf einem 3 m hohen Sockel

über die Welt der Sterblichen. Es wird gerade restauriert, sodass der helle Kalkstein wieder seinen alten Glanz erhält.

Carré d'Art/Musée d'Art Contemporain 7

Di–So 10–18 Uhr, 16, place de la Maison-Carré, Tel. 04 66 76 35 35, Di–So 10–18 Uhr, Eintritt 5,10 €, s. S. 134

Auf der anderen Seite des großzügigen, vitalen Platzes, des ehemaligen Forums, liegt das Medien- und Kulturzentrum Carré d'Art. In den beiden oberen Stockwerken ist eine der bedeutendsten Sammlungen zeitgenössischer Kunst ab 1960 in Frankreich zu sehen.

Schwerpunkte liegen auf Malern der Region wie Claude Viallat, Alkema, Alain Clément oder Jean Le Gac, auf der spanischen Avantgarde ab 1980 und der Arte Povera, aber auch auf angloamerikanischen Künstlern wie beispielsweise Barry Flanagan und Julian Schnabel. Auch die deutschen Zeitgenossen wie Gerhard Richter, Sigmar Polke und Imi Knoebel kommen nicht zu kurz. Die Konservatorin Françoise Cohen veranstaltet ca. zwei hochwertige Ausstellungen pro Jahr, etwa zur neuen deutschen Malerei, zur nordafrikanischen Avantgarde oder auch zu Wolf Vostell.

Ilot Littré 8

In diesem ansprechend restaurierten Viertel kann man preiswert essen und in Straßencafés das Geschehen ringsum beobachten. Im Sommer ist der schattige Innenhof des »Flan Coco« unschlagbar, wo es köstliche Tartes, Salate und die Spezialität Brandade gibt (31, rue du Mûrier–d'Espagne). In der Galerie »L'Art C'Gard« stellen lokale Künstler Bilder, Tonwaren und Objekte aus (22, rue du Grand-Couvent).

Die zentrale Altstadt

Cathédrale Notre-Dame-et-St-Castor 10

Der Duft frisch gebackener Croissants wabert durch das Gassengewirr der Innenstadt. Die Fußgängerzone mit ihren Boutiquen und Straßencafés ist eine einzige Versuchung zum Shopping. Retros, Markenfetischisten und Schaufenster-Fanatikerinnen kommen auf ihre Kosten. Mittendrin erhebt sich die in den Religionskriegen zerstörte und im 19. Jh. wieder aufgebaute Kathedrale. Sie bewahrt von ihren romani-

Mein Tipp

Les Halles 9

Der überdachte Markt in den 1884 eingeweihten und von Jean-Michel Wilmotte restaurierten Markthallen ist eine Welt für sich, eine Welt, in der man sich kennt. *Tout Nîmes* erledigt hier am Samstagmorgen seinen Einkauf. Die Gänge sind nach Gewürzen und Kräutern benannt. In der Allée de l'Aneth verkauft z. B. »Le Militant du goût« – der Name ist Programm – Produkte aus dem Gard in nostalgischen Jutesäcken. Bei den Käseständen gibt es den AOC-Ziegenkäse Pélardon, 111 Tage auf traditionelle Weise affiniert.

Hier bekommt man auch die Nîmoiser Spezialität *Brandade,* ein gewöhnungsbedürftiges, dafür umso traditionelleres Stockfischpüree (Di–So 6–13 Uhr). Angeschlossen ist den eigentlichen Markthallen das ganztägig geöffnete Einkaufszentrum »La Coupole des Halles« mit den üblichen Geschäften: Bekleidung, Unterhaltungselektronik, Spielwaren, Nippes.

Nîmes

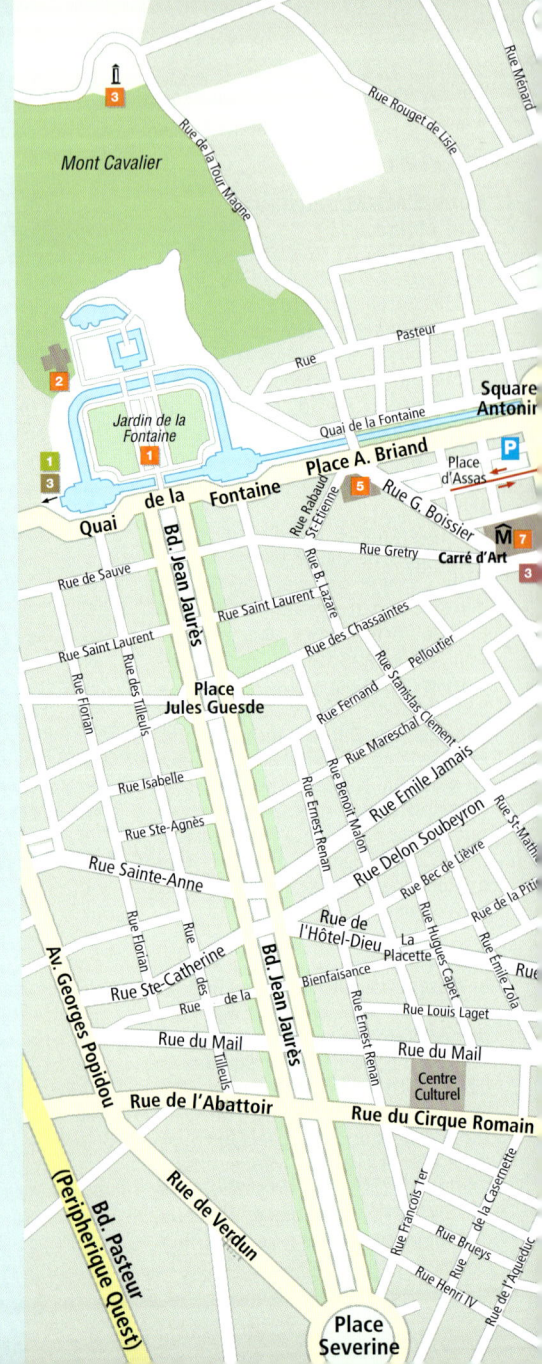

schen Ursprüngen nur noch einen oben an der Fassade angebrachten Fries, deren Reliefs von Adam und Eva bis zur Geburt des neuen Adam, Jesus, reichen. Im Schatten der Kathedrale lädt die ruhige, angenehme Place aux Herbes mit ihren Tischen und Sonnenschirmen zum gepflegten Nichtstun ein.

Amphithéâtre (Arènes) 11

www.arenesdenimes.com, Tel. 08 91 70 14 01, Nov.–Febr. tgl. 9.30–17, März, Okt. 9–18, April, Mai, Sept. 9–18.30, Juni–Aug. 9–19 Uhr, Eintritt 7,70 €
Mit einer Kapazität von 24 000 Zuschauern war das im 1. Jh. n. Chr. gebaute Amphitheater eines der ganz großen der römischen Welt. Im Mittelalter bauten sich die Grafen von Nîmes eine Festung in das Amphitheater und danach siedelte sich ein ganzer Stadtteil mit einigen Hundert Bewohnern in den Ruinen an. In der Hochburg des spanischen Stierkampfs finden heute auch unblutige Spektakel wie Sport- und Musikveranstaltungen statt. Ein aufblasbares Zeltdach sorgt für Regensicherheit. Die weißen Gebäude des Platzrunds blenden selbst bei bedecktem Wetter. Seit die Straßencafés ihre Tische nicht mehr um die Arenen aufstellen dürfen, haben die 60 rundum führenden, imposanten Arkadenbogen den ihnen gebührenden Platz. Die Statue des berühmten Toreros Nimeño II., alias Christian Montcouquiol (1954–91), schaut traurig drein. Erinnerung daran, dass der Stier im spanischen Stierkampf zwar immer sterben muss, seinen Gegner aber mitnehmen kann. Nimeño beging Selbstmord, nachdem der Stier Pañolero ihn gelähmt hatte.

Musée Archéologique/Musée d'Histoire Naturelle 12

13 bis blvd. Amiral Courbet, Di–So 10–18 Uhr, Eintritt frei

Nicht nur die reichlich zerfledderten ausgestopften Tiere des Naturhistorischen Museums, sondern der gesamte Museenkomplex ist ein Kandidat für die nächste Renovierung. Interessant sind neben den römischen Exponaten des Archäologischen Museums die anthropomorphen Menhirstatuen, der keltische Kopffries und die keltische Kriegerbüste mit der bizarren Haube.

Übernachten

Während der Féria werden in Nîmes bis zu 100 % auf die Zimmerpreise aufgeschlagen, trotzdem ist früh alles ausgebucht.

Schickes Kettenhotel – **New Hôtel La Baume** 1 : 21, rue Nationale, Tel. 04 66 76 28 42, Fax 04 66 76 28 45, www.new hotel.com, DZ 130–210 € zur Féria. In modernem Design eingerichtete geräumige Zimmer – Bad/WC hinter teils offener Bettkopfwand – um einen reizenden Innenhof eines Adelspalais des 17. Jh. Nehmen Sie eines der Zimmer im ersten Stock mit 5 m hohen Decken. Schade, dass Sauberkeit und Pflegezustand nicht ganz dem schönen Ambiente entsprechen.

Herrlich altmodisch – **Amphithéâtre** 2 : 4, rue des Arènes, Tel. 04 66 67 28 51, Fax 04 66 67 07 79, http://pagesperso-orange.fr/hotel-amphitheatre, DZ 50 bis 91 € zur Féria. Zentral gelegen; die Zimmer mit Messingbetten und Strukturtapete wären einem als Student in den 1970ern wahrscheinlich luxuriös vorgekommen.

Eine von Frankreichs Besten – **Auberge de Jeunesse** 3 : 257, chemin de l'Auberge-de-Jeunesse, Tel. 04 66 68 03 20, Fax 04 66 68 03 21, www.fuaj.org, Übernachtung in Vier- bis Achtbettzimmern ca. 16 €. Ein modernes Gebäude im Grünen mit allem Komfort (Internet, Waschmaschine, Restaurant,

24 Std. geöffnet) und kulturellen Veranstaltungen, Minibus vom Bahnhof.

Essen & Trinken

Modernes Bistro – **Le Cheval Blanc** ▣: 1, place des Arènes, Tel. 04 66 76 19 59, Mo 19–23, Di–Sa 19–23 Uhr, Tagesmenü 14,90 €. Die Crème de la crème des lokalen Geschäftslebens trifft sich zum Lunch in den mit moderner Kunst, dunklen Bistrotischen und Mahagonibar charmant aufgepepptem Ziegelgewölbe. Klassische Bistroküche wie Blutwurst und Nierchen, leichtes Tagesgericht wie Estragonhühnchen für schlappe 9,80 €. Selbstsichere, schwarz gekleidete Kellner mit pinkfarbenen Schlipsen dürfen in diesem klassischen Bistroflair nicht fehlen.

Restaurant mit Blick – **Le Ciel** ▣: im dritten Stock des Carré d'Art, Tel. 04 66 36 71 70, Di–So 10–18, April–Sept. auch Fr/Sa 18–24 Uhr, Tagesmenü 14,50 €. Ein hinreißender Blick bietet sich von der glasverkleideten Terrasse auf die Maison Carrée, abends auf die erleuchtete Stadt. Sehr gute, sehr preiswerte Küche, fast immer voll, in modernem Ambiete mit langer Bar. 10–12 Frühstück, von 12–14.30 Uhr Lunch wie Blauschimmelkäse-Tarte mit Honig, riesige Salate, frische Fischgerichte, 14–18 Uhr Salon de thé.

Einkaufen

Alles aus Eisen – **Enosfer Créations** ▣: 4, rue St–Castor, Di–Fr 14.30–19, Sa 10–12, 14–18.30 Uhr. Kreative Eisenobjekte vom Spiegel bis zur Fischskulptur von Roger Cartier.

Alles aus Olivenöl – **Oliviers and Co** ▣: 10, rue de l'Hôtel-de-Ville. Gourmetladen mit über 50 Olıvenolen zum Probieren, wie die *pitchouline*, die im Gard typische Sorte.

Aktiv & Kreativ

Joggen, Wandern, Natur genießen – Einfach auf der N 106 nach Alès ca. 2 km nach Norden in die Garrigue heraus-

Kompromisslos zeitlose Küche

Raffinierte regionale Feinschmeckerküche mit bestechend frischen Zutaten und Präsentation, z. B. mit Gänseleber gefülltes Rebhuhn und eine wahrlich umwerfende Käseplatte. Schon das Mas-des-Barres-Olivenöl (eines der Besten aus den Alpilles) auf dem Tisch kündet vom hohen Anspruch. Für 20–25 € gibt es schlicht und perfekt gegrillten Fisch oder Jakobsmuscheln à la plancha! Das Ambiente ist vom Besteck über die Lampen bis zur Kunst an den Wänden durchgestylt, die braune Wandverkleidung aus Holz wirkt gemütlich, wenn auch alles andere als bieder. Die Preise sind für das Gebotene mehr als fair, der Service ist entspannt und effektiv. Vorbestellen, denn die Nîmoiser wissen natürlich längst, wo es gut schmeckt. **Au Plaisir des Halles** ▣: 4, rue Littré, Tel. 04 66 36 01 02, Di–Sa 12–14, 19–22.30 Uhr, Menüs 20–45 €.

fahren, die Nîmes umgibt. Im **Bois des Espeisses** [1] – er ist ausgeschildert und mit einem Parkplatz versehen – sind vier 4–10 km lange Wander- und Laufparcours markiert. Auch Familien und Hundebesitzer schätzen die mediterrane Vegetation, Steigungen sind durchaus vorhanden. Ca. 3 km weiter liegt der **Clos de Gaillard** an der D 907. Auch hier führen Natur- und Spazierpfade durch die Garrigue. Zum wörtlich zu verstehenden »Begreifen« wurde extra ein Weg für Kinder von vier bis sechs Jahren angelegt.

Spaßbad – **Aquatropic** [2] : 39, chemin de l'Hostellerie, Ausfahrt Nîmes-Ouest von der A 9, www.vert-marine.com, Mo, Fr 10–20, Di, Do 10–14, 16–21, Mi 12–20, Sa/So 11–18.15, im Sommer meist ab 12 Uhr. Wellenschwimmbad, Wasserrutschen, künstliche Strömungskanäle, aber auch Sauna, Dampfbad und Fitnessraum erfreuen ganze Familien.

Hoch in die Luft – **Aéroclub de Nîmes** im **Aérodrôme de Courbessac** [3] : Tel. 04 66 28 16 00, http://aeroclubdenimes-free.fr. Hier können sich drei Personen für 70 € eine halbe Stunde in kleinen Propellerflugzeugen über Nîmes und den Pont du Gard fliegen lassen.

Kunstkurse – **Musée des Beaux-Arts** [4] : rue de la Cité Foulc, Tel. 04 66 67 38 21, Öffnungszeiten Di–So 10–18, kostenlos. Jeden Mittwoch um 14.30 Uhr werden Familien hier künstlerisch tätig: beim Töpfern, Porträtzeichnen oder bei der Temperamalerei. Anmelden.

Abends & Nachts

Von jungen Leuten besuchte Bars wie das **Café Olive** [1] mit modernistischen Clubsesseln (Nr. 22) liegen am **Boulevard Victor Hugo**.

Nicht nur für Stierkampffans – **Le Farniente** [2] : 5, rue Maubet, Mi–So 19–1 Uhr. Treff der Anhänger des provenza-

lischen Stierkampfs, der Besitzer ist ein ehemaliger Razeteur; einfache, preiswerte Küche.

Club Kafé Fashion – **CKF** [3] : 20, rue de l'Etoile, Tel. 04 66 21 59 22, Do–Sa 23–6 Uhr. Do Studentenabend, Sa Themenabend, gemischte Musik und ziemlich junges Publikum.

Irish Pub – **O'Flaherty's** [4] : 21, blvd. Amiral-Courbet, Tel. 04 66 67 22 63, Mo–Do 11–2, Fr 11–3, Sa 17–3, So 17–2 Uhr. Gemütlicher, beliebter irischer Pub mit gezapftem Bier, irischen Tellergerichten und häufig abends irischen Musikgruppen.

Pub im englischen Stil – **Le Bureau** [5] : 21 blvd. Amiral-Courbet, Tel. 04 66 67 22 63, tgl. 8.30–2 Uhr. Pub mit englischem Ambiente, in dem die Musik besser als das Essen ist. Beliebt bei allen Altersklassen.

Kulturell dynamisch – **Théâtre de Nîmes** [6] : place de la Calade, Tel. 04 66 36 65 00, www.theatredenimes.com. Theater, Tanz, Jazz – das Kulturzentrum der Stadt.

Infos & Termine

Touristeninformation

Office de Tourisme: 6, Rue Auguste, Tel. 04 66 58 38 00, Okt.–März Mo–Sa 8.30, Sa 9–18.30, So 10–17, April–Sept. Mo–Sa 8.30, Sa 9–19, So 10–18, Juli/Aug. Mo–Fr 8.30–20, Sa 9–19, So 10–18 Uhr; www.ot-nimes.fr (auch in Deutsch).

Termine

Férias: Nîmes feiert drei Férias. Anfang März die Féria Primavera mit Novizen-Toreros, den *novilladas*. Pfingsten: zweiwöchig, die große Féria de Pentecôte, eines der drei beliebtesten Festivals Frankreichs, Mitte September die Féria des Vendanges, intimer, für die lokalen Kenner. Karten für die Corrida: rue de la Violette, Tel. 04 66 02 80 80.

Juli/Aug.: Jeden Donnerstag (*les jeudis de Nîmes*) kostenlose Straßenmusik, Theater, Märkte, Läden bis 22 Uhr geöffnet.

Trödelmarkt: Mo ganztägig, vom Jardin de la Fontaine an auf dem blvd. Jean-Jaurès.

Verkehr

Petit Train: Von der Esplanade Charles de Gaulle kurvt einen der elektrische Zug mit einem Kommentar in acht Sprachen durch die Stadt.

Bahnhof: 1, blvd. Sergent Triaire, Tel. 36 35, Züge u. a. nach Arles, Marseille, Avignon. TGV nach Paris.

Mietwagen: Europcar, am Bahnhof, Tel. 04 66 29 07 94; auch am Flughafen.

Pont du Gard! ▶ D 3

Unvermittelt, wie eine Fata Morgana aus vielen Bögen, erhebt sich der Pont du Gard in der karstig-trockenen Landschaft. Platz 14 auf der UNESCO-Liste des Welterbes bedeutet, dass die Besucher, auch in Bussen, nur so hierherströmen.

Der Aquädukt

Etwa 20 000 Kubikmeter frisches Eure-Wasser flossen in römischer Zeit durch diese Leitung nach Nîmes. Täglich. 50 km hatte es zurückzulegen, und dabei ging es nur 17 m abwärts: nicht mehr als 34 cm Gefälle pro Kilometer! Dass die römischen Ingenieure solche technischen Probleme zu bewältigen und gleichzeitig ästhetische Meisterwerke zu schaffen verstanden, beweist nicht zuletzt dieses Aquädukt über den Gardon. Wahrscheinlich entstand es um das Jahr 19 v. Chr. auf Initiative Agrippas. Die mit Steinplatten gegen Verdunstung und Verschmutzung geschützte Wasserleitung verläuft in dem oberen kleinen Geschoss mit seinen 35

Bogen. Besucher durchwandern das Bauwerk im zweiten Geschoss, dessen elf Bogen auf den sechs des unteren Geschosses ruhen. Die unterschiedliche Breite der Bogen verleiht dem Bau eine größere Elastizität, z. B. gegen Erdbeben, aber auch gegen die Wassermassen des im Frühling anschwellenden Flusses Gardon. Deshalb hat der Aquädukt auch einen leichten Knick, den man gut mit bloßem Auge erkennen kann. Im Sommer werden die imposant monumentalen Kalkstein-Bogengänge nachts effektvoll angestrahlt.

Das Besucherzentrum

Juni–Aug. 9–19, Sept.–Mai 9.30–18 Uhr, Führungen zum Pont

Zur Jahrtausendwende wurde das wohl am besten erhaltene Aquädukt der Welt vom Autoverkehr befreit und erhielt ein auf zwei Gebäude aufgeteiltes, in die Landschaft eingepasstes Besucherzentrum. Es umfasst eine informative Ausstellung zum Bauwerk, Videoshows, die Kinderspielstätte Ludo sowie Geschäfte und Restaurants.

Übernachten

Hier hielten einst die Postkutschen – **La Bégude Saint-Pierre:** in der Nähe des Pont du Gard, bei Remoulins (6 km östlich) an der D 981, Tel. 04 66 63 63 63, Fax 04 66 22 73 73, www.hotel-saint pierre.fr, DZ 120–200 €. Luxus hat seinen Preis: herrlicher Garten am Ufer des Gardon, Pool, Sauna und Fitnessraum, die Zimmer mit Holzbalken und in den warmen Tönen des Midi.

Fast ein Vergnügungspark – **Camping La Soubeyranne:** Rémoulins, D 986 Richtung Beaucaire, Tel. 04 66 37 03 21, Fax 04 66 37 14 65, www.soubey ranne.com, April–Sept., pro Stellplatz

15–25 €. Komfortabler, schattiger Platz in der Garrigue mit Bungalows und Caravanverleih, Shop, Restaurant; rundum Sport- und Amüsierangebot mit riesiger Poollandschaft, Wasserrutschen, Minigolf, Tennis, Volleyball, Hüpfburg, Animation etc.

Aktiv & Kreativ

Im **Gardon** kann man schwimmen oder Kanu fahren – falls in der heißen Jahreszeit noch genügend Wasser drin ist. Seit jeher kommen die Leute der Umgebung zum Sonnenbaden und Familienausflug hierher, sodass der jetzt kostenpflichtige Parkplatz als einziger Zugang viel böses Blut geschaffen hat.

Trotzdem ist es vor allem an Wochenenden brechend voll. Da hilft nur: Weiter weg in die Garrigue. Zum Beispiel auf den beschilderten Lehrpfad von 1400 m, der vom linken Flussufer am Pont losgeht.

Kanu, Kajak und Montainbiking – **Kayak-Vert**: chemin St-Vincent, Collias, Tel. 04 66 22 80 76, www.canoe-france.com, März–Nov.

St-Gilles ► C 4/5

Die Blütezeit dieser ziemlich drögen Gard-Stadt (11 000 Einw.) lag im 11. und 12. Jh. Die für ihre Liberalität und Toleranz bekannten Grafen von Toulouse machten St-Gilles damals zu ihrer

Der Pont du Gard – römische Wasserleitung und technisch wie ästhetisch beeindruckend

›geliebten Stadt‹. Die romanische Kirche, mit den Reliquien des hl. Aegidius (frz. Gilles) selbst ein bedeutendes Pilgerzentrum, war zusätzlich Ausgangspunkt einer der vier Hauptrouten nach Santiago de Compostela. Schon im Mittelalter – »ich bin dann mal weg« – war das eine der wichtigsten Wallfahrten. Und das war auch so, denn die lokalen Kassen klingelten.

Abbatiale de St-Gilles

Nov.–März tgl.8.30–12, 13.30–17, April/Mai, Sept./Okt. 9–12.30, 14–18, Juli/Aug. 8.30–19 Uhr, Eintritt 1,50 €
Die wohl gegen Ende des 12. Jh. in einem Arbeitsablauf geschaffene **Fassade** mit ihren drei Rundbogenportalen erinnert an römische Triumphbo-

gen, in der Wiedergabe der Körper und des Faltenwurfs der Gewänder an frühchristliche Sarkophage. Faszinierend ist die Vielfalt und Ausdruckskraft der alt- und neutestamentarischen Szenen und der für die romanische Plastik typischen rätselhaften Burlesken: Ein Kentaur spannt seinen Bogen, ein Kamel (Erinnerung eines Kreuzfahrers?) reckt hochnäsig seinen Kopf empor und glückliche Löwen zerreißen weniger glückliche Opfer.

Am 12. Juni des Jahres 1209 kniete nackt und demütig der mächtige Graf von Toulouse, Raymond VI., vor dieser prächtigen Schaufassade und tat Kirchenbuße für den ein Jahr zuvor hier begangenen Mord an dem päpstlichen Legat Pierre de Castelnau. Er wurde, fast bis in den Tod, in die **Krypta** hinunter, zum Sarkophag des Ermordeten, gegeißelt. Der heutige Besucher kommt zum Glück unbehelligt von außen in diese gewaltige Unterkirche von 50 mal 25 m mit ihren derben Kreuzgewölben.

Die romanische Kirche hinter der Fassade gibt es nicht mehr, sie wurde in den Religionskriegen zerstört. Erhalten blieb hinter dem Chor ein kunstvolles steinernes Schneckengehäuse, die berühmte **Vis de St-Gilles**, Ziel einer anderen Pilgerfahrt: Auf ihrer Gesellenfahrt, der Tour de France, machten Steinmetze aus ganz Frankreich hier Station, wovon noch zahlreiche Graffitis zeugen, vor allem im oberen Bereich der perfekt gemeißelten Wendeltreppe.

Infos

Office de Tourisme: 1, place Frédéric Mistral, Tel. 04 66 87 33 75, www.ot saint-gilles.fr. Infos zum Bootsverleih bekommt man im Flusshafen von St-Gilles.

Arles, Alpilles und Camargue

Highlights!

Arles: Eine Kleinstadt, die es in sich hat: römische und romanische Denkmäler aus der UNESCO-Welterbe-Liste wetteifern um die Aufmerksamkeit der Besucher. S. 148

Camargue: Zwischen Wasser und Land entfaltet eines der reichsten Biotope Europas seinen mythischen Reiz: Unbedingt dazu gehören weiße Camarguepferde, schwarze Stiere, rosa Flamingos. Hier trifft man noch auf Viehhirten alten Schlags – die Gardians – und kann zur Stierkampfsaison heiße Kämpfe erleben. S. 175

Auf Entdeckungstour

Vincent van Gogh: Auf den Spuren des holländischen Malers durch Arles. S. 154

Wochenmarkt in Arles: Einen der schönsten provenzalischen Märkte kennenlernen. S. 160

Das Öl der Alpilles: Ölmühlen produzieren hier die von Feinschmeckern begehrten AOC-Olivenöle. Zum Genießen und Dazulernen. S. 176

Kultur & Sehenswertes

St-Rémy: Hier wandelt man auf den Spuren van Goghs und der Römer, in der antiken Stadt Glanum. S. 162

Les Baux: Wie ein Adlerhorst erhebt sich die Troubadour-Burg über Renaissance-häusern und Souvenirshops. S. 168

Abbaye de Montmajour: Der Hauch der Ewigkeit weht über romanischen Kirchen und Gräbern. S. 172

Aktiv & Kreativ

Hammam in Arles: Wellness orientalisch schick mit arabischem Restaurant. S. 158

Vogelpark Pont de Gau: Spazierwege ermöglichen die Erkundung der Camargue und ihrer reichen Vogelwelt. S. 180

Reiten in der Camargue: Die beste Art, die Camargue und ihre Pferdekultur zu erleben. S. 184

Genießen & Atmosphäre

Hôtel Arlatan: Traditionsherberge in Arles. Die Zimmer haben Renaissance-kamine und spätgotische Erkerchen. S. 157

Maussane: Unter Platanen einen *apéro* schlürfen – einen stimmungsvolleren Marktplatz gibt es kaum. S. 173

Wehrkirche von Les Stes-Maries-de-la-Mer: Von ihrem Dach hat man einen Rundumblick über das Dorf und die Camargue. S. 182

Abends & Nachts

Place du Forum: *Der* Treff von Arles, voller Restauranttische und Cafés, im Sommer bis Mitternacht. S. 153, 159

Das Goldene Dreieck hat man diese Region zwischen Arles, der Camargue und Nîmes genannt. Hier ist die Provence sozusagen am provenzalischsten und es versteht sich von selbst, dass viele Besucher genau dieses Provence-Konzentrat sehen wollen. Die Alpilles im Norden von Arles sind seit 2004 Regionalpark und bei Wanderern und Radfahrern beliebt. Der einzigartige Naturpark Camargue bietet aktives Erleben auf Ausritten, Wanderstiegen und an gelbsandigen Stränden. Der September ist der ideale Reisemonat für die Camargue – angenehme Sonnentage an fast leeren Stränden. Mückensalbe einpacken!

Arles ! ▶ D 4/5

Arles (52 600 Einw.) versteht sich als Wiege der provenzalischen Kultur. Die Altstadt ist streckenweise noch von der teils spätrömischen, teils mittelalterlichen Stadtmauer umgeben. Arles' provinzieller Midi-Charme ist ein ergiebiges Pflaster für Kulturspaziergänger – wenn man den rasanten Autoverkehr in den engen Gassen überlebt. Alle

Infobox

Auskünfte
Farandole ist der kostenlos erscheinende Veranstaltungskalender für Arles und das Pays d'Arles. Er erscheint monatlich und liegt in den Offices de Tourisme und vielen Hotels aus.
Internet: www.arlestourisme.com. Touristische Infos über Arles und das Pays d'Arles, auch in Deutsch; www.saintesmaries.com: zur Camargue, auch in Deutsch; www.saintremy de-provence.com: zu St-Rémy, auch in Englisch.

großen Denkmäler aus Antike und Mittelalter stehen auf der Liste des UNESCO-Welterbes. Der *bioù*, der Camargue-Stier, ist allgegenwärtig und die Arenen von Arles sind gleichberechtigt mit denen von Nîmes, Frankreichs wichtigstem Stierkampfort. Die ›schönen Arlesierinnen‹ in ihren eleganten Trachten mit Spitzenschultertuch und -sonnenschirm sind bei den Folklorefesten ein Blickfang. Alle drei Jahre wird ihre Königin gewählt, die *reine d'Arles*, die unverheiratet und schön sein und sich in den provenzalischen Traditionen auskennen muss.

Unter Marius und Caesar gewann Arelate an handelspolitischer Statur, bis 308 sogar Kaiser Konstantin der Große hier seine Residenz aufschlug. 395 erlangte das ›kleine Rom Galliens‹ als Sitz des Praefectus Praetorio Galliarum abermals große Bedeutung.

Amphitheater 1
www.arenes-arles.com, Nov.–Febr. 10–17, März/April, Okt. 9–18, Mai– Sept. 9–18.30 Uhr
Das grandiose Amphitheater (*Arènes*) entstand wohl gegen Ende des 1. Jh. n. Chr. auf der höchsten Stelle der Stadt. Im Mittelalter wurde es in eine Festung verwandelt und beherbergte eine kleine Stadt mit 200 Häusern. Drei der Türme blieben bei der Restaurierung zu Beginn des 19. Jh. stehen. Von den oberen Sitzreihen reicht der Blick weit über das blassrote Dachpfannenmeer. In dem komplett erhaltenen zweigeschossigen Rund mit insgesamt 120 Bogen in ockerfarbenem Kalkstein können bis zu 1200 Zuschauer die Corridas oder die unblutigen provenzalischen Stierkämpfe verfolgen.

Rond-point des Arènes
Der Ringplatz um die Arenen ist während der Férias Schauplatz eines Open-Air-Spektakels im spanischen Stil, mit

Gardians – die Cowboys des Midi – beim Zusammentreiben junger Stiere

Bodegas und Aficionado-Treffs. Während die mediterrane Stimmung und die von den Paella-Pfannen aufsteigenden Düfte sehr einladend wirken, sind die kleinen Jungen, die mit Stierblut getränkten Banderillas durch die Straßen laufen, nicht jedermanns Sache.

Ganz in der Nähe liegt die **Fondation van Gogh** 2 , s. Entdeckungstour S. 154.

Notre-Dame-de-la-Major 3

Die ›Marien-Hauptkirche‹ mit dem romanischen Hauptschiff ist die Kirche der 1512 gegründeten Bruderschaft der Gardians. Jedes Jahr am 1. Mai steigt hier ihr großes Fest. Das ruhige Hauture-Viertel in ihrer Umgebung lädt mit seinen Häuschen, Nischen und Winkeln zu idyllischen Spaziergängen ein. Ein romanisches Kleinod ist auch die mit Pilastern geschmückte Apsis von **St-Jean-le-Moustier** 4 .

Théâtre Romain 5

Nov.–Febr. 10–12, 14–17, März/April, Okt. 9–12, 14–18, Mai–Sept 9–18.30 Uhr

Das römische Theater, ebenfalls aus Augusteischer Zeit, ist zwar schlechter erhalten als die ansonsten ähnliche Anlage von Orange, bietet dafür aber einen wundervollen Blick auf den Kirchturm von St-Trophime. Vor der heroischen Kulisse der beiden übrig gebliebenen Säulen, ›die Witwen‹ genannt, spielen sich regelmäßig die großen Abendveranstaltungen des Fotografie-Festivals ›Rencontres Photographiques‹ ab.

Hôtel de Ville 6

Den Stadtkern von Arles bildet die baumlose, italienisch anmutende Place de la République, auf deren Mitte ein Obelisk aus der Türkei steht. Das klassizistische Rathaus wurde in den Jahren 1673–1675 von dem arlesischen Künstler Jacques Peytret nach Plänen des berühmten Architekten Ludwig XVI. erbaut – Jules Hardouin-Mansart. Das perfekte Gewölbe in der Rathaus-Eingangshalle besichtigten einst Tausende von Maurergesellen auf ihrer

Arles

Gesellenfahrt, der sogenannten Tour de France. Es beindruckt vor allem durch samtglatte Fugentechnik in gut romanischer und also römischer Tradition.

St-Trophime 7

Platzbeherrschend: Von römischen Vorbildern wurde die triumphbogen-förmige Vorhalle der romanischen Kathedrale St-Trophime beeinflusst. Das

Thema des Portals ist das Weltengericht, dem Christus im Tympanon thronend vorsitzt, umgeben von den Symbolen der vier Evangelisten. Über ihm im inneren Bogenrund der Engelchor, unter ihm auf dem Türsturz die Apostel. Rechts schreiten die Seligen in den Himmel, links taumeln die Verdammten den Höllenqualen und wartenden Teufeln entgegen. Der Bildstreifen darunter bildet Szenen aus der Kindheit

Jesu ab, z. B. eine zeittypische Geburtsszene, in der zwei Frauen das Neugeborene waschen.

Die großfigurigen Kirchenheiligen – der dritte von links ist der Kirchenpatron, der hl. Trophimus – treten mit ihren Füßen, was symbolisch zu verstehen ist, auf den weltlichen Bereich der Sünde, hier verkörpert in natürlichem und mythologischem Getier und der Bestie schlechthin, dem Löwen. In die-

Heilige, Dämonen und Tiersymbole schmücken das Portal der Kirche St-Trophime

sem profanen Register finden wir, wie so oft in der mittelalterlichen Ikonografie, die lebendigsten Darstellungen, so den Esel mit steifem Phallus, ein Symbol der Wollust, Zentauren und Vögel. Am 30. Juli 1178 ließ Kaiser Friedrich Barbarossa sich in der Kathedrale zum König des Arelats krönen.

Kreuzgang 8

Nov.–Febr. 10–17, März/April, Okt. 9–18, Mai–Sept. 9–18.30 Uhr

Den Kreuzgang, eines der Juwelen der romanischen Kunst in der Provence, betritt man durch den Erzbischofspalast von der Place de la République aus. Romanisch sind Ost- und Nordgalerie, gotisch (14. Jh.) West- und Südgalerie, einfach zu unterscheiden an den runden bzw. spitzen Bogen. In den weiten Wandelgängen herrschen Kühle und Halbschatten, während vom Innenhof das Licht an den Säulen und Reliefstatuen entlangfließt. Am nordwestlichen Eckpfeiler steht segnend der hl. Trophimus zwischen Petrus und Johannes. Die Kapitelle, von vier Seiten skulptiert, zeigen in der dem Garten

zugewandten Reihe Blattschmuck, auf der dem Wandelgang zugewandten Seite figurale Bibelszenen. Die Konsolenfiguren tragen volkstümliche Motive: Tiere, Ungeheuer, Akrobaten.

Kryptoportiken 9

sollen 2009 wieder eröffnen

Von der ehemaligen Jesuitenkapelle mit ihren verstaubten Holzschnitzereien steigt man in die lehmig-feuchte Unterwelt der Kryptoportiken hinab, das ehemalige Untergeschoss des Forums vom Ende des 1. Jh. v. Chr. Die jeweils ca. 8 m breiten, tonnengewölbten Gänge, die gedrungene Arkaden in zwei Schiffe teilen, besitzen etwa Hufeisenform und dienten möglicherweise als Vorratslager.

Musée Arlaten 10

Okt.–März 9.30–12, 14–16.30, April, Mai, Sept. bis 17.30, Juni–Aug. 9.30–12.30, 14–18 Uhr, Okt.–Juni Mo geschl.

Im Hôtel Castellane-Laval aus dem 16./17. Jh. ist eine überbordende Sammlung zur provenzalischen Volkskunst zu besichtigen, 1896 von keinem

Geringeren als Frédéric Mistral ins Leben gerufen und nach 1904 mit dem Geld des Literaturnobelpreises eingerichtet. Das nach Mistrals Willen von einer schönen Arlesierin – heute sind es mehrere – in ihrem traditionellen Gewand ›bewachte‹ Museum zeigt Dokumente zum Félibrige, Trachten, barocke Schränke, Santons und teils skurrile Objekte der Volksfrömmigkeit und des arlesischen Kulturerbes.

Place du Forum

Das ehemalige römische Forum ist ein charmanter Platz, auch wenn die uralten Platanen durch winzige Jungbäume nur unzureichend ersetzt wurden. An den Tischen unter den Blicken der Mistral-Statue trifft man sich zu Café, Pastaga (Pastis) und Essen, z. B. in der Brasserie des **Hôtel Nord-Pinus** 11. An der Stirnseite steht die noble Herberge, in der schon Pablo Picasso und Winston Churchill schliefen. In ihrer Fassade sind zwei Säulen mit Architrav vom römischen Forum wiederverwendet.

Musée Réattu 13

Nov.–Febr. 13–17, März–Juni, 16.Sept.–Okt. 10–12.30, 14–18.30, Juni–15. Sept. 10–19 Uhr

Im ehemaligen Priorat der Malteserritter, das dem Rhône-Ufer seine spätgotische Fassade zuwendet, konstrastieren Exponate zeitgenössischer Künstler mit den historischen Räumen. Highlight ist die »Donation Picasso«: Zeichnungen des Meisters von 1970/71.

Thermen 14

Nov.–Febr. 10–17, März/April, Okt. 9–18, Mai–Sept. 9–18.30 Uhr

Die weitläufigsten in der Provence erhaltenen Thermen wurden im 4. Jh. unter Konstantin errichtet. Die teils apsidial gerundeten Mauern weisen das leicht zu erkennende *opus romanum*

auf, aus hellem Stein und roten Ziegeln ›gestreift‹

Musée de l'Arles Antique 15

Tgl. Nov.–Febr. 10–17, März –Okt. 9–19 Uhr

Über den Resten des römischen Zirkus erhebt sich, postmodern und mittelmeerblau, das bedeutendste provenzalische Antikenmuseum. Der Architekt Henri Ciriani zeichnete für den Bau verantwortlich. Der keltoligurische Löwe von Arcoule, Mosaike, Spielzeug, Schmuck, Statuen, Bronzefigürchen lassen die Geschichte von Arles und das Alltagsleben der Römerzeit lebendig werden. Glanzlicht des Museums ist die spätantike Sammlung heidnischer und christlicher Sarkophage.

Alyscamps 16

Nov.–Febr. 10–12, 14–17, März/April, Okt. 9–12, 14–18, Mai–Sept 9–18.30 Uhr

Die außerhalb der Stadtmauern gelegene Nekropole der ›Elysischen Gefilde‹ richteten die Römer an der Via Aurelia ein. Erst in christlicher Zeit erfreute sie sich überregionaler Beliebtheit. Von weither brachte man die Leichname hierher, damit sie, in der Nähe der heiligen Arleser Bischöfe bestattet, beim Jüngsten Gericht einem mächtigen Fürbitter nahe seien. In Fässern sollen fromme Verwandte ihre Verblichenen Vater Rhône anvertraut haben, bis diese dann von ehrlichen Mönchen oder habgierigen Räubern aus dem Fluss gefischt und um ihr zwischen die Zähne geklemmtes Goldstück erleichtert wurden.

Die Sarkophagreihen unter den Bäumen haben einen ganz eigenen Reiz. Vielleicht ließen sich deshalb 513 fromme Schwestern unter der Äbtissin Cäsaria, der Schwester des Bischofs von Arles, hier nieder und gründeten das erste Frauenkloster des christlichen

Auf Entdeckungstour

Vincent van Gogh in Arles

Arles und Vincent van Gogh sind untrennbar miteinander verbunden, in einer Art von Hassliebe wohl, denn die Arleser haben den schwierigen Künstler damals nicht gut behandelt. Dafür besitzen sie heute auch keines der inzwischen unbezahlbaren Originale. Dennoch lohnt in Arles ein zwei- bis dreistündiger Spaziergang auf den Spuren van Goghs.

Fondation Vincent van Gogh **2**: 24 bis, rond-point des Arènes, www.fon dationvangogh-arles.org, Öffnungszeiten: April–15. Okt. tgl. 10–19, 16. Okt.–März Di–So 9.30–12, 14–17.30 Uhr. Im Sommer gehen häufig Teile der Sammlung auf Reisen; sie werden aber aus dem großen Fundus aufgefüllt. Eine deutschsprachige Broschüre des Tourismusbüros Arles informiert über einen Van-Gogh-Rundgang mit zehn Stationen.

Das **Gelbe Haus** an der Place Lamartine kurz außerhalb der Stadtmauern steht nicht mehr, dafür aber das Gebäude dahinter. In der *Maison jaune* hatte der Maler vier Zimmer gemietet – sein Bruder Theo schickte ihm regelmäßig Geld. Hier wollte van Gogh seinen Traum von einer Künstlergemeinschaft verwirklichen. Als Erster und einziger Kollege kam im Oktober 1888 Paul Gauguin, den er in Paris kennengelernt hatte, doch die beiden so unterschiedlichen Männer, beide keine sonderlich umgänglichen Charaktere, stritten schon bald erbittert.

Das Ohr

Es folgte die berühmt-berüchtigte Episode: Van Gogh schnitt sich einen Teil seines Ohrs ab. In ein Taschentuch eingeschlagen, überreichte er es seiner Lieblingsprostituierten in der *Maison de Tolérance* – gleich nebenan, heute das Kaufhaus Monoprix –, die er sich einmal pro Woche von Theos 150 Francs leistete. Solch ein exzentrisches Benehmen konnten die guten Bürger von Arles nicht dulden. Sie unterschrieben eine Petition zur Vertreibung des unliebsamen Subjekts, eine weitere kränkende Zurückweisung im Leben des Malers. Vincent van Gogh (1853–1890) war 35 Jahre alt, als er am 20. Februar 1888 in der schneebedeckten Provence ankam. Bis zum 8. Mai 1889 arbeitete er in Arles, das er verließ, um sich ein Jahr lang in die psychiatrische Klinik von St-Paul-de-Mausole in St-Rémy zu begeben. Am 30. Juli 1890 starb er in Auvers-sur-Oise an einer sich selbst zugefügten Schussverletzung.

Die Macht des Mythos

Doch schon bald nach van Goghs Tod begann die Kunstwelt ihn zu entdecken und es entwickelte sich ein Mythos. Dessen touristisches Potenzial ließ auch die Arleser aufhorchen. Und so kam es, dass man jene aus grauen Bruchsteinen bestehende Hausfassade an der Place du Forum, die in einem von van Goghs berühmtesten Bildern verewigt ist, dem **Café le Soir**, verputzte, um sie den Erwartungen der Kunstliebhaber gemäß regelmäßig gelb streichen zu können. Warum der heutige Gastronom seine unglaublich schlechte Rekonstruktion »Café le Nuit« genannt hat? Er wusste es wohl nicht besser. Einkehren sollte man von all den vielen Lokalen auf der Place du Forum hier lieber nicht. Die Besitzerin des »Restaurant l'Ardoise« hat ihre Fassade indes völlig originalgetreu grau gestrichen. Es waren die Augen des Malers, die während seiner Arles-Periode alles blau und gelb sahen. Als Himmel und Licht, Chiffren des Göttlichen, erschienen ihm diese Farben unter der südlichen Sonne.

Vorauseilenden Gehorsam zeigten auch die Stadtoberen, als sie das orangene, ehemalige **Hôtel-Dieu (Espace van Gogh)** 12 gelb und blau strichen, wie Van Gogh es gemalt hatte, und den Innenhof so mit Blumenrabatten bepflanzten, dass er nun dem Gemalten halbwegs entspricht. In einer vergitterten Zelle des damaligen Hospitals – die Heilanstalten des 19. Jh. waren kein Zuckerschlecken – wurde der Maler nach der Ohrepisode interniert. Nach heutigen Maßstäben litt er aufgrund von erblicher Vorbelastung, persönlichen Traumata und erheblichem Alkoholmissbrauch an einer bipolaren Bewusstseinsstörung mit manischen und depressiven suizidalen Phasen sowie an epileptischen Anfällen.

Hommage an Vincent

In der **Fondation Vincent van Gogh** an den Arenen, die er auch malte, ist Vin-

Das Zimmer van Goghs in Arles (1889, im Pariser Jeu de Paume)

cents Traum von einer Künstlergemeinschaft posthum verwirklicht worden (wie auch in der Aktion Valetudo in St-Paul-de-Mausole, s. S 163). Yolande Clergue, die Frau des berühmten Fotografen, bat zeitgenössische Künstler um Werke, die sich mit van Gogh auseinandersetzten. Francis Bacon war 1984 der Erste, der eine Hommage an Vincent nach Arles schickte. Das Palais Luppé aus dem 17. Jh. beherbergt nun eine exquisite Sammlung zeitgenössischer Kunst mit ganz großen Namen: Fernando Botero, César, Christo und Jeanne-Claude, David Hockney, Jasper Johns, Roy Liechtenstein, Robert Rauschenberg, um nur einige zu nennen.

Die Jahre in der Provence waren für Vincent van Gogh die produktivsten seines Lebens, während derer in einem wahren Schaffensrausch über 300 Gemälde und Zeichnungen entstanden. »Gesteigerte und abwechslungsreiche Farben« hatte van Gogh sich vom Süden erwartet. Die leuchtenden, markanten Farben seiner arlesischen Schaffensperiode beweisen, dass er sie auch fand.

Wie Chiffren tauchen die bekanntesten Motive voller Symbolik in van Goghs Werk immer wieder auf: das abgeschnittene Ohr, der Strohstuhl, das Zimmer im gelben Haus, überhaupt die Farbe Gelb, Sonnenblumen, Schwertlilien, die Nachtansichten von Arles, Fischerboote in Les Stes-Maries-de-la-Mer, die Brücke von Langlois und nicht zuletzt seine Selbstporträts. Kinder werden von den Museumsmachern auf eine lehrreiche und spielerische Entdeckungsreise nach der Socke, der Briefmarke und dem Monster geschickt. Zu finden ist es, grün und dinosauriergleich, in einem genialen Gemälde von Hervé di Rosa, der das berühmte Zimmer in den Kopf van Goghs versetzt hat.

Abendlands. Am Ende der Grabstraße erhebt sich die nie vollendete romanische Kirche St-Honorat mit ihrem achteckigen Glockenturm.

Pont de Langlois

Fünfmal hat Vincent van Gogh im Frühjahr des Jahres 1888 den Pont de Langlois in der Nähe von Arles gemalt. Von der D 35 Richtung Port-St-Louis führt nach ca. 3 km eine beschilderte kleine Straße auf eine täuschend ähnliche, aus Fos hierher versetzte Zugbrücke – die echte, zwischen 1820 und 1830 von einem holländischen Ingenieur erbaut, fiel 1930 einer Betonkonstruktion zum Opfer. Den seltsam musealen Reiz des stillen Orts schätzen auch japanische Reiseveranstalter und so ist es hier nicht immer einsam.

Ausflüge

Mit dem **Train des Alpilles**, einem Oldtimer-Zug, zuckelt es sich gemütlich 40 Minuten lang durch die Alpilles bis nach Fontvieille. In Montmajour wird ein Zwischenstopp eingelegt (6. Juni–13. Sept. Abfahrten Mi, Do 10, 13.45, 15.30 Uhr, Tel. 04 90 18 81 31).

Das **Ecomusée de la Crau** in **St-Martin-de-Crau** führt in einer alten Schäferei in Fauna, Flora und das bedrohte, einzigartige Ökosystem des Naturschutzgebiets der Crau ein. Diese steinige Halbwüste südöstlich von Arles ist die traditionelle Sommerweide großer Schafherden (Mo-Sa 9–12, 14–18 Uhr).

Übernachten

Arlesisches Urgestein – **Hôtel Arlatan** **1**: 6, rue du Sauvage, Tel. 04 90 93 56 66, Fax 04 90 49 68 45, www.hotel-arlatan.fr, DZ 85–155 €. In den Zimmern des alten Stadtpalais gibt es gotische Fensterrahmen, barocke Arleser Möbel, florale provenzalische Dekostoffe,

glänzende Terrakottaböden. Unter einer Glasplatte im Foyer blickt man auf gallorömische Ausgrabungen. Seit vier Generationen ist dieser dezente, stilvolle Klassiker in Familienhand.

Im provenzalischen Himmelbett – **Le Calendal** **2**: 5, rue Porte de Laure, Tel. 04 90 96 11 89, Fax 04 90 96 05 84, www.lecalendal.com, DZ 99–119 €. Große Zimmer, teils mit hohen Balkendecken, farbenfroh mit provenzalischen Dekostoffen ausgestattet, besonders schön Nr. 2, »Oranger«, mit Blick auf das römische Theater. Frühstücksbuffet, neuer Wellnessbereich.

Traditionell und erschwinglich – **L'Amphithéâtre** **3**: 5, rue Diderot, Tel. 04 90 96 10 30, Fax 04 90 93 98 69, www.hotelamphitheatre.fr, 60–80 €. Kleine, renovierte Zimmer mit dezent provenzalischem Touch in einem Palais des 17. Jh.

Komfort in alten Mauern – **Le Cloître** **4**: 16, rue du Cloître, Tel. 04 90 96 29 50, Fax 04 90 96 02 88, www.hotelcloitre.com, DZ 50–70 €. In mittelalterlichen Gemäuern, schlichte, geschmackvolle Zimmer mit alten Möbeln und bemalten Holzbalkendecken. Exzellentes Preis-Leistungsverhältnis.

Flower Power – **Rhodania** **5**: 1, rue du Pont, Tel./Fax 04 90 96 08 14, www.rhodania.com, DZ mit eigener Dusche für 42 €, mit Nutzung der Etagendusche 31 €. Unschlagbare Preise und Zentrumslage; jedes der einfachen Zimmer hat ein anderes Thema, z.B. afrikanisch, Napoleon III, 1970er-Jahre – ein bisschen Hippie-Feeling und Hotel California prägen hier den Stil.

Essen & Trinken

Mehrere meist preiswerte Restaurants gibt es in der Rue Porte de Laure und der Rue du Docteur-Fanton.

Sternenküche – **Le Cilantro** **1**: 31, rue Porte de Laure, Tel. 04 90 18 25 05, Mo,

Mein Tipp

Eine Institution
Das kleine, rustikal eingerichtete Restaurant in einem alten Stadthaus, Küche hinter dem Vorhang, ist eine Arleser Institution. Nach den Férias versammeln sich hier die Honoratioren und diskutieren über Stiere und Toreros. Ein junger Chef interpretiert provenzalische Klassiker wie Artischocken-Farigoule mit Speck, Ratatouille und Crème brûlée mit Thymian frisch, hingebungsvoll und mit großem Können. Natürlich gibt es *taureau*, feinste Rinderfilets, genau wie man sie bestellt. Im Sommer kann man auf der schattigen Terrasse essen.
Au Brin de Thym 2: 22, rue du Docteur-Fanton, Tel. 04 90 49 95 96, Mi 19–22.30, Do–Mo 12–14.30, 19–22.30 Uhr, Hauptgericht ca. 20 €.

Sa 19.30–24, Di–Fr 12–15, 19.30–24 Uhr, Menüs 23/ 45 €. Jérôme Laureat ist nach Kocherfahrungen bei Antoine Westerman und anderen Meisterköchen in seine Geburtsstadt zurückgekehrt. In minimalistischem Ambiente – Holz, Glas, Edelstahl – isst man kompromisslos modern: Ananasblüten mit scharfer Sauce, Jakobsmuscheln mit Bohnen, sämig heiße Schokoladentarte.
Rustikal – **Gueule du Loup 3**: 39, rue Arènes, Tel. 04 90 96 96 69, Mo 19–22, Di–Sa 12–14, 19–22 Uhr, Menüs 12/28 €. Preiswerte regionale Spezialitäten in einem alten Haus mit freigelegten Steinwänden; so beliebt, dass man unbedingt vorbestellen sollte.
Im Reich des Süßen – **Boîtel 4**: 4, rue de la Liberté, Di–Sa 7.30–19.30, So 8–13

Uhr. Salon de thé von Arles mit feinstem Back- und Schokoladenwerk; mittags und am frühen Abend gibt es hier leckere Kleinigkeiten.

Einkaufen

Lebensmittel – **Wochenmarkt 1**: Sa vormittags der große (s. S. 160), Mi etwas kleiner unterhalb der Stadtmauer auf dem Boulevard Emile Combe.
Stilvolle Möbel – **Antiquité Dervieux 2**: 5, rue Vernon, www.dervieux.com. Provenzalische Möbel des 18./19. Jh., nicht billig.
Kostüme – **L'Arlésienne 3**: 12, rue du Président Wilson. Arlesierinnen-Kostüme, zum Ausleihen (110 €) oder Kaufen (ca. 1500 €).
Feine Stoffe – **Les Indiennes de Nîmes 4**: 14, place de la République. Gardian-Mode, z. B. Hemd, Samtweste, Lederhose für den Herrn, für die Dame Kaschmirschals und lange Röcke.
Haute Couture – **Boutique Christian Lacroix 5**: 52, rue de la République. Haute Couture und Schmuck des Arleser Designers mit heißem spanischen Einschlag. Für ein Kleid muss man 3000 € hinlegen, aber eine kleine Stoffbrosche gibt es für nur noch 160 €!

Aktiv & Kreativ

Arles' intellektuelles Zentrum – **Actes du Sud 1**: Place Nina-Berberova, Tel. 04 90 49 56 77, www.librairieactessud.com: Hier am Rhône-Ufer finden Sie an die Buchhandlung des Verlags angeschlossen außerdem drei Säle für Programmkinovorführungen und einen stimmungsvollen Aufführungsort für Konzerte in der ehemaligen Chapelle St-Martin.
Wellness und Entspannung – **Hammam Chiffa 1**: Tel. 04 90 96 10 32,

www.hammam-chiffa.com, Damen Mo, Mi, Do 9–17, Di, Fr 9–22, So 10–18; Herren Mo, Mi, Do 17.30–22 Uhr, 13 €: Für Entspannung, Schwitzen, Massage oder Hennabehandlung in wundervollen maurischen Kachelsälen kommen die Provenzalen von weit her. In dem marrokanischen Bistro **Entrevue**, das zu dem Hammam gehört, gibt es für 27 € ein reichhaltiges Menü (Tel. 04 90 93 37 28).

Abends & Nachts

Treffpunkte am Abend sind die Brasserie-Bars auf dem Boulevard des Lices wie **Le Malarte** (Nr. 29) **1** oder **Coco Bongo** (Nr. 14) **2** mit Salsaabenden am Mittwoch und die touristischeren Cafés der **Place du Forum** (s. auch S. 153). *Diverse Livebands* – **Cargo de Nuit 3** : 9, av. Sadi-Carnot, Do–Sa 21–24 Uhr, www.cargodenuit.com. Live-Konzerte und Themenabende, Musik von Rock über House bis Latin, preiswerte Getränke.

Infos & Termine

Touristeninformation

Office de Tourisme: esplanade Charles de Gaulle/blvd. des Lices, Tel. 04 90 18 41 20, Okt.–März Mo–Sa 9–13, 14–16.45, So 10–13, April–Sept. tgl. 9–18.45 Uhr, www.arlestourisme.com. Zu entdecken: Fünf themenbezogene Stadtrundgänge mit Broschüren auch in deutscher Sprache. Angeboten wird ein preisgünstiges Kombi-Ticket *(forfait)*, das auch an den meisten Denkmälern erhältlich ist. Von hier Ostern–Okt. Minizug mit Kommentar in acht Sprachen durch die Stadt. Mehrere thematische Rundfahrten durch die Camargue, sehr detailliert und empfehlenswert. Zigeunerabende.

Termine

Féria de Pâques: Ostern. Spanischer Stierkampf, Straßenfest mit Sangría und Paella.
Fest der Gardians: 1. Mai. Straßenumzug, Messe in Notre-Dame-de-la-Major, Reiterspiele und jede Menge traditionell gekleidete Arlesierinnen.
Fêtes d'Arles: 10.–30 Juni. Großes Kostümfest mit »schönen Arlesierinnen« und Féria.
Cocarde d'Or: erstes Juli-Wochenende. Wichtigste *Course camarguaise.*
Courses Camarguaises: jeden Mi um 17 Uhr vom 2. Juli bis 27. August.
Rencontres Internationales de la Photographie: Anfang Juli, http://rencontres-arles.com, Frankreichs bedeutendstes Fotofestival.
Fête des Prémices du Riz: zweites, drittes und viertes Wochenende im Sept. Reiserntefest mit Corrida Féria du Riz am zweiten Wochenende, Fest des Camargue-Pferdes, Straßenkorso, Straßenfest.
Santon-Ausstellung: Ende Nov.–Mitte Januar. Eine der größten Verkaufsausstellungen für Santons im Kreuzgang von St-Trophime.

Verkehr

Arles ist Verkehrsknotenpunkt der Region Pays d'Arles. Von hier fahren mehrmals täglich Züge (nicht der TGV) nach Marseille und Avignon, Bahnhof av. Paulin Talabot, Tel. 04 90 96 36 25. Kostenlose Minibusse *(navettes)* verkehren alle 15 Min. zum Zentrum. Vom Busbahnhof gegenüber (Tel. 04 90 49 38 01) gibt es mehrmals täglich Verbindungen nach Marseille, Avignon, Les Baux, Les Stes-Maries-de-la-Mer, St-Rémy.
Parken: Man lässt den Wagen am besten außerhalb der Stadtmauer stehen und geht anschließend zu Fuß. Eine Alternative ist es, La Starlette zu nehmen, den kostenlosen Minibus ins Zentrum. Star, 26 blvd. Georges-Clémen-

Auf Entdeckungstour

Im Reich der Sinne – Wochenmarkt in Arles

Samstagmorgen auf dem Boulevard des Lices. Arles Hauptverkehrsader ist für den Verkehr gesperrt. Händler aus der ganzen Region haben ihre Stände auf beiden Seiten der breiten Straße aufgebaut. Kulinariker und Touristiker singen seit Jahrzehnten Lobeshymnen auf diese 2 km lange Handelsmeile. Zu Recht, denn unter all den »farbenlärmenden und geräuschebunten« Wochenmärkten der Provence ist dieser einer der schönsten und mit über 500 Verkäufern auch größten. Kenner kommen früh. Gegen zwölf Uhr bauen viele Verkäufer ihre Stände schon wieder ab.

Markt: Blvd. des Lices, Sa bis 12 Uhr.

Im scheckigen Licht unter dem Platanendach haben die Terrassencafés ihre Tische und Korbstühle aufgestellt. Händler und Bauern, Hausfrauen und Urlauber schlürfen einen *petit noir*, halten ein Schwätzchen, lesen »La Marseillaise« oder »La Provence«. Wird ein Geschäft abgeschlossen, darf es auch morgens ein Pastis sein. Etwa in der alteingesessenen, gern auch von Gardians und Manadiers besuchten Brasserie Waux-Hall mit ihren roten Plastikbänken, original 1960er-Jahre.

Sich sattsehen und -kaufen

In Rhône-Nähe auf dem Boulevard Clemenceau drängen sich die Kleider-, Stoff- und Schuhstände, ein Marktviertel, das fest in nordafrikanischer Hand zu sein scheint und ein wenig Souk-Atmosphäre verbreitet. Weiter in Richtung Zentrum bekommt man unterhalb der römischen Stadtmauer alles vom BH über antiquarische Bücher bis zum Lebendvieh. Da gackern und krähen Wachteln, Perlhühner, Küken, Puter. Flauschige Kaninchen jeden Lebensalters hocken in ihren Käfigen, zum Sofortschlachten oder Nachmästen. Zum Ausruhen laden die Parkbänke des Jardin d'Eté oberhalb der Stadtmauer ein. Man könnte sich sattkaufen, z. B. mit Schalen, Mörsern, Salatbestecken und Honiglöffeln aus extravagant gemasertem Olivenbaumholz. In der Nähe der Trödler, am Ende des Markts, kommt an den Ständen der Sattler Camargue-Atmosphäre auf. Hier werden die handgearbeiteten hohen Kastensättel der Gardians, Stiefel und Zaumzeug verkauft.

Kulinarisch überwältigend

Fressalienstände nehmen die gegenüberliegende Boulevardfront ein. Frische Austern, Seeigel und grotesk verkrustete *violets*, *tellines*, die kleinen Herzmuscheln aus dem Vaccarès, und ganze Thunfische warten glitschig-frisch zwischen zerstoßenem Eis und Zitronen auf Restaurantbesitzer und Hausfrauen. Und auch das Land gibt seine Früchte her: nussiger, rundkörniger Camargue-Reis, frische und getrocknete Provence-Kräuter, Honig aus Lavendelblüten oder Naturhonig aus der Camargue. Die salamiähnlichen *saucissons d'Arles* werden nach einem Rezept von 1655 in die Pelle gestopft.

Ziegenkäse vom mildesten Crottin bis zu stärksten, schimmelreifen Sorten sind im Angebot, Oliven aus der Holzbütte, farbenfrohe Gewürze in Korbschalen. Das »jungfräuliche« Olivenöl darf man meist probieren. Schier überwältigend ist auch das Obst- und Gemüseangebot: Da gibt es weißliche, runde Auberginen, runde Zucchini und leuchtend gelbe Zucchiniblüten, mehr Knoblauchsorten als Apostel, leuchtend rote Granatäpfel und Kürbisse in allen Formen und Farben.

Gehäutete Kaninchen zeigen ihren offenen Brustkorb, teigig-gelbe Fasane schwingen an verdrehten Hälsen hin und her. Dem Stierkopf hängt die Zunge aus dem Maul. Mag sein, dass irgendwann in der prallen Vormittagssonne ungewohnte Bilder und Lärm über einem zusammenschlagen wie das Rote Meer über den Ägyptern. Die geruchlichen Wechselbäder tun ihr Übriges, wenn der Wendekreis des Fischs dem der Seife weicht.

Für Bio-Fans

Ein Abstecher zum Erzeugermarkt, dem *marché paysan* mit nur ca. 20 Ständen führt zu einer Oase der Ruhe. Obst, Blumen oder Eier vom eigenen Hof, selbst gebackenes Brot, im eigenen Käsekeller affinierter *chèvre* werden hier geboten. Manchmal darf es eben etwas weniger sein.

ceau, Tel. 04 90 96 87 47, www.star-arles.fr.

Europbike: Vermietet Fahrräder aller Klassen, auch für Kinder, und bietet zahlreiche, genau beschriebene Tagestouren von 20 bis 40 km an, z. B. nach Les Baux oder in die Camargue (1, rue Philippe-Lebon, Tel. 04 90 49 54 69, www.europbike-provence.com, pro Tag 16 €).

Mietwagen: Europcar, 2 bis, rue Victor-Hugo, Tel. 04 90 93 23 24, www.europcar.fr.

Die Alpilles ▶ E/F 4

Die **Alpilles** im Norden von Arles wurden 2004 zum dritten Regionalpark der Region ernannt. Hier bauten die Römer, sangen die Troubadoure, malte van Gogh. Kalksteinfelsen, mal sanft gerundet, mal scharf zerklüftet, ragen über uraltem, mit Olivenhainen und Weinstöcken bebautem Kulturland in den Himmel. Zwischen Schirmpinien, nadelschlanken Zypressen und verstreuten Gehöften aus gelbem Naturstein finden Wanderer und Fahrradfahrer ein duftendes Garrigue-Paradies. Besonders schöne Straßen sind die serpentinenreiche D 5 zwischen Les Baux und St-Rémy und die Départementalsträßchen östlich dieser beiden Orte. Sie sind auch bei Radfahrern beliebt und bieten wundervolle Ausblicke auf die weißen Felsspitzen. Am Wegesrand wachsen Aleppokiefern, Kermes- und Korkeichen. Überall laden *Mas*, Hotels im Stil der niedrigen, in die Felsen geduckten Steinbauten der Region, zum Übernachten ein.

St-Rémy de Provence ▶ E 4

Die provenzalische Kleinstadt (8500 Einw.) mit viel Atmosphäre, berühm-

Biodynamisches Weingut ▶ F 4

Die Önologen Jean-Louis und Anne Marie Charmolüe bearbeiten ihre 58 ha großen Weinberge am Nordhang der Alpilles biodynamisch. Brennnesselsud, Stallmist, natürliche Mineralien, eine mikrobiologische Bodenanalyse sowie der Mondkalender ersetzen die Chemie. Die Weine – Rot, Rosé und Weiß – haben eine ausgeprägte *terroir*-Note, kräftige Fruchtaromen und Anklänge von Garrigue-Kräutern. Eine Flasche AOC-Coteaux des Baux kostet ab 5,80 € bis zum Flaggschiff »Le Cœur de Romanin« für 32 €. Die in den Alpilles-Fels gehauene unterirdische *Cave* mit ihren Säulen und Strebebögen ist eine wahre Cathédrale des Vins. **Château Romanin:** Südlich der D 99, Richtung Aérodrome de Romanin, Mo–Fr 9.30–19, Sa/So 10–19 Uhr, www.romanin.com.

ten römischen Denkmälern und Van-Gogh-Reminiszenzen stellt mit ihrer guten touristischen Infrastruktur so etwas wie die Kapitale der Alpilles dar. Größtenteils geschmackvolle Kunstgewerbeläden animieren mit Produkten wie Keramik, Kunst, Olivenöl oder Geschnitztem aus Ölbaumholz zum Geldausgeben. Die Altstadt mit ihren gewundenen Gässchen wird, wie es sich gehört, von einem von Platanen beschatteten Boulevard umrundet (Einbahnstraße!). Nostradamus und die weniger bekannte Marie Mauron (1896–1986) wurden hier geboren: Die ›provenzalische Colette‹ setzte den kleinen Leuten der Alpilles in ihren Romanen wie »Le Sel des Pierres« ein Denkmal.

Hôtel de Sade 1

wird voraussichtlich 2009 wiedereröffnet

In diesem Renaissancepalais aus dem 15./16. Jh. zeigt das recht sehenswerte Musée Archéologique Gebäudefragmente, Skulpturen, Stelen und unspektakuläre, aber reizende Gegenstände des römischen Alltagslebens in Glanum wie ein Parfümdöschen oder einen Kristallring.

Musée des Alpilles 2

Di–Sa und 1. So im Monat März–Juni, Sept./Okt. 10–12, 14–18, Juli/Aug. 10–12.30, 14–19, Nov.–Febr. 14–17 Uhr

Das Hôtel Mistral de Montdragon stammt ebenfalls aus der Renaissance und birgt das kleine Heimatmuseum der Alpilles.

Centre d'Art Présence van Gogh 3

Di–So Ostern–Mitte Okt. 10–13, 15–19 (Mitte Juni–Mitte Sept. durchgehend), Mitte Okt.–Dez. 10.30–12.30, 14–18, Uhr

Van Gogh ist präsent, aber nur im Geiste, nicht in Originalen: Im Hôtel Estrine aus dem 18. Jh. sind Wechselausstellungen zeitgenössischer Kunst zu sehen sowie eine Hommage und Dokumentation an Vincent.

St-Paul-de-Mausole 4

März–Okt. tgl. 9.30–19, Nov.–Febr. Mo–Fr 10.30–16.30 Uhr

Die Gebäude neben der schlichten romanischen Kirche erfüllen noch heute die Funktion, die zur Zeit van Goghs die Klostergebäude selbst innehatten: eine sehr renommierte, moderne Nervenklinik ist hier untergebracht. Der Kreuzgang mit der Pracht seiner Pflanzen und Kapitelle strahlt eine heitere Atmosphäre aus.

Van Goghs rekonstruiertes Zimmer sowie eine anschaulich und wissenschaftlich aufbereitete Ausstellung zur Psychiatriegeschichte und van Goghs Krankheit regen zum Nachdenken an. Hier entstanden die blauschwarzen Sternennächte, die Korn- und Lavendelfelder mit den züngelnden, schwarzen Zypressen, die Ansichten des Klosters und seiner Zelle – Bilder, deren wirbelnde Schraffuren, deren unruhige Pinselführung und immer düsterere Farbpalette van Goghs innere Aufgewühltheit zeigen. Vor Ort sind zum Vergleich Tafeln mit den Gemälden aufgestellt. Patientinnen der Klinik stellen ihre als Maltherapie entstandenen Werke im Kapitelsaal aus. Ab 50 € kann man hier hochwertige Originale erstehen. Zudem gibt es Bücher und Souvenirs.

Spaziergang auf van Goghs Spuren

Die »Promenade dans l'Univers de van Gogh« ab St-Paul-de-Mausole dauert ca. eine Stunde. Man kommt an 21 hüfthohen, zeichenblockgroßen, auf Metallständer montierten, emaillierten, farbigen Bildreproduktionen van Goghs vorbei, die auch auf Englisch beschriftet sind. Der Weg endet nach 1,5 km am Centre d'Art in der Innenstadt. Ansichten wie die Ölbaumhaine und die Reihen der Lavendelpolster haben sich nur unwesentlich verändert.

Les Antiques 5

Les Antiques, das sind das Juliermonument und der einbogige Triumphbogen, wurden gerade renoviert. Beide entstanden wohl um 25 v. Chr. und sind geprägt von der klaren, ein wenig spröden Formensprache des Augusteischen Klassizismus. Das Juliermonument ist ein Kenotaph, ein Memorialbau ohne Grabfunktion, vermutlich wie die Maison Carrée in Nîmes zum Gedenken an die früh verstorbenen und standesgemäß vergöttlichten Enkel des Augustus, Gaius und Lucius, er-

richtet. Beeindruckend sind der Bauschmuck mit Girlanden aus Ölbaum- und Weinlaub sowie Meeresungeheuern und die teils fast vollplastisch wirkenden Reliefs. Paare gefesselter Gallier zieren den Triumphbogen. Selbst die nackten Besiegten, die auf den mythologischen Schlachtenreliefs des Juliermonuments unter den Pferdehufen zertrampelt werden, sind noch in idealisierter Schönheit dargestellt.

Glanum 6

April–Aug. tgl. 10–18.30, Sept.–März Di–So 10.30–17 Uhr
Fundamente und teilweise wieder aufgerichtete Säulen der Wohnhäuser (unten) und des Repräsentationsviertels (in der Mitte) ziehen sich auf leicht ansteigendem Niveau in ein Alpilles-Tal hinauf, das die höchstgelegenen Bauwerke, die Heiligtümer, sanft einschließt. Hier oben steht die Quellgrotte, deren Bassin immer noch mit Wasser gefüllt ist, die Urzelle der Besiedlung seit prähistorischen Zeiten, wo die keltoligurischen Glaner ihre Fruchtbarkeitsgöttinnen und den Gott

Glan verehrten, bis die Römer das Heiligtum in der üblichen *interpretatio romana* der römischen Göttin der Gesundheit, Valetudo, weihten. Vom Wasser in einer etwas anderen Form zeugen auch die gemauerten Reste der *cloaca maxima*, der gut erhaltenen Abwasserleitung, die unter der Hauptstraße entlanglief und Abzweigungen in jedes Haus bildete. An den Rekonstruktionsmodellen in der Eingangshalle des Museums kann man die beiden Bauphasen der Stadt, die hellenistische des 2./1. Jh. v. Chr. und die römische des 1.–3. Jh. n. Chr., gut nachvollziehen.

Ausflug nach Maillane ▶ E 3

Die D 27 windet sich zunächst mit weiten Ausblicken durch die Kalksteinberge, dann durch Obstplantagen und an Bewässerungskanälen der Ebene vorbei nach Maillane. Hier lebte der Dichter Mistral – sein Geburtshaus ist heute Museum (Okt.–März Di–So 10–11.30, 14–16.30, April–Sept. 9.30–11.30, 14.30–18.30 Uhr). Sein Mausoleum auf dem Friedhof des Orts, einer

St-Rémy

Sehenswert
1 Hôtel de Sade
2 Musée des Alpilles
3 Centre d'Art Présence van Gogh
4 St-Paul-de-Mausole
5 Les Antiques
6 Glanum

Übernachten
1 Les Ateliers de l'Image
2 Sous les Figuiers
3 Le Sommeil des Fées
4 Mas de Nicolas

Essen & Trinken
1 La Maison Jaune
2 Alain Assaud

Einkaufen
1 Galerie de la Méditerranée
2 Chocolatier Joël Durand
3 Huile du Monde
4 Florame

Abends & Nachts
1 Restaurant Xa

---

wahren Totenstadt aus Stein, kopiert den Pavillon der Königin Jeanne.

Ausflug Chapelle St-Gabriel ► E 4

An einer Kreuzung der römischen Via Domitia stand früher die Siedlung Ernaginum, heute nur noch die Gabrielskapelle, ein schlichtes romanisches Bauwerk aus dem 12. Jh. Die naiven, etwas steif wirkenden Reliefs der Fassade zeigen die vier Evangelistensymbole um ein Rundfenster Daniel in der Löwengrube, Adam und Eva im Tympanon, Verkündigung und Heimsuchung im Dreiecksgiebel. An antike Bauformen erinnert die Staffelung von Giebeln, Bogen und Säulen. Der Weg auf den Hügel führt durch Ginster- und Rosmarin-Garrigue und karge, sonnendurchglühte Felsformationen nach zehn Minuten zu den Resten eines wuchtigen Donjons aus dem 13. Jh.

Übernachten

Understatement – **Les Ateliers de l'Image** 1: 36, blvd. Victor Hugo, Tel.

04 90 92 51 50, Fax 04 90 92 43 52, www.hotelphoto.com, DZ 165–380 €. Von außen wirken die Holzlamellen leicht verlottert. Das ist Programm, rund um das Thema Foto wird in diesem Haus betont pures Zen-Design zelebriert. Eine Überraschung: In dem großen Garten mit Pool liegt eine traumhafte, aber sündhaft teure (250–600 €) Baumhaus-Suite. Das japanisch-französische Restaurant serviert hippen Bioschmaus.

Malen unter dem Feigenbaum – **Sous les Figuiers** 2: 3, av. Taillandier, Tel. 04 32 60 15 40, Fax 04 32 50 15 39, www.hotel-charme-provence.com, DZ 72–145 €. Malen lernen beim Ehepaar Küps oder das alte Mas mit moderner Kunst und Pool genießen. Die teureren der lichten, mit leicht verschnörkelten Möbeln eingerichteten Zimmer haben Terrasse, dazu gehört auch ein Privatgarten.

Zauberhaft – **Le Sommeil des Fées** 3: 4, rue du 8 Mai 1945, Tel. 04 90 92 17 66, www.alpilles-delices.com, DZ inkl. Frühstück 55–75 €. Individuell in warmen Farben ganz neu eingerichtete

Mein Tipp

Essen wie die Römer

Mireille Chérubini bekocht ihre Gäste in dem kleinen Lokal links vom Eingang zum Glanum stilecht mit römischen Gerichten frei nach dem berühmten Apicius, dem Koch von Kaiser Tiberius. Die Römer liebten es süß und mit starken Aromaten, wie das römische Maggi *garum* oder *liquamen,* eine Art Fischsauce, und der Würz-Honigwein Mulsum zeigen. Absonderlichkeiten wie Schweinsvulva und Pfauenzungen werden einem erspart. In der Boutique kann man Saucen wie »Apiscus« aus Fenchel und Minze oder »Phoenix« aus Datteln und Zwiebeln kaufen. **Taberna Romana,** St-Rémy, Tel. 04 90 92 65 97, April–Sept. tgl. 10–19 Uhr, Menü ca. 25 €.

Privatzimmer zum Innenhof oder Garten; »Les Elfes« oder lieber im arthurischen Zauberwald »Brocéliande«?
Camping unter Bäumen – **Mas de Nicolas 4**: av. Plaisance du Touch, D 31 Richtung Mollégès, Tel. 04 90 92 27 05, Fax 04 90 92 36 83, www.camping-masdenicolas.com, ca. 17 €. Schattiger, wie ein Amphitheater angelegter Luxuscampingplatz mit Pool, Sauna und Spielplatz.

Essen & Trinken

Über den Dächern von St-Rémy – **La Maison Jaune 1**: 15, rue Carnot, Tel. 04 90 92 56 14, März–Dez. Di–So 12–14, 19–22.30 Uhr, im Winter So abends, im Sommer Di mittags geschl., Menüs 35, 54, € €. Himmlische Terrasse mit Terrakotta und Teak, aber auch drinnen coolstes Design. Sternengekrönte saisonale Regionalküche.
Puristisches Bistro – **Alain Assaud 2**: 13, blvd. Marceau, Tel. 04 90 92 37 11, Mitte März–Mitte Nov. Do, Sa 19–22.30, Fr, So–Di 12–14, 19–22.30, Menüs 26/ 42 €. Drumherum ein schlichtes zeitgenössisches Bistro; auf den Tisch

kommen Klassiker der südfranzösischen Küche in kreativ-moderner Zubereitung.

Einkaufen

Kunstwerke – **Galerien:** In der Rue Carnot haben zahlreiche Künstler ihre Ateliers, mehrere von ihnen stellen z. B. in der **Galerie de la Méditerranée 1** (Nr. 42) aus.
Fantasievoll und süß – **Chocolatier Joël Durand 2**: 3, blvd. Victor-Hugo, Mo–Sa 9.30–12.30, 14.30–19.30, So 10–13 Uhr. Nougat mit Camargue-Honig, gewagte Schokoladenkreationen, z.B. mit Oliven; man kann bei der Herstellung zusehen und kosten.
Feine Lebensmittel – **Provenzalia:** Zahlreiche Boutiquen auf dem Boulevard Mirabeau locken mit Öl, Oliven, Kräutern, Kosmetikartikeln etc., z.B. **Huile du Monde 3**, Nr. 16, s. S. 176.
Pflanzenduft – **Florame/Musée des Aromes et des Parfums 4**: 34, blvd. Mirabeau, tgl. Ostern–Mitte Okt. 10–12, 15–18 Uhr. Duftpflanzenmuseum.
Lebensmittel – **Wochenmarkt:** Mi vormittags in der Altstadt, pittoresk!

Aktiv & Kreativ

Angeln – **Lac de Peiroou:** Der von allerlei Wasservögeln bevölkerte Stausee liegt ca. 1 km südlich. Das Ausflugslokal »Chez Laure« (La Buvette du Lac, Route du Barrage, oberhalb an Straße, Tel. 04 90 92 51 9), bietet eine Terrasse und einen Kinderspielplatz.
Ausritte – **Club hippique des Antiques**: 3, rue Etienne Astier, Tel. 04 90 92 30 55. Ausritte in die Alpilles-Landschaft sind ein Erlebnis der Extraklasse.

Abends & Nachts

Antiquiertes Flair – **Restaurant Xa** 1: 24, blvd. Mirabeau, Do–Di 12–14, 19–22 Uhr, Tel. 04 90 92 41 23. Restaurant/Café mit leicht trödelig angehauchter Bistroeinrichtung, Lichterketten und Spiegeln; auch zum Sehen und Gesehen werden. Hauptgericht ca. 15 €.

Infos & Termine

Office de Tourisme: Place Jean Jaurès, Mo–Sa 9-12, 14–18, Ostern–Mitte Juni auch So 10–12, Mitte Juni–Mitte Sept. bis 19, So 10–13 Uhr, Tel. 04 90 92 05 22, www.saintremy-de-provence.com. Wander- und Fahrradrouten für die Umgebung. Themen-Führungen, z. B. zu van Gogh oder Uhus.
Transhumanz-Fest: Pfingstmontag.
Carreto Ramado: 15. August, Folklore.
Votivfest: vierter So im September.
Während der Saison: unblutige provenzalische Stierkämpfe, Tanzgruppen, Malermärkte etc.

Les Baux-de-Provence ▶ E 4

Was für ein Anblick: Das fast 1 km lange und 200 m breite Kalksteinpla-

teau, bekrönt von der Burgruine, erhebt sich stolz über Täler mit Ölbäumen und Weinstöcken. Enge Gassen winden sich zwischen malerischen, oft noch aus der Renaissance stammenden Steinhäusern um den Berg, die erst während der letzten Jahrzehnte wieder aufgebaut wurden. Neben Santons kann man hier Kitsch und Kunst und jede Menge provenzalischer Spezialitäten erstehen. Les Baux gab übrigens dem 1821 hier entdeckten Bauxit, dem wichtigsten Rohstoff für die Aluminiumherstellung, den Namen.

St-Vincent

Die halb in den Fels gegrabene Kirche St-Vincent aus dem 12. Jh. ist zu Weihnachten Schauplatz der berühmten Mitternachtsmette und der Darbringung des Lamms durch die Schäfer, der Pastrage.

Musée Brayer

April–Sept. tgl. 10–12.30, 14–18.30, Okt.–Dez., Mitte Febr.–März 10–12.30, 14–17.30 Uhr
Die Chapelle des Pénitents Blancs aus dem 17. Jh. gegenüber schmücken kantig-bunte Fresken zur Schäfer-Weihnacht von Yves Brayer (1907–1990). Dem Maler, einem der bekanntesten der französischen gegenständlichen Malerei, ist im Hôtel des Porcelets ein eigenes Museum gewidmet.

Musée des Santons

April–Sept. 10–19, Okt.–März Mo–Fr 13.30–17 Uhr
Das Santon-Museum im ehemaligen Wachenhaus aus dem 18. Jh. zeigt historische Krippen und Santon-Figuren.

Burg

tgl. im Sommer 9–19.30, Herbst 9–18, Winter 9.30–17, Frühling 9–18.30 Uhr
Um in den Häuserruinen, den troglodytischen Kellern und auf den Aus-

Lieblingsort

**Die märchenhafte Oberstadt
von Les Baux-de-Provence** ▶ E 4
Wenn die letzten Touristen die
Oberstadt am frühen Abend verlas-
sen, führen die 30 Einwohner ihre
Hunde aus. Geschäfte und Restau-
rants machen die Läden dicht. Bald
liegt die *ville morte* verlassen da.
Steil geht es an der Brüstung des
Kirchplatzes in die Tiefe des Vallon
de la Fontaine. Nachts sirren die
Fledermäuse um Felsen und
geschichtsträchtige Gemäuer, die
Kirche St-Vincent, die Chapelle des
Pénitents Blancs, das Eisenkreuz
und die alte Zisterne.

sichtsterrassen herumklettern und die nachgebauten mittelalterlichen Belagerungsmaschinen bewundern zu dürfen, muss man im Musée d'Histoire de Baux Eintritt zahlen, untergebracht in einem Festungsturm aus dem 14. Jh. Bei klarem Wetter reicht der Blick bis zum Mittelmeer – diese Sicht genossen ehemals die Seigneurs von Les Baux, vom 10. bis 13. Jh. eine der mächtigsten Familien des französischen Südens, noch herrischer und machtlüsterner als der adlige Durchschnitt. Am hiesigen Liebeshof, einem der legendären des Midi, besangen Troubadoure wie Peire Vidal Hoffräulein und hohe Herrinnen. 1483 von Ludwig XI. geschleift, füllte sich Les Baux im 16. Jh. erneut mit rebellischem Leben, als die Protestanten das Adlernest zu einem ihrer Zentren machten: »Post tenebras lux«, »nach der Finsternis das Licht«, lautete ihre Devise, nachzulesen am Fenstersturz des protestantischen Bethauses von 1571. Als Richelieu 1632 die Festung erneut zerstörte, wurde Les Baux zu einer Geisterstadt.

Pavillon de la Reine Jeanne
Im Vallon de la Fontaine liegen neben dem Pavillon der Königin Jeanne aus der Renaissance einige traumhafte, sündhaft teure Nobelherbergen wie Oustaù de Baumanière, www.oustau debaumaniere.com und La Riboto de Taven, www.riboto-de-taven.fr.

Cathédrale d'Images
April–Sept. tgl. 10–19, Okt.–4. Jan., März 10–18 Uhr
Ganz in der Nähe, im Felschaos des Val d'Enfer, soll Dante eine ›höllische‹ Vision gehabt haben. Hier zeigt die »Kathedrale der Bilder« in den bizarren Hallen eine aufgelassenen, gigantischen Molassesteinbruchs eine Tonbildschau mit jährlich wechselndem Thema (z. B. 2008, Vincent van Gogh).

Jean Cocteau drehte hier 1959 den Film »Le Testament d'Orphée« mit Maria Casarès und Jean Marais.

Übernachten

In den Felsen – **Mas d'Aigret:** Liegt an der D 27 A, Tel. 04 90 54 20 00, Fax 04 90 54 44 00, www.masdaigret.com, DZ 80–170 €, Menü 27, 40 €. Drei-Sterne-Hotel in einem alten Bauernhaus am Kalksteinhang vor dem Ortseingang. Zwei Zimmer sind direkt in den Fels gehauen; Pool, Terrasse.

Essen & Trinken

Gutbürgerlich – **Hostellerie de la Reine Jeanne:** Grand-Rue, Tel. 04 90 54 32 06, Menü 25 €, tgl. 12–14, 19–22 Uhr. Das Hotel-Restaurant am Aufgang in die Altstadt ist das einzige, das abends geöffnet ist. Verlässliche provenzalische Küche, z. B. Fischsuppe und Thymianlamm. Schöne Aussicht. Probieren Sie auf alle Fälle den Pastis à l'ancienne, der nach würzigen Rezepten aus dem 19. Jh. hergestellt wird.

Einkaufen

Mittelalterliche Kostüme – **Medievae:** gegenüber dem Eingang zur Burg, www.medievae.com, tgl. 10–13, 14–18 Uhr. Der angehende Ritter findet in diesem Laden Helme, Stiefel und Hemden, die Dame funkelndes Geschmeide, für die Sprösslinge gibt es kleine Drachen.
Regionale Weine – **Mas de la Dame:** von der D 5 ein Stückchen östlich. Alteingesessenes Gut, dessen mundende Weine der Appellation AOC Les Baux man auf fast allen Speisekarten der Region findet.

Aktiv & Kreativ

Golf des Baux de Provence: Domaine de Manville, Tel. 04 90 54 40 20, www.golf bauxdeprovence.com: Neun-Loch-Platz in typischer Alpilles-Landschaft.

Infos

Office de Tourisme: Maison du Roy, Tel. 04 90 54 34 39, www.lesbauxdepro vence.com, Mo–Fr 9.30–12.30, 14–18, Sa/So 10–12, 14–17 Uhr.

Fontvieille ▶ E 4

Fontvieille ist ein charmanter kleiner Ort mit verwinkelten Altstadtgassen, die montags und freitags vormittags ein netter Wochenmarkt belebt. Font vieille pflegt auch ganz besonders das Andenken des Schriftstellers Alphonse Daudet.

Château de Montauban
Daudet-Ausstellung April–Sept. tgl. 10–12, 14–18 Uhr
Am nordöstlichen Stadtrand liegt das Schloss aus dem 19. Jh. Hier lebte Dau det – auch wenn die Legende will, dass er stichelt im Moulin de Daudet von den Alpilles schwärmte. Sportliche Touristen können Trimmpfad und Skate-Park nutzen.

Moulin de Daudet
Okt.–Dez., Febr.–Mai 9– 12, 14–17, Juni–Sept. 9–19 Uhr
Die restaurierte Mühle auf einem Kalk steinplateau im Süden von Fontvieille avancierte zu einem der touristischen Hauptsammelpunkte der Provence, obwohl ihr literarisches Devotionalien kabinett recht bescheiden ist.

Aqueduc de Barbegal
Der Aquädukt liegt ca. 3 km südlich von Fontvieille entfernt. Die eine der beiden sich auf dem Kamm eines Alpil-

Mein Tipp

Wohnen wie die Ritter ▶ E 4
Die Künstlereltern der jetzigen Besitzer restaurierten das mittelalterliche Haus auf verschiedenen Ebenen, teils in den Fels der Oberstadt von Les Baux ge hauen. Liebevoll bis ins letzte Detail eingerichtet mit spätmittelalterlichen Wandteppichen, dunkelbraunen altspanischen Möbeln, hier einer kleinen San tonfigur, da einem runden Renaissancefenster und einer herrlichen Früh stücksterrasse. Ein Juwel ist das Doppelzimmer »La Dame à la Licorne« mit ei nem raffinierten Bad und dem namengebenden Wandbehang. Ute Banjosi ist Deutsche und hilft gern mit Infos, das Frühstück ist reichhaltig, selbst die Rit terkatze fehlt nicht. Das alles macht den etwas mühsamen Zugang wett – die Altstadt wird von ca. 11 bis 19 Uhr je nach Besucherandrang für den Autover kehr geschlossen, Kleinwagen sind in den engen Gassen hilfreich. **Le Prince Noir,** Les Baux-de-Provence, rue de l'Orme, Tel. 04 90 54 39 57, Fax 04 90 54 25 77, www.leprince noir.com, DZ inkl. Frühstück 87, Familiensuite mit Kochnische 176 €, März–Mitte Jan.

les-Hügels kreuzenden Wasserleitungen versorgte Arles mit Quellwasser aus Eygalières, die andere trieb auf ihrem Weg den Hügel hinunter mehrere Wassermühlen an. Sie stellen ein kostbares Relikt römischer Industriearchitektur aus dem 3.–5. Jh. dar, einer Zeit, als Sklaven zum Antreiben der Mühlen rar und zu teuer geworden waren.

Abbaye de Montmajour

April–Sept. tgl. 9.30–18.30, Okt.–März 10–17 Uhr

Am Anfang waren die Eremiten. Im 10. Jh. zogen sie sich auf diesen Kalkfelsen inmitten eines weiten Sumpfgebiets zurück und betreuten den hiesigen Friedhof. Mit dem Boot musste man nach St-Pierre de la Sagno, ›Sankt Peter vom Sumpf‹, fahren; erst im 17. Jh. wurden die Sümpfe trockengelegt. Im 15. Jh. zog die Wallfahrt des ›Pardon de Montmajour‹ alljährlich am 3. Mai bis zu 15 000 Pilger zu den Splittern des hl. Kreuzes. Der faszinierende Komplex ist Welterbe der UNESCO.

Neben einigen Resten der Klostergebäude wie dem Refektorium und dem mächtigen Abtsturm von 1369 verdienen vor allem drei Sakralbauten Beachtung. In Teilen sind sie direkt aus dem Fels herausgearbeitet. Das älteste Kirchlein, **St-Pierre** aus dem 11. Jh., scheint mit seinen archaischen Bauformen, geometrischen Kapitellen und der Zelle des hl. Trophimus auf karolingische Traditionen zurückzugehen. Die unvollendete **Abteikirche Notre-Dame** besteht aus einer (nur) zweischiffigen Oberkirche sowie einer Unterkirche: Sie hat einen Chorumgang und einen Kranz aus massigen Kapellen, der die Oberkirche trägt. Die Reinheit der architektonischen Formen und das vollkommene, glatt gefugte Mauerwerk in römischer Tradition gehören zu den Höhepunkten der provenzalischen Romanik. Wie die Kirche stammt

auch der typisch provenzalische Kreuzgang mit seinen romanischen Kapitellen aus dem 12. Jh. Etwas weiter weg liegt die **Friedhofskapelle Ste-Croix**, im 13. Jh. auf kleeblattförmigem Grundriss erbaut. In den Fels geschlagene Gräber der alten Nekropole umgeben sie – ein stimmungsvoller Ort.

Hypogäen
April–Okt. 10.30–19 Uhr

Ca. 2 km weiter in Richtung Fontvieille sind im Parc de Cordes zwei der Hypogäen von Arles zu besichtigen – megalithische, in den Fels gehauene Ganggräber. Kupferzeitliche Bauern setzten in ihnen gegen Ende des 3. Jt. v. Chr. jeweils bis zu hundert ihrer Toten bei.

Übernachten

Bilderbuchgasthof – **Hostellerie de la Tour:** 3, rue des Plumelets, Tel. 04 90 54 72 21, Fax 04 90 54 86 26, www.hoteldelatour.com, DZ 50–70, Menü 25 €. Das Familienhotel in einem renovierten rustikalen Gebäude hat Holzbalkendecken, freigelegte Steinwände, die typischen dunklen provenzalischen Möbel, einen Pool und einen Garten. Gekocht wird hier bodenständig provenzalisch.

Essen & Trinken

Im Steinbruch – **La Cuisine au Planet:** 144, Grand' rue, Tel. 04 90 54 63 97, Di 19–22, Mi–So 12–14.30, 19–22 Uhr, Menüs 19–39 €. Ein Haus aus dem 16. Jh. mitten im Zentrum: Das Viertel Planet war früher ein Steinbruch. Die deftigen provenzalischen Gerichte – Krebse in roter Sauce, Jakobsmuscheln, Lamm – werden frisch und liebevoll zubereitet. Als Aperitif zu empfehlen: Mandellikör-Crémant.

Einkaufen

Olivenöle – **Moulin à huile de St-Jean**: rue St-Jean, Tel. 04 90 54 72 64, www.moulinstjean.com, Mo–Sa 10–12, 15–19 Uhr. Ölmühle mit Demo und Verkauf.

Honig – **Rucher de la Cala Melosa**: Vallon de la Lecque, Tel. 04 90 54 66 83, E-Mail: cala.melosa@free.fr. Nach Voranmeldung ist hier eine Besichtigung des Bauernhofs möglich, mit Bienenzucht und Honigverkauf.

Aktiv & Kreativ

Zugfahrt – **Train des Alpilles**: Ausflugszug von Arles, s. S. 157.

Infos & Termine

Office de Tourisme: 5, rue Marcel Honorat, Tel. 04 90 54 67 49, www.font vieille-provence.com, Mo–Sa 9–12, 14–18, im Sommer auch So 9–12.30 Uhr. Vorschläge für zwölf 2–9 km lange Wanderungen in die reizvolle Umgebung.
Daudet-Fest und Votivfest: am ersten und zweiten So im August mit reichlich Folklore.

Maussane ► E 4

Das geschäftige Maussane (2000 Einw.) steht ganz im Zeichen der Olive. Auf dem von Platanen beschatteten Hauptplatz einen Aperitif trinken, die vielen Brunnen und das Lavoir aus der Zeit Napoleons III. bewundern, die Ölmühle besuchen (s. S. 176), über den Wochenmarkt donnerstags morgens schlendern: So erlebt man die Provence wie aus dem Bilderbuch. Diesen Eindruck verstärken die Automaten der

Santons Animés an der Straße nach St-Rémy. Ob Krippenfiguren, Oliven- oder Lavendelernte – alles bewegt sich, alles feiert die Stereotypen der guten, alten Provence (tgl. April–Sept. 10–19, Okt.–März 13.30–18.30 Uhr).

Essen & Trinken

Traditionell – **Ou Ravi Provençau:** 34, av. de la Vallée des Baux, Tel. 04 90 54 31 11, Do–Mo 12–14.30, 19–22.30 Uhr, Menü 33 €. Historisches Haus mit mehreren Speiseräumen und einer ummauerten lauschigen Terrasse. Die traditionellen provenzalischen Gerichte wie Papetons, Schinken mit Knoblauch, Kräutern und Tomaten, sind seit Jahrzehnten unverändert gut und großzügig portioniert.

Info

Office de Tourisme: Place de l'Eglise, Tel. 04 90 54 52 04, Mo–Sa 9.30–12.30, 15–19, Sommer auch So morgens, www.maussane.com.

La Petite Provence du Paradou ► E 4

8000 Stunden arbeiteten mehrere Santonniers, um die von über 300 Santons bevölkerte »kleine Provence« im Nachbar-Weiler Le Paradou zu schaffen. Man entdeckt Pétanque-Spieler vor dem Dorfcafé, Farandole-Tänzer und sogar Gérard Dépardieu als der bucklige Jean von Florette in der Verfilmung von Marcel Pagnols »Das Wasser der Hügel«.

Zu Weihnachten wird eine Krippe aufgebaut und in der Boutique stehen Santons in allen Größen sowie provenzalische Souvenirs zum Verkauf. Nach

Reservierung kann man sich im Atelier auch selbst als Santonnier versuchen (Jan./Feb. tgl. 10–12, 14–18, März–Dez. 10–18.30 Uhr; Tel. 04 90 54 35 75).

Essen & Trinken

Im Rhythmus der Jahreszeiten – **Bistrot de La Petite France:** 55, av. de la Vallée des Baux, Le Paradou, Tel. 04 90 54 41 91, Do mittags und Mi geschl., Menü 27 €. Freigelegte Steinwände und moderne Kunst. Auf einer Schiefertafel stehen die häufig wechselnden Köstlichkeiten; Zutaten frisch vom Markt, Preise erstaunlich günstig.

Mouriès ▶ E/F 4

Deutlich mehr Ölbäume (80 000) als Einwohner (2700) hat Mouriès, Frankreichs erste Olivenöl produzierende Stadt. Die drei Ölmühlen Moulin St-Michel, Moulin du Mas de Vaudoret und Moulin Coopératif (s. u.) lassen sich alle besuchen, sie verkaufen ihr Öl und tragen ihr Scherflein zu den 2100 t Öl bei, die jährlich in der Provence produziert werden. Auch mittwochs auf dem Wochenmarkt kann man Olivenöl und als Mitbringsel geeignete Olivenölprodukte kaufen. Kleine Wege, die zu schönen Spaziergängen einladen, führen am Fuß der östlichen Alpilles durch die Olivenhaine.

Einkaufen

Direktverkauf – **Moulin Coopératif du Mas Neuf:** Quartier du Mas Neuf, Tel. 04 90 47 53 86, www.moulin-coop.com, Okt.–Mai Mo–Sa 9–12, 14–18, So 14–18, Juni–Sept. Mo–Sa 9–12.30, 14–19, So 15–19 Uhr. Die Ölmühle der lokalen Kooperative.

Eygalières ▶ F 4

In dem reizvollen Örtchen Eygalières tauchte während des Zweiten Weltkriegs der später von den Deutschen ermordete Widerstandskämpfer Jean Moulin unter. Eng schmiegen sich die alten Steinhäuser an eine Felskuppe. Man steigt die schmale, holperig gepflasterte Gasse hinauf, bis man den mittelalterlichen Donjon ganz oben erreicht hat.

Übernachten

Im Zigeunerwagen – **Mas dou Pastre:** route d'Orgon, Tel. 04 90 95 92 61, Fax 04 90 90 61 75, www.masdupastre.com, DZ 125–180, Zigeunerwagen 80–150 €. Seit dem Jahr 1750 ist die ehemalige Schäferei in Familienbesitz. Heute wohnt man hier in charmanten Zimmern und kann bei den Unterkünften wählen. Sie haben entweder eigene Terrassen am Garten mit Pool oder man logiert *en roulotte*, in drei herrlich bunten, in einem luxuriösen Zigeunerstil ausgestatteten Wohnwagen.

Chapelle St-Sixte ▶ F 4

Für Auto- und Radfahrer gleichermaßen entspannend ist die Fahrt durch die Garrigue und Felsen auf den kleinen schmalen Départementalstraßen 78, 24 und 24 B, die von Eygalières nach Westen führen. Hinter dem Ort in Richtung Orgon steigt ein Kalksteinfelsen zu der schmucklosen romanischen Kapelle des hl. Sixtus an. Ausgebleichte Schneckenhäuser leuchten zwischen niedrigen gelben Sonnenröschen – es ist ein absolut charakteristischer Ort für die Provence, an dem man einmal tief eingeatmet haben sollte.

Grottes de Calès ▶ F 4

Von der Kirche in Lamanon führt ein lohnender und auch nicht besonders anstrengender Fußweg zu den Grotten von Calès. Etwa 15 Minuten braucht man bis zu den in das weiche Gestein eingegrabenen Höhlenwohnungen, in denen von neolithischen Zeiten bis noch ins 16. Jh. hinein Menschen lebten.

Die Camargue! ▶ C–E 6

Der Ursprung des Wortes scheint im Indogermanischen zu liegen und ›Insel‹ zu bedeuten: Tatsächlich liegt die Camargue wie eine Insel zwischen den beiden Mündungsarmen der Rhône, der Petit Rhône im Westen und der Grand Rhône im Osten, die sich in Arles trennen. Westlich der Petit Rhône liegt die sogenannte Kleine oder Gardianische Camargue, die schon zum Département Gard gehört.

Land und Wasser
Erdgeschichtlich gesehen ist die Camargue eine junge Landschaft, die sich erst im Quartär herauszubilden begann: als ein Produkt des ewigen Kampfes zwischen der Rhône und dem Meer, das die Geröllablagerungen, die der Fluss aus den Kalkmassiven mit sich herabwälzte und hier aufhäufte, wieder fortschwemmte.

Die Camargue in ihren ungefähren heutigen Dimensionen entstand in der Zeit um etwa 8000 v. Chr., doch blieb sie in konstanter Bewegung – und bleibt es auch heute noch, wenn auch in geringerem Umfang, seit die Kanalisierung der Rhône und der schon im Jahr 1860 erbaute, 40 km lange Deich Digue à la Mer der See einen Großteil ihrer Unberechenbarkeit genommen haben.

Im 13. Jh. konnte König Ludwig IX. noch direkt von Aigues-Mortes aus in See stechen, das heute 11 km landeinwärts liegt. Les Stes-Maries lag im Mittelalter im Landesinneren – nun grenzt die Stadt, wie der Name sagt, direkt ans Meer und sieht sich zunehmend von Fluten bedroht.

Die südlichen Teile der Camargue, die im Winter meist von einer dünnen Meerwasserschicht überspült sind, liegen noch unter dem Meeresspiegel: Ihr höchster Punkt ist die 4,50 m hohe Düne in der Umgebung des Leuchtturms von Beauduc. Alle paar Jahre im Herbst und Winter heißt es gar ›Land unter‹, wenn die durch Unwetter angeschwollene Rhône die Flussdeiche durchbricht und Tausende Hektar überflutet.

Der Regionalpark
Im Jahr 1970 wurde der 85 000 ha umfassende Regionalpark geschaffen, in dessen Herzen, um den Vaccarès, die nicht zugängliche Naturschutzzone liegt. Neben dem Naturschutz ist es das erklärte Ziel der französischen Regionalparks, die Lebensbedingungen der dort wohnenden Menschen zu verbessern. Zwickmühlen sind da vorprogrammiert: Die Verpachtung der Jagdrechte gehört beispielsweise zu den lukrativsten Einnahmen der Züchter-Landbesitzer, der *manadiers* – die Camargue-Böden weisen daher eine erschreckend hohe Bleibelastung auf. Kein Wunder bei Exzessen von 2000 trotzig alle Naturschutzgesetze brechenden Jägern und rund 150 000 getöteten Wasservögeln jährlich.

Auch der Reisanbau, der durch den hohen Wasserverbrauch den Grundwasserspiegel und damit die Feuchtbiotope gefährdet, und nicht zuletzt der Tourismus bereiten in der Camargue einige Probleme in punkto Umweltschutz.

Auf Entdeckungstour

Das Öl der Alpilles

»Seht euch nur das Licht auf den Olivenbäumen an«, schwärmte Auguste Renoir, »es glitzert wie ein Diamant. Bald rosa, bald bläulich …« Vielleicht hatte er die Olivenbäume der Alpilles im Sinn, die klassische, von den Griechen vor 2500 Jahren eingeführte mediterrane Kulturpflanze, die vielerorts das Landschaftsbild bestimmt. Die Provence ist die erste Ölregion Frankreichs: Die Hälfte allen französischen Olivenöls wird hier produziert.

Reisekarte: ▶ E 4

Mas Gourgonnier: Tel. 04 90 47 50 45, www.gourgonnier.com. Öffnungszeiten: Mo–Fr 8.30–18, Sa/So 10–13, 14.30–18 Uhr.
Moulin Jean-Marie Cornille: Rue Charloun-Rieu, Tel. 04 90 54 32 37, www.moulin-cornille.com. Öffnungszeiten: Mo–Sa 9–17.30 Uhr.
Castelas: 500 m von Les Baux an Straße nach Maussane, Tel. 04 90 54 50 86, www.castelas.com.
Huiles du Monde: 16 blvd. Victor-Hugo. Öffnungszeiten: tgl. 10–13, 14.30–19.30, im Sommer 15–20 Uhr.

Eine der reizvollsten Straßen der Alpilles ist die D 78, die östlich von Maussane in Richtung Le Destet abzweigt. Sie führt zwischen schroffen Felsen, provenzalisch *calans*, Weinbergen und Olivenhainen zum **Mas Gourgonnier**. In dem teils noch aus dem 17. Jh. stammenden Hof verkauft die Familie Cartier, seit fünf Generationen hier ansässig, biologisch angebauten Wein (u. a. einen exzellenten im Eichenfass ausgebauten Weißen) und Olivenöl, beides AOC Les Baux. 2008 war die Ernte so gering, dass sie schon im März ausverkauft war. Dann wird in der kleinen Feinkostboutique mit dem alten Kamin das ähnliche Öl ebenfalls ökologisch arbeitender Nachbarn verkauft.

Lichte Haine …

In den lichten, steinigen Olivenhainen der Alpilles spaziert man durch einen geheimnisvoll gesprenkelten Halbschatten. Wenn der Wind weht, sorgen die silbrig weißen Blattunterseiten für ein flirrendes Farbenspiel. Rund um Les Baux wachsen an die 400 000 der 3–10 m hohen Bäume mit den charakteristischen lanzettförmigen, oben graugrünen Blättern.

… ausgezeichnete Öle

Das wenige Wasser, das die Ölbäume brauchen, holen ihre Wurzeln aus bis zu 10 m Tiefe herauf. Sie benötigen mittlere Temperaturen um die 20° C und geben sich mit mageren, kalkhaltigen Böden zufrieden – die ideale Kulturpflanze für die Mittelgebirge im Herzen der Provence. Sie ergibt das begehrte Olivenöl von Les Baux, seit einigen Jahren mit dem Gütesiegel einer Appellation d'Origine Contrôlée ausgezeichnet. 2007 wurde das Label AOC-Provence geschaffen. Ein Liter AOC-Öl kostet 20/22 € und mehr. Auf den Wochenmärkten der Provence bekommt man ausgezeichnete Öle für um die 13 €.

Bis zu 50 kg Früchte oder 12 l gold- bis grüngelbes Öl liefert ein Baum, doch schwanken die Erträge in einem zweijährigen Turnus. Im einen Jahr produziert der Baum ausschließlich Früchte, im nächsten nur Holz. Ein Ölbaumbauer muss geduldig sein: Acht bis zehn Jahre dauert es, ehe ein Setzling trägt. Der Olivenanbau ist ein Generationenvertrag.

Zu Besuch in der Ölmühle von Maussane

Mitten in Maussane presst die **Moulin Jean-Marie Cornille** die Oliven der Coopérative Oléicole de la Vallée des Baux. Sie ist Frankreichs bedeutendste Ölmühle, eine von 80 in der Provence. Seit 1620 im Dienst, lohnt sie eine Besichtigung wegen der Gebäude aus dem 17. Jh. und natürlich der Boutique. Wenn Sie im November oder Dezember in der Provence sein sollten, können Sie hier wie bei allen anderen Ölbauern nach vorherigem Anruf zusehen, wie das Öl dem Fruchtfleisch in drei Pressungen entzogen wird. Die erste, kalte Pressung ergibt das begehrte »Jungfernöl«, das *huile vierge*.

Zwischen Mai und Juni öffnen sich die unscheinbaren, gelblich-weißen Blüten des Ölbaums, um dann zu den ölhaltigen, erst grünen und im reifen Zustand schwarzen Steinfrüchten zu reifen. Grüne Oliven für die Konserven werden im September geerntet, die Ernte der schwarzen Oliven für das Öl erfolgt kurz vor der Vollreife, traditionell ab November. Das ist eine harte Plackerei, denn die Oliven dürfen, da aufgeplatzte Früchte die Qualität mindern, nicht die Erde berühren. Deshalb spannen die Bauern zum Auffangen ihrer Ernte große Nylonnetze zwischen den Bäumen auf und schütteln die Oliven vorsichtig mit langen Stangen von den Ästen. Noch schonender ist die althergebrachte Handernte mit dem Olivenkamm, der die Blätter am Baum lässt.

Wo Ölfans fündig werden

Castelas: ein klingender Name im Ohr des Ölgourmets, mit Preisen überschüttet, einer der *Grand Crus* unter den AOCs. Gemischt wird das grünfruchtige, mit schonenden Methoden gewonnene Öl aus den für das hiesige Anbaugebiet typischen Sorten mit Namen wie Salonenque, Aglandau, Grossane und Verdale. Auf kleinen Plastiklöffeln kostet man in dem schlichten Verkaufsladen am Fuß von Les Baux eine Variante mit wenig und eine mit etwas mehr Bitterstoffen.

Sämtliche Les-Baux-Öle und solche aus anderen französischen Anbaugebieten bietet die schicke mehrräumige Boutique **Huiles du Monde** in einem alten Palais an St-Rémys Boulevardring an. Die Halbliter-Spezialabfüllungen der Les-Baux-Öle sind auch nicht zu teuer.

Überaus freundliche junge Damen weihen den Öl-Novizen ein, fachsimpeln mit dem Kenner, laden an der Ölbar zur Verkostung auf Baguette-Scheibchen mit Fleur de Sel ein. Alles wird darüber hinaus wunderschön präsentiert, so auch die farbenfrohe Batterie der Essigflaschen – Vanille und Birne, Tomate, Erdbeer (!) – und die Seifen, Cremes und Lotionen. Nach der Verkostung kann sich, wer dazu Lust hat, mit Shampoo auf Olivenbasis die Haare waschen.

Köstlich und verlockend: die Olivenauswahl auf den Märkten der Provence

Les Stes-Maries-de-la-Mer ►C6

Die bescheidene Einwohnerzahl von 1000 steigt in der Saison schon mal um das Zwanzigfache – im Juli/August und zur Wallfahrt am 24./25. Mai ist die Kapitale der Camargue unerträglich überlaufen. Nur wer sich hier Zeit und Muße nimmt und in der Nebensaison kommt, den packt der Mythos des amphibischen Rhône-Deltas.

Im Namen steckt die Legende: In den Jahren nach dem Tod Christi entledigten sich die Juden einiger unbequemer Jünger der nazarenischen Irrlehre, indem sie diese in einem Boot ohne Segel und Ruder aussetzten: Maria Jakobäa, Maria Salome (die Mutter von Jakobus dem Älteren), Maria Magdalena, Trophimus, eine gewisse Sara, was auf Hebräisch ›Prinzessin‹ bedeutet, und andere. Das Boot landete sicher in der Nähe des heutigen Les Stes-Maries und die Jünger machten sich auf, die Provence zu christianisieren. Maria Magdalena ging in die Ste-Baume, Trophimus nach Arles. Nur zwei der drei Marien, zu alt für das gefährliche Leben der Missionare, blieben an diesem öden Sandstreifen, predigten, starben. 1448 ließ der provenzalische König René ihre Überreste suchen – Reliquien waren als Pilgerziele buchstäblich Gold wert –, in Schreine schließen und in der Hochkapelle aufbewahren. Bis heute werden sie nur an drei Tagen im Jahr heruntergeholt: am 24. Mai und dem dem 22. Oktober nächsten Sonntag, den Patronatstagen der beiden Marien, sowie am 3. Dezember, dem Jahrestag ihrer ›Erhöhung‹. Das von René bestellte Protokoll der Marienfindung – in der Nähe hatte man übrigens einen dritten Körper, wohl der Dienerin Sara, entdeckt – ist heute als Kopie in einer Vitrine der Kirche ausgestellt.

Wehrkirche

tgl. 8–12.30, 14–19 Uhr

Durch die Jahrhunderte den Angriffen von Westgoten, Sarazenen, Normannen und anderen Plünderern ausgesetzt, bauten die Einwohner an der Stelle eines frühen Oratoriums, das die Gräber der hl. Marien bezeichnete, wohl vom 9. bis ins 14. Jh. an ihrer trutzigen Kirche, einer der schönsten Sakralbauten der Provence: hoch aufragende, fensterlose Mauern, eine sich zum Donjon emportürmenden Apsis, darüber die Hochkapelle, wo die Reliquien der beiden hl. Marien aufbewahrt werden.

Die Skulpturenkapitelle im inneren Apsisrund und die beiden arg verwitterten Löwinnen mit Jungen an der südlichen Außenseite stammen, wie wohl der Großteil der Kirche, aus dem 12. Jh. In dem engen, düsteren, einschiffigen Innern liegt im Mittelgang vorne ein Brunnen, der die Belagerten mit Wasser versorgte. Zahllose Exvotos, naiv-anrührende Dankesdarstellungen wundersamer Heilungen und Rettungen, künden vom frommen Wallfahrerglauben. In der höhlenartig niedrigen, von Hunderten geweihten Kerzen aufgeheizten und rußgeschwärzten Krypta verehren die Zigeuner ihre Heilige, die schwarze Sara. Sie ist in der Legende die Dienerin oder Begleiterin der beiden Marien.

Musée Baroncelli

tgl. 9.30–12 und 14–18 Uhr; Oktober–Mai Di geschl.

Dieses Heimatmuseum huldigt dem Stier, ein schmalbrüstiges Häuschen im Gassengewirr um die Kirche. Als Folco de Baroncelli-Javon, ein Grandseigneur aus altem Adelsgeschlecht, 1909 die Nacioun Gardiano gründete, versammelte er um sich Amateur-Gardians. Folklore, Sprache, Sitten und Gebräuche des Pays d'Arles und der Camargue hielten diese »Ritter der mistralischen Idee« hoch. Mit verblichenen Fotos, Freundschaftsgaben indianischer Häuptlinge und Stierköpfen wie dem des legendären Bioù d'Or namens Vovo verewigt das Museum das Lebenswerk des Marquis. Am 21. Juli 1951 wurde der 1943 Gestorbene in einem triumphalen Zug an der Mündung der Petit Rhône beigesetzt. Die 300 Stiere der Manade gaben ihm das Geleit. Unter einem schlichten, gestuften Betonrund ruht er nun, den Kopf auf der Türschwelle seines alten Heims, der Körper zeigt mit geöffneten Armen auf die Kirche von Les Stes-Maries.

Route d'Arles – D 570 ▶ C/D 5/6
Auf dieser Straße von Arles kommt er nach Stes-Maries, der Besucher. Wie

Perlen auf der Schnur reihen sich die ortstypischen Mas: Sie sind flach in die Salzsteppe gebaut, im Haziendastil mit weiß gekalkten Wänden. Auch Restaurant und Pool fehlen nie. Vor den meisten dieser Mas warten gesattelte Camargue-Pferde. Sie sind lammfromm und gehen unter Ungeübten nur im Schritt.

Parc Ornithologique du Pont de Gau ▶ C 6
www.parc-camargue.fr, Park 9, im Winter 10 Uhr bis Sonnenuntergang; Maison du Parc April–Sept. tgl. 10–18, Okt.–März Sa–Do 9.30–17 Uhr; 4 km nördlich an der D 570
In großen Volieren flattern oder hocken Eulen, Schlangenadler, Schwarzstörche. Kilometerweit kann man auf den ange-

Mit berechtigtem Züchterstolz – Präsentation von Camargue-Pferden

legten Pfaden mit Beobachtungsständen durch die Sumpf-, Seen-, Salzsteppen- und Röhrichtlandschaft wandern. Rosa Flamingos staksen mit schwarzen Schlammfüßen durch die niedrigen Salzseen. Direkt daneben verwöhnt die Hostellerie Pont de Gau ihre Gäste mit klassischer gastronomischer Camargue-Küche, Tel. 04 90 97 81 53, www.pontdegau.camargue.fr.

Château d'Avignon ▶ C 5
April–Okt. Mi–Mo 10–17 Uhr, 10 km nördlich an der D 570
Louis Prat-Noilly, ja, der mit dem Schnaps, hat sich das im 18 Jh. gebaute Schloss 1893 *state of the art* herrichten lassen, sprich mit fließendem Wasser, Elektrizität und Heizung. Durch den Park führt ein botanischer Pfad.

Strände

Schwimmen und Sonnenbaden kann man an den kilometerlangen **Sandstränden** im Ort selbst oder weiter östlich. Auch Windsurfen und Beach-Sailing *(char à voile)* sind möglich. Der abgetrennte **Tahiti Plage** hinter dem Hafen bietet Sonnenschirmvermietung und Restauration; heiße Partyabende.

Übernachten

Im zur Saison lauten Ort liegen mehrere einfache Zwei-Sterne-Hotels wie das Méditerranée, www.mediterraneehotel.com. Am schönsten ist es auf einem Mas mitten in der Natur, die es auch sehr luxuriös gibt, z. B. Mas de la Fouque, www.masdelafouque.com.
Traumhafte Lage – **L'Auberge Cavalière:** Route d'Arles (D 570 ca. 3 km nordllch vom Ort), Tel. 04 90 97 88 88, Fax 04 90 97 84 07, www.aubergecavaliere.com, DZ 140–170, Menüs 28/38 €. Weiß gestrichene Gardian-Hütten am Ufer des Etang de Massoucles. Edel-provenzalische Einrichtung für luxusliebende Hobby-Gardians, mit Designpool. Angebote zum Erkunden der Camargue von Ausritten bis zu Bootstouren.
Wellness inklusive – **Le Mas des Rièges:** route de Cacharel (1 km östlich des Orts), Tel. 04 90 97 85 07, Fax 04 90 97 72 26, www.hoteldesrieges.com, DZ 65–73 €. Das rustikale, sehr camarguetypische Drei-Sterne-Hotel in einem Mas am Beginn des Meerdeichs bietet gute Preise, Restaurant, Sauna und Wellnessbehandlungen.
Familiär im Ort – **Le Pont Blanc:** Chemin du Pont Blanc, Tel. 04 90 97 89 11, Fax 04 90 97 87 00, www.pontblanc.ca margue.fr, DZ 48–61, im Cabane 53–66 €. Nur 5 Min. in den Ort. Hübsche Zimmer um einen Pool. Exzellentes Preis-Leistungsverhältnis.

Lieblingsort

Auf dem Kirchdach von Les Stes-Maries-de-la Mer ▸ C 6
Die 2 €, die man am Fuß der schmalen mittelalterlichen Wendeltreppe bezahlt, sind nicht zu viel für diesen Blick, vom höchsten Punkt in der flachen Salzsteppe der Camargue. Um das mit Steinplatten gedeckte Dach verläuft ein Wehrgang mit Zinnen, hoch reckt sich die Glockenwand. Die roten Ziegeldächer des Orts und die wahrsagenden Zigeunerinnen sind ganz weit weg. Endlos erstreckt sich das Meer, über das die heiligen Marien gekommen sind, ausgesetzt in einem Boot ohne Segel, ohne Ruder (s. auch S. 179).

Zigeunerabende – **Auberge de Jeunesse:** Pioch-Badet, route d'Arles, etwa 8 km, Tel. 04 90 97 51 72, Fax 04 90 49 85 76, www.fuaj.org, nur Halbpension ca. 29 €. Schlichte altmodische Jugendherberge mit Fahrradverleih, Ausritten und Zigeunerabenden.

Familiencamping – **Le Clos du Rhône:** Tel. 04 90 97 85 99, Fax 04 90 97 78 85, www.saintesmaries.com, Stellplatz ca. 24 €. Vier-Sterne-Platz am Ufer der Petit Rhône, etwas wenig Schatten, aber auch Bungalow-Vermietung.

Essen & Trinken

Die Touristenrestaurants und Pizzerien Richtung Meer und um die Kirche, vor allem in der Avenue F. Mistral, sind nicht originell, bieten aber eine reiche Auswahl an Meeresfrüchten. Die nur in der Camargue erhältlichen *tellines*, kleine Herzmuscheln, werden oft in einer warmen Essig-Sahne-Sauce serviert.

Einkaufen

Cowboy-Look – **Tout pour le Gardian:** 11, rue Victor-Hugo, www.toutpourlegardian.com, Mo–Sa 10–12.30, 14.30–19 Uhr. Gardian-Ausrüstung.

Aktiv & Kreativ

Reitausflüge, auch für Anfänger – **Crin Blanc:** an der D 570 etwa 4 km nördlich von Stes-Maries, Tel. 04 90 47 08 73, www.crinblanc.camargue.fr. Sympathische Gardiannes und gepflegte Pferde, Ausflüge in die Salzsteppe zu wild lebenden Flamingos und Pferden. Eine Stunde kostet 15 €.

Kutschfahrt zu Stieren – **Manade des Baumelles:** route d'Aigues Mortes – D 38, Tel. 04 90 97 84 37, www.mas-des

baumelles.com). Auf einer Kutschfahrt lernt man dieses Stierzüchtergut kennen und speist mittags ortstypisch.

Wellness für Wasserfans – **Thalacap:** Rue du Docteur Cambon am östlichen Ortsrand, Tel. 04 90 99 22 22, www.thalacap.fr. Beheiztes Meerwasserbad, Sauna, Dampfbad, Fitnesszentrum. Für 85 € den halben und 129 € den ganzen Tag, mit Behandlungen.

Bootsausflüge – **Tiki III:** www.tiki3.fr Mitte März–Nov.). Im Hafen starten mehrere Ausflugsboote für kommentierte Fahrten auf der Petit Rhône bis zur Fähre Bac du Sauvage. Mit dem Raddampfer Tiki III geht es auf halber Strecke zur Besichtigung einer Manade. Auch Ausflüge im Schlauchboot.

Infos & Termine

Office de Tourisme: 5, av. van Gogh, Tel. 04 90 97 82 55, www.saintes-maries.com, tgl. 9–18, Im Sommer bis 20 Uhr. Fahrradtouren, Ausritte, Bootstouren, Ferienhausvermittlung.
Zigeunerwallfahrt: 24./25. Mai.
Baroncelli-Gedächtnistag: 26. Mai. Mit viel Stier und Pferd, auch am Grab des Barons.
Festo Virginenco: Letztes Juliwochenende. Marienfest mit Umzug der Gardians mit tradtionell gekleideten Arlesierinnen auf der Pferdekruppe, Kranzniederlegung an der Mireille-Statue.
Corridas und Courses camarguaises: Während der Saison in den Arenen.
Marienfeste: an dem zum 22. Oktober hin nächsten Sonntag sowie am 3. Dezember.

Tagestour um den Etang de Vaccarès ▶ D 5/6

Mit dem Fahrrad führt die 70 km lange Rundfahrt zurück über den Deich. Mit dem Auto fährt man auf demselben Weg zurück. Geländeräder, auch für Kinder, vermietet Le Vélociste, Place des Gitanes, Tel. 04 90 97 83 26, www.levelociste.fr, pro Tag ca. 15 €.

Mas du pont de Rousty ▶ D 5
Okt.–März Mi–Mo 10–17, April–Sept. tgl. 9.30–18 Uhr
In einem lang gestreckten Schafstall, der hier seit dem 16. Jh. steht, dokumentiert das Camargue-Museum Geologie, Geschichte, Alltagskultur und Wirtschaft der Region. Auf dem etwa 90-minütigen Spazierweg sieht man das Bewässerungssystem für die Reisfelder und kreuzt einen alten Transhumanz-Weg. Zu Fuß trieb der Schäfer Aristide Baume bis zu seinem Tod im Jahr 1960 seine Schafherden im Sommer in die Vercors-Berge. Dort lebte er mit Familie und einem Gehilfen im ›Jardin du Roi‹, im Königsgarten. All dies ist im Museum nachgebaut und Aristides erzählt vom Band in breitestem provenzalischen Französisch.

Ostufer Vaccarès ▶ D 5
Die D 36 b läuft am Ostufer des Vaccarès entlang – eine der reizvollsten Strecken der Provence, die häufig zum Aus- oder Absteigen einlädt. Wäre man hier einmal allein, könnte wohl aus dem mannshohen Schilf der traurige Faun aus Joseph d'Arbauds »Bête du Vaccarès« auftauchen.

Salin-de-Giraud ▶ E 6

Durch den Salzarbeiterort mit Mietshausreihen gelangt man zu einem Aussichtspunkt auf die Salzgewinnungsbecken und die riesigen, für die Industrien von Fos bestimmten Salzberge. Vom Aussichtspunkt fährt der **Train des Salins** März bis Oktober tgl. 10–20 Uhr jede Stunde in die Salzgewinnungsfel-

der; am spannendsten ist es während der Ernte im September, dann fährt er bis Mitternacht.

La Palissade ▶ E 6/7
April–Sept. tgl. 9–17 Uhr
Zwischen Salzgärten und Grand Rhône geht es zu diesem alten Jagdhaus im spanischen Haziendastil, wo das Institut zur Erhaltung der Küstenlandschaft und der Feuchtgebiete eine Ausstellung und Aquarien zur Ökologie der Lagunenlandschaft zeigt. Ein Entdeckungspfad verläuft durch die Landschaft. Von April bis Oktober Ausflüge in einer Kutsche und Ausritte.

Plage de Piémanson ▶ E 7
Die zwischen Strandseen mit Flamingoherden entlangführende D 36 d gleicht im Sommer einer Autobahn. Am Ende liegt der ›Drive-In-Strand‹ von Piémanson, auch Plage d'Arles genannt. Hier belasten Tausende von wild campenden Individualtouristen in der Hochsaison die Natur.

Etang du Fangassier ▶ D 6
In diesem naturgeschützten flachen Salzsee tummelt sich, in der Brutzeit von April bis Mitte Juni von Rangern bewacht, die größte Flamingopopulation Europas. Einen Monat lang brüten Männchen und Weibchen nur ein einziges Ei aus. Die Küken wachsen unter Hunderten anderer Jungvögel in riesigen ›Vogelschulen‹ heran. Erst im dritten Jahr – der Flamingo kann ein halbes Jahrhundert alt werden – verschwindet das gräuliche Kükengefieder und wird durch das rosa Gefieder ersetzt.

Digue à la Mer ▶ D 6
Vom Etang du Fangassier bis Stes-Maries erstrecken sich westwärts an die 30 km traumhaften Sandstrands: Nehrungen, Dünen, auf denen Strandhafer, Levkojen, Meerlavendel und wilde Nelken

wachsen, und im naturgeschützten Hinterland ein amphibisches Labyrinth aus Lagunen und Etangs, in denen Flamingos staksen. Es heißt zu Fuß gehen oder in die Pedale treten.

Aigues-Mortes ▶ B 5

Auf der D 38 oder, für Romantiker oder Leute mit Zeit, über die kostenlose, in der Saison bis gegen 20 Uhr verkehrende Fähre Bac du Sauvage kommt man von Stes-Maries zur Stadt der ›toten Wasser‹ (6000 Einw.). Besonders voll ist es zur Fête de St-Louis in der zweiten Augustwoche, wenn die Abfahrt zum Kreuzzug in historischen Kostümen nachgestellt wird. Doch wenn man an lauen Spätsommerabenden an den effektvoll beleuchteten Mauern entlangschlendert, changiert der museale Charakter der ›toten‹ Stadt ins Märchenhaft-Romantische.

Tour Constance und Stadtmauern
Sept.–April 10–17.30, Mai–Aug.10–19 Uhr

Spaziergang durch Schilf und Salzmarsch von La Capelière
Dieser halbstündige Spaziergang mit dem Namen *Sentier découverte* führt durch Sumpf, Schilf und Ried sowie schließlich durch Salzmarsch: Hier, in der *sansouire*, wachsen die dickfleischigen, rosa bis grünen Salicornen. Weiden, Wacholder, im Mai zart rosa blühende Tamariskenbäume und Irisstauden in allen Farben säumen den oft zugewucherten Pfad. Man trifft hier auf Eidechsen, Libellen, Heuschrecken, Zikaden und Reiher. **Informationszentrum:** www.reserve-camargue.org, April–Sept. tgl. 9–13, 14–18, Okt.–März Mi–Mo bis 17 Uhr, Waldpfad immer geöffnet.

Gegen 1250 vollendet, ist die Tour Constance aus glatt gefugten, römisch inspirierten Quadern gebaut. Dieser früheste Teil der Festung liegt heute vor dem insgesamt 1640 m langen Mauerquadrat. Templer, der Kamisardenführer Abraham Mazel und die standhafte Protestantin Marie Durand waren in den 6 m dicken Mauern gefangen, Letztere ganze 38 Jahre lang. Die Festungswälle, ein – nie geprüftes – Lehrstück mittelalterlicher Verteidigungstechnik, schließen die rechtwinklige ›Planstadt‹ komplett ein. Spaziert man über die Wälle, sieht man den kleinen Jachthafen und am Horizont die Retortenstadt La Grande Motte, ein futuristisches ›Paradies‹ für 130000 Urlauber.

Place St-Louis
Der ›heilige‹ Ludwig, der neunte seines Namens auf dem französischen Königsthron, blickt einem in der stolzen Pose und mit dem glatten Rittergesicht des Historismus entgegen. 1240 hatte er dieses Stück Sumpf gekauft, um sei-

Aigues-Mortes ist von mittelalterlichen Festungswällen umschlossen

nen eigenen Hafen für den geplanten Kreuzzug zu bauen. Es sollte der siebte werden, der 1250 mit der Gefangennahme des Königs endete; auf dem achten starb er 1270 in Tunis an der Pest. Wenig später verlandete der Hafen – heute liegen die gigantischen Mauern einige Kilometer vom Meer entfernt.

Tour Carbonnière
Der mittelalterliche Kohlenturm etwas nördlich der Stadt ist Tag und Nacht zu besteigen und bietet einen vorzüglichen Rundblick auf im Sumpf grasende Pferdeherden.

Salins du Midi ▶ B 5/6
Billetts und Zubringerbus Porte de la Gardette, April–Okt. Mo–Fr 10.20, 14.50, Sa 10.20, 14.50, 16.00, So 10.20, 14.20 Uhr, Juli/Aug. häufiger
Von den Wällen hat man sie in Richtung Meer schon gesehen, die weiß bis rötlich schimmernden Salzfelder und -berge der Salins du Midi. Man kann sie in einem *Petit Train* mit Kommentaren in mehreren Sprachen besuchen.

Übernachten, Essen

Mittelalterliches Stadthaus – **Les Arcades:** 23, blvd. Gambetta, Tel. 04 66 53 81 13, Fax 04 66 53 75 46, www.les-arcades.fr, DZ 104–134, Menüs 24, 34 und 44 €. Geräumige Zimmer in Haus aus dem 16. Jh. mit Pool und Restaurant.

Einkaufen

An der D 58 von Stes-Maries nach Aigues-Mortes und der N 572 von Arles nach St-Gilles laden viele Winzer und Kooperativen zur Weinprobe ein.

Info

Office de Tourisme: Place St-Louis, Tel. 04 66 53 73 00, www.ot-aiguesmortes.fr.

Marseille und Umgebung

Highlight!

Marseille: Die pulsierende Hauptstadt der Provence ist eine dynamische Weltstadt mit reichlich Kultur und Persönlichkeit. Ob Ausgehen, Shoppen, Essen oder Sightseeing – hier kann man aus dem Vollen schöpfen. S. 190

Auf Entdeckungstour

Mit Fabio Montale durch Marseille: Mit Fabio Montale, Jean-Claude Izzos Krimihelden, lernt man das Kleine-Leute-Viertel Panier mit seinen Bars und Restaurants kennen. S. 200

Mit Fabio Montale durch Marseille

Kultur & Sehenswertes

Marseilles Museen: Sie lassen einem die Qual der Wahl. Auf alle Fälle lohnen das Musée d'Histoire de Marseille **6**, das Centre de la Vieille Charité **15**, das Musée Cantini **24** und die uralte Kirche St-Victor **26**. S. 198, 199, 205

Aktiv & Kreativ

Wandern in den Calanques: Ob Tageswanderung oder Spaziergang, hier muss man aktiv werden, um dann ins Meer zu tauchen und in einem schlichten Fischrestaurant zu essen. S. 213

Bootsfahrt in die Calanques: Mit dem Bötchen die Calanques vom Meer her kennenlernen. S. 213

Bouillabaisse kochen: Mit dem Küchenchef des Miramar und anschließendem Verzehr in seinem Restaurant am Hafen. **7** S. 213

Genießen & Atmosphäre

Vieux Port: Am Alten Hafen von Marseille einen Kaffee trinken und eine Bouillabaisse essen. S. 191

Notre-Dame de la Garde: Von Marseilles' hoch gelegener Kirche den Ausblick genießen. S. 205

Corniche: Eine von Frankreichs schönsten Küstenstraßen entlangfahren und den Meerblick genießen. S. 206

Wohnen bei Le Corbusier: Das Hotel Le Corbusier hat eine Toplage und eine schöne Dachterrasse. **3** S. 208

Abends & Nachts

Cours Julien: Bars und Restaurants in Marseilles wohl flippigstem und weltoffenstem Szeneviertel »Cours Ju«, auch La Plaine genannt. **21** S. 203, 214

Trolleybus: Ein legendäres Disco-Universum in alten Gebäuden. **6** S. 214

Marseille und Umgebung

In der Hauptstadt der Region Provence kann man vielseitig und gut essen gehen, shoppen und die Nächte durchmachen. Mit der Universität, der renommierten Kunstschule von Luminy, Nationalballett, dem Nationaltheater La Criée und der ehrgeizigen, immer weiter ausgebauten Museenlandschaft ist es eine Kulturmetropole von europäischem Rang.

Was meist nur die Einheimischen wissen: Vor den Toren der Megalopolis bietet die einzigartige Küstenlandschaft der Calanques überraschende Naturerlebnisse und Sportmöglichkeiten. Fischrestaurants mit Meerblick, urige Cabanons, Felsenwildnis und Strand sorgen hier für Abwechslung.

Marseille! ▶ H 7

Die Regionalhauptstadt der Provence liebt die Superlative. Mit 808 000 Einwohnern nach Paris und Lyon ist sie die drittgrößte, mit 24 000 ha die ausgedehnteste und mit ihrem Gründungsdatum um 600 v. Chr. die älteste Stadt Frankreichs. Am Beginn steht eine Liebesgeschichte: Die schöne keltoliguri-

Infobox

Infos im Internet

www.marseille-tourisme.com: offizielle Website des Fremdenverkehrsamts, auch in Deutsch; Online-Buchung, Infos, Wetter, »Spécial Enfant«.
www.mairie-marseille.fr: Website der Stadtverwaltung, in Französisch, für die Anwohner Marseilles verfasst, aber auch für Urlauber mit Infos zu Museen, Verkehr etc. sehr hilfreich.

Spartipps

City-Pass: Das Office de Tourisme verkauft ihn für einen Tag (20 €) oder, was auf alle Fälle günstiger ist, zwei Tage (27 €). Enthalten sind u. a. freier Eintritt in 14 Museen, Le Grand Tour, Château d'If, Petit Train, Nutzung von U-Bahn und Bussen.
Sonntagvormittag: Kostenloser Museenbesuch.
L'Echappée Belle: Sonderangebot für ein Marseille-Wochenende ab 77 € pro Person im DZ, Leistungen: Zwei Übernachtungen mit Frühstück, City-Pass; mit Aufpreis für Drei- und Vier-Sterne-Hotels; Buchung Tel. 08 26 46 26 26

oder auf der Website des Fremdenverkehrsamts, s. o.

Verkehr

Marseille ist das Zentrum aller Bahn- und Busverbindungen und hat einen TGV-Bahnhof. Der Flughafen Marignane im Nordwesten ist das Hauptportal für Flugreisende in die Provence.
Anreise: Wer vom Flughafen oder generell aus westlicher Richtung kommt, sollte unbedingt die A 55 nehmen, die, auf Stelzen geführt, ein kostenloses Sightseeing hoch über dem Hafen bietet und nach einer modernen Untertunnelung direkt am Alten Hafen herauskommt.
Flugzeug: Internationaler Flughafen (Marseille-Provence), 25 km nordwestlich, Tel. 04 42 14 14 14, www.marseille.aeroport.fr, Flughafenbus alle 20 Min. zur Gare St-Charles, 8.50 €. Taxi etwa 40 €.
Schiff: von der Gare de la Joliette Fähren nach Korsika und Nordafrika sowie Kreuzfahrten, Tel. 32 60, www.sncm.fr.

Nachts angestrahlt und auch vom Hafen aus zu sehen: Notre-Dame de la Garde

sche Häuptlingstochter Gyptis verguckte sich in den griechischen Abenteurer Protis und reichte ihm Hand und Land.

Man sagt, Marseille bestehe aus 111 Dörfern und tatsächlich ist das Zugehörigkeitsgefühl zu ihrem Stadtteil bei den Marseillern besonders ausgeprägt. Einigkeit herrscht, wenn es gegen die anderen geht, wenn Olympique de Marseille spielt, Skandal umwittert und heiß geliebt, möglichst zu Hause im legendären Stade Vélodrome am Boulevard Michelet. Gegen OM sollte man als Fremder besser nichts sagen. Marseiller kehren auch gern ihren plebejischen Lokalstolz gegen die ›feine‹ Rivalin Aix heraus. »Ich wohne in Aix«, sagt man dort, »ich bin Marseiller«, heißt es hier.

Als Verwaltungs-, Dienstleistungs- und Wirtschaftszentrum hat das ehemalige Massilia Aix jedenfalls längst den Rang abgelaufen. Im Rahmen des Mammutprojekts Euro-Méditerranée hat die bis 2012 avisierte Sanierung des vernachlässigten Viertels zwischen Hafen und Bahnhof erste Erfolge gezeitigt (www.euromediterranee.fr). Zur »Hauptstadt des Mittelmeers« will man Marseille machen. Tatsächlich war die alte Handels- und Seefahrerstadt seit jeher mehr dem Mittelmeer als Binneneuropa zugewandt.

Um den Alten Hafen

Am Vieux Port schlägt das Herz von Marseille. Hierher, zwischen Musikkapellen und Straßenkünstlern aus aller Welt, führt der Sonntagsausflug vieler Familien. Hier spielt Marcel Pagnols volkstümliche Dramentrilogie »Marius – Fanny – César« von 1929. Rund um das grandiose längliche Hafenbecken kann man ihre Prototypen, Kneipenbesitzer César, Seefahrer Marius und Muschelverkäuferin Fanny, angeblich noch heute antreffen. Mit Sicherheit kann man in zahlreichen Terrassencafés die einzigartige Atmosphäre ge-

Marseille

Sehenswert

1. Bootsausflug zum Château d'If
2. Fischmarkt
3. Abfahrt Petit Train
4. St-Ferréol
5. Jardin des Vestiges
6. Musée d'Histoire de Marseille
7. Rathaus (Hôtel de Ville)
8. Maison Diamantée
9. Musée des Docks Romains
10. Hôtel de Cabre
11. Clocher des Accoules
12. Préau des Accoules
13. Eglise St-Laurent
14. La Major
15. La Vieille Charité
16. Galerie Pigment 186
17. Passage de Lorette
18. Les Docks de la Joliette
19. Musée de la Mode
20. Marché des Capucins
26. Abbaye St-Victor

Übernachten

1. La Résidence du Vieux Port
5. Kyriad Vieux Port
6. La Maison du Petit Canard

Essen & Trinken

2. Une table au Sud
3. Le Miramar
4. Les Arcenaulx
5. Café des Epices
6. Le Souk
8. Chez Vincent
9. Chez Etienne
11. Bar des Treize Coins
12. Le Panier Gourmand

Weitere Adressen
s. Legende S. 194
und Karte S. 204

193

Marseille

nießen oder – bis auf wenige Ausnahmen nicht besonders qualitätvoll – satt werden.

Die Hafeneinfahrt flankieren die Forts St-Jean und St-Nicolas, im 17. Jh. auf Befehl Ludwigs XIV. erbaut. Nicht, um die Stadt zu schützen, sondern um sie zu kontrollieren. Sie laden zu romantischen Spaziergängen ein, sind aber nicht zu besichtigen. Unterhalb des Forts St-Jean soll 2012 das von Rudy Ricciotti entworfene Museum der Mittelmeerkulturen entstehen, kurz MUCEM, eines der Mammutprojekte der Marseiller Stadtentwicklung.

Cours d'Estienne-d'Orves

Okt.–Mai Di–So 10–17, Juni–Sept. 11–18 Uhr, feiertags geschl.

Die von Sklaven geruderten Galeeren des 17. Jh. wurden in der königlichen Marinewerft auf dem Südufer gezimmert. Dort, wo heute die Straßengevierte um Place Thiars und die weite Piazza des Cours Honoré d'Estienne d'Orves eine Freilichtbühne für Terrassencafés und Restaurants bieten.

Fähre César

Mo–Sa 8–20 Uhr, 1 €

Von der Place aux Huiles fährt die nach der Pagnol-Figur benannte Fähre César außer sonntags zum Rathaus auf der anderen Hafenseite. Das alte Modell, das die Marseiller lieb gewonnen hatten, hatte ausgedient, nun fährt ein neues Schiff. Die »schönste und kür-

zeste Kreuzfahrt« nennt Fabio Montale die Überfahrt, die auch Sie sich gönnen sollten.

Bootsausflug zum Château d'If 1

Mai–Aug. 9.30–18.30, Sept.–April Di–So 9.30–17 Uhr; Abfahrt etwa alle 2 Std., im Sommer häufiger; www.lepi lote.com, Tel. 04 91 46 54 65, die Fähren um 9 oder 10.30 Uhr sind nicht so voll

Ein Ausflug zu der kleinen Frioul-Insel, etwa auf der »Edmond Dantès«, ist für jeden, der einmal den »Grafen von Monte Christo« gelesen hat, ein Herzensanliegen (und für die, die Alexandre Dumas' Ausbrecherroman noch nicht kennen, eine Anregung). Etwa zweieinhalb Stunden muss man erübrigen, um mit eigenen Augen zu sehen, wo Edmond Dantès litt und sich als vorgebliche Leiche ins Meer werfen ließ. In der vorbildlich restaurierten Gefängnisfestung mit ihren bulligen Rundtürmen kann man *das* Loch sehen, das Edmond Dantès durch die dicke Zellenwand zum Abbé Faria buddelte. Ausschnitte aus alten Filmen laufen. Es ist ziemlich schaurig hier.

Die Festung wurde von 1516–1531 auf Befehl Franz I. errichtet. Der Graf von Mirabeau, Protestanten, die Kommunarden von 1870 – entgegen der lokalen Überlieferung weder der geheimnisvolle Mann mit der eisernen Maske noch der Marquis de Sade – waren in ihren Zellen eingekerkert. Der tote napoleonische General Kléber lag 18 Jahre im Sarg auf der Festung. 1516 machte ein viel bestauntes Nashorn, Geschenk eines indischen Königs, auf seiner Reise zum Papst hier Station. Draußen keckern die Weißkopfseemöwen, die mit 60 Paaren auf dem Felseiland brüten. Kinder beobachten die Ruineneidechsen, die auf Gefangenenschiffen aus dem östlichen Mittelmeer hierher reisten, klettern auf den Felsen, sammeln Knochen und schlecken Eis in der herrlich altmodischen Buvette. Auf dem Rückweg legt das Schiff an dem Ausflugsziel Port Frioul an. Die Iles du Frioul sind ein maritimes Naturschutzgebiet und laden zu ausgedehnten Wanderungen ein.

Fischmarkt 2

Am Quai des Belges, der Kopfseite des Vieux Port, findet jeden Vormittag ein kleiner, dynamischer Fischmarkt statt. Lebende Hummer werden, zweideu-

tige Fürsorglichkeit, in nasse T-Shirts gehüllt. Rote Felsfische für die Bouillabaisse, Anglerfische, riesige Thunfische, saugnapfbewehrte Tintenfische, stachlige Seeigel – alles in der Nacht frisch gefangen, wird vor Ort fachgerecht zerlegt.

Ein paar Meter weiter, oben am Quai du Port, fahren in der Saison etwa halbstündlich die weißen Dieselloks des **Petit Train** 3 zwei Touren, durchs Panier und hoch zu Notre-Dame de la Garde. Kinder sind eine gute Ausrede, um sich in die auf alt gemachten Waggons zu setzen und Witze in mehreren Sprachen anzuhören.

Um den Centre Bourse

Mo–Sa 12–19 Uhr

Hinter der Kirche **St-Ferréol** 4 mit ihrer heiteren Barockfassade ragt ein Mahnmal fehlgeleiteten Städtebaus der 1970er, der Betonbunker des Centre Bourse auf, in den das Kaufhaus

Jeden Morgen: Marseilles' Fischmarkt am Quai des Belges

Lieblingsort

Der Alte Hafen von Marseille

Wo heute die Wanten von 3000 Segeljachten gegen die Masten klackern, pflügten einst phokäische Ruderschiffe, Kreuzfahrerkoggen und Jacques Cœurs mit Spezereien beladene Karavellen durchs Wasser. Mit einem Ausflugsboot, z. B. der »Edmond Dantès«, wieder in Marseilles' Vieux Port einzulaufen, erschließt einem die ganze Schönheit dieses Orts, der ja wahrlich kein Geheimtipp ist. Marseille und das Meer, das ist eins.

Galeries Lafayette gezogen ist. In seinem Schatten erstreckt sich der **Jardin des Vestiges** `5` mit Ausgrabungen der Hafenbefestigungen und Kaimauern aus griechischer und römischer Zeit. Das **Musée d'Histoire de Marseille** `6` vermittelt einen lebendigen Einblick in die keltoligurische, griechische und römische Epoche der Stadt. Eine besondere Kostbarkeit unter den Ausstellungsstücken ist das Wrack eines römischen Handelsschiffs aus dem 3. Jh.

Um das Hôtel de Ville `7`

Das reich gegliederte barocke Rathaus von 1653–1674 ist ein Werk von Pierre Puget mit genuesischem Einfluss. In seinem Rücken steht der Renaissance-Palast der **Maison Diamantée** `8` (1570) mit seinen namengebenden diamantartigen Bossensteinen. Früher beherbergte er das Volkskundemuseum, heute sind nur noch Spezialausstellungen zu sehen.

Unter dem riesigen, ansteigenden Platz haben die Ratsherren ihre unterirdischen Büros. Das große, mehrflügelige Gebäude an seinem oberen Ende ist das ehemalige Krankenhaus Hôtel-Dieu, das in ein Vier-Sterne-Hotel umgewandelt werden soll. Eine archäologische Rarität sind die Ausgrabungen der römischen Docks des 1. Jh. Diese sowie weitere Dokumente des antiken Handelslebens zeigt das **Musée des Docks Romains** `9` .

Vom Panier-Viertel bis zum Hafen

Marseilles' Altstadt, einst von korsischen und italienischen Einwanderern bewohnt, erhebt sich auf einem kleinen Hügel nördlich des Alten Hafens. 1943 ließen die deutschen Besatzer den am Hafen gelegenen Teil des Panier sprengen, in dem Résistance-

Kämpfer, aber auch Prostituierte und Kriminelle Unterschlupf gefunden hatten. Heute stehen hier die gesichtslosen Nachkriegsbauten des Architekten Pouillon am Quai du Port.

Verwinkelte, von Wäsche überspannte Gässchen, dörfliche Plätze und steile Treppen verleihen dem Panier seinen Charme. Größtenteils renoviert, ziehen hinter die immer teureren pastellfarbenen Fassaden immer mehr Bessergestellte, Künstler, junge Familien und schicke Paare ein. Das Panier wird gentrifiziert, was die Alteingesessenen nicht freut und von Ortsfremden aufgrund der vielen Mülltonnen und durchaus noch vorhandener Bröckelfassaden häufig übersehen wird.

Hôtel de Cabre `10`

Das älteste Haus Marseilles von 1535 verweist stilistisch auf den Übergang vom Spätmittelalter zur Renaissance. Früher war die Grand'Rue eine der wichtigsten Verkehrsadern Marseilles. Von den Zerstörungen durch die Deutschen im Jahr 1943 blieb nur das ehemalige Großhändlerhaus verschont. Um es der neuen Ausrichtung der Straße anzupassen, wurde es mit Hilfe von Hebeböcken um 90° gedreht.

Um die Montée des Accoules

Wandern Sie am gotischen **Clocher des Accoules** `11` die pittoreske Montée des Accoules herauf. Ein Abstecher führt zur **Place des Moulins**, wo sich früher Windmühlen drehten und heute Kindergeburtstage gefeiert werden. Mit der **Préau des Accoules** `12` werden ebenfalls die Kids bedient: In dem barocken Saal der Akademie spielen sie mit ethnologischen Exponaten und pädagogischen Puzzles oder sehen Aufführungen zu – ein kostenloses Paradies für Kin-

dergartenkinder (29, montée des Accoules, Mi, Sa 13.30–17.30 Uhr). Auf
der **Place de Lenche** laden etliche Ter-
rassencafes zum Ausspannen ein.

Eglise St-Laurent 13

Das schlichte romanische Gotteshaus
ist wie so vieles in Marseille soeben restauriert worden. Daneben hat man
von einer Plattform einen hervorragenden Blick auf den Alten Hafen.

La Major 14

*Winter Mo–Sa 10–12, 14–17.30, So bis
18, Sommer tgl. 10–18.30 Uhr; Métro
Joliette*
Die 1852–1893 im neobyzantinischen
Stil u. a. von Espérandieu erbaute Kathedrale La Major wird zurzeit renoviert. Für ihr überdimensionales Schiff –
sie ist die größte Kathedrale, die nach
dem Mittelalter in Frankreich erbaut
wurde – musste die romanische Vor-
gängerkirche, traurig mit Holzstreben
eingerüstet und schon lange wegen
Baufälligkeit geschlossen, um zwei Jo-
che gekürzt werden.

La Vieille Charité 15

Inmitten des Gassengewirrs thront
stolz das Kulturzentrum des »alten Ar-
menhauses«. Das beige, von dreige-
schossigen Arkaden gesäumte Geviert
entstand 1671–1745 nach Plänen des
bekannten Marseiller Barockarchitek-
ten Pierre Puget. Le Corbusier lobte die
gestalterische Einheit des Komplexes.
Pugets Meisterwerk ist die zentrale Ka-
pellenrotunde mit der ungewöhnlichen elliptischen Kuppel. Hier finden
ständig Ausstellungen statt, es gibt darüber hinaus eine Kunstbuchhandlung
und ein Café.
  Im ersten und zweiten Stock des Ge-
vierts befinden sich das **Musée d'Ar-
chéologie méditerranéenne** (Okt.–Mai
Di–So 10–17, Juni–Sept. 11–18 Uhr, feiertags geschl.) mit ägyptischen, römi-

schen und keltoligurischen Exponaten.
Man schaudert vor den mit Eisenkram-
pen befestigten Schädeln, die einst Besucher des Oppidums La Cloche be-
grüßten. Japanisch muten die sitzenden Krieger an, ein Pferdekopffries
sowie der Türrahmen aus dem Heiligtum von Roquepertuse sind weitere Höhepunkte. Ursprünglich war er in Rot,
Schwarz und Weiß bemalt, was die To-
tenschädel, die den ›Fremden‹ entge-
gengrinsten – heute sind nur noch die
Löcher zu sehen –, noch gruseliger gemacht haben dürfte. Im **Musée des Arts
Africains, Océaniens, Amérindiens,** kurz
MAAOA, sind reichhaltige ethnologi-
sche Sammlungen ausgestellt. Makaber:
die Ahnen- und Trophäenschädel.

Rue du Petit Puits

An der kleinen Gasse haben sich rei-
henweise Galerien, Santoniers und Ke-
ramikgeschäfte niedergelassen. In der
Galerie Pigment 186 16 trifft man den
bekannten abstrakten Maler Hubert
Oddo meist selbst an; der alte Raum
mit der Holzbalkendecke ist das ehemalige Wohnhaus von Pierre Puget (17
rue du Petit Puits, Mi–So 14–18 Uhr,
www.hubertoddo.com).

Passage de Lorette 17

Durch eine gruselig-schmuddelige Passage aus dem 19. Jh. gelangt man in einen gigantisch hohen Innenhof. Hoch
oben flattert die Wäsche. Halb renoviert, halb verbrettert – hier wird die
Gentrifizierung des Panier anschaulich.
Wenn man weiter auf die frisch renovierte Rue de la République mit ihren
Wohnhäusern im Haussmann-Stil und
der schicken neuen Straßenbahn geht,
hat man Alt und Neu in Marseille plas-
tisch vor Augen.

Les Docks de la Joliette 18

Die architektonisch reizvolle Restaurierung der 1858 bis 1863 errichteten

Auf Entdeckungstour

Mit Fabio Montale durch Marseille

Auf den Spuren des desillusionierten Polizisten Fabio Montale, einer Romanfigur von Jean-Claude Izzo (1945–2000), geht es durch das Panier-Viertel, Marseilles' Altstadt im Hinterhof des Vieux Port. Da Montale gerne isst und trinkt, tun wir es ihm nach.

Bar des Treize Coins 11: tgl. 9–23 Uhr, Tel. 04 91 90 43 27.

Le Panier Gourmand 12: 4, Place des Pistoles, Tel. 06 12 46 28 16, tgl. 11–20, Sa/So im Sommer bis 22 Uhr.

Fabio Montale ist Polizist, zumindest noch in »Total Cheops«, dem ersten Teil der Marseiller Trilogie, der 1995 in Frankreich einschlug wie eine Bombe. Jean-Claude Izzo ist sein geistiger Vater. Beide sind mittlerweile tot: Montale starb in Teil 3 »Solea«, Izzo mit 54 Jahren an Lungenkrebs. In Marseille, wo sonst?

Ins Herz Marseilles auf den Spuren des *roman noir*

Der ehemalige Marseiller Journalist und Starautor, eine Ikone des linken Frankreichs, brachte seiner Heimatstadt eine unsentimentale Liebe entgegen, die die dunklen Seiten nicht ausblendet: Mafia, Kriminalität, militanter Fremdenhass, die maghrebinisch dominierten Problemviertel im Norden, in denen Montale als Polizist arbeitet. Kein Wunder, dass Izzo einen *roman noir* für das geeignete Medium hielt, Marseilles Probleme auf den Punkt zu bringen. Izzo wurde als Sohn eines neapolitanischen Barmanns und einer spanischen Schneiderin im Panier-Viertel geboren. In seinem Gassengewirr fanden seit jeher Einwanderer Zuflucht, so auch die Familie seines Helden Montale. Dessen Arbeitsplatz ist das **Polizeihauptquartier,** der ehemalige Bischofspalast gegenüber der Kathedrale La Major. »A l'Evêché« sagt der Marseiller, wenn er dorthin muss, nicht »zur Polizei«.

Einen Katzensprung davon entfernt liegt Montales »Kantine«! Die **Bar des Treize Coins** nimmt einen neuralgischen Punkt im Leben des Panier und Montales ein: Eine heruntergekommene Fassade, rot gestrichen, darauf Bilder großfiguriger Fußballer und Alltagsszenen, auf dem winzigen Platz ein paar Stühle. Das Publikum zwischen Szene und Leuten aus dem Viertel trinkt Kaffee, isst eine Kleinigkeit.

Tchatcher (quatschen) heißt es im Marseiller Slang. Wollte man sklavisch auf Montales Spuren wandeln, müsste man schon zum Frühstück flaschenweise Rosé trinken. Über **Montée des Accoules, Rue du Réfuge,** Rue des Pistoles führte der junge Montale stolz seine schöne Cousine Gélou nach Hause. Heute sind fast 70 % der Häuser renoviert und leuchten in hübschen Pastelltönen. In der **Rue des Pistoles**, wo Izzos Mutter geboren wurde und Montales unsterbliche, aber recht ephemere Liebe Lole wohnt, ist die eine Straßenseite abgerissen. Ein Parkhaus sollte gebaut werden, wurde nicht, da man auf römische Ruinen stieß, heute ist hier ein netter Platz, auf dem einige kleine Restauranttische stehen.

Gutes Essen, kultiges Flair

Montale isst gern, am liebsten proletarisch einfach. *Panisses,* das sind die für Marseille typischen in Öl ausgebackenen Pfannküchlein aus Kichererbsenmehl, bereitet die Wirtin der Crêperie **Le Panier Gourmand** gekonnt zu. Die **Pizzaria Chez Etienne** 9 in der Rue de Lorette 43 ist eine quasi-mythische Institution. Öffnungszeiten mehr oder weniger nach Lust und Laune, kein Telefon, aber ein stets volles Haus – seit an die vier Jahrzehnte backt Etienne hier seine Holzofenpizza, manche sagen, Marseilles beste. Bis die städtischen Autoritäten Etienne dazu verdonnerten, eine Preisliste auszuhängen, waren auch die Beträge der Beläge eher nach Lust und Sympathie. Am liebsten spaziert Montale um den **Vieux Port.** Genießen auch Sie den Gestank nach schmutzigem Wasser, Diesel, Marseille eben. Eine Stadt, die laut Izzo wie eine falsche Blondine am Bordstein nur das sehen lässt, was sie nicht ist. Das allerdings *kann* sich sehen lassen.

Marseilles' Boutiquen begeistern, wie hier Manon Martin

Speicherhäuser reflektiert ihren ursprünglichen Zweck. Radio- und Forschungsinstitutionen, Handels-, IT- und PR-Firmen haben nun hier ihren Sitz genommen. Der Architekt Eric Castaldi hat die gusseisernen Pfosten, die Deckengewölbe aus Backstein und die imposanten Innenhöfe der Industriearchitektur in ein Licht durchflutetes Meisterstück moderner Architektur verwandelt. Die vier hintereinander geschalteten Höfe spiegeln die vier Elemente. Die Experten von *bits and bytes* und *people business* frequentieren an Werktagmittagen trendige Bistros wie »Le Milano des Docks«, außerhalb der Bürozeiten sind die Docks ausgestorben.

Von den Docks wachsen die Neubauten aus hellem Kalkstein, Stahl und Glas nach Norden, in das riesige Sanierungsgebiet »Euroméditerranée«, von dem man sich in einer kleinen Ausstellung in den Docks ein gutes Bild machen kann. 2012 sollen die letzten Baustellen dann verschwunden sein.

Port Autonome

An den Docks beginnt der moderne Hafen. Europas drittgrößter und des Mittelmeers größter Hafen – Zielobjekt von Monsieur Sarkozys Mittelmeerträumen – erstreckt sich rund um den Golf von Fos. Personenschifffahrt und der Import von Zitrusfrüchten aus Nordafrika sind die Hauptstandbeine des Marseiller Teils. Von der A 55 hat man einen guten Überblick. Hier entsteht das supermoderne Kreuzfahrtterminal, denn Marseilles' Touristiker wollen bevorzugt die gut betuchte Klientel von Ozeanriesen und Kongressen in die Stadt locken. Die gesamte Seafront hier ist Gegenstand einer Sanierung, die die schöne Lage ins rechte Licht rücken soll.

Canebière

Die weltberühmte Canebière, die ihren Namen von den heute verschwundenen Hanffeldern erhielt, ist inzwischen mit so breiten Bürgersteigen verkehrsberuhigt,

von Übersee. Gemüsestände und Metzgereien zeigen dezidiert nordafrikanisches Flair (Mo–Sa 10–18 Uhr).

Cours Julien 21
»Cours Ju« heißt der kontinuierlich ansteigende Cours Julien in Marseille. Rund um dieses Zentrum des alternativen Marseille haben sich preiswerte Cafés und Restaurants, Modeschöpfer wie »Madame Zaza« (Nr. 73, tgl. 10.30–13.30, 14–19 Uhr) und Buchhandlungen angesiedelt. In La Plaine, wie das Viertel heißt, spielt die Musik.

Palais Longchamp 22
Metrolinie 1, Station
Longchamp/Cinq Avenues
Wie so viele historische Bauten des Zweiten Kaiserreichs verdankt die Stadt diese Sehenswürdigkeit dem Architekten Henri Espérandieu. Kolonnaden, Wasserspiele, eine Allegorie der Durance und überlebensgroße Tierfiguren schmücken den ehemaligen Abschluss des Canal de Marseille, der Durance-Wasser nach Marseille brachte. Wie so viele Denkmäler wird alles gerade restauriert. Das **Musée des Beaux-Arts** (Okt.–Mai Di–So 10–17, Juni–Sept. 11–18 Uhr, feiertags geschl.) zeigt Gemälde des 16.–20. Jh., u.a. von Rubens, Courbet, David, sowie Werke der gebürtigen Marseiller Pierre Puget, Adolphe Monticelli und Honoré Daumier und aus der Schule der provenzalischen Landschaftsmaler wie Ziem, wäre es nicht zur Zeit wegen Renovierung geschlossen. Im **Musée d'Histoire Naturelle** (Okt.–Mai Di–So 10–17, Juni–Sept. 11–18 Uhr, feiertags geschl.) entdeckt man im rechten Flügel fast lebensechte ausgestopfte Tiere Afrikas, der Provence und eine Abteilung zur Vorgeschichte (Di–So 10–17 Uhr).

dass die Autos mehr oder weniger im Dauerstau stehen. Sie war seit jeher Grenzscheide zwischen den armen Einwanderervierteln des Nordens und der distinguierten Kaufmanns- und Kolonialelite im Süden. Gebäude im Haussmann-Stil, teils mit pompösen Säulenfronten wie die Börse, Geschäfte, Dienstleister und Restaurants säumen sie heute.

Musée de la Mode 19
Okt.–Mai Di–So 10–17, Juni–Sept. 11–18 Uhr, feiertags geschl.
Wechselausstellungen zur Mode-Welt sowie eine Dauerausstellung zur Mode ab 1930 zeigt das abends effektvoll beleuchtete Gebäude vom Ende des 19. Jh., das von Jean-Michel Wilmotte im Jahr 1991 restauriert wurde. Fashionistas jeden Alters geraten in rauschhafte Zustände: Christian Lacroix, Pierre Cardin – Namen, Roben, ach!

Marché des Capucins 20
Einheimische sagen *marché de Noailles*. Hier bekommt man neben den üblichen Wochenmarktwaren viele Spezialitäten

Musée Grobet-Labadié 23
Hier betritt man die großbügerliche Wohnkultur eines reichen Marseiller

31 Château Borély
32 Botanischer Garten
33 Cité Radieuse
34 Musée d'Art contemporain
35 Musée de Faïence/Parc Pastré

Übernachten
2 Ryad
3 Le Corbusier
4 La Petite Maison
7 Vertigo
8 Jugendherberge Bonneveine

Essen & Trinken
1 Le Petit Nice
7 Toinou Dégustation
10 Le Cigalon

Aktiv & Kreativ
4 Centre de Bien-Etre Château Berger
5 Skate-Park Bowl
6 Golf Parc Borély
9 Schalenöffner

Abends & Nachts
2 Bar de la Plaine
3 Bar des Maraîchers
7 The Red Lion
9 Ballet National de Marseille

Großraum Marseille

Sehenswert

21 Cours Julien
22 Palais Longchamp
23 Musée Grobet-Labadié
24 Musée Cantini

25 Notre-Dame de la Garde
27 Jardin du Pharo
28 Vallon des Auffes
29 Prado
30 Parc Borély

Weitere Adressen
s. Karte S. 193/194

Pfeffersacks des 19. Jahrhunderts – Kunstschätze wie Gemälde von Fragonard, Ziem, Ingres, Delacroix und Corot finden sich hier neben dem Neureichen-Nippes des Zweiten Kaiserreichs.

Südlich der Canebière und des Vieux Port

Endlich Shoppen: Das Einkaufszentrum um die Fußgängerzone Rue de

Rome, Rue St-Ferréol und Rue du Paradis animiert mit teils sündhaft teuren Boutiquen, Patisserien und Feinkostläden zum Geldausgeben. Ein Blick auf die teils historischen Stadtpalais lohnt, vor allem auf die bürgerlichen Prachtbauten der Rue Sylvabelle.

Musée Cantini 24

Okt.–Mai Di–So 10–17, Juni–Sept. 11–18 Uhr, feiertags geschl.

In einem Palais des 17. Jh. können Sie sich mit dem Studium von Werken von Max Ernst, Matisse, Dufy, Picasso, Miró, Bacon etc. bleibendere Werte zuführen: Dies ist eine der größten Sammlungen der klassischen Moderne und zeitgenössischen Kunst. Besonders schön der Saal mit den Zeichnungen, u. a. von Hopper, Rothko und Picasso.

Notre-Dame de la Garde 25

7–19 im Sommer, Juli/Aug. bis 22, 7.30–17.30 Uhr im Winter; Petit Train und Bus 60 vom Alten Hafen

Auf einem 154 m hohen Kalksteinfelsen thront Marseilles' Wahrzeichen über einem Netz steiler Boulevards. Eine gewaltige vergoldete Marienstatue bekrönt die 2007 frisch restaurierte Wallfahrtskirche mit der eigenwilligen weiß-grünen Steinbänderung. 1853–1864 von Henry Espérandieu errichtet, ist die neobyzantinische Kathedrale mit goldgrundigen Mosaiken, Kuppeln, Exvotos und von der Decke baumelnden Schiff- und Flugzeugmodellen zum Dank für die Errettung aus der Not geschmückt. 1,5 Mio. Besucher jährlich machen sie zum meistbesuchten Gotteshaus der Provence. Hier beten die Feuerwehrmänner vor ihren Waldbrandeinsätzen, die Kicker von OM vor ihren Spielen. Nonstop-Beichten und ein Weihkerzen-Aufstellungsservice in der immer heißen Krypta zeugen von der organisatorischen Effizienz der Missionsfranziskaner und

von der ungebrochenen Liebe der Marseiller zu ihrer *Bonne Mère*. Preiswerte Speisen servieren die aus aller Welt stammenden Karmeliterinnen der Restaurant/Cafétéria ›L'Eau Vive‹ (Tel. 04 91 37 86 62, Di–So 8–18 Uhr). Der Blick von den vielen Aussichtsplattformen über Stadt und Küste ist hinreißend.

Abbaye St-Victor 26

tgl. 9–19 Uhr

Marseille ist neben den Lérins-Inseln die Keimzelle des europäischen Mönchtums. Johannes Cassianus, ein Rumäne, der in Bethlehem als Mönch gelebt und die ägyptischen Säulenheiligen kennen gelernt hatte, gründete hier 416 das erste europäische Kloster. Die heutige, im Innern größtenteils spätromanische Basilika St-Victor verdankt ihr wehrhaftes Äußeres Umbauten im 14./15.Jh. Den »Schlüssel des Hafens und der Stadt Marseille« nannte der ›gute‹ König René den religiösen Festungsblock, der Sarazenen, Seeräubern und Spaniern die Zähne zeigte.

Ein Juwel ist St-Victors Unterwelt: ein wahres Labyrinth aus Krypten, entstanden auf Resten eines griechischen Steinbruchs sowie römischen und frühchristlichen Nekropolen, mit angemoosten Märtyrergräbern, Sarkophagen und archaisch wirkendem Bauschmuck. An Lichtmess am 2. Februar verlässt die schwarze Madonna die Krypta für eine Prozession, zu der die Gläubigen grüne Kerzen tragen und der Bischof die *navettes* in der Bäckerei »La Four des Navettes« (s. S. 212) segnet. Die harten Knabbereien mit Orangenblütengeschmack symbolisieren das Schiff, mit dem die hl. Marien über das Mittelmeer gekommen sein sollen.

Jardin du Pharo 27

Von diesem Garten, bei den Marseillern zum Flanieren und Picknicken beliebt, hat man einen ausgezeichneten Blick auf den Alten Hafen. Das Pharo-Schloss aus dem 19. Jh., nun ein Kongresszentrum, schenkte Kaiserin Eugénie, die Gattin Napoleons III., der Stadt. Im Sommer kann man in der ›Buvette du Pharo‹ gute Snacks essen. Spielplätze locken Mütter mit ihren Kindern an.

Die Corniche

An der kindertauglichen Badebucht Anse des Catalans beginnt die 5 km lange Corniche John F. Kennedy, eine der schönsten Küstenstraßen der Welt, die sich am azurblauen Meer mit Blick auf den Frioul-Archipel bis zum Prado hinzieht. Ein Riesenporträt des Marseiller Fußball-Idols Zinédine Zidane schmückt die Fassade von Nr. 84. Villen reicher Handelsmagnaten des 19. Jh. zieren die Landseite. Bus 83 vom Quai des Belges fährt die Corniche entlang.

Vallon des Auffes 28

Fischerboote schaukeln in Reih und Glied und die rötlich-gelben Häuschen drängen sich den Hang hinauf. In teuren, berühmten Restaurants, z. B. »Chez Fonfon« und »L'Epuisette«, wird nicht nur Bouillabaisse serviert. Kurz darauf kommt man zu den kleinen Halbinseln Anse de Malmousque und Anse de Maldormé, den wohl intimsten Bademöglichkeiten der Stadt. Man muss sich nur seinen Felsen aussuchen.

Prado 29

Métro Rond-Point du Prado, dann Bus 19

Hinter Césars Schiffsschrauben-Denkmal für die *rapatriés*, die heimgeführten Algerien-Franzosen, beginnt der großzügige Prado-Strand, in den 1970er-Jahren mit dem Aushub der Metro künstlich aufgeschüttet. Dank moderner Kläranlagen wehen an Mar-

seilles' etwa zwei Dutzend Stränden und Badebuchten fast überall blaue Flaggen. Kilometerlang zieht sich der Strand. Badende und Sonnenhungrige prägen das entspannte Bild. Ein Hingucker sind die mutigen Kite-Surfer am für sie und Windsurfer reservierten Strand gegenüber der Rennbahn, die unter ihren bunten Schirmen hängend über die Wellen springen. Am Strand von Bonneveine kann man Wasser- und Jetski, am Strand von La Pointe Rouge auch Surfbretter leihen.

Parc Borély 30

134, av. Clot-Bey, 6–21 Uhr, Métro Rond-Point du Prado, dann Bus 83, 19

Die Avenue du Prado führt an der großen Kopie von Michelangelos David im Rücken des Prado zum Parc Borély, beliebt bei Joggern, Skatern, Hundebesitzern, Familien und Schulklassen. Ein Teich mit Federvieh und Brötchenverleih, ein Spielplatz mit altertümlichem Karussell, Wasserspiele, Park- und Rasenflächen sowie das klassizistisch-schlichte, 1768 erbaute **Château Borély** 31, das 2009 das Museum für angewandte Kunst aufnehmen soll, ziehen die Parkbesucher an. Der reizende **Botanische Garten** 32 wartet mit einem japanischen Tempel samt Koi-Karpfenteich, einem Kakteenbeet und wunderschönen Blumenrabatten auf. Ein Pferderennplatz, ein Golfplatz und der berühmte Bowl (s. S. 213) liegen um die Grünanlage herum.

Musée d'Art contemporain 34

69, av. de Haïfa, Métro Rond-Point du Prado, dann Bus 23 und 45

Von der Corniche hinter dem Parc Borély führen Avenue de Bonneveine und de Hambourg zum – die Franzosen lieben Abkürzungen – MAC neben Césars Riesenfinger-Plastik. In hellen, weiten Räumen hängen Wechselausstellungen zeitgenössischer Kunst.

Musée de Faïence/Parc Pastré 35
Métro Castellane, dann Bus 19
Noch weiter über die Corniche geht es zum Steingut-Museum, das Exponate von der Steinzeit bis zu Jena-Glas und Memphis zeigt. Der Schwerpunkt liegt auf den fantasievoll bemalten Erzeugnissen der großbürgerlichen Tafelkultur des 18. Jh. Die Bastide Pastré, typisch für die schlossähnlichen Sommerfrischen der großen Marseiller Familien, bildet den mondänen Rahmen. Ein beliebtes Ausflugsziel ist der weitläufige Park, teils ist er naturbelassen, teils besteht er aus Rasenflächen. Auf den Seilen, Strickleitern, Holzröhren und Schwebebrücken von »Acrobranche« wird jeder zum Tarzan. Animateure sorgen dafür, dass nur die großen Kinder den bis zu 4 m hohen Königsweg in Angriff nehmen. Für die Kleineren gibt es einen weniger hohen Kletterparcours.

Château de la Buzine
Métro La Timone, dann Bus 12, So, Mo 14.30–18.30, Di–Sa 9.30–12.30, 14.30–18.30 Uhr
In Les Camoins steht das neoromanisch-neobarocke Château de la Buzine, »das Schloss, vor dem meine Mutter sich so gefürchtet hatte«. Pagnol kaufte es 1941, doch sein Traum, hier ein cineastisches Zentrum einzurichten, erfüllte sich damals nicht. Aber nun entsteht La Maison des Cinématographies de la Méditerranée. Seit 2006 unternimmt der Architekt André Stern eine millionenschwere Restaurierung des Bauwerks, das jährlich von 50 000 Pagnol-Pilgern besucht wird. In einer Boutique kann man schon Bücher, Poster etc. zu Marcel Pagnol kaufen.

La Treille
Bus 50 von place Castellane nach »Centre-commercial-de-la-Valentine«, dann Bus 12 nach »La Treille«

Auf den Spuren Marcel Pagnols
Am östlichen Stadtrand von Marseille lohnt ein Ausflug auf den Spuren von Marcel Pagnols (1895–1974) »Kindheit in der Provence«. Der autobiografische Provence-Roman des Übersetzers, Autors und Filmemachers ist die ideale Urlaubslektüre. Die Irrungen und Wirrungen des jungen Marcel, sein glückliches Familienleben und die Ferien in der Garrigue-Wildnis der Chaîne de l'Etoile sind liebevoll ironisch beschrieben. Als »Der Ruhm meines Vaters« und »Das Schloss meiner Mutter« verfilmte Yves Robert die beiden Romanteile 1990 kongenial.

Auch Manons Quelle findet man oberhalb von La Treille. Der Roman »Das Wasser der Hügel«, mit Gérard Départieu und Yves Montand verfilmt, schildert das Scheitern des Städters Jean von Florette, der auf der Suche nach dem alternativen Landleben ist, und die Rache seiner Tochter Manon. Er zeigt die Provenzalen ganz anders, als das Klischee es wahr haben will: Skrupellosigkeit und Habgier bewegen Le Papet und Ugolin, dem buckligen Florette die lebenswichtige Quelle zu verstopfen.

Unterhalb des Dorfs La Treille fließt noch der ungedeckte Kanal, der bei der allsommerlichen Reise der Pagnols aufs Land so wichtig war. Auf dem Friedhof liegen sie alle begraben: Marcel Pagnol mit seiner Mutter Augustine und der kleinen Enkelin in dem einzigen laizistischen Grab ohne Kreuz, Bruder und Vater, der im Ersten Weltkrieg gefallene Freund Lili.

Den Chemin des Bellons hinauf kommt man in den Weiler Les Bellons, wo noch ein Sohn Pagnols in der Bastide Neuve wohnt. Kurz dahinter beginnt die grandiose Kalksteinwildnis

Mein Tipp

Wohnen beim Vater der modernen Architektur

Von 1946–52 ließ Charles-Edouard Jeanneret, vulgo »Le Corbu«, seine erste Wohneinheit, die **Cité Radieuse** 33, auf 38 Betonstelzen bauen. 2003 verliebten sich die unorthodoxen Juristen Alban und Dominique Gérardin in das Hotel und begannen, den Designschätzen ihren einstigen Glanz zurückzugeben – ohne ihnen Botox zu spritzen, wie Dominique augenzwinkernd sagt. Zwei Zimmer mit einer gemeinsamen Dusche sind die ideale Familienbleibe für nur ca. 120 €. Alles original in den schlichten, funktionalen Linien Le Corbusiers eingerichtet, mit Eames-Sesseln, Laroche de Le Corbusier-Lampen, Parkettfußboden, Balkon. Das ambitionierte moderne Restaurant trägt den schönen Namen »Le Ventre de l'Architecte«, der »Bauch des Architekten«. Die Krone des Ganzen ist die riesige Dachterrasse. Um ein Planschbecken kann man sich sonnen, lesen, die weite Aussicht auf die wilde Küstenlandschaft der Calanques und das Meer genießen. Man spürt auch den ausgeprägten Gemeinschaftssinn der Bewohner, darunter viele Künstler und Architekten. **Hotel Le Corbusier** 3, 280, blvd. Michelet, Tel. 04 91 16 78 00, Fax 04 91 16 78 28, www.hotellecorbusier.com, EZ 59, Studios bis zu vier Personen 104–120 €, Hauptgericht ca. 28 €. Mit Fitnessraum. Besichtigung ohne Buchung gegen Gebühr, Bus 21 von Galeries Lafayette.

der Chaîne de l'Etoile mit ihrem höchsten Berg, dem Garlaban (710 m). Hier drehte Pagnol die meisten seiner Filme. »Hinter dem Haus bildeten die Kiefern dunkle Inseln auf dem weiten Hochland, das sich über Hügel, Täler und Hochebenen bis zur Kette der Sainte Victoire ausdehnte. Die Bastide Neuve war das letzte Haus vor Beginn der Einöde ...« Das Office de Tourisme von Aubagne hat sieben Wanderwege angelegt. Zur Grotte von Manon sind es hin und zurück zwei mittelschwere Stunden. Wer unter dem Gipfelkreuz des Garlaban stehen will, ist fünf schwere Stunden mit vielen Steigungen unterwegs.

Château-Gombert

Métro 1 Malpassé, dann Bus 5; place des Héros, Di–Fr 9–12, 14–18.30, Sa/So 14.30–18.30 Uhr

In Castëu Goumbert am nördlichen Stadtrand geben sich Tradition und Moderne die Hand: Wo das Hochtechnologiezentrum seinen Sitz hat, versetzt einen das Heimatmuseum in die Zeit Pagnols und vor Pagnol. Seit 2008 zeigt ein moderner Anbau Kirchenkunst und Kostüme. Provenzalisches Brauchtum und provenzalische Sprache werden hochgehalten. Bei der landesweit bekannten Fête St-Eloi am zweiten Sonntag im Juni segnet der Priester 140 Pferde vor der Kirche.

Estaque

Bus 35 von der place Gabriel-Péri am Vieux Port

Der malerische Arbeitervorort und Hafen 12 km nördlich des Vieux Port ist berühmt als Sammelpunkt großer Maler wie Cézanne, Dufy, Braque, Renoir oder Macke, die hier 1860 bis 1920 bevorzugt urlaubten und arbeiteten. Probieren Sie die Kichererbsen-Pfannküchlein *panisses* oder *chichi freggi*, mit Zucker bestäubtes Ölgebäck.

Übernachten

Hafenbalkon – **La Résidence du Vieux Port** **1** : 18, quai du Port, Tel. 04 91 91 91 22, Fax 04 91 56 60 88, www.hotel marseille.com, DZ 126–137 €. Die meisten der 50 Zimmer haben einen Balkon mit Blick zum Alten Hafen. Man renoviert die Zimmer stockwerkweise, verlangen Sie eines der neuen.

Marokko zeitgenössisch – **Ryad** **2** : 16, rue Sénac de Meilhan, Tel. 04 91 47 74 54, Fax 04 91 48 70 59, www.leryad.fr, DZ 95–140 €. Das kleine Boutiquehotel ist in schlichten, modernen Linien marokkanisch eingerichtet, mit Holz, Leder und Schmiedeeisen. In dem hübschen Innenhofgarten plätschert ein Brunnen, dazu gibt es Maghreb-Küche. Absolut empfehlenswert.

Privatzimmer zum Verlieben – **La Petite Maison** **4** : 5, rue des Flots-Bleus, Tel. 04 91 31 74 63, www.lapetitemai sonamarseille.com, DZ inkl. Frühstück 95 €. Die geräumigen Zimmer – Chocolat, Framboise, Vanille sind Farbindikatoren – sind zauberhaft zeitgenössisch. Vom Orangenwein aus dem eigenen Garten bis zum Abendessen für 30 € macht die Wirtin alles selbst.

Budget-Design – **Kyriad Vieux Port** **5** : 6, rue Beauvau, Tel. 04 91 33 02 33, Fax 04 91 33 21 34, www.hotel-kyriad vieux-port.fr, DZ 89 €. Sehr kleine, saubere Zimmer mit Ansätzen von Design, TV und Kaffeekocher, die winzigen Bäder sind nichts für King-Size-Gäste. Drei Schritte von Altem Hafen und Office de Tourisme. Höllisch roter Aufzug und gutes Frühstücksbuffet.

Man spricht Deutsch – **La Maison du Petit Canard** **6** : 2, impasse Ste-Fran-

çoise, Tel. 04 91 91 40 31, http://mai son.petit.canard.free.fr, DZ inkl. Frühstück 55 €. In dem typischen alten Panier-Haus wohnt man wirklich bei Privatleuten; sehr persönlich und intim ist auch die Einrichtung, Zimmer »Tournesol«, z. B. mit Mezzanin; Abendessen an der langen gemeinsamen Tafel, Ferienwohnung und Zimmer für bis zu vier Pers.

Marseilles' erstes Hostel – **Vertigo** **7** : 42, rue des Petites Maries, Te. 04 91 91 07 11, www.hotelvertigo.fr, Bett im Schlafsaal für fünf, sechs Personen mit zwei Duschen 23/90, DZ mit Bad/WC 55–65 €. Am Bahnhof St-Charles mehrere Gebäude um einen Innenhof, mit Bar, Internetanschluss, Küche zum Selberkochen, Frühstück 5 €. Die ›Dachsuite‹ mit ihren charmanten Flohmarktmöbeln und einem Balkon über den Dächern ist der Traum vieler Backpacker-Honeymoonern.

Jugendherberge – **Auberge de Jeunesse Bonneveine** **8** : impasse du Docteur Bonfils, Tel. 0491 17 63 30, Fax 04 91 73 97 23, www.fuaj.org, 16 € im Schlafsaal, 19 € im DZ. Modernes Gebäude im Hinterland des Strands, Bus 44 von Metro-Haltestelle Rond Point du Prado.

Essen & Trinken

Die meisten Restaurants, Bars und Cafés findet man am Cours Honoré d'Estienne d'Orves um und am Cours Julien, ethnische Restaurants z. B. an der Rue des Trois Rois und (oft touristisch) rund um den Alten Hafen. Überall gibt es Pizzerien – Pizza aus dem Holzkohlenofen ist ein Ur-Marseiller Gericht! Fischrestaurants am Prado-Strand, in den Buchten und Calanques (s. S. 219).

Einmal im Leben – **Le Petit Nice** **1** : Anse de Maldormé, Corniche Kennedy, Tel. 04 91 59 25 92, Fax 04 91 59 28 08, www.pe

Marseilles' legendäre Bouillabaisse mit frischen Meeresfrüchten

titnice-passedat.com. Das lichte Restaurant mit Meerblick hat als einziges in der Provence drei Michelin-Sterne. Die außergewöhnliche Gourmetküche von Gérald Passédat kreist um Fisch und Meeresfrüchte in perfekten, immer neuen Kombinationen: Krabbe mit Kakao, Hummer mit Ingwer. Das Übernachten in der Villa kostet nicht mehr als 190–530 €.

Für moderne Gourmets – **Une Table au Sud** 2 : 2, quai du Port, Tel. 04 91 90 63 53, Di–Sa 12–14, 20–23 Uhr, Menüs 34–88 €. In sonnengelbem Ambiente mit Hafenblick, ein wenig versteckt im ersten Stock, wird eine mit einem Michelin-Stern belohnte Provenceküche mit Crossover-Einflüssen gekocht. Calamares und Rindfleisch, *pourquoi pas?*

Bouillabaisse und Siegelringe – **Le Miramar** 3 : 12, quai du Port, Tel. 04 91 91 10 40, Di–Sa 12–14, 19.30–22 Uhr, Bouillabaisse 56 €. Eine Institution mit altertümlichen roten Samtbänken, auf denen schnurrbärtige ältere Herren mit dicken Siegelringen sitzen (wie in »Borsalino«, der mit Belmondo/Delon im Panier gedreht wurde). Terrasse am Alten Hafen; Veranstalter von Bouillabaisse-Kochkursen.

Pompös – **La Grotte:** s. Tipp S. 212

Bistroschick – **Café des Epices** 5 : 4, rue Lacydon, Tel. 04 91 91 22 69, Di–Fr 12–14, 19.30–22, Sa 12–14 Uhr, Menü 25 €. Fast immer ausgebuchtes Restaurant mit Terrasse neben der Maison Diamantée. Menü auf der Schiefertafel, zeitgenössische Küche.

Maghrebinisch – **Le Souk** 6 : 100, quai du Port, Tel. 04 91 91 29 29, So 12–15, Di–Sa 12–14, 19–23 Uhr, Menü 20/29 €.

Nomen est omen, und so sind Deko, Kellner und Speisen entschieden orientalisch.

Schicke Schale – **Toinou Dégustation 7**: 3, cours St-Louis, Tel. 04 91 33 14 94, tgl. 12–14, 19–23 Uhr, Meeresfrüchteteller 15–19 €. Frische Meeresfrüchte wie Austern, Miesmuscheln, Seeigel in einem kühlen Barambiente mit bordeauxroten Wänden.

Mama kocht italienisch – **Chez Vincent 8**: 25, rue Glandevès, Tel. 04 91 33 96 78, Di–Sa 12–14, 20–23 Uhr, Aug. geschl., Gericht ab 8 €. Einfach, preiswert, sizilianisch, seit 1946. Zu den begeisterten Gästen zählen Opernsänger, Schauspieler, OM-Spieler, Normalos. Küche: Pizza, *Soupe au pistou*, Pasta, alles frisch zubereitet.

Pizzeria – **Chez Etienne 9**: s. S. 201.

Essen wie zu Pagnols Zeiten – **Le Cigalon 10**: 9, blvd. L. Pasteur, Tel. 04 91 43 03 63. Mi–So 12–15, Do–Sa auch 19–22 Uhr, Menü 25 €, besser vorbestellen. Auf der schattigen Terrasse dieses über 100-jährigen Landgasthofs fühlt man sich wie zu Pagnols Zeiten. Mit herrli-

chem Ausblick isst man z. B. die Marseiller Spezialität *pieds et paquets* oder die *daube provençale*, einen provenzalischen Rinderschmortopf.

Viertelbar im Panier – **Bar des Treize Coins 11**: s. S. 200.

Crêperie – **Le Panier Gourmand 12**: s. S. 200.

Einkaufen

Das wichtigste Einkaufsviertel erstreckt sich zwischen Préfecture und Canebière, Nobelboutiquen findet man in der Rue du Paradis und Rue de Rome; Souk-Atmosphäre herrscht an der Rue du Tapis Vert. Die Rue de la République ist eine brandneue Shopping-Meile mit internationalen Ketten des mittleren Preissegments.

Mode – **Rue de la Mode 1**: Eine ganze Modestraße, die von der Oper zur place Charles de Gaulle führt, über ein Dutzend Boutiquen Marseiller Modeschöpfer und großer Marken.

Keramik – **Céladon 2**: 40, rue Ste-

Mein Tipp

Speisen umgeben von Büchern

Literarischer kann man nicht speisen als unter den prachtvollen 19.-Jh.-Ausgaben in den roten Bücherregalen wie Zolas »Le Ventre de Paris«, die man durchaus auch lesen darf. In einem Raum kann man die unverputzten Wände der alten Werftgebäude sehen: *Arsenal* heißt Marinewerft. Gediegen bürgerlich. Klassiker der exzellenten Küche sind die gefüllten provenzalischen Gemüse, die gegrillten Jakobsmuscheln oder *pieds et paquets*, alles wunderschön dekoriert. Angeschlossen ist eine Buchhandlung mit Antiquariat des Verlags Edition Laffitte (Di–Sa 10–19 Uhr) sowie eine zu Essenszeiten geöffnete Geschenkboutique, in der sich viel um Wein dreht (Mo–Sa 10–23 Uhr). **Les Arcenaulx 4**: 25, cours Honoré d'Estienne d'Orves, Tel. 04 91 59 80 30, www.les-arcenaulx.com, Mo–Sa 12–14, 20–23 Uhr, Menüs 26–54 €.

Mein Tipp

Pomp am Ende der Welt

Ein Restaurantsaal im dekorverliebten Napoleon-III-Stil vom Ende des 19. Jh. – verzierte Eisenguss-Säulen, Riesenspiegel mit goldenen Stuckrahmen, maritime Gemälde, neobarocke Sessel – am Anus mundi in Callelongue (s. S. 218). Und eine Küche, die es in sich hat: Käse-Tapenade im Teigmantel, Gänseleber mit süßen Zwiebeln und Birnenflan, frische gegrillte Felsenfische. Die Marseiller machen die weite Reise hierher für die exzellente Pizza, und die ist preismäßig noch eine Überraschung! So kommt es, dass es hier fast immer proppenvoll ist.
La Grotte: av. Pébrons, Callelongue, Tel. 04 91 73 17 79, tgl. 10–1 Uhr, *à la carte* ca. 40 €, Pizza ca. 13 €.

Françoise, Panier-Viertel, tgl. 10–19 Uhr. Galerie mehrerer Keramikkünstler – Teller, Ringe, Flaschenlampen – zu erschwinglichen Preisen.

Schokolade – **La Chocolatière du Panier** 3: place des Treize-Cantons, Di–Sa 9.30–13, 14–19 Uhr: ausgefallene, butterlose Schokoladen, eine Marseiller Institution.

Schirmmützen – **Charly Casquette** 4: 188, av. Roger-Salengro, Mo–Sa 10–12.30, 14–18.30 Uhr. Seit den 1930er-Jahren sind die handgenähten Schirmmützen unverzichtbar für Pétanque-Spieler – Kult in Marseille.

Traditionsgebäck – **La Four des Navettes** 5: 136, rue Sainte, Mo–Sa 7–20, So 9–19.30 Uhr. Historische Bäckerei, wo man auch die monatelang haltbaren *navettes* kaufen kann, online bei: www.fourdesnavettes.com.

Traditionelle Krippenfiguren – **Atelier Carbonel** 6: 47 und 49, rue Neuve-Ste-Cathérine. Santon-Atelier (Mo–Do 8–13, 14–17.15 Uhr) mit kleinem Museum und Geschäft (Di–Sa 10–12.30, 14.30–18.30 Uhr).

Hausgemacht und scharf – **La Maison du Pastis** 7: 108, quai du Port, Mo–Sa 10.30–18.30, So 11–17 Uhr: 95 Pastis- und Absinthmarken, hausgemacht und nach alter Art, online-Bestellung: www.lamaisondupastis.com.

Fußballfanartikel – **Made in Sport** 8: 29, rue St-Ferréol, Tel. 04 91 59 90 77, www.madeinsport.com, Mo–Sa 10–18 Uhr: OM-Fanartikel und Kleidung und – falls in Marseille möglich – für Fans anderer Fußballclubs. Online-Bestellung.

Boulekugeln – **La Boule Bleue:** s. S. 59.

Aktiv & Kreativ

Sightseeing per Bus – **Le Grand Tour** 1: Der Hop-on-Hop-off-Doppeldeckerbus fährt vom oberen Ende des Quai du Port eine Schleife von 1 ½ Stunden. Man kann an allen 16 Stationen zu- und aussteigen und gelangt so u. a. zu der Kirche Notre-Dame de la Garde und zum Prado (5. Nov.–25. Dez., Febr.–21. März Mo–Fr 10, 12, 14.30, 16.15 Uhr, 22. März–4. Nov., 26. Dez.–6. Jan. tgl. sowie Sa/So in der Nebensaison 10, 11, 12, 13, 14.30, 15.30, 16.30, 17.30 Uhr).

Tauchen – **Les Plaisirs de la Mer** 2: 1, quai Marcel Pagnol, Tel. 04 91 33 03 29, http://plmclam.free.fr. Tauchtaufen, bei denen der Tauchlehrer stets Händchen hält, kosten 45, für Kinder von acht bis zwölf 38 €. Auch für 48 € über das Office de Tourisme zu buchen.
Marseille ist einer der Hot Spots des Tauchens, sowohl professionell (Comex, Tauchinstitut INPP u. a.) als auch touristisch. Kalksteinabhänge, Höhlen und Wracks voller Korallen, blaue Gor-

gonien, Seesterne, Meeraale, Petersfische, Seeigel, Brassen, Langusten und Krebse bieten jedem etwas, vom Debütanten bis zum Profi. Berühmt ist die »Grotte à Corail« vor der Insel Maïre, ein Teppich aus roten Korallen in 15 m Tiefe. Hauptsaison ist von Mai bis November und im Winter mit Wassertemperaturen um die 12 °C kann man in Neopren auf Voranmeldung meist tauchen.

Bootsfahrt Calanques – **Croisières Marseille Calanques** 3: 74, quai du Port, Alter Hafen, Tel. 04 91 58 72 23, www.croisieres-marseille-calanques.com, in den Monaten Apr.–Nov. tgl. 14 Uhr, April, Juni, Aug., Okt. 9.30 alle geraden Tage, Mai, Juli, Sept., Nov. 9.30 Uhr alle ungeraden Tage, 25 €. Mit dem Ausflugsboot die Calanques vom Meer her kennenlernen.

Wellness – **Centre de Bien-Etre Château Berger** 4: 281 corniche J. F. Kennedy, Tel. 04 91 52 61 61, www.chateauberger.com. Meerbäder, Whirlpools, Wassergymnastik und mehr. Ultramodernes, elegantes Thalassotherapiezentrum in einer prachtvollen Villa des 19. Jh. direkt am Meer (Behandlungen auch stundenoder tageweise).

Gratis unter freiem Himmel – **Skate-Park Bowl** 5: Der Bowl am Strand Gaston Deferre zieht Skater an, gilt er doch als einer der besten Europas. Auch BMX-Räder, Mountainbikes und Roller können hier eingesetzt werden. Ganzjährig Wettbewerbe.

Golfen – **Golf Parc Borély** 6: Golfinitiation am ersten So jeden Monats, 14–15 Uhr, fünf bis zwölf Personen, 10 €. Auf dem Neun-Loch-Platz im Parc Borély mit Blick auf Meer und Hügel können Anfänger oder Fortgeschrittene eine Stunde unter Anleitung spielen. Zu buchen über das Office de Tourisme, s. S. 214.

Wandern – **Geführte Wanderungen:** Außer im Sommer, wenn die Gebirge

gesperrt sind, führen kundige Guides Gruppen von 7–15 Personen (ab 8 Jahren für 15 €) drei Stunden lang entweder durch die Calanques (Fr 14–17, Sa 9–12 Uhr) oder auf Marcel Pagnols Spuren von La Treille aus (Sa 14–17 Uhr) ins Gebirge. Es gibt keine technisch anspruchsvollen Passagen (reine Gehzeit 2 Std.). Zu buchen über das Office de Tourisme, s. S. 214.

Kochen – **Bouillabaisse kochen** 7: Einmal im Monat, 9.30–14 Uhr, 120 €. Nachdem ein Führer den Teilnehmern den Alten Hafen erklärt hat, kommt der Küchenchef des **Miramar** und erklärt auf dem Fischmarkt, welche Fische in Marseilles' berühmte Fischsuppe gehören. Anschließend wird in seinem Restaurant am Hafen gekocht und aufgegessen. Office de Tourisme, s. S. 214.

Kochen – **»Chef pour un jour«** 8: Einmal im Monat, 9–14 Uhr, 1–2 Pers., 120 €. Der Küchenchef des Restaurants **La Ferme** in der Rue Sainte lässt sich einen Vormittag in die Töpfe schauen, man kocht mit und speist anschließend. Office de Tourisme, s. S. 214.

Kochen – **Schalenöffner** 9: Letzter Sa des Monats 10–14 Uhr, 6–10 Pers., 45 €. Man lernt bei **Toinou**, Experte für Muscheln, Seeigel, Austern und allerlei Seegetier, die sperrigen Schalen gekonnt zu öffnen und zu verkosten.

Privatboot – **Bleu Evasion** 10: Pointe Rouge am Alten Hafen, Tel. 06 64 98 65 96, www.bleuevasion.fr, April–Okt., 7–11 Pers. pro Schiff. Vormittags pro Pers. 40, am Nachmittag 55 €, ganzer Tag 95 €. Oder man mietet ein ganzes Boot (halber Tag 240–480, ganzer 570–830 €). Ausflüge auf dem sonnenenergiebetriebenen »Solis« oder der »Walis« – man kann sich sonnen, schnorcheln, baden oder tauchen, der Kapitän fährt an einsame Orte in den Calanques oder an der Côte Bleue. Nachts um 20, 21.30 und 23 Uhr gibt es eine Stunde »Lichter von Marseille« für 30 €.

Abends & Nachts

Die Szene trifft sich in La Plaine (um Cours Julien/place Jean-Jaurès), um den Alten Hafen und in den Trendbars des Prado. An den Abenden und manchmal sogar am Wochenende ist allerdings nicht viel los – Nachtschwärmer beklagen sich immer wieder.

Gemütlich schicke Weinbar – **La Part des Anges** `1`: 33, rue Sainte, Tel. 04 91 33 55 70, Bar tgl. 9–2, Essen bis 23, Do–Sa bis 24 Uhr. Mit Weinhandlung und kleinen, preiswerten Gerichten.

Lokaler Treff – **Bar de la Plaine** `2`: 57, place Jean-Jaurès, tgl. 5–2 Uhr. Dieses typische Lokal ist der Treff von OM-Fans, Regionalisten u. a.

Institution – **Bar des Maraîchers** `3`: 101, rue Curiol, Mo–Sa 15–2 Uhr. Fabio Montale war einer ihrer vielen Stammkunden. Monsieur Hassan, der Patron, liebt französische Chansons, also kein neumodischer Hip-Hop-Chichi.

Pagnol-Drehort – **Bar de la Marine** `4`: 15, quai du Rive Neuve, Tel. 04 91 54 95 42, Fr–So 6.30–4, So–Do 6.30–2 Uhr. Im Stil der 1930er-Jahre aufgemachte Brasserie, Fotos zum hier gedrehten Pagnol-Film »Marius« an den Wänden, Szene-Publikum und Brasserie-Speisen.

Alteingesessen – **La Caravelle** `5`: 34, quai du Port, tgl. 7–2 Uhr. Vorkriegsbar mit Ausstattung von 1938, Marseiller Tapas (Kémia), Nachtrestaurant, Fr/Sa Jazz, der Balkon über dem Alten Hafen wirkt, als würde er bald abbrechen.

Disco mit mehreren Sälen – **Le Trolleybus** `6`: 24, quai de Rive Neuve, Mi–Sa 23.30–6 Uhr. Diese Disco in einer alter Galeerenwerft besteht aus einem unterirdischen Gang, von dem mehrere unterschiedlich eingerichtete Säle mit Rock, House, Funk etc. abgehen. Schon Montale hat sich hier amüsiert!

Nah am Meer – **The Red Lion** `7`: 231, av. Mendès-France, tgl. 15–2, Fr/Sa bis 4 Uhr. Konzerte, Quiz, Themenabende oder einfach nur Happy Hour auf der langen Holzterrasse am Strand.

Kultur

Bühnen-Hotspot – **Théâtre National La Criée** `8`: 30, quai de Rive Neuve, Tel. 04 91 54 70 54, www.theatre-lacriee.com. Im umgebauten Fischmarkt von 1909, Direktor Jean-Louis Benoît.

Opulent – **Ballet National de Marseille** `9`: 20, blvd. Gabès, Tel. 04 91 32 72 72, www.ballett-de-marseille.com. Direktor Frédéric Flamant führt hier, trotz des Weggangs von Marie-Claude Pietragalla, ein renommiertes Zentrum zeitgenössischen Tanztheaters.

Kulturgenuss – **Oper** `10`: 2, rue Molière, neoklassizistisches Gebäude des 18. Jh., das im Jugendstil renoviert wurde.

Infos & Termine

Touristeninformation

Office de Tourisme: 4, La Canebière, Tel. 04 91 13 89 00, www.marseille-tourisme.com, Mo–Fr 9–19, So 10–17 Uhr. City-Pass und Websites s. S. 190.

Termine

Tickets für Veranstaltungen: FNAC, Centre Bourse, Tel. 089 26 836 22, www.fnac.com.

Babel: Dreitägiges Festival der Weltmusik Ende März.

Les Nuits Caroline: Juli/Aug., Musik/Theater im einstigen Pesthospital auf der Frioul-Insel, www.nuits-caroline.com.

Jazz-Festival: Juli, beim Wasserturm des Palais Longchamp Jazz aus fünf Kontinenten, www.festival-jazz-cinq continents.com.

La Marseillaise: Juli, Boule-Weltmeisterschaft mit über 12 000 Spielern im Parc Borély, traditionelles Finale am Alten Hafen, www.lamarseillaise.com.

Fiesta del Sud: An den Oktoberwo-

Abends sehr beliebt – die Marseiller Bar de la Marine

chenenden Konzerte moderner Musikrichtungen, www.fiesta-des-suds.org.
Santon-Markt: letzter So im Nov. bis 31. Dez., cours d' Estienne d'Orves, einer der ältesten Märkte der Provence.

Verkehr
Info für alle öffentlichen Verkehrsmittel, falls nicht anders angegeben: RTM, 6, rue des Fabres, Tel. 04 91 91 92 10, www.lepilote.com und www.rtm.fr.
Ausflugsboote vom Quai des Belges: Tel. 04 91 33 03 29, www.marseille cote-mer.com. Calanque-Touren.
Bus und Bahn: Bahnhof St-Charles: Tel. 36 35, www.sncf.fr. Auch der TGV nach Paris, 17-mal tgl. 3 Std. Busbahnhof daneben, place Victor Hugo, Tel. 08 91 02 40 25; Busse und Bahnen in alle Richtungen, nach Aix z. B. alle 10 Min.
Metro, Tramway und Bus: Gut ausgebautes Verkehrsnetz mit zwei Metrolinien (nur 5–21, Fr/Sa bis 0.30 Uhr), einer brandneuen Tramway (www.le tram.fr) mit 27 Stationen von La Joliette nach Caillols und vielen Bussen (Fluobus bis 0.45 Uhr). Plan in Metrostationen, Office de Tourisme und RTM. Tickets hier, in Metrostationen und Tabakläden, einzeln auch im Bus.
Mietwagen: Europcar, 59, al. Léon Gambetta, Tel. 04 91 10 74 90.
Taxi: Tel. 04 91 02 20 20.
Fahrradverleih: MBK-Cycles, 68, cours Lieutaud, Tel. 04 91 54 33 14.

Die Calanques ▸ H/J 8

Zwischen Marseille und Cassis erstrecken sich die Calanques (www.calan ques.fr), von provenzalisch *cala,* steiler Hang. Die etwa 20 Meeresbuchten zwischen weiß leuchtenden Kalksteinklippen sind ein unbesiedeltes, kaum erschlossenes, trockenes Steinland, in unmittelbarer Nähe der Großstadt ein erstaunlicher Kontrast. Wandern, Angeln, Tauchen, Schwimmen, Beine baumeln lassen – hier fühlt man sich wie

Lieblingsort

**Sonnenuntergang auf
den Felsen hinter Callelongue**
▶ H 7
Wenn die letzten Strahlen der untergehenden Sonne auf die Felsen hinter dem kleinen Ort Callelongue fallen, fühlt man sich in mythische Zeiten zurückversetzt. Odysseus könnte über das blaue Meer kommen oder zumindest ein griechisches Kaufmannsschiff. Callelongue ist Einsamkeit für Faule: Der letzte Ort vor den straßenlosen Calanques, an den man mit dem Auto gelangen kann.

am Ende der Welt. Felskletterer finden Routen in den Schwierigkeitsgraden 3 bis 8, z. B. bei Les Goudes, Sormiou und Morgiou.

Seit dem Neolithikum ist die Küste bewohnt. 1991 entdeckte der Taucher Henri Cosquer eine Grotte mit steinzeitlichen Felszeichnungen in der Anse de la Triperie. Aus konservatorischen Gründen wird der sensationelle Fund wohl nie öffentlich zugänglich sein, Nachbildungen der **Grotte Cosquer** sind im Musée d'Histoire de Marseille zu sehen. Die bewaldete Felsenlandschaft wurde von den Römern kahl geschlagen; heute ernährt die Felskrume nur noch spärliche Kiefern- und Garriguevegetationen.

Les Goudes ist der größte Fischerhafen in den Calanques, aber was heißt hier schon groß! Die kleinen Boote der Anwohner schaukeln im Hafen, der viel Atmosphäre hat, ohne auch nur im Mindesten herausgeputzt zu sein. Fabio Montale (s. S. 200) hat hier sein Cabanon: Das sind die traditionellen Sommerhäuschen der kleinen Leute von Marseille, Marke Eigenbau. An den Sommerwochenenden mit Familie und Freunden im Cabanon zu angeln, Karten zu spielen, zu kochen, zu faulenzen ist Marseiller Lebensart pur.

Callelongue ▶ H 7

Das Ende der Küstenstraße und der Buslinie 20 (Métro Castellane, dann Bus 19, dann Bus 20) bildet ein winziger, unprätenziöser Fischerhafen, ein beliebtes Ausflugsziel der Marseiller vor allem am Wochenende, wo sich kaum ein Tourist hinverirrt. Hinter Callelongue beginnt die Felseinsamkeit der Calanques. Und durch die führt der GR 98, 28 harte Kilometer von Marseille nach Cassis, die nur sehr trainierte (und mit ausreichendem Wasservorrat, IGN-Wanderkarte, Sonnenschutz und festen Stiefeln aus-

gestattete) Wanderer in etwa elf Stunden schaffen.

Calanque de Marseilleveyre ▶ H 7/8

Für Spaziergänger ist die erste Stunde auf dem GR bis zur Calanque de Marseilleveyre eine absolut lohnende Alternative. Da der Wochenendausflug vieler Marseiller hierherführt, sind die Felsen glatt vom vielen Betreten und Picknicken – Vorsicht! Am Meer entlang geht es mit Blick auf das Riou-Archipel in die winzige Bucht. Hier treffen sich Wanderer »Chez le Belge«. Die Tochter des einst hier gestrandeten Belgiers führt das Lokal, wo es Gerichte wie Koteletts und Spaghetti gibt.

Calanque de Sormiou ▶ H 7/8

Schmale, gewundene Sträßchen mit fantastischen Ausblicken führen über die von der Corniche abzweigende Avenue de Hambourg Richtung Mazargues zu der Calanque, die Marseille am nächsten liegt. Die Schöne mit ihrem Cabanon-Dorf – rote Dachpfannen, Gartenlauben, wilder Wein – und dem türkisfarbenen Wasser ist Privatbesitz. Baden und auf romantischen Uferwegen wandern darf aber jeder!

Achtung! Ende Juni/Anfang Juli bis Mitte September und an allen Wochenenden ab Ostern sind die Straßen – mit Wächter und Barriere – wegen der hohen Waldbrandgefahr gesperrt. Man braucht einen Passierschein, um durchzukommen – z. B. eine Reservierung bei einem der Restaurants unter Angabe des Autokennzeichens. Alle weiter östlich gelegenen Calanques sind nur noch zu Fuß oder vom Meer her erreichbar. Wanderbeschränkungen im Sommer s. S. 49. Infos unter Tel. 081 20 13 13.

Calanque de Morgiou ▶ H 7/8

Zufahrt wie Sormiou, dann dann geht es am Baumettes-Gefängnis über den Col de Morgiou mit atemberaubenden

Wanderung zur Calanque d'En Vau ▶ J 8

Die etwa vierstündige Wanderung erschließt die drei wohl spektakulärsten Calanques: Port-Miou, Port-Pin, d'En Vau. Der Weg ist recht anspruchsvoll, nichts für ganz kleine Kinder und völlig Untrainierte. Im Sommer auf alle Fälle Badesachen einpacken! Am Kopf der **Calanque de Port-Miou** stellt man seinen Wagen ab (Achtung: Autoknacker!). Entlang dem Jachthafen folgt man dem Wanderweg GR 98 b. Felsvorsprünge über azurblauem Wasser dienen als Badestege. Über die Landzunge, die die Calanque de Port-Miou von Cassis trennt, blickt man auf die rötlich glühenden Steilklippen des Cap Canaille. Nach etwa 40 Minuten erreicht man die beliebte kleine Badebucht **der Calanque de Port-Pin**. Durch ein Tal und dann über eine felsige Hochebene mit herrlichem Blick sieht man unter sich die **Calanque d'En Vau**. Ihr türkisfarbenes Wasser schimmert durch Bäume und Felszacken. Der senkrechte Abstieg, Teil des GR 98 b, ist nur trittsicheren, schwindelfreien Wanderern zu empfehlen. Ein Umweg von etwa 20 Minuten führt von hinten an den Strand. Ein Bad hier ist unvergesslich – unter sich der silbrig flimmernde Felsboden, über sich die senkrechten Felsen, an die sich vereinzelte Kiefern und Steilwandkletterer klammern.

Aussichten in den noch recht ursprünglichen kleinen Fischerort.

Essen & Trinken

Fisch mit Aussicht – **Nautic Bar:** Tel. 04 91 40 06 37, So 12–14, tgl. 9–24 Uhr, *à la carte* ca. 40 €. Schlichtes Restaurant, auch »Chez Sylvie« genannt. Schöner Blick auf auf die dümpelnden Fischerboote. Daher kommen auch Bouillabaisse und Grillfische.

Aktiv & Kreativ

Ausflugsboote der GACM fahren vom Quai des Belges am Alten Hafen zu den Calanques. Auch von Cassis aus verkehren Ausflugsboote.

Cassis ▶ J 7

Die reizende kleine Bade- und Weinstadt (8000 Einw.) bietet mit ihrer vollen Strandpromenade einen ersten Vorgeschmack auf die Côte d'Azur. Appartementhäuser und Hotels besetzen die Hänge der kleinen Stadt. Die mittelalterliche Burg ist in Privatbesitz und kann nicht besichtigt werden. Kühle enge Gassen führen zum Hafen herunter zu den Läden, Terrassencafés und Restaurants an der Strandpromenade. Neben dem Hafen liegt der Sandstrand Plage de la Grande-Mer. In Richtung Westen liegen der Strand Plage du Bestouan (Kiesel) und der (FKK-) Plage Bleue mit flachen Felsplatten, im Osten der Kieselstrand Plage du Corton und der Felsenstrand Plage de l'Arène, an dem man wiederum die Hüllen fallen lassen darf. Cassis ist Frankreichs ältester Weinberg. Der Weißwein des kleinen AOC-Anbaugebiets verdankt der Sonne und den reflektierenden Kalkböden seine natürliche Süße.

Übernachten

Farbenfroher Süden – **Le Clos des Arômes:** 10, rue Abbé P. Mouton, Tel. 04 42 01 71 84, Fax 04 42 01 31 76, www.le

clos-des-aromes.com, DZ 65–85 €, Menüs 24/42 €. Kleine, in den Farben der Provence leuchtende Zimmer mit einem blumenreichen Garten. Restaurant mit regionaler deftiger Küche: Bouillabaisse, Lamm, Aioli; rustikaler Gasthof in ruhiger Lage in der Altstadt.
Ungefiltertes Naturerlebnis – **Auberge de la Jeunesse La Fontasse:** Forêt de la Gardiole, Tel. 04 42 01 02 72, 3 km westlich im Naturschutzgebiet, mit Küche: Verpflegung mitbringen, im Schlafsaal ca. 11 €. Spartanische Einsamkeit, aber Regenwasserduschen, Solarenergie, Windräder. Einzige Unterkunft mitten in den Calanques.

Essen & Trinken

Just fish – **La Poissonnerie:** *5, quai Barthélemy, Tel. 04 42 01 71 56, Di–So 12–13.30, Mai–Okt. Di–Sa auch 19.45–21.45 Uhr, Zwei-Gang-Fischerteller 19,90 €.* Jeder Fisch, der hier auf einfache, gekonnte Weise zubereitet wird, ist den Fischern, die dieses Restaurant und das Fischgeschäft am Hafen betreiben, erst am Morgen desselben Tags in die Netze gegangen.

Einkaufen

Weißweine und Rosés vom Erzeuger –
Clos d'Albizzi: chemin St-Vincent, Tel. 04 42 01 11 43. Seit 450 Jahren Winzer! Verkostung und Verkauf des fruchtigen, nach uralten Traditionen vinifizierten Weißweins und einiger wohlmundender Rosés.

Aktiv & Kreativ

Bootsausflüge zu den Calanques –
Quai St-Pierre: Ganzjährig fahren von hier Ausflugsboote und es gibt Glas-

bodenboote, um einen Blick in die Unterwasserwelt werfen zu können.

Infos

Office de Tourisme: Quai des Moulins, Tel. 08 92 25 98 92, www.cassis.fr, Mo–Sa 9.30–12.30, 14–18, Saison auch So.

Route des Crêtes ▶ J 8

In atemberaubenden Kurven windet sich die D 41 A von Cassis nach La Ciotat. Von Frankreichs höchsten Klippen (La Grande Tête, 399 m), dem ein wenig niedrigeren, aber berühmteren **Cap Canaille** (362 m) und vielen weiteren Aussichtspunkten schweift der Blick in den senkrechten Abgrund, auf den blauen Meereshorizont, das gegenüberliegende Calanques-Massiv und die provenzalischen Kalksteingebirge. Zahlreiche Wege führen entlang der Abbruchkanten der Klippen. Vorsicht!

Aktiv & Kreativ

Wander- und Steilwandkletterführer –
Maison des Falaises: 19, chemin de Fardeloup, La Ciotat, Tel. 04 42 08 56 31, www.guidesciotadens.com.
Boot zu den Calanques – **La Visite des Calanques:** 13, rue Lamartine, Tel. 04 42 01 90 83, www.calanques.visite.free.fr. Im Hafen Anbieter für Bootsfahrten zu drei Calanques (45 Min.) für 13 € bis zu neun Calanques (110 Min.) für 21 €.

La Ciotat ▶ J 8

Die Werften dieser ehemaligen Arbeiterstadt mit 32 000 Einwohnern stehen heute still, aber sie stehen noch. Man muss La Ciotat nicht gesehen haben. Obwohl es das denkmalgeschützte »Eden« hat (24, blvd. Clémenceau), wo die Brüder Lumière 1899 einen der frühesten Filme der Geschichte aufführten. Und außerdem das Boulodrôme, wo Pétanque erfunden wurde (s. S. 59).

Aubagne ▶ J 7

Die Hochburg der Santon-Herstellung (43 000 Einw.) ist bekannt als Standort der Fremdenlegion und Geburtsort Marcel Pagnols. In seinem **Geburtshaus** am Cours Barthélémy Nr. 16 sind das rekonstruierte Arbeitszimmer seines Vaters und eine Fotoausstellung (Sept.–März Di–So 9–12.30, 14.30–17.30, April–Juni tgl. 9–12.30, 14.30–18, Juli/Aug. tgl. 9–18) zu sehen. **Le Petit Monde de Pagnol** zeigt berühmte Figuren aus Marcel Pagnols Werk wie Fanny, Marius und Manon des Sources in Tonform, mehr als 200 von Aubagner Santoniers geschaffene Unikate (Esplanade de Gaulle, tgl. 9–12.30, 14.30–18 Uhr). In der von Treppen und schmalen Gassen durchzogenen Altstadt arbeiten fast zwei Dutzend Santon-Ateliers. Die **Maison d'Argile** im ehemaligen Atelier der berühmten Santonière Thérèse Neveu zeigt eine Auswahl von Werken ihrer zeitgenössischen Aubagner Kollegen in wechselnden Ausstellungen (montée du cours de Clastre, tgl. 10–12, 14–18 Uhr, Okt.–April Mo geschl.).

Einkaufen

Santons und keramische Souvenirs – **Atelier d'Art Sylvette Amy:** 2, blvd. Emile Combes, Mo–Sa 9–12, 14–18 Uhr. Traditionelle Keramikwerkstatt für Santons und Zikaden, die 1895 von Louis Sicard geschaffene Ikone der provenzalischen Souvenirindustrie. Online-Bestellung für *santons* und *cigales:* www.latelierdartprovence.com.

Infos

Office de Tourisme: Rue Antide Boyer, Tel. 04 42 03 49 98, www.aubagne.com; geführte Touren und Infos zum Wandern auf Pagnols Spuren.

Westlich von Marseille

Im Westen von Marseille breitet sich das Industriegebiet der Provence aus, zersiedelt, mit Hochhäusern und Megatanks, von Autobahnlabyrinthen zerschnitten. Das will man, gehört man nicht der aussterbenden Spezies »masochistischer Reisender« an, nicht sehen. Doch zwischendrin tun sich unvermutete Oasen auf, ein Zoo, ein keltisches Oppidum, eine römische Brücke.

Salon-de-Provence ▶ G 5

Die quirlige Regionalstadt (40 000 Einw.) weist eine Vielzahl schicker Geschäfte in der renovierten Altstadt und auf dem von Platanen gesäumten Boulevard auf. Auf der mit Straßencafés wie dem »Café des Arts« belebten Place Crousillat am Boulevardring plätschert ein romantischer, seit dem 18. Jh. grotesk zu einer Pilzform versinterter Brunnen. Durch das einstige Stadttor, die Porte de l'Horloge, betritt man die gleichnamige Gasse, die Hauptachse der Altstadt.

Maison de Nostradamus

Mo–Fr 10–12, 14–18, Sa/So 14–18 Uhr In Salon lebte und starb Nostradamus (1566), Hofarzt des französischen Königs Karl IX., ein Humanist und visionärer Mediziner, dessen dunkle Prophezeiungen (nicht nur) zur Jahrtausendwende Konjunktur hatten. Sein Wohnhaus in der Rue Nostradamus wurde elegant wiederhergestellt. Mit Wachsfigurenensembles wird u. a. dargestellt, wie er als Erster die Ratten als Überträger der Pest ausfindig machte.

Musée Grevin de Provence

Mo–Fr 10–12, 14–18, Sa/So 14–18 Uhr
Auf Wachsfigurenensembles trifft man, wenig verwunderlich, auch im Wachsfigurenmuseum an der Place des Centuries. Hier wird man auf einen Streifzug durch die provenzalische Geschichte mitgenommen. Die Altstadt bekrönt das Château de l'Empéri mit einem mittelalterlichen Donjon und dem Armeemuseum.

Zum Schloss La Barben ▶ G 5

Das Märchenschloss aus dem 14.–17. Jh. (Schloss mit Führung Febr./März Sa/So 11, 14, 15, 16, 17, April–Nov. tgl. 11–17 Uhr zur vollen Stunde; Zoo tgl. 10–18, Juli–Sept. 9.30–19 Uhr) lockt mit einer romantischen Innenausstattung und Ritter-Schauspielern, die das Dornröschen-Ambiente stilecht beleben. Die Blumenbeete und Teiche der Barockgärten hat schon kein Geringerer als Ludwigs XIV. Gartenbaugenie Le Nôtre gezeichnet. Auf einem ca. 90-minütigen Spaziergang durch die Garrigue-Landschaft besucht man in dem einzigen Zoo der Provence u. a. Braunbären, Zebras, Raubkatzen, Nilpferde, Rinder. Hunderte von Kätzchen tollen durch die großzügigen Gehege.

Übernachten

Kitsch ohne Kult – **Hôtel d'Angleterre:** 98, cours Carnot, Tel. 04 90 56 01 10, Fax 04 90 56 71 75, www.hotel-dangle

terre.biz, DZ 50–61 €. Einfache Zimmer mit künstlichen Blumen, Gesellschaftsräume mit kitschigen Wandbildern. Nichts für Puristen, aber preisgünstig.

Einkaufen

Feine Seifen – **Savonnerie Marius Fabre:** 148, av. Paul Bourret, Tel. 04 90 53 82 75, www.marius-fabre.fr. Fabre ist seit dem 19. Jh. einer der großen Seifenbarone Salons. Am besten kombiniert man einen Besuch der Fabrik (Führung Mo, Do 10.30 Uhr) mit einem Besuch des kleinen Seifenmuseums (Mo–Fr 9.30–11.30, 13.45–17, Fr bis 16 Uhr). Die Boutique ist zu diesen Zeiten auch offen.

Infos & Termine

Office de Tourisme: 56, cours Gimon, Tel. 04 90 56 27 60, www.visitsalonde provence.com, Mo–Sa 9.30–12.30, 14–18, Juli/Aug. auch So 9.30–12.30 Uhr. **Jazzfestival** im Burghof, Ende Juni/Anfang Juli. Eines der renommiertesten Frankreichs.

Ausflug um den Etang de Berre ▶ F/G 5/6

Von Salon führen die D 21 und D 10 in Richtung St-Chamas zu dem einst idyllischen Etang de Berre, umgeben von Raffinerien, chemischen Fabriken, dem Militärflughafen von Istres und dem Internationalen Flughafen von Marignane. Der **Pont Flavien** besteht aus zwei Bogendurchgängen mit vier sprungbereiten Löwen und elegantem Bauschmuck. Über sie führten die Römer im 1. Jh. n. Chr. die Via Aurelia über die Touloubre. Keltoligurer errichteten vom 7. Jh. v. Chr. an in günstiger Lage auf einem Felskegel das Oppidum **St-Blaise.** Die Ausgrabungen sind faszinierend, vor allem die hellenistische Stadtmauer aus der Blütezeit der Stadt, dem 3. Jh. v. Chr. Man sieht auch die kleine romanische Kapelle St-Blaise und Grundmauern einer frühchristlichen Basilika davor. Eine archäologische Sensation mit Atmosphäre: würzig duftende Garrigue, ein weiter Blick, die Skyline von Fos im Hintergrund.

Das ›provenzalische Venedig‹ **Martigues** (44 000 Einwohner) ist längst nicht mehr das Fischernest, das Maler wie Corot oder Ziem faszinierte. Es liegt am Canal de Caronte, der den Etang de Berre mit dem Mittelmeer und den Erdölhäfen Port-de-Bouc und Lavéra verbindet. Nur auf der Ile Brescon säumen am viel fotografierten Miroir aux Oiseaux noch bunte Häuschen den Canal St-Sébastien. Das kleine Musée Ziem zeigt provenzalische Malereien des 19. Jh. (blvd. du 14 Juillet, Juli/Aug. Mi–Mo 10–12, 14.30–18.30, Sept.–Juni Mi–So 14.30–18.30 Uhr).

Infos

Office de Tourisme: rond-point de l'Hôtel-de-Ville, Tel. 04 42 42 31 10, Mo–Sa 9–18, So 10–12.30 Uhr, www.martigues-tourisme.com.

Côte Bleue ▶ G 7

Der Gebirgszug trennt den Etang de Berre von der Côte Bleue, einer mäßig reizvollen Badeküste mit Sandstränden und den beiden Mini-Calanques Redonne und Niolon. Die Ferienregion besteht aus den drei Fischer- und Jachthäfen **Carro, Sausset-les-Pins und Carry-le-Rouet.** Am Fels- und Kieselstrand von Carry könnte auch der hier

geborene Schauspieler Fernandel (1903–1971) schwimmen gelernt haben, der sich als Don Camillo ein Stück filmischer Unsterblichkeit erspielt hat.

Übernachten

Für Preisbewusste – **Auberge la Folie:** *route de St-Julien, Sausset-les-Pins, Tel. 04 42 06 74 95, Fax 04 42 30 41 52, www.aubergelafolie.com, DZ 42–58 €.* Kleine, schlichte Zimmer in einem Bauernhof, Deftig-Provenzalisches wie Fischsuppe auf der schattigen Terrasse.

Aktiv & Kreativ

Tauchen, Bootsverleih, Kajak, Unterkünfte – **Centre de Loisir Aqua-Eva-sion:** Carry-le-Rouet, Tel. 04 42 45 61 89, www.aqua-evasion.com, tgl. 9–19 Uhr. Vor allem die Calanque de Niolon ist beliebtes Tauchrevier. Kajak- und Bootsverleih sowie Unterkunft vor Ort.

Infos & Termine

Office de Tourisme: 16, av. du Port, Sausset-les-Pins, Tel. 04 42 45 60 65. Maison du Tourisme, 15, av. Aristide-Briand, Tel. 04 42 13 20 36, Carry-le-Rouet.

Oursinades: Die Blaue Küste ist für ihre Seeigel berühmt: Kulinarische Seeigelwochen an den drei letzten Januarsonntagen in Sausset-les-Pins. An den drei ersten Februarsonntagen in Carry-le-Rouet.

Zug von Marseille nach Miramas: Ein Erlebnis für sich. Er fährt stets an der Küste entlang, durch viele Tunnel, über viele Brücken und hält in Redonne, Niolon, Carry-le-Rouet, Sausset-les-Pins und auch in Martigues (Tel. 36 35, www.sncf.fr).

Aix-en-Provence und Umgebung

Highlight!

Aix-en-Provence: Das aristokratische Aix ist für sein Heilwasser, sein Musikfestival, Cézanne und das wundervoll geschlossene barocke Stadtbild bekannt. S. 226

Auf Entdeckungstour

Die barocken Paläste der Parlamentarier: Ein Altstadtspaziergang zu den Adelspalästen zeigt auch, warum die Parlamentarier des goldenen Zeitalters von Aix-en-Provence im 18. Jh. nicht unbedingt mit den heutigen zu vergleichen sind. S. 230

Kultur & Sehenswertes

Musée Granet: Es zeigt als kostbarste Exponate Ölgemälde Cézannes und keltische Kopfbäume aus Entremont. 16 S. 236

Aktiv & Kreativ

Auf Cézannes Spuren kann man auf einem ausgeschilderten Rundgang durch die Stadt laufen und in der Montagne Ste-Victoire vor den Toren der Stadt des Malers Lieblingsmotive in Augenschein nehmen. S. 236

Genießen & Atmosphäre

Cours Mirabeau: Brunnen, Schokoladenparadiese, Cafés, Nachtbars und Platanen verleihen dieser Stadtarterie das besondere Flair. Das alte Spiel. Bei den ersten Sonnenstrahlen sitzt alles draußen: Sehen und gesehen werden. S. 233

Abends & Nachts

Le Pavillon Noir ist ein 2007 eingeweihter Veranstaltungsort für modernes Tanztheater. Hier lohnt es, eine Vorstellung von Angelin Preljocajs anzusehen, die Speerspitze zeitgenössischer Choreografie. 7 S. 241

Kultiviert und mondän geht es heute in derjenigen Stadt zu, in der die meisten Franzosen am liebsten wohnen würden. Ein aparter Hauch abblätternder Fassaden stört dabei nicht, sondern ist eher Ausweis wahrhaft aristokratischen Geistes. Er wird bestehen bleiben, auch wenn die abblätternden Fassaden allerorten restauriert werden. Der Geist des ›goldenen‹ 18. Jh., der in barocken Stadthäusern und auf eleganten Plätzen lebt, passt gut zum zeitgenössischen Kulturbetrieb. Paul Cézanne malte in Aix-en-Provence und in der Ste-Victoire, in die ausgeschilderte Wege führen. Sein Atelier, seine Motive, sein Elternhaus –

alles noch da. Ob als Tagesausflug oder längerer Aufenthalt, die gut 60 km lange ›Umrundung‹ der Montage Ste-Victoire führt immer wieder zum ›Vater der modernen Malerei‹. Rund fünfzigmal hat er seine Malweise am Motiv dieses Massivs zur Perfektion geschliffen, ist Schritt für Schritt seinem selbst gesteckten Ziel näher gekommen, die Tiefendimension ausschließlich mit dem Mittel der Farbe darzustellen. Doch die Ste-Victoire ist auch ein Naturdenkmal erster Güte, durchzogen von Wanderwegen, am Fuße Weinberge, deren qualitätvolle Erzeugnisse man in den Winzerkellern kleiner Dörfer verkostet.

Infobox

Infos
Aix City Pass: Erhältlich beim Office de Tourisme, gewährt für 15 € neben vier reduzierten Eintritten kostenlosen Eintritt ins Atelier Cézanne, ins Jas de Bouffane und ins Musée Granet sowie eine kommentierte Rundfahrt. **Visum für Aix:** Für 2 € vergünstigten Eintritt in einige Museen, Reduktionen für Buskarten und Theater.

Anreise und Weiterkommen
Stadtbusse: Aix en bus, Tel. 04 42 26 37 28, www.aixenbus.com. Les Diablines sind 2004 eingeführte Sechs-Sitzer-Mini-Busse, die einen Mo–Sa auf Handzeichen und für 50 Cent von der Rotonde durchs Zentrum transportieren, alle 10 Min. 8.30–13, 15–19.30 Uhr. **La Victorine**: Busverbindung von der Rotonde über Vauvenargues nach Puyloubier für Ausflüge in die Montagne Ste-Victoire; tgl. 8.10–20.30 Uhr, ca. jede Stunde, mit vielen Zwischenstopps.

Aix-en-Provence ! ► H 5

Aix pflegt einen ganz eigenen Stil zwischen Kunstbohème und Geldadel. Die »Stadt der 101 Brunnen« verdankt ihn auf der einen Seite der renommierten Universität mit ca. 40 000 Studenten, auf der anderen Seite den zahlungskräftigen Familien hoher Angestellter und Manager aus den nahen Hochtechnologiezentren. Aix ist das klassische Pendant zum ›plebejischen‹ Marseille. Vor diesem Hintergrund enttäuscht die Hotelszene allerdings ein wenig. Wenn man nicht teure Luxushotels bucht, überzeugen die Aixer Etablissements wenig. Die Großstadt Aix (140 000 Einw.) lockt mit einer lebhaften Kulturszene sowie einem selten geschlossenen barocken Stadtbild. Postmodernen Schick beweisen die Glas- und Stahlbauten westlich der Innenstadt, vor allem das neue Kulturviertel um Grand Théâtre, Pavillon Noir und das Medien- und Bibliothekszentrum Cité du Livre. Der Künstler Patrick Blanc hat hier, zwischen Grand Théâtre und Gaz-de-France-Gebäude, eine Riesenbetonwand begrünt.

Geflochtene Ecksäule in dem romanischen Kreuzgang der Kathedrale St-Sauveur

Zur Geschichte: Im Tal zu Füßen des zerstörten keltischen Oppidums Entremont versprachen warme und kalte Quellen strapazierten römischen Kriegergliedern Linderung: Aquae Sextiae Salluviorum taufte der römische Statthalter, Proconsul Gaius Sextius Calvinus, die Siedlung nach ihren Bädern, sich selbst und den besiegten Kelten. Unter den Anjou erblühte Aix erneut: Ludwig II. von Anjou gründete 1409 die Universität. Nach der Angliederung an Frankreich tagte das provenzalische Parlament in Aix. Seine Vertreter prägten im 17. und 18. Jh. durch große Prunkalleen wie den Cours Mirabeau, Stadtpalais und ganze Stadtteile wie Villeverte und Quartier Mazarin das barocke Gesicht von Aix.

Das Zentrum

Im Bourg St-Sauveur, wo das Zentrum der römischen Kolonie lag und sich im 11. Jh. rund um die Kathedrale die Stadt neu konstituierte, liegt die Geburtsstätte von Aix. Die **Kathedrale St-Sauveur** 1 (tgl. 8–12, 14–18 Uhr; Kreuzgang nur in Begleitung eines Aufsehers) mit ihrem prächtigen flamboyanten Portal ist als eines der wenigen Beispiele in der Provence weitgehend spätgotisch geprägt (Bauzeit 1323–1513).

Vom ersten Vorgängerbau stammt noch das Baptisterium aus dem 5. Jh., ein Zentralbau und Juwel frühchristlicher Baukunst. In ihm sind mit den Säulen römische Spolien verbaut und durch Fußbodengitter blickt man auf die Fundamente auf Teile des römischen Forums. Im bunt ausgemalten Chor hängen kostbare Tapisserien aus dem 16. Jh. Das Hauptwerk der Avignoneser Schule, Nicolas Froments »Triptychon des Brennenden Dornbuschs« von 1476 wird seit Jahrzehnten restauriert und ist nicht zu sehen.

Aix-en-Provence

Dafür entschädigt das Juwel des romanischen Kreuzgangs aus dem 12. Jh.

Palais de l'Archevêché/Musée des Tapisseries 2
Mi–Mo 15. April–15. Okt. 10–18, 16. Okt.–Dez., Febr.–14. April 13.30–17 Uhr
Das 1650–1730 errichtete Barockgebäude des ehemaligen erzbischöflichen Palastes beherbergt heute das Gobelinmuseum. Man entdeckt nicht nur manieristische Wandbehänge des 17./18. Jh., u. a. die einzigartigen zur Geschichte Don Quijottes, sondern auch zeitgenössische Textilkunst, u. a. auch »gepresste Textilien« von César, sowie eine Abteilung mit Kulissen, Modellen und Kostümen zum Festival d'Art Lyrique.

Festival d'Art Lyrique
Der Innenhof des Erzbischofspalasts, auf den man vom Museum aus schaut, ist Hauptspielort dieses weltberühmten Opernfestivals. Aufführungen finden auch im Hôtel Maynier d'Oppède und der Domaine du Grand-St-Jean außerhalb der Stadt statt. Jean Giono und Jean Cocteau gehörten zu den Dauerbesuchern der im Jahr 1948 ins Leben gerufenen Festspiele. Die besten Interpreten aus aller Welt treten hier auf, gern wird z. B. Mozart gegeben (s. S. 241).

Rue Gaston de Saporta
Die schmale Straße mit ansprechenden Imbissläden wie dem Tartes-Paradies Autour d'une Tarte (Nr. 13), Galerien und Boutiquen ist die belebte Hauptgasse in der Fußgängerzone des alten Aix. Sie führt an barocken Stadtpalais vorbei (s. S. 230), z. B. am Hôtel d'Estienne de St-Jean. In seinen original erhaltenen Räumen zeigt das Heimatmuseum **Musée du Vieil-Aix 3** kost-

AIX-EN-PROVENCE

siehe Detailkarte

bare sprechende Holzmarionetten von verschiedenen Krippen des 19. Jh. (versteckte Puppenspieler liehen ihnen ihre Stimme). Auf Knopfdruck enthüllt ein unbekleideter junger Mann das Geheimnis seines beweglichen Gliederapparats. Ein bemalter Paravant sowie etwa 100 Holzpuppen spiegeln die bis 1851 begangene karnevalsähnliche Fronleichnamsprozession. Im letzten Raum sind Santons der Familie Fouque ausgestellt (April–Sept. Di–So 10–13, 14–18, Okt.–März 10–12, 14–17 Uhr).

Place de l'Hôtel de Ville

Der berühmte Aixer Barockarchitekt Pierre Pavillon zeichnete im 17. Jh. für die Pläne des imposanten **Hôtel de Ville** 4 verantwortlich. Die einzeln stehende spätmittelalterliche **Tour de**

Auf Entdeckungstour

Standesgemäß – die barocken Paläste der Aixer Parlamentarier

Schöner wohnen, nach Pariser Mode und zwischen korinthischen Säulen – die Parlamentarier von Aix schwelgten im Luxus und ihre Häuser demonstrierten Reichtum. Die hochherrschaftliche Attitüde des Adels drückte sich oft in opulent geschmückten Prachtbauten aus. Bei einem Streifzug zu Fuß kann man sich in dieser Stadt beeindrucken lassen.

Hôtel Boyer d'Eguilles: tgl. 10–12, 13–17 Uhr.

Hôtel d'Arbaud: rue Gaston de Saporta, nur von außen zu besichtigen.

Hôtel d'Estienne de St-Jean: rue Gaston de Saporta, Heimatmuseum.

Hôtel de Châteaurenard: Mo–Fr 8.30–18 Uhr.

Pavillon Vendôme: Mi–Mo 16. Okt.– Dez., Febr.–14. April 13.30–17, 15. April– 15. Okt. 10–18 Uhr.

Zeig mir, wie du wohnst, und ich sage dir, wer du bist. Dieser Spruch gilt auch für Aix, eine reiche barocke Stadt, noch heute geprägt von den Bauwerken ihres goldenen Zeitalters: Im 17. und 18. Jh. genoss der provenzalische Amtsadel eine relative Unabhängigkeit von Paris. Lukrative Pfründe, Interessensphären und politische Macht hatte man ganz unter sich aufgeteilt. Die reichen Ständevertreter des Adels, des hohen Klerus und der Bürger besaßen Sitz und Stimme im Parlament.

Allerdings dürfte klar sein, dass dieses mit den Parlamenten der heutigen Demokratien kaum mehr als den Namen gemein hat. Ein anderer alter Spruch, nach dem Parlament, Mistral und Durance die drei Geißeln der Provence genannt werden, bringt dies auf den Punkt.

Repräsentieren im Barockstil

In Aix war nur der etwas, der ein prachtvolles *hôtel particulier* sein Eigen nannte. Einflüsse aus den beiden führenden Barocknationen Italien und Frankreich halten sich die Waage. Aus Paris, *dem* In-Zentrum der damaligen Zeit, stammte der meist U-förmige Grundriss mit Ehrenhof, wie ihn das **Hôtel Boyer d'Eguilles** 7 (Bild) aufweist. Er ermöglichte herrschaftliches Vorfahren per Kutsche, einem wichtigen Statussymbol.

Der Marseiller Barockarchitekt Pierre Puget errichtete das Stadtpalais 1672 für die Witwe des Parlamentariers Vincent de Boyer d'Eguilles. Seine korinthische Pilasterfassade erweckt einen gemessen-würdigen Eindruck, ganz nach der damaligen Pariser Mode. Die reiche, renovierungsbedürftige Innenausstattung – grüngrauer Stuck, Deckengemälde mit Putten, eine monumentale Treppe mit Schmiedeeisengeländer – können Be-

sucher des Naturkundemuseums bewundern (s. S. 233).

Aus Italien stammen eher die manieristischen, überbordenden Schmuckformen antiklassischer Tendenz wie gekröpfte und gesprengte Giebel, diamantiert zugespitzte Quader oder florentinisch inspirierte Bossen. Solche Quader, die wie von Würmern zerfressen wirken, schmücken das zentrale Portal des **Hôtel Croze de Peyronetti** 11 von 1620. Das Geschäft »Compagnie Anglaise des Thés« verkauft hier fantasievolle Teekannen.

Italienischer Chic und korinthische Säulen

Italienisch, nicht englisch, ist der hoflose Grundriss, bei dem die Palaisfassade direkt an der Straße aufragt wie beim **Hôtel d'Arbaud** 8. Einer der beiden Atlanten, beliebte barocke Trägerfiguren, wendet dem Besucher den muskulösen Rücken, der andere die schwellende Brust zu. Dem barocken Repräsentationsbedürfnis dienten die zentrale Platzierung und Sorgfalt bei der Gestaltung des Portals.

Die korinthischen Pilaster des **Hôtel d'Estienne de St-Jean** 3 (s. S. 228) sind völlig überdimensioniert für die schmale Rue Gaston de Saporta. Da es das Heimatmuseum beherbergt, kann man das typische Interieur eines barocken Aixer Palais aus dem 17. Jh. in Augenschein nehmen: die bemalten Holzbalkendecken, die Deckengemälde des Bücherkabinetts und die goldene Puttendecke des Kuppelzimmers, die für das Aixer Barock typische Treppe mit dem Eisengeländer. All das schuf der letzte in der Reihe berühmter Aixer Architekten, Laurent Vallon, 1661 bis 1680. Der Geschmack der Parlamentarier tendierte mehr zum Klotzen als zum Kleckern.

Das **Hôtel de Châteaurenard** 9 wurde 1650 von Pierre Pavillon erbaut,

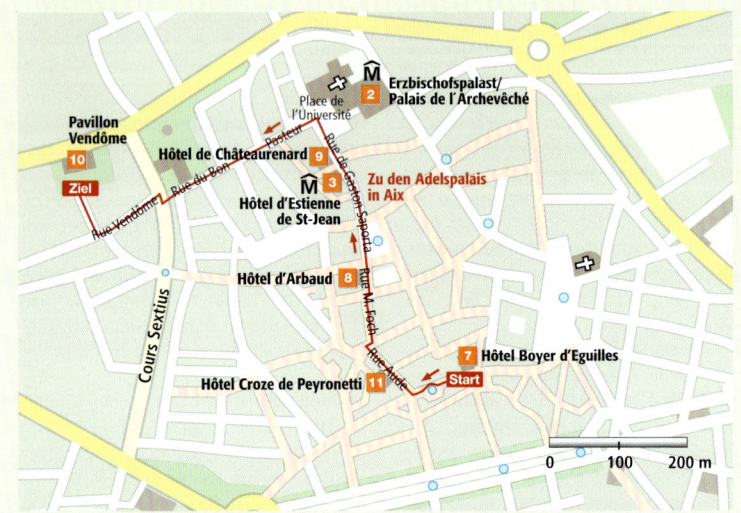

einem weiteren führenden Architekten des Aixer Barock. Jean Darets Ausmalung des Treppenhauses bewunderte schon der französische Sonnenkönig Ludwig XIV., als er 1660 hier wohnte. Der schöne junge Krieger an der Wand trug seine Züge. Über allem schweben Pallas Athene in ihrer kriegerischen Erscheinungsform sowie Allegorien der Künste. Ein junger Mann scheint den Vorhang eines (ebenfalls gemalten) Fensters beiseitezuschieben, Säulen, Nischen, alles gemalt, alles Illusion – Trompe-l'œil-Malerei eben.

Eine Prunktreppe für den standesgemäßen Besuch

Der ehemalige **Erzbischofspalast** 2 entstand in mehreren Bauabschnitten zwischen 1650 und 1780. Die perfekt geschwungene Prunktreppe mitsamt Eisengeländer stammt wiederum von Laurent Vallon. Standesgemäßer Besuch wurde immer über diese Treppe empfangen, da die herrschaftlichen Räume in der Beletage im ersten Stock lagen.

Als Gast fuhr man in der Kutsche vor – deshalb musste das heute geschlossene Tor so hoch sein. Im Erdgeschoss sorgten dienstbare Geister dafür, dass ›oben‹ alles funktionierte: Dies ist die Welt der Tapetentüren und versteckten Ganglabyrinthe und des fleißigen, aber unsichtbaren Personals in den Küchen-, Vorrats- und Wirtschaftsräumen.

Davon kann man sich im **Pavillon Vendôme** 10 überzeugen, der üppig im Stil der Epoche eingerichtete Salons mit Porträts und Fayencen aus Moustiers sowie einen wundervollen vorgelagerten Barockgarten besitzt. Der Herzog von Vendôme ließ diese architektonische *folie,* der damals noch das oberste Geschoss fehlte, im Jahr 1652 errichten, um hier ungestört seine Geliebte Lucrèce de Forbin Solliès vernaschen zu können. Wenn das die Fantasie noch nicht genügend anregt, kann man sich von Tom Tykwers Film »Das Parfüm« (2006) in jene elegante provenzalische Adelswelt von Aix-en-Provence zurückversetzen lassen.

l'Horloge 5 neben dem Rathaus trägt in einem zarten schmiedeeisernen Käfig eine Glocke, darunter eine Renaissanceuhr und eine barocke astronomische Uhr.

Ehemalige Kornhalle 6

Georges Vallon, auch er ein berühmter Aixer Architekt, errichtete ab 1754 die ehemalige Kornhalle, deren Erdgeschoss heute die Post einnimmt. Die Skulpturen im Dreiecksgiebel zeigen die Stadt Aix und den Rhône-Flussgott in personifizierten Allegorien, die die Intensivierung des Getreideanbaus durch neu angelegte Bewässerungssysteme feiern. Auf der Rückseite der Kornhalle, der Place Richelme, findet jeden Vormittag der Obst- und Gemüsemarkt der kleinen Produzenten des Pays d'Aix statt.

Forum des Cardeurs

An der Nordseite des Rathauses fällt der lang gestreckte Platz, gesäumt von ockerfarbenen Hausfronten, sanft in Richtung Boulevardring ab: Ein Sommerabend lässt sich in Aix kaum stimmungsvoller als in einem der viel besuchten Terrassenrestaurants verbringen, z. B. im »Le Réfuge« oder im »Le P'tit Bistro«. Das alles mit Blick auf den monumentalen Keramikbrunnen des in Aix geborenen Künstlers Jean Amado.

Hôtel Boyer d'Eguilles/Musée d'Histoire Naturelle 7

tgl. 10–12, 13–17 Uhr

Gegenüber der Place Albertas, mit ihrem Brunnen und den edlen, die Kunst des Unterstatements pflegenden Fassaden einer der sehenswertesten Plätze von Aix, beheimatet das barocke Stadtpalais (s. S. 231) das Naturkundemuseum. Schwerpunkt sind Dinosaurier als Modell, Skelett und Eiern im Nest, die auf der Montagne Ste-Victoire

und bei Bauarbeiten in der Innenstadt gefunden wurden.

Shopping-Zentrum 12

Die Straßenzüge nördlich des Cours Mirabeau, größtenteils Fußgängerzone, sind dem Gott des Shopping geweiht: Starcouturiers, Edelparfümerien, Prêt-à-porter-Boutiquen und preiswertere internationale Ketten bieten eine riesige Auswahl. Durch die Fundamente eines alten Klosters – allzu viel ist von der alten Bausubstanz allerdings nicht vorhanden – verläuft die Einkaufspassage Agard, an der weitere Schuh- und Modegeschäfte liegen.

Ste-Marie-Madeleine 13

wegen Renovierung bis voraussichtlich 2009 geschl.

Die Dominikanerkirche Ste-Marie-Madeleine birgt mit dem Triptychon der Verkündigung, um 1445 von einem unbekannten Meister gemalt, einen weiteren Schatz aus der von König René patronierten Schule von Avignon. Hier wurde Paul Cézanne getauft. Auf der Place des Prêcheurs, dem ältesten, noch unter König René angelegten Platz von Aix, regiert dienstags, donnerstags und samstags das pralle Marktleben. Man befindet sich hier im Zentrum der ab 1606 planmäßig angelegten ›Neustadt‹ Villeverte.

Cours Mirabeau

Eine wahre Hauptstadtmeile: großzügig, von imposanten Fassaden des italienisch inspirierten Barock flankiert, mit immer vollen Straßencafés und verführerischen Patisserien und Salons de thé wie Bechard und Riederer. Für die *jeunesse dorée* von Aix gehört es fast zur Pflicht, sich auf dem Cours sehen zu lassen. Auf dem Mittelstreifen setzen grotesk verkalkte, moosige Brunnen Akzente. Vierreihig gepflanzte Platanen tauchen die Lebensader von Aix in

Lieblingsort

Auf der Place de l'Hôtel de Ville in Aix

Zu den schönsten Treffpunkten in Aix zählt der Platz beim Rathaus und dem Uhrturm, rund um den barocken Brunnen, wo sich wunderbar eine Pizza oder eine Tarte vom Patissier Paul um die Ecke genießen lässt. Die junge und agile Atmosphäre erinnert an ein Open-Air-Festival – nur dienstags, donnerstags und samstags vertreibt der Blumenmarkt mit seinem bunten, duftenden Angebot die Kaffeetrinker bis gegen Mittag.

grünliches Dämmerlicht und werfen ihr im Winter das aparte Schattennetz ihrer Äste über.

An der Place Forbin am östlichen Ende des Cours hält der ›gute‹ König René, im 19. Jh. als Brunnenfigur verewigt, eine Muskatellertraube hoch, die er in die Provence eingeführt haben soll. Die Rotonde 14 am westlichen Ende schmückt ein Löwen-Brunnen im Prunk liebenden Stil des Zweiten Kaiserreichs. Zwei Schritte weiter, an der Avenue des Belges 2, lädt das Trödel-Emporium »La Rotonde« zum Stöbern ein – und vermietet Fahrräder! Der Namensgeber dieser Straße, Graf Mirabeau (1749–1791), ging 1789 als Deputierter des Dritten Standes von Aix in die Pariser Nationalversammlung. Der wegen seiner Bissigkeit gefürchtete Publizist und Lebemann trat bis zu seinem – natürlichen – Tod für eine konstitutionelle Monarchie ein.

Quartier Mazarin

Ab 1646 planmäßig angelegt, wurde dieses Stadtviertel nach dem Erzbischof von Aix benannt. Er war der Bruder Kardinal Mazarins, der 1642 bis 1661 die Geschicke Frankreichs lenkte. Den diskreten Charme der Großbourgeoisie strahlt dieses ruhige Wohnviertel aus. Die Stadthäuser, teils dem Lauf der Zeit hingegeben, teils vornehm renoviert, haben in warmen Ocker- und Gelbtönen strahlende Fassaden mit eleganten Fensterfluchten, Dachterrassen, Gärten und schmiedeeisernen Gittern. Von der Place des Quatre Dauphins mit dem reizenden barocken Delfinbrunnen 15 von 1667 kann man das streng gitterförmig angelegte System der Straßenfluchten gut erkennen.

Musée Granet 16

www.museegranet-aixenprovence.fr
Juni–Sept. Di–So 11–19, Okt.–Mai 12–18 Uhr

Aix bedeutendstes Museum beherbergt außer archäologischen Exponaten (s. S. 67), unter denen die keltischen Krieger- und Kopfskulpturen Weltrang besitzen, eine umfangreiche Gemäldesammlung. Darunter befinden sich Werke aus der Schule von Avignon, der Klassizisten Ingres, David und Géricault und aus der sogenannten Provenzalischen Schule. Als Leihgaben aus dem Louvre dokumentieren neun Gemälde des berühmtesten Bürgers von Aix, Paul Cézanne (1839–1906), die künstlerische Entwicklung dieses zu Lebzeiten ungeliebten Sohns der Stadt.

Thermes Sextius

55, cours Sextius, Tel. 04 42 23 81 82, www.thermes-sextius.com, Tagespauschale für vier Anwendungen 99 €; Sauna, Pool, Fitness 41 €

Dieser Tempel der Wellness verbindet ein Palais des 18. Jh. mit den futuristischen Linien zeitgenössischer Architektur. Ausgrabungen der römischen Thermen, die schon die 36 °C heißen mineralisierten Wasser nutzten, sind in den Eingangsbereich integriert. Whirlpools, Jetstrahler, Wassergymnastik, Zen-Mas-

Spaziergang auf den Spuren Cézannes

Schritt für Schritt lotst das Fremdenverkehrsamt von Aix Cézanne-Verehrer auf einen 34 Stationen umfassenden Pilgerweg. Bronzemarkierungen mit dem Signet »C« im Pflaster dienen als Markierung: vom Geburtshaus in der Rue de l'Opéra 28 über das Hutmachergeschäft des Vaters mit der verblichenen Schrift am Cours Mirabeau 55 bis zum Grab auf dem Friedhof St-Pierre.

Geburtshaus und Atelier erinnern an den Aixer Maler Paul Cézanne

sage, Hydrotherapie, im Sommer ein beheiztes Schwimmbad draußen und vieles mehr sorgen für Entspannung der Superklasse.

Cézanne-Stätten

Für die folgenden drei Cézanne-Stätten außerhalb der Innenstadt muss man sich vorher am Office de Tourisme anmelden, die Busse fahren ca. alle 20 Minuten direkt davor an der Rotonde ab.

Atelier Cézanne 17
www.atelier-cezanne.com, 9, av. Paul Cézanne; Okt.–März 10–12, 14–17, April–Juni, Sept. 10–12, 14–18, Juli/Aug. 10–18 Uhr; Bus Nr. 1
Das noch ganz wie zu Lebzeiten Cézannes eingerichtete Atelier – einst ein Landhaus, heute eingezwängt zwischen die Hochhausblocks der

nördlichen Banlieux – und der dazugehörige verwilderte Garten versprühen den Charme museal aufbereiteter ›Lebens- und Wirkstätten‹. Immerhin aber ist dies der Ort, wo in den letzten Jahren seines Lebens Cézannes berühmte Landschaften der Ste-Victoire und die ›Badenden‹ entstanden sind.

Bibémus-Steinbruch 18
Chemin de Bibémus, nur mit Führung Nov.–Febr. Mi, Sa 15, März–Mai, Okt. Mo, Mi, Fr, So 10.30–17.30, Juni–Sept. tgl. 9.45 Uhr, Bus 4
An diesem noch recht ursprünglichen Ort, einem im 18. Jh. aufgelassenen Steinbruch, stellte der Paul Cézanne seine Staffelei mit Vorliebe auf. Man kann rund um seine kleine Hütte gehen und dabei bekannten Motiven wie den berühmten »roten Felsen« nachspüren.

Jas de Bouffan 19

route de Galice, nur mit Führung
Nov.–Febr. Mi, Sa 10, März–Mai, Okt.
Di, Do, Sa 10.30–17.30, Juni–Sept. tgl.
10.30–17.45 Uhr, Bus 6
In dem Herrenhaus mit Park wohnte Cézanne 40 Jahre lang mit seiner Familie. Auf die Wände des Erdgeschoss-Salons malte er seine ersten Jugendwerke. Sie sind allerdings längst abgenommen.

Fondation Vasarély 20

www.fondationvasarely.fr, 1, av. Marcel Pagnol, Stadtteil Jas de Bouffan;
Di–Sa 10–13, 14–18 Uhr; Bus 4 vor dem Kasino
42 der gigantischen Wandbilder Victor Vasarélys (1908–1997) – *intégrations monumentales* – erhielten in diesem 1976 eigens errichteten Museum einen adäquaten Rahmen. Der Mitbegründer der Op Art brachte in seinen von reinen geometrischen Formen geprägten Werken Sehphänomene wie den Flimmereffekt zur Anschauung.

Entremont 21

Mi–Mo April–Okt. 9–12, 14–18, Nov.–
März bis 17 Uhr; Bus 21 ca. alle 30
Min. von der Rotonde St-Christophe
Die sehenswerten, ausgedehnten Ausgrabungen des keltischen Oppidum liegen auf einem Kalksteinplateau 3 km nördlich der Stadt (s. S. 66). Dass der Vorläufer von Aix nach seiner Zerstörung durch die Römer verlassen und nicht neu bebaut wurde, macht die Archäologen der heutigen Zeit ausgesprochen glücklich.

Übernachten

Zu Gast beim Adel – **La Pauline** 1 : Les Pinchinats, chemin de la Fontaine des Tuiles, ca. 3 km über blvd. Emile Zola, Tel. 04 42 17 02 60, Fax 04 42 17 02 61,

www.la-pauline.com, DZ 180–200 €. Hier, im Hügelland nördlich von Aix, empfing die berüchtigte Pauline Borghese, die Schwester Napoleons, ihren Liebhaber. Die heutigen Gäste können sich mindestens als Graf fühlen. Klassizistischer Louis-XVI.-Stil, mit modernen Elementen gewürzt, inmitten eines prächtigen Gartens mit Statuen und Baumhaus.

In trendigem Mokka – **Hôtel en ville** 2 : 2, place Bellegarde, Tel. 04 42 63 34 16, Fax 04 42 96 10 22, www.hotelenville.com, DZ 95–130 €. Brandneu eröffnetes Design-Hotel in Braun- und Weißtönen. Die Zimmer haben schicke Bäder und Plasmafernseher, den Lärm des Boulevards hört man aufgrund der schallisolierten Fenster zum Glück nur gedämpft.

Zentral – **Artea** 3 : 4, blvd. de la République, Tel. 04 42 27 36 00, Fax 04 42 27 28 76, www.arteahotel.com, DZ 68–98 €. Die fünf Minuten zur Innenstadt und die Geräumigkeit der Zwei-Sterne-Zimmer sind das Beste. Zimmer neben der Rezeption mit hohen Decken und alten Kaminen, aber laut. Spartanisches Frühstück, Privatgarage, alles kostenpflichtig.

Gutbürgerlich – **Les Quatre Dauphins** 4 : 54, rue Roux-Alphéran, Tel. 04 42 38 16 39, Fax 04 42 38 60 19, E-Mail: les-quatre dauphins@wanadoo.fr, DZ 65–85 €. Zwei-Sterne-Hotel in einem Stadthaus im ruhigen Quartier Mazarin; die Zimmer sind klein, provenzalisch und sauber. Was will man mehr?

Neo-Rokoko – **Le Prieuré** 5 : 458, route de Sisteron, ca. 4 km nördlich auf RN 96, Tel. 04 42 21 05 23, Fax 04 42 21 60 56, www.leprieure.free.fr, DZ 57–75 €. Luxuriöser als die Zimmer – Gelsenkirchener Barock auf Französisch – ist die Lage des alteingesessenen Zwei-Sterne-Hotels in einem Schlosspark.

Knapp bei Kasse? – **Auberge de Jeunesse** 6 : 3, av. Marcel Pagnol, Jas de

Mein Tipp

So schön kann essen sein
Weiße Lederfauteuils und eine nahezu griechisch anmutende Terrasse bilden den hippen Rahmen für die hippe Klientel, jung oder (einfluss-)reich, die, ca. ab 21 Uhr, vorwiegend schwarz gekleidet einen aparten Kontrast anstimmt. Bildschirme übertragen das Küchengeschehen, der eine so durchsichtig wie die Plastik-Weinkühler. Die weiß gekleideten Kellner sind gewiss nicht weniger hip als Ambiente und Klientel, dazu – drücken wir es positiv aus – selbstsicher. Überraschung: Ausgezeichnetes, preiswertes Essen! Mittelmeer *meets* Japan in zeitgenössischer Entente. Marinierte Garnelen mit Minz-Joghurt, Schweinefiletspieß an Zitronengras, für Kids Hacksteak mit Pommes in – schöne Ironie – MacDonald-ähnlichem Plastikpack. Ein Bühnenweihstück der Gastronomie! **Les Deux Frères** ▮2▮: 4, av. reine Astrid, Tel. 04 42 27 90 32, tgl. 12–14.30, 19.30–23 Uhr, zwei Gänge mittags 15, Menü 28 €.

Bouffan Nähe Fondation Vasarély, Tel. 04 42 20 15 99, Fax 04 42 59 36 12, www.fuaj.org, ca. 17 € im Schlafsaal inkl. Frühstück. Mit Bus 4 kommt man vom Zentrum zu den funktionalen Gebäuden mit Garten und Ste-Victoire-Blick. Restaurant, Fahrradverleih.
Camping – **Chantecler** ▮7▮: Val St-André, Richtung Nizza, Tel. 04 42 26 12 98, Fax 04 42 27 33 53, www.camping chantecler.com, ca. 18 €. Vier-Sterne-Platz auf einem Schattenhügel, Pool; nur 2 km vom Zentrum, Bus 3.

Essen & Trinken

Preiswertere Restaurants gibt es konzentriert zwischen Rotonde und Forum des Cardeurs, Brasserien, Cafés und Patisserien am Cours Mirabeau und Place de l'Hôtel de Ville. Die Rue Espariat im unteren Teil, wo sie von der Rotonde abgeht, ist ein Eldorado mit Feinkostläden und Snack-Shops für Suppen, Sandwiches oder Tartines.
Eine Klasse für sich – **Le Clos de la Vio-** lette ▮1▮: 10, av. de la Violette, Tel. 04 42 23 30 71, Di–Sa 12–13.30, 19–21.30 Uhr, Menüs 50, 90, 130 €. Jean-Marc Banzos saisonale und regionale Zwei-Sterne-Küche hält ihr Niveau seit Jahrzehnten. In einer ruhigen Gartengegend gelegen, strahlen das Restaurant in Vanille- und Schokotönen und die Terrasse zeitgenössische Schlichtheit aus.
Kreativ – **Amphitryon** ▮3▮: 2, rue Paul Doumer, Tel. 04 42 26 54 10, Di–Sa 12–14, 19.30–22 Uhr, Menü 35, 40 €. Moderne Kunst und klatschrote Vinylbänke vor braunen Wänden, vor der Bar, etwas tiefer, ein Klavier. Kreative, Touristen und Familien schätzen die lockere Atmosphäre und den Service. Und das perfekte Sisteron-Lamm, die inspirierte Trilogie der Gänseleber.
Mythisch – **Les Deux Garçons** ▮4▮: 53, cours Mirabeau, Tel. 04 42 26 00 51, tgl. 8–24 Uhr, Menü ca. 28 €. Im über und über vergoldeten und mit Friesen geschmückten Empire-Interieur von Aix' wohl berühmtester Café/Brasserie diskutierten und tranken schon Cézanne und Emile Zola. Im »2 G« treffen Tou-

risten auf die Aixer Szene. Arrogantes Personal. Im ersten Stock Piano-Bar und Themenabende.

Einkaufen

Das Viertel **der Antiquitätenhändler** [1] liegt um die Place des Trois-Ormeaux mit ihrem reizenden Brunnen.

Mode – Die supermodernen, preisgekrönten **Allées Provençales** [2] an der Rotonde sind ein schickes Einkaufszentrum mit Marken wie H & M, Zara und Bijou Brigitte, einem Schmuckparadies für echte und nicht echte Steine, Mo–Sa 10–19.30 Uhr. Kinderbekleidung findet man in der Rue Bédarride.

Für den Teint – **L'Occitane en Provence** [3]: 21, rue Espariat, Mo–Sa 10–19 Uhr. Bio-Schönheitsprodukte auf Öl- oder Honigbasis, schickes Ambiente.

Olivenöle – **La Tartine à l'Huile** [4]: 4, rue de Montigny, Mo–Sa 10–19 Uhr. Alles ums Olivenöl – vor allem alle provenzalischen AOC-Öle.

Für Süßmäuler – **Confiserie d'Entrecasteaux** [5]: 2, rue d'Entrecasteaux, Mo–Sa 9–19 Uhr. Verkauf von Calissons d'Aix neben der Herstellungshalle, auch Nougat, seit vier Generationen im Dienst des Naschwerks.

Figuren – **Santons Fouque** [6]: 65, cours Gambetta, Mo–Sa 8–12, 14–18 Uhr, www.santons-fouque.com. 1800 Figuren von klein bis 50 cm, bemalt oder bekleidet; Atelierbesichtigung mit einzelnen Herstellungsschritten und Verkauf; Paul Fouque aus der Santonier-Dynastie schuf 1952 die legendäre Figur »Coup de Mistral«.

Weine – **Château Simone:** Meyreuil, ca. 6 km südöstlich, Tel. 04 42 66 92 58, www.chateau.simone.fr. Die außergewöhnlichen Roten und Rosés der nur 20 ha umfassenden Domäne, drei

Im Sommer isst man nett in den Terrassenrestaurants auf den Plätzen der Stadt

Jahre im Eichenfass ausgebaut, gehören zu der winzigen Appellation Palette und gelten als die größten Weine der Provence.

Abends & Nachts

Kneipen

Schickes Ambiente – **La Rotonde** `1`: place du Général de Gaulle, Tel. 04 42 91 61 70, 8.30–24 Uhr, Menü 24,50 €. Teak und Bambus auf der Terrasse, opulenter Farben- und Designrausch drinnen – *tout Aix* trifft sich in dieser Lounge-Bar; das Essen ist ebenso schick wie die Gäste.

Junges schickes Publikum – **Le Cuba Libre** `2`: 4, blvd. Carnot, Mo-Sa 17–2 Uhr. Junges, viel studentisches und schickes Publikum, Charts und kubanische Musik im Wechsel.

Diskotheken

Wo die Studenten tanzen – **Le Bistrot Aixois** `3`: 37, cours Sextius, 11–2 Uhr. Tagsüber Bistro, abends Club und Disco; eine der Institutionen des lokalen Studentenlebens.

Guter Sound – **Le Sextius** `4`: 3, cours Sextius, Mo–Sa 7–2 Uhr. Dito, Themenabende Reggae, Blues und Rock.

Beliebte Disco – **Mistral** `5`: 3, rue Frédéric Mistral. Seit Jahrzehnten angesagte Keller-Disco, für die man sich besser schick anzieht; Dance und Techno, Do Studentenabend, Di freie Drinks für die Mädels.

Theater, Oper, Konzerte

Große Bühne – **Théâtre du Jeu de Paume** `6`: 17–21, rue de l'Opéra, Tel. 04 42 99 12 00, www.lestheatres.net. Historisches Gebäude mit viel Gold und rotem Pomp. Es handelt sich um das Theater von Aix, wo schon Stars wie Fanny Ardant spielten.

Moderner Tanz – **Le Pavillon Noir** `7`:

530, av. Mozart, Tel. 04 42 93 48 00 www.preljocaj.org. Centre Choréographique National von Angelin Preljocaj, moderner Tanz. Der im Jahr 2007 eingeweihte Kubus des Architekten Rudy Ricciotti besteht aus Glas und eigenwillig angeordneten schwarzen Metallstreben.

Opern – **Le Grand Théâtre de Provence** `8`: 380, av. Max-Juvenal, Tel. 04 42 91 69 70, www.legrandtheatre.net. Supermodernes Opernhaus des Architekten Vittorio Gregotti, eine spiralförmige Turmkonstruktion aus gelben und roten Steinplatten.

Infos & Termine

Office de Tourisme: 2, place du Général de Gaulle, Tel. 04 42 16 11 61, www.aixenprovencetourism.com, Mo–Sa 8.30–19, So 10–13, 14–18 Uhr, in der Saison noch länger.

Festival International d'Art Lyrique: Ende Juni bis ca. 23. Juli (s. S. 228). Boutique du Festival, 11 rue Gaston de Saporta, Tel. 04 42 17 34 34, Fax 04 42 63 13 74, www.festival-aix.com.

Aix en Musique: Tel. 04 42 21 69 69. Ganzjährig Konzerte aller Art – Klassik, Rock, Jazz, World Music.

Bahn: Gare SNCF, av. Victor Hugo, Tel. 08 92 35 35 36. TGV-Bahnhof, Technopole de l'Arbois, südlich an der D 9 Richtung Marignane, Tel. 36 35. Pendelbus in die Innenstadt und zum Flughafen, alle Autovermieter sind hier vorhanden.

Bus: Busbahnhof für **Fernbusse,** av. de l'Europe/rue Lapierre, Tel. 08 91 02 40 25. Züge und Busse in alle Richtungen. **Mietwagen:** Ada Location, 1, av. Henri-Mouret, Tel. 04 42 52 36 36, www.ada-location.com.

Fahrradvermietung: Cycles Zammit, 27, rue Mignet, Tel. 04 42 23 19 53. La Rotonde: s. S. 236.

Montagne Ste-Victoire ▶ J/K 5

Vom Boulevardring in Aix führen fünf vom Office de Tourisme gekennzeichnete Wege – Wegweisersäulen mit Cézannes Selbstbildnis mit Melone – zu wichtigen Malstationen um Aix, z. B. zum Bibémus-Steinbruch und nach Le Tholonet. Mit dem Bus »La Victorine« sind sie auch für Nicht-Motorisierte leicht zu erreichen. Aber das schroffe Kalksteinmassiv hat mehr zu bieten: Wanderrouten und eine erstaunliche Natur, Weingüter und die berühmten Bastiden des Pays d'Aix.

Le Tholonet ▶ J 5
Inmitten eines Parks steht einer dieser Landsitze des Adels aus dem 17./18. Jh. Das verschwenderisch mit Wasser gefüllte Becken vor dem Schloss weist schon darauf hin, dass hier die größte Bewässerungsgesellschaft des Landes ihren Sitz hat. Von hier aus geht man einige Meter auf der Straße bis zu dem rechts hochführenden Chemin de la Paroisse zurück in Richtung Aix, ein fast durchgängig geteerter Weg zu dem romantisch gelegenen kleinen Stausee **Barrage Zola**. Er besaß als einer der ersten seiner Art eine konkav gebogene Staumauer, die der Vater des berühmten Schriftstellers Emile Zola 1843 bis 1854 errichtete. Die Schulfreunde Cézanne und Zola zerstritten sich jedoch später wegen entgegengesetzter Kunstauffassungen – Cézanne auf dem Weg zur Abstraktion durch Farbe, Zola ein sozial engagierter Verfechter des kritischen Realismus.

Auf den Gipfel
Vom Parc de la Roque-Haute, einem ausgeschilderten, von vielen Aixer Familien frequentierten Picknickareal, führen wie von zahlreichen Parkplätzen rund um die Montagne Ste-Victoire Wege auf den Gipfel. Man braucht mindestens 3 ½ Stunden hinauf und 2 ½ Stunden hinunter, viel Wasser und feste Schuhe. Von der Route Cézanne sieht man das Croix de Provence, ein im 19. Jh. errichtetes Gipfelkreuz. Die höchste Erhebung der Ste-Victoire ist der weiter östlich gelegene, 1011 m hohe Pic des Mouches. Relativ bequem lässt sich die Montagne Ste-Victoire von Norden über den alten Pilgerweg ersteigen: Vom Gehöft Les Cabassols, 1 km westlich von Vauvenargues an der D 10 gelegen, beginnt der Aufstieg auf dem GR 9, wie alle GRs weiß-rot markiert. In etwa 2 ½ Stunden gelangt man vorbei an der alten Priorei aus dem 12. Jh. zum Croix de Provence, von wo sich ein Drei-Sterne-Blick bietet. Nicht ganz Trittsichere und Wanderer mit kleinen Kindern gehen hier zurück, Profis auf dem Gipfelkamm entlang in Richtung Osten, über den Pic des Mouches herunter nach Puyloubier, immer auf dem GR. Das ganze Kalksteinmassiv, wie alle provenzalischen Gebirge in west-östlicher Richtung aufgefaltet, erstreckt sich über 12 km und zeigt hier im Süden wesentlich schroffere Felsabfälle als im bewaldeten und sanfter ansteigenden Norden.

Maison de la Ste-Victoire ▶ J 5
Tel. 04 42 66 84 40, tgl. 9.30–18 Uhr; Restaurant, Café, Boutique
Das Eco-Musée in einer ehemaligen Schäferei in St-Antonin-sur-Bayon führt Besucher mit Ausstellungen, Videofilm und Lehrpfad in die Naturgeschichte und Landschaft der Ste-Victoire ein. Im Sommer: geführte Themen-Wanderungen, z. B. für Kinder auf den Spuren der Dinosaurier oder des Bonelli-Adlers. Wegvorschläge zu Fuß, mit Eseln – nur Kinder dürfen auf

Beliebt bei Wanderern: das Kalksteinmassiv Montagne Ste-Victoire

ihnen reiten – oder per Geländerad runden das Programm ab.

Puyloubier ▶ J 5

Bei der Umrundung des Massivs kommt man zunächst über die einsam-steinigen, mit dünner Garrigue bewachsenen Bergfüße, dann durch Weinberge um Puyloubier und Pourrières und schließlich auf der Nordseite durch niedrige Eichenwäldchen, die hier und da den Blick auf Weiden, kleine Gehöfte und Schafherden freigeben.

Vauvenargues ▶ J 5

Im Garten seines Renaissanceschlosses ruht ein weiterer Großer der modernen Malerei: Pablo Picasso. Er möchte hierbei so wenig gestört werden wie weiland Cézanne bei seiner Malerei – Schloss und Garten sind nur von außen zu besichtigen.

St-Marc-Jaumegarde ▶ J 5

Der Stausee Lac de Bimont, der ca. 7 km östlich von Aix entfernt liegt, ist zum Baden freigegeben und bietet dazu ei-

nen der schönsten Blicke auf die Ste-Victoire. Vom Parkplatz am See starten drei ausgeschilderte Geländerad-Parcours.

Übernachten

Provenzalisches Zen – **La Quinta des Bambous:** chemin des Ribas, Tel. 04 42 24 91 62, http://laquintadesbambous.free.fr, DZ 105–115 € inkl. Frühstück. Geschmackvolle *Chambres d'hôtes* mit asiatischem Flair – dank Bambus und einem Lotusteich – in einem großen Garten mit Pool.

Einkaufen

Bioweine – **Domaine Richeaume**: Puyloubier. Tel. 04 42 66 31 27. Sie liegt 1 km südlich des Orts und ist von der D 57 ausgeschildert. Der deutsche Musiker und Naturschützer Henning Hoesch verkauft hier seinen renommierten biologisch angebauten Wein.

Der Luberon

Highlight!

Gordes: Das graue Felsnest mit seinen kieselgepflasterten steilen Gassen und Kunsthandwerkerläden ist so malerisch wie touristisch. Renaissanceschloss und Bories-Freilichtmuseum lohnen einen Besuch. S. 246

Auf Entdeckungstour

Durch das Land, wo der Ocker blüht: Um Roussillon geht man in leuchtend roter Landschaft wandern und darf sich in einer alten Ockerfabrik die Hände rot machen. S. 250

Kultur & Sehenswertes

Abbaye de Sénanque: Noch heute wohnen Mönche in der vollständig erhaltenen romanischen Zisterzienser-Abtei. Nirgendwo sonst kann man einen so tiefen Einblick ins Ordensleben gewinnen: eine geradezu spirituelle Besichtigung. S. 248

Synagoge von Cavaillon: Diese Rokoko-Synagoge ist eine der ältesten des Landes. S. 252

Aktiv & Kreativ

Terrasses de Cultures in Goult: Wanderweg durch die Terrassenkulturen des 19. Jh. S. 248

Bike Park: Zentrum für Geländeradsportler. S. 257

Gorges du Régalon: Eine der spektakulärsten, für jeden zu schaffenden Schluchtenwanderungen. S. 260

Genießen & Atmosphäre

Landhäuser mit Stil: In kaum einer anderen Landschaft gibt es so viele stilvolle und individuelle Landhaus-B & Bs, z. B. La Forge in Rustrel. S. 249

Marchés paysans: Auf den morgendlichen Erzeugermärkten, z. B. in Apt, Cadenet, Coustellet oder La Tour d'Aigues, verkaufen in der Saison Bauern ihre selbst erzeugten Waren wie Honig, Käse, Obst, Gemüse und Geflügel – ideal für ein Gourmet-Shopping mit anschließendem Picknick. Es wird auch viel Kunsthandwerkliches feilgeboten. S. 256

Abends & Nachts

Roussillon: Abends in Le Castrum oder einem anderen Terrassenrestaurant des bezaubernden Ockerdorfs ein einfaches provenzalisches Menü essen. S. 250, 252

Café de la Fontaine in Lourmarin: Bis 2 Uhr nachts auf dem Dorfplatz. S. 261

Der Luberon

Kaum eine andere Landschaft der Provence weist so viel unberührte Natur auf, so viele reizende, trutzige, halb verlassene Dörfer auf Felsspornen, die *villages perchés*, so viele ausgezeichnete Möglichkeiten zum Wandern, Radfahren, Klettern und Reiten. Landleben pur, aber mit viel Stil: In geschmackvollen, höchst individuellen Gästehäusern kann man sich mit ausgesuchter Regionalküche verwöhnen lassen, Kochkurse absolvieren oder malen lernen. Im Lubéron leben und arbeiten Tausende von Künstlern und Kunsthandwerkern, die in Ateliers auf dem Land oder in den Städten sowie auf den Märkten ihre Erzeugnisse verkaufen. Über eine Länge von 65 km erstreckt sich der von der UNESCO zum Biosphärenreservat erklärte Gebirgszug des Luberon zwischen Cavaillon und Manosque, begrenzt von den Flusstälern der Coulon/Calavon im Norden und der Durance im Süden. In der ursprünglichen Landschaft mit Eichen-, Kiefern- und Atlaszedernwäldern haben Nattern, Eidechsen, Wildschweine, Biber und seltene Raubvögel ein Refugium gefunden. Mit ein bisschen Glück sieht man einen Bonelli-Adler.

Im 16. Jh. war der Luberon eine Hochburg der Waldenser. Die Amtskirche konnte ihnen nicht verzeihen, von ihnen an die ursprünglichen christlichen Ideale erinnert zu werden. Dem groß angelegten Massaker an den ›Ketzern‹ im April 1545 fielen an die 3000 Menschen zum Opfer, zahlreiche Dörfer wie Lacoste, Lourmarin oder Mérindol wurden zerstört. Eine Themenstraße, »La Route des Vaudois en Luberon«, führt auf ihren Spuren durchs Land.

Gordes! ▶ G 3

In konzentrischen Häuserringen scheint sich das graue Gordes (2100 Einw.) an den Fels zu klammern, der das Tal der Coulon beherrscht. Nachdem der französische Maler und Kunstpädagoge André Lhote den weitgehend durch die Landflucht entvölkerten Ort 1938 ›entdeckte‹, hauchten großstadtmüde Kreative dem pittoresken Felsnest – wie Roussillon und anderen Orten des Luberon – ein neues, mittlerweile kostspieliges Leben ein.

Auf der charmanten Place du Château, mit Terrassencafés und Brunnen unter Schatten spendenden Bäumen, findet dienstags vormittags ein Markt statt. Von spätestens Pfingsten bis weit in den Oktober muss man die steilen, mit Kieseln gepflasterten Gassen mit Scharen anderer Touristen teilen. Keramik- und Souvenirläden eifern mit Galerien um Gunst und Geld.

Château
tgl. 10–12, 14–18 Uhr
Gordes' Krone ist das Renaissanceschloss mit seinen drei wohlgerunde-

Infobox

Infos im Internet
www.parcduluberon.com: Website des Regionalparks.
www.luberon-apt.fr: Für Apt und den Regionalpark, Denkmäler, Unterkunft, Sport und Praktisches, auch in Englisch.
www.veloloisirluberon.com: Netzwerk von Profis des Radtourismus, Verleih, markierte Routen, Reparatur, Unterkunft; organisiert mehrtägige Radtouren mit Gepäcktransport; auch in Deutsch.

Jedes **Office de Tourisme** im Luberon hält vielfältige Vorschläge für einen Aktivurlaub bereit.

Regionaltypisch: die Bories, Steinbauten aus Trockenmauerwerk ohne Mörtel

ten Halbtürmen, das Bertrand de Simiane 1525 unter Einbeziehung einer mittelalterlichen Burg der Herren von Agoult bauen ließ.

Architektonische Details wie Kamin und Wendeltreppe korrespondieren dynamisch mit den Bildern des belgischen Künstlers Pol Mara (1920–98). Man hat seine ironischen, bunten Kommentare zu Werbewelt und Sexualität häufig mit Rauschenberg verglichen.

Caves du Palais St-Firmin

Mitte April–Mitte Okt. Mi–Mo 11–18, Juli/Aug. tgl. 10.30–19 Uhr
Unterhalb eines großen Wohnhauses zwischen Kirche und Aussichtsturm, genannt Palais St-Firmin, befinden sich auf mehreren Ebenen diese unterirdischen ehemaligen Gewerberäume, Zisternen und eine Ölmühle. Fröstelnd steigt man bis zu 18 m in die troglodytische Unterwelt herab – ein spannendes Erlebnis.

Village des Bories ▶ G 3

9 Uhr bis Sonnenuntergang; 2 km südöstlich
Die Attraktion in der Nähe von Gordes ist das Museumsdorf aus zahlreichen dieser für die Region so typischen Steinbauten. Die bienenkorb- und bootsrumpfförmigen *bories* bestehen aus Trockenmauerwerk (ohne Mörtel), das im Dachbereich in Form eines sogenannten falschen Gewölbes Stein für Stein ein Stückchen weiter vorkragt, bis die ›Kuppel‹ geschlossen ist – eine im nördlichen Mittelmeerraum verbreitete Bauform. Obwohl die Bauweise auf neolithische Vorläufer zurückgehen mag, datieren die ca. 3000 Bories, die man in dieser Region bis zum Lure-Gebirge im Osten und zum Mont Ventoux findet, größtenteils aus dem 16. bis 19. Jh.

Der Luberon

Moulin des Bouillons/Musée du Vitrail

April–Okt. Mi–Mo 10–12, 14–18 Uhr; 5 km südlich an der D 148

Mittelpunkt des Ölmühlenmuseums mit Öllampen und Amphoren ist eine Ölmühle aus dem 16. Jh., die auf gallorömischen Vorläufern steht. Das Glasmuseum zeigt kostbare Exponate von antiken Zeiten bis heute. Es lohnt, ein Stück weiter zum Weiler St-Pantaléon zu fahren: Ein Juwel der Romanik, die Kapelle St-Pantaléon, erhebt sich inmitten eines mit Gräbern gespickten Felsens.

Coustellet ▶ G 3

Das Dorf liegt 10 km südlich von Gordes und ist für seinen Erzeugermarkt *marché paysan* berühmt, der am Sonntagmorgen und im Sommer zusätzlich am Mittwochabend stattfindet. Das **Musée de la Lavande** an der D 2 Richtung Gordes erläutert die Geschichte der Destillation mit Hilfe eines Films und kupferner Alambics vom 16. Jh. bis heute. In der Erntezeit im Juli/August kommt, außer samstags, ein fahrbarer Destillationsapparat von 1900 zum Einsatz. In der lavendelblauen Boutique kann man Qualitätsprodukte rund um den Echten Lavendel kaufen (tgl. Febr., März, Nov.–Dez. 9–12.15, 14–18, April, Okt. 9–13, 14–18, Mai–Sept. 9–19 Uhr).

Goult ▶ G 3

Ein reizendes Örtchen, 11 km südöstlich von Gordes, mit einer romanischen Kirche, Arkaden, überdachten Gassen und Plätzen, die von Zürgelbäumen beschattet werden. Am höchsten Punkt des Orts beginnt an der frisch renovierten Windmühle der einstündige Spaziergang der **Terrasses de Culture.** Er gibt Einblick in die im 19. Jh. weit verbreiteten, nun dem Untergang geweihten Terrassenkulturen, die hier wie in einem Amphitheater das Tal füllen. Man kommt an vielen der für die Gegend so typischen Bories vorbei, eine sehr schöne Umgebung für einen Spaziergang oder eine Wanderung.

Abbaye de Sénanque ▶ G 3

nur mit französischer Führung: So vormittags geschl., Febr./März, Okt.–11. Nov. 10.30, 14.30, 15.30, 16.35, April/Mai zusätzlich 10.30, Juni, Sept. zusätzlich 15.10, 16.10, Juli/Aug. zusätzlich 9.50, 14.50, 15.45, 16, 12. Nov –6. Jan., 25.–31. Jan. 14.50, 16.20 Uhr

Bereits im Jahr 1148 hatten sich im Tal der Sénancole Zisterziensermönche niedergelassen, das Land gerodet und bestellt. Sie suchten Erleuchtung in der Einsamkeit und folgten den reformatorischen, asketischen Regeln Bernhards von Clairvaux. Die Abteigebäude, 4 km von Gordes entfernt, stammen aus der zweiten Hälfte des 12. Jh., wurden im 16. Jh. von den Waldensern zerstört und im 17. Jh. sowie 1854 wiederaufgebaut.

Seit 1988 leben hier wieder Zisterzienser. Kirche und Klostergebäude spiegeln die allem schmückenden Beiwerk abholde Gesinnung des hl. Bernhard. Sie folgen einem europaweit einheitlichen und streng funktional auf das Ordensleben der Mönchsgemeinschaft zugeschnittenen Bauplan. So gelangten die Brüder zu den allnächtlichen Gebeten vom Dormitorium (Schlafsaal) über eine Treppe in die dreischiffige Basilika mit achteckiger Vierungskuppel, eingewölbt mit Spitztonnen.

Die heutige Besichtigung des Klosters führt in den Kreuzgang, den Speisesaal (das Refektorium), den Kapitelsaal, in dem sich die Mönche täglich trafen, um ein Kapitel der Ordensregel zu diskutieren und vom Abt ihre Aufgaben zugeteilt zu bekommen, und das Calefactorium, den einzigen beheizten Raum des Klosters, wenn man die Küche außer Acht lässt.

Übernachten

Luxusherbergen mit Spa konzentrieren sich im Umkreis, z. B. Les Bories, www.les-bories.com.

Edle Traditionsherberge – **Auberge de Carcarille:** Les Gervais, 2 km südlich an D2, Tel. 04 90 72 02 63, Fax 04 90 72 05 74, www.auberge-carcarille.com, DZ 68–105 €. Unglaublich günstig: Design-Pool, altes Mas im Grünen, Kinderhüpfburg etc. Lichte, komfortable Zimmer mit Terrasse oder Balkon. Restaurant mit Regionalküche.

Tolles Design – **Mas de Regalade:** Quartier de la Sénancole, Tel./Fax 04 90 76 90 79, www.masregalade-luberon.com, DZ inkl. Frühstück 75–130 €. Zu Füßen des Burgbergs richteten die Gastgeber ihren Hof aus dem 17. Jh. mit vier geräumigen Themen-Zimmern ein. Flaggschiff »La Grange« hat Art-déco-Möbel und Mezzanin.

Aktiv & Kreativ

Fundgrube – **La Forge:** Die Website www.laforge.com.fr ist eine Fundgrube für Rustrel. In La Forge (s. S. 253) werden alle möglichen Sportaktivitäten organisiert, z. B. Fahrradtouren (Rad pro Tag 18 €) oder Ausritte (2 Std. für 30 €). Oder man besichtigt die Sternwarte Observatoire Sirène in Lagarde d'Apt zu einer »Sternennacht«.

Überflieger – **Rustr'aile:** 84400 Rustrel, Tel. 04 90 04 96 53, www.parapente.biz. Paraglider-Tandemflug oder eine Lufttaufe für 70 € oder für 100 € über den Colorado. Abflug meist abends wegen der Aufwinde. Auch mehrtägige Kurse.

Infos

Office de Tourisme: place du Château, Tel. 04 90 72 02 75, Mo–Sa 9/So 10–12,

Mein Tipp

Regionale Küche in Goult ▶ G 3
Das Restaurant liegt versteckt in einem alten Haus in einer winzigen Seitengasse. Der rustikale Eindruck freigelegter Steinwände unter einem Gewölbe wird durch moderne Kunst, u. a. ein einfühlsames Bild mit Katze und Kater, akzentuiert. Die Küche verfeinert Regionales wie ein Rebhuhn mit zeitgenössischen Zutaten wie einem süßen Zwiebelkompott oder Spargel mit Gänseleber. Auch der freundliche Service von Madame Leichel trägt dazu bei, dass die wenigen Tische stets besetzt sind. **La Bartavelle:** rue Cheval Blanc, Tel. 04 90 72 33 72, März–Nov. Do–Mo 19.30–22 Uhr, Menü 39 €.

14–18 Uhr, www.gordes-village.com (auch in Englisch).

Cavaillon ▶ F 3

Inmitten einer fruchtbaren Gartenlandschaft am Rand des Luberon liegt die nicht sehr attraktive ›Welthauptstadt der Melone‹ (25 000 Einw.), Frankreichs zweitwichtigster Exportgroßmarkt. Der montägliche Wochenmarkt belebt das Zentrum – aber eben nur alle zwei Wochen. Die Römer hinterließen den **Arc Romain**, zwei elegant verzierte Bogen, die Reste des Stadttors aus Augusteischer Zeit.

Cathédrale St-Véran
April–Sept. Mo–Fr 8.30–12, 14–18,
Okt.–März 9–12, 14–17 Uhr
Im Zentrum der Altstadt steht die spätromanische Cathédrale St-Véran mit

Auf Entdeckungstour

Durch das Land, wo der Ocker blüht

Rings um Roussillon wird es nie trist. Dafür sorgt der Ocker, der das ganze Land in allen erdenklichen Rottönen koloriert. Wanderungen durch die farbenfrohe Landschaft, eine Galerie und eine ehemalige Ockerfabrik erwarten Sie, in der Kult und Wissenschaft der Pigmente hochgehalten werden.

Reisekarte: ▶ G 3

Office de Tourisme: place de la Poste, Tel. 04 90 05 60 25, Mo–Sa 10–12, 14–17.30 Uhr, www.roussillonprovence.com.
Sentier des Ocres: Juli/Aug. tgl. 9–19.30, Sept.–11. Nov., März–Juni 10–17.30, 12. Nov.–Febr. Sa/So 13–17 Uhr, bei Regen geschl., 2,50 €, Parken 2 €.
Ocrement dit: tgl. 9.30–18.30 Uhr.
Conservatoire des Ocres: Di–So 9–18 Uhr; 2 km westlich an der D 104, www.okhra.com.

In allen Schattierungen des Ockers leuchten die Häuser des malerischen Roussillon (1200 Einw.). Die rot-gelb-braunen Farbpigmente sind zur Chiffre der vielen lokalen Kunsthandwerker, ja der gesamten Provence avanciert. Vom großen Parkplatz oberhalb des Dorfs führen angelegte Wege durch die einst im Tagebau betriebenen Ockerbrüche.

Ockerspaziergänge

Der längere, orange markierte Rundweg dauert etwa 35 Minuten, der kürzere mit den gelben Pfeilen eine Viertelstunde weniger. Es geht rauf und runter, viel auf Treppen mit Trittstufen, die die Erosion durch Regen und viel zu viele Schuhe minimieren sollen. Man geht weich wie auf ganz feinem Mehl, und darum ist das Naturdenkmal, nicht mehr als konkretisierter Kalk, auch so fragil. Manche der dicken Türme wirken gedunsen, als seien sie von Botero gemalt. Der Kontrast zwischen den dunkelgrünen Kiefern und der roten Bröckellandschaft ist famos.

Teufelszeug

Einen Nachteil hat Ocker: Er geht nämlich nicht mehr raus. Einzige, winzige Hoffnung: In kaltem Wasser einweichen, damit die schwereren Farbpigmente sich am Boden absetzen. Waschen, reiben, chemische Keule sind nutzlos. In der Waschmaschine ergeben sich mit ockerverschmutzten Hosen aparte Färbeeffekte für die restliche Wäsche.

»Ocrement dit« nennt sich die Galerie kurz hinter dem Ausgang der Ockerbrüche. Sie präsentiert verschiedene Tonschaffende der Region, die nicht nur die hohe Kunst der Pigmentierung beherrschen: eine höchst qualitätvolle, eigenwillige Keramikkunst abseits der Provence-Klischees.

Die Kunst der Ockerherstellung

Etwa 15 Minuten zu Fuß sind es bis zur ehemaligen Ockerfabrik **Usine Mathieu**, die früher bis zu 40 000 t produzierte. Heute hat die Okhra, die sich der Bekanntmachung des Ockers verschrieben hat, hier ihren Sitz. Eine exzellente kleine Buchhandlung bildet den Empfang. Wer ein bisschen Französisch versteht, sollte sich einer Führung anschließen, in der Saison auch englischsprachig. Sie bekommen die Abbau- und Verarbeitungsprozesse des Ockers erklärt und man kann die Ockerwaschbecken sehen, in denen der im Steinbruch gewonnene Ocker in Wasser gelöst wurde. Ein Arbeiter kostete das Wasser, und wenn es noch knirschte, war noch zu viel Sand darin. Dann musste der Ocker länger eingeweicht werden. Die abgesetzten Pigmente wurden den ganzen Sommer über getrocknet.

Gelber Goethit oxidiert unter dem Einfluss von Sonne und Wasser zu rotem Hämatit. Darunter ist der Ocker noch gelb. Um ihn rot zu bekommen, brannte man ihn bis zu 30 Stunden in einem Ofen. Ein Brennmeister kostete, schmeckte, witterte, wann er die gewünschte Farbe hatte, ähnlich wie ein Whisky-Brenner. Ein diffiziler Job, der viel Erfahrung erforderte. Die Mühle, in der der Ocker zerrieben wurde, den Brennofen, all das kann man sehen, ebenso wie eine Art Labyrinth aus bunten Kuben.

Königreich der Farben

Bis etwa zum Zweiten Weltkrieg wurde Ocker in der Kautschukproduktion benötigt und nicht nur zum Färben. In dem Farbladen kann man sich zum Schluss der Tour mit Farbkästen, Stiften, roten Pflanzenfarben wie Cochenille (Filzlaus) oder Krapp, Bindemittel etc. eindecken.

Kreuzgang und einer schönen Sonnenuhr über dem Eingang. Geweiht wurde sie im 13. Jh. von Papst Innozenz IV., denn Cavaillon gehörte zum Comtat Venaissin.

Synagoge

Mai–Sept. Mi–Mo 9.30–12.30, 14.30–18.30, Okt. Mi–Mo/ Nov.–April Mi–Sa, Mo 9–12, 14–17 Uhr

Im ehemaligen jüdischen Ghetto gibt es viele enge Gassen sowie Cavaillons Hauptattraktion, die Synagoge. Der restaurierte Kulturschatz (1724–1774) im reinsten Rokokostil mit Dekorationen von filigraner, pastellfarbener Leichtigkeit hat zwei Stockwerke. In solchen *carrières* (Ghettos) lebten unter teuer bezahltem päpstlichem Schutz jüdische Gemeinden, in Carpentras, Cavaillon, Avignon, Isle-sur-la-Sorgue.

Übernachten

Einfach und zentral – **Hôtel Toppin:** 70, cours Gambetta, Tel. 04 90 71 30 42, Fax 04 90 71 91 94, www.hotel-top pin.com, DZ 40–54 €. Adrette Zimmer mit Bad/WC zu so gut wie unschlagbaren Preisen.

Essen & Trinken

Für Melonenfans – **Prévôt:** 353, av. de Verdun, Tel. 04 90 71 32 43, Di–Sa 12–14, 19–21.30 Uhr, Menü mittags 25, abends ab 44 €. Für das Trüffelmenü darf es etwas mehr sein, 110 € nämlich. In zeitgenössischem Ambiente mit Neorokoko-Allüren serviert Monsieur Prévôt eine mediterrane Feinschmeckerküche, in der Melonenzeit von Mitte Mai bis September ein Menü, bei dem alle Gänge aus Melone bestehen.

Einkaufen

Delikatessen – **Pâtisserie Jarry:** 84, cours Sadi Carnot. Marmelade, Tartes und Aperitif – aus Melone.

Aktiv & Kreativ

Wandern – Vom **Arc Romain** führt, über Treppen und später an Olivenhainen vorbei, ein etwa 20-minütiger ausgeschilderter Fußweg zur romanischen Chapelle St.-Jacques. Von dem 190 m hohen Kalksteinhügel hat man einen fantastischen Blick. Weitere Pfade durch die Mittelmeervegetation.

Kochen mit Melonen – **Kurse im Restaurant Prévôt:** 353, av. de Verdun, Tel. 04 90 71 32 43, www.restaurant-pre vot.com, letzten Fr im Monat, vorher anmelden, 4–12 Pers., 55 €. Der Chefkoch des Restaurants Prévôt zeigt Hobbyköchen, wie man Trüffel, Gänseleber und Melone kulinarisch veredelt und führt in die *peinture végétale*, Deko-Malerei auf dem Teller, ein. Auch in Englisch.

Mein Tipp

Bilderbuchbistro in Roussillon ▶ G 3
Superfreundlich und familiär geht es in dieser Bar-Brasserie mit karierten Tischdecken und Holzstühlen zu. Von der Terrasse blickt man auf Roussillon. Unter Plakaten von Marcel Pagnols Filmen labt man sich z. B. an riesigen, köstlichen Salaten mit Ziegenkäsetoasts, an Lasagne und Hacksteak, nachmittags an hausgemachten Tartes. **Le Castrum:** place de la Mairie, Tel. 04 90 05 62 23, Mo–Fr 9–19, Sa/So 9–14 Uhr, Tagesgericht ca. 10 €.

Mein Tipp

Künstlerisch wohnen
Die Chambres d'hôtes auf dem Gelände einer denkmalgeschützten Schmiede von 1840 sind individuell, geräumig und kreativ konzipiert. Überall trifft man auf die erotischen Gemälde und Plastiken der Gastgeberin, einer Künstlerin. Allein das Gelände mit dem Schornstein, dem Pool, der Riesengarage (das ehemalige Mineralienlager) und dem Maschinenhaus, dem heutigen Haupthaus, ist sehenswert. Es liegt inmitten von Wald und Ockerhügeln. Claude kümmert sich sehr um seine Gäste, empfiehlt Restaurants und Ausflüge und organisiert im Auftrag des Tourismusbüros sportliche Aktivitäten. **La Forge:** Notre-Dame-des-Anges, Tel. 04 90 04 92 22, Fax 04 90 04 95 22, www.laforge.com.fr, DZ 91–99, Suiten für bis zu fünf Personen, 159–209 € inkl. Frühstück.

Abends & Nachts

Ein Monument historique – **Café Le Fin de Siècle:** 42, place du Clos, So 12–23, Mo–Sa 7–23, im Sommer bis 1 Uhr. Verziert mit Lüstern, Stuck und Spiegeln bis zur Decke, das ganze Programm der Belle Epoque eben. Es gibt moderne Musik und Videos.

Infos

Office de Tourisme: 79, place F. Tourel, Tel. 04 90 71 32 01, Mo–Sa 9–12, 14–18, Juli/Aug. auch So 10–12 Uhr, www.cavaillon-luberon.com. Führung »Circuit des melons«.
Bahnhof: av. Pierre Sémard, Tel. 36 35.
Busbahnhof: direkt daneben, Tel. 04 90 78 32 39, u. a. nach Avignon, Apt.

Apt ▶ H 3

Das umtriebige Apt (11 000 Einw.) ist das Zentrum des Luberon und der Herstellung der kandierten Früchte, die schon die Päpste gern aßen. In der kleinen, von einem Boulevardring umschlossenen Altstadt kommt typisch provenzalisches Flair auf, besonders, wenn am Samstagvormittag der Wochenmarkt und am ganzen Dienstag der Erzeugermarkt rund um die zentrale, von Platanen beschattete Place de la Bouquerie stattfinden. Viele Kunsthandwerker verkaufen sowohl auf den Märkten als auch in den Geschäften in der Stadt.

Cathédrale Ste-Anne
Mo–Fr 9.30–12.30, 14–18.30, Sa 9.30–13 Uhr
Unter dem Chor der ursprünglich romanischen, in den folgenden Epochen jedoch vielfach umgestalteten Kirche befindet sich eine Krypta des 12. Jh. und unter dieser wiederum eine aus vermutlich merowingischer Zeit, eine winzige archaische Höhle unter einem Rundbogen. Auch der teils mittelalterliche Kirchenschatz ist beachtlich.

Maison du Parc
Okt.–März Mo–Fr 8.30–12, 13.30–18, April–Aug. Mo–Sa bis 19 Uhr
Natur und Kultur des Regionalparks

Lieblingsort

Colorado provençal bei Rustrel
► H 3/4

Das Ockergebirge ist eines der größten Naturdenkmäler der Provence, ein Rausch in Rot, Ziel für den Familienausflug und Kletterparadies. Vom Parkplatz südlich des Orts führt ein blau markierter Pfad zu den grandiosen Ockertürmen der Cheminée des Fées, ein roter in die Sahara. Das darf man getrost wörtlich nehmen: blutroter feiner, weicher Sand, gelbliche Klippen, orangefarbene Pyramiden, lila erodierte, bizarre Formationen – und im Sommer die entsprechenden Temperaturen.

werden anhand von Ausstellungen besonders einem jungen Publikum nahegebracht. Das paläontologische Museum im mittelalterlichen Kellergewölbe zeigt Prachtexemplare aus der fossilienreichen Umgebung. In einer Boutique bekommt man landestypische Produkte.

Musée de l'Aventure Industrielle

Okt.–Dez., März–Mai Mi–Mo 10–12, 14–17.30, Juni–Sept. Mo–Sa 10–12, 15–18.30, So 15–19 Uhr
In einer ehemaligen Fabrik für *fruits confits* widmet sich dieses 2003 eröffnete Museum der Industriegeschichte des Pays d'Apt, d. h. der Herstellung von kandierten Früchten, den berühmten Fayencen und dem Ocker.

Marchés paysans ▶ G–J 3/4

Auf den morgendlichen Erzeugermärkten von Apt, Cadenet (Sa), Coustellet (So, Juli/Aug. auch Mi abends), St-Martin-de-la-Brasque (So), Pertuis (Mi, Sa) und La Tour d'Aigues (Do) verkaufen Bauern in der Saison ihre selbst erzeugten Waren wie Honig, Käse, Obst, Gemüse und Geflügel – ideal für ein Gourmet-Shopping mit anschließendem Picknick. Es wird auch viel Kunsthandwerkliches feilgeboten, Getöpfertes, Gesponnenes, Gemaltes.

waldetem Terrain und Swimmingpool. Chaletvermietung und geräumige Stellplätze.

Übernachten

Stilsicher – **Le Couvent:** 36, rue Louis Rousset, Tel./Fax 04 90 04 55 36, www.loucouvent.com, DZ inkl. Frühstück 90, Suite bis zu 5 Pers. 120 €. Ganz ruhig mitten in der Stadt. Zimmer mit Antiquitäten, Baldachinbetten sowie Musik im Bad in einem restaurierten Konvent aus dem 17. Jh. Im netten Innenhof Pflanzen und ein kleiner Pool.
Mas im Zedernwald – **Relais de Roquefure:** 6 km westlich an der RN 100, Tel. 04 90 04 88 88, Fax 04 90 74 14 86, DZ 78–112 €. Aparte Zimmer in leuchtenden Ockertönen, ein großer Pool und ein rustikales Restaurant, das nur frische Produkte lokaler Erzeuger verwendet. Reiterhof direkt nebenan, Fahrradverleih und viele weitere sportliche Aktivitäten werden angeboten.
Zelten mit Aussicht – **Camping Le Luberon:** route de Saignon, ca. 2 km südöstlich, Tel. 04 90 04 85 40, Fax 04 90 74 12 19, www.campingleluberon.com, April–Mitte Okt., Stellplatz ca. 18 €. Drei-Sterne-Platz mit Luberonblick auf be-

Essen & Trinken

Feine Küche – **Le Carré des Sens:** 57, cours Lauze-de-Perret (Restaurant), 39, place St-Martin (Bistro), Tel. 04 90 74 74 00, Di–Sa 12–14, 18–23 Uhr, Menüs mittags im Bistro, abends im Restaurant 36 €. Günstige Feinschmeckerregionalküche. Das Bistro hat eine knallrote Formica-Bar. Das Restaurant in einem lichten Saal eines Stadtpalais prägt elegantes Understatement.

Einkaufen

Fruits confits – **Kerry Aptunion:** 2 km westlich an der N 100, Mo–Sa 9–12, 14–18, Fabrikverkauf. **Confiserie Marcel Richaud:** 112, quai de la Liberté. Etwas teurerer und feinerer Familienbetrieb.
Qualitätsweine – **Château d'Isolette:** route de Bonnieux, Mo–Sa 9–12, 15–17 Uhr, www.chateau-isolette.com. Prämierte, voluminöse Rotweine, Rosés und Weiße mit einer breiten Aromenpalette.

Aktiv & Kreativ

Radtouren – **Radtourismus:** Große Luberon-Rundfahrt: Eine Strecke verläuft nördlich, die andere südlich entlang des Gebirgszugs, insgesamt 236 km markierte Wege auf wenig befahrenen Straßen (Markierung: orange Schilder Richtung Osten, nach Cavaillon; weiße Schilder Richtung Westen, nach Forcalquier). Dazu an die 20 Rundtouren, die man alle auf www.provenceguide velo.com/velo-luberon.asp findet. 51 km lang ist z. B. die Ockerrundfahrt von Apt über Rustrel und Roussillon.

Geländeradsport – Der **Bike Park** in Villars mit Übungspisten, geführten Touren, Kursen für Anfänger und Fortgeschrittene, Radverleih (20 € pro Tag) und der fachkundigen Beratung des Profis Christian Taillefer (www.bikeparkcolo rado.com ist ein Zentrum des Geländeradsports, französisch VTT, *Vélo Tour Terrain*. Sein »Bikeguide Apt-Lubéron« in Französisch und Deutsch kommentiert die Cross Country-, Downhill- und Familientouren und ist für 24 € inkl. Porto auf www.luberon-apt.fr/balla des/velo.htm zu bestellen.

Wanderrouten – **Wandern** kann man z. B. auf fünf GRs. Der GR 6 durchzieht den Luberon in west-östlicher Richtung, der GR 9 führt u. a. durch das Tal der Aigebrun, also in nord-südlicher Richtung. Der GR 92 ist ein Höhenwanderweg und auf dem GR 97 kann man in acht bis zehn Tagen eine Rundwanderung durch den Luberon machen. Mit dem **Taxi Luberon** erspart man sich Rückwege (www.luberon-taxi.com, Tel. 04 90 76 70 08).

Infos

Office de Tourisme: 2, av. Philippe de Girard, Tel. 04 90 74 03 18, Mo–Sa 9–12, 14–18, Mai–Sept. auch So 9.30–12.30;

www.luberon-apt.fr. Für Apt und das Pays d'Apt.

Busbahnhof: av. de la Libération, Tel. 04 90 74 20 21. Von hier fahren mehrere Linien, z. B. nach Avignon, Cavaillon, Forcalquier, über kleine Orte wie Banon oder Bonnieux.

Autovermietung: Aptalocation. 336, av. Victor Hugo, Tel. 04 90 74 10 17.

Petit Luberon

Das Erosionstal der Combe de Lourmarin, durch das die D 943 von Apt nach Cadenet führt, trennt Grand und Petit Luberon in Nord-Süd-Richtung. Der bis zu 700 m hohe und stärker zerklüftete Petit Luberon liegt im Westen, im Osten des bis zu 1000 m hohen Grand Luberon; er zeichnet sich durch abgerundete, üppiger bewaldete Bergkuppen aus. Im Tal fließt die Aigebrun, der einzige ganzjährig Wasser führende Fluss der Region, ein einzigartiges Biotop.

Bonnieux ▶ H 3

Über den dreibogigen **Pont Julien**, gegen Ende des 1. Jh. v. Chr. als Brücke der Via Domitia über den Calavon errichtet, führt noch heute die Autostraße. Bonnieux ist mit 1500 Einwohnern eines der größeren *villages perchés*, ein Felsnest mit Stadthäusern teils noch aus der Renaissance. Vom Plateau aus dem höchsten Punkt des Orts, neben einer alten Wehrkirche und hohen Zedern, schweift der Blick über das gelb-rote Ziegeldachmeer auf die bewaldeten Hänge des Luberon.

Übernachten

Traumhaft – **Les Trois Sources***:* chemin de la Chaîne, Tel. 04 90 75 95 58, Fax 04

Der Luberon

90 75 89 95, www.lestroissources.com, DZ inkl. Frühstück 60–140 €. Großzügige Chambres d'hôtes mit Kachelböden, Antiquitäten und freigelegten Deckenbalken; in den mittelalterlichen Gewölben gibt es eine Bar und eine Wendeltreppe führt in den Teil des historischen Mas, der aus der Renaissance stammt. Man darf sich auf Pool und Garten freuen.

Einkaufen

Tonfliesen – **Etablissement Vernin:** An der N 100, Nähe Pont Julien, Tel. 04 90 04 63 04. Tonfliesen aller Art, hergestellt von einem Traditionsunternehmen.

Aktiv & Kreativ

Radfahren und Wandern – **Forêt des Cèdres:** Hindurch führt ein knapp zweistündiger Lehrpfad von 4 km mit weiten Ausblicken auf den Luberon. Beginn am Parkplatz des ›Zedernwalds‹, ausgeschildert am östlichen Ortsausgang. Die für motorisierte Fahrzeuge gesperrte Forststraße über den Kamm des Luberon eignet sich sehr gut zum Radfahren und Wandern.

Infos

Office de Tourisme: 7, place Carnot, Tel. 04 90 75 91 90, Mo–Sa 10–12, 14–18 Uhr.

Lacoste ▶ G 3

Das Dorf, das förmlich am Hang klebt, vermittelt das Bild eines Luberon-Dorfes vor der touristischen ›Instandsetzung‹: holperig gepflasterte Gassen, malerisches altes Gemäuer, Gärtchen.

Das Café de Sade an der Rue Basse serviert Salate und Mangoldklößchen und ist nicht minder fein. Lacostes mittelalterliche Burg, wo der Marquis de Sade (1740–1814) wohnte und sich, wie man vermuten könnte, sadistisch vergnügte, wird restauriert, seit der Modezar Pierre Cardin es vor einigen Jahren gekauft hat.

Ménerbes ▶ G 3

Hoch oben auf einem steil abfallenden Felsen thronend, leistete Ménerbes (1000 Einw.) während der Religionskriege des 16. Jh. den katholischen Truppen fünf Jahre lang erbitterten, aber erfolglosen Widerstand. Die Altstadt, die ihre Bekanntheit dem Schriftsteller Peter Mayle verdankt, ist eine der malerischsten der Provence: Gassen, Brunnen, alte Steinhäuser, Befestigungsreste, Türmchen mit *barbarottes* – das sind die typisch provenza-

Weiter Blick von der Burgruine von Oppède-le-Vieux

lischen schmiedeeisernen Glockenkäfige. Ein amüsantes Kuriosum: das Musée du Tire-Bouchon zu Füßen des Burgbergs an der Route de Cavaillon mit an die 1000 Korkenziehern (Nov.–März Mo–Sa 10–12, 14–17, April–Okt. tgl. 10–12, 14–19 Uhr).

Einkaufen

Kulinarisches – **La Maison de la Truffe et du Vin:** place de l'Horloge, Okt.–März Do–Sa 10–13, 14–18 Uhr, April–Sept. tgl. Verkostungen von Weinen der Region, Infos und Gourmettage zu lokalen Kulinaria wie Trüffel, Ziegenkäse etc.

Oppède-le-Vieux ► G 3

Bei Ménerbes beginnt bereits die fruchtbare, hier vorwiegend mit Weinfeldern bedeckte Ebene von Cavaillon, aus der sich einzelne Felskegel wie der von Oppède-le-Vieux erheben. Die in den 1950er-Jahren von Künstlern wieder besiedelten und restaurierten Häuser, meist aus Mittelalter und Renaissance, drängen sich zu Füßen der Kirche und der heute ruinösen, von Raymond VI. von Toulouse 1209 errichteten Burg. Von hier blickt man in die nahe Macchiawildnis im Rücken des Berghangs, talwärts auf die malerischen Hausetagen und Baukränchen im Hintergarten, wo ein neues Wohnhaus aus Steintrümmern entsteht. Zu Füßen des Luberon-Städtchens arbeitet seit Generationen die **Ölmühle** der Familie Mathieu, wo man – außer sonntags – jungfräuliches Öl aus der *première pression* kaufen und vom 15. November bis Weihnachten bei der Ölpressung zusehen kann (route du Four Neuf, Tel. 04 90 76 90 66). Ein **Weinlehrpfad** von ca. 1 ½ Stunden beginnt am Parkplatz vor dem Ort und führt durch Weinberge, Kirsch- und Ölbäume.

Übernachten

Viel Komfort für wenig Geld – **Belle de Nuit:** Ortszentrum, Tel. 04 90 76 93 52, www.belle2nuit.fr, DZ inkl. Frühstück 65 €, Menüs 24/32 €. Betont schlichte, gemütliche Gästezimmer in altem Steinhaus. In der ehemaligen Bäckerei mit ihrem Steingewölbe können auch Nicht-Gäste im rustikalen Restaurant die frische Regionalküche genießen.

Mérindol ▶ G 4

Auch Mérindol ist ein adrettes *village perché* und gehörte ebenfalls zu den Waldenser-Orten, die Baron Maynier d'Oppède 1545 in Schutt und Asche legte. Im ›Beschluss von Mérindol‹ hatte das provenzalische Parlament in Aix fünf Jahre zuvor beschlossen, die waldensische Ketzerei mit Feuer und Schwert auszurotten.

Observatoire ornithologique sur la Durance

An der D 973 unterhalb des Orts kann man vom Unterstand des **Observatoire ornithologique sur la Durance** das rege Wasservogelleben des Mallmort-Stausees beobachten und auf einem angelegten, ca. 1 ½ Stunden dauernden Weg vielleicht einen Biber sichten. Fernglas nicht vergessen!

Gorges du Régalon

Weitere 4 km weiter westlich an der D 973 erreicht man mit dem gebührenpflichtigen Parkplatz und Picknickareal den Ausgangspunkt für Wanderungen in den **Gorges du Régalon**, einem der beeindruckendsten Canyons der Provence. 1 ½ Stunden dauert die Familienvariante hin und zurück, bei starken Regenfällen ist jedoch auch sie nicht gangbar, da der Weg im Flussbett verläuft. Nach zehn Minuten durch Garrigue und halb verwilderte Ölbaumplantagen schließen sich die Schluchtwände zusammen, nach weiteren zehn Minuten so eng, dass nur noch ein Fußgänger durchpasst, während sich über den Köpfen tonnenschwere Steinbrocken berühren. Die überall zu sehenden Höhlen, von der Wucht der durch die Felsen schießenden Frühjahrswasser ausgewaschen, boten schon vor 12 000 Jahren steinzeitlichen Jägern Unterschlupf.

Grand Luberon

Lourmarin ▶ H 4

Das neben Apt zweite touristische Zentrum des Luberon (1200 Einw.) besticht durch seine Midi-Altstadt mit der zauberhaften Place de l'Eglise und dem viel besuchten Markt am Freitag vormittag. Sein Renaissanceschloss wurde nach der Zerstörung während der Französischen Revolution um 1920 von einem Industriellen annähernd stilecht restauriert und möbliert. Heute bietet es als »Villa Medici der Provence« den Stipendiaten der Aixer Akademie der Künste und Wissenschaften Unterkunft (März/April und Okt., tgl. 10–11.30, 14.30–16.30, Mai/Juni, Sept. bis 17.30, Febr., Nov./Dez. bis 16, Juli/Aug. 10–12, 14.30–18, Jan. Sa/So 14.30–16 Uhr).

Auf dem Friedhof liegen der Literaturnobelpreisträger Albert Camus (1913–1960) und der Autor Henri Bosco (1888–1976) begraben, lange Zeit Konservator des Schlosses. Er siedelte hier seinen fantastischen Roman »Der Esel mit der Samthose« in einer Kalkstein- und Garriguelandschaft an, die dem Luberon sehr ähnlich ist.

Ausflug Abbaye de Silvacane ▶ H 4
Okt.–Mai Mi–Mo 10–13, 14–17, Juni– Sept. tgl. 10–18 Uhr

Ein Abstecher führt 8 km südlich von Lourmarin in das flache, fruchtbare Durance-Tal, dessen ausgedehntes Bewässerungssystem mit betonierten Kanälen, Pumpstationen und Wasserkraftwerken einen hautnahen Einblick in die provenzalische Agrarindustrie gewährt. Im 12. Jh. war hier noch Sumpf und im hiesigen Wald (lat. silva) und Schilfrohr (lat. canna) verbargen sich die Zisterzienser der Abtei Silvacane vor den Anfechtungen der Welt. Man besichtigt die 1175–1230 im strengen, auf jeden Bauschmuck verzichtenden Zisterzienser-Stil errichtete Kirche mit der rechteckigen Apsis, dem Kreuzgang vom Beginn des 13. Jh., dem Calefactorium sowie dem Kapitelsaal.

Übernachten

Einmal im Leben – **Auberge La Fenière:** route de Cadenet, 2 km südlich, Tel. 04 90 68 11 79, Fax 04 90 68 18 60, www.reinesammut.fr, DZ 150–210, Menüs 78/ 110 €, Di mittags, Mo geschl. Reine Sammut, die einzige Sternenköchin der Provence, kocht königlich: eine großzügige Regionalküche mit fremdländischen Zitaten. Die Zimmer im Design provençal werden nur von zwei Luxus-Zigeunerwagen getoppt. *Herzliches Willkommen –* **La Cordière**: rue Albert Camus, Tel./Fax 04 90 68 03 32, www.cordiere.com, DZ 50–60 € inkl. Frühstück, Studio 250 € pro Woche. Einfache Gästezimmer in Lourmarins drittältestem Stadthaus (1582).

Essen & Trinken

Art déco-Vasen und barocke Spiegel – **l'Antiquaire:** 9, rue Grand-Pré, Tel. 04 90 68 17 29, Di–Sa 12–14.30, 19–22, So 12–14 Uhr, Menü 30, 42 €. Im ersten Stock über einem Antiquitätenge-

schäft, Restaurant mit viel Blumen und Holzbalken; das Dach lässt sich öffnen! Einfache, gekonnte Regionalküche.

Aktiv & Kreativ

Zu Pferd – Das **Mas Récaute,** Tel. 04 90 08 29 58, www.caprando.com, organisiert Ausritte in Lauris. Übernachtung im Schlafsaal (15 €) und im DZ (49 €).

Abends & Nachts

In-Treff – **Café de la Fontaine:** place de la Fontaine, tgl. 6.30–2 Uhr! Eine durchgängig geöffnete Institution, Kaffee, Bier, korsisches Essen, lange Nächte …

Infos

Office de Tourisme: 9, av. Philippe-de-Girard, Tel. 04 90 68 10 77, Mo–Sa 10–12.30, 15–18 Uhr, www.lourmarin.com.

Cucuron ▶ H 4

Ein Luberon-Dorf (2000 Einw.), wie es im Buche steht, z. B. bei Daudet, der aus Cucuron das fiktive Cucugnan seiner »Briefe« machte. Spazieren Sie zum mittelalterlichen Donjon und überblicken Sie das mattrote Dachziegelmeer, dann wieder zurück durch das Stadttor, am Brunnen vorbei, an dem die Frauen noch heute Wasser holen, das enge Sträßchen zur Kirche hinauf. Innen der übliche barocke und neogotische fromme Kitsch – außen eine schlichte romanische Dorfkirche. Frankreich ist hier noch so dörflich, dass Teile der Giono-Verfilmung »Der Husar auf dem Dach« ohne große Umbauten gedreht werden konnten. Um einen Mühlteich aus dem 16. Jh. findet dienstagmorgens der örtliche Markt statt. Am See lohnt der Besuch einer Bar und des Restaurant »La Petite Maison«.

Aktiv & Kreativ

Wandern und Radwandern – **Mourre Nègre**, der höchste Berg des Luberon (1125 m), an dessen südlichem Fuß Cucuron liegt, bietet mehrere Routen für Wanderer und Geländeradfahrer. Die nördliche Bergflanke bezwingt der Weg vom Weiler Auribeau an der D 48 (hin und zurück ca. 3 Std.). Der mit blauen Pfeilen markierte Weg beginnt hinter dem Friedhof südlich des Orts und trifft nach 2 km auf den GR 92, der zum Gipfel führt.

Aquarellmalen – **Association Ocre Jaune:** Place de l'Etang, 84160 Cucuron, Tel. 04 90 77 28 52, www.ocre jaune.org, Eintageskurs 50 €, Fünftageskurs 350 €. Die Galeristin und Künstlerin Michèle Reynier veranstaltet ganzjährig Aquarellmalkurse. Soweit dies möglich ist, wird im Freien gemalt.

Ansouis ▶ H 4

Das Dorf mit seinen alten Häusern in hellbeigem Sandstein und dem von eleganten barocken Terrassengärten umgebenen Schloss wirkt aristokratischer als Cucuron. Der Schlossbau zeigt vom Burgverlies über die Renaissancefassade bis zur provenzalischen Küche aus dem 18. Jh., dass er durchgängig bewohnt und verändert wurde (Nov.– Ostern So, Ostern–Juni, Okt./Nov. Mi– Mo, Juli–Sept. tgl. 14.30–18 Uhr, mit Führung). In der Schlosskapelle und der romanischen Kirche werden Reliquienbüsten von Elzéar und Delphine de Sabran aufbewahrt: Wäre es nach dem heiliggesprochenen Paar gegangen, hätte es gar keine Familie Sabran und keine Burg gegeben, denn die beiden hatten sich anlässlich ihrer Hochzeit ewige Keuschheit gelobt. Irgendetwas muss da schiefgelaufen sein.

Château Val Joanis ▶ H 4

Route de Villelaure (D 56), 2 km nördlich von Pertuis, Tel. 04 90 79 20 77, www.val-joanis.com. April–Okt. tgl. 10–19, Nov.–März Di–Sa 14–18 Uhr Die Familie Charcel baut auf 180 ha Land ihren häufig prämierten Côtesdu-Luberon-Wein an. Schon die Römer unterhielten an dieser Stelle ein Weingut. Der ebenfalls prämierte Garten mit Gemüse-, Rosen- und Mittelmeerabteilung, der nach Vorlagen des 18. Jh. angelegt ist, lädt zum Lustwandeln ein.

La Tour d'Aigues ▶ J 4

In dem Städtchen (3900 Einw.) künden beeindruckende Ruinen von dem in früheren Zeiten prächtigsten provenzalischen Schloss der Renaissance. Im 18. Jh. fiel es verheerenden Bränden zum Opfer. Das historische Museum des Pays d'Aigues im Schlosskeller zeigt schöne Exemplare der hiesigen Fayencen (Juli/Aug. tgl. 10–13, 14.30– 18, Rest des Jahres So, Mo morgen, Di nachmittag geschl., Nov.–März 10–12, 14–17, April–Juni, Sept./Okt. 10–13, 14.30–18 Uhr).

Übernachten

Familiär – **Le Petit Mas de Marie:** route de Pertuis, 1 km außerhalb, Tel. 04 90 07 48 22, DZ 55–75, Menü 26, 35 €. Provenzalischer geht's nimmer. Kleine Zimmer in den sonnenhellen Stoffen der Provence, rustikale Kräuterküche um Tomate und Lamm.

Infos

Office de Tourisme: im Schloss, Tel. 04 90 07 50 29, Di–Sa 10–17 Uhr.

Saignon ▶ H 3

Ein idyllischer Höhepunkt jeder Luberon-Rundfahrt: Das befestigte Dorf mit Burgruine auf einem langen Felssporn wird abends stimmungsvoll angestrahlt. Viele Häuser stammen aus dem 16. bis 18. Jh. Zu entdecken gibt es einen alten Waschplatz, ein *lavoir*, die Place de la Fontaine, einen Uhrturm und eine halb in den Felsen gehauene Ölmühle. Die romanische Westfassade der Kirche Notre-Dame-de-la-Piété stammt original aus dem 12. Jh.

Übernachten

Mit eigener Käserei – **Le Castelas**: 2 km südlich von Sivergues (5 km südlich), Tel. 04 90 74 60 89, Mitte Nov.–Mitte Febr. geschl., Halbpension im Zimmer 59, im Schlafsaal 39 € pro Person; Mittagsmenü 30 €. Wunderschön renovierter befestigter Bauernhof aus dem 16. Jh. mit hundert Ziegen, einer Käserei und Ziegenkäseverkauf. Ins Restaurant der Ferme-Auberge kommen Leute von weither, z. B. wegen des Grillzickleins.

Fort de Buoux ▶ J 3

Hinter dem Weiler Buoux führen ein nach links abzweigendes Stichsträßchen und dann ein ausgeschilderter Pfad in ungefähr 20 Minuten zum Fort

Mein Tipp

Wein aus Grambois ▶ J 4
Im Mauer bewehrten Dorf Grambois drehte Yves Robert seine Verfilmungen von Marcel Pagnols Kindheitserinnerungen. Die Kooperative am Fuße des Felskegels verkauft einen gut trinkbaren AOC-Wein – ganz modern mit Schlauchabfüllanlage, an der man sich seinen Roten *en vrac*, im Plastikkanister, abholen kommt (Mo–Sa 8–12, 14–18, Juli/Aug. bis 19 Uhr).

de Buoux. Das Felsplateau hoch über dem Tal der Aiguebrun, der strategisch wichtigen, da einzigen Nord-Süd-Verbindung durch den Luberon, zog schon keltoligurische Siedler an, bevor die Menschen im Mittelalter hier ein ausgeklügeltes Graben- und Mauersystem aus dem Fels schlugen.

König Ludwig XIV. ließ im 17. Jh. diese Hochburg schleifen, in der Protestanten Zuflucht gefunden hatten. Zu entdecken: Vorratssilos, Dorfruinen, verloren ins Tal blickende Torbogen und die Mauern der Burg. Vorsicht bei den vielen Gruben auf dem Plateau und an den ungesicherten Rändern!

Aktiv & Kreativ

Klettern – **Améthyste**: La Baume – Quartier Combe, Tel. 04 90 74 05 92. Bietet Kletterkurse. Das Tal der Aiguebrun, insbesondere die imposanten Steilhänge und Felstürme um das Fort de Buoux, ist ein beliebtes Gebiet für **Steilwandkletterer**. Zum Übernachten schlagen die meisten in Bonnieux ihr Basislager auf.

Die Haute-Provence

Highlight!

Gorges du Verdon: Senkrecht hat der Verdon sich Hunderte von Metern in den Stein gegraben. Der Grand Canyon der Provence ist ein einzigartiges Naturerlebnis und ein Eldorado für Outdoor-Sport vom Wandern über Wildwasserfahren bis zum Paragliding. S. 270

Auf Entdeckungstour

Zu den romanischen Kirchen des Plateau d'Albion: Ungeheuer aus Stein am Ende der Welt, Fratzen und Geheimnisse inmitten einer abgeschiedenen Hochebene. S. 276

Kultur & Sehenswertes

Musée de Préhistoire in Quinson: Frankreichs größtes Museum der Vorgeschichte zeigt, wie unsere Vorfahren lebten und starben. S. 269

Prieuré de Ganagobie: Die Benediktinerpriorei ist für ihr romanisches Figurenportal, den Kreuzgang und vor allem für ihr romanisches Fußbodenmosaik berühmt. S. 275

Aktiv & Kreativ

Höhlenbesuch: Den Besuch von Museum und Grotte de la Baume Bonne kann man mit einer informativen zweieinhalbstündigen Wanderung verbinden. S. 270

Genießen & Atmosphäre

Charcuterie Melchio: Feinkostladen in Banon mit regionalen Wurst- und Käsespezialiäten, wie es im Buche steht! S. 274

Au Plaisir des Yeux: Café-Restaurant und Spielwarenladen im reizenden Simiane-la-Rotonde. S. 278

Abends & Nachts

Im Sommer sitzt man bis Mitternacht draußen in den Terrassencafés und Restaurants von Manosque, Moustiers-Ste-Marie und Forcalquier. In der Nebensaison werden die Bürgersteige früh hochgeklappt. S. 266, 270, 273

Die dünn besiedelte, karge Hochprovence ist etwas für Naturfans und Kenner: Kulturhistorisch Interessierte schaudern vor den fantastischen steinernen Ungeheuern abgelegener romanischer Kirchen und versuchen das Mysterium der Rotunde von Simiane zu ergründen. Kulinaria-Fans werden Banon kennen, wo der AOC-Ziegenkäse in sein Kastanienblatt gewickelt wird. Zahlreiche landwirtschaftliche Betriebe vom Imker bis zum Ziegenzüchter ermöglichen Besuchern Einblicke in ihre Betriebe (www.itineraires paysans.fr). »Seele der Hoch-Provence« hat Jean Giono den Lavendel genannt. Die Plateaus von Valensole, Albion und Puimoisson wurden von der Landflucht des 19. Jh. besonders stark betroffen. Nur wenige wollen noch die Knochenarbeit des Lavendel- und Getreideanbaus leisten. Auf den »Routes de la Lavande«, mehreren

vom Französischen Fremdenverkehrsamt zusammengestellten Rundfahrten, kann man Lavendelbauern besuchen, Lavendelsäckchen für den Kleiderschrank kaufen oder auch durch das Lavendeldreieck zwischen Montagne de Lure, Forcalquier und Moustiers-Ste-Marie wandern. Die klassische Provence-Reise endet, abgesehen von dem unbedingt empfehlenswerten Ausflug zu den Verdon-Schluchten, im Osten an der Durance. Das seit neolithischen Zeiten als Verbindungsweg genutzte Flusstal bildet auch heute die Lebensader der Haute-Provence: Hier wird heute intensiver, auf Bewässerung beruhender Anbau von Obst und Frühgemüse betrieben.

Manosque ▶ K 3

Die angenehme, lebhafte Kleinstadt mit gut 20 000 Einwohnern bildet das wirtschaftliche Zentrum der umliegenden Haute-Provence. Manosque ist Gionos Stadt: Von seiner Heimatverbundenheit und der Inspiration der Hochprovence für seine Romane zeugen die Lebensdaten des Dichters: 1895 in Manosque im Haus Nr. 14 in der Rue Grande geboren, wandelte er sich in der Hölle der Gräbenkämpfe des Ersten Weltkriegs zum radikalen Pazifisten. 1970 starb er in Manosque, nachdem er – vergeblich – gegen die Stationierung der Atomraketen auf dem Plateau d'Albion gekämpft hatte.

Stadtbefestigung
Von den spätmittelalterlichen Befestigungswällen der Grafen von Forcalquier blieben die **Porte Saunerie** und am gegenüberliegenden Punkt des unregelmäßigen Boulevardrings die unteren Teile der **Porte Soubeyran** erhalten, die heute ein Campanile mit *barbarotte* krönt.

Infobox

Ausflüge
Regionalpark Verdon: www.parcdu verdon.fr. Infos zu Natur, Sport, Unterkunft, in Französisch. Die Gorges du Verdon sind mit dem Auto als langer Tagesausflug von Manosque machbar, wenn man sich auf die Rundfahrt, einen Spaziergang durch Moustiers und eine winzige Wanderung beschränkt. Besser, man übernachtet vor Ort.

Lavendel …
lohnt sich zur Blütezeit Ende Juni bis Mitte September, nur dann kann man auch in Destillerien bei der Arbeit zusehen. Informationen findet man im Internet: http://fr.maison-de-la-france.com/ bd_doc/601_20051024245.pdf, auch auf Deutsch.

Tänzchen gefällig? Bei einem der Lavendelfeste auf dem Plateau de Valensole

Notre-Dame-de-Romigier

Vor dem Portal der im Ursprung romanischen Kirche findet samstagmorgens das pralle Marktleben statt. Ein frühchristlicher Sarkophag und die uralte Marienstatue, eine *vierge noire,* die der Legende zufolge unter einem Brombeerstrauch (= *roncier = romigier)* gefunden wurde, zählen zu den Kunstschätzen der Liebfrauenkirche.

Chapelle de la Présentation

Fr–So 10–12, 14.30–18.30 Uhr
In dieser klassizistischen Kapelle befindet sich die Fondation Carzou, die u. a. ein Riesen-Fresko des armenischen Künstlers zeigt: eine irritierende Apokalypse des modernen Kriegs.

Centre Jean-Giono

April–Sept. Di–Sa 9–12, 14–18, Okt.–März 14–18 Uhr
Das Kulturzentrum besitzt neben einer Ausstellung zum Autor Bibliothek und Videothek und bietet Wanderungen

und Stadtführungen auf Gionos Spuren an. Eine Dauerausstellung zu Leben und Werk des großen Kindes der Stadt wird durch Wechselausstellungen ergänzt. Außerdem organisiert das sehr aktive Zentrum Begegnungen mit Theaterleuten, Lesungen und alle möglichen kulturellen Events.

Gionos Wohnhaus

Di–Fr 14.30–17 Uhr, nach vorheriger Anmeldung, Tel. 04 92 87 73 03
Im Lou-Paraïs-Viertel, auf der Höhe der Montée des Vraies-Richesses Nr. 190, bewohnt die Familie Giono noch heute das abgeschiedene Wohnhaus des Dichters. Man kann sein Arbeitszimmer und Büro besichtigen, wo noch alles wie früher zu sein scheint.

Spaziergänge

Vom **Mont d'Or**, einem Hügel 4 km nordöstlich der Stadt, hat man einen fantastischen Blick auf die roten Dächer von Manosque, die bewässerte

Die Haute-Provence

Durance-Ebene und bei klarem Wetter bis zu den Bergen um die Gorges du Verdon. Etwa 100 m steigt man bergauf von einem kleinen Parkplatz bis zur Donjon-Ruine der mittelalterlichen Grafenburg, zwei Wände, die noch 17 m hoch stehen. Auf Terrassen wurden Olivenbäume gepflanzt.

In den ausgedehnten Obstbaumplantagen, acht Terrassengärten und dem 5000 Quadratmeter großen Gemüsegarten von **La Thomassine** kann man ebenfalls naturnah spazieren gehen und mehr als 500 alte Obst- und Gemüsearten entdecken, die hier, im Haus der Biodiversität, vor dem endgültigen Verschwinden gerettet werden – ein einzigartiger lebendiger Genpool (2 km nordwestlich über Porte Soubeyran, Juli–Sept. tgl. 10.30–13, 15–18.30, Okt.–Juni Mi 10–12.30, 14–16.30 Uhr).

Übernachten

Um den Pool – **Le Pré Saint-Michel:** montée de la Mort-d'Imbert, 2 km nördlich an D 5, Tel. 04 92 72 14 27, www.pre saintmichel.com, DZ 60–100 € Adrette helle Zimmer zwischen neobarockem und provenzalischem Stil, die teureren liegen zum Garten und Pool hin; südländische Küche.
Kochen lernen – **La Bastide de l'Adrech:** av. des Serrets, 4 km südlich Richtung Pierrevert, Tel. 04 92 71 14 18, Fax 04 92 71 14 16, www.bastide adrech.com, DZ inkl. Frühstück 86, Familienzimmer für vier Personen 110 €. Gästezimmer in einer historischen Bastide auf dem Land, schlicht mit puren weißen Wänden, Parkett und freigelegten Holzbalken. Der Gastgeber bekocht seine Gäste ausgezeichnet und bietet Themenwanderungen bis zu Kochkursen im Rhythmus der Jahreszeiten (3 Std. z. B. 30 €).

Im Sportpark – **Auberge de Jeunesse:** Parc la Rochette, av. Argile, 1 km nördlich, Bus navette 1, Tel. 04 92 87 57 44, Fax 04 92 72 43 91, www.fuaj.org, Übernachtung ca. 12 €. Renovierter alter Bauernhof nahe des Waldes, Duftpflanzengarten; die Speisen sind vorwiegend aus biologischem Anbau, Boulodrome vor Ort, vielfältiges Freizeit- und Tourenangebot.

Essen & Trinken

Hier kocht der Chef – **Le Lubéron:** 21 bis, place du Terreau, Tel. 04 92 72 03 09, Di–Sa 12–14.30, 18.30–22, So 12–14.30 Uhr, Menüs 30/55 €. Rustikales Restaurant in der Altstadt, Midiküche mit viel Olivenöl und Kräutern.

Einkaufen

Fabrikverkauf – **L'Occitane en Provence:** St-Maurice, an der D 4, Mo–Fr 10–18 Uhr. Kosmetik des weltweit bekannten Herstellers.

Infos & Termine

Office de Tourisme: place du Dr. Joubert, Tel. 04 92 72 16 00, Mo–Sa 9–12, 13.30–18, im Sommer auch So 10–12 Uhr, www.manosque.fr. Zahlreiche Broschüren, z. B. zu Wanderungen und Radtouren in der Umgebung.
Rencontres Giono: Juli. Lesungen, Konzerte, Filme etc.
Correspondances: Sept. Schreibkurse, Lesungen, Gespräche mit Autoren.
Bahnhof: place Frédéric Mistral, tgl. Züge nach Aix, Marseille, Sisteron.
Busbahnhof: blvd. Charles de Gaulle, Tel. 04 92 87 55 99, mehrmals tgl. Busse nach Marseille, Avignon und in die Dörfer der Umgebung.

Plateau de Valensole ►L 3

Auf der Hochebene von Valensole dehnen sich zwischen Valensole und Puimoisson die Lavendelfelder schier endlos aus. Hier wird der ergiebige Hybrid Lavandin angebaut, der von Mitte Juni bis Mitte Juli blüht und anders als der Echte Lavendel, der drei Jahre braucht, schon im ersten Jahr geerntet werden kann. Je heißer und trockener der Sommer, desto mehr Ertrag erhalten die Lavendelbauern – ca. 150 bis 300 kg Blüten ergeben einen Liter Parfümessenz. In riesigen Destillierkolben der Genossenschaftsdestillerien in den Tälern wird der Lavendel erhitzt, die ätherischen Öle verdampfen, laufen über eine Kühlschlange und tropfen als pures Öl in Blechkannen, das dann für Arzneimittel, Parfüms, Seifen und Kosmetika verwendet wird. Von etwa 1400 Unternehmen werden 90 % der Lavandin- und die Hälfte der Lavendelernte weltweit in den Départements Vaucluse, Drôme und Alpes-de-Haute-Provence eingefahren.

Valensole ►L 3

Das ausgedehnte Dorf steht ganz im Zeichen des Lavendels. Während des Lavendelfests am dritten Sonntag im Juli laden alle Produzenten zum Besuch ihrer Destillerien ein. Im Klosterladen in ihrem Ordenshaus verkaufen die **Sœurs Coopératrices de St-Joseph** ihren selbst angebauten Lavendel, Öl, Honig und Konfitüren – eine Oase der Stille (westlich des Orts, Route de Puimoisson D 56, Tel. 04 92 74 95 01, tgl. 9–19 Uhr). Der Lavendelbauer **Angelvin** bietet Führungen durch den Betrieb und Besichtigung der Destillieranlage an, eines kupfernen Alambics – ganz wie in dem Film »Das Parfüm«. Im Shop werden Lavendelessenzen, Duftwasser und Seife verkauft (Juli–Sept. tgl. 9–19, sonst auf Anmeldung Tel. 04 92 74 80 53).

Riez ►L 3

Am westlichen Rand des reizvollen mittelalterlichen Orts stehen vier Granitsäulen mit Marmorkapitellen und Architrav (1. Jh.) inmitten einer Wiese. Vielleicht sind es die Reste eines römischen **Apollontempels** aus dem 1. Jh. An der Kreuzung der D 953/D 11 versteckt sich ein seltener kunsthistorischer Schatz: das aus dem 5. Jh. stammende frühchristliche **Baptisterium**, ein Zentralbau aus acht römischen Spoliensäulen, Umgang und Gewölben aus dem 12. Jh. (15. Juni 15. Sept. kommentierte Besichtigung Di, Fr, Sa 18 Uhr).

Musée de Préhistoire/Quinson

Juli/Aug. tgl. 10–20, April–Juni, Sept. Mi–Mo 10–19, Febr., März, Okt.–15. Dez. Mi–Mo 10–18 Uhr, www.musee prehistoire.com
Der Abstecher lohnt. Im Jahr 2001 eröffnete 15 km südlich von Riez das größte prähistorische Museum. Hier lernen Sie anhand von gut gemachten Dioramen mit lebensgroßen Puppen Ihre Vorfahren kennen: Vom Homo erectus vor ca. 700 000 Jahren, der noch ziemlich affenartig wirkt, über den robusten Neandertaler (80 000 Jahre), den zeichnenden, schnitzenden, nähenden Cromagnon (35 000 Jahre), der uns bereits ziemlich ähnlich sieht, bis zum Landwirtschaft betreibenden Neolithiker (6000 v. Chr.) und dem Metall besitzenden Bronzezeitler ca. 3000 v. Chr. Etwa 500 m vom Museum haben Wissenschaftler fünf prähistorische Behausungen rekonstruiert. Beim Bogenschießen, Feuersteinschlagen und Feuermachen wird man hier unter fachkundiger Anleitung bei-

nahe selbst zum Steinzeitmensch (geöffnet in den Schulferien Mi, Do 14–17, außerhalb der Ferien am 1. Sa des Monats 14–17 Uhr).

Einkaufen

Honig – **Les Ruchers du Soleil:** 17, Fbg. du Ratonneau, Tel. 04 92 74 99 42: Der passionierte Imker hält viele Sorten bereit, u. a. den Lavendelhonig, für den Riez berühmt ist.

Aktiv & Kreativ

Informativer Weg – **Grotte de la Baume Bonne:** Die vor 500 000 Jahren bereits bewohnte Höhle kann man vom Museum (mit Führung) aus auf einer Wanderung besichtigen (Schautafeln). Einplanen sollte man dafür 2 ½ Stunden. (Voranmeldung, Tel. 04 92 74 09 59; 9.30–13 Uhr, Schulferien Mi, Juli/Aug. Mi, Sa, außerhalb der Schulferien erster Sa des Monats).

Gorges du Verdon❗

Moustiers-Ste-Marie ▶ M 3

Nur 625 Einwohner hat das ›malerischste Dorf Frankreichs‹. Es duckt sich unter einen massigen, von einem Gebirgsbach geteilten Felsbuckel, der den Ort mit seinen alten Häusern und schmalen Gassen fotogen zu erdrücken scheint. Die Wände der sehenswerten romanischen Dorfkirche mit ihrem säulengeschmückten Turm sind vom Druck der Baumassen schon ganz schief einwärts verrutscht.

Musée de la Faïence

Nov.–März Sa/ So, April–Okt. Mi–Mo 10–12.30, 13.30–18, Juli/Aug.19 Uhr

In den späten 1920er-Jahren belebte Marcel Provence die berühmte hiesige Fayenceproduktion wieder neu. Seitdem wird die filigrane ornamentale und figürliche Malerei auf weiß glasierter Tonware wieder ausgeübt. Das von Provence gegründete Museum zeigt repräsentative Stücke der großen Kunsthandwerkerdynastien wie der Clérissy, Oléry und Laugier ab dem 18. Jh. In Fayenceateliers kann man Massenware oder originalgetreue Nachschöpfungen erstehen. Das Atelier Bondil, wie das Museum an der Place de l'Eglise, ist einer der traditionsbewusstesten Fayence-Hersteller.

Notre-Dame-de-Beauvoir

Ein steiler Weg von zehn Minuten führt zur ursprünglich romanischen, im 16. Jh. weitgehend spätgotisch umgestalteten Wallfahrtskapelle Notre-Dame de Beauvoir. Sie bietet den »schönen Ausblick«, den ihr Name verspricht und ist Schauplatz der traditionellen Dorffeste am ersten Samstag nach Ostern und am 8. September. Über der Kapelle, zwischen den beiden Felsen, hängt die rätselhafte, 227 m lange, vergoldete Kette mit Stern. Frommer Legende zufolge ist sie die Votivgabe eines Kreuzritters aus dem lokalen Adelsgeschlecht derer von Blacas. Ausgeschilderte Wege führen zur Magdalenengrotte und zum Riou-Wasserfall.

Parc naturel régional du Verdon

www.parcduverdon.fr

Das im Jahr 1997 zum Regionalpark erklärte Naturdenkmal sucht seinesgleichen in Europa. Seinen Namen verdankt der 170 m lange Durance-Zufluss Verdon den leuchtend grünen Wassern, die in einer Tiefe zwischen 250 bis 700 m auf dem Grund schroffer, teilweise senkrecht abfallender Kalksteinfelsen dahinfließen bzw. -schäumen.

Kajak- oder Tretbootfahren ist in den Gorges du Verdon beliebt

Nach Regengüssen allerdings sind sie milchig trüb und kalkgrau.

Übernachten

Sammlerheim – **La Ferme Rose:** 1 km Richtung Ste-Croix, Tel. 04 92 75 75 75, Fax 04 92 73 73 73, http://pagesperso orange.fr/lafermerose/index.htm, DZ 78–148 €. Rosa Villa im Grünen mit der 1950er-Jahre-Sammlung des Gastgebers: Blechspielzeug, Kaffeemühlen, Kitsch. Weiße Zimmer mit Holzbalken.
Rustikal – **Gîte d'étape de Venascles:** 5 km westlich an der D 952, Tel. 04 92 74 67 36, www.gite-moustiers.com, April–Nov., mit Frühstück/Halbpension im Schlafsaal 22/36, DZ mit Bad 28/42 €, *chambres préférées* 32/46 €. Kamin, lange Holztische mit Bank, Steinwände in einer ehemaligen Schäferei des 18. Jh. Fast alpin und sehr gemütlich, die besten Zimmer im Annex. Der GR 4 verläuft an der Wandererherberge ent-

lang. Die Gastgeber sind erfahrene Organisatoren für Klettern, Wandern, Quad, Reiten, Geländerad und Wassersport. Im Budget-Bereich unschlagbar.
Camping – **Le Vieux Colombier:** Quartier St-Michel, 600 m auf der Route d'Aiguines, Tel./Fax 04 92 74 61 89, www.lvcm.fr, April–Sept., Stellplatz ca. 14 €. Netter Platz, halbschattiges Gelände, Wohnwagenvermietung.

Essen & Trinken

Man gönnt sich ja sonst nichts – **La Bastide de Moustiers:** von der D 952 erreichbar, Quartier St-Michel, Tel. 04 92 70 47 47, Fax 04 92 70 47 48, www.bastide-moustiers.com, Menüs 44/75 €. Einmal in der provenzalischen Sternenküche des medienpräsenten Star-Kochs Alain Ducasse schwelgen. Wer ca. 300 € bezahlt, kann hier auch über Nacht den intimen altprovenzalischen Charakter der Bastide genießen.

Traditionell – **Les Santons:** place de l'Eglise, Tel. 04 92 74 66 48, Mi–So 12–14, 18.30–22, Mo 12–14 Uhr, Menüs 24/33 €. Gekonnte provenzalische Traditionsküche in seltenem rustikal-altfranzösischem Ambiente.

Aktiv & Kreativ

Abenteuersport – **www.guidesaventu re.com,** Gewerbezentrum Les Magnans, Tel. 06 85 94 46 61. Vorher anmelden. Treffpunkte am Fluss. Mit »Abenteuerführern«. Ideal für Anfänger und Kinder ab acht Jahren! Rafting-Taufe zwischen Castellane und Clue de Chasteuil, 1 ½ Stunden 35 €. Initiation zur Höhlenerkundung ohne Anseilen, 2–3 Stunden 40 €. Aqua Rando durch den Couloir Samson, eine Kombination aus Schwimmen und Abseilen, 2 Stunden 40 €. Auch Floating, Kajak, Steilwandklettern für Könner.
Paragliding – **Verdon Passion** (av. Fr. Mistral, Tel. 06 08 63 97 16, www.ver don-passion; auch für Fortgeschrittene, auch Canyoning). Einen Tag Einführung für 150 € mit einem etwa einstündigen Tandemflug.

Infos

Office de Tourisme: place de l'Eglise, Tel. 04 92 74 67 84, April–Okt. tgl. 10–12.30, 14–19.30, Nov.–März bis 17 Uhr.

Rundfahrt Verdon-Schluchten ▶ M/N 3/4

Diese Rundfahrt teilt sich in die hoch oben auf den Klippen verlaufende Kammstraße am Nordufer (*rive droite*), die die hautnaheren ›Abblicke‹ in senkrechte Felsenschluchten bietet, und die Straße am Südufer (*rive gauche*), die

auf niedrigerem Niveau geführt ist und die grandioseren Aus- und Aufblicke auf das gegenüberliegende Ufer verspricht. Mit Parkmöglichkeiten versehene Aussichtspunkte (*belvédères*) ermöglichen es eingefleischten Autotouristen, ihre Fotos durch heruntergekurbelte Fenster zu schießen – manche sind jedoch nur durch kleinere Spaziergänge zu erreichen.

In **La Palud-sur-Verdon** schlagen ernsthafte Verdon-Wanderer ihr Basislager auf. Im ersten Stock der Burg gibt man in der **Maison des Gorges du Verdon** nicht nur Auskünfte für Sportler. Eine moderne Ausstellung führt in Natur, Geschichte und Wirtschaft ein (Mitte März–Mitte Nov. Mi–Mo 10–13, 16–18 Uhr).

Hinter La Palud beginnt die spektakuläre Kammstraßenschleife (D 23) des **Circuit des Crètes**, auf der sich die Aussichtspunkte geradezu inflationär häufen. Am Belvédère Escalès arbeiten sich Felskletterer die senkrechten Steilwände empor. Hier in den Gorges hoben *grimpeurs* aus Marseille diesen Sport in den 1960er-Jahren aus der Taufe. Die **Falaise de Valaute** ist etwas für Anfänger, der **Arête du Belvédère** für Fortgeschrittene. Der **Belvédère Dent d'Aire** bezeichnet den höchsten Punkt dieses Teilstücks und an der Hostellerie La Malines mit Restaurant und Wandererunterkunft (Gîte d'étape) beginnt der **Sentier Martel** s. S. 279.

Vom **Point Sublime** unterhalb des fast verlassenen Adlerhorst-Dorfs Rougon gewinnt man nach fünfminütigem Spaziergang über ein Felsplateau einen fantastischen Blick auf den Eingang des **Grand Canyon du Verdon:** Dieses Kernstück der Verdon-Schluchten, das von hier bis Aiguines reicht, erinnert nicht nur dem Namen nach an seinen amerikanischen Vetter. Hinter dem Point Sublime wird es fast schlagartig flacher und der Verdon breiter, sodass man beim **Pont Carrejuan** baden, zelten und seine Kajaks zu Wasser lassen kann. Die N 955 und D 80 führen durch das Hinterland der Schluchten nach Trigance, einem malerischen Felsnest mit einer zum Schlosshotel umgebauten mittelalterlichen Burg.

Bei den **Balcons de la Mescla** (von prov. ›sich mischen‹), wo die Straße wieder die Schluchten erreicht, mischen sich die Wasser von Verdon und seinem Zufluss Artuby. Es folgen die 180 m hohe, einen kühnen Bogen über den Abgrund schwingende Brücke **Pont de l'Artuby** und der **Tunnel du Fayet** mit Sicht- und Parknischen.

An der **Falaise des Cavaliers**, von deren Höhe man in den ›Styx‹ herunterblickt, beginnt die **Corniche Sublime**, das letzte und wohl grandioseste Teilstück der Schluchten, das weite und hohe Ausblicke auf die wie Kathedralwände emporragenden Felsklippen eröffnet. Von dem kleinen Ort **Aiguines**, der für seine Drechslerkunst berühmt ist, blickt man auf den **Lac de Ste-Croix** mit Segel-, Surf-, Bade- und Campingbetrieb. Am **Pont de Galetas**, wo der Verdon in den Stausee einfließt, kann man Tretboote oder Kajaks mieten und ca. 3 km in den Anfangsteil der Schlucht paddeln. Nach ca. 120 km oder sechs Stunden (mit Pausen) ist wieder Moustiers-Ste-Marie erreicht.

Übernachten

Herberge für Preisbewusste – **Auberge du Point Sublime**: Le Point Sublime, Tel. 04 92 83 60 35, Fax 04 92 83 74 31, point.sublime@wanadoo.fr, Apr.–Okt., DZ 54–58 €, Menüs 22–30 €. In dieser soliden Wandererherberge der Kette Logis de France wird deftiges Essen serviert. Im Sommer sind sowohl das Hotel als auch die Restaurantterrasse oft überfüllt.

Forcalquier ▶ K 2

Der Hauptort des Pays de Forcalquier hat 4300 Einwohner und viel südfranzösische Gelassenheit: ein paar Bars um den Marktplatz, eine in den Ostpartien romanische Kirche, die Cathédrale Notre-Dame, Plätze mit Brunnen, alte Häuser, enge Gassen. Der Markt (Mo vormittag) ist einer der größten und ältesten der Provence.

An die 400 Produzenten der Region bieten hier ihre Waren an. Probieren Sie die Käsespezialitäten des Ziegenbauernhofs La Pourcine an der Place de la Mairie. Auf dem ›Hausfels‹ steht ein neobyzantinischer Zentralbau, darunter versteckt sich der klägliche Turmrest der einstigen Grafenburg. Namhafte Troubadours beehrten den Sitz des mächtigen Geschlechts, dessen Selbstständigkeit die Ehe der Erbin mit dem provenzalischen Grafenhaus 1209 beendete.

Übernachten

Idylle pur – **Auberge Charembeau**: route de Niozelles, 4 km östlich, Tel. 04 92 70 91 70, Fax 04 92 70 91 83, www.charem beau.com, März–15. Nov., DZ 54–108 €. Ein verschachtelter Bauernhof des 18. Jh. mit Pool und Garten. Geräumige Zimmer mit Wandfriesen, Holzbalken und bunten Bettdecken.

Essen & Trinken

Hausmannskost – **La Tourette**: 20, blvd. de la Tourette, Tel. 04 92 75 14 00, tgl. 12–14, 19–22 Uhr, Menüs 12–30 €. Das Familienbistro mit günstigen Preisen bietet provenzalische Gerichte wie Thymianlamm – es ist mehr als anständig. Im Sommer Terrasse zum geschäftigen Boulevard.

Aktiv & Kreativ

Das Office de Tourisme organisiert nach Voranmeldung auch Ballonfahrten ab 185 € mit Champagner-Lufttaufe.

Naturnah – **Association des Gîtes de Lure:** www.gitesdelure.com, Tel. 04 92 75 99 13, z. B. Gîte de Chaloux in Simiane-la-Rotonde. Dieser Zusammenschluss der Wandererherbergen des Lure-Gebirges hat auf seiner Website Wanderungen und Radtouren, mit Übernachtung/Halbpension in ursprünglichen, herrlich einsam gelegenen Gîtes.

Hoch zu Ross – **Chevauchées du Soleil:** Les Roches, Route de Sigonce (3 km nordöstlich), Tel. 04 92 75 13 74, www.chevauchees.com, Ausritt ab 2 Std. 25 €. Pierre-Jean Roche leitet Ausritte, ab zwei Stunden oder für mehrere Tage. Auf seinem Reiterhof kann man auch in einfachen Holzchâlets unterkommen (1 Woche/ 3 Pers. 245 €).

Infos & Termine

Office de Tourisme: 13, place du Bourguet, Tel. 04 92 75 10 02, www.forcalquier.com, Mo–Sa 9-12, 14.30–18, im Sommer auch So 10–12 Uhr.

Rencontres Musicales de Haute-Provence: eine Woche Ende Juli/Anfang Aug., Tel. 06 60 79 34 24. Konzerte klassischer Musik in Forcalquier und der Prieuré de Salagon.

Banon ► J 2

Das mittelalterliche Banon zeigt Fremden die aus hohen Hauswänden gebildete kalte Schulter, ein in der Provence häufiger Ersatz für eine Stadtmauer. Es gab einem köstlichen AOC-Käse den Namen, der nur aus Ziegenmilch, mit

Mein Tipp

Lokale Delikatessen

Monsieur Melchio wacht in der zweiten Generation über eine schwindelerregende Auswahl von Leckereien wie Banon-Käse und Dauerwürste mit Fenchel, Nüssen, Honig, Gänseleberpastete, Kastanienbier vom Ventoux (!), Wildpasteten. Jeder Gourmet fühlt sich wie im Schlaraffenland.

Charcuterie Melchio, place de la République, Mi–So 8–12.30, 14–18.30 Uhr.

Naturbast in einem braunen Kastanienblatt verschnürt, echt ist. Käse, wem Käse gebührt: Auf dem Markt der Place de la République dienstagvormittags oder dem Käsefest Mitte Mai.

Der Weg nach Notre-Dame de l'Ortiguière (s. S. 277) auf dem Plateau d'Albion führt auf der D 950 über Revest-du-Bion: Ende Juni bis August blüht es auf einer der schönsten Lavendelstrecken der Region, eine spektakuläre Explosion in Lila.

Einkaufen

Shoppen auf dem Bauernhof – **Ferme La Pourcine:** Tel. 04 92 73 01 54, nördlich von Limans an der Kreuzung der Straßen nach St-Etienne-les-Orgues und Banon, www.lapourcine.com, Käseladen Mi–Mo 10–12, 17–19 Uhr, im Sommer am besten vor dem Besuch anrufen. Ein traditioneller Bauernhof mit Ziegen, Schweinen, Käseherstellung (Banon, Crottins u. a.). Nach Voranmeldung kann man hier an Dienstagen im Juli und August einen halben Tag als Ziegenhirte erleben.

Übernachten

Für Sparsame – **Auberge du Faubourg:**
Le Faubourg, Tel. 04 92 75 92 43, au-
berge.faubourg@wanadoo.fr, DZ ab ca.
46 €. In der einstigen Postkutschensta-
tion scheint die Zeit stehen geblieben;
schlicht, sauber, preiswertes Essen.

Oppedette ▶ J 3

Dieses Dorf hat zwar nur 35 Einwohner, aber ein Café, einen Souvenirla-
den, einen Bürgermeister und einen
ausgeschilderten Aussichtspunkt auf
die **Gorges de l'Oppedette**, die wenige hundert Meter südöstlich beginnen. Der Calavon hat die eindrucks-
vollen Schluchten 100–150 m tief in
den Fels gegraben. Von der Land-
straße führt ein blau markierter Wanderweg (5 km) hin und zurück durch
die Schlucht. Man braucht etwa drei
Stunden, Wanderschuhe und Trittsi-
cherheit.

St-Michel-l'Observatoire
▶ J/K 3

Die Steinhäuschen des malerischen St-
Michel-l'Observatoire überragt eine
romanische Kirche. Schon namentlich
weist der Ort seit 1938 auf die Sternwarte hin, deren viele Küppelchen
vom Ort aus zu sehen sind. Die größte
Kuppel und ihr Teleskop zeigen die
Forscher Besuchern auf einer Führung
(www.obs-hp.fr, April–Sept. Mi 14–16,
Juli/Aug. Mi/Do 13.15–16.15 Uhr).

Übernachten

Malerisch – **Auberge de Reillanne**: An
der D 214 südlich von Reillanne, Tel./Fax
04 92 76 45 95, www.charembeau.com,

DZ 70–75 €. Haus im Grünen, mit Na-
turmaterialien eingerichtet.

Prieuré de Carluc ▶ J 3

Neben einer romanischen Kirche, in
deren Chor man außen zwei verzierte
Säulen mit Bildkapitellen sieht, bauten die Mönche hier im 12. Jh. eine
lange Galerie, eine Kapelle, Sarkophage, Gräber in Menschenform (Ar-
kosolien) für Erwachsene und Kinder
sowie weitere Räume in den Fels. Einer diente möglicherweise als Mumi-
fikationshöhle, ein anderer war vielleicht Zelle und Grab eines heiligen
Einsiedlers.

Notre-Dame-de-Salagon
▶ K 3

Frieden strahlt die romanische Priorei
am Ortsrand von Mane aus. Sie beherbergt ein ethnologisches Museum
(Mai/Juni, Sept. tgl. 10–12.30, 14–
18.30, Juli/Aug. tgl. 10-19, Febr.–April,
Okt. tgl. 14–17, Nov./Dez. So 14–17
Uhr). Im mittelalterlichen Kräutergar-
ten duften Beete.

Prieuré de Ganagobie ▶ K 2

Der größte kunsthistorische Schatz der
Region steht hoch über dem Durance-
Tal: die romanische Benediktinerpriorei von Ganagobie (Di–So 15–17 Uhr).
Die einschiffige Kirche besitzt ein
skulptiertes Tympanon, das Christus in
der Mandorla umgeben von den vier
Evangelistensymbolen und zwei Engeln zeigt, und darunter die zwölf
Apostel. Neben dem Kreuzgang fasziniert das für die französische Romanik
einzigartige Fußbodenmosaik von
1122 in der (rekonstruierten) Apsis und

Auf Entdeckungstour

Zu den romanischen Kirchen des Plateau d'Albion

Einsame Gehöfte aus grobem Mauerwerk, schier endlose Getreide- und Lavendelfelder, ewiger Wind – das Plateau d'Albion ist wohl eine der entlegensten Gegenden Frankreichs. Inmitten ihrer Kargheit stehen rätselhafte romanische Bauwerke, geschmückt mit Ungeheuern, in Stein geschlagen und von expressiver Kraft.

Reisekarte: ▶ H/J 2

Notre-Dame-de-l'Ortiguière: jederzeit geöffnet.
Gîte Ermitage: Mairie du Revest-du-Bion, Tel. 04 92 77 22 26, http://revest-dubion.pagespersoorange.fr/gite.htm, Woche 350, Tag pro Person 14 €.
St-Christol: tgl. 8–12, 14–18 Uhr.
Burg und Rotonde von Simiane: März–16. Mai, Sept. Mi–Mo 14–18, 17. Mai–Juni tgl. 10–13, 15–18.30, Juli/Aug. 10–13, 15–19, Okt.–Dez. Mi, Do, Sa, So 14–17 Uhr.

Am Horizont ragen der Mont Ventoux und die Berge der Montagne de Lure auf. Ihre weißen Kalksteinkappen, die ein wenig wie Schnee aussehen, gaben der Hochebene ihren Namen: *albeo*, lateinisch »weiß sein«. Hinter Revest-du-Bion, dem Hauptort des Plateau d'Albion, liegt an der Straße nach St-Christol mitten im Nirgendwo eine Wallfahrtskapelle: **Notre-Dame-de-l'Ortiguière.** Anus-Mundi-Atmosphäre kommt auf. 1274 erbaut, wurde die heute lang gestreckte Kapelle mehrfach umgestaltet.

Der ewige Kampf gegen das Böse

Von suggestiver Archaik sind die vier Konsolen in der spätromanischen Apsis, Atlanten, die geometrisch verzierte Kapitelle tragen: zwei kantige Männergesichter, die Ärmchen zur Stütze erhoben, zwei mondrunde, freundlich blickende Frauen. Auf den Reliefs unter den Köpfen tritt einem die geheimnisvolle Symbolik des Mittelalters entgegen: Man sieht einen Mann, der gegen eine Schlange kämpft, während ein Wolf ihn verschlingt – der ewige Kampf gegen das Böse, das seinen bildlichen Ausdruck im Ungeheuer findet. Restlos deuten lassen sich die Darstellungen nicht: Das zweite Relief, ein stilisiertes Gesicht hinter einer Pflanze, ist das ein Dämon, der Teufel gar? Das dritte eine Schlangen- oder eine Flammen- oder eine Rankenfrau? Das vierte die Midgardschlange? Draußen kann man an einem Steintisch picknicken und der Anbau mit den hellblauen Fensterläden, wo sich einst ein Einsiedler vor der sündigen Welt verschloss, ist heute eine schlichte Ferienwohnung.

Klaviatur des Fantastischen

In **St-Christol** erreicht man den Rand des Plateau d'Albion. Das noch sehr ursprüngliche kleine Dorf ist, man glaubt es kaum, ein Hort der Höhlenkunde, der *spéléologie.* An seiner höchsten Stelle steht die wohl um 1160 erbaute romanische Prioratskirche. Die halbrunde Apsis überrascht mit sechs verschwenderisch verzierten Säulen. Auf den Säulenschäften ist in einem exquisiten Flachrelief, das an orientalische Textilien jener Zeit erinnert, scheinbar die gesamte Tier- und Pflanzenwelt inklusive Fabelwesen abgebildet: Vögel, Akanthusblätter, Weintrauben, ja sogar ein Bär (1. Säule, von links nach rechts), Kaninchen (2. Säule), Drachen (5. Säule), Ungeheuer mit Löwenleibern und Adlerköpfen sowie heraldische Löwen (6. Säule). Auch die Basisfiguren der Säulen scheinen in den Augen des heutigen Betrachters souverän auf der Klaviatur des Fantastischen zu spielen. Für den mittelalterlichen Gläubigen waren sie vielleicht nur Symbole des christlichen Kosmos.

Zwei Köpfe teilen sich einen Körper, was typisch für persische Schmuckformen ist. Ein Löwe kämpft gegen eine Schlange, man kann eine Vogelsirene erkennen, eine männliche Sphinx, ein Wesen mit Fischschwanz. Wie kam es, dass sich ausgerechnet dieser abgelegene Winkel mit einem plastischen Reichtum schmückte, der in der mit figürlichem Dekor sparsamen provenzalischen Romanik seinesgleichen sucht? Und woher diese Kenntnis orientalischer Kunst? Schuf ein einzelner genialer Bildhauer diese surreale Welt?

Überall fallen die breiten, für das lokale Verkehrsaufkommen völlig überdimensionierten Straßen auf. Es sind Militärstraßen, denn hier war einmal ein Teil von Frankreichs Force de Frappe stationiert. Gegen Ende des 2. Jt. wurden die atomaren Mittelstreckenraketen verschrottet. Nun rotten

Die Rotunde von Simiane ließ die Forscher lange rätseln

die Silos vor sich hin und in einige der aufgegebenen Stützpunkte ist die Fremdenlegion eingezogen.

Rätsel um eine Rotunde

Ein letztes Rätsel gibt die romanische Rotunde in **Simiane-la-Rotonde** auf. Der vorbildlich restaurierte Zentralraum nimmt das gesamte obere Stockwerk des um 1200 errichteten Donjons der Burg der Herren von Simiane ein. Er hat einen zwölfeckigen Grundriss, eine Blendarkatur aus zwölf rundbogigen Wandnischen läuft ringsum. Eine schlampig konzipierte, hohe Kuppel überwölbt ihn – die Gurtbögen sind entschieden krumm. Für die vier kleinen Gesichter um das Rundfenster hoch oben – vielleicht Verkörperungen der Jahreszeiten, der Himmelsrichtungen, der Winde – braucht man ein Fernglas. Die siebeneinhalb erhaltenen Masken über den Säulenkapitellen zeigen eine katzenähnliche Fratze,

ein Ungeheuer mit dünnen Ärmchen um den Kopf, einen Kleriker, einen erstaunt blickenden jungen Mann mit tief eingekerbten Falten.

Schon früh begannen die Forscher zu rätseln. Lag im Raum unter der Rotunde vielleicht gar das Grab des berühmten Kreuzfahrerhelden Raimbaud d'Agoults, während in den zwölf Nischen darüber Mitglieder seiner Familie ihre letzte Ruhe fanden? Hatte sich hier ein Orden im Rund versammelt? Zwölf, die heilige Zahl der Apostel, das muss doch etwas bedeuten? Des Rätsels Lösung ist profaner Natur: Es handelt sich um den Audienz- und Festsaal der Grafenburg, der im Kriegsfall auch der Verteidigung gegen die Belagerer diente.

Etwas unterhalb der Burg kann man im **Au Plaisir des Yeux** (Tel. 04 92 75 94 65, tgl. 9.30–18.30 Uhr) im Café-Restaurant eines Spielzeuggeschäfts leckere Hausmannskost genießen.

278

im Querschiff. Die in Schwarz, Weiß und Rot ausgeführten und von dem Künstler Petrus Trutbert signierten Bilder zeigen Fabelwesen, tötende Ritter und den in jener Zeit oft dargestellten Kampf des Guten gegen das Böse.

Sisteron ▶ L 1

Wo sich die Durance zwischen zwei Felsmassiven ihren Einlass in die Provence erzwungen hat, macht sich in Architektur und Natur bereits alpines Flair bemerkbar. Schon für die Römer, welche die aus Italien kommende Via Domitia durch den strategischen Felsdurchlass führten, war Segustero die ›Pforte zur Provence‹. Die 8000-Einwohner-Stadt wirkt angestaubt. Die Grafen von Forcalquier im 11. und im 16. Jh. und Jean Erard, der Festungsbaumeister Heinrichs IV., versuchten die Passage durch eine **Zitadelle** (Ende März–11. Nov. tgl. 9–19 Uhr) zu kontrollieren. Sie bietet einen fantastischen Rundblick. Zu Füßen steile Gässchen und Treppen, die von den für Sisteron charakteristischen Stützbogen, den andrônes, überspannt werden. Ein beschilderter Rundweg führt durch die labyrinthische **Altstadt**, z. B. zur Place de la Poterne.

Notre-Dame-des-Pommiers

April–Okt. So, Mo 15–18, Di–Sa 10–12, 14–18 Uhr
Die dreischiffige Basilika mit achteckiger Vierungskuppel ist ein Paradebeispiel alpin-provenzalischer Romanik: Insbesondere die Vorhalle mit den gestaffelten Säulen unterscheidet sie von den Kirchen der klassischen Provence.

Übernachten

Klassisch – **Grand Hôtel du Cours:** place de l'Eglise, Tel. 04 92 61 04 51, Fax 04 92

Wanderung über den Sentier Martel ▶ N 4

Die klassische Wanderung auf dem von dem gleichnamigen Geologen und Wanderpionier zu Beginn des 20. Jh. angelegten **Sentier Martel** führt in ca. 6 Std. von der Hostellerie La Malines zum Point Sublime. In etwa 1 ½ Std. windet sich der relativ bequeme Weg in Serpentinen von La Malines auf den Schluchtgrund, danach sind recht schwierige Partien – oft knöchelhoch unter Wasser stehende Tunnel, Geröllpartien, Treppen, eine Eisenleiter – zu überwinden.
Nichts für Anfänger und kleine Kinder, eine Taschenlampe für die Tunnel ist praktisch. Der im Schluchtgrund und am Hang darüber verlaufende, vielbegangene Weg folgt dem GR 4 sowie den rot-weißen Markierungen und ist nicht zu verfehlen.

61 41 73, www.hotel-lecours.com, DZ 70–90 €. Rustikaler, als der Name es vermuten lässt; renovierte Zimmer. Im Restaurant gibt es Spezialitäten wie Lamm.

Infos & Termine

Office de Tourisme: place de la Mairie, Tel. 04 92 61 12 03, www.sisteron.fr, Sept.–Juni Mo–Sa 9–12, 14–17/18, Juli/Aug. Mo–Sa 9–19, So 10–13 Uhr. Juni–Sept.: *Petit train*, ein Bimmelbähnchen, auf die Zitadelle.
Nuits de la Citadelle: Mitte Juli/ bis erste Augustwoche. Theater, Musik und Tanz auf der Zitadelle und in der Kathedrale.
Bahnhof: av. de la Libération, Tel. 36 35, Züge, u. a. nach Marseille, Lyon, Manosque, Grenoble.
Busbahnhof: gegenüber dem Office de Tourisme, Tel. 04 92 34 47 23.

Sprachführer

Allgemeines

guten Morgen/Tag	bonjour
guten Abend	bonsoir
gute Nacht	bonne nuit
auf Wiedersehen	au revoir
Entschuldigung	pardon
hallo/grüß dich	salut
bitte	de rien/
	s'il vous plaît
danke	merci
ja/nein	oui/non
einverstanden	d'accord
bis später	à plus tard
Wie bitte?	Pardon?
Wann?	Quand?

Unterwegs

Haltestelle	arrêt
Bus	bus/car
Auto	voiture
Ausfahrt/-gang	sortie
Tankstelle	station-service
Benzin	essence
rechts	à droite
links	à gauche
geradeaus	tout droit
Auskunft	information
Telefon	téléphone
Postamt	poste
Bahnhof	gare
Flughafen	aéroport
Stadtplan	plan de ville
alle Richtungen	toutes les directions
Einbahnstraße	rue à sens unique
Eingang	entrée
geöffnet	ouvert/-e
geschlossen	fermé/-e
Kirche	église
Museum	musée
Strand	plage
Brücke	pont
Platz	place
Hafen	port
hier	ici
dort	là

Zeit

Stunde	heure
Tag	jour
Woche	semaine
Monat	mois
Jahr	année
heute	aujourd'hui
gestern	hier
morgen	demain
morgens	le matin
mittags	le midi
nachmittags	l'après-midi
abends	le soir
früh	tôt
spät	tard
vor	avant
nach	après
Montag	lundi
Dienstag	mardi
Mittwoch	mercredi
Donnerstag	jeudi
Freitag	vendredi
Samstag	samedi
Sonntag	dimanche
Feiertag	jour de fête
Winter	hiver
Frühling	printemps
Sommer	été
Herbst	automne

Notfall

Hilfe!	Au secours!
Polizei	police
Arzt	médecin
Zahnarzt	dentiste
Apotheke	pharmacie
Krankenhaus	hôpital
Unfall	accident
Schmerzen	douleur
Zahnschmerzen	mal aux dents
Panne	panne

Übernachten

Hotel	hôtel
Pension	pension

Einzelzimmer	chambre individuelle	teuer	cher/chère
Doppelzimmer	chambre double	billig	bon marché
Doppelbett	grand lit	Größe	taille
Einzelbetten	deux lits	bezahlen	payer
mit/ohne Bad	avec/sans salle de bains		

Zahlen

Toilette	cabinet	1	un	17	dix-sept
Dusche	douche	2	deux	18	dix-huit
mit Frühstück	avec petit-déjeuner	3	trois	19	dix-neuf
Halbpension	demi-pension	4	quatre	20	vingt
Gepäck	bagages	5	cinq	21	vingt et un
Rechnung	addition	6	six	30	trente
Preis	prix	7	sept	40	quarante
		8	huit	50	cinquante

Einkaufen

		9	neuf	60	soixante
Geschäft	magasin	10	dix	70	soixante-dix
Markt	marché	11	onze	80	quatre-vingt
Kreditkarte	carte de crédit	12	douze	90	quatre-vingt-dix
Geld	argent	13	treize	100	cent
Geldautomat	guichet automatique	14	quatorze	150	cent cinquante
Bäckerei	boulangerie	15	quinze	200	deux cent(s)
Lebensmittel	aliments	16	seize	1000	mille

Die wichtigsten Sätze

Allgemeines

Sprechen Sie Deutsch/Englisch?	Parlez-vous allemand/anglais?
Ich verstehe nicht.	Je ne comprends pas.
Ich spreche kein Französisch.	Je ne parle pas français.
Ich heiße …	Je m'appelle …
Wie heißt Du/ heißen Sie?	Comment t'appelles tu/vous appellez-vous?
Wie geht's?	Ça va?
Danke, gut.	Merci, bien.
Wie viel Uhr ist es?	Il est quelle heure?

Unterwegs

Wie komme ich zu/nach …?	Comment est-ce que j'arrive à …?
Wo ist bitte …?	Pardon, où est …?
Könnten Sie mir bitte … zeigen?	Pourriez-vous me montrer … ?

Notfall

Können Sie mir bitte helfen?	Pourriez-vous m'aider?
Ich brauche einen Arzt.	J'ai besoin d'un médecin.
Hier tut es weh.	Ça me fait mal ici.

Übernachten

Haben Sie ein freies Zimmer?	Avez-vous une chambre de libre?
Wie viel kostet das Zimmer pro Nacht?	Quel est le prix de la chambre par nuit?
Ich habe ein Zimmer bestellt.	J'ai réservé une chambre.

Einkaufen

Wie viel kostet das?	Ça coûte combien?
Ich brauche …	J'ai besoin de …
Wann öffnet/ schließt …?	Quand ouvre/ ferme …?

Kulinarisches Lexikon

Zubereitung/Spezialitäten

à la nage de …	in einem Sud von …
à l'huile d'olive	in Olivenöl
au pistou	mit Basilikumpaste
à point	medium gebraten
bien cuit/-e	gut durchgebraten
braisé/-e	geschmort
chaud/-e	heiß
civet de …	Ragout von …
confit de …	Eingelegtes/ Eingekochtes von …
cru/-e	roh
en croûte (de sel)	im (Salz-)Mantel
escabèche	saurer Sud
farci/-e	gefüllt
glacé/-e	gefroren, geeist
grillé/-e	gegrillt
nature	in Salzwasser gekocht, ohne Gewürze
petits farcis	verschiedene junge Gemüse mit Füllung
rouille	Knoblauchmayonnaise mit Peperoni und Chili
saignant	blutig/roh
taboulé	nordafrikanisches Grießgericht, oft als Salat mit Minze

Fisch und Meeresfrüchte

anchois	Sardellenfilet
anchoiade	Sardellenpaste
bourride/ bouillabaisse	Fischsuppe
calamar	Tintenfisch
coquillage	Schalentier
daurade	Dorade, Goldbrasse
espadon	Schwertfisch
gamba	Garnele
homard	Hummer
huître	Auster
langouste	Languste
langoustine	Langustine
lotte de mer	Seeteufel
moule	Miesmuschel
rascasse	Drachenkopf
rouget	Rotbarbe
saint-pierre	Petersfisch
sardine	Sardine
saumon	Lachs
seiche	Sepia
thon	Thunfisch

Fleisch

agneau	Lamm
boeuf	Rind
brochette	Spießchen
cabri	Zicklein
carré (d'agneau)	(Lamm-)Rücken
côte de …	Rippenstück vom …
entrecôte	Zwischenrippenstück
escargot	Schnecke
escalope	Schnitzel/Schnitte
gigot (d'agneau)	(Lamm-)Keule
porc	Schwein
veau	Kalb
tripes	Kutteln

Geflügel und Wild

foie gras	Stopfleber
gésier	Geflügelmagen
lapin	Kaninchen
lièvre	Hase
magret de canard	Entenbrust
poule	Huhn
poulet	Hähnchen
sanglier	Wildschwein

Gemüse und Kräuter

ail	Knoblauch
artichaut	Artischocke
avocat	Avocado
basilic	Basilikum
câpre	Kaper
cèpe	Steinpilz
champignon de Paris	weißer Champignon
courgette	Zucchini
fenouil	Fenchel
fleur de courgette	Zucchiniblüte

oignon	Zwiebel	charlotte	Dessert aus Löffel-
poireau	Lauch		biskuits und Creme-
poivron	große Paprika		füllung
thym	Thymian	coupe de glace	Eisbecher
truffe	Trüffel	crème anglaise	Vanillecreme
		crème Chantilly	Schlagsahne

Obst

abricot	Aprikose	crêpe	dünner Pfannkuchen
cerise	Kirsche	fouace/fougasse	Hefebrot mit einge-
figue	Feige		backenen Kräutern
fraise (de forêt)	(Wald-)Erdbeere		und Oliven
framboise	Himbeere	fruits confits	kandierte Früchte
griotte	Sauerkirsche	gâteau	Kuchen
marron	Esskastanie	île flottante	Dessert aus Eischnee
melon	Honigmelone		in Vanillecreme
pastèque	Wassermelone	meringue	weiches Baiser
pêche	Pfirsich	profiterolles	mit Vanilleeis
poire	Birne		gefüllte Windbeutel
pomme	Apfel		in Schokoladensauce
		tarte tatin	heiße Apfeltarte

Käse

Getränke

banon	Ziegenkäse im	bière (pression)	Bier (frisch gezapft)
	Kastanienblatt	café	Kaffee
brebis	Schafskäse	eau de vie	Schnaps, Obstbrand
cabécou	kleiner Ziegenkäse	eau gazeuse/plate	Mineralwasser mit/
chèvre	Ziegenkäse		ohne Kohlensäure
fromage blanc	Quark, Frischkäse	jus	Saft
		lait	Milch

Nachspeisen und Gebäck

brioche	süßes Hefebrot	thé	Tee
calisson	Mandel-Melonen-	tisane/infusion	Kräutertee
	Plätzchen	vin blanc/rouge	Weiß-/Rotwein
		vin mousseux	Sekt

Im Restaurant

Ich möchte einen	Je voudrais réserver	Beilagen	garniture
Tisch reservieren.	une table.	Tagesgericht	plat du jour
Die Speisekarte, bitte.	La carte, s. v. p.	Gedeck	couvert
Weinkarte	carte des vins	Messer	couteau
Die Rechnung, bitte.	L'addition, s. v. p.	Gabel	fourchette
Appetithappen	amuse bouche	Löffel	cuillère
Vorspeise	hors d'œuvre	Glas	verre
Suppe	soupe	Flasche	bouteille
Hauptgericht	plat principal	Salz/Pfeffer	sel/poivre
Nachspeise	dessert	Zucker/Süßstoff	sucre/saccharine
		Kellner/Kellnerin	serveur/serveuse

Register

Register

Hinweis: Autorin und Verlag haben alle Informationen mit größtmöglicher Sorgfalt geprüft. Gleichwohl sind Fehler nicht vollständig auszuschließen. Alle Angaben erfolgen ohne Gewähr. Bitte, schreiben Sie uns! Über Ihre Rückmeldung zum
Buch und Verbesserungsvorschläge freuen sich Autorin und Verlag:
DuMont Reiseverlag, Postfach 3151, 73751 Ostfildern,
info@dumontreise.de, www.dumontreise.de

Abbildungsnachweis/Impressum

Wer ist Buddha?

Eine Gestalt und ihre Bedeutung für die Menschheit

Herausgegeben von
Perry Schmidt-Leukel

Mit Beiträgen von
Margareta von Borsig, Michael von Brück,
Wilhelm Halbfass, Johannes Laube,
Konrad Meisig, Haruko Okano, Gregor Paul,
Perry Schmidt-Leukel, David Scott,
Helmut Tauscher, Claudia Weber und Monika Zin

Eugen Diederichs Verlag

Gesellschaft für europäisch-asiatische Kulturbeziehungen
(GEAK) e.V.
Geschäftsstelle
Postfach 810627
D-81906 München

Die Deutsche Bibliothek – CIP-Einheitsaufnahme
Wer ist Buddha? : eine Gestalt und ihre Bedeutung für die
Menschheit / [Gesellschaft für Europäisch-Asiatische
Kulturbeziehungen (GEAK) e.V.]. Hrsg. von Perry Schmidt-Leukel.
Mit Beitr. von Margareta von Borsig ... – München : Diederichs, 1998
(Schriftenreihe der Gesellschaft für Europäisch-Asiatische
Kulturbeziehungen (GEAK))
ISBN 3-424-01418-4

© Eugen Diederichs Verlag, München 1998

Umschlaggestaltung: Gudrun Pawelke, München, unter
Verwendung eines Fotos von Dieter Blum
Produktion: Tillmann Roeder, München
Satz und Repro: SatzTeam Berger, Ellenberg
Druck und Bindung: Druckerei Huber, Dießen
Printed in Germany

ISBN 3-424-01418-4

Inhalt

Einführung

Perry Schmidt-Leukel

1. Wer ist Buddha?

Die Frage »Wer ist Buddha?« könnte leicht für so etwas wie eine Scheinfrage gehalten werden. Ist doch »Buddha« – wie heute nahezu allgemein bekannt sein dürfte – kein Eigenname, sondern vielmehr ein religiöser Ehrentitel mit der Bedeutung der »Erleuchtete« oder genauer der »Erwachte«. Wenn folglich ein bestimmter Mensch als »Buddha« bezeichnet wird, dann liegt damit schon eine Deutung dieses Menschen vor, dann wird also quasi schon gesagt, *wer* dieser Mensch ist, nämlich ein oder der »Buddha«. Und doch ist damit noch nicht allzuviel gesagt, weil sich erst jetzt die eigentlich interessanten Fragen stellen: Was ist überhaupt ein »Buddha«, bzw. was ist mit dem Titel »Buddha« gemeint? Wer ist dieser Mensch, den die buddhistische Tradition als »Buddha« bezeichnet? Und was sind schließlich die Gründe dafür, diesen Menschen so zu deuten?

Doch selbst mit diesen Fragen und den möglichen Antworten hat sich die Sache noch nicht erschöpft. Denn wenn einigermaßen klar wird, was im Buddhismus mit »Buddha« gemeint ist, wer derjenige war, zu dem sich der Buddhismus mit diesem Ehrentitel bekennt, und aus welchen Gründen heraus dieses Bekenntnis abgelegt wird, dann stellt sich für alle anderen Menschen, die davon erfahren, unvermeidlich die Frage, ob auch sie in dieses Bekenntnis einstimmen wollen, ob also Siddhārtha Gautama auch für sie der »Buddha«, der »Erwachte« sein kann. Die Frage »Wer ist Buddha?« zielt damit weit über den buddhistischen Bekennerkreis hinaus. Im heutigen Kontext der globalen interkulturellen und interreligiösen Begegnung wird sie somit unvermeidlich zu einer Frage nach der Bedeutung dieser Gestalt für die Menschheit. Wer als Nicht-Buddhist bereit sein will, das Bekenntnis des Buddhisten wirklich ernst zu nehmen, kommt auf Dauer nicht um diese Frage herum. Irgendwann wird er eine Antwort darauf finden müssen, wer Buddha für ihn ist, bzw. ob Gautama auch für ihn der Buddha ist. In einem vergleichbaren Sinn haben Christen zwei Jahrtausende lang die im Neuen Testament formulierte Frage Jesu weitergegeben: »Was sagen die Menschen, wer ich bin? ... Und was sagt ihr?« (Mk 8,27ff). Ihre Antwort »Du bist der Christus« haben Christen in aller Welt bekannt und damit andere herausgefordert und eingeladen, in dieses Bekenntnis einzustimmen. Seit dem 19. Jahrhundert hat nun das buddhistische Bekenntnis zu Gautama als dem Buddha, nachdem es zuvor ganz Asien durchdrang, den Westen erreicht und somit auch hier die Frage »Wer ist Buddha?« akut werden lassen.

2. Eine unbedeutende Frage?

Einige haben sich nicht gescheut, ihre Antwort zu geben. Der christliche Religionswissenschaftler Gustav Mensching rechnete den Buddha unter die »Söhne Gottes«[1], der religiöse Philosoph Karl Jaspers zählte ihn zu den »maßgebenden Menschen«[2], und der philosophische Christ Romano Guardini sah sich mit der Herausforderung konfrontiert, den Buddha »in die Nähe Jesu zu rücken«.[3] Doch ein breiter Chor von Stimmen hat die Frage nicht beantwortet, sondern als verfehlt abgelehnt. Denn, so lautet ein nicht verstummendes Dogma westlicher Buddhismusinterpretation, die Person und Gestalt des Buddha sei für den Buddhismus eigentlich gar nicht bedeutend, so daß sich weder dort noch hier die Frage nach dem Buddha aufdränge. Nicht um den Buddha gehe es dem Buddhismus, sondern um die vom Buddha verkündete bzw. diesem zugeschriebene Lehre.

Wie wahr und doch zugleich auch völlig falsch ist dieses Urteil! Hat die Bedeutungslosigkeit des Buddha für den Buddhismus nicht einen unverkennbar drastischen Ausdruck in dem geflügelten Zen-Wort gefunden: »Triffst Du Buddha, dann töte ihn«[4]? Könnte dies ein Muslim vom Propheten oder ein Christ von Christus sagen? Doch mit Fug und Recht könnte man auf dieser Ebene ebensogut behaupten, daß auch die buddhistische Lehre, der Dharma, im Buddhismus bedeutungslos sei. Denn über die Lehre heißt es bereits in einem dem historischen Buddha selbst zugeschriebenen – und später äußerst populär gewordenen – Gleichnis, sie sei lediglich ein Floß, das man zum Erreichen des anderen Ufers benötige, das jedoch darüber hinaus keinen Wert besitze.[5] Und in dem berühmten mahāyānistischen »Herz-Sūtra« (*Prajñāpāramitāhṛdaya-Sūtra*) wird der Kern der buddhistischen Lehre, die Vier Edlen Wahrheiten, negiert: »Es gibt kein Leid, keine Ursache (des Leids), keine Überwindung, keinen Weg.«[6]

In Wahrheit verstehen sich solche Negationen jedoch als höchster Ausdruck der buddhistischen Lehre. Sie will den Menschen zu einer Erfahrung führen, in der er sich an nichts Endliches und Bedingtes mehr klammert – auch nicht an seine religiösen Vorstellungen und Leitfiguren –, um in dieser Erfahrung einer alles Beschreibbare übersteigenden transzendenten Wirklichkeit innezuwerden, die den eigentlichen Grund der Erlösungsmöglichkeit bildet. Der Buddha ist somit im Buddhismus in genau jenem Sinn ohne Bedeutung, in dem es auch die buddhistische Lehre ist. Beide verlieren ihre Bedeutung angesichts jener Wirklichkeit, auf die sie verweisen. Aber genau in diesem Verweischarakter liegt zugleich die unverzichtbare Bedeutung von beidem, von Lehre *und* Buddha. Buddha und Dharma können nicht gegeneinander ausgespielt werden, sondern gehören unauflöslich zusammen: »Wenn man die Lehre sieht, sieht man mich, und wenn man mich sieht, sieht man die Lehre« – so sagt es der Erwachte selbst.[7]

Dementsprechend ist es denn auch kein Wunder, daß das buddhistische Bekenntnis sich nicht in dem Bekenntnis zum Buddha erschöpft, auch wenn es freilich damit beginnt:

> Zum Buddha nehme ich meine Zuflucht.
> Zum Dharma nehme ich meine Zuflucht.
> Zum Saṃgha nehme ich meine Zuflucht.

– so bekennt es der gläubige Buddhist.

Demnach gehören nicht nur Buddha und Dharma – der Erwachte und seine Lehre – untrennbar zusammen, sondern sie sind darüber hinaus auch mit der bekennenden Gemeinde selbst, dem Saṃgha, verbunden. Eine für diesen Zusammenhang aufschlußreiche Bemerkung findet sich im *Mahāparinibbāna-Sutta*, der Pāli-Fassung der Lehrrede über das Sterben Buddhas. Dem trauernden Jünger Ānanda, der angesichts des sich abzeichnenden Todes des Meisters befürchtet, daß die Gemeinde nach seinem Abscheiden ohne Lehrer, ohne Erwachten sein wird, gibt Buddha zur Antwort, daß ihnen seine Lehre als Lehrer bleiben wird.[8] Und: »Wenn diese meine Bhikkhus (alle) richtig lebten, würde in der Welt kein Mangel an Vollendeten sein.«[9] Die Gemeinde, die nach der Lehre lebt, garantiert die weitergehende Verkündigung der Lehre und den Fortbestand an Erleuchteten. Von daher wird es verständlich, daß der Saṃgha, wenn auch erst an dritter Stelle, mit in das buddhistische Bekenntnis zu Buddha und Dharma gehört.

3. Der eine und die vielen Buddhas

Aber zeigt sich hier nun nicht erneut die Bedeutungslosigkeit des Buddha – eine Bedeutungslosigkeit, die zumindest seine individuelle Gestalt betrifft? Denn wenn es mehrere Erleuchtete (*Arhats*), ja sogar *mehrere Buddhas* geben kann und – wie die buddhistische Tradition einhellig bekennt – tatsächlich gab und gibt, wird dann der *eine* Buddha Śākyamuni, der Weise aus dem Geschlecht der Śākya, eben jener Siddhārtha Gautama, nicht doch in seiner individuellen Bedeutung relativiert? Erneut ist hierauf meines Erachtens mit einem »Ja« und mit einem »Nein« zu antworten.

Wenn mehrere Buddhas möglich sind – nach Auffassung des Theravāda je einer pro Weltzeitalter[10], nach Auffassung des Mahāyāna so viele »wie es Sand am Ganges« gibt –, dann relativiert dies zweifellos in einem gewissen Sinn die Bedeutung dieses einen Buddhas. Es hängt eben nicht alles an diesem einen. Es ist vielmehr genau umgekehrt: Es gibt eine Wirklichkeit, an der dieser eine und mit ihm alle anderen Buddhas hängen. Es gibt die unbedingte (*asaṃskṛta*) Realität, ohne die das Auftreten von Buddhas überhaupt unmöglich wäre. Es gibt jene Wirklichkeit, von deren Existenz das »Erwachen« und damit das Erlangen der Buddhaschaft abhängt, ohne deren Existenz – wie es im *Udāna* (8,3) und *Itivuttaka* (43) heißt – ein Ausweg aus dem leidvollen und bedingten Sein gar nicht erst erkennbar wäre. Im Grunde relativiert sich der *eine* historische Buddha Gautama somit weniger zugunsten der anderen möglichen oder tatsächlichen Buddhas, sondern zugunsten jener transzendent/immanenten Wirklichkeit, ohne die es weder den einen noch die anderen Buddhas geben könnte.

Und erneut enthüllt sich nun gerade darin wieder die ganz besondere, unverzichtbare Bedeutung dieses einen Buddhas: Wurde doch durch ihn, durch sein »Erwachen« und die daraus hervorquellende Lehrverkündigung, dieser Zusammenhang erst ersichtlich. So dürfte es denn auch dem historischen Befund entsprechen. Die Lehre von den vielen Buddhas, unter denen Śākyamuni nur einer ist, wird im Buddhismus erst unter dem Eindruck von Leben und Lehre Śākyamunis entwickelt und ist nicht etwa ein vorgefaßtes Schema, in das dann nachträglich der historische Buddha eingeordnet worden wäre. So bleibt er für die bekennende Gemeinschaft Norm und Urbild aller weiteren Buddhas – auch jener, die dann (und erst dann) als schon vor ihm existent geglaubt wurden. Und er bleibt der eigentliche Garant für die Annahme, daß sich in seinem Erwachen jene unbedingte Wirklichkeit erfahrbar machte, die den eigentlichen Urgrund aller Buddhas bildet: das *nirvāṇa* (so die älteren Schulen), der *dharmakāya* (so das Mahāyāna), der *ādibuddha* (so im Tantra).

4. Die Logik der Verehrung

Angesichts *dieser* Relativierung, bei der der historische Buddha hinter jenen transzendent/immanenten Urgrund aller Buddhas zurücktritt, bei der aber auch genau jene unbedingte Wirklichkeit in ihm wie in allen anderen Buddhas hervortritt, mußte bald die ältere Lehre, daß in jedem Weltzeitalter immer nur ein einziger Buddha möglich ist, als rational nicht mehr einsehbar erscheinen. Und in der Tat wurde dies denn auch explizit in Frage gestellt. Während im Mahāyāna diese Lehre zunächst ihre Bedeutung und dann auch ihre Gültigkeit verlor, hielt man in den nicht-mahāyānistischen Schulen an ihr fest. Doch warum? »Warum sollten ... nicht zwei Vollendete zu gleicher Zeit erstehen? ... (Würde doch) durch das Licht beider diese Welt in noch stärkerem Maße aufgehellt« – so läßt das *Milinda-Pañha*[11] den König Milinda fragen. Die Antwort, die hier Nāgasena gibt, ist außerordentlich aufschlußreich:

Dieses zehntausendfache Weltsystem, o König, vermag bloß einen einzigen Erleuchteten zu tragen, bloß die Tugend eines einzigen Erleuchteten. Sollte ein zweiter Erleuchteter erstehen, so vermöchte dieses zehntausendfache Weltsystem ihn nicht zu tragen, würde erzittern, erbeben, sich biegen und hin und her biegen, sich spalten, bersten, zerspringen und zugrunde gehen.[12]

Die Logik dieser Antwort ist nicht die der formalen Rationalität. Es ist die »Logik« des Herzens, die »Logik« glühender Verehrung. So erhaben, so voller Tugend – wobei dieses Wort im buddhistischen Umfeld weit mehr als die sittliche Tugend umfaßt –, daß daneben kein zweiter Platz hat, keinen Platz mehr finden kann im »zehntausendfachen Weltsystem« des Herzens seiner Verehrer! Dies wird auch durch die weiteren Gründe unterstrichen, die Nāgasena vorbringt: Sollten mehr als ein Buddha auftreten,

so möchte unter ihren Anhängern Streit entstehen; und Ausdrücke gebrauchend wie: »unser Buddha« und »euer Buddha«, würden sie sich in zwei Parteien spalten … . (…) Möchten nämlich zu gleicher Zeit zwei Vollkommen-Erleuchtete erscheinen, so wäre es falsch, von dem Buddha als dem Höchsten zu sprechen, als dem Würdigsten, Besten, Vorzüglichsten, Erhabensten, Edelsten, der ohne Seinesgleichen, ohne Ebenbürtigen sei. (…) Auch alles andere Große in der Welt, o König, tritt immer nur einzeln auf. Die Erde, o König, ist gewaltig: und nur diese eine gibt es. Das Meer ist gewaltig: und nur dieses eine gibt es. Der Sineru, der König der Berge, ist gewaltig: und nur diesen einen gibt es. Der Raum ist gewaltig: und nur diesen einen gibt es. Der Große Brahma ist gewaltig: und nur diesen einen gibt es. Der Vollendete, Heilige, Vollkommen-Erleuchtete ist gewaltig: und nur einen einzigen solchen mag es geben in der Welt. Wo immer in der Welt ein solcher erscheint, da ist für einen zweiten kein Platz mehr. Darum, o König, wird jedesmal nur ein einziger Vollendeter, Heiliger, Vollkommen-Erleuchteter in der Welt geboren.«[13]

Diese Logik der Verehrung, nach der nur einem einzigen jene ungeteilte Verehrung gelten kann, die in diesem den »Höchsten, Würdigsten, Besten, Vorzüglichsten, Erhabensten, Edelsten« erblickt, ist existentiell so überzeugend, daß schon der Respekt einen Disput darüber nahezu verbietet. Und doch machen gerade die von Nāgasena herangezogenen Analogien deutlich, daß es eben allein die Logik der Verehrung ist, gemäß der dieser Grund triftig erscheint: Die Erde, das Meer – wir wissen heute nur zu gut, daß all dies in Wirklichkeit nicht nur einzig ist. Auch wenn dieser blaue Planet für uns die einzige Erde ist, so mag es in den Weiten des Alls doch andere geben, denen eine andere Erde als einzig gilt. Und selbst die Einzigkeit des Raums ist in Frage gestellt, wenn dieser als relatives Moment eines physikalischen Systems begriffen wird.

Nun rechnen ja auch die nicht-mahāyānistischen Schulen mit der Existenz mehrerer Weltsysteme und den in ihnen erscheinenden Buddhas, die dort je für sich einzigartig sind. Wenn aber in jedem einzelnen Buddha dieselbe unbedingte Wirklichkeit in Erscheinung tritt, kann dann nicht die Logik der Verehrung, die nur den jeweils *einen* kennt, mit der Logik der Ratio zusammengebracht werden, die um die vielen Einzigartigen weiß? Im Mahāyāna wurde dieser Schritt vollzogen, da die Verehrung letztlich dem einen transzendenten Buddha, dem ewigen Wort des *dharmakāya* gilt, der durch die vielen Buddhas und doch zugleich jedesmal auf einzigartige Weise vernehmbar wird. Der transzendente Urgrund aller Buddhas steht in einem non-dualen Verhältnis zu jedem einzelnen unter ihnen, und dies versöhnt die Logik von Herz und Verstand. So preist das mahāyānistische *Vimalakīrti-Nirdeśa* in Śākyamuni zugleich die in allen Buddhas wirksame eine Buddha-Wirklichkeit:

Anbetung Dir, dessen Augen sind rein, weit und groß wie blaue Lotosblumen, dessen Herz rein und besinnlich in Beschauung versunken ist, dessen verdienstvolle reine Taten unermeßlich sind an Zahl und der alle Wesen führt zur vollendeten Persönlichkeit. Vor Dir, großer Buddha, verneigen wir uns und fallen nieder.
Schon sahen wir die mit der übernatürlichen Kraft Buddhas hervorgezauberten unermeßlichen Reiche der 10 Richtungen[14], und vernahmen in Ehrfurcht alle darin gehaltenen Predigten aller Buddhas.
Weil der König des heiligen Gesetzes (König von Dharma) an Kraft die Scharen der Völker übertrifft, allen Wesen die geistigen Schätze spendet, die wahre Gestalt aller Gesetze bis ins kleinste erkennt, und unbeweglich in der höchsten Wahrheit thront, da er in allem frei ist, deswegen knien wir hier und fallen in Ehrfurcht vor Dir nieder.
(…)
Wenn Du auch nur mit einer Stimme das Gesetz predigst, so versteht es doch jeder (so groß die Zahl der Zuhörer auch sein mag), und zwar jeder nach seiner Art, und es meint auch der Letzte, daß Du gleich immer in seiner eigenen Sprache redest. Das ist die göttliche Kraft Buddhas und seines unvergleichlichen Gesetzes.

Du predigst mit der einen heiligen Stimme, und so wie sie es verstehen, so nimmt es jeder auf zu seinem Vorteil. Das ist die göttliche Kraft Buddhas und seines unvergleichlichen Gesetzes.[15]

Wie fremdartig wirkt demgegenüber die heute so oft unter modernen westlichen Buddhisten und auch unter westlich beeinflußten asiatischen Buddhisten vernommene Bekräftigung, der Buddha sei »nur ein bloßer Mensch«. Wie sehr hingegen paßt dazu das Zeugnis der buddhistischen Ikonographie, die sich zunächst scheute, den Buddha überhaupt darzustellen, und dann zum Zwecke seiner Verehrung und Betrachtung doch dazu überging, ihn anfangs nur symbolisch, später aber in einzigartigen figürlichen Charakteren abzubilden. Aber worum handelt es sich hierbei? Wurde der Buddha in diesem Prozeß allmählich deifiziert, also vom bloßen Menschen zum Gott erhoben? Und falls ja, widerspricht dieser Prozeß dann dem, was der Buddha eigentlich und wirklich ist, oder wurde vielmehr dessen eigentliche und wirkliche Bedeutung erst im Zuge dieses Prozesses freigelegt? Dies sind die großen Rahmenfragen, die hinter den Beiträgen im ersten Teil dieses Buches stehen. Und die beiden genannten Alternativen markieren zugleich auch die beiden konträren Grundpositionen, in deren Spannung sich alle Beiträge dieses Buches bewegen, wobei leicht zu erkennen ist, daß einige Autoren mehr zu der einen, andere mehr zur anderen Seite tendieren.

5. Die Beiträge des ersten Teils

In dem eröffnenden Beitrag zeigt *Konrad Meisig* auf, daß wir zwar gute Gründe für die Annahme der Historizität des Buddha besitzen, daß wir jedoch unmittelbaren Zugang nur zu jenem Buddha-Bild haben, das von der buddhistischen Lehre und Legende übermittelt wird. Die Rekonstruktion der dahinterstehenden historischen Persönlichkeit erscheint zwar nicht völlig unmöglich, bleibt jedoch insgesamt hochgradig spekulativ. Mit diesem Vorbehalt spricht Meisig dann allerdings von einem »grellen Kontrast« zwischen dem Buddha-Bild der Legende und dem, wie es durch die älteren Lehrreden als historisch wahrscheinlich nahegelegt wird.

An die Seite des poetischen Buddha-Bildes der Legende treten schon früh die dogmatischen Auseinandersetzungen um die genauere Bestimmung dessen, was ein Buddha ist. Auf dem Hintergrund dieser Kontroversen stellt *Claudia Weber* die Position des klassischen Theravāda vor. Entgegen vielfach geäußerter anderslautender Meinungen vertrat auch die Theravāda-Schule die Ansicht, daß der Buddha ein Wesen eigener Art ist und über Göttern und Menschen steht. Er kann weder als Mensch noch als Gottheit (*deva*) identifiziert werden, insofern es sich dabei um saṃsārische Existenzformen handelt, von denen der Buddha völlig frei ist. Doch gegenüber den sich abzeichnenden doketistischen Tendenzen der früh- bzw. vormahāyānistischen Richtungen im Umfeld der Mahāsāṅghika hielten die Theravādin daran fest, daß Buddha bei all seiner nirvāṇischen Eigenart dennoch ein wirklicher Mensch und nicht nur ein Scheinmensch gewesen ist.

Neben den schriftlichen Zeugnissen sind für die Entwicklung des Buddha-Bildes auch die ikonographischen Zeugnisse der frühen buddhistischen Kunst aufschlußreich. Anhand einer Fülle von Beispielen weist *Monika Zin* auf folgende relevante Sachverhalte hin: Der Verzicht der frühen buddhistischen Kunst auf eine körperliche Darstellung des Buddha steht im klaren Gegensatz zu der Auffassung, der Buddha sei ursprünglich als bloßer Mensch verstanden worden. Trotz schwieriger Interpretationslage läßt sich diese anikonische Phase am ehesten im Sinne einer religiösen Scheu vor heiligen Personen deuten. Und noch ein zweiter Sachverhalt wird für manchen überraschend sein: Als man später zu körperlichen Darstellungen überging, zeigten die frühesten Kunstwerke den Buddha nicht in der später dominierenden zurückgezogenen, kontemplativen Pose, sondern lächelnd, mit weit geöffneten Augen, der Welt und dem Betrachter zugewandt. Dieser Sachverhalt steht in einem Spannungsverhältnis zu der verbreiteten Auffassung, die innere Entwicklung des Buddhismus sei genau umgekehrt verlaufen.

Besonders einflußreich für das Buddha-Bild des Mahāyāna war zweifellos das Lotos-Sūtra (*Saddharmapuṇḍarīka-Sūtra*). In ihrem sehr persönlich gefärbten Beitrag schildert *Margareta von Borsig*, die das Lotos-Sūtra ins Deutsche übertragen hat, wie der Buddha hier nicht nur in seinen zentralen Eigenschaften des erleuchteten Lehrers, barmherzigen Vaters, Mittlers der heilstiftenden Erkenntnis und klugen Seelenführers herausgestellt wird, sondern konsequent als Verkörperung einer transzendenten, ursprünglichen Buddha-Wirklichkeit erscheint.

Im späteren Mahāyāna-Buddhismus entwickeln sich auf der Grundlage der beiden philosophischen Hauptrichtungen der Madhyamaka- und der Yogācāra-Philosophie ausgeprägte buddhologische Konzeptionen. Sie bezeugen auf je eigene Weise die denkerische Anstrengung, eine absolute, ursprünglich völlig transzendent gedachte Wirklichkeit als den eigentlichen Urgrund aller Buddhas und damit aber zugleich als eine der Welt durch und durch immanente Realität zu verstehen. In seinem Beitrag erläutert *Helmut Tauscher* die wichtigsten der hierzu entwickelten Konzepte: Die Lehre von den drei Körpern bzw. Wirklichkeitsformen des Buddha (*trikāya*), die Lehre von der doppelten Wahrheit bzw. Wirklichkeit, die Lehre von der allgemeinen Buddhanatur bzw. dem in jedem Wesen ruhenden Keim der Buddhaschaft (*tathāgatagarbha*) und schließlich die tantristische Lehre vom Ur-Buddha (*ādibuddha*).

In meinem eigenen Beitrag versuche ich zu zeigen, wie eine Ausprägung des Buddhismus, die häufig als dem ursprünglichen buddhistischen Geist diametral entgegengesetzt betrachtet wird, der Amida-Buddhismus bei Shinran Shōnin, als eine ebenso genuine wie radikale Konsequenz der in der gesamten Entwicklung des Buddha-Bildes angelegten Linien verstanden werden kann. Demnach erscheint Śākyamuni als eine Inkarnation Amidas und Amida in seinem grenzenlosen Mitleid als der höchste und letzte formhafte Ausdruck einer an sich formlosen und unbegreiflichen Wirklichkeit. So wird Śākyamuni für Shinran zum Garanten des Vertrauens auf Amida, und genau da, wo dieses Vertrauen entsteht, ist nach Shinran bereits der entscheidende Sprung in die Heilswirklichkeit geschehen.

6. Die Beiträge des zweiten Teils

Während die Beiträge des ersten Teils somit die Entwicklung der Buddha-Deutung in verschiedenen Etappen und Ausprägungen des Buddhismus behandeln, befassen sich die Beiträge des zweiten Teils mit jenen Wahrnehmungen und Deutungen des Buddha, wie sie sich einer typisch modernen und/oder außerbuddhistischen Wahrnehmung verdanken.

Eröffnet wird dieser Teil durch einen Beitrag von *Johannes Laube* über die Rolle des Buddha in der Philosophie der Kyōto-Schule. Die Kyōto-Schule steht dabei quasi auf der Grenze zwischen den buddhistischen Entwicklungen der Buddha-Deutung und den außerbuddhistischen Interpretationen. Denn einerseits begreifen die meisten Vertreter der Kyōto-Schule, wie Laube prononciert hervorhebt, ihr philosophisches Denken nicht als im Dienst einer bestimmten religiösen Tradition stehend, sondern verfolgen eine prinzipiell universal gültige Ontologie. Doch andererseits sind sie, wenn auch in unterschiedlichen Varianten, der Auffassung, daß sich die mahāyānistische, an der *trikāya*-Lehre orientierte Wirklichkeitsdeutung, die die Welt letztlich vom Auftreten des Buddha her interpretiert, auch angesichts moderner Fragestellungen als grundsätzlich angemessen und zutreffend erweist. Das Dasein selbst erweist sich in ihren Augen als »buddhahaft«.

Eine typisch moderne Fragestellung impliziert der vom Feminismus aufgeworfene Verdacht, Geschichte – auch und gerade Religionsgeschichte – sei bisher überwiegend einseitig, nämlich aus der Perspektive einer männlich dominierten Wirklichkeitsauffassung wahrgenommen worden. Wenn aber Geschichte nicht mehr länger nur als *history* im Sinne von »*his*-story«, sondern als »*her*-story« gesehen wird[16], welche Bedeutung erhalten dann die großen Religionsstifter? *Haruko Okano* skizziert in ihrem Beitrag nicht nur eine solche feministische Relecture von Buddha und Buddhismus, sondern gibt auch Einblick in die Fragestellungen jener Frauen, die sich gleichermaßen einer buddhistischen Spiritualität wie einem feministischen Anliegen verpflichtet wissen.

Während es somit in dem Beitrag von Okano ebenfalls noch um ein Stück Fortschreibung buddhistischer Tradition geht, wenn auch im Horizont einer globalen, den Buddhismus im engeren Sinn übersteigenden Problemstellung, so sind die weiteren Beiträge ganz auf außerbuddhistische Buddha-Deutungen konzentriert.

Kulturell und geographisch naheliegend sind dabei zunächst die hinduistischen Reaktionen auf den Buddha, die in dem Beitrag von *Wilhelm Halbfass* dargestellt werden. Mit seiner schroffen Ablehnung des Veda und seiner harschen Kritik am Brahmanismus bedeutete der Buddha eine immense Provokation für den Hinduismus. Dementsprechend negativ fallen denn auch die brahmanischen Urteile über den Buddha und seine Lehre aus, deren pejorativer Ton selbst durch inklusivistische Tendenzen und angesichts faktischer Rezeptionen buddhistischen Gedankengutes kaum gemildert wird. Erst in moderner Zeit finden sich insbesondere im Neo-Hinduismus positivere Stellungnahmen, die jedoch teilweise auch nicht frei von einer gewissen Ambivalenz im Urteil sind.

Im indischen Kulturraum war freilich nicht nur der Hinduismus durch den Buddhismus herausgefordert. Der Islam, der schon relativ rasch nach seiner Entstehung nach Zentralasien und Indien vordrang, hatte sich ebenfalls mit dem Buddhismus und seinem Stifter auseinanderzusetzen. Obwohl die ersten Begegnungen überwiegend negativ und feindselig ausfielen, zeigen sich – wie *David Scott* in seinem Beitrag verdeutlicht – bei einer näheren Analyse auch positive Öffnungen, die bis in die Gegenwart hinein für die islamisch-buddhistischen Beziehungen bedeutsam sind. Ist für ersteres die Ablehnung des Buddha als Götze bezeichnend, so sind für das zweite eine besonders von den Sufis empfundene innere Nähe und Verwandtschaft charakteristisch.

Mit den beiden abschließenden Beiträgen werden nochmals die grundsätzlichen Alternativen in der Frage nach dem Buddha deutlich. *Gregor Paul*, der sich dem Buddha aus atheistischer Sicht nähert, distanziert sich zwar deutlich von einer Position, die undifferenziert mehr oder weniger den gesamten Buddhismus für den Atheismus zu vereinnahmen sucht. Doch hält Paul ebenso entschieden daran fest, daß von Beginn an eine atheistische Linie im Buddhismus existierte, und deutet dementsprechend die davon abweichenden Tendenzen im Sinne eines letztendlich unsachgemäßen Deifikationsprozesses.

Ganz anders *Michael von Brück*. Auch hier fällt das Urteil freilich differenziert aus. Die wenn vielleicht auch nicht gerade atheistischen, so doch zumindest nicht-theistischen Tendenzen im Buddhismus werden keineswegs übersehen. Dennoch konstatiert von Brück bei aller spannungsvollen Verschiedenheit von Buddha und Christus eine Tiefendimension, in der beide miteinander verbunden sind. Nachdem er diese Verbundenheit auf phänomenologischem, analytischem und intuitivem Weg näher zu markieren versucht, kommt er schließlich zu dem Ergebnis, daß »der Buddha und der Christus, in christlicher Sprache, Gaben auf dem Altar des einen Gottes (sind), die für jeden Menschen Bedeutung gewinnen können«.

Geben die Beiträge des ersten Teils einen Einblick in jene geistesgeschichtlichen Prozesse, die man als *traditionsimmanente Hermeneutik* bezeichnet, das heißt in das Ringen innerhalb einer religiösen Tradition um ihr eigenes Selbstverständnis, so vermitteln die Beiträge des zweiten Teils etwas von der Problematik *interreligiöser Hermeneutik*, das heißt der Interpretation einer Religion durch eine andere. In den diversen Deutungen, die der Buddha von der Vergangenheit bis in die Gegenwart hinein durch Hindus, Muslime und Christen erfahren hat, kündet sich das ganze Spektrum an, das einer Religion hierbei zur Verfügung steht: Das wäre zunächst eine rigorose, exklusivistische Ablehnung des Buddha, die sich noch dazu kaum bemüht, das, was verworfen wird, richtig zu verstehen. Daneben gibt es eine gemäßigtere inklusivistische Ein- und Unterordnung des Buddha im Hinblick auf die für die eigene Religion beanspruchte Überlegenheit. Schließlich findet sich aber auch der Versuch, die Bedeutung, die dem Buddha in der buddhistischen Tradition zugemessen wird, im Rahmen der eigenen religiösen Tradition auf eine Weise nachzuvollziehen, die eine Herabwürdigung seiner Gestalt und der mit dieser verknüpften Wahrheit vermeidet.[17]

Mit Ausnahme des Artikels von David Scott[18] gehen alle Beiträge dieses Bandes auf eine Vortragsreihe zurück, die die Gesellschaft für europäisch-asiatische Kulturbeziehungen (GEAK) e.V. im Winter 1996/97 in Zusammenarbeit mit der Münchner Volkshochschule veranstaltet hat. Es ist das Ziel der GEAK, den interkulturellen und interreligiösen Dialog –

insbesondere zwischen den Religionen und Kulturen Asiens und Europas – auf wissenschaftlichem Niveau zu fördern. Hierzu erscheint es besonders wichtig, fachliche Auseinandersetzungen über den engen Kreis von Experten hinaus einem breiteren Publikum zugänglich und nachvollziehbar zu machen. Die GEAK hofft, mit ihrer Schriftenreihe im Eugen Diederichs-Verlag, deren zweiter Band hiermit vorliegt, diesem Ziel zu dienen.

I.

DIE GESTALT DES BUDDHA IN DEN BUDDHISTISCHEN TRADITIONEN

Der historische Buddha
Geschichte und Legende
des Siddhārtha Gautama
Konrad Meisig

1. Der historische Buddha

Im Jahre 1898 fand der Archäologe W. C. Peppé bei Piprāvā, einem Ort in der Nähe von Kapilavastu, der Heimatstadt des Buddha in Nordindien an der Grenze zu Nepal, in einem Stūpa, einem buddhistischen Reliquienschrein, zusammen mit anderen Beigaben eine Urne aus Speckstein mit Knochenresten, wie sie nach der Einäscherung eines Leichnams übrigbleiben. Diese Urne trug eine Aufschrift in einem mittelindischen Dialekt, geschrieben in einer altertümlichen Brāhmī-Schriftvariante, die in das 4. oder aber das 3. Jahrhundert v. Chr. datiert werden kann. Diese Inschrift läßt sich folgendermaßen ins Deutsche übersetzen:

Dies [ist] der (oder: ein) Behälter der Reliquien des Buddha, des Erhabenen, [und zwar ist er eine Stiftung] der Śākyas, [nämlich] des Sukīrti und seiner Brüder, samt Schwestern, Söhnen und Frauen.[1]

Peppé hatte die Knochenreste des Stifters des Buddhismus entdeckt. Damit war der archäologische Beweis erbracht für die Historizität dieses Mannes, der als einer der Großen der Weltgeschichte gelten muß. Ein Teil dieser Reliquien ist im National Museum in New Delhi zu besichtigen, Anteile davon wurden auch nach Śrī Laṅkā (Issurumuniya Mahāvihāra in Anurādhapura) und Japan (Asakusa Kannon Tempel in Tōkyō) verbracht. Der Buddhismus gehört also – wie beispielsweise auch das Christentum oder der Islam – zu den Stifterreligionen, zu den Religionen, die von einer historischen Persönlichkeit gegründet wurden.

Dabei ist unser historisch gesichertes Wissen von dieser Persönlichkeit, deren Knochenreste als Reliquien gefunden wurden, wenn wir es genau nehmen, recht dürftig. Zwar gibt es eine ungeheure Zahl phantastischer frommer Legenden, die sich um den Stifter des Buddhismus ranken; wenn wir jedoch strenge historische Maßstäbe anlegen, bleibt im Grunde nur folgendes übrig: Der Stifter des Buddhismus trug den persönlichen Namen Siddhārtha, und er gehörte der Sippe der Gautama an. Sein Titel »der Buddha«, das heißt »der Erwachte«, ist eine Ehrenbezeichnung. Er gehörte zur Volksgruppe der Śākya, einer der sogenannten Stammesdemokratien (*gaṇa*) der damaligen Zeit, weshalb man ihn auch häufig als Śākyamuni bezeichnet, das heißt »Asket [aus der Volksgruppe] der Śākya«. Sein gesellschaftlicher Stand war der der Kṣatriya, der Krieger, wodurch die ständige Polemik der Buddhisten gegen den um das Kastenprestige konkurrierenden Priesterstand, die Brahmanen, begreiflich wird.

Die Lebensdaten des Buddha kennen wir noch immer nicht genau, trotz der weitgefächerten Forschung, die noch in den letzten Jahren diesem Gegenstand gewidmet wurde.[2] Die Schwierigkeit besteht darin, daß das Quellenmaterial nicht ausreicht, um zu einer exakten Bestimmung zu gelangen. Sicher ist nur, daß Siddhārtha Gautama vor Alexanders Indienfeldzug (327–325 v. Chr.) gelebt hat. Unsicher ist, wie lange davor. Die traditionelle, nicht geschichtliche Buddhismus-Ära (des südlichen oder Theravāda-Buddhismus, abgekürzt B.E. für »Buddhist era«) setzt das Parinirvāṇa, das »endgültige Verlöschen«, das heißt den Tod des Buddha, in das Jahr 544/543 v. Chr.; wir schreiben derzeit das Jahr 2540 B.E. (=1997 n. Chr.). Davon abgesehen unterscheidet man im wesentlichen zwei chronologische Traditionen, eine längere und eine kürzere, die aber ebenfalls beide unbeweisbar bleiben. Der kürzeren zufolge müßte der Buddha im 4. Jahrhundert v. Chr. gestorben sein, der längeren zufolge im 5. Damit gelangen wir zu dem Zeitraum, in den der Urbuddhismus zu datieren ist, also ungefähr in das 6. bis 4. vorchristliche Jahrhundert, zu den Jahren zwischen rund 500 und 350 v. Chr., derselben Epoche, in der in China Konfuzius (551–479) und in Griechenland Sokrates (470–399) lehrten.

Leichter fällt die geographische Eingrenzung, da wir uns hierbei auf archäologische Bestätigungen für die Ortsangaben der buddhistischen Texte stützen können. Die bedeutendsten buddhistischen Pilgerzentren finden wir am Ort der (freilich legendären) Geburt, in Lumbinī, etwa 200 Kilometer nördlich von Benares, kurz hinter der nepalesischen Grenze gelegen. In Bodh Gayā (bei Gayā) soll das geistliche »Erwachen«, die *bodhi* bzw. das Nirvāṇa, stattgefunden haben. In Sarnāth bei Benares soll der Buddha seine erste Predigt gehalten haben. Śrāvastī (ca. 100 Kilometer nordöstlich von Lucknow), Vaiśālī (ca. 30 Kilometer nördlich von Patnā), Rājgir und Nālandā (bei Gayā) sind Orte, die der Buddha als Wanderprediger mehrfach besuchte. Und in Kuśinagara schließlich (ca. 60 Kilometer östlich von Gorakhpur) verehrt die buddhistische Welt die Stätte seines Todes, oder, nach buddhistischer Ausdrucksweise, des »endgültigen Verwehens«, des Parinirvāṇa. In dieser Gegend auf dem Gebiet der heutigen indischen Bundesstaaten östliches Uttar Pradeś und Bihār finden wir das Kernland des Buddhismus, dort nahm diese geistliche Bewegung, die sich zur Weltreligion auswachsen sollte, ihren Ursprung.

Damit sind die geschichtlichen Fixpunkte zu Person, Zeit und Ort des Stifters auch schon genannt. Die Inhalte der idealtypischen Stifterlegende werden häufig ganz naiv mit historischer Wirklichkeit in eins gesetzt (und im zweiten Teil dieses Beitrags behandelt), so etwa die Legende von den vier Ausfahrten, auf denen der junge Siddhārtha nacheinander einem Kranken, einem Alten, einem Toten und dann einem weltflüchtigen Bettelmönch begegnete, was in ihm den Entschluß zur Weltentsagung reifen ließ, oder auch die Tradition, daß der Buddha achtzigjährig gestorben sei. Bei all dem handelt es sich nicht um historische Berichte, sondern um fromme Erbauungsliteratur. Und fast die gleiche Lebenslegende wird, mit nur wenigen Abweichungen, auch über den Meister einer anderen, etwas älteren indischen Religion jener Zeit, des Jinismus, von seinen Anhängern, den Jinisten oder Jainas, erzählt.

2. Der Buddha als Mensch

Wir sagten einleitend, daß gemessen an der überaus reichen Legendenliteratur um den Stifter des Buddhismus die Fakten, die als wirklich historisch gesichert gelten dürfen, sehr spärlich ausfallen. Dennoch enthalten die buddhistischen Schriften ganz gelegentlich Erinnerungen an den Buddha als Menschen. In den Kranz der Legenden sind hin und wieder Episoden eingeflochten, die nicht so recht zu den frommen Lobpreisungen passen wollen. Sie berichten von sehr menschlichen Eigenschaften des Stifters, von Eigenheiten, Schwächen, Fehlern und Schmerzen. Sie lassen etwas von der historischen Persönlichkeit durchschimmern, die der Buddha gewesen sein könnte, und tragen so dazu bei, wenigstens in Ansätzen ein von den übermenschlichen Zügen der Legende gereinigtes, realistisches Buddhabild zu entwerfen.

Im »Lehrtext über Angst und Grauen«, dem Bhayabherava-Sutta (Majjhimanikāya Nr. 4), zum Beispiel wird eine sehr menschliche Schwäche des Siddhārtha Gautama angesprochen.[3] Der Buddha erzählt von der Zeit noch vor seinem Nirvāṇa, von seinem Dasein als Bodhisattva also. Auf der Suche nach der erlösenden Erkenntnis sei er als wandernder Asket immer tiefer in die Wildnis eingedrungen, in den Urwald, allein in der Einsamkeit. Und er berichtet:

Nun dachte ich: Wie wäre es, wenn ich in einer der verrufenen Nächte bei Neumond oder Halbmond an unheimlichen Grabsteinen in einem Park oder in einem Walde unter einem Baum mein Lager aufschlüge, um zu erproben, was Angst und Grauen ist? Das tat ich dann, und wenn nun eine Gazelle herankam oder ein Pfau einen Ast abbrach oder der Wind Haufen von gefallenem Laub aufrührte, dann dachte ich, es kämen wohl Angst und Grauen.[4]

Der Buddha gibt also zu, daß er selbst durchaus abergläubische Angst und Verzagtheit gefühlt habe – im Kontrast zu dem alsbald gehegten Glauben an den Buddha als unfehlbaren Nothelfer in Angst und Gefahr eine unerhörte Behauptung. Es erscheint kaum glaublich, daß dieser Ausspruch von einem buddhistischen Mönch erfunden und dem Buddha in den Mund gelegt wurde. Eher haben wir hier einen Reflex eines echten Eingeständnisses vor uns. Was aber tat der Buddha, wenn ihn in dunkler Nacht an ominösen Plätzen Angst und Grauen überfielen? Wie befreite er sich davon? Hören wir weiter:

Aber dann sagte ich mir: Warum soll ich Angst und Grauen erwarten? Soll ich nicht vielmehr Angst und Grauen, wenn sie kommen, zurückweisen? Während ich nun hin und her ging und Angst und Grauen kamen, da blieb ich nicht stehen, setzte mich nicht und legte mich nicht nieder, sondern im Umhergehen wies ich Angst und Grauen zurück. Kamen aber Angst und Grauen, während ich stand oder saß oder lag, da ging ich nicht umher, sondern stehend oder sitzend oder liegend wies ich Angst und Grauen zurück.[5]

Die Therapie, die der Buddha hier gegen derartige Angstzustände empfiehlt, besteht also darin, solchen Situationen, in denen einen irrationale Ängste befallen können, nicht auszuweichen. Vielmehr soll man sich ganz bewußt seinen Phobien aussetzen, sie aushalten, bis man weiß, daß die vermeintliche Gefahr nur eingebildet ist, sie einem deshalb auch nichts anhaben kann. So wird man imstande, die Angst »zurückzuweisen« bzw. zu vertreiben und dadurch aufzulösen.

Von einer ganz anderen Seite tritt uns der Buddha in der »Lehrrede von der Frucht der Asketenschaft« entgegen[6]. In der Lehrrede wird erzählt, wie einst in einer mondhellen Nacht der Magadha-König Ajātaśatru den Buddha besuchte, um sich nach der tropischen Hitze des Tages in erfrischender nächtlicher Kühle durch geistreiche Disputation mit einem geistlichen Lehrer zu erbauen. Der König stellt dem Buddha eine provozierende Frage. Er will wissen, ob es eine Frucht des asketischen Lebens gebe, die »noch im gegenwärtigen Leben« erlangt wird. Er fragt also nicht nach einem religiös-spirituellen, außerweltlichen Vorteil, sondern nach dem ganz handfesten, materiellen Gewinn im alltäglichen, profanen Leben, einem Gewinn im Dasein als Wandermönch, der vergleichbar ist mit den »Früchten« der weltlichen Berufe. Er hätte diese Frage auch schon anderen prominenten Wandermönchen vorgelegt; die aber seien ihm ausgewichen. Sie hätten angefangen, ihre Lehren darzulegen; danach seien sie aber gar nicht gefragt worden. Das sei genauso enttäuschend, als frage man nach dem Thema »Mango« und erhalte eine Antwort über das Thema »Brotfrucht«.

Der Buddha weicht nun der Antwort nicht aus. Er nennt zwei überraschend profane Vorteile der Asketenschaft. Diese sind: erstens ein bequemer und gesicherter Lebensunterhalt, nämlich durch Betteln; und zweitens höchstes Sozialprestige, höher noch, als es der König besitzt. Denn wenn man sich vorstellt, daß ein ehemaliger Diener des Königs, der ehemals für seinen Lebensunterhalt hart arbeiten mußte, Bettelmönch wird, dann würde der König doch wohl diesen Mann nun durch Almosen ernähren, und er würde ihm obendrein seine Verehrung, seine *pūjā*, erweisen.

Es sind also zwei ganz profane »Früchte«, Vorteile, des mönchischen Lebens, die der Buddha hier, sehr schlagfertig, nennt; und für einen religiösen Lehrer ist so eine Antwort schon ein starkes Stück. Sie wirft aber Licht auf eine Persönlichkeit, die nicht weltfern in höheren Dimensionen schwebt, sondern sich der menschlichen Schwächen durchaus bewußt ist. Der Buddha weiß um die Versuchung der Scharlatanerie, er weiß, daß es auch unter seinen Mönchen immer schwarze Schafe geben kann. Aber er hat auf der anderen Seite genügend Selbstbewußtsein, die Vorteile des Mönchtums unumwunden zuzugeben, ohne dadurch an moralischer Integrität einzubüßen. Wir erkennen ein feines Gespür für psychologische Nuancen, außerdem einen gewandten, zu doppelbödiger Rhetorik fähigen Diskussionspartner.

3. Die Buddha-Legende

Damit verlassen wir aber nun endgültig den Bereich historischer oder auch nur möglicherweise historischer Fakten und wenden uns der Fiktion zu, dem weiten Feld frommer Buddha-Legenden. Bereits in zentralen Texten des Hīnayāna-Buddhismus, am Anfang der »Tathāgata-Predigt« (einer Interpolation in allen Suttas des ersten Drittels des Pāli-Dīghanikāya) begegnet uns der Buddha nicht als geschichtliche Persönlichkeit, sondern als Idealtypus. Er tritt dort auf in Gestalt des Erlösers, der durch alle Zeitalter wiederkehrt. Diese schon theologisch geprägte Deutung ist zu verstehen vor dem Hintergrund des zyklischen Weltbildes und dem Kreislauf der Wiedergeburten. Gemäß buddhistisch-zyklischem Denken gibt es nicht nur einen Buddha, sondern in jedem Weltzeitalter treten neue Buddhas auf.

Was aber ist ein Buddha? Ein Buddha ist ein Mensch, der von sich aus die Lehre, den Dharma, findet, sich dadurch selbst vom Kreislauf der Wiedergeburten erlöst, aber es nicht dabei bewenden läßt, sondern die von ihm gefundene Lehre auch predigt (das unterscheidet ihn von einem sogenannten Pratyeka-Buddha, der unerkannt bleibt). Jedes Wesen, das einmal ein Buddha werden will, muß über unendliche Zeiträume hinweg allmählich so viel Verdienst, so viel gutes Karma sammeln, bis es endlich als Buddha wiedergeboren werden kann. Spendefreudigkeit ist eine der Haupttugenden, die gutes Karma bringen. Solange ein solcher Buddha *in spe* noch nicht das Nirvāṇa erlangt hat, nennt man ihn nach buddhistischer Ausdrucksweise einen Bodhisattva, wörtlich ein »Wesen, dem das geistliche Erwachen bestimmt ist«, ein »zur Buddhaschaft bestimmtes Wesen«. Es handelt sich also um ein Wesen, das mit Sicherheit eines Tages, sei es in der gegenwärtigen, sei es in einer zukünftigen Wiedergeburt, aufgrund seines bereits gesammelten Verdienstes ein Buddha werden muß.

Um diesen Vorstellungskreis der verdienstvollen Taten des Bodhisattva in früheren Leben hat sich eine ganze Legendenliteratur gerankt, die sogenannte Vorgeburts- oder Jātaka-Literatur.[7] Der Theravāda-Buddhismus kennt 547 solcher Vorgeburten, in denen der Bodhisattva sich über zahllose Weltzeitalter durch gute Taten voller Mitleid und Spendefreudigkeit von niederen tierischen Existenzen als Hase, Gazelle oder Affe emporarbeitet zu menschlichen Geburten als König, bevor er dann endlich als Śākyamuni wiedergeboren wird. Als Hase stürzt er sich in die Flammen eines Feuers, um sich einem Brahmanen an einem Festtag selbst als Braten zu schenken. Als Leittier eines Gazellenrudels läßt er sich schlachten, um einem trächtigen Tier seiner Herde dieses Schicksal zu ersparen. In seiner letzten Vorgeburt, die uns das Vessantara-Jātaka, das letzte der Pāli-Jātaka-Sammlung, schildert, zeichnet sich der Bodhisattva durch besonders große Gebefreudigkeit aus. Als König Vessantara gab der Bodhisattva schließlich sogar seine Frau und seine Kinder hinweg und trieb damit die Tugend der Freigebigkeit auf die Spitze. Soviel Spendefreudigkeit mußte sich auszahlen: Der Bodhisattva hatte genug gutes Karma gesammelt, so daß seine Geburt in einer letzten Existenz, in der er die Buddhaschaft erreicht, unausweichlich wurde.

Die Empfängnis des Bodhisattva hat die Legende wunderbar ausgeschmückt. Diese Buddha-Legende soll im folgenden nach ihrem Haupttext, dem Lalitavistara (LV), das heißt »(Ausführliche) Darstellung der (anmutigen) Vorgänge«,[8] in den wichtigsten Zügen nachgezeichnet werden. Während der Bodhisattva, aus dem Tuṣita-Himmel abscheidend, in Gestalt eines jungen weißen Elefanten mit sechs Stoßzähnen in die rechte Seite ihrer Gebärmutter eingeht (LV 55$_{3 ff.}$), träumt Māyā, Gemahlin des Śuddhodana, des Königs der Śākyas, im Söller ihres Palastes in der Hauptstadt Kapilavastu:

Ein Prachtelefant, strahlend wie Schnee und Silber, ist tänzelnden Schrittes und mit diamantfesten Gelenken in meinen Leib eingegangen. Sechs war die Zahl seiner Stoßzähne, schön waren seine Füße, anmutig der Rüssel und rosig der Kopf. Nie vorher habe ich etwas so Schönes gesehen und gehört, nie ähnliche Wonne empfunden. Es war ein Gefühl körperlichen Glücks und gleichzeitiger Beseligung des Gemüts, daß ich wie in tiefste Versenkung entrückt war.[9]

Dieses Ereignis, wie auch die folgenden, ist von Wundern und Zeichen begleitet: Die Erde erbebt, und ein nie gesehener Lichtschein erhellt die Welt bis an ihre Grenzen. Māyā läßt sich ihren Traum von wahrsagekundigen Brahmanen deuten und erfährt, daß sie einen Sohn gebären wird, dem es bestimmt ist, entweder Universalherrscher über den ganzen Erdkreis oder aber, wenn er dem weltlichen Leben entsagt, ein Buddha zu werden. Solange nun der Bodhisattva in der rechten Seite des Mutterleibs liegt – nach buddhistischem Glauben (z.B. Avadānaśataka 1.14$_{9–11}$) erkennt eine kluge Mutter, ob sie einen Jungen oder ein Mädchen zur Welt bringen wird, daran, ob der Fötus rechts oder links im Mutterleib liegt: rechts liegen die Jungen, links die Mädchen –, ertönt für ihn immerdar himmlische Musik, es fällt ein ununterbrochener Blütenregen auf ihn herab, im Land der Śākyas regnet es zur rechten Zeit, die Monsunwinde wehen, wie sie benötigt werden, die Jahreszeiten haben ihren geregelten Gang, das Land lebt in Frieden, Freude und Überfluß.

Zur Geburtsstunde,[10] nach zehn[11] Monaten der Schwangerschaft, im Frühling, begibt sich Māyā in ihren Lusthain in Lumbinī (LV S. 82ff.). Der ganze Hain ist mit duftendem Wasser gesprengt und mit himmlischen Blumen überstreut, alle Bäume schlagen unzeitgemäß aus. Ein Feigenbaum (plakṣa) verneigt sich vor Māyā, sie ergreift einen seiner Äste und gebiert im Stehen den Bodhisattva, der aus ihrer rechten Seite heraustritt. Die Götter Indra und Brahmā nehmen das Kind ehrerbietig entgegen und hüllen es in ein himmlisches Seidengewand. Als das Kind sich auf die Erde stellt, spaltet sich der Boden, und es erscheint eine große Lotosblüte. Die Götter baden den Bodhisattva; im Luftraum erscheinen zwei Fliegenwedel und ein juwelenbesetzter Schirm: Es handelt sich dabei um Königsinsignien. Ohne gestützt zu werden, tut der Bodhisattva nun sieben Schritte in jede Himmelsrichtung.

Er stellt damit seinen Anspruch als Cakravartin, d. h. als Universalherrscher, der den gesamten Erdkreis beherrschen wird, und Buddha fest.

Sieben Tage nach der Geburt stirbt die Mutter und wird sogleich im Himmel der dreiunddreißig Götter wiedergeboren. Als Ziehmutter bestimmt man Māyās jüngere Schwester Mahāprajāpatī Gautamī.

Der Prinz Siddhārtha (oder Sarvārthasiddha, wie er in LV 103$_8$ und öfter genannt wird) verbringt seine Jugend in allem Luxus eines Königshauses (man vergleiche etwa die Schilderung des luxuriösen Palastlebens des Bodhisattva in LV 162$_{11}$–163$_9$). Im Pālikanon (Anguttaranikāya 3,38) schildert der Buddha seine Jugend so:

Ich war verwöhnt, sehr verwöhnt. Ich salbte mich nur mit Benaressandel und kleidete mich nur in Benarestuch. Bei Tag und Nacht wurde ein weißer Sonnenschirm über mich gehalten. Ich hatte einen Palast für den Winter, einen für den Sommer und einen für die Regenzeit. In den vier Monaten der Regenzeit verließ ich den Palast überhaupt nicht und war von weiblichen Musikanten umgeben. Obwohl ich so sehr verwöhnt war, kam mir der Gedanke: »Wenngleich der gewöhnliche, weltlich denkende Mensch selbst dem Alter, der Krankheit, dem Tode unterworfen ist, fühlt er doch Widerwillen, wenn er einen anderen gealtert, krank oder als Toten sieht. Auch ich bin so, und das ist meiner nicht würdig.« Als ich dies bedachte, schwand mir alle Freude an Jugend, Gesundheit und Leben.[12]

Der Bodhisattva wächst heran, heiratet Gopā (anderen Quellen zufolge heißt das Śākya-Mädchen Yaśodharā), Tochter des Śākya Daṇḍapāṇi, und wird (zahlreichen Quellen zufolge, allerdings nicht im LV) Vater eines Sohnes, der den Namen Rāhula erhält. Eines Tages aber begegnet Siddhārtha auf vier Ausfahrten nacheinander einem Alten, einem Kranken, einem Toten und schließlich einem Mönch, der ihm den Eindruck macht, als habe er Alter, Krankheit und Sterben durch Gleichmut überwunden. Diese Begegnungen erschüttern ihn so, daß er den Entschluß zur Weltentsagung faßt, um seinerseits Mönch zu werden. Um Mitternacht verläßt er heimlich seinen Palast, ohne sich von Frau und Sohn zu verabschieden. In der Halle sieht er die schlafenden Tänzerinnen und Musikantinnen, und er sieht sie nicht mehr mit weltlichen Augen eines sinnenfrohen Prinzen wie bisher, sondern bereits mit den Augen eines Asketen. Dieser Anblick bestärkt ihn in seinem Entschluß zur Weltentsagung:

Und der Bodhisattva sah hin auf die ganze Schar der Frauen und betrachtete sie näher. Einigen waren die Gewänder weggerissen, einigen die Haare zerzaust, einige hatten ihre Schmucksachen verloren, einigen waren die Diademe abgefallen, einigen die Schultern gequetscht, einige hatten entblößte Glieder, einige entstellte Gesichter, einige verdrehten die Augen, einigen floß Speichel aus dem Mund, einige schnauften, einige lachten, einige husteten, einige lispelten, einige knirschten mit den Zähnen … und einige hatten den Mund offen stehen. Als der Bodhisattva die Frauen des Harems so entstellt auf der Erde liegen sah, erschien es ihm, als befände er sich auf einem Leichenacker.[13]

Auf seinem Schimmel Kaṇṭhaka reitet der Bodhisattva davon. Um auch äußerlich das Erscheinungsbild eines Asketen anzunehmen, schneidet er sich die Haare ab[14] und vertauscht sein Gewand aus feinster Benaresseide mit einer Robe aus Bast. Dem Diener Chandaka, der ihn bis hierhin begleitete, übergibt er seinen Schmuck; dann schickt er ihn mit dem Roß zurück in den Palast nach Kapilavastu.

Der Bodhisattva beginnt nun seine spirituelle Suche nach Erlösung von den Leiden des Wiedergeburtskreislaufs. Von einem (nach anderen Quellen zwei) Asketenlehrer wendet er sich alsbald enttäuscht wieder ab. Fünf andere Wandermönche schließen sich ihm an, in der Hoffnung, er werde ihnen den rechten Weg zur Erlösung weisen. Gautama versucht es nun sechs Jahre lang mit Atemzügelung und härtester Hungeraskese. Dem Tode nahe, erkennt er die extreme Selbstpeinigung als einen Irrweg und nimmt wieder in Maßen Nahrung zu sich, woraufhin ihn die fünf anderen Mönche mit dem Vorwurf verlassen, Gautama habe aufgegeben und sich wieder dem Luxus zugewandt.

Durch schmerzvolle Selbstkasteiung erreichte ich nicht das höchste übermenschliche Wissen und Schauen. Da fragte ich mich, ob es einen anderen Weg zur Erleuchtung gäbe. Und ich erinnerte mich daran, daß ich einst bei meinem Vater im kühlen Schatten eines Rosenapfelbaums, losgelöst von Begierden und unheilvollen »Dingen« (*dharma*), die erste Versenkung erreichte. Da kam mir zu Bewußtsein: »Dies ist der Weg zur Erleuchtung.« Und ich erkannte, daß es nicht möglich sei, das Glück der Versenkung mit einem so abgemagerten Leibe zu erreichen. Da nahm ich wieder reichlichere Nahrung zu mir.[15]

Der Bodhisattva begibt sich nun nach (dem heutigen) Bodh Gayā und tritt am Ufer des Flusses Nairañjanā unter dem Bodhi-Baum in tiefe Versenkung ein. – Eine *ficus religiosa*, an den charakteristischen spitz zulaufenden Blättern leicht erkennbar, wird noch heute in Anuradhāpura in Śrī Laṅkā von den Gläubigen als Ableger dieses Bodhi-Baums (singhalesisch-englisch: »*bō*-tree«) verehrt. Bei dem Bodhi-Baum in Bodh Gayā selbst, der am bedeutendsten Pilgerzentrum der buddhistischen Welt steht, soll es sich wiederum um einen Ableger des Exemplars in Anurādhapura handeln. Ein im Kult verehrter Bodhi-Baum sollte auch in keiner buddhistischen Klosteranlage fehlen.

Um den Bodhisattva vor der Unbill der Witterung zu bewahren, breitet der König der Kobra-Dämonen, Mucilinda, schützend seine sieben Hauben über den Körper des Meditierenden.

Māra, der Versucher und buddhistische Teufel, merkt nun, daß der Bodhisattva dabei ist, seine Macht zu brechen. Er schickt deshalb seine liebreizenden Töchter, die den meditierenden Gautama verführen, also von der Erlösung ablenken sollen.

»Sieh, o Herr, wie verführerisch sie sind! Sieh ihre hohen, festen und vollen Brüste, ihre Taille mit den drei Hautfalten, wie überaus herrlich! Sieh die lieblichen breiten Schenkel! Sie verstehen sich auf Gesang, auf Musik und das Tanzen, sind zur Wollust geboren und schön gestaltet. Wenn du sie verschmähst, die brennend nach Liebe verlangen, betrügst du dich wahrlich sehr auf dieser Welt.« Der Bodhisattva aber zuckte nicht mit den Augen; sein Antlitz lächelte, seine Miene war freundlich, seine Sinne blieben unerregt, und seine Glieder waren gelöst.[16]

In tiefer Meditation erlangt der Bodhisattva die erlösende Erkenntnis, das heißt, es gehen ihm der Mittlere Weg (der Weg in der Mitte zwischen den Extremen von Lust und Leid) und die Vier Wahrheiten auf, die Wahrheit vom Leiden, von der Entstehung des Leidens, von der Aufhebung des Leidens und vom Weg, der zur Aufhebung des Leidens führt. Im selben Augenblick weiß er, daß er sein Ziel erreicht hat und nicht

mehr wiedergeboren wird. Damit hat er das Nirvāṇa, das
»Verwehen«, verwirklicht. Vom Bodhisattva, vom »zum Erwachen bestimmten Wesen«, ist er zum Buddha, zum »Erwachten«, geworden. Das Ereignis erfüllt alle Welten in den
zehn Himmelsrichtungen mit Freude, überirdischem Licht
und himmlischen Zeichen wie Blütenregen, Erdbeben und
Himmelsstimmen.

Sieben Wochen nach seiner Bodhi nimmt der Buddha erstmals wieder Nahrung zu sich: Honig, eine Teigspeise (*tarpaṇa*
LV 382₁₀) und geschältes Zuckerrohr; er empfängt sie von den
beiden durchreisenden Kaufleuten Trapuṣa und Bhallika, die
auch als seine ersten Laienanhänger gelten.

Zunächst will nun der Buddha die von ihm gefundene Lehre
für sich behalten, läßt sich aber dann auf die Ermahnung des
Gottes Brahmā hin dazu bewegen, sie auch anderen zu predigen. Dazu begibt er sich nach Sarnāth, in den Wildpark Ṛṣipa-
tana bei Benares, wo er seine fünf ehemaligen Mönchsgefährten,
die Pañcavargīya-Mönche, trifft. Er hält ihnen die berühmte
Predigt von Benares, womit er »das Rad der Lehre in Bewegung
setzt« (*dharma-cakra-pravartana*). Die fünf Zuhörer werden
zu den ersten buddhistischen Mönchen, ja mehr noch, sie erlangen auf der Stelle die Arhatschaft, das heißt, sie erlangen durch
die Predigt des Buddha das Nirvāṇa und werden so zu buddhistischen Heiligen. Jahrzehntelang zieht der Buddha dann als
Wanderprediger durch Nordindien, unermüdlich seine Lehre,
den von ihm gefundenen Dharma, verbreitend.

Im Alter von 80 Jahren soll der Buddha schließlich seine
letzte Wanderung angetreten haben.[17] Von Rājagṛha aus zieht
er über Nālandā und Vaiśālī nach Nordwesten, in Richtung
Kapilavastu – vielleicht hat er sich dem Tode nahe gefühlt und
wollte in seiner Heimat sterben. Er erreichte sie jedoch nicht;
in Kuśinagara (dem heutigen Kasia) im Lande der Malla ver-
stirbt der Stifter des Buddhismus. Nach buddhistischer Anschauung verwirklichte er meditierend das Parinirvāṇa, das
»vollständige Erlöschen«. Der Leichnam wird verbrannt, die
Knochenreste als Reliquien aufgeteilt. Eine Urne mit einem
Teil dieser Reliquien wurde, wie eingangs erwähnt, im Jahre
1898 wiederentdeckt.

Soweit die wichtigsten Punkte, die wesentlichen Züge der
Buddha-Legende. Die fromme Phantasie der Buddhisten ist

nicht müde geworden, deren Motive immer wieder neu zu gestalten und zu variieren. Diese Legendenliteratur begründete die weitläufige Gattung der buddhistischen Erzählungsliteratur, die sich zusammen mit der Religion des Buddhismus über ganz Asien ausbreitete und insbesondere auch in China und Tibet blühte.

Letztlich aber wird die Person des Buddha für uns nicht in diesen ebenso phantastischen wie erbaulichen Legenden greifbar, sondern vielmehr in den von ihm gepredigten Lehren. Da jedoch die Lehren des Urbuddhismus – und erst recht der spätere Kanon des Hīnayāna-Buddhismus – zum Teil, etwa in der Frage des Wunders, so widersprüchliche Inhalte vertreten, daß sie nicht von einer einzigen Person stammen können, sondern von mehreren verschiedenen Lehrern stammen müssen, bleibt es weiterer text- und religionsgeschichtlicher Forschung vorbehalten, die ursprünglichen Lehrinhalte zu rekonstruieren. Soweit wir diese bislang kennen,[18] vertreten sie mit ihrer rationalistischen Nüchternheit eine weltabgewandte Erlösungsethik. Damit stehen diese Predigten nun freilich in grellem Kontrast zu der so ganz andersartigen, das Gefühl ansprechenden Gattung der frommen Erbauungsliteratur. Diese hat ihren Platz im Kult, der bei der Verehrung des Stifters Siddhārtha Gautama noch heute von der tiefen Frömmigkeit und religiösen Inbrunst der buddhistischen Gläubigen getragen wird.

Der Buddha nach der Lehre des Theravāda

Claudia Weber

1. Buddha – ein Wesen eigener Art

Das Leben des Buddha – Das Leben eines Buddha

An den ältesten Textstellen zum Leben des Buddha im Pāli-Kanon[1] fehlen Angaben zur Geburt, zur Kindheit und zum Leben vor dem Auszug in die Hauslosigkeit. Um einen Teil der Lücken in der Buddhabiographie aufzufüllen, wurde Majjhima-Nikaya (MN) 123 verfaßt, in dem wunderbare Geschichten über die Geburt des Bodhisatta vereinigt sind. Wahrscheinlich muß man bei diesem Text noch davon ausgehen, daß die Ereignisse auf den historischen Bodhisatta bezogen werden sollen. Rein übersetzungstechnisch könnten es auch Erlebnisse *eines* Bodhisattas sein. Tatsächlich finden wir auf der nächsten Stufe der Überlieferung, dem Mahāpadāna-Suttanta[2], Daten zum Leben von sieben zeitlich aufeinander folgenden Buddhas, darunter die Geburtsgeschichten aus MN 123. Interessant ist, daß die Lebensläufe der sieben Buddhas nach dem gleichen Schema ablaufen. In einem Teil der »Kürzeren Sammlung« (dem zeitlich spät anzusetzenden Buddhavaṃsa) ist die Zahl der Buddhas auf 24 angewachsen. An anderer Stelle[3] wird als der künftige Buddha Metteyya angegeben. Der Buddha ist nun nicht mehr eine rein historische Gestalt, sondern ein Typ von Lebewesen, der nach den Texten öfter aufgetreten sein soll.

Was für ein Wesen ist ein Buddha?

Die Lebewesen, die im Geburtenkreislauf entstehen und vergehen, sind Höllenbewohner, Tiere, Geister (*peta*), Menschen und Götter (*deva*). Wo läßt sich hier der Buddha einordnen? Er paßt insofern schlecht in diese Gruppen, als er dem Geburtenkreislauf entronnen ist. Trotzdem würden wir ihn am ehesten als Mensch bezeichnen. Tatsächlich wird er in einem Preislied am Ende des Upāli-Sutta[4] zweimal »Mensch« genannt. Erstaunlicherweise wird er dort aber auch mit dem Epitheton *yakkha* (niedere Götterklasse) belegt. In anderen Texten heißt der Buddha »Höchster der Menschen«, »Gott unter den Menschen«, »Gott der Götter«, »Übergott« und »Übergott über die Götter« *(devātideva)*. An anderer Stelle[5] wird er zu den »Göttern aus religiöser Reinheit« (*visuddhi-deva*) gerechnet.

Was ist ein Buddha nun: Mensch oder Gott? Mit dem Menschen teilt der Buddha seinen vergänglichen Körper, der krank wird und altert; mit den Göttern verbindet den Buddha seine Verehrungswürdigkeit. Trotzdem ist ein Buddha als Mensch oder als Gott nicht zutreffend gekennzeichnet.

In der »Angereihten Sammlung«[6] wird beschrieben, wie ein Brahmane die Fußspuren des Buddha entdeckt und meint, sie könnten nicht von einem menschlichen Wesen sein. Zwischen ihm und dem Erleuchteten entspinnt sich folgendes Gespräch:

»Sollte der Herr wohl ein Gott werden?« –
»Nicht werde ich, Brahmane, ein Gott sein.« –
»Oder sollte der Herr ein Geist (*gandhabba*) werden?« –
»Nicht werde ich, Brahmane, ein Geist sein.« –
»Sollte dann etwa der Herr ein Dämon (*yakkha*) werden?« –
»Nicht werde ich, Brahmane, ein Dämon sein.« –
»Dann wird wohl der Herr ein Mensch werden?« –
»Nicht werde ich, Brahmane, ein Mensch sein.« –
(…) »Jene Triebe, Brahmane, die, wenn unüberwunden, mich zum Gotte, zum Geist, zum Dämon oder zum Menschen machen würden, diese Triebe sind in mir überwunden, an der Wurzel zerstört, gleich einer Fächerpalme dem Boden entrissen, vernichtet und keinem Neuentstehen mehr unterworfen. (…) Für einen Erleuchteten (*buddha*) halte mich, Brahmane!« (Übersetzung Nyanatiloka)[7]

Philosophisch exakt betrachtet, kommt für den Buddha weder die Bezeichnung als Gott, Geist, Dämon noch als Mensch in Frage. Er ist ein Wesen eigener Art, eben ein Buddha. Dieser hat die Triebe zum Werden überwunden und wird nicht mehr in den Geburtenkreislauf eintreten. Und dies unterscheidet einen Erleuchteten auch von den scheinbar glücklichen Göttern, die nach einiger Zeit ihre Gottheit verlieren und als geringeres Wesen wiedergeboren werden.

Wie ist ein Buddha zu beschreiben? Der häufigste Satz im Kanon, die Betrachtung des Buddha[8], lautet:

Der Erhabene ist (ein Vollendeter – *tathāgata,*) ein Heiliger (*arahant*), ein vollkommen Erleuchteter, mit Wissen und gutem Benehmen versehen, einer, der auf gutem Wege geht, ein Weltenkenner, der allerhöchste (Wagen-)Lenker von dem, was im Menschen bezähmt werden muß, der Lehrer der Götter und Menschen, der Erleuchtete, der Erhabene.[9]

Mit dem ersten der hier aufgezählten Titel, *tathāgata* – »Vollendeter«, der nicht immer in dieser Reihe vorkommt, bezeichnete sich der Buddha selbst. Wie der bei uns bekanntere Titel »Buddha« wird der Begriff erst nach der Erleuchtung Gotamas benutzt. Vorher war Gotama ein »Bodhisatta«, ein »Wesen, (dessen Ziel) die Erleuchtung (ist)«. Die genaue Etymologie des Epithetons *tathāgata* (Vollendeter) ist unklar. Übersetzt wird bisweilen so: »der (den Pfad) so gegangen (oder: so gekommen) ist (wie die früheren Buddhas)«.

Eine Definition des Vollendeten oder des Buddha, genauer gesagt eines »vollkommen Erleuchteten« (*sammā-sambuddha*), die aus dem »Korb der Scholastik«[10] stammt, lautet:

Da erkennt ein Mensch in den zuvor ungehörten Dingen selber die Wahrheit und erlangt darin Allerkenntnis und in den Kräften die Meisterschaft. Diesen Menschen bezeichnet man als »vollkommen Erleuchteten«. (Übersetzung Nyanatiloka)

Die zuvor ungehörten Dinge, die der *sammā-sambuddha* erkennt, sind in erster Linie die Vier Edlen Wahrheiten.[11] Darin hat er Allerkenntnis oder Allwissenheit. Im Theravāda wurde darüber diskutiert, ob damit nur das erlösungswichtige Wissen gemeint ist oder wirklich ein Wissen von allen Dingen. Die Allerkenntnis, die den vollkommen Erleuchteten zum Lehren befähigt, unterscheidet ihn vom sogenannten Einzelbuddha (*paccheka-buddha*), der wie er ohne fremde Hilfe die Befreiung erlangt hat. Die Kräfte eines vollkommen Erleuchteten sind die zehn *balas*.[12] Darunter sind zehn Gebiete des Wissens zu verstehen, die ein Buddha sich angeeignet hat (s.u.).

2. Eigenschaften eines Buddha nach dem »Korb der Lehrreden«

Eigenschaften, die ein Buddha mit außergewöhnlichen Menschen teilt

Von seiner *äußeren Erscheinung* her gleicht ein Buddha einem weltbeherrschenden König (*cakkavattin*). Wie er hat der Erhabene 32 körperliche Merkmale[13], die sogenannten Kennzeichen eines großen Mannes (*mahā-purisa-lakkhaṇa*). Dazu gehören je ein Rad auf den beiden Fußsohlen, ein »naturgewachsener« Turban oder wohl eher ein Haarknoten und ein weißes Haarflöckchen zwischen den Augenbrauen. Die 80 Nebenmerkmale (*anuvyañjana*) eines großen Mannes werden erst in den Kommentaren zum Pāli-Kanon erwähnt.[14]

Im Kathāvatthu[15] wurde darüber diskutiert, ob jeder, der die 32 Kennzeichen eines großen Mannes trage, ein Bodhisatta sei. Dies behaupteten die Uttarāpathaka, eine buddhistische Schule aus dem Norden Indiens. Die Theravādin hielten daran fest, daß derjenige, der die 32 Merkmale besitze, nicht automatisch ein Bodhisatta sei.

Die *körperliche Stärke* des Buddha spielt im Pāli-Kanon noch keine Rolle, wohl aber in den Kommentarwerken.[16] Darin wird die Kraft des Erleuchteten ins Unermeßliche gesteigert.

Vom historischen Buddha wird berichtet, er habe ein *untadeliges Benehmen*, Besonnenheit[17] und eine positive Wirkung auf seine Mitmenschen[18] gehabt, durch die diese maßvoll, einträchtig und zufrieden wurden und sich ihm oft anschlossen. Er war lauter, frei von Geiz, gütig, frei von Zweifeln und weise, so daß er sich in keiner Situation, auch nicht in der Waldeseinsamkeit, zu fürchten brauchte.[19]

In der *Unterweisung* besitzt ein Buddha besonderes Geschick. Dabei kommen ihm die drei Wunder (*pāṭihāriya*) zu Hilfe, die einigen Texten zufolge auch seine Schüler ausüben können.[20] Es handelt sich um das Wunder der Zauberkraft, um das Wunder des Gedankenlesens und um das Wunder der Überzeugungskraft, wobei letzteres als das größte Wunder gewertet wird. Die Zauberkräfte (*iddhi*), die der Buddha zur Unterweisung anwenden kann, bestehen in der Vervielfältigung des eigenen Körpers, im Durchdringen von Hindernissen, im Wandeln auf dem Wasser, im Schweben durch die Luft usw.

Vom *Aspekt der Erlösung* her ähnelt ein Buddha einem gewöhnlichen Heiligen (*arahant*); denn »zwischen Befreiung und Befreiung« gibt es keinen Unterschied. Tatsächlich verfügen beide über magische Kräfte (*iddhi*) und über die fünf übernatürlichen Fähigkeiten (*abhiññā*). Letztere bestehen aus dem himmlischen Auge, mit dem der Buddha oder der Heilige das Werden und Vergehen der Lebewesen beobachtet (1), aus dem himmlischen Ohr, das in die Ferne reicht (2), aus dem Wissen um die Gedanken anderer (3), aus der Erinnerung an frühere Geburten (4) und aus den schon erwähnten magischen Kräften (*iddhi*) (5).

Eigenschaften, die nur ein Buddha besitzt

Zu den Eigenschaften, die nur ein Buddha besitzt[21], gehören *zehn Kräfte.*[22] Ursprünglich[23] waren es sechs Kräfte, aber die Zehnerreihe hat sich schließlich durchgesetzt. Dem Buddhatitel *dasa-bala*, »Besitzer der zehn Kräfte«, begegnet man häufig. In Kurzform sind die zehn Fähigkeiten eines Vollendeten folgende:

Der Buddha erkennt
  (1) das Mögliche und das Unmögliche,
  (2) das Resultat der vergangenen, zukünftigen und gegenwärtigen Taten,
  (3) den Weg, der überallhin führt,
  (4) die Welt mit ihren Elementen,
  (5) die Neigungen der Wesen,
  (6) die Vorgänge in den Sinnen anderer Wesen,
  (7) verschiedene Meditationsformen.
  (8) Er erinnert sich an frühere Daseinsformen.
  (9) Er erkennt das Werden und Vergehen der Wesen entsprechend ihrer Taten.
  (10) Er weiß um die von ihm erreichte Triebversiegung und verweilt darin.

Diese zehn Kräfte sind im Grunde keine Kräfte, sondern eine Reihe von Gegenständen, die ein Buddha erkannt hat und weiß. In der »Kürzeren Sammlung«[24] des Pāli-Kanons werden 14 *Wissensgebiete* des Buddha zusammengefaßt, zu denen z.B. die Vier Edlen Wahrheiten gehören.

Andere Eigenschaften eines Buddha sind die vier *Gewißheiten (vesārajja)*[25]. Danach weiß ein Buddha, daß folgende Aussagen *nicht* auf ihn zutreffen:

(1) Er ist nicht vollkommen erleuchtet.

(2) Er hat noch die Triebe (*āsava*) (der Gier, neuer Geburt, falscher Ansicht und der Unwissenheit).

(3) Er hat die Hindernisse (für die Erlösung) nicht richtig beschrieben.

(4) Ein Schüler seiner Lehre kann die Vernichtung des Leids nicht erreichen.

Weiterhin gibt es drei oder vier Dinge[26], die ein Buddha nicht zu behüten braucht (*arakkheyya* oder *ārakkheyya*): das einwandfreie Verhalten des Körpers (1), der Rede (2) und des Denkens (3) sowie die einwandfreie Lebensführung (4).

Einem Buddha sind außerdem drei *Konzentrationen der Aufmerksamkeit (sati-paṭṭhāna)* zu eigen.[27] Das heißt, er entwickelt den gleichen Sinn gegenüber solchen, die die Lehre hören wollen, denen, die sie nicht hören wollen, und solchen, die die Lehre teils hören, teils nicht hören wollen.

Ein Buddha besitzt fünf Arten von *Augen (cakkhu)*[28]: das fleischliche (1), das himmlische, mit dem er das Werden und Vergehen der Lebewesen schaut (2), das der Weisheit, mit dem man alles Erkennbare wahrnimmt (3), das Buddha-Auge, das den Menschen ins Herz schaut (4), und das umfassende Auge, das aus den übrigen vier besteht (5).

Eine für den späteren Buddhismus wichtige Eigenschaft ist das *große Mitleid (mahā-karuṇā)* eines Buddha. Da ein Buddha die Meditationen der vier Brahmā-Verweilungen (*brahma-vihāra*) ausführt, entwickelt er Mitleid, Güte, Mitfreude und Gleichmut. Es sind dies die Empfindungen des Herzenserlösten (*ceto-vimutta*). Als spezielle Eigenschaft des Buddha erscheint das Mitleid im Pāli-Kanon seltener.[29]

Im »Korb der Scholastik«[30] wird betont, der Buddha habe Mitleid, Güte, Mitfreude und Gleichmut. Er wolle das Wohl der Welt, empfinde Mitleid mit der Welt (*lokānukampaka*) und habe Interesse an der Welt. Schließlich heißt es, er habe die innere Sammlung des großen Mitleids erreicht. Diese Begründung aus dem »Korb der Scholastik« lehnt sich an Stellen wie die folgende an. Der Buddha verkündete seine Lehren »vielen zum Heil, vielen zum Segen, aus Mitleid mit der Welt, zum Wohl, zum Heil, zum Segen für Götter und Menschen«.[31]

Uns erscheint es selbstverständlich, daß der Buddha voll Mitleid war. Die Theravādin mußten dies jedoch ausführlich begründen, weil die Uttarāpathaka der Ansicht waren, der Buddha sei ohne jedes leidenschaftliche Gefühl, also auch ohne Mitleid. Die Theravādin dagegen sahen das Mitleid nicht als leidenschaftliches Gefühl an, sondern hielten es für vereinbar mit dem Gleichmut des Buddha.

Das Merkmal eines Buddha überhaupt ist sein erschöpfendes *Heilswissen*. Dabei sind die frühen Buddhisten auf die Frage gestoßen:

Wenn der Buddha alles (für die Erlösung) Wichtige weiß, weiß er nicht vielleicht überhaupt alles? Der Pāli-Kanon gibt keine einheitliche Antwort. Nach seiner Erleuchtung soll der Buddha sich in einigen Versen[32] *allwissend* genannt haben. An einer anderen Stelle[33] stellt der Buddha eine Frage, scheint also etwas nicht zu wissen. Doch wird die Frage so eingeleitet:

(Manchmal) fragen die Vollendeten, (obwohl) sie wissen; (manchmal) fragen sie nicht, (da) sie (doch) wissen. (Manchmal) fragen sie, (weil) sie den rechten Zeitpunkt kennen, (manchmal) fragen sie nicht, (weil) sie (auch hierfür) den rechten Zeitpunkt kennen. (…)

In der »Mittleren Sammlung«[34] äußert sich der Buddha selbst zur Frage seiner Allwissenheit:

Die Leute, die so sprechen: »Der Asket Gotama ist allwissend und allsehend. Er bestätigt sein allumfassendes Wissen (mit den Worten): ›Ob ich gehe oder stehe, ob ich schlafe oder wache, ständig ist bei mir das gleiche vollkommene Wissen gegenwärtig‹«, diese Leute wiederholen nicht das, was ich gesagt habe. Sie verleumden mich auf eine nicht wahrheitsgemäße Weise.

In einem anderen Text der »Mittleren Sammlung«[35] warnt der Mönch Ānanda vor Lehrern, die behaupten, allwissend zu sein, und doch z. B. nach dem Wege fragen müssen. Einen wahren Meister erkenne man daran, daß seine Schüler eifrig und tugendhaft seien.

Einer der folgenden Lehrtexte[36] enthält die Feststellung des Buddha:

Es gibt keinen Asketen oder Brahmanen, der alles auf einmal (*sakideva*) wissen kann (oder) alles (auf einmal) sehen kann. Diese Möglichkeit gibt es nicht.

Im Kommentar des Dhammapāla zu Buddhaghosas Visuddhimagga wird dargelegt, daß der Buddha zwar nicht alles auf einmal, aber doch im Prinzip wissen kann. Worauf der Buddha sich konzentriert, das kann er auch wissen.

In der »Angereihten Sammlung«[37] spricht der Buddha von seiner Allwissenheit:

Was, ihr Mönche, in der Welt mit ihren guten und bösen Geistern, ihren Brahmā-Göttern, den Scharen von Asketen und Priestern, Göttern und Menschen gesehen, gehört, empfunden, erkannt, erreicht, erstrebt, im Geiste erwogen wird, das kenne ich.

(Übersetzung Nyanatiloka)

Ein später Abschnitt aus der »Kürzeren Sammlung«[38] zählt auf, was der Buddha weiß, z.B. alles Vergangene, Zukünftige und Gegenwärtige oder alles Sichtbare, Hörbare, Riechbare, Schmeckbare, Tastbare und Denkbare.

3. Der Buddha nach der Lehre des Theravāda im Widerstreit der Meinungen

Im »Korb der Scholastik« (*Abhidhamma-Piṭaka*) findet sich ein Werk mit Punkten, die unter den verschiedenen Schulen diskutiert wurden, das Kathāvatthu.[39] Mit den Thesen dieses Textes wollen wir uns nun befassen.

Das Verhältnis der Buddhas untereinander

Im vorangegangenen wurde beschrieben, daß der Begriff »Buddha« einen Wesenstyp bezeichnen kann, dessen Vertreter im wesentlichen die gleichen Merkmale tragen. In einem Text der »Längeren Sammlung«[40] werden sieben Buddhas vorgestellt, die sich in wenigen Punkten voneinander unterscheiden:

im Lebensalter (80 000–100 Jahre), bezüglich der Bäume, unter denen sie erleuchtet wurden, in bezug auf die Größe ihrer Anhängerschaft usw. Im Prinzip läuft ihr Leben nach dem gleichen Schema ab. Die Andhaka aus einer buddhistischen Schule Südindiens (Āndhra Pradeś), die den Mahāsāṅghika nahestanden, behaupteten, es gebe große *Unterschiede* zwischen den einzelnen Buddhas[41]. Nach Ansicht der Theravādin waren diese gering.

Eine andere Frage, die sich aus der Existenz mehrerer Buddhas ergibt, ist die nach einem möglichen *gleichzeitigen Auftreten mehrerer Buddhas*. Man könnte argumentieren, mehrere *sammā-sambuddhas* kann es nicht gleichzeitig geben, da dann nicht alle von selbst die »zuvor ungehörten Dinge« erkennen können. Einer wüßte von der Lehre des anderen. Die Theravādin äußern sich anders[42]: Die Buddhas existieren nicht (gleichzeitig) in den verschiedenen Himmelsrichtungen. Sonst müßten ihre Namen, Eltern, Anhänger, Diener und andere Lebensdaten bekannt sein. Der Gegner könne aber diese Angaben nicht machen. Vertreter der Behauptung »Es existieren zahlreiche Buddhas in den verschiedenen Himmelsrichtungen« waren die Mahāsāṅghika.

Die Theravādin sahen durchaus das eben von mir angesprochene Problem, daß ein Buddha kein vollkommen Erleuchteter (*sammā-sambuddha*) sein kann, wenn er die Lehre von einem anderen Buddha übernommen hat. Daher sagen sie – im Gegensatz zu den Andhaka –, der historische Buddha (Sakkamuni) habe als Bodhisatta nicht die *Predigt des Buddha Kassapa* gehört und sei nicht unter diesem Mönch gewesen.[43] Nach dem Zeugnis des »Korbes der Lehrreden«[44] begegnete der Buddha Gotama in früheren Leben den vergangenen Buddhas, nach der »Mittleren Sammlung« war er sogar Mönch unter Kassapa.

Ein Buddha ist »von dieser Welt«

Bei den im vorigen Abschnitt besprochenen Thesen des Kathāvatthu haben wir die Mahāsāṅghika (und die Andhaka) als Gegner der Theravādin kennengelernt. Tatsächlich hatten diese bzw. die Mahāsāṅghika-Lokottaravādin eine grundsätzlich andere Auffassung vom Wesen eines Buddha als der

Theravāda. Mit einem Schlagwort gesprochen, ist er nach ihrer Meinung *überweltlich* (*lokuttara*), das heißt, er weilt nur zum Schein in dieser Welt, lebt nur zum Schein und handelt nur zum Schein. Er tut das, weil die Menschen ihn sonst nicht begreifen würden.

Nach Ansicht der Theravādin ist ein Buddha (genauer gesagt der historische Buddha) durchaus *von dieser Welt* oder – wie sie sagen – »er weilte in der Welt der Menschen«.[45] Beweise dafür sind die überlieferten Aufenthaltsorte des Buddha. Man kann die Plätze seiner Geburt, seiner Erleuchtung, seiner ersten Predigt und seines Todes angeben.

Auch sei das *Wort des Buddha nicht überweltlich*[46]; denn sonst könnten nur ein überweltliches Ohr und ein überweltliches Bewußtsein es verstehen. Sogar weltlich gesinnte Leute (*puthuj-jana*) hätten es verstanden. Die Rede des Buddha habe nicht nur überweltliche Themen gehabt, sondern auch profane. Menschen hätten sich über sie erregt, an ihr Gefallen gefunden, sie gehaßt oder auch mißverstanden.

Die Vetullaka behaupteten, der Buddha habe gar nicht selbst gelehrt[47]. Er sei im Tuṣita-Himmel geblieben, habe eine *künstliche Buddhagestalt* geschaffen, die den Mönch Ānanda belehrte. Dieser habe dann den Menschen die Lehre verkündet. Diese These paßt zu den Verkündern eines überweltlichen Buddha wie z.B. den Mahāsāṅghika-Lokottaravādin. Die Theravādin wiesen die von den Vetullaka aufgestellte Behauptung zurück. Dann müßten die künstliche Gestalt und Ānanda *sammā-sambuddhas* und allwissend sein. Und schließlich zeige sich in den Texten, daß der Buddha selbst gelehrt habe.

In dem Bemühen, einen Buddha als ein besonderes, unirdisches Wesen darzustellen, verfielen einige Andhaka (und Uttarāpathaka) auf die Behauptung, die *Ausscheidungen des Buddha* seien lieblicher als alle Duftstoffe gewesen.[48] Die Theravādin meinten dazu trocken, der Buddha habe sich nicht von Parfüm, sondern von gekochtem Reis und saurer Grütze ernährt. Der Körper, in dem der Buddha auf Erden weilte, war nach Ansicht der Theravādin unrein. In der »Zusammengesetzten Sammlung«[49] wird er vom Buddha selbst als »verfaulter Körper« (*pūti-kāya*) bezeichnet.

Die Fähigkeiten eines Buddha und seiner Hörer schätzen die Andhaka hoch ein: Sie können *nach Belieben Wunder* bewirken (*adhippāya-iddhi*).[50] Der Tatsache, daß der Buddha und seine Schüler gewisse magische Kräfte hatten, die aus der Meditation erwuchsen, widersprachen auch die Theravādin nicht. Allerdings können sie nicht nach Belieben Wunder vollbringen. Sie können z. B. nicht ständige Belaubung der Bäume oder Vollmond bewirken. Sie können insbesondere nicht verhindern, daß alles Entstandene vergeht, und können nicht das Gesetz von Geburt, Alter, Krankheit und Tod außer Kraft setzen.

Damit ist gesagt, daß ein Buddha nicht die Macht hat, die Wesen direkt zu erlösen. Seine Hilfe ist die Predigt der Lehre. Daß die Menschen ihre Wahrheit erfahren und so zur Befreiung gelangen, kann der Buddha nur anregen, nicht garantieren.

Wie weit geht die Macht eines zukünftigen Buddha, eines Bodhisatta? Nach Ansicht der Andhaka hat er schon vor seiner letzten Geburt Macht über sein Schicksal. Ein Bodhisatta könne sich auch *schlechte Existenzen* (*vinipāta*), z. B. ein Höllendasein, für eine neue Geburt aussuchen.[51] Der zukünftige Buddha kann sich für einen bestimmten Mutterschoß entscheiden und häretische Lehren verbreiten. Die Theravādin waren anderer Meinung: Ein Bodhisatta könne sich keinen Mutterschoß zur Geburt aussuchen. Mit anderen Worten: Nach Auffassung der Theravādin ist der Bodhisatta an das Kamma-Gesetz gebunden.

An anderer Stelle[52] betont das Kathāvatthu implizit nochmals, daß der Bodhisatta dem Kamma-Gesetz unterliegt. Wenn ein Buddha von einem Menschen behauptet, er werde einst ein Buddha werden, dann ist dieser ein Bodhisatta und ein *niyata*, das heißt ein »*Mensch mit fest bestimmtem Schicksal*«. Man kann von ihm allerdings nur sagen, er werde in seiner letzten Existenz die Vier Wahrheiten erkennen. Ansonsten gilt für die Karriere eines Bodhisatta kein fest bestimmtes Schicksal (*niyāma*), sondern das Kamma-Gesetz. Das Kathāvatthu faßt dies paradox zusammen: Ein Mensch mit fest bestimmtem Schicksal (*niyata*) erlebt nicht (in jedem Fall) ein fest bestimmtes Schicksal (*niyāma*).[53]

Das Verhältnis zwischen einem Buddha und einem Arahant

Wir haben uns daran gewöhnt zu sagen, *durch die Erleuchtung* (*bodhi*) werde ein Wesen zum Buddha, eben zum Erleuchteten. Aber auch ein Heiliger (*arahant*) wird Heiliger durch eine Erleuchtung. Buddhaghosa unterscheidet in seinem Kommentar zum Kathāvatthu[54] zwischen beiden Formen der *bodhi*: Sie bewirkt (1) das Wissen der vier Wege und (2) das Wissen eines allwissenden Buddha. Das Wissen der vier Wege besitzen die edlen Personen (*ariya-puggala*). Diese befinden sich auf den vier Wegen (*magga*) oder an den vier Zielen (*phala*). Es sind dies Weg und Ziel (1) des Stromeintritts, (2) der Einmalwiederkehr, (3) der Niewiederkehr und (4) der Heiligkeit. Die Form der *bodhi*, die diese Personen erleben, unterscheidet sich von der eines *sammā-sambuddha*. Die Uttarāpathaka behaupteten dagegen, man werde Buddha durch die Erleuchtung.

Die Ähnlichkeit zwischen einem Buddha und seinen Hörern geht nach Ansicht der Andhaka so weit, daß beide die *zehn Kräfte* (*bala*) eines Vollendeten haben.[55] In einem Lehrtext der »Zusammengesetzten Sammlung«[56] behauptet der Mönch Anuruddha, er besitze diese zehn Kräfte. Trotz dieser Textstelle sind die Theravādin der Ansicht, die zehn Kräfte eines Vollendeten besäßen seine Hörer nicht. Sonst könnte man auch nicht zwischen einem Vollendeten und einem Hörer unterscheiden.

Außerdem werden die zehn Kräfte (*bala*) von den Andhaka edel (*ariya*) genannt.[57] Gegen diese Neuerung wehrten sich die Theravādin m. E. vor allem deshalb, weil sie die Kräfte eines Vollendeten nicht in die Nähe von Fähigkeiten der edlen Personen (*ariya-puggala*) (*In-den-Strom-Eingetretene, Einmalwiederkehrer, Niewiederkehrer, Heilige*) rücken wollten. Die Theravādin betonen, der Gegner könne keine Beziehung zwischen den zehn Kräften und anderen »edlen« Gegebenheiten herstellen.[58]

Schließlich werden der Buddha und seine Hörer von den Andhaka insofern einander angenähert, als von beiden behauptet wird, sie könnten Wunder nach Belieben vollbringen.

Die Verehrung des historischen Buddha

Daß es üblich war, den Buddha zu verehren, wird schon im »Korb der Lehrreden« dargelegt. Es heißt:[59]

Diejenigen, die dort (an einem Thūpa[60]) Blumengirlanden, Duftstoffe oder Farbe anbringen oder dorthin grüßen oder in seiner Gegenwart gläubigen Sinnes werden, denen wird es für lange Zeit zum Heil und zum Segen gereichen.

Die Verehrung des historischen Buddha (oder seiner legendären Vorläufer) bringt Nutzen, obwohl er mit seinem Tode völlig verloschen ist. Nach der »Mittleren Sammlung«[61] kann man keine Aussage über die Existenzweise des Vollendeten nach dem Tode treffen: Weder existiert er, noch existiert er nicht, noch gilt beides zusammen, noch gilt keins von beiden. Der Vollendete ist wie ein Feuer, das keine Nahrung mehr hat.

Was nützt die Verehrung eines Verloschenen? Die dem Theravāda nahestehende Schule des Sarvastivāda sagt in einem Lehrtext:[62]

Ob jemand den (im Leben) stehenden oder auch den völlig verloschenen (Buddha) verehren mag, wenn nur die Lauterkeit der Gesinnung dieselbe ist, gibt es keinen Unterschied im Tugendverdienst.

Dies scheinen auch die Theravādin so gesehen zu haben; denn ihrer Ansicht nach bringt eine Gabe an den Buddha »große Frucht« für den Spender.[63] Schließlich sei er der Ranghöchste der »Zweifüßler«. Andere Schulen (Vetullaka, Mahīsāsaka) wollten die Gabe an den Orden höher bewerten, da zum Orden der Buddha ja ohnehin gehöre und der Orden aus lebenden Personen bestehe, die das Gegebene noch genießen können.[64]

Die Tendenzen im neuen Buddhabild der Andhaka

Obwohl uns die Andhaka nur so weit interessieren, wie sie für das Buddhabild der Theravādin von Bedeutung sind, ist es angebracht, ihre neue Auffassung vom Buddha näher einzuordnen. Die Andhaka widersprechen Thesen, die den Buddha zu sehr als Mensch erscheinen lassen. Für sie ist er ein eher wunderbares Wesen. Trotz dieser Überhöhung des Buddha wird er andererseits seines exklusiven Charakters beraubt. Auch Arahants haben seine zehn Kräfte und können nach Belieben Wunder vollbringen.

Die beiden Grundtendenzen der Buddhologie der Andhaka sind

(1) die Überhöhung des Buddha und
(2) die Angleichung der Arahants an ihn.

Beides führt zur Entwicklung des Mahāyāna-Buddhismus, in dem eigentlich jeder Mensch guten Willens ein zukünftiger Buddha, ein Bodhisatta, werden kann und den Mitgeschöpfen auf ihrem Weg zur Erlösung helfen kann.

4. Zusammenfassung

Der Buddha war nach der Lehre der Theravādin ein Mensch, der noch so lange einen vergänglichen Körper trug, bis das Kamma, das sich in vergangenen Leben angesammelt hatte, aufgezehrt war. Danach ist er völlig verloschen, so daß man nicht sagen kann, ob er existiert oder nicht. Obwohl der Buddha als Mensch auf Erden weilte, war er doch das höchste der Wesen. Daher konnte und kann man ihn wie einen Gott verehren und mit göttlichen Titeln belegen. Philosophisch exakt betrachtet, war der Buddha aber weder voller Mensch noch voller Gott, sondern ein Wesen eigener Art, ein Buddha eben. Zu verschiedenen Zeiten hat es solche Buddhas gegeben. Ein Buddha besitzt Eigenschaften, über die auch andere Menschen verfügen (32 Merkmale eines großen Mannes, Zauberkräfte, fünf übernatürliche Fähigkeiten, Besonnenheit und Geschick in der Unterweisung). Daneben hat ein Erleuchteter Fähigkeiten, die nur Vollendeten zukommen: z. B. die zehn Kräfte, großes Mitleid und Allwissenheit.

In der Diskussion mit den Andhaka präzisierten die Theravādin ihr Buddhabild. Es gibt geringe Unterschiede zwischen den Buddhas, von denen nicht mehrere in den verschiedenen Himmelsrichtungen existieren. Die Buddhas lernen nicht voneinander, vielmehr erkennt jeder Buddha von sich aus die Lehre.

Die Buddhas sind keine überweltlichen Wesen, das heißt, der historische Buddha z.B. hat sich in der Welt der Menschen aufgehalten. Seine Rede war nicht überweltlich, sondern den Menschen verständlich. Er hat die Lehre weder durch eine künstliche Buddhagestalt noch durch Ānanda verkünden lassen. Der Buddha war auch nicht so wunderbar, daß seine Ausscheidungen geduftet hätten. Weder er noch seine Hörer können nach Belieben Wunder vollbringen. Ein Bodhisatta hat nicht Macht über sein Schicksal, da er sich keinen Mutterschoß für die jeweils nächste Wiedergeburt aussuchen kann.

Weiterhin halten die Theravādin am Unterschied zwischen dem Buddha und seinen Hörern fest. So reicht die Erleuchtung allein nicht aus, um ein Buddha zu werden, da auch ein Arahant eine Erleuchtung erlebt hat. Die zehn Kräfte sind nur einem Buddha zu eigen und nicht den Arahants. Neun der zehn Kräfte sind nicht »edel«; denn sie beziehen sich – im Gegensatz zu anderen edlen Gegebenheiten – nicht auf die Erlösung.

Obwohl der Buddha Sakkamuni vollständig verloschen ist, kann man ihn verehren. Wenn die Gabe von der entsprechenden Gesinnung begleitet ist, sammelt der Spender Tugendverdienst an. Eine solche Gabe an den Buddha bringt »große Frucht«.

Der Wandel des Buddha-Bildes im Buddha-Bildnis
Zu den Anfängen der Buddha-Darstellung

Monika Zin

Jeder von uns, egal in welchem Stadium der Einweihung in den Buddhismus er sich befindet, hat eine Vorstellung von dem Aussehen des Buddha. Die Porträts des Meisters, die wir uns in Erinnerung rufen, sind mit Sicherheit nicht alle gleich, da sie sich durch Geschicklichkeit der Künstler, spezifische Färbung der regionalen Kunststile und die Zeit ihrer Entstehung voneinander unterscheiden. Sie tragen aber alle einige ikonographische Elemente, die das Erkennen einer Buddha-Darstellung einfach machen. So denkt man an die in der Meditation gesenkten Augen, an die langen Ohrläppchen, den runden Auswuchs auf dem Kopf oder an das Mal zwischen den Augenbrauen.

Die Kunst und auch ihre kulturgeschichtliche Grundlage, die zur Ausbildung dieser uns allen bekannten Ikonographie geführt haben, waren einem Entwicklungsprozeß unterworfen, dessen Etappen auch, nicht weniger als die Literaturquellen, die Veränderungen vermitteln, welche die buddhistische Religion bestimmt haben.

Die Anfänge der buddhistischen Kunst fallen nicht mit der Zeit der Entstehung des Buddhismus zusammen. Ihre ältesten Zeugnisse – abgesehen von den nicht unreflektiert als Zeugnisse der buddhistischen Kunst zu wertenden Monumenten aus der Zeit des Königs Aśoka – stammen aus dem 2. vorchristlichen Jahrhundert, sind also durch einen beträchtlichen Zeitabstand vom Ursprung der Religion entfernt. Daher kann vom Entstehen eines porträthaften Buddhabildnisses keine Rede sein, obwohl – darüber noch später – entsprechende Legenden davon vorhanden sind.

1. Die anikonische Phase

Es verging eine lange Zeit bis zur Entstehung der ersten Buddhabildnisse, da die frühe buddhistische Kunst die Person des
Buddha nicht darstellte. Warum dies so war, ist nicht einfach
zu beantworten.

Zur Zeit der ältesten buddhistischen Kunstschöpfer, im
2. Jahrhundert v. Chr., vermochte man Menschen, genauso wie
Tiere, Architektur oder Naturobjekte auf einfache Weise darzustellen; in den nachfolgenden Jahrhunderten entwickelte
sich hierbei eine zunehmende Kunstfertigkeit. Es lag also
nicht an mangelnder Fähigkeit, wenn das Wichtigste in den
Bildern und Reliefs, der Buddha, fehlte. Was uns die Bilder
zeigen (Abb. 1) sind Szenen, in denen akkurat die ganze Um-

Abb. 1

gebung gezeigt wird: verschiedene huldigende Personen, die
manchmal Menschen, manchmal keine Menschen darstellen,
da sie im Flug oder mit bestimmten göttlichen Attributen

(siehe Abb. 1, unten links, Vogelflügel und Kobrahauben über den Turbanen) gezeigt werden, die alle um einen bestimmten, zentralen Punkt der Komposition konzentriert sind. In diesem Zentrum findet man einen geschmückten und mit einem Schirm »verehrten« Sitzplatz, der an sich aber leer ist. Daß man sich hier den Buddha in Person vorzustellen hat, bezeugen Fußabdrücke, die manchmal vorspringend ausgearbeitet sind und die an der richtigen Stelle, wo der Sitzende seine Füße haben müßte, dargestellt sind.

Abb. 2

Andere Szenen, von denen die meisten sich sogar mit einer bestimmten Situation aus dem Buddhaleben identifizieren lassen, zeigen die Anwesenheit des Meisters nach demselben Prinzip: Zu sehen (Abb. 2) ist nur ein leerer Sitz, z. B. unter einem Baum, umstellt von Adoranten. An der Form der Blätter erkennt man den Erleuchtungsbaum und somit die ganze Szene als eine Darstellung der Erleuchtung. Manchmal ist der Baum sogar von einer Horde gräßlicher Wesen umstellt (Abb. 3), in denen die die Meditation störenden Krieger des Māra auszumachen sind – die ganze Szene ist somit als die Darstellung des historischen Moments der Erleuchtung zu interpretieren.

Abb. 3

Abb. 4

Nicht anders stellt sich die Lage in bezug auf die Szene der Ersten Predigt dar: Das Symbol der Anwesenheit des Buddha ist hier nicht der Sitz unter dem Baum, sondern das Rad, ein uraltes Symbol der Autorität und der Rechtsstellung. Manchmal ist das Rad umgeben von Adoranten und Gazellen, die den Ort der Ersten Predigt, den Gazellen-Hain zu Sarnath, andeuten (Abb. 4) und somit die Identifizierung der Szene als Darstellung dieses historischen Momentes ermöglichen. Nicht selten aber steht das Rad ohne jegliche Umgebung als ein unabhängiges Symbol des Buddha, unter dem Aspekt seiner Predigt.

Ein drittes Symbol, das nur manchmal eine bestimmte Situation aus dem Buddhaleben darstellt, nämlich sein Parinirvāṇa, und sonst den Buddha im allgemeinen verkörpert, ist ein Stūpa – ein sepulkrales Hügelmonument, in welchem die sterblichen Überreste des Erhabenen beerdigt wurden. Einen Stūpa finden wir zwischen zwei Śālabäumen (Abb. 5), was auf den im *Mahāparinirvāṇa* beschriebenen Ort des Buddha-Todes verweist. Sehr viel häufiger taucht der Stūpa aber unabhängig von jeglichen Erkennungselementen einer narrativen Situation, als ein Symbol der Anwesenheit des Erhabenen auf.

Oft werden die Symbole neben- bzw. übereinander gestellt und zeigen somit die wichtigsten Ereignisse des Buddhalebens bzw. den Buddha in drei verschiedenen Aspekten – seiner Er-

Abb. 5

leuchtung, seiner Lehre und seiner Anwesenheit nach dem Hinscheiden (d.i. der Anwesenheit seiner Lehre) (Abb. 6).

Obwohl damit die Aufzählung der wichtigsten Symbole für die Stationen des Buddhalebens endet, bedeutet dies keineswegs das Ende der Möglichkeiten, den Buddha symbolisch in verschiedenen Szenen darzustellen – die Künstler bewältigten diese Aufgabe auf einfallsreichste Weise. So wird z.B. der Erhabene bei seiner Geburt so gezeigt, daß man die kleinen

Abb. 6

Babyfüßchen auf dem Tuch darstellt, in welches die Götter das aus der Seite der Königin Māyā geborene Kind legen (Abb. 7). Die erste Meditation oder das Wunder von Śrāvastī, Ereignisse, die unter bestimmten Bäumen – entsprechend Jambu und Mango – stattfanden, waren durch die Wiedergabe dieser Bäume als solche erkennbar (Abb. 8, Abb. 9). Andere Szenen, in denen die Umgebung des Buddha zu sehen ist, brauchten keine zusätzliche symbolische Andeutung, es genügte den Handlungskontext und den leeren Platz für den Erhabenen darzustellen (Abb. 10). Für den Gläubigen, der die entsprechende Geschichte kannte, war es einfach, die Bilder mit den bestimmten Lebenssituationen des Buddha zu verknüpfen.

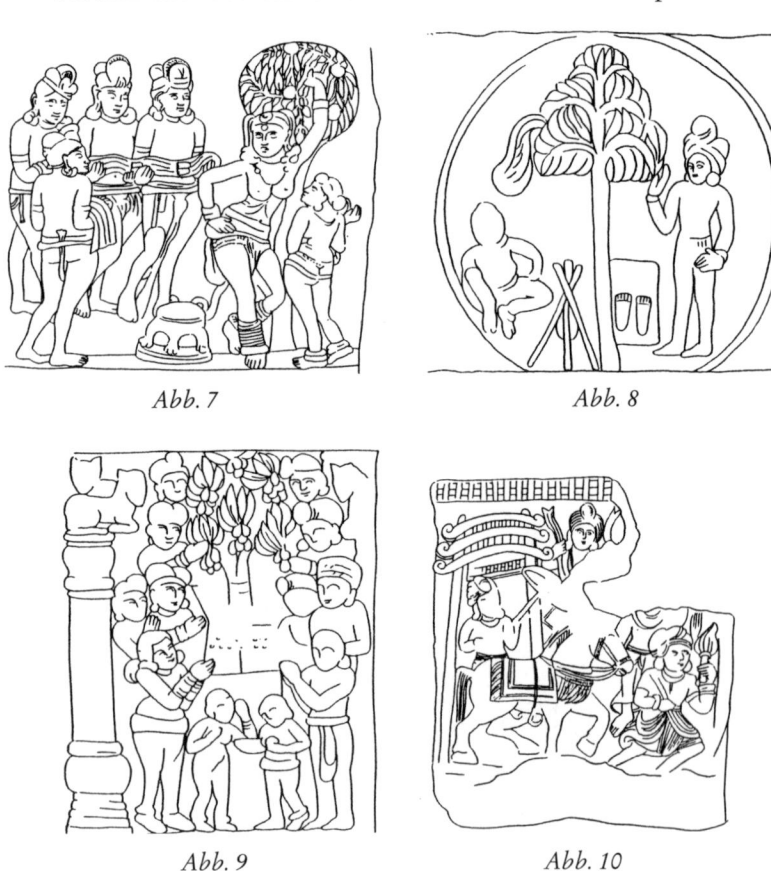

Abb. 7

Abb. 8

Abb. 9

Abb. 10

Bei manchen Darstellungen handelte es sich aber nicht um bestimmte Szenen, sondern um die Verbildlichung seiner Präsenz im allgemeinen. Dazu dienten z.B. die immer wieder verwendeten Fußabdrücke oder die Omega-ähnlichen Glückssymbole (Abb. 11). Diese Symbole wurden auch in verschiedene Szenen integriert (siehe Abb. 4, Radrand). Sie erscheinen auch an der Spitze der Feuersäulen, welche ebenfalls als Symbole des Buddha dienten (Abb. 12).

Wie aus diesen Beispielen hervorgeht, war die Person des Buddha entweder symbolisch oder aber gar nicht dargestellt.

Abb. 11   *Abb. 12*

Die Gründe für das Fehlen der Buddhaperson in der frühen Kunst, man spricht von der anikonischen Phase, hängen mit dem damaligen Verständnis der Lehre und ihres Verkünders zusammen, sind aber heute nicht direkt nachvollziehbar. Sie stehen im krassen Gegensatz zu der Interpretation des Buddha lediglich als eines Menschen – ein Aspekt, der in der Sekundärliteratur immer wieder übergangen wird. Sie lassen sich auch nicht durch das Fehlen von religiöser Hingabe erklären. Im Gegenteil, die Darstellungen verweisen auf eine Verehrung des Heiligsten in der Überzeugung, daß diese zur Erlösung führt.

In den kanonischen Texten finden sich einige Stellen, die vielleicht die Undarstellbarkeit des Buddha erklären könnten:

wenn z. B. der Buddha verkündet, daß er kein Mensch, kein Gott und auch kein Genius sei (*Aṅguttaranikāya* II,37–39) – also jemand, der über allen bekannten Lebensformen steht –, oder wenn es heißt, daß der Buddha nach seinem Hinscheiden keine Form mehr haben kann (*Dīghanikāya* I.46).

Mögen diese Textstellen tatsächlich als Erklärung der Abwesenheit des Buddha in den Darstellungen dienen, so muß betont werden, daß sie alle nur den Buddha, also die Person nach der Erleuchtung betreffen. Sie erklären aber keineswegs, warum der Bodhisattva auch vor der Erleuchtung nicht dargestellt wurde. Wie bereits dargelegt (siehe Abb. 7), wird der zukünftige Buddha auch schon als Baby nur durch Fußabdrücke angedeutet.

Es wäre ein Fehler, nun einfach die späteren buddhistischen Schulen bei der Erklärung der anikonischen Phase zu Rate zu ziehen. Diese Schulen, wie die Mahāsāṅghikas, die die Person Buddhas als über der Welt stehend betrachteten, oder die Sarvāstivādins, von denen ein Text überliefert ist, in dem sich tatsächlich ein Verbot der Buddhadarstellung findet, formieren sich nämlich verhältnismäßig spät und können somit unmöglich für die Entstehung der anikonischen Konvention verantwortlich gemacht werden. Sie haben offensichtlich nur den vorhandenen Sachverhalt kommentiert.

Eine mögliche Erklärungstheorie besteht darin, daß sich die Ikonographie aus einfachsten Zeichen entwickelt hat (wie Halbkreis für Stūpa, Rad für Lehre), die die Buddhisten wahrscheinlich seit der ältesten Zeit als Meditationsobjekte verwendeten. Eine abstrakte Form, die nur in der Vorstellung der Gläubigen mit dem Buddha gleichgesetzt wird, wirkt demnach sogar viel suggestiver als eine menschliche Person – diese Tatsache wurde auch in viel späterer Zeit (z. B. im Zen-Buddhismus) berücksichtigt.

Am wahrscheinlichsten erklärt sich die anikonische Phase aber weniger aus der buddhistischen Religion selbst als vielmehr aus einer allgemeinen Tendenz der Zeit. Aus der hier untersuchten Periode haben sich nämlich auch keine anderen Abbildungen von anzubetenden heiligen Personen erhalten. Vāsudeva (der spätere Kṛṣṇa) etwa wurde in vorchristlicher Zeit, genauso wie der Buddha, nur in der symbolischen Darstellung seiner Fußabdrücke verehrt.

2. Formen und Veränderungen des frühen Buddhabildes

Ebenso umstritten wie die Erklärungen der anikonischen Phase ist die Interpretation des plötzlichen Auftretens des Buddhabildes in der ersten Hälfte des 2. Jahrhunderts n. Chr. Die Skulpturen, die jetzt den Buddha zeigen, erscheinen in zwei Kunstregionen: in Gandhara, dem heutigen Pakistan, und in der Gegend südlich von Delhi, in Mathura. Die entscheidende Zeit für die Anfänge der Buddhadarstellung ist die Epoche der Regierung der mächtigen Kuṣāna-Dynastie mit ihrem bedeutendsten Herrscher König Kaniṣka.

Zu beantworten, welche der Kunstschulen, Gandhara oder Mathura, den Anfang in der Buddhadarstellung machte, scheint nicht möglich zu sein. Wahrscheinlich ist nur, daß die Zugehörigkeit der Auftraggeber zu bestimmten buddhistischen Schulen eine Rolle bei der Schaffung des Buddhabildes spielte. Dies ist in der späteren Zeit vor allem im Süden (Amaravati) zu beobachten, wo die anikonischen Darstellungen weiterhin angefertigt wurden, während die Buddhabilder längst »erfunden« waren (vgl. etwa Abb. 12). Mit der Einführung der Mahāyāna-Doktrin, wie man häufig angenommen hat, scheinen die Buddhabilder allerdings nicht zusamenzuhängen, da die frühen Buddha-Darstellungen (wie z.B. das berühmte Kaniṣka-Reliquiar aus Shad-ji-ki-dheri) Inschriften tragen, die ihre Zugehörigkeit zu den Hīnayānaschulen bezeugen.

Einige Formen der symbolischen Darstellungen des Buddha haben sich bis weit in die ikonische Zeit hinein erhalten und wurden direkt neben den Buddhas in Person angebracht; es wurden sogar noch neue Symbole geschaffen, wie z.B. der Eßnapf.

Hinsichtlich der Frage nach den Anfängen des Buddhabildes haben sich in der Forschung zwei Ansätze herausgebildet. Die ältere Forschungsschule, die aus westlichen Kunsthistorikern bestand (mit Wissenschaftlern wie Grünwedel oder Foucher), vertrat die Überzeugung, die Entstehung des Buddhabildes habe in Gandhara stattgefunden, und zwar infolge der Nachahmung griechisch-römischer Kunst. Die andere Denkschule (mit Coomaraswamy) verstand das Buddhabild als ein

rein indisches Produkt ohne fremde Einflüsse, und zwar als
Umarbeitung von Yakṣa-Statuen.

Yakṣas, die Glück bringenden Genien, die zu den ältesten
Elementen des indischen Volksglaubens gehören, haben zwar
die höheren Stufen des Pantheons nie erreicht, wurden aber
seit der vorchristlichen Zeit in Form von überlebensgroßen
steinernen Skulpturen verehrt.

Schon das kurze Betrachten einer Yakṣa-Skulptur (Abb. 13)
kann davon überzeugen, daß der Künstler, der den ersten
Buddha schuf, keinen zusätzlichen Impuls einer fremden
Kunst nötig hatte. Die ersten Buddhas aus Mathura wiederholen so auch die Darstellungsmuster eines Yakṣa. Einer der
frühesten Buddhas (Abb. 14), wie uns die Inschrift versichert,
vom Mönch Bala im Jahre drei der Regierung des Königs
Kaniṣka gestiftet, wiederholt nicht nur die Größe, sondern
auch den gesamten Ausdruck der stabil stehenden, robusten
und dem Bittsteller zugewandten Person.

Bevor wir uns eingehender der Betrachtung der Buddhabildnisse widmen, lohnt es sich zu fragen, was genau die
Künstler darstellen wollten. Die Antwort auf diese Frage ist

Abb. 13   Abb. 14

überraschend einfach, da, obwohl die frühe Religion keine Buddhabilder kannte, die frühen Texte genaue Beschreibungen seiner Person beinhalten. In Pāli, *Dīghanikāya* (XIV) und in den Texten des sogenannten nördlichen Buddhismus, erhalten in Sanskrit-Fragmenten und chinesischen und tibetischen Übersetzungen (vgl. *Mahāvadānasūtra*, hrsg. v. E. Waldschmidt, 1953–56), findet sich eine detaillierte Beschreibung eines Buddha der Vergangenheit namens Vipaśyin – wohl gemerkt nicht unseres Buddha Śākyamuni, obwohl die Beschreibung auch zu ihm, wie zu jedem anderen Buddha paßt. Die Beschreibung ist daraufhin angelegt, den Buddha-Körper als außergewöhnlich erscheinen zu lassen, mit Eigenschaften ausgestattet, die ihn von dem der Menschen unterscheiden. Die Eigenschaften eines Buddha gelten auch für einen anderen »Großen Mann«, Mahāpuruṣa – einen weltbeherrschenden König, *cakravartin* –, und sind keineswegs spezifisch buddhistisch. Die Aufzählung der besonderen Merkmale, *lakṣaṇas*, umfaßt nicht weniger als 32 Stück, d. h. die Hälfte von 64, einer Zahl, die in den indischen wissenschaftlichen Büchern oft vorkommt. Manche der Eigenschaften wiederholen nur stereotype Vorstellungen eines schönen Mannes – der Mahāpuruṣa soll z. B. wohl gebildet und von golden glänzender Haut sein. Seine Arme sollen besonders lang sein, so daß die Hände bis zu den Knien reichen (genauso wird auch der Held Rāma im Epos *Rāmāyaṇa* beschrieben), die Beine sollen der einer Gazelle gleichen, die Brust die eines Löwen. Manche der *lakṣaṇas*, an denen der Mahāpuruṣa zu erkennen sei, sind nur schwer zu beobachten – er sollte z. B. 40 Zähne haben, seine Körperhaare sollten je eins aus einer Hautpore wachsen und sich nach rechts drehen, die Zunge sei so lang, daß sie die ganze Stirn bedecken kann. Wie nun aber die Literaturtexte versichern, waren all diese Eigenschaften für die Zeitgenossen wahrnehmbar. Für die entstehende Ikonographie sind natürlich Eigenschaften von Interesse, die nicht nur sichtbar, sondern auch darstellbar waren. Zu diesen gehörten unzweifelhaft eine *ūrṇā* (wörtlich »Wolle« – ein haariges Mal?) zwischen den Augenbrauen und ein *uṣṇīṣa*-Kopf. Das *uṣṇīṣa* bedeutet in den nicht-buddhistischen Quellen »Turban«, und das hier gemeinte Merkmal hatte wahrscheinlich »einen Kopf, wie geschaffen für den königlichen Turban« bedeutet.

An den Händen und Fußsohlen sollen sich beim Mahā-puruṣa die Glückszeichen und das Rad, das Symbol der königlichen Macht, befinden. Die Hände sollen außerdem *jāla*, ein Netz, tragen, was vielleicht ein bestimmtes Lineament bezeichnen sollte, aber auch als Haut zwischen den Fingern verstanden werden konnte.

Nach dieser Zusammenfassung der wichtigsten Anhaltspunkte zur Beschreibung eines Buddha können wir uns wieder den ältesten Buddhabildnissen widmen. Zu beachten ist hierbei, daß die Beschreibung im *Dīghanikāya* Jahrhunderte vor der bildlichen Buddhadarstellung verfaßt wurde und daß sich ferner mit der Zeit manche Begriffe in ihrer Bedeutung veränderten bzw. nicht mehr verstanden wurden. Schon beim ersten Betrachten des Bala-Buddha (Abb. 14) fällt auf, daß einige der Eigenschaften, etwa die knielangen Arme, nicht berücksichtigt wurden, andere, wie die 40 Zähne, nicht berücksichtigt werden konnten, weil sie nicht sichtbar sind. Der Künstler legte viel mehr Wert darauf, eine – wohl dem Yakṣa-Prototyp entnommene – gerade stehende Person zu zeigen, die aber an der einfachen Kleidung und dem Mangel an Schmuck leicht als ein Mönch zu erkennen war. Dennoch wurden auch Erkennungsmerkmale eines Buddha dargestellt. Da bei dem Buddha des Mönches Bala der Kopf und ein Arm schwer beschädigt sind und sich daher nicht alle Einzelheiten beobachten lassen, müssen hier auch ein paar andere Mathura-Skulpturen in Betracht gezogen werden. Bei dem sitzenden Buddha aus Ahicchatra (Abb. 15) aus dem Jahr 32 der Kaniṣka-Regierung lassen sich die typischen Hände und Füße des Buddha nachweisen. An den Handflächen und Sohlen befinden sich die im Text vorgeschriebenen Räder und Glückszeichen, wie sie sich schon in den anikonischen Darstellungen fanden (vgl. Abb. 4, 11, 12).

Der Kopf der frühen Buddhas (Abb. 16) weist die meisten der für Buddhas charakteristischen Merkmale auf. Über der Nasenwurzel befindet sich ein rundes Mal, das zweifelsohne mit der im Text genannten *ūrṇā* gleichgesetzt werden kann – bei vielen Skulpturen ist heute ein Loch zu entdecken, in das mit großer Wahrscheinlichkeit eine kostbare Perle eingesetzt war. Den Kopf ziert ein in Schneckenform gedrehtes Gebilde, mit dem wohl das *uṣṇīṣa*, der »Turban«, verbildlicht werden

Abb. 15

sollte. Die Haare sind nicht ausgearbeitet, mehr noch: Man kann aus den kleinen Fältchen über der Stirn schließen, daß der Künstler hier keine Haare, sondern ein eng anliegendes Tuch assoziieren will, das oben zu einem kleinen Turban zu-

Abb. 16

sammengebunden wurde. Auf diese Weise suchte offensichtlich der Künstler das Problem zu umgehen, einen kahlköpfigen Mönch mit *uṣṇīṣa*, d. h. mit einem Turban, darzustellen.

Die Merkmale, der späteren Kunst, nämlich ein Kopfauswuchs und zu Locken gedrehte Haare, sind in den ältesten Skulpturen nicht zu beobachten. Aber noch etwas unterscheidet diese ersten Bildnisse von den späteren, etwas Wesentliches, in dem sich wahrscheinlich nicht nur die damalige Ästhetik, sondern auch das Verständnis der Buddha-Person widerspiegelt: Die frühen Buddhas schauen den Betrachter mit weit geöffneten Augen freundlich und interessiert an, und sie lächeln über das ganze Gesicht.

Die zweite Kunstregion, in der die frühen Buddhabilder erschienen, ist Gandhara, im Nordwesten des indischen Subkontinents, ein Gebiet, das mehr als alle anderen mit fremden Einflüssen konfrontiert wurde und das in dem hier behandelten Zeitraum, wie Mathura, unter der Herrschaft der iranischen

Abb. 17

Kuṣāna-Dynastie stand. Auch Gandhara durchlief die anikonische Phase, in der die Anwesenheit des Buddha mit Hilfe von
Fußspuren angedeutet wurde. Im 2. Jahrhundert aber erscheinen auch hier die Abbildungen des Buddha in Person.

Diese frühesten Buddhabilder weisen sowohl in ihren Gesichtern als auch in dem natürlichen, unregelmäßigen Faltenwurf ihrer Kleider viele Ähnlichkeiten mit westlichen Skulpturen auf (Abb. 17) und weichen damit wiederum stilistisch
von den Mathura-Skulpturen ab. Obwohl zwischen dem Auftreten der ersten Objekte in beiden Kunstregionen kein bedeutender zeitlicher Abstand liegt, ähneln sich die Buddhabilder nicht. Dies kann nur zu der Überzeugung führen, daß die
Kultbilder zwar aus derselben geistigen Einstellung, aber unabhängig voneinander entstanden sind.

Abb. 18

So wie dies in Mathura für die Yakṣa-Statuen gilt, so waren
es in Gandhara die westlichen Skulpturen, die als Prototypen
für die Buddhabildnisse dienten. Der Unterschied zu den
Apollo-Darstellungen liegt dabei natürlich in den Merkmalen,
die den Buddha charakterisieren sollen. Die langen Ohrläppchen eines Prinzen oder die *ūrṇā* zwischen den Augenbrauen
waren kaum anders als in Mathura zu gestalten. Das Problem
des *uṣṇīṣa* wurde aber ganz anders gelöst: Die frühen Gand-
hara-Skulpturen (Abb. 18) zeigen nämlich die Haare nach

65

oben gekämmt und in einem Haarknoten auf dem Scheitel zu-
sammengebunden, der oft noch mit Hilfe eines Bandes zusam-
mengehalten wird. Die Gandhara-Buddhas tragen außerdem
kleine Schnurrbärte, was in Mathura nicht zu beobachten ist.
Die Hände weisen keine Räder oder Glückszeichen auf, haben
dafür aber eine seltsame Eigenschaft: Die Finger sind miteinander verbunden. Die Auftragsteller, die die Anfertigung der
Skulpturen bezahlten, nahmen textliche Hinweise auf das
Buddhamerkmal, demzufolge die Hände mit *jāla* versehen
sein sollten, wörtlich und ließen die Hände des Buddha mit
Schwimmhäuten, ähnlich denen von Wassertieren, darstellen.

Der Gesichtsausdruck der frühen Gandhara-Buddhas ist
insofern neuartig, als sie nicht lächeln, betrachten den Gläubigen aber aufmerksam.

Die Schaffung einer für alle erkennbaren Buddha-Person
führte zu einer Blüte der narrativen Kunst. In unzähligen Reliefs wurden die Episoden aus dem Buddhaleben gezeigt, wobei
man sehr oft dieselben Szenenkompositionen verwendete, die
schon in der anikonischen Kunst vorherrschten; den leeren
Platz, der vorher nur symbolisch die Anwesenheit des Buddha
bzw. des Bodhisatta andeutete, nahm jetzt der Buddha mit
allen seinen Merkmalen oder der prinzliche Bodhisatta ein
(Abb. 19; vgl. auch Abb. 10).

Abb. 19

Daß man den Buddha so lange nicht dargestellt hatte, wurde bald vergessen, und man bemühte sich, die Echtheit der Darstellungen zu erklären. Es bedurfte Geschichten, die dem Gläubigen die Sicherheit gaben, daß er das wahre Abbild des Meisters vor Augen hatte. Die berühmteste dieser Geschichten handelt von einem König, der auf der Erde auf den Buddha wartete, während dieser in den Himmel stieg, um dort seine verstorbene Mutter zu unterrichten. Als das Warten unerträglich wurde, schickte der König einige Künstler in den Himmel, die unter dem Mitwirken des Buddha sein Abbild schufen, damit es auf Erden verehrt werden konnte. Alle späteren Buddhadarstellungen seien Wiedergaben dieses ersten Porträts.

Abb. 20

Die Schaffung des Buddhabildes bewirkte eine Belebung der künstlerischen Kräfte der beiden Regionen, Gandhara und Mathura, was sich in unzähligen Buddhabildnissen spiegelt. Daß man auf immer neue Errungenschaften in den Einzelheiten der Buddhadarstellung achtete und sie schnellstens übernahm, läßt sich vor allem in der gegenseitigen Beeinflussung der beiden Kunstregionen beobachten. Zeigten die ersten Mathura-Buddhas nur leichte Tücher als Bekleidung des Meisters, so erhalten sie mit der Zeit wie in Gandhara bis zum Hals bedeckende, schwere Gewänder, obwohl diese hier nur mit sichtbarer Mühe den antiken Faltenwurf nachzuahmen vermögen (Abb. 20). Auch die »Schwimmhäute« zwischen den Fingern wurden übernommen und mit großer Sorgfalt ausgearbeitet (Abb. 21).

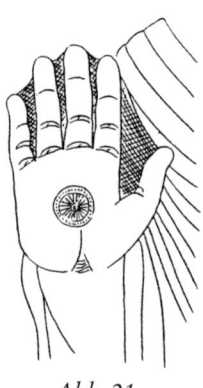

Abb. 21

Aber auch in Gandhara veränderten sich die Buddhaabbildungen. Die Augen wurden immer schmäler, was dem Gesicht den Ausdruck von Nachdenklichkeit und von weltabgewandter Versenkung verleiht (Abb. 22). Der Schnurrbart verschwand, und der Haarknoten wurde wesentlich kleiner und die ihn bildenden Haarsträhnen in kleine Wellen gelegt, die mit der Zeit eine immer schematischere Ausformung fanden (Abb. 23). Diese Wellenreihen wurden dann wiederum in Mathura übernommen (Abb. 24) und (vielleicht aufgrund des ursprünglich zu einer Schnecke gedrehten *uṣṇīṣa* oder der im Text genannten sich rechts drehenden Körperhaare) durch die Reihen der kleinen Löckchen ersetzt (Abb. 25). Diese Löck-

Abb. 22   Abb. 23

Abb. 24

chen wurden dann bald als obligatorisch verstanden, was sogar seinen Niederschlag in den Texten fand. In der *Nidāna-
kathā* (5.Jh.) heißt es, als sich der Buddha nach dem Verlassen
des Hauses die Haare zusammen mit dem Turban abschnitt,
hätten sich seine Haare in Löckchen gedreht und seien nie
wieder nachgewachsen. Die Löckchenreihen bedeckten nun
auch das *uṣṇīṣa*, was zum Verständnis von diesem als eines an-
geborenen Kopfauswuchses führte.

Eine wesentliche Veränderung ist im gesamten Ausdruck der
Mathura-Buddhabildnisse zu beobachten. Ihr Ursprung liegt
wahrscheinlich in der westlich geprägten Gandhara-Kunst, ist
aber möglicherweise auch aus der sich wandelnden Religion zu
erklären: Der Buddha verliert seine Weltoffenheit, er betrachtet
seinen Anbeter nicht mehr, sondern zeigt ihm durch das völlige
Insichgekehrtsein den Weg zur Erlösung (Abb. 26). Die Augen
des Buddha sind niedergesenkt, das ganze Gesicht und auch
der ganze Körper in der Meditation erstarrt.

In diesem Stadium der Entwicklung des Buddhabildes trat
die Religion in das goldene Zeitalter der Gupta-Periode ein, in

Abb. 25 *Abb. 26*

Abb. 27

der die klassischen Buddha-Skulpturen erschaffen wurden. Die schönsten und bekanntesten Beispiele dieser Epoche wurden in der Sarnath-Schule geschaffen. Die Sarnath-Skulpturen (Abb. 27) zeigen den idealisierten Buddha mit seinem jugendlichen, schönen Gesicht, dem wohlproportionierten und in weiche, gleichsam durchsichtige Gewänder gehüllten Körper, der keinerlei Andeutung von Muskeln aufweist. Diese Statuen gehören nicht nur zu den bekanntesten Buddhabildnissen, viel wichtiger ist, daß sie auch den Prototypen verkörpern, der im wesentlichen nicht weiter verändert wurde, sondern in der gesamten buddhistischen Welt nachgeahmt und in der ganzen Welt verstanden wird.

Verzeichnis der Abbildungen

Bei den Abbildungen handelt es sich um »tracings« (»Linienumrisse«), die die Autorin nach Vorlagen aus Publikationen und Museumsarchiven angefertigt hat. Die Quellen sind unter der jeweiligen Abbildungsnummer angeführt.

Abb. 1: Der zukünftige Buddha im Tuṣita-Himmel. Bharhut, 2.Jh.v.Chr., Indian Museum, Calcutta. Abb. nach: Coomaraswamy, A. K.: *Bahrhut,* Paris 1956, Tafel 9, Abb. 26; Zimmer, H.: *The Art of Indian Asia.* Princeton 1955 (repr. 1983), Tafel 32a.

Abb. 2: Die Verehrung des Buddha unter dem Bodhi-Baum. Amaravati, 1.Jh.v.Chr., British Museum, London, No. 79. Abb. nach: Barrett, D.: *Sculptures from Amaravati in the British Museum.* London 1954, Tafel 5; Zimmer, ebenda, Tafel 87; Knox, R.: *Amaravati.* London 1992, Tafel 60.
Die runden Früchte zwischen den Blättern machen den Baum als einen Nyagrodha erkennbar, den Erleuchtungsbaum des Kāśyapa, eines Buddha des vergangenen Zeitalters.

Abb. 3: Māra, seine Töchter und Krieger versuchen die Meditation des Buddha zu stören. Stūpa I in Sanchi, um Christi Geburt, Nordtor, mittlerer Balken, Rückseite. Abb. nach: Marshall, J./Foucher, A.: *The Monuments of Sanchi.* Calcutta 1940, Bd. 2, Tafel 29.

Abb. 4: Der Buddha predigt im Gazellen-Hain zu Benares. Stūpa I in Sanchi, um Christi Geburt. Abb. aus: Marshall/Foucher, ebenda, Tafel 18.

Abb. 5: Der Stūpa zwischen zwei Śāla-Bäumen. Bharhut, 2. Jh. v. Chr., Freer Gallery of Art, Washington. Abb. nach: Coomaraswamy, ebenda, Tafel 25, Abb. 65.

Abb. 6: Die drei wichtigsten Momente des Buddhalebens in der Reihenfolge von unten nach oben. Amaravati, 2.Jh.n.Chr., British Museum, London, No. 93. Abb. nach: Barrett, ebenda, Tafel 20a; Knox, ebenda, Tafel 28.

Abb. 7: Die Geburt des Bodhisatta, Amaravati, 1.Jh.n.Chr. British Museum, London, No. 44; Abb. nach: Barrett, ebenda, Tafel 7; Zimmer, ebenda Tafel 90; Knox, ebenda, Tafel 61.

Abb. 8: Die erste Meditation des Bodhisattva unter dem Jambu-Baum. Patna, 1.Jh.v.Chr., Patna Museum, No.Arch. 5827.
Der zukünftige Buddha ist hier, wie üblich, durch die Fußabdrücke angedeutet. An der rechten Seite ist sein in den Texten genannter Vater gezeigt, der sich über den sich während der Meditation nicht bewegenden Schatten wundert. Die sitzende Person links stellt einen Wanderasketen dar und deutet das Wanderleben des Bodhisattva an, das ihm nach seiner Weltflucht bevorstand.

Abb. 9: Wunder von Śrāvastī, das der Buddha unter einem Mango-Baum vollzog – er erhob sich in die Luft, ließ aus seinem Körper Flammen und Wasserströme entstehen und vervielfältigte sich anschließend. Bodhgaya, 1.Jh.v.Chr. Bodhgaya Museum. Abb. nach: Coomaraswamy, A. K.: *La sculpture de Bodhgayā.* Paris 1935, Tafel 33a.

Abb. 10: Nächtlicher Auszug des Bodhisatta aus dem väterlichen Palast. Pitalkhora, 1.Jh.v.Chr., National Museum, Neu Delhi. Abb. nach: Taddei, M.: *Indien.* Milano, Tokyo, Erlangen 1972, Tafel 8.

Abb. 11: Detail aus dem ornamentalen Dekor. Sanchi, Stūpa I, um Christi Geburt, Ostpfeiler des Nordtores. Abb. nach: Marshall/Foucher, ebenda, Bd. 2, Tafel 37; Zimmer, ebenda, Tafel 8.

Abb. 12: Der Buddha in der Meditation. Amaravati, 3.Jh.n.Chr. British Museum, London, No.119, Abb. nach: Barrett, ebenda, Tafel 35; Knox, ebenda, Tafel 28.

Abb. 13: Yakṣa Māṇibhadra, der Patron der Kaufleute. 1.Jh. v. Chr., Parkham, Mathura, Mathura Museum, No. C1. Abb. nach: Coomaraswamy, A. K.: *History of Indian and Indonesian Art.* 1927 (repr. 1985), Tafel 3, Abb. 9.

Abb. 14: Der Buddha, in der Inschrift als Bodhisatta bezeichnet, gestiftet von dem Mönch Bala im Jahr 3 der Regierung Kaniṣkas. Mathura-Kunst, erste Hälfte des 2. Jh.n.Chr., gefunden in Sarnath,

Sarnath Museum, No. B1, Abb. nach: Coomaraswamy, 1927, ebenda, Tafel 22, Abb. 83.

Die Frage der Datierung des Königs Kaniṣka I. und somit des Anfangs der Kuṣāna-Dynastie ist bis heute nicht einstimmig gelöst. Die meisten Forscher entscheiden sich für das Ende des 1. bis zur Mitte des 2. Jh. n. Chr.

Abb. 15: Sitzender Buddha aus Ahicchatra, in der Inschrift bezeichnet auf das Jahr 32 des Kaniṣka, Mathura-Kunst, 2. Jh. n. Chr., National Museum, New Delhi, No. L55.25. Abb. nach: Sharma, R. C.: *Buddhist Art, Mathura School.* New Delhi 1995. Abb. 88; Klimburg-Salter (Hrsg.): *Buddha in Indien.* Katalog der Ausstellung im Kunsthistorischen Museum in Wien, 1995, Tafel 71.

Hinter dem Heiligenschein des Buddha sind die Blätter des Bodhi-Baumes zu beobachten. Die Personen auf den beiden Seiten des Buddha halten einen Vajra und eine Lotusblüte, wurden aber wahrscheinlich in der Zeit noch als Yakṣas und nicht als Bodhisattvas, Vajrapāṇi und Padmapāṇi verstanden (vgl. Abb. 17).

Abb. 16: Überlebensgroßer Buddha-Kopf (56x45cm). Mathura-Kunst, 1.–2. Jh. n. Chr., Chaubara Hügel, Mathura Museum, No. 00.A.27. Abb. nach: *Palast der Götter.* Katalog der Ausstellung der Staatlichen Museen zu Berlin, 1991–92, Tafel 40.

Abb. 17: Der Buddha mit dem Yakṣa »Vajra-in-Hand«. Vajrapāṇi-Kunst, 3. Jh. Museum für Völkerkunde, Berlin. Abb. nach: Inghold, H.: *Gandharan Art in Pakistan.*

Abb. 18: Der Buddha mit der Grußgeste. Gandhara-Kunst, 2. Jh., Jamalgarhi, Indian Museum, Calcutta, No. G63/A23379; Abb. nach: Klimburg-Salter, ebenda, Tafel 167.

Abb. 19: Der zukünftige Buddha verläßt den väterlichen Palast. Gandhara-Kunst, 2.–3. Jh., Lorian Tangai, Indian Museum, Calcutta, No. 5043. Abb. nach: Klimburg-Salter, ebenda, Tafel 161.

Um das Geklapper der Pferdehufe zu vermeiden, wird das Pferd von Gottheiten getragen.

Abb. 20: Stehender Buddha mit Nimbus (Beine nicht erhalten). Mathura-Kunst, 2. Jh., Mathura Museum, No. A4. Abb. nach: Mode, H.: *Altindische Skulpturen aus Mathura.* Hanau/Main 1986; Klimburg-Salter, ebenda Tafel 78.

Abb. 21: Fragment einer Buddha-Statue aus Govindnagar. Mathura-Kunst. Mathura Museum, No. 76.17. Abb. nach: Mode, ebenda, Tafel 44.

Abb. 22: Fragment einer Buddha-Statue. Gandhara-Kunst, 3. Jh.,

Takht-i-Bahai, Peshawar Museum, No. 1164. Abb. nach: Inghold, ebenda, Tafel 221.

Abb. 23: Fragment einer Buddha-Skulptur. Gandhara-Kunst, 4.Jh., Yakubi, Peshawar Museum, No. 280. Abb. nach: Inghold, ebenda, Tafel 256.

Abb. 24: Fragment einer Buddha-Büste. Mathura Museum, No. 39.2831. Abb. nach: Mode, ebenda, Tafel 45.

Abb. 25: Fragment einer Buddha-Statue Govindnagar, Mathura-Kunst, spätes, 3.Jh., Mathura Museum, No. 76.17. Abb. nach: Mode, ebenda, Tafel 44 = unsere Abb. 21.

Abb. 26: Spät-Kuṣāna-Buddhaskulptur. Mathura-Kunst, 4.Jh., Govindnagar, Archaeological Survey of India. Abb. nach: Sharma, ebenda, Tafel 112.
Die abgebrochenen Reste, die hinter dem Kopf zu sehen sind, gehören zu den in der Kuṣāna-Kunst oft dargestellten Flammen, die aus den Schultern des Buddha – aber auch mancher Könige – als Zeichen der übernatürlichen Fähigkeiten austreten.

Abb. 27: Der lehrende Buddha. Sarnath, spätes 5.Jh.. Sarnath Museum. Abb. nach: Zimmer, ebenda, Tafel 102.
Das Relief im Sockel zeigt die Adoration des Rades zwischen den Gazellen, vgl. Abb. 4.

Das Buddha-Bild des Lotos-Sūtra

Margareta von Borsig

Für meine Mutter (1918–1996)

Das Lotos-Sūtra ist nach den Worten von Charles Eliot »eine der wichtigsten und einflußreichsten Schriften Asiens«, nach Joachim Wach »die Krone mahāyānistischen Schrifttums«.[1] Und Wing-tsit Chan schreibt: »Niemand kann den Fernen Osten verstehen ohne einige Kenntnis der Lehren des Lotos-Sūtra, denn es ist die bedeutendste Schrift des Mahāyāna-Buddhismus, der sich über den ganzen Fernen Osten zieht.«[2] So wurde das Lotos-Sūtra die »Bibel Ostasiens« genannt. Es ist, um noch Professor Heinrich Dumoulin S.J. von der Sophia-Universität in Tōkyō zu zitieren, »das ›heilige Buch‹ par excellence, von einigen Sekten mit Eklat an die erste Stelle gerückt, von allen Buddhisten hoch verehrt.«[3]

Der volle Name des Lotos-Sūtra lautet: »Sūtra von der Lotos-Blume des wunderbaren Gesetzes« (in Sanskrit »*Saddharma-puṇḍarīka-Sūtra*«, in Chinesisch »*Miao fa lien hua ching*«, in Japanisch »*Myō-hō-renge-kyō*«). Es ist etwa im Zeitraum 200 vor bis 200 nach Chr. in Indien niedergeschrieben worden. Die genaue Zeit der Abfassung des Lotos-Sūtra ebenso wie dessen Verfasser (evtl. auch mehrere Verfasser) kennen wir nicht, wie dies bei vielen Sūtren der Fall ist. Der japanische Gelehrte Hajime Nakamura meint, daß der Prototyp des Sūtra im 1. Jahrhundert n.Chr. abgefaßt wurde und das Werk am Ende des 2. Jahrhunderts n.Chr. in der uns heute bekannten Form vorlag.[4] Das Lotos-Sūtra enthält Predigten Buddhas. Diese Predigten sollen nach buddhistischer Lehre direkt auf den historischen Buddha Śākyamuni, der von ca. 560–480 v. Chr. in Indien gelebt haben soll, zurückgehen, mündlich tradiert und schließlich in der Zeit der Entwicklung des Mahāyāna (Großes Fahrzeug)-Buddhismus aufgeschrieben worden sein.

Die zentrale Gestalt im Lotos-Sūtra ist Buddha Śākyamuni, Gautama Buddha, wie wir ihn meist nennen. Jedoch zeigt ihn das Sūtra zugleich als übergeschichtliche, ja transzendente Gestalt. Dies verleiht dem Lotos-Sūtra seine unvergleichliche

Kostbarkeit und macht es zum Testament Śākyamunis. Hier blitzt der Höhepunkt des Bildes Buddhas im Lotos-Sūtra auf: die transzendente Gestalt. Aber nähern wir uns behutsam.

1. Der erleuchtete Lehrer der Menschheit

Schlägt man einen alten chinesischen Druck[5] des Lotos-Sūtra aus der frühen Ming-Zeit (1368–1644 n. Chr.), der in der Bayerischen Staatsbibliothek in München liegt, auf, so findet man dort ein sehr schönes Titelbild. Dieses Titelbild kann uns einen ersten Eindruck vom Buddha-Bild im Lotos-Sūtra vermitteln: Die Hauptgestalt auf dem Titelbild ist Buddha Śākyamuni als Prediger. Er sitzt im Lotos-Sitz auf der gestuften und gezierten »Sumeru-Terrasse« mit Lotos-Thron, die das Zentrum der Welt darstellt. Buddha trägt sein indisches Mönchsgewand, hat seine Rangabzeichen Uṣṇīṣa, die Haarkrone, und Ūrṇa, die weiße Locke, zwischen den Augenbrauen, seine Handstellung ist die der Mudrā, rechts die Mudrā des Nichtfürchtens und links der Wunschgewährung. Als der vollkommen Erleuchtete hat er drei Kreisnimben. Es umgeben ihn Bodhisattvas, also Wesen, die das Nirvāṇa realisieren könnten, die aber um der Rettung der Menschen willen in der Welt bleiben. Es umgeben ihn Mönche, Vertreter des Mönchsordens und der Gemeinde, die aus Mönchen, Nonnen, Laienanhängern und Laienanhängerinnen besteht.

Dieses Titelbild zeigt also den Buddha Śākyamuni als den Erleuchteten, als den Prediger und geistigen Führer inmitten seiner Gemeinde. Dumoulin schreibt in seinem Geleitwort zum Lotos-Sūtra: »Wie bei fast allen Mahāyāna-Sūtren beginnt der ebenso volkstümliche wie wirkungsmächtige Text (des Lotos-Sūtra) in stereotyper Weise: ›So habe ich gehört. Zu einer Zeit wohnte der Buddha in der Stadt Rājagṛha auf dem Geierberg ...‹ Scharen übersinnlicher Wesen und zahllose Jünger umgaben ihn. »Zu jener Zeit erhob sich der Erhabene aus der Versenkung und sprach ...«[6]

Dieses Sprechen als Prediger, als geistiger Führer und Lehrer, war dem Buddha Śākyamuni nicht leichtgefallen. Nach der Legende trat Māra, der Böse, nach der Erleuchtung unter dem Bodhi-Baum auf ihn zu und versuchte, ihn dazu zu bewegen, ins Nirvāṇa einzugehen und nicht zu predigen. Buddha Śākyamuni aber hatte Erbarmen mit den Menschen und entschloß sich, zu predigen und das »Rad der Lehre« zu drehen. Bewegend ist das Bild des bekannten chinesischen Malers Liang-Kai (frühes 13. Jh.), der darstellt, wie Buddha Śākyamuni nach seiner Erleuchtung und nach den Jahren der Einsamkeit und Meditation aus den Bergen kommt und zu den Menschen geht, um ihnen zu predigen.[7] Buddha – der große Prediger und erleuchtete Lehrer der Menschheit – dieses Bild zieht sich durch alle 28 Kapitel des Lotos-Sūtra.

Im Kapitel I des Lotos-Sūtra »Einleitung« spricht der Bodhisattva Maitreya den Bodhisattva Mañjuśri an:

> Wünscht der Buddha
> Das wunderbare Gesetz, das er erlangte,
> Als er auf der Terrasse der Erleuchtung saß,
> Zu predigen?

Darauf antwortet ihm und allen großen Meistern Mañjuśri:

Ihr guten Söhne! Wie ich urteile, wünscht jetzt der Buddha (nachdem er einen Lichtstrahl aus dem Kreis von weißem Haar zwischen den Augenbrauen entlassen hatte), der Buddha, der in aller Welt Verehrte, das große Gesetz zu predigen, den Regen des großen Gesetzes regnen zu lassen, die Muschel des großen Gesetzes zu blasen, die Trommel des großen Gesetzes zu schlagen und die Bedeutung des großen Gesetzes darzulegen.[8]

Im Kapitel II »Geschicklichkeit« predigt Buddha Śākyamuni, daß alle Menschen, auch die Bösen, wie sein Vetter Devadatta, zur Buddhaschaft berufen sind und Buddha werden können. Das Mahāyāna, das Große Fahrzeug, nimmt alle auf zur großen Überfahrt über das Meer von Leben und Tod, zur großen Überfahrt ins Nirvāṇa. Da Buddha im Kapitel II des Lotos-Sūtra predigt, daß *alle* Menschen Buddha werden können, bezieht er sich auf die ganze Menschheit und ihr innerstes Wesen. Buddha Śākyamuni erscheint im Lotos-Sūtra als Gestalt, der die Menschheit und ihre Erlösung am Herzen liegt.

Die Kapitel II und XVI sind die großen Basiskapitel im Lotos-Sūtra. Von der Kernlehre des Kapitels II, nämlich der möglichen Buddhawerdung aller Menschen, war soeben die Rede, auf Kapitel XVI als dem Höhepunkt des Lotos-Sūtra und der

Selbstoffenbarung Buddha Śākyamunis steuern wir noch zu. Einer der großen chinesischen Mönche, Chih I vom Berge T'ien-t'ai, der im 6. Jahrhundert n. Chr. lebte, hat die 28 Kapitel des Lotos-Sūtra der Übersicht halber in zwei Teile gegliedert: Kapitel I–XIV als »Lehre von der irdischen Erscheinung Buddhas« (jap. *shakumon*) und Kapitel XV – XXVIII als »Lehre vom ursprünglichen (überirdischen) Wesen Buddhas« (jap. *hommon*). Kapitel II und XVI sind jeweils die Kernkapitel.

2. Der barmherzige Vater

Die Lehre von Kapitel II »Geschicklichkeit«, daß alle Menschen Buddha werden können und Buddha Śākyamuni in Barmherzigkeit um ihre Erlösung bemüht ist, wird vertieft in den Gleichnissen von Kapitel III und IV, den Gleichnissen vom »brennenden Haus« und vom »verlorenen Sohn«. In beiden Gleichnissen tritt Buddha Śākyamuni als barmherziger Vater auf, der die lichtlos irrenden Lebewesen aus Leiden und Tod errettet. Professor Hans-Joachim Klimkeit nennt die Kapitel III und IV des Lotos-Sūtra den »locus classicus« für die Darstellung Buddhas als Vater. Klimkeit spricht in diesem Zusammenhang von einer »Personalisierung der Buddhalehre«.[9]

In Kapitel III ist Buddha ein reicher, weiser, älterer Vater, der sieht, daß seine Kinder selbstvergessen in einem Haus spielen, das Feuer gefangen hat. Das brennende Haus ist Symbol für diese irdische Welt der Leidenschaften, für diese Welt von Haß, Gier und Torheit, den drei Giften, wie Buddha dies nennt. Das brennende Haus mit dem Getümmel von Nattern, Skorpionen und Schakalen darin wird derartig abstoßend geschildert[10], daß es einen an eine Höllenvision von Hieronymus Bosch erinnert. Doch die Menschen, die Kinder, spielen selbstvergessen darin. Auf die warnenden Rufe des Vaters hören sie nicht. Da denkt sich der Vater in seiner Not ein »geschicktes Mittel« aus und verspricht jedem Kind einen prächtigen Wagen vor dem Haus mit Ziegen-, Hirsch- und Ochsengespann, je nach Wunsch. Die Kinder laufen eilig aus dem brennenden Haus und erhalten alle den gleichen herrlichen Mahāyāna-Ochsenwagen. Der Vater ist glücklich. Die Kinder sind gerettet und aus dem brennenden Haus der irdischen

Welt befreit. Befreiung und Nirvāṇa sieht Dumoulin ganz eng miteinander verknüpft, praktisch identisch.[11]

Das »geschickte Mittel« (skt. *upāya*, chin. *fang pien*, jap. *hōben*)[12] ist ein pädagogisches Mittel des Predigers und Vaters Buddha, um das Innere der Menschen zu erreichen. Im Lotos-Sūtra kommt es immer wieder zur Anwendung. Es sind Mittel, ganz der seelischen Verfassung der Menschen angepaßt, die teils trickreich aussehen, die Buddha Śākyamuni aber aus Barmherzigkeit anwendet, um die Menschen, die oft auch keine Einsicht zeigen, doch aus Leid und Tod zu erretten. Buddha Śākyamuni ist im Lotos-Sūtra dargestellt als erbarmender Vater – *karuṇā* heißt Erbarmen auf Sanskrit – und trickreicher Pädagoge.

Das Kapitel IV des Lotos-Sūtra entfaltet weiter die Lehre Buddha Śākyamunis von Kapitel II, daß alle Menschen Buddha werden können und Buddhas Söhne und Töchter sind. Das Kapitel IV mit dem Titel »Erkenntnis durch den Glauben« schildert das Gleichnis vom »verlorenen Sohn«. In diesem Gleichnis tritt Buddha Śākyamuni wieder als barmherziger Vater auf. Doch nicht Buddha Śākyamuni schildert das Gleichnis, sondern vier Jünger.[13]

Viele hat es erstaunt, daß das Lotos-Sūtra auch ein Gleichnis vom »verlorenen Sohn« enthält. Und in der Tat erinnert es an das berühmte Gleichnis im Lukas-Evangelium (Lk 15, 11–32). Es wird auch nach einer Untersuchung von Heinz Kruse[14] die Meinung vertreten, daß das Gleichnis im Lotos-Sūtra vom Gleichnis der Bibel beeinflußt sei. Auch Hans-Joachim Klimkeit sieht als Vermittlungsglied das sogenannte gnostische Perlenlied.[15] Heinrich Dumoulin spricht dagegen von einem »kulturübergreifenden Erzählmotiv«.[16] Sehen wir uns das Gleichnis im Lotos-Sūtra an:[17]

Ein Sohn, jung an Jahren, verläßt seinen Vater und lebt lange, fast fünfzig Jahre, in der Fremde, wo er immer mehr in Not gerät. Auf seinen Wanderungen kommt er in sein Heimatland. Der Vater lebt inzwischen in einer anderen Stadt und ist sehr reich. Er besitzt mit Juwelen gefüllte Schatzhäuser, er hat viele Diener und Knechte und riesige Herden. Ungestillt aber ist die Sehnsucht nach seinem Sohn. Der Vater ist alt und sehnt sich nach seinem Erben. Hat die Sehnsucht des Vaters den Sohn zurückgeführt? Als der arme Sohn zufällig zum

Haus des Vaters kommt, erkennt dieser ihn sofort, doch der Sohn erkennt nicht den Vater, der von unermeßlichem Reichtum umgeben ist. Ein unendlicher Abstand trennt sie beide. In Angst eilt der Sohn, der den Vater nicht erkennt, hinweg. Der Vater schickt ihm Boten nach, um ihn zurückzuholen. Doch diese erreichen nichts. Aus Angst, in Gefangenschaft zu geraten, fällt der Sohn in Ohnmacht. Da befiehlt der Vater, den Sohn freizulassen, und denkt sich »ein geschicktes Mittel« aus, um den Sohn für sich zu gewinnen. Er paßt sich ganz der Situation des Sohnes an und schickt armselige Menschen zu ihm, die ihn anheuern sollen, Schmutz beiseite zu räumen. Darauf geht der Sohn ein. Dies ist der erste Schritt des Vaters, den Sohn zu sich zu führen, und der erste Schritt des Sohnes zum Vater. Als der Vater den Sohn in seiner Elendsgestalt arbeiten sieht, nimmt der Vater voll Erbarmen selbst »Knechtsgestalt«[18] an, um sich dem Sohn zu nähern und sein Vertrauen zu gewinnen. »Er nimmt seine Perlenketten, sein weiches Obergewand, alle Schmuckgegenstände ab und zieht sich ein grobes, zerrissenes und schmutziges Gewand an, beschmiert sich mit Staub, nimmt in die rechte Hand eine Kehrichtschaufel und zeigt sich etwas furchtsam.« So bespricht er mit dem Sohn, daß jener für immer dableiben soll und er selbst ihn wie einen Sohn halten will. Allmählich wächst das Vertrauen des Sohnes zum Vater, aber 20 Jahre räumt er noch Schmutz beiseite. Als der Vater krank wird, läßt er den Sohn seine Schatzhäuser kennenlernen; denn, wie er sagt, »es gibt nun keinen Rangunterschied mehr zwischen dir und mir«. Als der Vater seinen Tod nahen fühlt, eröffnet er den Verwandten, dem König, den Ministern, Kriegern und Bürgern: »Dieser hier ist mein Sohn, den ich gezeugt habe … Jetzt gehören alle Besitztümer, die ich habe, meinem Sohn.« Der Sohn ist darüber hocherfreut und preist den Besitz des Schatzes am Ende als sein Glück, als den Inbegriff seiner Sohnschaft.

Während im Gleichnis der Bibel der Sohn in der Not sich an den Vater *erinnert* und reumütig zu ihm zurückkehrt, erkennt im Lotos-Sūtra der arme Sohn den reichen Vater nicht mehr, wohl aber der Vater den Sohn. Beim Sohn ist es wie bei vielen Menschen heutzutage, die von ihrem überirdischen Ursprung nichts mehr wissen. Im »Verlorenen Sohn« des Lotos-Sūtra ist das Bild vom Vater durch die langen Jahre der Entbehrung verschüttet. Der Vater, hier Buddha Śākyamuni, hat Sehnsucht nach seinem Sohn, er sucht sein Bild im Sohn wiederzuerwecken. Der Sohn steht stellvertretend für die Menschheit. Buddha Śākyamuni sucht sein Bild in uns Menschen, er sucht sein Buddha-Bild in uns lichtlos irrenden Lebewesen. Durch viele Jahre hindurch baut Buddha Śākyamuni mit Hilfe seines pädagogischen »geschickten Mittels« der Annäherung an den Sohn durch Erniedrigung und mit unendlicher Geduld (skt. *kśānti*) sein Vaterbild im Sohn wieder auf, bis es in diesem am Ende des Lebens des Vaters in vollem Glanze aufleuchtet und es keinen Rangunterschied mehr zwischen ihnen gibt. *Kśānti*, die Geduld, die Geduld auch bei schmachvoller Behandlung, ist eine der sechs Tugenden oder Vollkommenheiten (skt. *pārāmitas*) im Buddhismus. Nicht nur das Erbarmen, das geschickte Mittel und die Weisheit kennzeichnen Buddha Śākyamuni als Vater, sondern auch die Geduld. Im »Verlorenen Sohn« leuchtet das Vaterbild auf, er ist sich nun seiner Sohnschaft voll bewußt. Er ist Erbe der Schatzkammer der Allweisheit Buddhas (skt. *prajñā*), die die intuitive Vollerkenntnis des Weltgeheimnisses, die Erleuchtung, in sich birgt.

Claudia Lenel schreibt in ihrem Büchlein »Lotosblüten im Sumpf«: »In allen Lebewesen wirkt die Buddhaheit als ›wahres Selbst‹. Ihre Wirklichkeit muß entdeckt werden, aufbrechen. Dieser Aufbruch gleicht einer Hineingeburt in die Wahrheit. Erleuchtung meint eben diese Entdeckung.«[19] Der verlorene Sohn ist überglücklich, den Schatz erlangt zu haben, das wahre Selbst, die Sohnschaft, die Buddhaschaft. Aber auch für Buddha Śākyamuni, den Vater, ist es im Gleichnis die Erlösung, als der Sohn dazu fähig wird, seine Sohnschaft einzusehen, und das Vaterbild in ihm aufleuchtet. Er kann in Frieden ins Nirvāṇa eingehen.

Diese innige Lebensverbindung zwischen Vater und Sohn erinnert mich an den Spruch von Angelus Silesius aus dem »Cherubischen Wandersmann«:

Ich weiß daß ohne mich Gott nicht ein Nun kan leben
Werd' ich zu nicht Er muß von Noth den Geist aufgeben.[20]

Auch nach christlicher Vorstellung sucht Gott Vater den Menschen. Nach seinem Bild sind wir erschaffen, nach dem Bild eines Gottes, der Liebe ist. Gott Vater sucht sein Bild in uns.

»Ohne uns kann er nicht leben«, sagt der Mystiker Angelus Silesius. Der heilige Paulus erlebt das Christus-Bild, also das Sohnes-Bild, in sich. Er sagt:

Nicht ich lebe, sondern Christus lebt in mir.[21]

Wenn wir also nach dem Buddha-Bild im Lotos-Sūtra fragen, so müssen wir auch sehen, daß Buddha Śākyamuni im Lotos-Sūtra nach dem Buddha-Bild, dem Sohnes-, dem Tochter-Bild in uns fragt, es aufzubauen sucht in Liebe und Geduld wie beim verlorenen Sohn, bis auch wir Erben der Erleuchtung und der Ahnung der Ewigkeit sind.

3. Die lebenspendende Wolke

Nachdem wir in den Kapiteln III und IV des Lotos-Sūtra Buddha Śākyamuni als barmherzigen Vater erlebt haben – ein Bild, das eng verwandt ist mit dem christlichen Bild von Gott, dem Vater –, wenden wir uns Kapitel V zu, dem »Gleichnis von den Kräutern«, auch »Pflanzengleichnis« genannt. In ihm zeigt sich Buddha Śākyamuni unter einem ganz neuen Aspekt, der aber auch die Botschaft von der Buddhaschaft für alle Menschen weiter entfaltet: Er vergleicht sich mit einer großen Wolke, die den lebenspendenden Regen auf die mannigfaltigen Gewächse ergießt, auf Gräser und Bäume, Dickicht, Wälder und Kräuter.[22] Die Menschen in ihrer Vielfalt sind die Gewächse, auf die der Regen der Lehre Buddhas ohne Unterschied fällt. Je nach ihrem Vermögen nehmen sie das kühle Naß auf, aber es ist ein und derselbe Regen. Buddha läßt seinen Gesetzesregen strömen über

Geachtete und Geringe, auf Hoch und Niedrig, auf die, die die Moralvorschriften halten und auf die, die sie brechen, auf die in der Tugend Vollkommenen und die Unvollkommenen.[23]

Dies erinnert an die Sätze im Matthäus-Evangelium, daß

Gott seine Sonne aufgehen läßt über die Bösen und Guten und regnen läßt über Gerechte und Ungerechte (Mt 5,45).

Ein Vergleich zum Wesen des Wassers findet sich auch in Lao-Tzes Tao te ching:

Höchste Güte gleicht dem Wasser.
Das Wasser gibt unterschiedslos
allen Dingen Leben.
Es fließt überall, auch an Orten,
die die Menschen verachten.
So gleicht es dem Tao.[24]

Buddha Śākyamuni predigt im Lotos-Sūtra in seiner Güte unterschiedslos allen Lebewesen. Er predigt das »reine Gesetz süßen Taus, das *einen* Geschmack hat, nämlich die Befreiung durch die Erkenntnis und das Nirvāṇa«[25], die höchste Seligkeit. Ein paar Takte aus dem poetischen Kapitel V »Planzengleichnis« seien zitiert:[26]

Buddha Śākyamuni spricht den Mönch Kāśyapa an:

Kāśyapa wisse! Der Tathāgata (d. h. der Sogekommene, ein Epitheton für Buddha) ... erscheint in der Welt, wie wenn eine große Wolke aufsteigt. Seine starke Stimme läßt er über Götter, Menschen und Dämonen überall ertönen, ebenso wie jene große Wolke über die Dreitausend-Große-Tausender-Welt hin alles bedeckt. Inmitten der großen Schar läßt er diese Worte erklingen:
»Ich bin der Tathāgata, der, dem Verehrung angemessen, der allerorts das Wahre weiß, der vollkommen ist in einem reinen Wandel der Erkenntnis, der gut hinüberkommt ans Ufer des Nirvāṇa, der in bezug auf die Welt frei von Wünschen und Begierden ist, der unübertreffliche Meister, der Mann, der zu respektieren, Meister über Götter und Menschen, der Buddha, der von aller Welt Verehrte. Die, die noch nicht gerettet sind, veranlasse ich, daß sie gerettet werden. Die, die noch nicht verstanden haben, bringe ich zum Verständnis. Denen, die noch nicht Frieden haben, werde ich Frieden geben. Für die, die noch nicht das Nirvāṇa erlangt haben, werde ich bewirken, daß sie das Nirvāṇa erlangen. Ich kenne die jetzige Welt und die kommende Welt, so wie sie in Wahrheit sind. Ich bin der, der alles weiß und alles sieht, der den Weg kennt, den Weg öffnet und den Weg verkündet. Ihr, die Schar der Götter, Menschen und Dämonen, ihr sollt alle hierherkommen, um das Gesetz zu hören ...
Ebenso wie die große Wolke auf Pflanzen, Bäume, Dickicht und Wälder und auf die verschiedenen Kräuter regnet und ihnen ihrer Art und Natur entsprechend in vollkommener Weise Feuchtigkeit spendet, und jedes wächst und sich entfaltet, so ist das vom Tathāgata gepredigte Gesetz von *einer* Natur und von *einem* Geschmack, d. h. Befreiung durch Erkenntnis, Trennung (von Verblendung) und Erlöschen. Schließlich gelangt man zum Allwissen (skt. *prajñā*)«.

In Versen (Gāthās) wiederholt Buddha Śākyamuni das oben
Gesagte:

Wisse Kāśyapa!
Es ist, wie wenn eine große Wolke
In der Welt aufsteigt
Und alles ringsum bedeckt,
Eine Wolke der Weisheit, voll von Feuchtigkeit.
Strahlen von Blitzen zucken,
Donner rollt in der Ferne.
Und alle sind erfreut.
Die Strahlen der Sonne sind verhüllt,
Auf der Erde ist es frisch und kühl.
Die Wolke senkt sich und breitet sich aus,
Wie zum Greifen nah.
Ihr Regen ist überall gleich
Und fällt in allen vier Himmelsrichtungen.
Er fließt und strömt unermeßlich
Und füllt das ganze Land.
Auf den Bergen, den Flüssen entlang in steilen Tälern,
In verborgenen, abgelegenen Plätzen
Wachsen die Pflanzen, Bäume und Kräuter,
Große und kleine Bäume.
Die Schößlinge von Hunderten von Getreidekörnern,
Zuckerrohr und Weinstock
Werden durch den Regen reichlich getränkt.
Der dürre Boden ist überall durchfeuchtet
Und Kräuter und Bäume wachsen nebeneinander.
Von dem Wasser des *einen* Geschmacks,
Das aus dieser Wolke kommt,
Empfangen Kräuter, Bäume, Dickicht und Wälder
Ihrer Ausdehnung entsprechend Feuchtigkeit.
Alle Bäume,
Gleichermaßen ob groß, mittel oder klein
Wachsen und entfalten sich
Ihrer Größe entsprechend.
Wurzeln, Stengel, Zweige und Blätter,
Blüten und Früchte in ihren glänzenden Farben
Erlangen, soweit sich der *eine* Regen erstreckt,
Daß sie alle strahlen und glänzen.
Ebenso wie ihre Substanz und Form
Und ihre Natur sich an Größe unterscheiden,
So wachsen sie, obwohl das, was sie tränkt, dasselbe Wasser ist,
Jeweils für sich.

Auch mit dem Buddha ist es so,
Wenn er in der Welt erscheint.
Er ist vergleichbar der großen Wolke,
Die weithin alles bedeckt.
Wenn er in der Welt erschienen ist,
Legt er für vielerlei Lebewesen
Die Wahrheit aller Gesetze
Auf unterschiedliche Weise dar und predigt sie so.
Der große Heilige, von aller Welt Verehrte,
Verkündet inmitten aller Götter und Menschen
Und der gesamten Schar
Dieses Wort:
»Ich bin der Tathāgata,
Verehrt unter den zweibeinigen Lebewesen.
Ich erscheine in der Welt
Wie die große Wolke.
Und auf alle
Ausgetrockneten Lebewesen gieße ich meinen Segen,
Befreie sie von allen Leiden,
Auf daß sie die Freude von Ruhe und Frieden,
Die Freude der Welt
Und die Freude des Nirvāṇa erlangen.
Ihr Götter und Menschen alle!
Merkt gut auf mich, mit ganzem Sinn!
Kommt alle hierher
Und schaut auf den Verehrten, über dem niemand ist.
Ich bin der von aller Welt Verehrte
Und niemand vermag mich zu erreichen.
Um allen Lebewesen Ruhe und Frieden zu verschaffen,
Erscheine ich in der Welt.
Für die große Schar
Predige ich das reine Gesetz süßen Taus.
Dieses Gesetz hat *einen* Geschmack:
Die Befreiung durch die Erkenntnis und das Nirvāṇa.«

Mit diesem Kapitel »Pflanzengleichnis« mit dem Bild Buddha
Śākyamunis als regenspendender Wolke wurde in den Tem-
peln in China und Japan oft um Regen gebetet. Auch im
Christlichen findet sich das Bild vom Heiligen Geist, der aus-
gegossen wird, z.B. in dem Kurzgebet: »Herr, gieße Deinen
Geist aus – und Welten erstehen«. In der Pfingstsequenz findet
sich der Anruf des Heiligen Geistes: »Tränke, was da dürre
steht«.

4. Der kluge Bergführer

Auf unserer geistigen Wanderschaft durch das Lotos-Sūtra möchte ich ein Kapitel vorstellen, in dem die Menschheit selbst auf der Wanderschaft dargestellt wird – und zwar auf einer Bergwanderung; Buddha Śākyamuni ist – wie könnte es anders sein – der Bergführer. Es ist das Kapitel VII mit dem Titel »Gleichnis der Zauberstadt«.

Buddha predigt in Kapitel VII[27] zunächst die »Vier edlen Wahrheiten«, die da lauten:

Es ist Leid.
Es ist eine Ursache des Leides.
Es ist eine Vernichtung des Leides.
Es ist ein Weg zur Vernichtung des Leides.[28]

Dieses Donnerwort: »Es ist Leid«, diese Erfahrung, ist der Schlüssel zum Schicksal Buddha Śākyamunis.

Der historische Buddha Śākyamuni, der wohl von etwa 560–480 v. Chr. in Indien gelebt hat, war – der buddhistischen Tradition zufolge – ganz in einer Welt des Reichtums, des Wohlergehens und Saitenspiels im Palast der Śākya aufgewachsen. Er war mit Yaśodhārā verheiratet und hatte von ihr den Sohn Rāhula. Doch die Begegnungen mit einem Alten, einem Kranken, einem Leichenzug und einem Bettelmönch bei seinen vier Ausfahrten aus dem Palast schlugen ihm eine tiefe innere Wunde und konfrontierten ihn mit der Frage nach dem Sinn des Lebens und des Leidens.

»Es ist Leid« war seine Erkenntnis und Erfahrung. Er verließ die Familie und den Palast. In der Einsamkeit unter dem Feigenbaum bei Gayā[29] wurde ihm eine Antwort auf sein langjähriges Ringen zuteil. Er erkannte, daß es eine Überwindung des Leides gibt. Er erlangte die Erleuchtung über den Grund des Lebens und das Gesetz des Lebens: die höchste vollkommene Erleuchtung (skt. *anuttara-samyak-sambodhi*), eine Transzendenzerfahrung, die von tiefem Geheimnis umhüllt ist und von der im Lotos-Sūtra so viel die Rede ist. Nach seiner Erleuchtung wurde Śākyamuni, d.h. der »Weise aus dem Klan der Śākyas«, »Buddha«, der »Erwachte«, genannt, der von unermeßlichem Erbarmen mit den Lebewesen der Welt erfüllt war und ihnen seine Kraft sandte, so daß sie nicht nur aus »eigener Kraft« (jap. *jiriki*) das Leben zu bewältigen suchen mußten, sondern die »andere Kraft« (jap. *tariki*), Buddhas Kraft, ihnen zu Hilfe kam.

Im Kapitel VII des Lotos-Sūtra befinden sich die Menschen auf einer Bergwanderung, auf dem steilen Weg von Leben und Tod. Schon im Kapitel II heißt es:[30]

Ich sehe mit meinem Buddha-Auge.
Wenn ich die Lebewesen der sechs Pfade[31] betrachte,
Die sich in Armut und Leid befinden, so gibt es für sie Glück und Geisteskraft nicht.
Sie befinden sich auf den steilen Wegen von Leben und Tod
Und ihre Gestalt dauert weiter, die Leiden hören nicht auf.
Gefesselt an die fünf Begierden[32]
Sind sie so wie der Yak seinen Schweif liebt.
Mit Begierde und Leid sind sie zugedeckt.
(...)
Für diese Lebewesen
Habe ich ein Herz großen Mitleids.

In Kapitel VII gehen die Menschen diesen steilen Bergpfad, um zur »Juwelenstätte«, zur Erleuchtung, zum Nirvāṇa, zum vollen Leben zu gelangen. Buddha, der Bergführer, ist bei den Menschen. Er ist »scharfsinnig, von Geisteskraft und Klarheit«, kennt die schwierigen Passagen des Weges – und er kennt die Menschen. Mitten auf dem Weg bleiben sie zurück und können nicht mehr weiter. Sie wollen umkehren. Da erbarmt sich ihrer der Bergführer und zaubert eine paradiesische Stadt mitten in die Wildnis, wo sich die Menschen in Frieden ergehen, laben und ausruhen können. Im Lotos-Sūtra, Kapitel VII, Versteil, heißt es:[33]

Buddha zaubert eine große Stadt,
Deren Häuser wunderbar geschmückt sind,
Umgibt sie mit Gärten und Hainen,
Kleinen Flüssen und Bädern.
Starke Tore und hohe Türme gibt es.
Voll ist sie insgesamt von Männern und Frauen.
Nachdem er dieses Zauberwerk beendet hat,
Tröstet er alle und sagt: »Habt keine Furcht!
Wenn ihr in diese Stadt geht,
Sollt ihr eurer jeweiligen Freude folgen.«

Später sagt Buddha, der Bergführer:

Nur vorübergehend habe ich diese Stadt gezaubert.
Nun müßt ihr klug vorwärtsgehen
Und zusammen an den Juwelenplatz gelangen.

Als die Menschen erholt sind, ermuntert sie also der Bergführer, auch den letzten Rest des steilen Weges noch zu gehen, um die wahren Juwelen des Lebens, das unvergängliche Leben in Frieden und Freude, das Nirvāṇa, die Befreiung zu erlangen.

Ich empfinde es als tröstlich, auf dem steilen Weg von Leben und Tod, den wir Menschen dieser irdischen Welt alle gehen müssen, immer wieder Inseln der Gnade anzutreffen, ein Stückchen Paradies, ein Stückchen Zauberstadt zu finden, wo man sich ausruhen kann. Dieses Kapitel fand ich bei meiner langjährigen Arbeit an meiner Dissertation als besonders tröstlich. Buddha Śākyamuni ist hier im Gleichnis der Zauberstadt dargestellt als kluger Bergführer, der die Menschen kennt und sie auf ihrem steilen Weg von Leben und Tod nicht überfordert, sondern Erbarmen mit ihnen hat.

Erleuchtung, Allweisheit, Erbarmen, geschicktes Mittel und Geduld sind die zentralen Begriffe im Buddha-Bild des Lotos-Sūtra.

5. Das ursprüngliche Wesen Buddhas

Auf unserer geistigen Wanderschaft durch das Lotos-Sūtra sind wir schon sehr nahe an der »Juwelenstätte« angelangt: Wir kommen zum zweiten Teil des Lotos-Sūtra, das die »Lehre vom ursprünglichen (überirdischen) Wesen Buddhas« enthält, und nähern uns dem zentralen Kapitel XVI mit dem Titel »Des Tathāgatas Lebensdauer«.

In den verschiedensten Gestalten ist uns Buddha Śākyamuni bisher im Lotos-Sūtra begegnet: als erleuchteter Prediger, als erbarmender Vater, als Regen und Geist spendende Wolke, als scharfsinniger, erfahrener, barmherziger Bergführer. Im Kapitel XVI offenbart Buddha Śākyamuni sein innerstes Wesen. Es ist sein unvergängliches Wesen, und er schenkt uns mit dieser Offenbarung eine Ahnung von der Ewigkeit. Um dies den Menschen leichter zu vermitteln, vergleicht er sich im Anschluß an seine Lebensoffenbarung wieder mit einem Vater, der auch Arzt ist.

Zur Offenbarung seines innersten Wesens wird Buddha durch eine Frage bewegt, eine existentielle Frage, ähnlich der Mitleidsfrage Parsifals: »oheim, waz wirret dir?« (»Oheim, was fehlt dir?«), durch die Amfortas geheilt wird. Im Kapitel XV des Lotos-Sūtra mit dem Titel »Hervorquellen (von Scharen von Bodhisattvas) aus der Erde« steigen unermeßliche Scharen von Bodhisattvas, zahlreich wie der Sand am Ganges, aus der Erde auf. Sie alle sind im Buddhaweg geübt und von großer Kraft im Dulden. Der Bodhisattva Maitreya stellt nun, um seine Zweifel zu lösen, an Buddha Śākyamuni die entscheidende Frage, wie er in so kurzer Zeit, seit seiner Erleuchtung in Gayā, eine so unvorstellbare Zahl von Bodhisattvas lehren konnte.

Daraufhin offenbart Buddha Śākyamuni sein innerstes Wesen. Diese Lebensoffenbarung ist zugleich sein Testament an uns. Buddha Śākyamuni spricht:[34]

Ihr alle hört die Wahrheit! Hört von der geheimen, geheimnisvollen, magisch durchdringenden Kraft des Tathāgata! Alle die Welten von Göttern (*devas*), Menschen und Dämonen, sie alle sagen, daß Buddha Śākyamuni jetzt (zu dieser Zeit) den Palast der Familie Śākya verlassen habe, daß er nicht fern der Stadt Gayā auf dem Platz der Erleuchtung gesessen sei und die höchste vollkommene Erleuchtung (*anuttara-samyak-sambodhi*) erlangt habe. Aber, ihr guten Söhne, seitdem ich in Wahrheit Buddha geworden bin, sind unermeßliche, unbegrenzte Hunderte von Tausenden von Zehntausenden von Millionen von Weltzeitaltern (*kalpas*) vergangen.

Buddha fährt fort:

Ihr guten Söhne! Der Tathāgata sieht alle Lebewesen, die sich am Kleinen Gesetz freuen, die schwach sind an Tugend und deren Befleckung stark. Für diese Menschen predige ich: In meiner Jugend bin ich in den hauslosen Stand (Mönchsstand) eingetreten und habe die höchste vollkommene Erleuchtung (*anuttara-samyak-sambodhi*) erlangt. Aber seitdem ich in Wahrheit Buddha geworden bin, das ist lange her, wie vorhin gesagt. (...)
Das Leben, unermeßlich, unzählige Weltzeitalter: beständig bleibt es, nicht erlischt es. Ihr guten Söhne alle, das Leben, seit ich ursprünglich den Bodhisattvaweg ging und vollendete, ist heute noch nicht erschöpft. Obwohl jetzt also in Wahrheit das Erlöschen und Hinüber-

gehen nicht stattfinden, verkünde und sage ich mit dem geschickten Mittel (skt. *upāya*), daß ich das Erlöschen und Hinübergehen (*Nirvāṇa*) ergreifen müsse.

Buddha offenbart hier das Innerste seines Wesens, sein unvergängliches, ewiges Leben, das aus unermeßlicher Vergangenheit kommt, die Gegenwart erfüllt und in unermeßliche Zukunft reicht. Buddha Śākyamuni zeigt sich als unermeßlicher, kosmischer All-Buddha. Graf Dürckheim schreibt zu dieser Stelle im Lotos-Sūtra:[35] »In dieser Aussage (Buddhas) geht es um das Erfassen der jenseits aller Zeit wesenden Wirklichkeit, es geht um den Versuch, die Wirklichkeit zu erfassen, wie sie auch im Satze vom Christus ›Ehe denn Abraham ward, bin ich‹ zum Ausdruck kommt. Die jenseits aller Zeit wesende Wirklichkeit wird im zeitlichen Begriff einer so langen Zeit bezeichnet, daß sie nicht meßbar ist, alle menschlichen Maßstäbe hinter sich läßt. Es sind dies bildhafte Formulierungen eines wirklich unermeßlichen, d.h. jedes Maß spottenden, richtiger gesagt: überhaupt nicht meßbaren, d.h. quantitativ nicht greifbaren Seins.« Buddha Śākyamuni eröffnet uns hier im Kapitel XVI eine Ahnung von der Ewigkeit, eine Entgrenzung unseres Bewußtseins. Es ist der transzendente Buddha, der sich uns hier enthüllt. Diese Offenbarung ist der Höhepunkt im Lotos-Sūtra und der Höhepunkt des Buddha-Bildes.

Freilich besteht hier das Problem, daß die Menschen fragen, warum Buddha doch ins Nirvāṇa eingehen mußte und vor den irdischen Augen der Welt ein Erlöschen stattfand. Buddha löst selbst im Kapitel XVI diese Aporie, diese Frage. Er sagt, daß er das Nirvāṇa um der Rettung der Menschen willen zeigt. Denn wenn er ihnen immer greifbar und sichtbar wäre, würden sie nicht die guten Wurzeln der Tugend pflanzen. Es gibt sechs Tugenden oder Vollkommenheiten im Buddhismus: Opfergabe (*dāna*), Zucht (*śīlā*), Geduld, auch bei schmachvoller Behandlung (*kṣānti*), Kraft (*vīrya*), Versenkung (*dhyāna*) und Weisheit (*prajñā*). Wenn sich der Buddha den Blicken der Menschen nie entzöge, würden sie bequem und träge. Aber wenn er entschwunden ist in ein anderes Reich, »hegen sie in ihrem Herzen Liebe und Verbundenheit und Sehnsucht für Buddha, sie pflanzen die guten Wurzeln der Tugenden (skt.

pārāmitas).«[36] Buddha tritt also ins Nirvāṇa ein um der Rettung der Lebewesen willen.

Dieses Vorgehen erläutert Buddha Śākyamuni in Kapitel XVI in dem Gleichnis vom »rettenden Arzt«: Ein Arzt hat viele Söhne. Als er verreist, trinken diese Gift, so daß sie tief verstört sind. Bei seiner Rückkehr ist der Arzt und Vater bestürzt über das Leid der Söhne und versucht, sie mit Heilkräutern wieder gesund zu machen. Aber nur ein Teil der Söhne ist bereit, das Heilmittel einzunehmen; die anderen weigern sich. Da denkt sich der gute Arzt und Vater ein geschicktes Mittel aus: Er geht wieder in ein anderes Land und läßt melden, daß er gestorben sei. Da werden die Söhne in ihrem Herzen wach. Auch die, die sich geweigert hatten, die Medizin einzunehmen, denken nun in Liebe an ihren Vater und seine Heilkunst. So nehmen sie seine Medizin ein, die er für sie bereitet hatte – und werden gesund. Ihr Leben ist gerettet. Sobald der Vater hört, daß alle seine Söhne genesen sind, zeigte er sich ihnen wieder.

Auch der Buddha entzieht sich im Nirvāṇa den Menschen, um ihr Herz für ihn zu erwecken. In Wahrheit aber – und das ist die große Lotos-Botschaft und der Höhepunkt des Buddha-Bildes – ist Śākyamuni beständig bei den Menschen und sein »Paradies ist unzerstörbar«. Alle, die sich vertrauensvoll an ihn wenden, nimmt er in sein Paradies des rein und ewig blühenden Lotos hinein.

6. Epilog

Wir sind nun dem geistigen Aufstieg im Lotos-Sūtra gefolgt und würden gerne auf dem Gipfel der »Juwelenstätte« verharren. Vielleicht können wir von diesem Gipfel aus einen Blick auf unser 3. Jahrtausend werfen, dem wir uns nähern. In der Zeitschrift »Christ in der Gegenwart« vom 7. Juli 1996 stand im Kommentar unter dem Titel »Global« zu lesen, daß »auf der Suche nach einer grundlegend neuen Weltordnung nicht nur um Machtbesitz und Machtverteilung gekämpft wird, sondern auch um theoretische, allgemein anerkannte *Leitbilder*, nach denen wir unsere internationalen Beziehungen verläßlich ordnen könnten, über alle Verschiedenheiten der Kulturen und regionalen Traditionen hinweg. In dieser Hinsicht hatte der amerikanische Gelehrte, Samuel Huntington, durchaus recht, wenn er von einem Kampf der Weltanschauungen um die Vorherrschaft im 3. Jahrtausend nach Christus spreche. Besser gesagt, daß etwas Neues entsteht, das uns hilft, global in Frieden und Gerechtigkeit zu leben.«

Dazu möchte ich sagen: Als Leitbild in das 3. Jahrtausend ist der Buddha des Lotos-Sūtra, das selbst 2000 Jahre alt ist, sicher hilfreich. Im übrigen geht es nicht um einen Kampf zwischen den Weltanschauungen, sondern um den Dialog und das gemeinsame Gebet, wie dies in Assisi zusammen mit dem Papst Johannes Paul II., dem Dalai Lama und einer Reihe anderer Religionsvertreter möglich war.

Zum Abschluß noch ein Zitat aus einem Brief, den der damalige Bundespräsident Richard von Weizsäcker an den Verlag Lambert Schneider zum Erscheinen der Übersetzung des Lotos-Sūtra schrieb:[37]

»Wie zeitlos erscheinen uns doch gerade heute über alle Grenzen der Kulturen und Religionen hinweg die Parabeln vom ›brennenden Haus‹ und vom ›verlorenen Sohn‹. Sie bestärken mich in meiner Überzeugung, daß es doch einen gemeinsamen ethischen Kern der scheinbar so unvereinbaren großen Religionen und Moralsysteme gibt.«

Das 2000jährige Lotos-Sūtra scheint also durchaus ein Bindeglied zwischen Buddhismus und Christentum zu sein und ins 3. Jahrtausend hineinwirken zu können.

Die Buddha-Wirklichkeit in den späteren Formen des mahāyānistischen Buddhismus

Helmut Tauscher

1. Vorbemerkungen

Die Vorstellungen vom Buddha und seiner Wirklichkeit im Mahāyāna-Buddhismus sind von einer Vielzahl verschiedener, z.T. einander sogar widersprechender religiöser und philosophischer Konzepte und Ideen geprägt, die ihrerseits im Laufe der Jahrhunderte in den einzelnen buddhistischen Traditionen unterschiedliche Deutung und Gewichtung erfahren haben. Da der Buddhismus keine allgemein verbindliche Orthodoxie kennt, sind all diese Entwicklungen in gleicher Weise gültig und als prinzipiell gleichwertig anzusehen. Im gegebenen Rahmen ist es nicht möglich und wohl auch nicht zielführend, dieser Tatsache in einer auch nur einigermaßen umfassenden Darstellung gerecht zu werden. Vielmehr soll der Versuch unternommen werden, in einer eklektischen und vereinfachenden – manchmal auch verallgemeinernden – Darstellung die wesentlichen Ideen aufzuzeigen, die der Vorstellung vom Buddha im Mahāyāna und Vajrayāna zugrunde liegen, allerdings mit einer Beschränkung auf den indischen und tibetischen Buddhismus; der gesamte Bereich des ostasiatischen Buddhismus soll ausgeklammert bleiben. Auf Detailfragen soll dabei keine Rücksicht genommen werden, so wichtig sie im einzelnen auch sein mögen. Die Besprechung von grundlegenden philosophischen Problemen folgt weitgehend den Interpretationen tibetischer Lehrer, speziell aus der dGe lugs pa-Schule, ohne interne Diskussionen zu berücksichtigen und ohne die Frage zu stellen, ob und inwieweit diese Interpretationen den Intentionen der interpretierten indischen Autoren entsprechen.

Da speziell die späteren Formen dieser buddhistischen Strömungen betrachtet werden sollen, kann auf den Versuch verzichtet werden, Entstehen und Entwicklung jener Ideen und

Vorstellungen darzustellen, die für das Mahāyāna und in der Folge auch für den tantristischen Buddhismus bezeichnend sind.

Die Tendenzen im buddhistischen Denken, die das Mahāyāna vom alten Buddhismus abgrenzen, betreffen – grob zusammengefaßt – drei Punkte:

1. Auf *sozial-ethischem* Gebiet sind es jene Entwicklungen, die sich unter dem Schlagwort »Bodhisattva-Ideal« zusammenfassen lassen. Sie sind für das konkrete Thema nicht direkt relevant und werden daher nicht weiter behandelt. Entscheidend sind dagegen die beiden anderen Punkte.

2. Die *Ontologie*: Während im *Hīnayāna* die Erscheinungswelt des Saṃsāra einem radikal transzendenten Nirvāṇa gegenübersteht, operiert das *Mahāyāna* mit einem Absoluten, welches als weltimmanent gesehen wird. Das tantristische *Vajrayāna* geht konsequent einen Schritt weiter und identifiziert dieses Absolute mit der Welt.

Diese Entwicklung beeinflußt auch die Erlösungslehre. Im Hīnayāna sind die vom historischen Buddha Śākyamuni verkündeten *Vier Heiligen Wahrheiten* Gegenstand der erlösenden Erkenntnis, nämlich die Wahrheiten vom Leid, vom Entstehen des Leides, von der Aufhebung des Leides und vom Weg, der zum Aufhören des Leides führt. Im Gegensatz dazu ist im Mahāyāna die Erkenntnis des *absoluten Wesens der Welt* erlösungskonstituierend und im Vajrayāna eine mystische Identifikation des Übenden mit dem Absoluten. Eine entsprechende Erkenntnis ist dabei selbstverständlich impliziert. »Erkenntnis« ist hier nicht als ein bloß intellektueller Prozeß zu verstehen, sondern eher im Sinn einer »gnoseologischen Verwirklichung«.

3. Die *Buddhologie*: Im Hīnayāna ist der Buddha ausschließlich jene historische Person des verehrten Lehrers, der im 5. oder 4. Jahrhundert vor unserer Zeitrechnung als der Prinz Siddhārtha Gautama aus dem Geschlecht der Śākya »vom Haus in die Hauslosigkeit« gezogen ist, um die Leiden der Welt zu überwinden, und dann, als er den Weg dazu gefunden hatte, als »der Erleuchtete«, »der Buddha« Śākyamuni, predigend durch Nordindien gewandert ist, um seine Erkenntnisse zu lehren.

Im Mahāyāna wird diese Auffassung durch die Lehre von den drei Körpern (*trikāya*) des Buddha ersetzt. Von diesen macht lediglich der rein geistige und unpersönliche »Wahrheitskörper« (*dharmakāya*) seine eigentliche Wirklichkeit aus, und dieser Aspekt des Buddha wird mit dem Absoluten gleichgesetzt.

Somit wird die »Wirklichkeit des Buddha« im Mahāyāna zu einer »Buddha-Wirklichkeit«, zu jener Wirklichkeit, *die der Buddha ist*, die durch den Buddha *repräsentiert* wird. Das bedeutet aber natürlich nicht, daß die beiden Begriffe beliebig austauschbar sind. Im Vajrayāna ist es, der spezifischen Ontologie entsprechend, jene Wirklichkeit, die durch den Buddha *konstituiert* wird.

Es liegt auf der Hand, daß in diesem Zusammenhang primär nicht mehr von der historischen Person des Buddha Śākyamuni die Rede sein kann. Diese ist aber selbstverständlich impliziert. Ihre Wirklichkeit und Bedeutung liegt darin, daß sie eine Manifestation des absoluten Buddha in der Erscheinungswelt ist, mit dem Ziel, den Lebewesen vor Augen zu führen, daß und wie es möglich ist, dem als leidvoll empfundenen, anfanglosen Kreislauf der Wiedergeburten zu entrinnen.

Diese »Buddha-Wirklichkeit« bedeutet im Mahāyāna ebenso wie im Vajrayāna die einzige wahre, absolute Wirklichkeit, aber – und dieser Punkt kann nicht stark genug betont werden – das ist die *Wirklichkeit der Welt* als ganzer. Um die gröbsten Mißverständnisse zu vermeiden, wird es also notwendig sein, die zutiefst religiöse Frage nach dem Wesen des Buddha und der Buddhaschaft aus dem Blickwinkel der ontologischen Deutung der Welt zu betrachten und mit der Frage zu verbinden, wie dieses Absolute beschaffen ist, das mit dem Buddha gleichzusetzen ist.

2. Die drei Körper des Buddha

Die äußerst komplexe buddhistische Lehre von den verschiedenen Körpern (*kāya*) des Buddha soll hier in der für das spätere Mahāyāna typischen Form der Doktrin von den drei Körpern (*trikāya*) kurz zusammengefaßt werden, wobei deren Entwicklung, die unterschiedlichen Einteilungssysteme oder alternative Terminologien weitgehend unberücksichtigt bleiben müssen.[1]

Die Unterscheidung eines »materiellen Körpers« (*rūpakāya*) und eines »Körpers der Lehre« (*dharmakāya*) kennt bereits das Hīnayāna, allerdings ohne metaphysische Implikationen. So kann z. B. jemand, nachdem ihm die Lehre des Buddha vermittelt wurde, sagen, er habe zwar den *dharmakāya* des Buddha gesehen, nicht aber dessen *rūpakāya* (d. h. er hat den Buddha nicht persönlich getroffen).[2] Hier wird also lediglich zwischen der Person des historischen Buddha und seiner Lehre unterschieden, wohl auch seinen Eigenschaften, oder wie es Nagao formuliert: »the Buddha's personality seen in the dharma or dharma-nature«.[3]

Dem zweiten Aspekt kommt dabei die größere Bedeutung zu, was noch durch Aussagen des Buddha verstärkt wird, wie: »Wer den *dharma* sieht, sieht mich; wer mich sieht, sieht den *dharma*«[4] oder den öfter gegebenen Hinweis, nach seinem Tod werde er in Form seiner Lehre weiter präsent sein.

Im Mahāyāna führt das, möglicherweise in Zusammenhang mit der in den Mahāyāna-Sūtren vertretenen Lehre, daß der Buddha in jeder der drei Welten – der grobstofflichen »Welt der Begierde« (*kāmadhātu*), der feinstofflichen »formhaften Welt« (*rūpadhātu*) und der rein geistigen »formlosen Welt« (*arūpadhātu*) – auftritt, zu der Lehre von seinen drei Körpern: neben dem *dharmakāya* sind das der »Körper des Genießens« (*saṃbhogakāya*) und der »Verwandlungskörper« (*nirmāṇakāya*).

Eine andere Erklärung bietet Nāgamitra in seinem Kāyatrayāvatāramukha (»Tor zum Eintritt in [die Lehre von den] drei Körpern«): Da jene Art von Nirvāṇa, bei dem die physischen und psychischen persönlichkeitskonstituierenden »Gruppen« (*skandha*) vorhanden sind, auf den *saṃbhoga*- und *nirmāṇakāya* des Buddha beschränkt ist, der *dharmakāya* aber ohne diese »Gruppen« ist, haben diejenigen, die im »nicht fixierten (*apratiṣṭhita*) Nirvāṇa« verweilen (i.e. die Buddhas), die drei Körper.[5] Das erklärt zwar noch nicht die Notwendigkeit der Dreizahl, diese ergibt sich aber daraus, daß der »Körper des Genießens« vorwiegend dem eigenen Zweck dient, der »Verwandlungskörper« aber ausschließlich dem Zweck anderer.

Eine grundlegende Bestimmung ist bei allen weiteren Überlegungen nicht aus den Augen zu verlieren: Die drei Körper des Buddha sind zwar nicht identisch, aber prinzipiell wesensgleich und keine unabhängig in absolutem Sinn existente Entitäten:

> Weiters sind diese drei Körper weder existent noch nichtexistent, und sie werden als weder miteinander identisch noch verschieden voneinander angenommen.[6]

Über diese Begriffe wird im Rahmen der Behandlung des Konzeptes von »Wirklichkeit« noch zu sprechen sein.

Der *Wahrheitskörper* (*dharmakāya*) konstituiert das eigentliche Wesen des Buddha. Er ist immateriell und unvergänglich, und er repräsentiert sowohl die vom Buddha verkündete Wahrheit als auch die Wirklichkeit an sich. Insofern wird er auch mit Ausdrücken in Zusammenhang gebracht, die zur Bezeichnung der absoluten Wirklichkeit Verwendung finden, wie etwa »Natur der Gegebenheiten« (*dharmatā*), »Element der Gegebenheiten« (*dharmadhātu*), was auch als »Ursache« oder »Same der Gegebenheiten« zu verstehen ist, usw.

In der Sekundärliteratur finden sich die unterschiedlichsten Übersetzungen für diesen Terminus, wie z.B. »Körper der Lehre«, »Gesetzeskörper«, »absoluter Körper« oder »kosmischer Körper«; letztere hat aber lediglich im Kontext des Tantrismus ihre Berechtigung. Diese unterschiedliche Terminologie spiegelt auch die kontroverse inhaltliche Interpretation: Von einem rein abstrakten Verständnis des *dharmakāya* reicht sie bis zu einer Deutung als göttliches Wesen. Das Konzept eines »göttlichen« *dharmakāya* trifft aber das Wesen des Buddhismus auf keiner seiner Entwicklungsstufen. Vor allem Pioniere auf dem Gebiet der Buddhismusforschung sind diesem Irrtum erlegen, er findet sich aber auch noch in jüngeren Arbeiten.[7]

Der hier gewählte Übersetzungsterminus »Wahrheitskörper« ist der Versuch eines Kompromisses: Entwicklungsgeschichtlich geht der Ausdruck wohl auf *dharma* in der Bedeutung »buddhistische Lehre« zurück, die Bedeutungen »(besondere) Eigenschaften (des Buddha)« und »[Natur der] Gegebenheiten« sind aber gleichermaßen impliziert. Außerdem verwenden die frühen Texte, sowohl Hīnayāna-Schriften als auch frühe Mahāyāna-Sūtren, den Ausdruck *dharmakāya* häufig als Adjektiv in der Bedeutung »den *dharma* (die Lehre) / die *dharmas* (besondere Buddha-Eigenschaften) als Körper habend«, womit sie den Buddha, durchaus auch in seiner menschlichen Erscheinungsform, beschreiben.[8] Diese Verwendung ist natürlich auch für spätere Texte nicht auszuschließen, hier ist aber noch mit der zusätzlichen Bedeutung »[alle] Gegebenheiten« für *dharma* zu rechnen. Von dieser Interpretation ist es dann kein allzu großer Schritt mehr bis zu dem Konzept eines »kosmischen« Körpers, dem wir im tantristischen Buddhismus begegnen.

Diese Mehrschichtigkeit der Bedeutung bleibt auch in der späteren Zeit erhalten. So sagt etwa Jñānagarbha (8. Jh.):

Weil er der Körper aller Gegebenheiten ist, weil er die Basis aller unvorstellbaren Tugenden ist, weil er dem Wesen nach der Vernunft folgt: deswegen ist er der *dharmakāya* der Beschützer (i.e. der Buddhas).[9]

Die erste Begründung erklärt er dahingehend, daß das Wesen des Tathāgata (i.e. des Buddha) in allen Lebewesen vorhanden ist, die zweite damit, daß der *dharmakāya* sowohl die Summe aller weltlichen und überweltlichen Tugenden ist als auch die Grundlage für deren Entstehen, und die dritte damit, daß das Wesen des *dharmakāya* durch Vernunft erkennbar ist, weil es damit übereinstimmt. Diese letzte Bestimmung bedeutet in Jñānagarbhas philosophischem System, daß es sich um die absolute Wirklichkeit handelt.

Eine zusammenfassende Beschreibung des *dharmakāya* sollen einige Passagen aus dem Suvarṇaprabhāsottama-Sūtra (»Goldglanz-Sūtra«) bieten. Sowohl die verwendeten Termini als auch die thematischen Aussagen werden bei der ontologischen Betrachtung der Wirklichkeit wieder relevant werden:

Der *dharmakāya* ist der vollkommen Erleuchtete, daher ist der Tathāgata das »Element der Gegebenheiten« (*dharmadhātu*). Weil dies der wahre Körper des Buddha ist, verkündet er auch eine derartige Lehre. ...
Dharmakāya nennt man das, wo nur noch die »Soheit« (*tathatā*, die absolute Wirklichkeit) und die Erkenntnis der »Soheit« vorhanden sind, weil alle guten Eigenschaften zur Vollendung gebracht wurden, nachdem alle Hemmnisse der moralischen Befleckungen und er-

kenntnis-relevanten Hemmnisse beseitigt wurden. Die beiden anderen Körper gibt es nur als Bezeichnung, aber dieser dritte Körper existiert wirklich, denn er bildet die Grundlage für die beiden anderen Körper. Warum? Außer der »Soheit« der Gegebenheiten und der vorstellungsfreien Erkenntnis davon hat kein Buddha eine andere Eigenschaft.[10] ...

Der *dharmakāya* ist ohne Dualität, d.h. es gibt bei ihm weder Bezeichnung noch Bezeichnetes; daher ist er weder existent noch nichtexistent, weder identisch noch verschieden, ... weder Licht noch Dunkelheit. ...

Dennoch wird er zur Grundlage für die Aufhebung und den Weg.[11] Daher werden in diesem *dharmakāya* die mannigfaltigen Taten des Tathāgata offenbar. ...

Wenn man ihn völlig verstanden hat, so ist eben dieser Körper das Mahāyāna; er ist das wahre Wesen (*svabhāva*) des Tathāgata; er ist der »Keim der Buddhaschaft« (*tathāgatagarbha*). ...

Weil dieser derartige *dharmakāya* in seiner eigenen Wesenheit besteht, bezeichnet man ihn als beständig, als das »Ich« (*ātman*). Weil er in der großen Versenkung besteht, bezeichnet man ihn als Wonne. Weil er in der großen Weisheit besteht, bezeichnet man ihn als völlig rein.[12]

Systematisch kann man beim *dharmakāya* einen Erkenntnisaspekt, den *jñānadharmakāya*, und einen Wesensaspekt, den *svabhāvakāya*, unterscheiden. Nach einer anderen Methode werden diese beiden auch als eigene Körper gewertet. Der erste besteht in der Allwissenheit des Buddha; beim zweiten unterscheidet man weiter einen »substantiellen« Teil, i.e. die Leerheit der Allwissenheit des Buddha, und einen »akzidentellen« Teil, i.e. das Nirvāṇa des Buddha.

Da der *dharmakāya* aber ohne jede Dualität ist, kann er sich als solcher nicht vermitteln. Aus diesem Grund manifestiert er sich in materieller Form in den beiden anderen Körpern.

Der Körper des Genießens (*saṃbhogakāya*) umfaßt dabei die mythologischen Erscheinungsformen des Buddha, in welchen er in den verschiedenen Paradiesen die Bodhisattvas und Götter lehrt. Er ist auch der »Körper des natürlichen Ergebnisses« [wörtlich: »des natürlichen Ausflusses«] (*niṣyandakāya*), der sich als »natürlicher Ausfluß« (*niṣyanda*) der Vervollkommnung des Buddha ergibt. Wie bereits erwähnt, dient er vorwiegend seinem eigenen Zweck, d.h., er selbst »genießt« die Wahrheit, die der Buddha erkannt hat und lehrt.

Neben einem »Nirvāṇa (das in) der absoluten Natur (besteht)« (*prakṛtinirvāṇa*) – davon wird später zu sprechen sein – unterscheidet man im Mahāyāna drei Arten von Nirvāṇa: das »mit Rest« (*sopadhiśeṣa-*), das »ohne Rest« (*nirupadhiśeṣa-*) und das »nicht fixierte« (*apratiṣṭhitanirvāṇa*).

Das »Nirvāṇa mit Rest« repräsentiert jenen Erlösungszustand eines Śrāvaka (»Hörer«, Anhänger des Hīnayāna) als Arhat, der gegeben ist, wenn zwar die Befleckungen (*kleśa*) abgelegt sind, aber die persönlichkeitskonstituierenden Gruppen (*skandha*) noch vorhanden sind und ein Rest von Leiden besteht, der durch frühere Taten (*karma*) und Befleckungen bedingt ist. Das »Nirvāṇa ohne Rest« ist gegeben, wenn auch diese geschwunden sind, d. h. mit dem physischen Tod des Arhat.

Das »nicht fixierte Nirvāṇa« ist das spezielle Nirvāṇa der Buddhas, die aufgrund früherer Gelübde zum Heil der Wesen auf eine persönliche Erlösung verzichten. Es ist dadurch gekennzeichnet, daß beide vorher genannten Arten gleichzeitig gegeben sind. Dabei entspricht, gemäß Kāyatrayāvatāramukha v. 31 [siehe Anm. 5], das »Nirvāṇa ohne Rest« dem *dharmakāya*, das »Nirvāṇa mit Rest« dem *saṃbhoga-* und *nirmāṇakāya*.

Während letzterer ausschließlich zum Heil der anderen tätig ist, ist der *saṃbhogakāya* jener Aspekt des Buddha, der selbst in den Genuß der Früchte seiner Bemühungen kommt.

Das bedeutet aber keineswegs, daß er ohne soteriologische Bedeutung ist. In mystischen Visionen oder in Meditation erscheint er in den verschiedensten Formen spirituell fortgeschrittenen Adepten, um sie zu leiten und zu lehren. Besondere soteriologische Relevanz erlangt der *saṃbhogakāya*-Buddha Amitābha (»Von unermeßlichem Licht«); eine Wiedergeburt in seinem Paradies Sukhāvatī (»Glückliches Land«) bedeutet zwar noch nicht die Buddhaschaft, doch ist dort ein müheloses Erlangen derselben garantiert.

Die Voraussetzungen für diese Vorstellung sind in den grundlegenden Ideen des Mahāyāna gegeben, wie etwa der Idee, daß der Bodhisattva auf seine eigene Erlösung verzichtet und im Kreislauf des Saṃsāra verweilt, um anderen Lebewesen zur Erlösung zu verhelfen, oder die Vorstellung, daß religiöses Verdienst auf andere übertragbar ist. Unter diesem

Aspekt ist die Vorstellung vom segensreichen Einfluß von Sukhāvatī im Mahāyāna allgemein bekannt.

Auf dieser Grundlage entwickelte sich aber eine Strömung innerhalb des Buddhismus, die als »Buddhismus des Glaubens« bezeichnet werden kann. Dieser entstand wohl schon in Indien unter dem Einfluß der allgemeinen Bewegung der *bhakti* (»liebevoll verehrende Hingabe«). Die volle Ausgestaltung und vor allem seine volle Bedeutung erlangte er jedoch vor allem in Ostasien in der Form des in China und Japan populären »Buddhismus des Reinen Landes«. Hier erfolgt die Erlösung nicht mehr ausschließlich durch Erkenntnis der Wirklichkeit aufgrund eigener Bemühungen, sondern durch die Gnade des Amitābha (jap.: *Amida*): es genügt, vertrauensvoll an ihn zu denken, um in sein Paradies Sukhāvatī aufgenommen zu werden.

Obwohl auch der »Buddhismus des Glaubens« in seiner voll entwickelten Form den philosophischen Ideen der beiden Hauptrichtungen des Mahāyāna verpflichtet ist[13], ist hier eine Gewichtung im Konzept des Buddha vorauszusetzen, welche der Vorstellung vom Buddha als Heiland nahekommt. Diese mag sich in Zentralasien unter dem Einfluß von iranischen religiösen Strömungen wie etwa des Mithraskultes und manichäischem und gnostischem Gedankengut entwickelt haben.[14]

Der *Verwandlungskörper* (*nirmāṇakāya*) schließlich ist die Form, in welcher sich der *dharmakāya* in der grobstofflichen »Welt der Begierde« manifestiert, wann immer Bedarf an der Verkündigung der Lehre besteht.

Das ist nun aber nicht im Sinn einer Epiphanie zu verstehen. Der *dharmakāya* manifestiert sich nicht *von sich aus*: Kraft des Gelübdes, alle Lebewesen zur Erlösung zu führen, welches ein Bodhisattva in einem früheren Leben abgelegt hat, manifestiert sich der *dharmakāya* dieses nunmehrigen Buddha – welcher allerdings nicht verschieden ist vom *dharmakāya* aller anderen Buddhas – als Verwandlungskörper in der Welt, wie etwa als der historische Buddha Śākyamuni.

Im eigentlichen Sinn ist er kein Wesen aus Fleisch und Blut, sondern eine magische Erscheinung. Sein menschlicher Körper, sein Leben mit Geburt, Streben nach und Erlangen von Erleuchtung, sein Tod: alles wird den Lebewesen lediglich aus didaktischen Gründen vorgeführt.

Dazu soll noch einmal das Goldglanz-Sūtra zu Wort kommen. Auf die Frage nach Buddha-Reliquien erklärt der Buddha, daß es solche nicht geben könne:

Der Erhabene ist zwar der Vajra-Körper (= *dharmakāya*), doch zeigt er durch einen (magischen) Kunstgriff den Verwandlungskörper. Darum gibt es keine Reliquien des Buddha, nicht einmal so groß wie ein Senfkorn. Wenn der Erhabene nicht Körper von Fleisch und Blut ist, wie sollte es da Reliquien geben? – Nur um den Wesen zu helfen, nimmt er durch einen (magischen) Kunstgriff Gebeine an.[15]

3. Das Konzept der Wirklichkeit

Das Anliegen des historischen Buddha Śākyamuni war es ausschließlich, einen Weg zu finden und zu lehren, der aus dem anfanglosen Kreislauf der Wiedergeburten herausführt. Eine Erklärung der Welt beschränkte sich dabei auf das, was diesem Ziel dienlich und förderlich ist: Er lehrte die Welt als »nicht-Ich« (*anātma*), »unbeständig« (*anitya*) und »leidvoll« (*duḥkha*); das war ausreichend als Motivation dafür, dieser Welt zu entrinnen. Darüber hinausgehende metaphysische Spekulationen hat der historische Buddha stets abgelehnt.

Nichtsdestoweniger scheinen derartige Spekulationen aber einem allgemein menschlichen Bedürfnis zu entsprechen, und auch der Buddhismus ist davon nicht ausgenommen.

Die vom historischen Buddha gelehrten Eigenschaften der Erscheinungswelt klassifizierten diese als nichtig und wertlos. Das Mahāyāna geht einen Schritt weiter und interpretiert sie als falsch und nicht real – wenigstens als von der Weise, in der sie erscheint, abweichend. Gleichzeitig wird eine absolute Wirklichkeit angenommen, die hinter dieser trügerischen Erscheinung steht. Die Annahme der Existenz einer solchen absoluten Wirklichkeit ist unbedingt notwendig, denn andernfalls ergäbe sich ein reiner Nihilismus, und:

… um ihretwillen haben die Bodhisattvas, nachdem sie Haupt- und Barthaar geschnitten haben, das gelblich-rote Gewand angezogen; aus richtigem gläubigen Vertrauen sind sie vom Haus in die Hauslosigkeit fortgezogen, und nachdem sie völlig ausgezogen sind, bemühen sie sich eifrig, die Natur der Gegebenheiten (*dharmatā*) zu erlangen … Edler Jüngling, wenn es die absolute Wirklichkeit (*pa-*

ramārtha) nicht gäbe, wäre der reine Lebenswandel sinnlos und die auftretenden Tathāgatas wären sinnlos. Weil es aber die absolute Wirklichkeit gibt, werden die Bodhisattvas »Kenner der absoluten Wirklichkeit« genannt.[16]

Was und wie diese absolute Wirklichkeit ist, dazu bietet die mahāyānistische Philosophie – grob eingeteilt – zwei verschiedene Erklärungsmodelle, die den Hauptunterschied der beiden großen Strömungen im Mahāyāna, Madhyamaka und Yogācāra, ausmachen.

Das idealistische Yogācāra- oder Cittamātra (»Nur-Geist«)-System, welches lehrt, daß die Welt in und aus dem Geist, dem Bewußtsein besteht, bietet möglicherweise einen besseren Ansatzpunkt dafür, den Buddha mit dem Absoluten gleichzusetzen. Die Lehre von den drei Körpern des Buddha hat auch auf dem Boden dieser Schule ihre volle Ausbildung erfahren.

Trotzdem oder gerade deswegen soll hier vorwiegend die Ontologie des nominalistischen Madhyamaka-Systems behandelt werden, allerdings ohne auf interne Diskussionen einzugehen. Einerseits ist die Gegenüberstellung von Erscheinungswelt und absoluter Wirklichkeit sowie das Verhältnis der beiden zueinander in diesem System am klarsten formuliert. Andererseits besteht die Gefahr, daß bei einer Vernachlässigung dieser Lehren der mahāyānistische Buddhabegriff allzu realistisch oder gar theistisch mißverstanden wird.

Der Ausdruck »Madhyamaka« steht für *madhyamā pratipat*, »der mittlere Weg«. Mit diesem Terminus bezeichnet von alters her der Buddha seine Lehre, ursprünglich, weil sie einen Mittelweg zwischen allzu strenger Askese und überhaupt keiner Askese anbietet. Später wird ein philosophischer Terminus daraus, welcher bedeutet, daß die Extrempositionen einer Deutung der Welt als »existent« oder »nichtexistent« aufzugeben sind.

Nāgārjuna, der Begründer dieser Tradition um 200 unserer Zeitrechnung, bietet in einem seiner Verse eine knappe und klare Zusammenfassung:

Was abhängig entstanden ist, das ist als Leerheit erklärt; es ist [auch] metaphorisch bezeichnet. – Das ist der mittlere Weg.[17]

»Leerheit« (śūnyatā) ist dabei eine Bezeichnung für die absolute Wirklichkeit (paramārthasatya), »abhängig entstanden« und »metaphorisch bezeichnet« sind Bestimmungen für die konventionelle oder relative Wirklichkeit (saṃvṛtisatya). Damit ist hier implizit das Kernstück des Madhyamaka angesprochen: die Lehre von den zwei Wirklichkeiten und/oder Wahrheiten; die beiden Begriffe sind nicht zu trennen. Die beiden Wirklichkeiten sind weder identisch noch verschieden, d. h., es sind an sich wesensgleiche, aber unterschiedlich wahre und wirkliche Aspekte des Seienden. Die zentrale Stellung dieser Lehre sollen zwei weitere Verse aus demselben Werk Nāgārjunas verdeutlichen:

Die Lehrverkündigung der Buddhas ist gestützt auf die zwei Wirklichkeiten: die konventionelle Wirklichkeit der Welt und die Wirklichkeit in absolutem Sinn.
Ohne sich auf das Konventionelle zu stützen, kann das Absolute nicht gelehrt werden. Ohne daß das Absolute erkannt wurde, kann das Nirvāṇa nicht erlangt werden.[18]

Von diesen beiden ist die konventionelle Wirklichkeit (saṃvṛtisatya) jener Aspekt der Dinge, der Objekt von gewöhnlicher, weltlicher Erkenntnis ist. Entsprechend den etymologischen Deutungsmöglichkeiten des zugrundeliegenden Sanskritwortes saṃvṛti – diese Problematik besteht durchaus nicht nur für die westliche Wissenschaft, sondern auch für die Tradition selbst – ergeben sich drei Bestimmungen:[19]

1. Das, was das wahre Wesen der Dinge »verhüllt«, i.e. »Nichtwissen« (avidyā) oder »Verblendung« (moha), also eine irrige Erkenntnis, welche die Dinge so wahrnimmt, wie sie gewöhnlichen Menschen erscheinen: als ihrem eigenen Wesen nach, von sich und für sich selbst entstehend, bestehend und vergehend. Die entsprechende Wirklichkeit ist das, was in dieser Weise als wahrhaft wirklich angenommen wird.

2. Gegenseitige Abhängigkeit: Darunter ist einerseits das Verhältnis von kausaler Ursache und Wirkung zu verstehen, andererseits auch die rein begriffliche Relativität, wie sie zwischen »lang« und »kurz«, »Ganzes« und »Teile« und ähnlichen Begriffspaaren besteht. Das führt so weit, daß etwa der Madhyamaka-Lehrer Candrakīrti (um 700) die

Wirkung als »Ursache der Ursache« bezeichnen kann, da man nur beim Auftreten einer Wirkung von »Ursache« sprechen kann.[20] »Das bedeutet« – so kommentiert der tibetische Gelehrte Tsoṅ kha pa Blo bzaṅ grags pa (1357–1419) – »daß aufgrund der notwendigen gegenseitigen Abhängigkeit die Existenz eines in sich selbst bestehenden Eigenwesens nicht wirklich ist.«[21] In engem Zusammenhang damit steht die Bestimmung von *saṃvṛti* als

3. *Konvention, weltlicher Sprachgebrauch, weltliche Übereinstimmung*, in der Form von Benennung und Benanntem, Erkenntnis und Erkanntem usw.; auch innerhalb dieser Begriffspaare besteht ein unmittelbares Abhängigkeitsverhältnis. Unter diesem Gesichtspunkt impliziert »Wirklichkeit« auch Wahrheit, d. h. Richtigkeit entsprechend der vorgegebenen Kriterien, Übereinstimmung mit der weltlichen Konvention.

Entscheidend ist dabei, daß diese drei Bestimmungen nicht wahlweise Gültigkeit haben, sondern gleichzeitig zutreffen müssen, damit man von »konventioneller Wirklichkeit« sprechen kann. Deren *Existenzweise* ist »konventionell«, d. h., sie besteht in der Weise, die durch eine konventionelle Erkenntnis erwiesen ist, also durch eine Erkenntnis, die sich allein auf das erscheinende Ding als solches bezieht, ohne die Frage nach dessen absoluter Wirklichkeit zu stellen. Dabei darf weder ein Widerspruch zu einer anderen konventionellen Erkenntnis bestehen noch zu einer Erkenntnis, die das Absolute untersucht. In absolutem Sinn hingegen ist sie nichtexistent. – Das ist die Bedeutung der Aussage, daß die Dinge »weder existent noch nichtexistent« sind.[22] Ihre *Wirklichkeit* besteht darin, daß sie die Fähigkeit zu funktioneller Wirksamkeit (*arthakriyāsamartha*) besitzt, d. h., daß sie in der Welt funktioniert. Ihre generelle *Eigenschaft* hingegen ist es, falsch oder trügerisch zu sein, da sie in einer anderen Weise erscheint, als sie eigentlich ist.

Demgegenüber ist die absolute Wirklichkeit (*paramārthasatya*) jener Aspekt der Dinge, der Objekt einer »richtigen« Sicht ist.[23]

Ähnlich wie im Fall der konventionellen Wirklichkeit gibt es auch hier verschiedene Möglichkeiten, den Terminus aus dem Sanskrit zu deuten. Auch hier operiert bereits die indische Tradition mit diesen Möglichkeiten und erklärt die Wortbedeutung von *paramārtha* auf dreifache Weise als:[24]

1. *Höchstes Objekt / höchster Gegenstand*, i.e. das durch die Wörter »Soheit« (*tathatā*), »Leerheit« (*śūnyatā*) und andere Synonyme bezeichnete Absolute. Dieses höchste Objekt ist als solches die Wirklichkeit; es ist wahr und wirklich, weil es »untrügerisch« ist, d. h. nicht auf andere Weise erscheint, als es ist.

Auf derselben grammatischen Deutung beruht die Interpretation von *paramārtha* als *höchstes Ziel*, i.e. als Nirvāṇa; auch dieses ist untrügerisch.

Zwar ist lediglich diese Interpretation im Madhyamaka allgemein zur Bestimmung der absoluten Wirklichkeit anerkannt. Die beiden anderen sind aber im gegebenen Kontext insofern interessant, als sie die Tendenz zeigen, die Erkenntnis, und zwar nicht nur intuitive vorstellungsfreie, sondern auch vorstellende Erkenntnis, und sogar die Lehre in das Konzept des Absoluten einzubeziehen.

2. *Objekt / Gegenstand des Höchsten*, i.e. der höchsten, der vorstellungsfreien, nicht dualistischen Erkenntnis in meditativer Konzentration oder der Allwissenheit des Buddha.

3. *Das, was das Höchste zum Gegenstand / Objekt / Ziel hat.* Damit ist zunächst natürlich die eben genannte vorstellungsfreie Erkenntnis gemeint, aber

auch die Lehre, … daß [die Gegebenheiten] ohne Entstehen usw. sind, und die aus Hören, Überlegen und meditativer Betrachtung entstandene Einsicht sind *paramārtha*; sie sind nämlich, da sie nicht falsch sind, Mittel zum Erkennen des *paramārtha* [entsprechend der ersten beiden Interpretationen].[25]

Ihrem Wesen nach ist die absolute Wirklichkeit die »(wahre) Natur der Gegebenheiten« (*dharmatā*), das »Eigenwesen« (*svabhāva*) der Dinge, das nicht durch Ursachen und Bedingungen hervorgebracht ist, unveränderlich und von anderem – speziell von konventioneller Erkenntnis und von konventionellem Sprachgebrauch – unabhängig ist.[26]

Das sind andererseits aber genau die Eigenschaften, die den Dingen abgesprochen werden. Daraus scheint sich ein Widerspruch zu ergeben.

Dazu sagt jemand: Oh weh! Wenn du einerseits überhaupt kein Sein annimmst und andererseits ein Eigenwesen annimmst, das unerzeugt und nicht von anderem abhängig ist, lehrst du einander Widersprechendes.

Darauf ist zu sagen: Du hast den Sinn des Lehrtextes nicht verstanden. Sein Sinn ist: Wenn die eigene, abhängig entstandene Natur von Gesichtssinn usw., die von Einfältigen erfaßt werden kann, deren Eigenwesen wäre, dann wäre der reine Wandel sinnlos, weil dieses Eigenwesen auch von Irrenden erkannt wird. Weil aber diese Natur gerade nicht ihr Eigenwesen ist, ist der reine Lebenswandel zu diesem Zweck (des Erkennens des Eigenwesens) nicht sinnlos. Und dieses (Eigenwesen) bezeichne ich mit Hinsicht auf die konventionelle Wirklichkeit als Nichtgemachtsein und von anderem Unabhängigsein. Eben das, was von Einfältigen nicht erkannt werden kann, ist als Eigenwesen geeignet, und nur dadurch ist die absolute Wirklichkeit weder Sein noch Nichtsein, denn sie ist der Natur nach ruhig.[27]

Das heißt, die wahre Natur der Gegebenheiten ist nicht das, was »Einfältige«, i.e. gewöhnliche Menschen, für deren Eigenwesen halten, sondern, im Gegenteil, die Nichtexistenz davon: das ist die »absolute Wahrheit« über alle Gegebenheiten, das ist ihre »absolute Wirklichkeit«.

Diese Bestimmung hat nun auf *alles Existente* zuzutreffen, auch auf die absolute Wirklichkeit selbst; andernfalls würde sich das System selbst *ad absurdum* führen, und das zu negierende Eigenwesen würde unter einer anderen Bezeichnung wieder eingeführt. Wie bereits erwähnt, ist die absolute Wirklichkeit insofern wahr und wirklich, als sie »untrügerisch« ist, was seinerseits so definiert ist, daß sie nicht auf eine andere Weise erscheint, als sie ist. Das kann natürlich nicht bedeuten, daß jedes Erscheinen der absoluten Wirklichkeit, jede Vorstellung, die man von ihr hat, automatisch richtig ist. Auch ihre Existenzweise ist »konventionell«, d.h. sie ist keine in absolutem Sinn existente Entität, auch sie trägt die doppelte Natur der zwei Wirklichkeiten, und untrügerisch ist auch bei der absoluten Wirklichkeit nur ihre absolute Wirklichkeit.

Deutlich greifbar wird das bei der Besprechung der Leerheit (*śūnyatā*), einem der gebräuchlichsten Termini für die absolute Wirklichkeit. »Leerheit« bedeutet dabei dasselbe wie »Wesenlosigkeit«, was im Madhyamaka generell aber nicht als das bloße *Fehlen* eines Eigenwesens zu verstehen ist; vielmehr *ist* sie das Wesen der Gegebenheiten.

Andere Theorien, welche die Leerheit als das Fehlen von etwas verstehen, seien hier nur am Rand erwähnt, und ihre möglichen Implikationen überhaupt außer acht gelassen. Es handelt sich dabei etwa um die Theorie des Yogācāra, wonach Leerheit das Fehlen einer Subjekt-Objekt-Dichotomie bedeutet, oder um die dem Yogācāra nahestehende tibetische Theorie der »Leerheit von etwas anderem« (gźan stoṅ), wonach zwar die konventionelle Wirklichkeit leer von sich selbst (raṅ stoṅ) ist, die absolute Wirklichkeit aber leer von etwas anderem, nämlich von der konventionellen Wirklichkeit.

Um die Möglichkeit auszuschließen, irgend etwas als nicht leer anzusehen oder gar die Leerheit selbst als absolut existent anzunehmen, werden nach ihrem Substrat verschiedene Abarten der Leerheit gelehrt, die in ihrer Summe alles Existente umfassen. In unserem Kontext sind davon jedoch nur jene relevant, welche das Absolute als Substrat haben. Diese

sind gelehrt, um den Zweifel zu beseitigen, ob die Leerheit als absolut wirklich erwiesen ist, da sie – von niemandem gemacht – als der wahre Wesenszustand der realen Dinge erwiesen ist und weil sie durch die Erkenntnis des Absoluten (rigs śes) erwiesen ist, welche die »Soheit« erkennt.[28]

Die autoritativen Texte nennen in diesem Zusammenhang die »Leerheit der absoluten Natur« (prakṛtiśūnyatā), die »Leerheit des Eigenwesens« (svabhāvaśūnyatā), die »Leerheit der Leerheit« (śūnyatāśūnyatā) und die »Leerheit des höchsten Seins« (parabhāvaśūnyatā).

Daneben findet sich aber auch eine Art der Leerheit, die in unserem Kontext von besonderem Interesse ist. Sie wird expressis verbis »Leerheit des Absoluten« (paramārthaśūnyatā) genannt; das Absolute wird dabei von allen Texten – beginnend mit den Prajñāpāramitā-Sūtren – stets als das Nirvāṇa interpretiert.

Obwohl »Nirvāṇa« traditionellerweise nicht unter den Synonymen des Absoluten oder der Leerheit genannt ist,[29] besteht in allen buddhistischen Richtungen eine enge Beziehung zwischen den beiden Begriffen; das Nirvāṇa ist paramārtha im Sinn von »höchstes Ziel«. Für das Hīnayāna läßt sich diese Beziehung mit dem Buddhawort zusammenfassen, das – mit leichten Abweichungen – in diesem Zusammenhang auch in

Madhyamaka-Texten häufig zitiert ist:

Oh Mönche, das untrügerische Nirvāṇa ist die einzige absolute/ höchste Wirklichkeit.

Trotz unterschiedlicher Interpretation sowohl des Nirvāṇa als auch der Leerheit übernimmt das Madhyamaka diese Gleichsetzung:

Die Sieger (i.e. die Buddhas) haben das Nirvāṇa als die einzige Wirklichkeit erklärt. Welcher Vernünftige würde da nicht meinen, daß das übrige falsch ist?[30]

Das Nirvāṇa wird aber nicht nur als die einzige (absolute) Wirklichkeit bestimmt, sondern auch konkret als Leerheit:

Daher wird eben die Leerheit Nirvāṇa genannt, weil sie das Erlöschen aller Entfaltung als Merkmal hat. Wie es im (Catuḥ)śataka heißt:
»Kurzgefaßt lehren die Tathāgatas verdienstvolles Handeln als Nichtschädigen (ahiṃsā) und die Leerheit als Nirvāṇa. Hier [in der Lehre des Buddha] gibt es nur diese beiden [als maßgebliche Prinzipien]«.[31]

In derselben Weise, wie hier das Nirvāṇa mit der Leerheit gleichgesetzt ist, erklärt es Nāgārjuna im gesamten Nirvāṇa-Abschnitt seiner Mūlamadhyamakakārikā als das absolute Wesen der Welt.

Gleichzeitig ist es aber auch der *dharmakāya*. Im selben Kontext der »Leerheit des Absoluten« sagt Tsoṅ kha pa in seinem Kommentar zu Candrakīrtis Madhyamakāvatāra:

Von den beiden (Möglichkeiten), das Wort *artha* im Ausdruck *paramārtha* aufzufassen, (nämlich) als Ziel/Zweck, ... oder als das, was zu erkennen ist, (i.e.) als Objekt, ... bedeutet es hier Nirvāṇa [als] *dharmakāya*, weil dieses Nirvāṇa das höchste zu erlangende Ziel ist. Die Leerheit dieses *dharmakāya*, die darin besteht, daß er als seinem Eigenwesen nach erwiesen leer ist, ist die »Leerheit des Absoluten« (*paramārthaśūnyatā*).
Die »Leerheit des Absoluten«, weiters, hat der Kenner der absoluten Wirklichkeit, der Buddha, gelehrt, um das Erfassen als wirklich (existent) bei denjenigen zu beseitigen, die die Auffassung vom Nirvāṇa, dem *dharmakāya*, als Realität, (d.h.) als wirklich (existent) hegen.[32]

Gemäß Mūlamadhyamakakārikā XXIV,10 [siehe Anm. 18] ist aber die *Erkenntnis* der absoluten Wirklichkeit notwendig, um das Nirvāṇa zu erlangen. Es ist offensichtlich, daß »Nirvāṇa« hier in zwei verschiedenen Bedeutungen verwendet wird: einmal als ontologische Wirklichkeit, einmal als soteriologischer Zustand, der durch die Erkenntnis der absoluten Wirklichkeit konstituiert ist. Diese Tatsache findet ihren Niederschlag in der Unterscheidung eines »Nirvāṇa (das in) der absoluten Natur (besteht)« (*prakṛtinirvāṇa*), welches dadurch konstituiert ist, daß die Dinge als dem Eigenwesen nach erwiesen leer sind, und eines Nirvāṇa, welches in der Wahrheit der Aufhebung des Leidens (*nirodhasatya*) besteht. Diese beiden Aspekte sind jedoch insofern nicht strikt zu trennen, als das Erlangen des Nirvāṇa nicht durch eine intellektuelle Erkenntnis der absoluten Wirklichkeit *bewirkt wird*, sondern vielmehr eine gnoseologische Verwirklichung derselben *ist*.

Der Buddhismus kennt allgemein zwei Arten von soteriologischen Hemmnissen, jene, die durch moralische Befleckungen bedingt sind (*kleśāvaraṇa*), und erkenntnisrelevante (*jñeyāvaraṇa*), welche die Allwissenheit behindern. Die Beseitigung der ersten Art ist auch den Śrāvakas, i.e. den Anhängern des Hīnayāna, möglich und konstituiert deren Nirvāṇa, die *Erlösung* aus dem Leid des Saṃsāra. Die zweite Art kann nur durch fortgeschrittene Bodhisattvas beseitigt werden. Die völlige Aufhebung beider Arten konstituiert das Nirvāṇa der Buddhas, die *Erleuchtung*. Das ist das »eigentliche« Nirvāṇa, und nur von diesem ist im Mahāyāna-Kontext die Rede. Das Nirvāṇa der Śrāvakas ist lediglich für diejenigen gelehrt, die für eine Laufbahn als Bodhisattva noch nicht geeignet sind; in unserem Kontext ist es nicht relevant.

Für die Beseitigung aller Verunreinigungen der zwei Arten von Hemmnissen gibt es kein höchstes ... Mittel außer der Erkenntnis der Wirklichkeit hier (auf der Buddha-Stufe); und insofern die Wirklichkeit der Gegebenheiten nicht ungleichen, unterschiedlichen Arten angehört, ist auch der Verstand, i.e. die Erkenntnis, die diese Wirklichkeit zum Objekt hat, nicht von verschiedener, ungleicher Art, das Objekt zu erkennen ...[33]

Somit impliziert Nirvāṇa hier vollkommene Reinheit, und auch unter diesem Gesichtspunkt ist es mit dem Wahrheitskörper, dem *dharmakāya*, des Buddha gleichzusetzen. Das »Element der Gegebenheiten« (*dharmadhātu*) in seiner verunreinigten Form ist der Saṃsāra, in seiner geläuterten Form ist es die »Soheit« (*tathatā*), das Nirvāṇa und der *dharmakāya*.

Diese letztgenannte Idee steht einerseits der Lehre des Yogācāra nahe, andererseits auch der Lehre vom »Keim der Buddhaschaft« (*tathāgatagarbha*).

Das System des *Yogācāra* beschreitet einen anderen Weg zur Erklärung der Wirklichkeit als das Madhyamaka und bestimmt diese als Bewußtsein, als reinen, hell leuchtenden Geist. Die Erscheinungswelt hingegen bestimmt es als Vorstellung, als Produkt des Bewußtseins, oder besser: als Abbild des Bewußtseins, das sich in Form der objektiven Welt manifestiert.

Im Gegensatz zum Madhyamaka, wo der im wesentlichen negative Terminus »Leerheit« das am häufigsten verwendete Synonym für die absolute Wirklichkeit ist, erhält diese im Yogācāra – trotz aller Betonung ihrer Unausdrückbarkeit – einen positiveren Charakter und wird vorwiegend als »Soheit« (*tathatā*) bezeichnet oder als »Element der Gegebenheiten« (*dharmadhātu*). Das Konzept der Leerheit tritt dabei völlig in den Hintergrund, es sei denn als Eigenschaft der Wirklichkeit, wobei es – wie bereits erwähnt – als das Fehlen der Dualität von Objekt und Subjekt verstanden wird.

Grundlegend für die Ontologie des Yogācāra ist die Lehre von den drei Wesen (*svabhāva*), die allen Dingen zukommen:

Ihre konkrete Form, wie sie im Alltagsleben als eine Vielzahl von verschiedenen Dingen wahrgenommen wird und Objekt von Begierde oder Abscheu ist, ist ihr »*vorgestelltes Wesen*« (*parikalpitasvabhāva*).

Dieses ergibt sich aus der Manifestation des Bewußtseins in Form von Subjekt und Objekt auf der Erkenntnisstufe von gewöhnlichen Menschen, wodurch die Dinge in ihrer Eigenschaft gegenseitiger Abhängigkeit konstituiert sind, dem »*abhängigen Wesen*« (*paratantrasvabhāva*). Die falsche Ansicht von absoluter Nichtexistenz wird dadurch vermieden, daß man dieses abhängige Wesen als »dem Eigenmerkmal nach erwiesen«[34] annimmt; die falsche Ansicht von absoluter Existenz dadurch, daß es als frei von dem »vorgestellten Wesen« erklärt wird.

111

Das »*vollkommene Wesen*« (*parniṣpannasvabhāva*) ist die absolute Wirklichkeit (*paramārthasatya*). Ähnlich wie im Madhyamaka ist auch hier das Absolute (*paramārtha*) dreifach; das Konzept der Subjekt-Objektlosigkeit läßt sich dabei aber schon rein sprachlich nicht konsequent durchhalten:

> Als Objekt ist es die *tathatā*, weil diese Objekt der höchsten Erkenntnis ist; als »Erlangung« ist es das Nirvāṇa, weil dieses das höchste Ziel ist; *paramārtha* als Praxis ist der [buddhistische Heils-]Weg, weil er das Höchste zum Ziel hat.[35]

Das Bewußtsein, welches die Wirklichkeit ausmacht, ist nicht mit diskursivem Denken zu verwechseln, auch nicht mit dem Bewußtsein der alltäglichen Erfahrung, das stets mit einer Subjekt-Objekt-Dualität operiert. Es entspricht der Erfahrung in den tiefsten Versenkungszuständen, wo der Geist fortschreitend von den äußeren Objekten abgewandt wird, bis die Sinne »völlig zur Ruhe gekommen« sind und kein äußeres Objekt mehr vorhanden ist. Wenn es aber kein »außen« gibt, gibt es auch kein »innen«, wenn es kein Objekt gibt, gibt es auch kein Subjekt: das ist der »Nur-Geist« (*cittamātra*), das reine Bewußtsein, die absolute Wirklichkeit des Yogācāra. – Ein Mādhyamika würde eine mystische Erfahrung derselben Art wohl als Erfahrung der Leerheit deuten.

4. Der »Keim der Buddhaschaft« (*tathāgatagarbha*)

Die Lehre vom *tathāgatagarbha*, dem »Keim der Buddhaschaft«, der Buddhanatur, die latent in allen Lebewesen vorhanden ist,[36] stellt wohl eine der philosophisch und auch religiös bedeutendsten Lehren für die Soteriologie und Gnoseologie des Mahāyāna dar und würde eine weit eingehendere Diskussion erfordern, als dies im gegebenen Rahmen möglich ist.[37]

Ein Problem bei der mahāyānistischen Interpretation des Buddha liegt darin, daß sowohl die Leerheit als auch das Nirvāṇa im Sinne der vollkommenen Buddhaschaft absolute Wirklichkeit sein müssen, da andernfalls keine Erlösung möglich wäre. Wenn das aber andererseits bedeutet, daß Leerheit und Nirvāṇa dasselbe sind, dann wären alle Wesen immer erlöst, weil die Leerheit immer und in allem vorhanden ist. Die Idee des *tathāgatagarbha* bietet hier einen Ausweg. Als Grundlage für das Praktizieren des Weges stellt dieser »Keim der Buddhaschaft« den Aspekt des Absoluten als Ursache dar, in seinem Aspekt als Resultat ist er die »Natur der Gegebenheiten« (*dharmatā*) oder das »Element/der Same der Gegebenheiten« (*dharmadhātu*).

Wie bereits im Goldglanz-Sūtra festgestellt, ist der *tathāgatagarbha* gleich dem *dharmakāya*; wie dieser wird er als »beständig, unbewegt, glücksvoll, ewig« charakterisiert. Das alles sind Termini, mit denen der *ātman*, das Selbst oder die »Seele« in den brahmanischen Systemen, bezeichnet wird. Gelegentlich wird der *tathāgatagarbha* sogar ausdrücklich *ātman* genannt. Tatsächlich erweckt diese Theorie den Eindruck einer »buddhistischen Seelenlehre«. Sind hier also die alten buddhistischen Ideen und Ideale aufgegeben? – Die Antwort auf diese Frage gibt etwa das *Mahāparinirvāṇasūtra*:

Was das »Selbst« genannt wird, ist der Tathāgata. Warum ist das so? Der grenzenlose Körper (des Buddha) ist frei von dem Netz der Zweifel, er agiert nicht, noch hält er fest; daher sagt man, er sei beständig. Mit Hinblick darauf, daß er nicht entsteht und nicht vergeht, sagt man, er sei glücksvoll. Mit Hinblick auf das Fehlen von Verunreinigungen sagt man, er sei völlig rein. Mit Hinblick auf das Fehlen von Merkmalen sagt man, er sei leer.

Ich habe nicht gesagt, daß es in den Lebewesen kein Selbst gibt. Ich habe immer gesagt, daß die Buddhanatur in allen Lebewesen existiert. Ist diese Buddhanatur nicht das Selbst?

Und:

Wenn das, was das »Selbst« genannt wird, eine ewige Entität wäre, könnte es keine Befreiung vom Leiden geben. Wenn das, was »Selbst« genannt wird, nicht existieren würde, wäre der reine Wandel sinnlos. ... Man muß wissen, daß die Buddhanatur der Mittlere Weg ist, vollständig frei von den beiden Extremen. ... Zweiheitslosigkeit ist die Wirklichkeit. »Selbst« und »Nichtselbst« sind ihrem Wesen nach ohne Dualität. Daher hat der erhabene Buddha gelehrt, daß der *tathāgatagarbha* unauslotbar ist.[38]

113

Unter diesem Gesichtspunkt bedeutet die *tathāgatagarbha*-Theorie nicht, daß allen Lebewesen ein spirituelles Prinzip innewohnt, welches das Merkmal der vollkommenen Buddhaschaft aufweist; vielmehr ist sie, wie es einige Kommentatoren erklären, die Neuformulierung der Lehre von der Leerheit, wenn auch unter ganz anderen Aspekten und mit ganz anderen Mitteln. In der tibetischen dGe lugs pa-Tradition wird der *tathāgatagarbha* auch als »die Leerheit der Allwissenheit des Buddha« erklärt, eine Definition, die auch einen Aspekt des *dharmakāya* bezeichnet.

Bei der Beurteilung der Theorie vom *tathāgatagarbha* und der Buddhanatur ist nicht außer acht zu lassen, daß auch jene Texte, in denen sie vertreten wird, dem Prinzip des »Mittleren Weges« (im Sinn einer allgemeinen Beschreibung der Lehre des Buddha) verpflichtet sind, welches Substantialismus und Nihilismus gleichermaßen negiert; die Lehre eines absoluten Selbst wäre also ein Widerspruch in sich.

Der »Keim der Buddhaschaft«, der allen Wesen innewohnt, ist zwar nicht verschieden vom *dharmakāya* des Buddha, dem Nirvāṇa oder der absoluten Wirklichkeit, aber dieses Fehlen einer Dualität – ebenso wie das Fehlen einer Subjekt-Objekt-Dualität im Yogācāra – bedeutet keinesfalls einfachen Monismus. Die Lebewesen und der Tathāgata sind lediglich in der Weise nicht verschieden, wie auch Saṃsāra und Nirvāṇa nicht verschieden sind, oder die verunreinigte und die gereinigte Natur der Gegebenheiten.

Die Tatsache, daß die Wirklichkeit des Buddha gleichzeitig auch die Wirklichkeit der Welt ist, bedeutet somit nicht, daß er als spirituelle Wesenheit im Sinne einer »Weltseele« der Welt innewohnt. Als *dharmakāya* bleibt er das unpersönliche Wesen der Welt; als solches hat er am Erlösungsprozeß lediglich als Erkenntnisobjekt direkten Anteil. Als *nirmāṇakāya* hat er daran insofern Anteil, als er den Weg lehrt, die erlösende Erkenntnis zu erlangen.

5. Der tantristische Buddhismus

Die einleitend gemachten Bemerkungen über die vereinfachende und verallgemeinernde Vorgehensweise in dieser Darstellung treffen speziell auch für den folgenden Abschnitt zu. Die Unterscheidung der einzelnen Tantraklassen kann in dieser kurzen Zusammenfassung ebensowenig berücksichtigt werden wie Detailfragen.

In seiner äußeren Erscheinung ist der tantristische Buddhismus in erster Linie durch seine ausgeprägt ritualisierte Spiritualität bestimmt. Ebenso augenfällig ist die Vielzahl der verschiedensten Gottheiten, die als Manifestation der psychischen und auch der physischen Welt den Erlösungsweg, aber auch das Alltagsleben der Menschen beeinflussen. Er beinhaltet Elemente des hinduistischen Śivaismus sowie der jeweils autochthonen Traditionen. Im Fall des tibetischen Buddhismus, in dem der buddhistische Tantrismus am besten greifbar wird, sind das vor allem Glaubensvorstellungen vorbuddhistischer Art, die z.T. auch, wie die Bon-Religion, ihrerseits schon von gnostischen Lehren iranischen Ursprungs beeinflußt waren, aber auch nestorianisches und manichäisches Gedankengut. Dies gilt vor allem für die sogenannte Volksreligion, in der sich überall und zu jeder Zeit Altüberkommenes und auch Fremdes, i.e. eigentlich: Einheimisches, am hartnäckigsten hält.

Die philosophische Grundlage bildet jedoch das Mahāyāna, der Yogācāra ebenso wie das Madhyamaka. Diese Tatsache ist, bei all der »Exotik«, in der sich der tibetische tantristische Buddhismus präsentiert, nie aus den Augen zu verlieren. Deutlich illustriert diese Tatsache eine Passage aus einem Brief von Tsoṅ kha pa an den Abt eines der führenden Klöster seiner Zeit:

Bei der Stufe der Vervollkommnung (*niṣpannakrama*) waren den frühen (Meistern) zwei (Arten) bekannt: die nichtsubtile und die subtile Stufe der Vervollkommnung. Die erste davon erscheint als meditative Betrachtung der »Kanäle« (*nāḍi*), »Winde« (*vāyu*), »Tropfen« (*bindu*) usw.;[39] daher ist sie durch individuelle Instruktionen zu suchen. Die zweite erscheint als meditative Betrachtung der Leerheit (*śūnyatā*). ... Bezüglich dessen, was man sich aneignet, sind die beiden gleich.
Dabei hat [der Buddha] die Theorie von der Leerheit im Mantra- und Prajñāpāramitā(yāna)[40] gleich gelehrt, und auch die Weisen haben es

[in dieser Weise] erklärt. Es gibt zwar Besonderheiten, wie z.B. daß es im Mantrayāna viele und leicht [anzuwendende] Mittel zum Hervorbringen der Versenkung gibt, die im Prajñāpāramitā(yāna) nicht bekannt sind; nichtsdestoweniger gibt es zu Beginn keine bessere Methode [die Leerheit] zu verstehen als die der Prajñāpāramitā. Weil [die entsprechende] Überlieferung und Argumentation auf seiten der Sūtren klar sind, ist es notwendig, durch Hören und Überlegen entsprechend der Lehrverkündigung der Prajñāpāramitā(sūtren) zusammen mit den (Texten, die deren) Intention erklären, ein [Verständnis der Leerheit] festzulegen. Das, worauf das Hören und Überlegen zu gründen ist, sind die Lehrverkündigungen [des Buddha] über die subtile Bedeutung [der Leerheit] und die argumentativen Lehrtexte, die der Wirklichkeit entsprechend Gewißheit [erzeugen], wie z.B. das Korpus der argumentativen Schriften Nāgārjunas.[41]

Diese Einstellung ist sicher nicht allgemein verbindlich, nicht einmal für den gesamten tibetischen Buddhismus. Die zentrale Aussage, daß die Leerheit im Tantrismus in derselben Weise oberstes Prinzip ist wie im nicht-tantristischen Mahāyāna, ist – wenigstens theoretisch – generell gültig.

Die Besonderheit des Tantrismus liegt in der konsequenten Identifizierung der Erscheinungswelt mit dem Absoluten, gepaart mit einem magisch bestimmten Weltbild und ausgeprägtem Ritualismus. Das führt in Detailfragen auch zu Besonderheiten in der philosophischen Interpretation: aus tantristischer Sicht ist es z.B. möglich, die Leerheit und das Nirvāṇa in einem Maße gleichzusetzen, wie es sonst nicht möglich ist. Auf diese Einzelheiten einzugehen wäre an dieser Stelle vermutlich nicht zielführend und würde sicher zu weit führen.

Augenfällig ist auch das Konzept des Buddha in der tantrischen Mythologie. Das Universum – als Mikrokosmos ebenso wie als Makrokosmos, denn die beiden sind nicht verschieden – setzt sich aus einer Vielzahl von Kräften zusammen, die durch sakral-rituelle Handlungen dienstbar gemacht und dem Ziel des Übenden, nämlich der Erkenntnis des wahren Wesens der Welt und einer mystischen Identifizierung damit, untergeordnet werden können. Diese Kräfte sind jedoch keine selbständigen Entitäten, sondern ihrem Wesen nach Leerheit, was gleichbedeutend ist mit dem *dharmakāya* des Buddha; somit stellt dieser nun eine Art von »kosmischem Körper« dar.

Etwa seit der Mitte des 8. Jahrhunderts entwickelt sich ein System, nach welchem dieser kosmische Körper aus den fünf

»kosmischen Buddhas« besteht, den *Tathāgatas* oder *Jinas*: Vairocana (»der Strahlende«), Akṣobhya (»der Unerschütterliche«), Ratnasambhava (»der Juwelen-Geborene«), Amitābha (»von unermeßlichem Licht«) und Amoghasiddhi (»von fehlerloser Vollendung«).[42]

Diese entsprechen den fünf Elementen (Erde, Wasser, Feuer, Luft, Äther), den fünf Sinnen und ihren Objekten, den fünf Kardinalpunkten (mit dem Zentrum als fünftem) und vielem mehr. Jedem dieser Tathāgatas ist als weibliches Prinzip seine *prajñā* (»Einsicht/Weisheit«) zugeordnet, ein kosmischer Bodhisattva, sowie eine Reihe von anderen tantrischen Gottheiten, so daß sich das gesamte Pantheon in fünf »Buddha-Familien« einteilen läßt, die in ihrer Gesamtheit das Universum ausmachen.

In der Folge entwickelt sich – wohl aus dem Bedürfnis heraus, der Forderung deutlich und ausdrücklich gerecht zu werden, daß der *dharmakāya* ohne jede Dualität, also auch ohne Vielheit ist – die Lehre von den fünf Tathāgatas als Aspekte eines einzigen. Vielfach wird zu diesem Zweck einer aus der Gruppe der fünf Tathāgatas ausgewählt; gewöhnlich ist es *Vairocana*, der diese Funktion übernimmt. Daneben wird aber auch ein sechster eingeführt, der dann die Bezeichnung *Mahāvairocana* (»großer Vairocana«) oder einfach *Ādibuddha* (»Ur-Buddha«) trägt.

Vorstufen der Vorstellung von der gesamten Welt, also auch der unbelebten Natur als Verkörperung des absoluten Buddha finden sich bereits in der Sūtren-Literatur, wo es z. B. heißt, der Buddha sei in allen Staubkörnchen gegenwärtig und seine Kraft wirke überall.[43] Auch in der philosophischen Literatur des Mahāyāna finden sich gelegentlich Stellen, die in diesem Sinn verstanden werden könnten. So sagt etwa Candrakīrti im Rahmen der Besprechung der drei Körper des Buddha, daß durch die übernatürliche Kraft des Tathāgata auch aus dem Himmel, den Pflanzen, Steinen usw. das Wort emaniert, durch welches die Welt die Wirklichkeit versteht,[44] und diese Möglichkeit der Lehrverkündigung könnte auch in Śāntidevas Bodhicāryāvatāra angedeutet sein:

Mögen von den Vögeln, aus allen Bäumen, aus den Sonnenstrahlen und aus dem Himmel alle Geschöpfe ohne Unterlaß den Klang der Lehre hören![45]

Die konkrete Vorstellung, daß die gesamte Welt tatsächlich der Körper des Buddha, d.h. des Mahāvairocana ist, findet sich am deutlichsten ausgeprägt wohl im zentral- und ostasiatischen Buddhismus. So heißt es etwa in einem türkisch-buddhistischen Text aus Zentralasien:

Das Wesen des Buddha Vairocana ist alles: Erde, Berge, Steine, Sand, das Wasser von Bächen und Flüssen, … alle Pflanzen und Bäume, alle Lebewesen und Menschen…,

und für die japanische Shingon-Schule gehört die gesamte sogenannte Außenwelt zum *dharmakāya*, dem eigentlichen Wesen des Mahāvairocana.[46]

Der tantrische Buddhismus schöpft hier allerdings nicht nur aus der Quelle der Lehre eines absoluten *dharmakāya*. Die Vorstellung von der Natur als Verkörperung oder Wohnsitz von Gottheiten ist in den schamanischen Religionen Zentralasiens und auch im vorbuddhistischen Bon in Tibet nichts Außergewöhnliches. In diesem Licht sind wohl die zahlreichen »semi-buddhistischen« Bergkulte Tibets zu sehen, wie etwa jener des südosttibetischen Bergmassivs von Tsa ri, welches als Maṇḍala-Palast der tantrischen Schutzgottheit Cakrasaṃvara gilt, aber auch als deren Körper.[47]

Die vorbuddhistischen Wurzeln im Kult einer Berggottheit zeigen sich dabei z.T. recht deutlich. So berichten etwa die Biographien von Tsoṅ kha pa davon, daß er am Rückweg von seinem Aufenthalt in den segenbringenden Tsa ri-Bergen beim Überqueren eines Passes – wohl aus Zeitmangel – auf das obligate Opfer an Cakrasaṃvara verzichten wollte. Im selben Moment entstand an seinem Fuß eine äußerst schmerzhafte, schwarz angeschwollene Wunde, die erst wieder verschwand, als er das Opfer durchführte.[48]

Die gelegentlich geäußerte Ansicht, mit der Lehre vom Ādibuddha habe sich der Buddhismus endgültig von seinen Wurzeln gelöst und in Richtung einer monotheistischen Religion hin entwickelt, mag in manchen Bereichen der Volksreligion richtig sein. Es sei ihr jedoch – abschließend und als Resümee – die Aussage Tsoṅ kha pas entgegengehalten:[49]

Dabei hat [der Buddha] die Theorie von der Leerheit im Mantra- und Prajñāpāramitā(yāna) gleich gelehrt, und auch die Weisen haben es [in dieser Weise] erklärt.

Gautama und Amida-Buddha

Das Buddha-Bild bei Shinran Shōnin

Perry Schmidt-Leukel

Der sogenannte Amida-Buddhismus stellt einen der großen Zweige des Mahāyāna dar. Die ältesten Haupttexte des Amida-Buddhismus, das kleinere und das größere Sukhāvatīvyūha-Sūtra[1], sind vermutlich noch vor dem 3. Jahrhundert n. Chr. – eventuell sogar bereits im 1. Jahrhundert n. Chr. – in Indien entstanden.[2] Im Mittelpunkt steht die Verehrung des Buddha Amitāyus (»unendliches Leben«) bzw. Amitābha (»unendliches Licht«), auf japanisch »Amida« genannt. Seine Verehrung war nicht nur im Mahāyāna Indiens weit verbreitet, was durch die zahlreichen Hinweise auf Amida in mahāyānistischen Texten gut belegt ist[3], sondern sie setzte sich auch im Mahāyāna Zentralasiens und insbesondere im chinesischen Mahāyāna fort. Im 8. Jahrhundert wurde der Amida-Buddhismus neben dem Zen- bzw. Ch'an-Buddhismus zur wichtigsten buddhistischen Richtung Chinas. Beide Richtungen wirkten hier stark aufeinander ein. In China fand der Amida-Buddhismus bedeutsame Theoretiker, wie T'an-luan (476–542), Tao-ch'o (562–645), Shan-tao (613–681) und andere, die es verstanden, ihm ein solides philosophisches Fundament zu verleihen. In Korea und Japan wurde der Amida-Buddhismus ebenfalls spätestens ab dem 8. Jahrhundert zu einer der bedeutendsten Formen des Buddhismus. Doch den vorläufigen Höhepunkt in seiner Geschichte erfuhr der Amida-Buddhismus zweifellos im Japan der Kamakura-Zeit mit seinen beiden herausragenden Vertretern Hōnen Shōnin (1133–1212) und Shinran Shōnin (1173–1261). Auf Hōnen führt sich die bis heute bestehende Jōdo-shū (»Schule vom Reinen Land«) zurück. Sie wird an Einfluß und Vitalität jedoch überboten von der sich auf Shinran berufenden Jōdo-shin-shū (»Wahre Schule von Reinen Land«). Beide Schulen haben heute zusammen ca. 20 Millionen Anhänger und bilden die zahlenmäßig stärkste Form des Buddhismus in Japan.[4]

Immer wieder wurde und wird jedoch die Frage gestellt, ob der Amida-Buddhismus überhaupt noch als eine Form des

Buddhismus anzusehen sei. Typisch hierfür ist etwa das Urteil Albert Schweitzers, der die Lehren Shinrans als eine »Vergewaltigung des Buddhismus« bezeichnete.[5] Ja, schon zu Lebzeiten Shinrans wurde von den Mönchen des Kōfukuji-Tempels gegen Hōnen und seine Schüler die Anklage erhoben, sie »hätten Gautama, den Gründer des Buddhismus, zugunsten Amitābhas vergessen«.[6] Wie also steht es um die Kontinuität zwischen Gautama und Amida-Buddha in der Lehre Shinrans?

Ich werde im folgenden zunächst kurz auf das Leben Shinrans eingehen und sodann sein Amida-Bild skizzieren. Die Kernelemente dieses Amida-Bildes lassen sich als eine konsequente Weiterführung jener Grundzüge deuten, die bereits die älteren mahāyānistischen Interpretationen des Buddha charakterisieren. Das heißt, das Bodhisattva-Ideal, die Lehre vom »Dharmakāya« als der absoluten transzendent-immanenten Wirklichkeit, die das Auftreten aller Buddhas überhaupt erst ermöglicht, und die Lehre vom »Geschickten Mittel« (*upāya-kauśalya*) fließen in Shinrans Amida-Bild in harmonischer Weise zusammen. Insofern steht Shinrans Vorstellung von Amida in einer grundsätzlichen Kontinuität mit der mahāyānistischen Deutung Gautamas. Zugleich verbindet Shinran mit diesen Kernelementen mahāyānistischer Buddhologie jedoch eine radikale Interpretation der buddhistischen Lehre von der Ich-Losigkeit. Auf diesem Weg erreicht Shinran eine ganz eigentümliche und besondere Deutung Buddhas, in der sich auf einzigartige Weise philosophische Höhe und existentielle Tiefe miteinander verbinden.[7]

1. Wer war Shinran?

Was die Biographie Shinrans betrifft, so liegen für die historische Shinran-Forschung immer noch zahlreiche Einzelheiten im dunkeln.[8] Dennoch läßt sich sein Leben zumindest in groben Zügen rekonstruieren. Shinran wurde im Jahre 1173 als Sohn eines Hofbeamten in Kyōto geboren. Schon in jungen Jahren wurde Shinran zur Vollwaise. Gemeinsam mit vier Brüdern wuchs er im Hause seines Onkels, einem gelehrten Dichter auf. Im Alter von neun Jahren wurde Shinran in das

Kloster Shorenin gegeben. Shorenin war ein Zweigtempel des Enryakuji, des Hauptsitzes der Tendai-Schule auf dem Berg Hiei nahe Kyōto. Bald wechselte Shinran zum Enryakuji selbst, wo er die klassische Ausbildung der Tendai-Mönche durchlief. Die Tendai-Schule zeichnet sich einerseits durch die herausragende Stellung aus, die dort dem Lotos-Sūtra als dem Höhepunkt des Mahāyāna zugesprochen wurde, und andererseits durch den Versuch einer umfassenden Integration aller philosophischen Richtungen des Buddhismus in ein einziges System. Neben Shinran sind eine ganze Reihe weiterer herausragender Persönlichkeiten des japanischen Buddhismus aus dieser Schule hervorgegangen, und sie alle erhielten wie er ihre Ausbildung auf dem Berg Hiei, darunter z.B. Eisai (1141–1215), der Begründer des japanischen Rinzai-Zen, Dōgen (1200–1253), der Begründer der Sōtō-Schule, Nichiren (1222–1282), der japanische Prophet des Lotos-Sūtras, und schließlich auch Hōnen (1133–1212), der zum Lehrer Shinrans werden sollte.

Hōnen hatte den Hiei allerdings bereits im Alter von 17 Jahren verlassen. Anschließend widmete er sich 25 Jahre lang intensiven Studien der unterschiedlichen buddhistischen Schulen. 1175 kehrte Hōnen nach Kyōto zurück, wo er fortan eigene Schüler unterrichtete. Im Mittelpunkt seiner Lehre stand die vertrauensvolle Anrufung Amidas. 26 Jahre später, im Jahre 1201, beschloß auch Shinran, damals gerade 28 Jahre alt, den Berg Hiei zu verlassen. Shinran, der vermutlich Klarheit über seinen weiteren Weg suchte, zog sich zu einer hunderttägigen Klausur zurück. Es gibt Anhaltspunkte dafür, daß Shinran unter dem monastischen Leben litt und darin keine spirituelle Befreiung fand. Am 95. Tag seiner Klausur hatte Shinran eine Vision, die sein Leben veränderte. Ihm erschien der Bodhisattva Avalokiteśvara, der im Lotos-Sūtra als die vollendete Inkarnation des Mitleids gilt und im Amida-Buddhismus traditionell als einer der festen Begleiter Amidas gedacht wird.[9] Auf Shinrans Nöte anspielend sprach Avalokiteśvara zu ihm: »Wenn der Übende durch sein früheres Karma bedingt von geschlechtlichem Geschehen betroffen wird, werde ich mich in Gestalt einer beeindruckenden Frau verkörpern und zum Empfänger des Aktes werden. Indem ich helfe, etwas Schönheit in sein jetziges Leben zu bringen, werde ich ihn genau im

Augenblick seines Todes nach Sukhāvatī (d.h. in Amidas »Reines Land«; P.S.-L.) führen.«[10] Shinran kehrte nun nicht mehr auf den Berg Hiei zurück, sondern schloß sich der Schule Hōnens an.

Sechs Jahre lang blieb Shinran bei Hōnen und wurde zu einem seiner engsten Schüler. Während dieser Zeit hatten Hōnen und sein Schülerkreis immer stärker mit erheblichen Anfeindungen durch die etablierten buddhistischen Schulen Kyōtos zu kämpfen. Im Jahre 1205 kam es zu der bereits erwähnten, vom Kōfukuji-Tempel ausgehenden Anklage gegen Hōnen. Am Kaiserhof begnügte man sich vorerst nur mit einigen geringen Maßnahmen und ließ Hōnen weiter gewähren. Die Situation änderte sich jedoch als sich Ende 1206 zwei Mätressen aus dem Hofstaat des Kaisers Gotoba unter dem Einfluß von zwei Schülern Hōnens, Juren und Anraku, dem religiösen Leben zuwandten. Der Kaiser geriet darüber so sehr in Zorn, daß er Juren und Anraku hinrichten ließ. Nun wurden die Lehren Hōnens verboten. Er selbst und alle weiteren Schüler schickte man, isoliert voneinander, in jeweils unterschiedliche Gegenden ins Exil. Bei Antritt ihres Exils, im Jahre 1207, waren Hōnen 74 und Shinran 34 Jahre alt. Beide sollten sich nie mehr wiedersehen.

Shinrans Exil lag in dem kalten und unwirtlichen Echigo. Die Forschung ist sich nicht sicher darüber, ob Shinran zu diesem Zeitpunkt bereits verheiratet war oder ob er seine Frau Eshinni erst hier in Echigo ehelichte.[11] Jedenfalls finden wir Shinran in seinem Exil als Familienvater und wissen, daß er im Laufe der Zeit mindestens sieben Kinder hatte. Shinran betrachtete sich nun als »weder Mönch noch Laie«.[12] Das heißt, er sah seine Heirat nicht als Rückkehr in den Laienstand an und behielt seine Tonsur bei. Das religiöse Leben, das er nun führte, galt ihm als Ausdruck der Überwindung der traditionellen buddhistischen Unterscheidung von Mönch und Laie.

Vier Jahre später wurde das Verbannungsurteil offiziell aufgehoben. Doch bald erhielt Shinran die Nachricht, daß Hōnen kurz nach seiner Rückkehr in Kyōto verstorben war. So blieb Shinran weitere 25 Jahre in der Gegend von Kanto, wo er seine Lehre verbreitete und zahlreiche kleine Gemeinschaften gründete. Erst im Alter von 62 Jahren kehrte Shinran nach Kyōto

zurück. Die Gründe hierfür sind unbekannt. Vielleicht benö-
tigte er die großen Bibliotheken von Kyōto, da er sich nun verstärkt um die schriftliche Niederlegung seiner Lehre bemühte.
Denn jetzt entstanden fast alle wichtigen größeren und kleineren Werke Shinrans.[13] Des weiteren bemühte sich Shinran,
durch Briefwechsel und den regelmäßigen Empfang von Besuchern die von ihm ins Leben gerufene Bewegung zu steuern.
Ein dunkles Licht fiel dabei auf seine alten Tage durch einen
schweren Konflikt mit seinem Sohn Zenran. Zenran verkündete abweichende Lehren und berief sich hierfür auf angebliche
geheime Belehrungen, die er von seinem Vater empfangen
habe. Der Konflikt, der in der jungen Bewegung für große
Aufregung sorgte, mündete schließlich in der offiziellen Di-
stanzierung Shinrans von seinem Sohn. Shinrans letzte Schrift
scheint aus dem Jahre 1258 zu stammen. Vier Jahre später starb
er im hohen Alter von 89 Jahren. Zehn Jahre nach seinem Tod
ließ seine jüngste Tochter Kakushinni die Asche ihres Vaters in
einem kleinen Schrein östlich von Kyōto beisetzen. Schon bald
entwickelte sich dieser Tempel unter dem Namen Honganji
zum Zentrum der zunehmend wachsenden Anhängerschar
Shinrans. 1332 erfolgte die offizielle Anerkennung des Honganji als Zentrum der Jōdo-shin-Schule. Und bereits am Ende
des 15. Jahrhunderts stellte sie eine der größten und einflußreichsten buddhistischen Richtungen Japans dar.

2. Wer ist Amida?

In einem der grundlegenden Texte des indischen Amida-Buddhismus, dem Größeren Sukhāvatīvyūha-Sūtra, verkündet
Buddha Gautama auf dem Geierberg von Rājagṛha folgende
Geschichte: Amida-Buddha war einst, vor unvordenklichen
Zeiten, der Bodhisattva Dharmākara. Gemäß der Tradition
des Bodhisattva-Ideals legte Dharmākara damals das Gelübde
ab, zum Heil aller Wesen zu wirken. Genauer gesagt, Dharmākara gelobte, die Buddhaschaft nicht zu erlangen, wenn
er nicht durch eine unerschöpfliche Fülle an spiritueller Reife
und karmischer Verdienste ein Buddha-Land[14] erschaffen
könne, in dem alle Wesen, die dort geboren werden, auf
schnellste und leichteste Art das Nirvāṇa erreichen. In 48 ein-

zelnen Gelübden des Dharmākara malt das Sukhāvatīvyūha-Sūtra die wunderbaren Züge dieses Landes aus. Das Land Sukhāvatī, so wird in diesen Gelübden deutlich, ist der Inbegriff aller buddhistischen Wünsche und Ideale: Es gibt dort kein Leid und keine üblen Daseinsformen, sondern nur innere und äußere Schönheit. Vollendetes Glück und die Verehrung des Heiligen erfüllen den Geist seiner Bewohner. Sie besitzen die höchsten spirituellen Fähigkeiten, sie sind frei von Egozentrik und mit vollendeter Sittlichkeit und Erkenntnis ausgestattet. Zugleich gelobte Dharmākara, daß jeder die Wiedergeburt in diesem paradiesischen Land, später das »Reine Land« genannt, erreichen könne, der Amida verehrt und sich meditativ für ihn öffnet.

Von besonderer Bedeutung ist dabei das 18. Gelübde[15], das Shinran später als das »Ur-Gelübde« (*hon-gan*) bezeichnete. Denn hier gelobt Dharmākara:

Sollten, wenn ich Buddhaschaft erlange, empfindende Wesen in den Ländern der zehn Richtungen, die sich mir mit aufrichtigem und vertrauensvollem Herzen hingeben und sich danach sehnen, in meinem Land geboren zu werden, sogar wenn sie nur zehnmal meinen Namen anrufen, dort nicht geboren werden, dann möge ich nicht die höchste Erleuchtung erlangen. Ausgeschlossen sind nur jene, die die fünf großen Übertretungen[16] begehen und den wahren Dharma verleumden.

Damit war der leichteste Zugang zur Erlösung im Reinen Land eröffnet. Die Verdienste, die Dharmākara zu erwerben gelobte, sollten garantieren, daß jemand in ihren Genuß kommen kann, selbst wenn er nur zehnmal den Namen Amidas anruft. Doch damit endet die Geschichte von Dharmākara, wie sie Gautama im Sukhāvatīvyūha-Sūtra erzählt, noch nicht. Vielmehr richtet Ānanda nun an Gautama die Frage, was aus Dharmākara wurde, worauf der Buddha antwortet: »Er hat die höchste vollkommene Erleuchtung erreicht, und seither verweilt er und lehrt er in jenem Buddha-Land. Es liegt Billionen von Buddha-Ländern weit entfernt in westlicher Richtung und trägt den Namen Sukhāvatī. Er selbst wird Tathāgata Amitābha, der heilige und vollkommen Erwachte, genannt.«[17] Mit anderen Worten, Dharmākara wurde zu Amida-Buddha. Er hat seine Gelübde tatsächlich erfüllt und jenes unvergleichliche Buddha-Land erschaffen, um damit für alle Wesen einen leichten Weg zur Erlösung zu öffnen.

Dieses gnadenvolle Angebot wurde von zahlreichen buddhistischen Gläubigen dankbar genutzt. Besonders in Phasen innerer und äußerer Depression suchten Buddhisten seither ihre Zuflucht bei Amida. Nicht selten war daher die Amida-Verehrung verknüpft mit dem Glauben, in jener schlechten, von Gautama vorausgesagten Phase des Verfalls des wahren Dharmas und der Dekadenz des Saṃghas zu leben, einer Zeit, in der es nicht mehr möglich sei, sich der Erleuchtung durch hervorragende Sittlichkeit, tiefe Meditation und hohe Erkenntnis zu nähern, in der den Menschen vielmehr nur noch der von Amida geschaffene Weg der vertrauensvollen Anrufung seines Namens offenstehe. Dies war auch die Überzeugung Hōnens. So verkündete Hōnen:

Ich bestätige die Tatsache, daß gewöhnliche Menschen, die wir sind, im Reinen Land des Buddha Amitābha empfangen werden können, selbst wenn wir in einer heruntergekommenen Welt leben, wo es kein Erlangen der Buddhaschaft gibt und kein Üben der Lehren des Buddha. (…) Habt keine Zweifel, im Reinen Land empfangen zu werden, obwohl jetzt nur noch die Lehren des Buddha blieben. Es heißt, daß auch die Menschen, die dann leben, wenn es die Lehren nicht mehr gibt, noch im Reinen Land empfangen werden. Habt keinen Zweifel, im Reinen Land empfangen zu werden, obwohl es uns unmöglich ist, die Täuschung niederer Gier in uns zu beseitigen. Es heißt, daß wir alle erfüllt sind von weltlichen Leidenschaften, die unaufhörlich aus Gier, Haß und Verblendung entspringen.[18]

Shinran interpretierte die Lehren Hōnens in einem radikalen Sinn. Dies wird schlaglichtartig erhellt durch folgende gut belegte Episode.[19] Einst kam es unter den Schülern Hōnens zu einem heftigen Streit, weil Shinran bemerkt hatte, es gäbe zwischen seinem Vertrauen auf Amida und dem Vertrauen des Meisters Hōnen nicht den geringsten Unterschied. Auf den Vorwurf, es handle sich dabei um eine ungehörige Anmaßung, antwortete Shinran:

Natürlich würde ich mir niemals anmaßen, auch nur einen einzigen Moment anzunehmen, daß ich unserem Meister an Tiefe der Weisheit oder an Weite der Gelehrsamkeit gleich wäre. Aber mein Vertrauen auf Amidas Reines Land kommt aus dem Hören der Lehre von der Erleuchtung durch die »andere Kraft« (*tariki*) des Buddha. Ich bin daher frei vom Gedanken einer »eigenen Kraft« (*jiriki*). Der vertrauensvolle Geist unseres Meisters basiert auf einer anderen Kraft als seiner eigenen, und ebenso ist es auch bei mir. Daher habe ich erklärt, daß unser beider Vertrauen dasselbe ist.[20]

Hōnen soll daraufhin die Auffassung Shinrans bestätigt haben.

In dieser Episode kommen zwei entscheidende Grundzüge der Lehre Shinrans zum Ausdruck. *Erstens* betrachtet Shinran das für die Hingeburt ins Reine Land ausschlaggebende Vertrauen als eine Gabe Amidas. Nicht einmal dieses Vertrauen ist ein Werk oder eine Leistung, die der Mensch aus eigener Kraft erbringen müßte, sondern etwas, das ihm durch das grenzenlose Erbarmen Amidas geschenkt wird. Besonders dieser Punkt hat immer wieder Anlaß dazu gegeben, den genuin buddhistischen Charakter des Jōdo-shin in Frage zu stellen. Doch *zweitens* wird in dieser Episode auch deutlich, daß Shinrans Auffassung gerade mit einer urbuddhistischen Intention zusammenhängt, nämlich der Befreiung vom ichbezogenen Denken. Das, was für Shinran den Kern des buddhistischen Heilswegs ausmacht, das Vertrauen, verdankt sich nicht dem menschlichen »Ich«. Es bezeugt vielmehr das Wirken einer »anderen Kraft«, einer Kraft, die Shinran als die Kraft des Urgelübdes Amidas bezeichnet.

Shinrans Verständnis des Vertrauens (*shinjin*) wird noch deutlicher, wenn man seine Auslegung dieses Urgelübdes betrachtet. Für die Hingeburt ins Reine Land nennt das Urgelübde vier Bedingungen: Die Wesen müssen (1) ein *aufrichtiges Herz* und (2) ein *vertrauensvolles Herz* haben, sie sollen (3) *Sehnsucht nach dem Reinen Land* besitzen und (4) den *Namen Amidas anrufen*, selbst wenn es nur zehnmal ist. Die in den ersten drei Bedingungen genannten geistigen Grundhaltungen sind nach Shinran Ausdruck einer *einzigen Gesinnung*, die er *shinjin* (= glaubendes bzw. vertrauendes Herz) nennt.[21] Nach Shinran beschreiben diese drei Aspekte nichts anderes als das Herz bzw. den Geist Dharmākaras bzw. Amidas selbst. Das »*aufrichtige Herz*« ist jene geistige Haltung vollendeter Tugend, in der Dharmākara die Buddhaschaft erstrebte. Das »*vertrauende Herz*« ist das ungebrochene Zutrauen Dharmākaras in das Erreichen seines Zieles. Die »*Sehnsucht nach dem Reinen Land*« interpretiert Shinran als das mitleidvolle Streben Dharmākaras, eben jenes Reine Land zum Heil aller Wesen durch seine karmischen Verdienste hervorzubringen. Diese drei Geisteshaltungen sind für Shinran eins. Und ihre Einheit sieht er darin, daß alle drei frei von jeglichem Zweifel und dabei gleichzeitig Ausdruck des großen Mitleids sind. Das Mitleid – so Shinran – ist dabei der eigentliche Grund des Vertrauens.[22] Denn das Vertrauen sei jene ungetrübte Zuversicht, die einem ungehinderten Mitleid entspringt. *Shinjin* ist für Shinran somit die eigentliche Erleuchtungsgesinnung, wobei er den Erleuchtungsgeist ganz im Sinne des mahāyānistischen Bodhisattva-Ideals versteht. So schreibt Shinran:

Dieser Geist ist der Geist der großen Erleuchtung. Der Geist der großen Erleuchtung ist wahres und echtes *shinjin*. Wahres und echtes *shinjin* ist das Streben nach der Buddhaschaft. Das Streben nach der Buddhaschaft ist das Streben danach, alle Wesen zu erlösen. Das Streben, alle Wesen zu erlösen, ist jener Geist, der die bewußten Wesen umfängt und sie zur Hingeburt im Reinen Land der Glückseligkeit geleitet. Dieser Geist ist der Geist unbedingter Gleichheit. Er ist großes Mitleid. Dieser Geist erlangt die Buddhaschaft. Dieser Geist ist Buddha.[23]

Genau dieser Geist ist nach Shinran jedoch das, was den erlösungsbedürftigen Wesen fehlt. Sie sind weder aufrichtig noch vertrauensvoll, noch kennen sie echtes Mitleid. Die »verblendeten Wesen« – so Shinran – »die, gefangen im Kreislauf von Geburt und Tod, in den Wiedergeburten umherirren, niemals erwecken sie *shinjin,* und nie lassen sie den wahren Geist entstehen.«[24] So entspricht es nach Shinran der realen Situation menschlicher Ich-Verfangenheit. In vollem Einklang mit der buddhistischen Tradition betrachtet Shinran die Ich-Verhaftung als das erste und grundlegende Hindernis der Erleuchtung.[25] Das »Ich« – so Shinran – vollbringt »nicht einmal winzigste Taten der Liebe und des Mitleids«.[26] Mit großem Ernst schließt Shinran sich selbst in dieses Urteil ein. So überliefert das Tan-ni-shō seinen Ausspruch: »Bei mir gemeinem und blindem Wesen voller Begierden aber und in dieser Welt, die so unbeständig und vergänglich ist wie ein brennendes Haus, ist doch alles und jedes einfach nichts anderes als Lug und Trug ...«[27] Shinran spielt hier auf das altbekannte buddhistische

Gleichnis vom brennenden Haus an. Schon im Pāli-Kanon verwendet es Buddha, um damit das durch die Vergänglichkeit der Welt sowie durch Gier, Haß und Verblendung hervorgerufene Leid zu illustrieren.[28] Und auch im Lotos-Sūtra taucht es an prominenter Stelle wieder auf.[29] In beiden Fällen verweist es jedoch nicht allein auf das Unheil, in das die unerlösten Wesen verstrickt sind, sondern auch auf die Befreiung, die Buddha aus dieser Situation verspricht. Nach Shinran lautet die befreiende Botschaft, daß Amida seinen eigenen vollendeten Geist von *shinjin* den unerlösten Wesen schenkt.[30] Er selbst gewährt ihnen seinen Geist, damit sie die Bedingungen des Urgelübdes erfüllen. Deshalb spricht Shinran in der zuvor berichteten Episode davon, daß es sich bei dem Vertrauen Hōnens ebenso wie bei seinem eigenen um die Gabe Amidas handelt. Dem »Ich« bzw. der »eigenen Kraft« bleibt dieser Geist des vertrauensvollen Mitleids unerreichbar. Es ist der Geist einer – vom »Ich« aus gesehen – »anderen Kraft«.

Am Ende des 18. Gelübdes ist nun davon die Rede, daß diejenigen, die die fünf großen Übertretungen begangen haben, und diejenigen, die den wahren Dharma verleugnen, von der Hingeburt ins Reine Land ausgeschlossen sind. Für Shinran bestätigt diese Aussage noch einmal seine Auslegung des Urgelübdes. Denn nach Shinran sind wir alle in unserer Ich-Verhaftung die Ausgeschlossenen, sind diejenigen, die den wahren Dharma verleumden und die, wenn nur die entsprechenden Umstände gegeben sind, die schwersten Übeltaten begehen.[31] Der Ausschluß gilt somit eigentlich dem zu keinem guten Werk fähigen »Ich«. Die ersehnte Befreiung ist auch für Shinran eine Befreiung vom »Ich«. Und sie geschieht durch das Vertrauen auf Amidas großes Mitleid, und zwar durch ein Vertrauen, das sich eben gerade nicht diesem »Ich«, sondern der »anderen Kraft«, das heißt Amidas Mitleid, verdankt. Insofern also der Ausschluß alle Wesen im Zustand der Ich-Verhaftung betrifft, besagt er nach Shinran zugleich, daß von der »anderen Kraft« Amidas her niemand ausgeschlossen ist. Die Worte des Ausschlusses – so Shinran – »lassen uns erkennen, daß alle bewußten Wesen in den zehn Himmelsrichtungen, ohne eine einzige Ausnahme, in das Reine Land geboren werden.«[32] Ja – so Shinran –, es wird daraus deutlich, daß Śākyamuni – so nennt Shinran mit Vorliebe Buddha Gautama – mit der Verkündigung von Amidas Gelübde gerade jenen helfen wollte, die die fünf großen Übeltaten begangen haben und den wahren Dharma verleumden, ja sogar den sogenannten Icchantikas.[33] Demgegenüber galten nach einigen mahāyānistischen Traditionen die Icchantikas als Wesen, die für immer von der Erlösung ausgeschlossen sind, da ihnen der Keim zur Buddhaschaft fehle.[34] Auch hier wird Shinran wiederum ganz persönlich und spricht: »Wenn ich das fünf Kalpas lang durchdachte Gelöbnis Amidas tief erwäge, finde ich, daß es nur für mich, Shinran, allein abgelegt worden ist.«[35] Das Urgelübde – so faßt es Shinran zusammen – »offenbart die Grenzenlosigkeit der großen Liebe und des großen Mitleids«.[36]

Auch die Anrufung Amidas, das sogenannte Nembutsu, das im Urgelübde als die vierte Bedingung für die Hingeburt genannt wird, ist für Shinran kein Werk im Sinne einer vom »Ich« zu leistenden Bedingung für die Erlösung. Wer die Anrufung Amidas so betrachtet, der hat ihren Sinn nach Shinran grundlich mißverstanden. Das Nembutsu ist recht verstanden der Ausdruck von *shinjin* in seinen drei Dimensionen. Es ist Reue über die karmischen Übel, es ist verehrender Lobpreis Amidas, und es ist die Sehnsucht nach der Hingeburt ins Reine Land, verbunden mit dem Wunsch, daß allen Wesen das Heil zuteil werde.[37] In diesem Sinn ereignet sich das Nembutsu allein durch die »andere Kraft«.[38] Es spielt daher auch keine Rolle, wie oft das Nembutsu gesprochen wird. Zu Shinrans Zeit wurde die Frage diskutiert, wie es zu verstehen sei, wenn es im Urgelübde heißt: »sogar nur zehnmal«. Ist damit eine Mindestzahl von zehn Anrufungen gemeint? Heißt dies, daß eventuell sogar nur eine Anrufung reicht? Oder heißt dies, daß eigentlich möglichst viele Anrufungen erfolgen sollen? Nach Shinran werden solche Fragen von einer Interpretation des Nembutsu hervorgerufen, die dieses als Werk der Eigenkraft mißversteht. Das Sagen des Nembutsu sollte auf natürliche Weise dem dankbaren Vertrauen auf die Erlösung durch Amidas Urgelübde entspringen. Dann sind *shinjin* und Nembutsu selbst schon Manifestationen der Wirksamkeit diese Gelübdes bzw. der »anderen Kraft« des grenzenlosen Mitleids, die sich darin artikuliert.

Shinrans Interpretation des Urgelübdes geht jedoch noch weiter. Traditionell gingen gläubige Amida-Buddhisten davon

aus, daß derjenige, der die Bedingungen des Urgelübdes erfüllt, nach seinem Tod im Reinen Land wiedergeboren wird
und dort die Erleuchtung erreicht. Nach Shinran ereignet sich
die Hingeburt ins Reine Land jedoch bereits mit dem Erwachen von *shinjin* selbst.[39] Shinran parallelisiert seine Lehre von
der plötzlichen Hingeburt mit der zen-buddhistischen Lehre
von der »plötzlichen Erleuchtung«.[40] Denn das von Amida ge-
schenkte Vertrauen ist für Shinran einerseits Ursache[41] und
Same[42] der Erleuchtung, andererseits bereits mit der höchsten
Erleuchtung identisch.[43] Er greift in diesem Zusammenhang
auf eine grundsätzliche Denkfigur mahāyānistischer Philosophie zurück, wonach vom Standpunkt der höchsten Erkenntnis aus, alle Unterscheidungen überwunden sind.[44] Same und
Frucht, Ursache und Wirkung sind im Sinne der höchsten
Wahrheit als nicht-verschieden zu betrachten. Doch diese
höchste Wahrheit der Non-Dualität realisiert sich selbst in ei-
nem non-dualen Verhältnis zur relativen Wahrheit der
Unterscheidungen. Wer daher festes Vertrauen auf die endgültige Erleuchtung besitzt, ist in Wahrheit schon erleuchtet.
Aber er ist es als jemand, der auf das Erreichen der noch ausstehenden Erleuchtung vertraut. Oder – wie es der Philosoph
Keiji Nishitani im Hinblick auf Shinran formuliert hat: »Das
Reine Land, das immer die Zukunft bleibt, ist im Erlangen von
shinjin bereits Gegenwart, ohne daß es aufhören würde, die
Zukunft zu bleiben.«[45] Man sollte nicht vergessen, daß Shinran bewußt in der gedanklichen Tradition der Mahāyāna-Phi-
losophen Nāgārjuna und Vasubandhu steht, bei denen diese
paradoxale Grundstruktur ausformuliert wurde. Und vor allem zehrt Shinran vom philosophischen Werk T'an-luans, der
aus der chinesischen Richtung der auf Nāgārjuna zurückge-
henden Madhyamaka-Schule stammte. In einem Preisgedicht
auf die Patriarchen des Jōdo-shin rühmt Shinran T'an-luan für
die Einsicht:

> Sobald in einem gewöhnlichen Menschen
> voller Verblendung und Leidenschaften
> das Vertrauen erwacht,
> Wird er sich augenblicklich bewußt,
> daß (der Kreislauf von) Geburt und Tod
> ist mit Nirvāṇa identisch.[46]

In diesem Zitat ist angespielt auf die für nahezu das gesamte Mahāyāna grundlegende Formel Nāgārjunas: »Es gibt überhaupt nichts, was den Saṃsāra vom Nirvāṇa unterscheidet. Und es gibt überhaupt nichts, was das Nirvāṇa vom Saṃsāra unterscheidet.«[47] Damit ist zunächst eine paradoxe Non-Dualität der normalerweise als absolut gegensätzlich verstandenen verblendeten (Saṃsāra) und erleuchteten Wirklichkeit (Nirvāṇa) ausgesagt. Indem nun aber die Erkenntnis dieser Non-Dualität selbst als Ausdruck der Erleuchtung erscheint, potenziert sich das Paradox: »Saṃsāra« steht für die Verhaftung im dualen Denken, »Nirvāṇa« für die non-duale Überwindung dieses Denkens. Die Non-Dualität von Saṃsāra und Nirvāṇa wird damit zu einer Non-Dualität von Dualität und Non-Dualität. Der absolute Gegensatz von Dualität und Non-Dualität kann daher nur als paradoxale Einheit beider ausgedrückt werden.

Doch auch hinsichtlich dieser paradoxalen Einheit von Dualität und Non-Dualität setzt Shinran seinen eigenen, existentiellen Akzent: Ist das Vertrauen, *shinjin*, im Menschen erwacht, dann sind damit seine blinden Leidenschaften nicht beseitigt, aber in einer grundsätzlichen Weise verwandelt. Denn wer erkennt, daß Amidas Erbarmen gerade jenen gilt, die auf tiefste Weise in ihre Leidenschaften verstrickt sind, in dem werden die Leidenschaften zur Nahrung des Vertrauens. Damit ändert sich die karmische Funktion der blinden Leidenschaften.[48] Shinran drückt es so aus:

> Zweifellos wird dann unsere Begierde in Erleuchtung verwandelt:
> So wie das Eis zu Wasser schmilzt.
> Illusion wird dann zu einem Bestandteil der Tugend.
> Es ist wie mit dem Eis und dem Wasser:
> Je mehr Eis, desto mehr Wasser;
> Je größer die Illusion ist,
> desto größer wird auch die Tugend sein.[49]

Shinran will damit nicht etwa zu einem unsittlichen Leben ermuntern.[50] Vielmehr geht es ihm um jene spirituelle Erfahrung, wonach keine unheilvolle Verstrickung so groß sein kann, daß nicht durch das Vertrauen auf das Erbarmen Amidas Gutes daraus hervorquillen kann.[51] Shinran denkt dabei durchaus an eine ganz konkrete Veränderung des Menschen, bei der die Freude über die Erlösung der Kraft der blinden Leidenschaften entgegenwirkt.[52] Er versteht dies analog zum Hervorbrechen des Nembutsu aus *shinjin* und spricht daher davon, »das Nembutsu zu leben«.[53] Vor allem aber denkt Shinran daran, daß derjenige, der sich selbst ganz dem Erbarmen Amidas anvertraut, damit zugleich zu einem lebendigen Wegweiser für andere Menschen wird.

Dies hängt mit folgender Überlegung zusammen: In der Tradition des Amida-Buddhismus gibt es die Vorstellung, daß diejenigen, die im Reinen Land die Erleuchtung erlangt haben, anschließend als erleuchtete Bodhisattvas wieder in die Welt des Saṃsāra zurückkehren, um anderen Wesen auf ihrem Weg zur Erlösung beizustehen. Wenn nun für Shinran gilt, daß sich die Hingeburt ins Reine Land bereits im Akt des Glaubens selbst vollzieht, dann liegt die Deutung nahe, daß dies auch für die Rückkehr gilt.[54] Im Glauben, in *shinjin*, wäre beides, Hingeburt ins Reine Rand bzw. Verwirklichung der höchsten Erleuchtung *und* Rückkehr in die Welt des Saṃsāra, bereits *in nuce* realisiert, allerdings exakt dadurch, daß Hingeburt und Rückkehr als zukünftige Geschehen vertrauend erhofft werden.[55] Gerade in dieser Weise nimmt dann derjenige, der auf Amida vertraut, dadurch bereits Teil an der grenzenlosen Bodhisattva-Aktivität Amidas.[56] Denn wie kann jemand den Wesen sonst am besten helfen als dadurch, daß er ganz von sich selbst weg auf Amida verweist und ihnen das restlose Vertrauen vorlebt? In diesem Sinn wird dann das Paradox völlig einsichtig, daß gerade derjenige, der ganz darauf vertraut, daß Amida ihm die zukünftige Hingeburt und Rückkehr garantiert, *in nuce* bereits hingeboren und zurückgekehrt ist. Shinran zieht damit lediglich die letzte Konsequenz aus seiner Auffassung, daß das Vertrauen auf Amida eine Teilhabe an Amidas Geist ist. Denn wenn der Geist Amidas der Geist grenzenlosen Mitleids ist, dann ist die Teilhabe an seinem Geist auch die Teilhabe an seinem aktiven Bodhisattva-Werk.[57]

So manifestiert sich Amida in jedem auf ihn selbst gerichteten echten Vertrauen und inkarniert sich in jenen Menschen, die sein Erbarmen in der Welt verkünden.[58] Shinran betrachtete folglich seinen Lehrer Hōnen als eine Inkarnation Amidas.[59] Vor allem aber sah er Śākyamuni, also Gautama Buddha, als eine Inkarnation Amidas an. Er schreibt:

> Amida, der seit unendlichen Zeiten existierende Buddha,
> Bemitleidete die gewöhnlichen Narren in der Welt der
> »Fünf Entartungen«
> Und erschien in der Hauptstadt von Gayā,
> Sich Selbst als Śākyamuni Buddha offenbarend.[60]

Mit dieser Vorstellung greift Shinran ein Motiv der mahāyānistischen Lehre von den drei Daseinsweisen Buddhas, der sogenannten Trikāya-Lehre, auf. Gemäß dieser Lehre hat jeder Buddha drei »Leiber«, das heißt drei Formen der Wirksamkeit bzw. Wirklichkeit: erstens den »*nirmāṇakāya*« (»Wandlungsleib«), das heißt, seine Daseinsweise als Mensch in einem wandelbaren und vergänglichen Körper; zweitens den »*saṃbhogakāya*« (»Leib der Wonne«), das heißt, seine in der Meditation erfaßbare bzw. visualisierbare transzendente Gestalt; und drittens den »*dharmakāya*« (»Dharma-Leib«), das heißt, jene höchste, alles Begreifen übersteigende Wirklichkeit, die den letzten Grund der Erlösung bildet. Im Rahmen dieser »Trikāya-Lehre« war es üblich, jedem menschlichen Buddha einen bestimmten Buddha des Saṃbhogakāya zuzuordnen, als dessen Inkarnation er galt. Und schon vor Shinran war die Annahme verbreitet, daß Amida der in Gautama bzw. Śākyamuni inkarnierte Buddha des Saṃbhogakāya sei.[61]

Doch Shinran geht über diese Interpretation Amidas als eines Buddha des Saṃboghakāya noch hinaus. Shinran verbindet hierzu die Trikāya-Lehre mit der Lehre von der »Doppelten Wahrheit« bzw. vom »Geschickten Mittel«.[62] So unterscheidet er in Anlehnung an T'an-luan den »Dharmakāya als Soheit« vom »Dharmakāya als ›Geschicktes Mittel‹«. In seiner »Soheit« ist der Dharmakāya die jedes menschliche Vorstellen und Begreifen übersteigende absolute Wirklichkeit, wie sie in der höchsten Erleuchtung erkannt wird. Bilder und Begriffe stellen bestenfalls eine Annäherung an die höchste Wirklichkeit dar. In diesem Sinn interpretierte die mahāyānistische Philosophie seit Nāgārjuna die buddhistische Lehre als eine nur relative Wahrheit, die den Menschen zur höchsten Erkenntnis führt, dabei aber schließlich selbst überwunden werden muß. Diese Lehre von der »doppelten Wahrheit« wurde oft verquickt mit der Lehre vom »geschickten Mittel«, wonach alle formulierbare Erkenntnis den Charakter eines pädagogischen Hilfsmittels besitze, um den Menschen an die höchste Erkenntnis heranzuführen. Bilder und Begriffe sind somit einerseits begrenzt und unfähig, die höchste Wirklichkeit zu erfassen, andererseits sind sie jedoch unverzichtbar, um dem Menschen einen Zugang zu dieser höchsten Wirklichkeit zu eröffnen. Wird nun diese höchste Wirklichkeit als der eigentliche Grund der Erlösung betrachtet, dann lassen sich »relative Wahrheit« und »geschicktes Mittel« als Formwerdung des Formlosen, das heißt als Manifestation der höchsten Wirklichkeit, deuten. Dies ist der zentrale Gedanke, dem Shinran in seiner Interpretation Amidas folgt. Er stützt sich hierfür auf folgende Aussage T'an-luans:

Im Dharmakāya, dessen Manifestationen die Buddhas und Bodhisattvas sind, lassen sich zwei Dimensionen unterscheiden. Die eine Dimension ist der »Dharmakāya als Soheit«, die andere der »Dharmakāya als Geschicktes Mittel«. Der »Dharmakāya als Geschicktes Mittel« existiert in Abhängigkeit vom »Dharmakāya als Soheit«, und der »Dharmakāya als Soheit« wird erkannt, indem er sich selbst in seinen Manifestationen ausdrückt. Diese beiden Dimensionen sind unterscheidbar, doch sollten sie nicht als zwei getrennte Wirklichkeiten betrachtet werden. Sie sind eins, aber doch nicht identisch.[63]

In diesem Sinn versteht Shinran Amida als den »Dharmakāya als Geschicktes Mittel«.[64] Er schreibt:

Der »Dharmakāya als Soheit« besitzt weder Farbe noch Form; daher kann der Geist ihn nicht begreifen, noch können Worte ihn beschreiben. Aus dieser Einheit manifestierte sich Form, die »Dharmakāya als Geschicktes Mittel« genannt wird. In dieser Form verkündete der Buddha seinen Namen als Bhikṣu Dharmākara und schuf die achtundvierzig großen Gelübde, die jedes Begreifen übersteigen.[65]

Amida – so sagt es Shinran in einem seiner Briefe – ist das Medium, durch das wir den höchsten formlosen Dharmakāya erkennen sollen.[66]

Damit läßt sich nun Shinrans Verhältnisbestimmung von Amida und Gautama zusammenfassen: Es gibt eine höchste Wirklichkeit, die in ihrer Soheit alles menschliche Begreifen übersteigt. Das letzte, was sich über diese Wirklichkeit sagen läßt, bevor alle menschliche Rede verstummen muß, ist, daß es sich um eine Wirklichkeit grenzenloser Güte und unbegrenzten Mitleids handelt. Als solche ist sie der Grund für das endgültige Heil des Menschen, von dem niemand ausgeschlossen ist. Genau dies ist es, was in der Erzählung von Dharmākara bzw. Amida zum Ausdruck kommt, und daher ist Amida das letzte und beste Bild für diese höchste Wirklichkeit. Die erlösende Kraft dieser Wirklichkeit wird für den im Unheil seiner Ichbezogenheit verstrickten Menschen erfahrbar, wenn er sich ihr vertrauensvoll öffnet. Dieses Vertrauen versteht sich dabei notwendig bereits als eine Auswirkung dieser Wirklichkeit selbst. Es bildet den Samen der Erleuchtung, der in einem nondualen Verhältnis zu seiner Frucht steht. In jedem wahrhaft Erleuchteten manifestiert sich daher nichts anderes als jene gütige Zuwendung, in der die letzte Wirklichkeit zum Menschen steht und die in Amida ihren bildhaften Ausdruck besitzt.[67] Insofern ist Gautama Śākyamuni, der die Geschichte Amidas als Höhepunkt seiner Botschaft verkündet, selbst eine Manifestation bzw. Inkarnation Amidas. Das Hören auf die Botschaft Śākyamunis und Amidas erzeugt im Menschen das wahre Herz von *shinjin*, den Keim der Erleuchtung, der die Befreiung vom »Ich« beinhaltet. War es schon sehr früh üblich, daß sich Anhänger Buddhas als die Söhne Buddhas bezeichneten, die sich durch sein Wort »gezeugt« wußten[68], so spricht Shinran davon, »daß unser liebender Vater Śākyamuni und unsere mitleidvolle Mutter Amida uns als unsere eigenen Eltern zu *shinjin* geleiten.«[69] Es liegt mir fern, an dieser Stelle zu psychologisieren. Doch erhalten diese Worte Shinrans wiederum einen ganz besonderen, persönlichen Klang, wenn man bedenkt, daß er schon in früher Kindheit zur Vollwaise wurde und später selbst Vater einer Familie mit sieben Kindern war.

3. Von Gautama zu Shinrans Amida

Shinran bildet in gewisser Weise einen vorläufigen End- und Höhepunkt in der Entwicklung des buddhistischen Buddha-Bildes.[70] Ich möchte abschließend die wichtigsten Etappen auf diesem Weg nochmals kurz skizzieren, um dann ein letztes Mal die besondere Eigenart von Shinrans Buddha-Bild herauszustellen.

Der Buddha tritt in der Welt auf und verkündet, die höchste Befreiung erlangt zu haben. Und die buddhistische Tradition besteht aus jenen Menschen, die diesem Anspruch Glauben schenken.[71] Aber wie war es möglich, daß der Buddha überhaupt zum Buddha wurde? Kann sich der Mensch an den eigenen Haaren aus dem Sumpf ziehen? Buddhistisch gefragt: Wenn das »Ich« den eigentlichen Grund der menschlichen Unheilssituation bildet, kann sich dann das »Ich« selbst – bzw. auf sich selbst gestützt – daraus befreien? Oder, dogmatisch formuliert, wenn es eine Befreiung aus der saṃsārischen Welt des Geborenen, Gewordenen, Geschaffenen, Gestalteten geben soll, kann diese dann vom Geborenen, Gewordenen, Geschaffenen, Gestalteten selbst vollbracht werden?

Bereits der Pāli-Kanon gibt darauf eine verneinende Antwort. In einem gleich zweimal im Kanon vorkommenden Buddha-Wort heißt es:

Es gibt, ihr Mönche, ein nicht Geborenes, nicht Gewordenes, nicht Geschaffenes, nicht Gestaltetes. Wenn es, ihr Mönche, dieses nicht Geborene, nicht Gewordene, nicht Geschaffene, nicht Gestaltete nicht gäbe, dann wäre hier ein Entrinnen aus dem Geborenen, Gewordenen, Geschaffenen, Gestalteten nicht zu erkennen. Weil es nun aber, ihr Mönche, ein nicht Geborenes, nicht Gewordenes, nicht Geschaffenes, nicht Gestaltetes gibt, darum läßt sich ein Entrinnen aus dem Geborenen, Gewordenen, Geschaffenen, Gestalteten erkennen.[72]

Demnach ist also die Existenz einer nicht-bedingten (*asaṃskṛta*) Realität die Voraussetzung für die Erlösung aus der bedingten Wirklichkeit.[73] Das Erkennen des Erlösungsweges wäre unmöglich, wenn es diese Wirklichkeit nicht gäbe. Nun ist aber gemäß der traditionellen buddhistischen Überzeugung ein Buddha nichts anderes als ein Wesen, das eben jenen Weg zur Erlösung erkannt hat. Und insofern verdankt sich die Existenz von Buddhas der Existenz dieser höchsten nicht-bedingten Wirklichkeit. Das Auftreten von Buddhas in dieser Welt läßt sich somit auch als Einbruch der transzendenten Wirklichkeit in die Welt des Bedingten interpretieren. Das eigentlich jede Beschreib- und Begreifbarkeit übersteigende Nirvāṇa, so heißt es schon im Pāli-Kanon, wird im Erleuchteten »klar sichtbar« und damit zu einer »Einladung« für alle anderen.[74]

Diese Gedanken wirkten in der Buddhologie des älteren Buddhismus mit Macht fort. Allgemeine Einmütigkeit herrschte darin, daß der Buddha *als Buddha*, also als der, der das Nirvāṇa erreicht hat bzw. als der, in dem dieses seinen Ausdruck gefunden hat, mit den Kategorien normaler saṃsārischer Existenzformen nicht mehr adäquat beschreibbar ist.[75] Deshalb kann ein Buddha weder Gott noch Mensch genannt werden.[76] Dieser Punkt war unter den dogmatischen Schulen nicht strittig. Die frühen Kontroversen gingen also nicht etwa darüber, ob Buddha nur ein Mensch war. Vielmehr ging es darum, ob Buddha trotz seiner ihn über alle »nur« menschliche Existenzweise hinaushebenden »nirvāṇischen« Eigenart dennoch als wirklicher, als echter Mensch betrachtet werden konnte oder ob die transzendente Realität, die sich in ihm verkörperte, sein Menschsein so sehr überstieg, daß dieses als bloße Scheinwirklichkeit gedeutet werden mußte.[77]

Der Grundgedanke, daß sich im Buddha eine transzendent-immanente[78] Wirklichkeit manifestiert, gehört auch zu den zentralen Aussagen des Lotos-Sūtra.[79] Im späteren Mahāyāna erfährt er in Gestalt der Trikāya-Lehre eine systematische Entfaltung.[80] Die besondere Akzentsetzung des Mahāyāna wird jedoch erst in der Auffassung greifbar, daß jedes Wesen die Buddhaschaft erlangen kann und erlangen soll. Die Wirklichkeit, die sich in Gautama manifestiert hat, soll auch in allen anderen Wesen Gestalt annehmen. Und diese Gestaltwerdung hat nach mahāyānistischer Auffassung ihr normatives Urbild im Weg des Bodhisattva.

Wenn in frühen mahāyānistischen Texten vom »Bodhisattva« die Rede ist, dann wird dabei zunächst immer an *den* Bodhisattva gedacht, das heißt an Gautama Buddha *vor* dem Erreichen seiner Erleuchtung und *nach* seinem in einer lange zurückliegenden Existenz gefaßten Entschluß, die Buddhaschaft zu erstreben. »Buddhaschaft« aber bedeutet mehr als nur eigene Befreiung. »Buddhaschaft« bedeutet, als Erleuchteter die Lehre anderen zu verkünden und den Orden zu begründen, damit der Heilsweg möglichst vielen weiterhin eröffnet werden kann. Das Streben nach der Buddhaschaft hat somit eine primär altruistische Motivation. Ein Bodhisattva, das heißt ein werdender Buddha, ist demnach jemand, der die Erleuchtung anstrebt, um als Erleuchteter anderen Wesen den

Weg zur Erlösung zu öffnen. Das Wirken eines Buddha ist vollendetes Mitleid[81], und der Weg des Bodhisattva ist der Weg zur Entfaltung dieses Mitleids.

Wenn sich nun aber im Buddha eine transzendent-immanente Wirklichkeit manifestiert und wenn Buddhaschaft vor allem die Realisation vollendeten Mitleids bedeutet, dann folgt daraus, daß sich der Einbruch der absoluten Wirklichkeit in die Sphäre des unerlösten Daseins als Entfaltung des Mitleids vollzieht. Wenn im Buddha das Nirvāṇa sichtbar wird, dann beutet dies somit nicht nur, daß hier das Ideal einer Befreiung aus den Fesseln der »Ich«-Verhaftung erscheint. Vielmehr wird damit auch deutlich, daß diese Befreiung nur möglich ist, weil sich der Grund dieser Befreiung, das Absolute selbst, gegenüber aller »Ich«-Verhaftung als vollendetes Mitleid manifestiert.

Wie gezeigt, vertritt Shinran die Auffassung, die eigentliche Quintessenz von Śākyamunis Lehre bestehe in der Verkündigung des in Amida versinnbildlichten vollkommenen Mitleids. Versteht man dies als eine historische Aussage über Gautama Buddha und dessen ursprüngliche Lehre, dann ist Shinrans Auffassung zweifellos falsch. Versteht man sie jedoch im Kontext der sich immer mehr verdichtenden buddhistischen Reflexion darüber, was das Auftreten Gautamas eigentlich bedeutet, dann könnte sie richtiger nicht sein. Es ist in der Tat eine Quintessenz mahāyānistischer Reflexion, daß sich im Buddha eine transzendente Wirklichkeit manifestiert, von der sich – bevor alle Rede verstummen muß – als Äußerstes die Aussage treffen läßt, sie sei von grenzenlosem Mitleid. Genau das aber bringt Shinrans Auffassung von Amida als jenem Medium, in dem sich der »Dharmakāya als Soheit« als »Dharmakāya als ›Geschicktes Mittel‹« manifestiert, zum Ausdruck und bildet somit einen konsequenten Endpunkt in der buddhistischen Interpretation des Buddha.

Shinran gibt dieser Auffassung noch einmal in charakteristischer Weise eine existentielle Wendung: Eine Befreiung aus der menschlichen »Ich«-Verhaftung ist nur möglich, wenn die transzendente Wirklichkeit tatsächlich von der Art ist, wie es Amidas Urgelübde ausdrückt, das heißt, wenn keine vom »Ich« zu erbringenden Vorleistungen erwartet werden. Insofern hängt auch der Glaube, daß Śākyamuni wirklich ein er-

leuchteter Buddha war, am Vertrauen auf Amidas Gelöbnis.
So überliefert das Tannishō folgende Worte Shinrans:

Wenn Amidas Gelöbnis wahr ist, kann die Lehre Buddha Śākyamunis keine Lüge sein. Wenn Buddhas Lehre wahr ist, können auch
Zendos[82] Auslegungen keine Lüge sein. Wenn Zendos Auslegungen
wahr sind, können auch Hōnens Weisungen keine eitlen Worte sein.
Und wenn Hōnens Weisungen wahr sein können, dürfte auch das,
was ich, Shinran, euch sage, nicht unsinnig sein.[83]

Freilich räumt Shinran ein, daß dies alles auch falsch sein
könnte. Doch – so Shinran – hier entgegen dem Zweifel dennoch zu vertrauen, ist des Menschen einzige Hoffnung:

Ob Nembutsu wirklich der Grund ist, ins Reine Land hingeboren zu
werden, oder ob es nicht auch zum karmischen Anlaß werden kann,
in die Hölle zu versinken, weiß ich mit Sicherheit allerdings nicht. Indessen würde es mich nie gereuen, auch wenn ich von meinem Lehrer
Hōnen betrogen sein und durch Nembutsu der Hölle verfallen sollte.
Falls ich indessen durch mein Beharren auf das Nembutsu-Sagen der
Hölle verfiele, obwohl ich durch andere Übungen hätte Buddha werden können, dann würde es mich gereuen und ich fühlte mich betrogen. Das aber ist irreal: Ich bin keiner guten Werke fähig, deshalb
müßte die Hölle ohnehin mein Platz sein.«[84]

II.

MODERNE UND AUSSERBUDDHISTISCHE WAHRNEHMUNGEN

Der Buddha in der modernen japanischen Philosophie

Johannes Laube

1. Zum Begriff der »Modernen japanischen Philosophie«

Die japanische »Moderne« begann nach Auffassung der Politikgeschichtler um die Mitte des 19. Jahrhunderts, spätestens mit dem Ende der Regierung durch Militärregenten (der sogenannten Schogunatsregierung) und dem Beginn der Wiederherstellung der unmittelbaren Kaiserregierung 1867–1869 (der sogenannten Meiji-Restauration). Vom Standpunkt der Geistesgeschichte aus gesehen, begann die japanische »Moderne« im Sinn der wachsenden Betonung einer wissenschaftlichen Weltanschauung schon früher oder im Sinn der wachsenden Betonung des Individuums viel später. Der Einfachheit halber übernehme ich hier die Redeweise der Politikwissenschaftler und meine mit der »Moderne Japans« die Zeit ab 1868 bis ungefähr 1970.

Der Ausdruck »japanische Philosophie« ist philosophisch gesehen nicht korrekt. Eigentlich gibt es nur eine Philosophie. Eigentlich gibt es keine »japanische« Philosophie, wie es auch keine »deutsche« Philosophie gibt. In dem Maße, wie eine Philosophie den Anspruch aufgibt, universale Philosophie zu sein und statt dessen z.B. »japanische Philosophie« oder gar »Philosophie der Japaner« sein will, bringt sie sich selbst in Gefahr, der partikularistischen, d.h. letztlich nationalistischen Versuchung nachzugeben. Ich verstehe also den Ausdruck »japanische Philosophie« nicht als »partikularistische Philosophie, die die typisch japanische Denkweise und die typisch japanischen Fragestellungen betont«, sondern als »universalistische Philosophie, die von Japanern gedacht und veröffentlicht worden ist, die sich um die Übersteigung des partikularistischen Denkens in Richtung auf das universalistische Denken bemühten.«

So gesehen versteht es sich fast von selbst, daß unter den japanischen Philosophen, die sich vom Mahāyāna-Buddhismus anregen ließen, mehr zu finden sind, die sich um dieses universalistische Denken bemühten, als unter konfuzianistisch oder shintoistisch beeinflußten Philosophen. Denn der Mahāyāna-Buddhismus als Weltreligion hat eine transnationale, universalistische Tendenz. Trotzdem ist es nicht so, daß jeder japanische Philosoph dieses Jahrhunderts, der sich auf die mahāyāna-buddhistische Tradition seines Landes bezog, sozusagen automatisch universalistisch, d.h. transjapanisch gedacht und geschrieben hat. In der ersten Hälfte unseres Jahrhunderts, genauer gesagt: von 1868 bis 1945, wurde Japan von einem wachsenden Nationalismus beherrscht, dessen öffentlicher Druck so übermächtig war, daß fast jeder japanische Philosoph in seinen Abhandlungen, besonders in den Schlußbemerkungen zur aktuellen Situation Japans, mehr oder weniger dem nationalistischen Zeitgeist nach dem Munde redete.

Dies gilt auch für die von der mahāyāna-buddhistischen Tradition herkommende Philosophie der sogenannten Kyōto-Schule, wie z.B. Kitarō Nishida, Hajime Tanabe und Keiji Nishitani.[1] Auch sie haben Texte publiziert, die wir heute als »tendenziell nationalistisch« bezeichnen würden. Aber verglichen mit den Texten ihrer Zeitgenossen wie beispielsweise Masami Kihira oder Kazunobu Kanokogi erscheinen Nishida, Tanabe und Nishitani dann doch als »tendenziell universalistisch«.

Nicht nur deswegen also, weil sie sich ausdrücklich auf den Mahāyāna-Buddhismus beziehen, sondern auch weil sie den Begriff von Philosophie als »Bemühung um universales Denken« verglichen mit ihren Kollegen am deutlichsten verkörperten, werden im folgenden die japanischen Philosophen *Kitarō Nishida (1870–1945)*, *Hajime Tanabe (1885–1962)* und *Keiji Nishitani (1900–1990)* in ihrem Denken über Buddha vorgestellt.

2. Die »Drei-Leiber-Unterscheidung« als Ausgangspunkt des Denkens über »Buddha«

In der christlichen Theologie spielt die Unterscheidung und Vermittlung zwischen dem »Jesus« als einem historischen menschlichen Individuum und »Christus« als einer metahistorischen göttlichen Person eine grundlegende Rolle in allen systematischen Teilgebieten. Ähnlich verhält es sich im Mahāyāna-Buddhismus mit der »Drei-Leiber-Theorie« (jap.: *sanshinron*). Die Unterscheidung und Vermittlung zwischen den »drei Leibern« Buddhas, mit anderen Worten den »drei Seinsformen« Buddhas (wobei die höchste Seinsform den Begriff der »Form« sprengt), wird in vielen mahāyāna-buddhistischen Texten und auch in den Texten der genannten Philosophen der Kyōto-Schule – meist unausgesprochen – mitgedacht, wenn sie vom Buddha reden. Diese Seinsformen sind:

– *Nirmāṇakāya* (skt.) (jap.: *ōjin*): der »Anpassungsleib«, »Erscheinungsleib«, die historische Seinsform Buddhas, symbolisiert durch die Betonung des Namens »Śākyamuni«; Śākyamuni als irdisches religiöses Vorbild, als Pionier der Erleuchtung.

– *Saṃbhogakāya* (skt.) (jap.: *hōjin*): der »Vergeltungsleib«, »Belohnungsleib«, »Genußleib«, der auf Grund der religiösen Verdienste eines historischen Bodhisattva verliehene Rang eines individuellen metahistorischen »Buddha« mit einem individuellen Titel, z.B. »Amida-Buddha«, und einem eigenen »Buddha-Reich« (dem »Reinen Land des Amida«); auf dieser Stufe kann ein Bodhisattva als Buddha in zweifacher Perspektive gesehen werden: einmal als individueller Bodhisattva, dem als Belohnung für seine irdischen religiösen Verdienste »von oben«, d.h. vom absoluten Dharma, für sich selbst eine bestimmte, vorläufige Form der Buddhaschaft verliehen worden ist, ein andermal kann er als ein individueller Bodhisattva gesehen werden, der von den zurückgebliebenen Menschen (also »von unten«) als Gegenstand der Meditation oder des Glaubensvertrauens, d.h. als eine Art göttlicher Mittler betrachtet wird.

– *Dharmakāya* (skt.) (jap.: *hosshin*): der »Dharma-Leib«, der »Gesetzes-Leib«; die höchste Seinsform des Buddha; die Form der Nichtform, der metahistorische, transpersonale, absolute Dharma, die Soheit schlechthin (skt.: *tathatā*).

In den Schriften der Philosophen der Kyōto-Schule spielt der historische Śākyamuni philosophisch-systematisch keine Rolle. Wenn sie von Buddha reden, dann vom metahistorischen Buddha, und zwar nicht vom metahistorischen Buddha als Saṃboghakāya, sondern als Dharmakāya. Da aber die Un-

143

terscheidung der »Drei Leiber« Buddhas gleichzeitig ihre Vermittlung beinhaltet, hat jede Aussage über Buddha als Dharmakāya auch Konsequenzen für das Verständnis der irdischen Erscheinungsleiber der Buddhas. Trotzdem ist es wichtig, sich von vornherein darauf einzustellen, daß die Texte von Nishida, Tanabe, Nishitani vom Buddha als Dharmakāya ausgehen.

Im folgenden soll das Denken Nishidas, Tanabes und Nishitanis über den Buddha jeweils zunächst in Form einer ausführlicheren Textpassage vorgestellt werden. Im Anschluß daran werde ich die kursiv hervorgehobenen Aussagen kommentieren.

3. Der Buddha bei Kitarō Nishida

Kitarō Nishida lebte von 1870 bis 1945 und war von 1910 bis 1927 Professor an der Kaiserlichen Universität Kyōto, zunächst als Assistenzprofessor für Ethik, ab 1913 als Professor für Religionswissenschaft und ab 1914 als Professor für Philosophie und Philosophiegeschichte.

Textauszug aus: Kitarō Nishida, Logik des Topos und religiöse Weltanschauung (Übersetzung von J. Laube)[2]

»Unser Selbst bestimmt sich selbst dadurch, daß es immer Zeit und Raum transzendiert und die Welt der absoluten Gegenwart, d. h. die ewige Vergangenheit und Zukunft, in sich selbst ausdrückt. Da haben wir ewiges Leben. Wir haben ewiges Leben, das in jedem Augenblick geboren wird und stirbt, nicht geboren wird und nicht stirbt. *Die Welt des Absoluten (zettaisha no sekai), das die absolute Negation einschließt und sich selbst als absolutes Nichts (zettai no mu) bestimmt, muß Welt der absoluten Gegenwart (zettai-genzai no sekai) sein, die sich stets auf die Weise der Selbstidentität des Widersprüchlichen in sich selbst ausdrückt, d. h. in sich selbst etwas ihr selbst Gegenüberstehendes umschließt.* Deshalb heißt es: Wie wenn man keinen Ort zum Wohnen hat, einen solchen Geist soll man in sich erzeugen. In der mittelalterlichen Philosophie verglich man Gott mit einer unendlichen Kugel und erklärte, da sie keine Peripherie habe, werde jeder Ort zum Zentrum. Das ist genau die Selbstbestimmung der absoluten Gegenwart, von der ich rede. Wenn man sie nicht in der spirituellen Tatsache unseres Selbst erfaßt, sondern bloß abstrakt logisch versteht, sind solche Ausdrücke sinnlose widersprüchliche Begriffe. Aber das wahrhaft Absolute schneidet die gegenseitige Beziehung nicht ab. *Die Welt des Absoluten muß eine Welt sein, in der sich – stets auf die Weise der widersprüchlichen Selbstidentität – in der Umkehrbestimmung der Vielen und des Einen alles in einer Umkehrung entspricht (gyaku-taiō no sekai).* Gemäß der Logik der Erleuchtungsweisheit bzw. der Negation ist sie gerade deshalb absolut Sein, weil sie absolut Nichts ist, und gerade deshalb absolut dynamisch, weil sie absolut statisch ist. Unser Selbst liegt in der Beziehung der Umkehrbestimmung bzw. in der Beziehung der Umkehrentsprechung mit dem absolut Einen, d.h. mit Gott. Wenn ich davon spreche, daß in unserem Leben alles unmittelbar im Jetzt, d.h. in der absoluten Gegenwart sich vollzieht, heißt das nicht, daß wir bloß abstrakt die Zeit transzendieren. Die Augenblicke der Zeit, die keinen Moment stehenbleibt, stehen mit der ewigen Gegenwart in einer Beziehung der Umkehrbestimmung, in einer Beziehung der Umkehrentsprechung. Deshalb gilt Saṃsāra=Nirvāṇa. Sich selbst zu transzendieren bedeutet stets, zu sich selbst zurückzukommen, zum wahren Selbst zu werden. Darum heißt es: ›Die vielen verschiedenen Arten des Geistes sind alle Nichtgeist, gerade darum heißen sie Geist.‹ Auch die Bedeutung der Gleichsetzung ›der Geist ist der Buddha, der Buddha ist der Geist‹ muß von hier aus verstanden werden. In der Gegenstandslogik kann man nicht davon sprechen, daß unser Geist und Buddha identisch sind. Die Logik der Erleuchtungsweisheit bzw. der wahren Leere kann in der westlichen Logik nicht erfaßt werden. Auch die Gelehrten der Buddhisten haben bisher diese Logik des ›Ist-Istnicht‹ (Sokuhi no ronri) nicht geklärt. Wenn ich davon spreche, daß unser Selbst in den eigenen Grund hinabstößt und in das Absolute eingeht, heißt das nicht, daß es sich von dieser Wirklichkeit trennt, sondern es bedeutet vielmehr, daß es bis auf den Boden der geschichtlichen Wirklichkeit hinuntersteigt. Als Selbstbestimmung der absoluten Gegenwart wird es zum geschichtlichen Individuum. Deshalb heißt es: ›Es kann den

Dharmaleib und die Einzelerscheinungen durchdringen ...‹. Meister Nansen sagt: ›Der gewöhnliche Geist ist der Weg‹. Meister Rinzai erklärt: ›Der Buddha-Dharma braucht keine Anstrengung. Nur das Gewöhnliche und das Ereignislose! Man scheißt und pißt, man zieht die Kleider an und nimmt Reis zu sich, danach ruht man sich aus.‹ Wenn man das als vollkommene Interesselosigkeit (z.B. im Sinn von ›es geht mich alles nichts an‹) verstehen würde, wäre das ein großer Fehler. Es soll zeigen, daß das ein ganzheitlicher Prozeß ist, der Schritt für Schritt mit Blut und Tränen vor sich geht. Das unterscheidende Denken aufzugeben bedeutet nicht, daß es keine Unterschiede mehr gibt. *Meister Dōgen sagt: ›Das Selbst wird zum wahrhaften Nichts. Den Buddhaweg zu erlernen heißt, das Selbst zu erlernen, das Selbst zu erlernen heißt, das Selbst zu vergessen, das Selbst zu vergessen heißt, durch die zehntausend Erscheinungen bezeugt zu werden.‹ – Auch wenn man wissenschaftlich bis zur Wahrheit durchstößt, ist das nicht anders. Ich beschreibe das so: Zum Ding werden und sehen, zum Ding werden und hören (mono to natte mi, mono to natte kiku). –* Was zu verneinen ist, das ist das Dogma des abstrakt gedachten Selbst; was abzuwerfen ist, das ist die Anhänglichkeit an das gegenständlich gedachte Selbst. Je mehr unser Selbst religiös wird, desto mehr muß es sich selbst vergessen, Vernunft und Leidenschaft vollkommen ausschöpfen (ri wo tsukushi, jō wo tsukusu).«

Kommentar zu den kursiv hervorgehobenen Stellen

Nishidas Philosophie kann hier weder in ihrer historischen Entwicklung noch in ihrer systematischen Endgestalt vollständig dargestellt werden. Um sein Denken über Buddha vorzustellen, wählte ich einen Text aus der Spätzeit, nämlich von 1945, dem Sterbejahr Nishidas. Es handelt sich um einen Auszug aus der Abhandlung »Logik des Topos und religiöse Weltanschauung«[3]. Auch dieser Text kann hier nicht in allen Einzelheiten erörtert werden. Der Kommentar muß sich auf die kursiv hervorgehobenen Stellen konzentrieren.

Die Welt des Absoluten (zettaisha no sekai), das die absolute Negation einschließt und sich selbst als absolutes Nichts (zettai no mu) bestimmt, muß Welt der absoluten Gegenwart (zettai-genzai no sekai) sein, die sich stets auf die Weise der Selbstidentität des Widersprüchlichen in sich selbst ausdrückt, d.h. in sich selbst etwas ihr selbst Gegenüberstehendes umschließt.

Nishida geht von der »absoluten Gegenwart« (*zettai-genzai*) aus. Alle Wirklichkeit ist im alles einschließenden und alles übersteigenden Hier-und-Jetzt der absoluten Gegenwart gegeben, auch Vergangenheit und Zukunft, sowohl das, was die Christen »Gott« nennen, wie auch das, was die Christen »Geschöpfe« nennen. Von »Gott« bzw. dem »Absoluten« her gesehen ist die absolute Gegenwart die Welt des »absoluten Nichts« (*zettai-mu* oder *zettai no mu*). Das Absolute ist nicht in dem Sinn »absolut«, daß es von der Vielheit der relativen Wirklichkeiten »los-gelöst« (ab-solut) wäre, sondern im Gegenteil: Es ist so sehr mit den vielen endlichen Substanzen identisch, daß es selber keine eigene Substantialität (also Selbständigkeit) besitzt. Darum heißt das Absolute »Nichts« im Sinne von »Substanzleere«. Aszetisch ausgedrückt: Es hält an sich selber nicht fest. Es macht sich leer für Anderes.

Das absolute Nichts ist nicht zu verwechseln mit dem rein negativen leeren Nichts, das relativ dem Sein gegenübersteht und »Fehlen von Sein« meint, sondern das Absolute heißt gerade deshalb »absolutes Nichts«, weil es auch wieder diese »Leere von Sein« verneint und als »Leere für« die Erfüllung durch die vielen Seienden »Fülle von Sein« darstellt. In diesem Sinn ist das Absolute nach Nishida nicht einfach »Nichts«, sondern eben »absolutes«, d.h. stets noch einmal verneinendes, d.h. übersteigendes Nichts. Das im Text genannte, dem Absoluten als der absoluten Gegenwart in ihr selbst »Gegenüberstehende« sind die vielen Einzelnen. Wie andernorts oft, so weist Nishida auch hier auf den Vergleich der absoluten Wirklichkeit mit einer unendlichen Kugel hin, die als unendliche keinen bestimmten Umfang hat und demnach auch kein bestimmtes Zentrum, sondern unendlich viele Zentren. Diese unendlich vielen Zentren sind die Einzelwesen, genauer gesagt: die bewußten Einzelwesen, die Bewußtseine. Jedes Bewußtsein ist ein Zentrum der Welt. Vom absoluten Nichts her gesehen, gibt es nur eine Welt, von den Bewußtseinen her gesehen, gibt es so viele Welten, wie es bewußte Individuen gibt. Ähnlich wie in der Monadologie Leibnizens repräsentieren die bewußten Individuen je für sich das Ganze auf ihre je eigene Weise. Mit Rücksicht darauf, daß jedes Individuum gerade als Bewußtsein ein Zentrum der Welt ist, das die Welt als Viel-Einheit in sich ganz widerspiegelt, erklärt Nishida in dem Text: »Wenn man sie (d. h. die absolute Gegenwart) nicht in der spirituellen Tatsache unseres Selbst erfaßt, sondern abstrakt logisch versteht, sind solche Ausdrücke sinnlose widersprüchliche Begriffe.« Er will damit sagen: Das Absolute »als absolutes Nichts« und als »absolute Gegenwart« wird von uns nicht als »Gegenstand« unseres Bewußtseins logisch erschlossen, sondern als »Vollzug« unseres Bewußtseins verkörpert, existentiell verwirklicht, »realisiert« im Sinn des englischen *to realize* (»im Verwirklichen verstehen«).

Die Welt des Absoluten muß eine Welt sein, in der sich – stets auf die Weise der widersprüchlichen Selbstidentität – in der Umkehrbestimmung der Vielen und des Einen alles in einer Umkehrung entspricht (gyaku-taiō no sekai).

Nishida erklärt im darauffolgenden Satz: »Gemäß der Logik der Erleuchtungsweisheit bzw. der Logik der Negation ist sie (die Welt des Absoluten) gerade deshalb absolut ›Sein‹, weil sie absolut ›Nichts‹ ist, und gerade deshalb absolut ›dynamisch‹, weil sie absolut ›statisch‹ ist.« Man könnte – das danach Folgende zusammenfassend – kurz hinzufügen: »und gerade deshalb absolut Einheit, weil sie absolut Vielheit ist«. Mit anderen Worten: Die Bewegung der Selbstverneinung des Absoluten (christlich ausgedrückt: die Bewegung der Kenosis, des »Sich-Entleerens« Gottes von seiner Gottheit), die identisch ist mit der Bewegung der sich selbstverneinenden Liebe (wiederum christlich ausgedrückt: der *agape* im Unterschied zu *eros* und *sexus*), ist gleichzeitig die Bejahung der Relativen. Die Beziehung der Relativen zum Absoluten nennt Nishida in seinen späten Aufsätzen *gyaku-taiō*, d. h. »Umkehrentsprechung«. Ähnlich wie bei einer Sanduhr sich der untere Teil füllt, wenn der obere Teil sich entleert, so werden die Relativen um so mehr bejaht, je mehr sich das Absolute selbst verneint – und je mehr sich die Relativen verneinen, desto mehr wird das Absolute bejaht – und dies in »ständiger« Umkehr»bewegung«, also »dynamisch-statisch«.

Meister Dōgen sagt: »Das Selbst wird zum wahrhaften Nichts. Den Buddhaweg zu erlernen heißt, das Selbst zu erlernen, das Selbst zu erlernen heißt, das Selbst zu vergessen, das Selbst zu vergessen heißt, durch die zehntausend Erscheinungen bezeugt zu werden.« – Auch wenn man wissenschaftlich bis zur Wahrheit durchstößt, ist das nicht anders. Ich beschreibe das so: Zum Ding werden und sehen, zum Ding werden und hören (mono to natte mi, mono to natte kiku).

Zunächst ist zu betonen, daß Nishida zwar Dōgen zitiert, aber seine Texte nicht wie eine gläubig anzunehmende Offenbarung unverändert stehenläßt. Vielmehr nimmt er die Dōgen-Texte als Bestätigung für sein eigenes Denken. Er deutet die Texte in seinem Sinne. So verfährt Nishida auch mit den anderen Lehrern des Buddhismus, seien es Zen-Meister wie Nansen und Rinzai oder Amida-Lehrer wie Shinran und Hōnen. Übrigens verfährt er auch so mit europäischen Theologen und Philosophen. Es geht ihm immer um die Formulierung seines eigenen Denkens. Alle fremden Texte sind dazu nur Ausdrucksmittel, nicht Argument oder gar Autorität. Mit dem Dōgen-Zitat wird die Dialektik der oben schon genannten Selbstverneinung des Individuums beschrieben. Diese Selbstverneinung gipfelt bei Dōgen in dem Halbsatz: » … durch die zehntausend Erscheinungen bezeugt zu werden.« Gerade wenn das Individuum auf die vielen verschiedenen Dinge bzw. Ereignisse seiner Lebenswelt rückhaltlos eingeht, findet es sein wahres Selbst als die Einheit der Vielheit, an der es als eines von den unendlich vielen spiegelnden Zentren auf seine Weise teilhat. Nishida nennt das oft: »zum Ding werden und sehen«. Gemeint ist: »sich im jeweils Begegnenden verlieren und gleichzeitig finden« oder wie Nishida auch sagt: »sterben und auferstehen«. Dies geschieht nach Nishida auch in so profanen Tätigkeiten wie z. B. in der empirischen wissenschaftlichen Forschung.

Welcher Bezug besteht dabei nach Nishida zum Buddha? Im Mahāyāna-Buddhismus unterscheidet man den einen Dharma und die vielen Dharmas (jap.: *hō* und *shohō*). Dem einen Dharma entspricht philosophisch das Absolute als das absolute Nichts. Den vielen Dharmas entsprechen die Relativen als die vielen geschichtlichen Seienden. Ähnlich wie im System des Kegon-Buddhismus (Huayen-Buddhismus) realisiert sich der absolute Dharma nur als die vielen relativen Dharmas. Obgleich Nishida das so nicht sagt, versteht er doch unter »Buddha« das Sichverneinen der vielen Dharmas zugunsten des einen Dharma und des einen Dharma zugunsten der vielen Dharmas. Philosophisch ausgedrückt: als das dialektische Ineinander der vielen relativen Einzelnen und des absolut Einen.

Bei Nishida ist Buddha das Symbol der Selbstverneinung, d. h. der Liebe. Aber nach Nishida ist das nur die eine Bewegung der Welt der absoluten Gegenwart: die ständige Bewegung des Zueinander und Ineinander. Zur Welt der absoluten Gegenwart gehört nach Nishida jedoch auch die ständige Bewegung des Gegeneinander und Auseinander. Es ist die Bewegung der wechselseitigen Verneinung und Selbstbehauptung. Nishida symbolisiert sie als die Bewegung des »Teufels (*akuma*)«. Die Welt als absolute Gegenwart besteht sowohl aus ständiger Verneinung wie auch aus ständiger Selbstverneinung als Annahme der vom Anderen kommenden Verneinung. Darum heißt sie auch: »Welt der Selbstidentität des absoluten Widerspruchs«. »Buddha« symbolisiert nur die positive Bewegung, die zentripetale Bewegung. Die negative, die zentrifugale Bewegung wird durch das Symbol des »Teufels« vertreten. Das Absolute als die »Selbstidentität des absoluten Widerspruchs« besteht notwendigerweise aus Negation und Negation der Negation. In diesem Sinn zitiert Nishida manchmal Heraklit und sagt: »Der Krieg (d. h. der Widerspruch; J.L.) ist der Vater aller Dinge.«

4. Der Buddha bei Hajime Tanabe

Hajime Tanabe lebte von 1885 bis 1962 und war von 1919 bis 1945 Professor für Philosophie an der Kaiserlichen Universität Kyōto, zunächst als Assistenzprofessor, ab 1927 als Nachfolger Nishidas auf dem Lehrstuhl für Philosophie. Er gilt zusammen mit Nishida als Begründer der Kyōto-Schule.

Textauszug aus: Hajime Tanabe, Meine philosophische Sicht des Werks Shōbōgenzō (Übersetzung von J. Laube)[4]

»Es ist wohl nicht übertrieben zu behaupten, daß Dōgens Denken im Sinn der absoluten Vermittlung das konkrete Denken des Mahāyāna-Buddhismus wirklich fast bis zu seinem Gipfel geführt hat. *Wenn man die Relativität dieser raumzeit-*

lichen Welt weiter bis zur Geschichte der staatlichen Wirklichkeit konkretisierte und gegenüber einer Einheit im Sinn der Gleichsetzung »Lebewesen=Selbst« bzw. »Ganzheit=Individuum« die gesellschaftliche Basis der Vermittlung durch die Spezies wissenschaftlich klären würde, würde (Dōgens) religiöses Denken im Sinn dieser absoluten Vermittlung die in ihm eingeschlossene philosophische Qualität offenbaren; es würde nicht mehr der Überlieferung verhaftet bleiben, sondern sogar mit der modernen Philosophie vermittelt werden. Es muß gerade unsere Aufgabe sein, diese Vermittlung durchzuführen. Kann man wohl die Erwartung hegen, daß Dōgens Denken auf diese Weise von seiner Religionsgemeinschaft befreit wird, aus dem Kloster heraustritt und zur Philosophie der Nation wird? Das religiöse Denken, das mit Hilfe der Besonderheit eines Volkes die Allgemeinheit der wissenschaftlichen Erkenntnis nicht unterdrückt und eine Vermittlung durch die nationale geschichtliche Besonderheit für das absolut Allgemeine der Religion zuläßt, ist das Spezialprodukt des japanischen Buddhismus. (Dōgens) Werk ›Shōbōgenzō‹ ist ein repräsentatives Beispiel dafür. Ich glaube, daß seine moderne, philosophische Bedeutung eine nicht leicht auszulotende Tiefe besitzt.«

Kommentar zu den kursiv hervorgehobenen Stellen

Tanabe gebraucht – ähnlich wie Nishida – die Texte Dōgens, um sein eigenes philosophisches Denken zu formulieren. Er sieht in Dōgens Hauptwerk »Shōbōgenzō« seine eigene Philosophie, die er mit dem Ausdruck »Dialektik der absoluten Vermittlung« (*zettai-baikai no benshōhō*) zusammenfaßt, im Keim enthalten. Bei Tanabe heißt das Absolute zwar auch manchmal »absolutes Nichts«. Aber je später, desto häufiger nennt Tanabe es »absolute Vermittlung«. Im zitierten Satz lobt Tanabe Dōgen, weil dieser die Endlichkeit, Vergänglichkeit, Zeitlichkeit der Welt bzw. des Selbst betont. Tanabe kritisiert aber bei Dōgen, daß er das Selbst mit den »Lebewesen« in eins setzt, d.h. buddhistisch gesprochen mit allen erlösungsbedürftigen Wesen, ob Mensch oder Tier oder Halbgott usw., und philosophisch gesprochen als eins mit allem Lebendigen, logisch gesprochen als eins mit dem Genus »Lebewesen«.

151

Was Tanabe hier bei Dōgen nur andeutet, wirft er Nishida an anderen Stellen klar vor: Nishida beschreibe die Beziehung zwischen dem absoluten umgreifenden Ganzen und den individuellen Selbsten wie ein unmittelbares Gegenüberstehen von Gott und Einzelmensch, ohne Vermittlung durch die geschichtliche Gemeinschaft, speziell ohne Vermittlung durch den Staat als dem Garanten der sittlichen Selbstverwirklichung des Individuums (im Sinne Hegels). Darum betont Tanabe die Notwendigkeit der Vermittlung der Beziehung zwischen dem Ganzen (logisch: Genus) und dem Selbst (logisch: Individuum) durch das Besondere, d. h. die gesellschaftlichen Formationen wie z. B. den Staat (logisch: Spezies). Tanabe kritisiert Nishida, bei ihm liege der Akzent der »Welt der absoluten Gegenwart« auf dem Absoluten als dem Genus. Tanabe selbst versucht dagegen, seine Philosophie der »absoluten Vermittlung« um die Spezies als sichtbares Symbol des Absoluten herum rotieren zu lassen.

In diesem Zusammenhang spricht Tanabe auch vom Staat als dem »Erscheinungsleib« des Absoluten. Der Staat ist der »erscheinende Christus« bzw. der »erscheinende Buddha«. Mit anderen Worten: Wenn auch bei Tanabe wie bei Nishida grundsätzlich jede Einzelerscheinung Erscheinung des Absoluten ist (*genjō-kōan*), ist bei Tanabe doch der jeweilige Nationalstaat, dessen Mitglied man ist, die Erscheinung des Absoluten *par excellence*. Dies gilt für Tanabes Schriften der mittleren Periode bis 1944. Der späte Tanabe betont immer mehr, daß sich die einzelnen Nationalstaaten gegenseitig negieren und dadurch relativieren. Das Absolute vermittele sich den Individuen nicht durch bloß eine Spezies, sondern durch eine Vielheit von konkurrierenden Spezies. Außerdem entdeckt Tanabe in den vierziger Jahren am Beispiel des kriegführenden japanischen Nationalstaates, daß nicht nur das Handeln des Individuums, sondern auch das öffentliche Handeln von Staaten immer wieder der Versuchung zur Selbstverabsolutierung unterliegt (also dem Kantischen »radikal Bösen«). Der Nationalstaat wird nun nicht mehr als »unmittelbare Erscheinung des Absoluten« betrachtet, sondern nur vermittelt durch die Kritik von seiten der anderen Spezies und seine eigene Selbstkritik.

Nach 1944 ersetzt Tanabe die geschlossene nationalstaatliche Gemeinschaft in ihrer positiven erlösenden Funktion durch die offene Gemeinschaft der Bodhisattvas, zu der die Lebenden und die Toten gehören. Er verwendet dabei zwar nicht das naheliegende christliche Wort »Kirche«, statt dessen spricht er wie das Neue Testament von der »Gemeinschaft der Heiligen« (im Sinn der »Gemeinschaft der von Gott Gerufenen (*ek-klesia*)«). Letztlich bleibt aber auch hier das gesellschaftliche Moment (die Spezies) die notwendige negative Vermittlung zwischen dem Absoluten (Genus) und dem Selbst (Individuum). Das Absolute und das Selbst (d.h. das Genus und das Individuum) stehen sich bei Tanabe nicht unmittelbar gegenüber, sondern immer nach beiden Seiten vermittelt durch die sich selbst behauptenden (also alles Andere verneinenden) Spezies.

In seinem Werk »Philosophie als Metanoetik« (Zangedō toshite no tetsugaku, 1945) widmet Tanabe die drei Schlußkapitel einer neuen Deutung der Lehre Shinrans, d.h. der Lehre von Buddha Amitābha und der auf ihn bezogenen Erlösungsgemeinschaft. Für Tanabe ist dabei allerdings der Name und Titel »Buddha Amitābha« nicht identisch mit Buddha als Saṃboghakāya, sondern Buddha Amitābha ist für ihn nur symbolischer Ausdruck für den Kreuzungspunkt der Bewegung der Annahme der Verneinung von seiten der Relativen durch den absoluten Dharma, d.h. umgekehrt betrachtet für die Bewegung der Selbstverneinung des absoluten Dharma zugunsten der Relativen. Dieses Symbol ist realisiert als Gesellschaft, deren Mitglied ich bin. Für Tanabe können alle geschichtlichen Erscheinungen zum Kōan, d.h. zu einer durch Negation vermittelten Manifestation des Buddha werden, aber besonders gilt dies für das Handeln des gesellschaftlichen Menschen, also für das politisch-ethische Handeln. (Nishida betont dagegen das Machen des *homo faber* als Manifestation des Buddha-Dharma, d.h. das technische und künstlerische Handeln und in diesem apolitischen Sinn: das kulturelle Handeln.)

5. Der Buddha bei Keiji Nishitani

Keiji Nishitani lebte von 1900 bis 1990, wurde 1932 Dozent an der Kaiserlichen Universität Kyōto, wurde 1935 zum Assistenzprofessor befördert und war dann 1943–1947 und

1952–1963 Ordinarius für Religionswissenschaft und Religionsphilosophie an der Kyōto-Universität. Nach Kriegsende war er aus politischen Gründen 5 Jahre von seiner Professur an der Universität Kyōto suspendiert. Im deutschsprachigen Raum dürfte Nishitani der bisher bekannteste Vertreter der Kyōto-Schule sein.

Textauszug aus: Keiji Nishitani, Was ist Religion? (Übersetzung von D. Fischer-Barnicol)[5]

»Das dynamische Verhältnis von ›Sein‹-›Tun‹-›Werden‹ auf dem Feld der Leere enthält wesenhaft den Sinn, daß der Mensch sich selber eine Aufgabe ist. *Wenn ich von ›Zen-Übung‹ oder ›Praxis des Buddha-Weges‹ spreche, will ich damit nicht sagen, daß es nur im Buddhismus gelinge, durch religiöse Übung den wahren Aspekt der Existenz aufzudecken. Selbstverständlich ist schon in jedem anderen wahrhaft religiösen Leben diese Möglichkeit enthalten.* Es gibt verschiedene Auslegungen von ›religiöser Praxis‹. Innerhalb des Buddhismus wird die Natur des *karma* etwa in der Lehre von der sogenannten ›Eigenen Kraft‹ bzw. vom ›Weg der Heiligen‹, wie sie der Zen vertritt, und in der Lehre von der ›Anderen Kraft‹ bzw. des ›Reinen Landes‹ jeweils anders aufgefaßt. *Ich beziehe mich hier nicht auf irgendeine besondere Religion oder Philosophie. Es geht mir hier darum, den Wesensaspekt der ›Realität‹ und des ›Menschen‹ als eines Teils dieser Realität zu untersuchen,* dabei auch die anti-›religiösen‹ und anti-›philosophischen‹ Standpunkte berücksichtigend, für die der Nihilismus Nietzsches und der szientistische Säkularismus stehen mögen. Ich habe mich mehrfach mit buddhistischen Auffassungen beschäftigt, weil in diesen, wie ich meine, die ursprüngliche Gestalt der Realität am reinsten und unmißverständlichsten in Erscheinung tritt. Vor kurzem habe ich den eigentlichen Aspekt der Realität und des Menschseins im Verstehen ... von Dōgens Wort: ›Geburt/Tod ist gerade das Leben des Buddha‹ gesehen. Ich habe gesagt, daß dieses Verstehen als Realisation ... des ›Geistes des Tathāgata‹ geschehe und das damit einsetzende radikale *Selbstwerden* des Selbst die *Natur* des eigentlichen Selbst bezeichne als eines Ereignisses, das, so, wie es ist, aus dem Nicht-Selbst hervorgeht. Dieser Auffassung begegnen wir nicht nur im Zen, sondern z.B. auch bei Manshi Kiyazawa (1863–1903), einem Vertreter der Shin-Schule des ›Reinen Land‹-Buddhismus. In einer bekannten Passage seines Aufsatzes ›Mein Glaube‹ beschreibt er das Selbst so: ›Ich bin nichts anderes als dieses Wesen, das, auf dem absoluten, unendlichen wunderbaren Wirken des Buddha vertrauensvoll ›reitend‹, gelassen und im Einklang mit dem Dharma, in diese gegenwärtige Lage geworfen ist.«

Das verweist uns auf Shinran (1173–1262), den Begründer dieser Schule: ›Es heißt, einer, der in der Freude wahren Glaubens lebt, sei dem Tathāgata gleich. Der Große Glaube ist die Buddha-Natur. Die Buddha-Natur ist gerade Tathāgata‹; oder: ›*Nembutsu* ... ist der eine, hindernislose Weg.‹ Mit dem letzteren ist gemeint, daß die Praxis des Nembutsu, wiewohl sie ein Akt des Menschen auf dem Buddha-Weg ist, nichts mit dem berechnenden Denken des Übenden zu tun hat. Sie ist ein fröhliches, ungehindertes ›Umherstreifen‹. Diese ›Übung‹ unterscheidet sich nicht vom ›Spiel der Seele im Reinen Land‹, von dem Shinran in seinen Hymnen spricht. *Können wir nicht auch darin – wie im Zen – den Hinweis auf den eigentlichen Aspekt der Realität und des Menschseins erkennen?*

Mir geht es hier um die Untersuchung dieser Realität, einmal unabhängig von einzelnen Auffassungen, wie sie etwa die verschiedenen religiösen Lehren vertreten, unabhängig auch von irgendeinem spezifischen philosophischen Standpunkt. (...)

Nun rekapitulieren wir noch einmal: Im Feld der Leere gibt es keinen Unterschied zwischen der Selbstzentriertheit bzw. dem auf sich selbst gerichteten Dasein und dem Auf-Anderes-Gerichtetsein. In unserem Dasein selbst sind beide *eine* Aufgabe, *eine* Berufung. Daß dies ganz natürlich und angemessen ist, leuchtet uns ein, wenn wir uns in Erinnerung rufen, daß dies im Feld der Leere sich ereignende Dasein gekennzeichnet ist durch das Nicht-Selbst bzw. die ›Nicht-Zweiheit von Selbst und Anderem‹.

Einerseits ist unter dem Gesichtspunkt des Auf-Anderes-Gerichtetseins ein Ausspruch wie der Dōgens: ›Ehe ich selber das andere Ufer erreiche, möchte ich erst alles Andere übersetzen‹ selbstverständlich, ja angemessen. Denn nur wenn alles Andere ans ›andere Ufer‹ zurückgebracht ist, ins *saṃsāra-sive-nirvāṇa*, wo es frei von Geburt/Tod und damit in seinem ureigenen Grund ist, kann auch das Selbst wahrhaft in seinen ureigenen Grund heimkehren. Eigene Erlösung ist nur in der Erlösung alles Anderen zu finden.

Andererseits ist unter dem Gesichtspunkt der Selbstzentriertheit Rinzais berühmte Aufforderung ebenso natürlich und rechtens: ›Wenn dir ein Buddha begegnet, so töte ihn; wenn dir ein Patriarch begegnet, töte ihn; wenn dir ein a r h a t begegnet, töte ihn; wenn dir Vater und Mutter begegnen, töte sie; erst dann wirst du Befreiung erlangen und in vollkommen unabhängigem Selbstsein leben, ohne in alle anderen Wesen verstrickt zu sein.‹ *Hier wird auf die wahre Selbstwerdung des Selbst, im Kontext des Daseins selbst, als auf den Weg gewiesen, auf dem alles Andere in seinen ureigenen Grund zurückkehren kann. Das heißt, der Buddha-Weg, der um der Erlösung anderer Seiender willen da ist, wird als das Dasein selbst verstanden und erhalten.*«

Kommentar zu den kursiv hervorgehobenen Stellen

Zwar hat sich Nishitani – wie Tanabe – in den vierziger Jahren auch mit der politisch-ethischen und religiösen Funktion des Staates, speziell auch des japanischen Staates befaßt. D.h., er hat die vermittelnde Funktion der Spezies zwischen Genus und Individuum dargestellt. Im hier vorliegenden Zitat aus seinem bekanntesten Buch der Nachkriegszeit »Was ist Religion?« konzentriert er sich ganz auf die Darstellung der grundlegenden Beziehung zwischen »Realität (als einheitliches Genus gedacht)« und »Mensch (als die vielen menschlichen Individuen gedacht)«, mit anderen Worten: auf die Beziehung zwischen »Dasein« und »Selbst« oder »Sein« und »Subjekt bzw. Person«.

In seltener Deutlichkeit drückt Nishitani in den kursiv hervorgehobenen Stellen aus, daß er weder bestimmte Philosophien verteidigen will, wenn er sie zitiert, noch bestimmte Religionen, auch nicht den Buddhismus, weder den Zen-Buddhismus noch den Amida-Buddhismus. Wenn er fremde philosophische oder religiöse Texte gebraucht, dann nur zur Darstellung seines Denkens über »Dasein« und »Selbst«. Er gibt allerdings zu, daß einige buddhistische Texte dafür besonders geeignet sind.

In einer bei Nishida und Tanabe nicht vorkommenden Gründlichkeit der Auseinandersetzung mit den europäischen philosophischen bzw. theologischen Begriffen »Subjekt« und »Person« kreist Nishitanis Denken ständig um die Dialektik von Selbst und Nicht-Selbst, um Aufsich-Gerichtetsein und Auf-Anderes-Gerichtetsein. Während Nishida und Tanabe das Auf-Anderes-Gerichtetsein (als Hingabe an die Dinge bzw. als Hingabe an die Mitglieder meiner Lebensgemeinschaft) betonen, betont Nishitani mehr als in früheren Texten die Selbstzentriertheit (also die im Feld der Leere neu verstandene Personalität), ohne das damit stets auch gegebene »Gerichtetsein-auf-Anderes« zu vernachlässigen. Nishitani verweist in einem der auf unser Zitat folgenden Sätze auf Rinzais Hervorhebung des »Selbstvertrauens« (*jishin*) als Vertrauen des Daseins auf sich selbst, an dem das Selbst (des Menschen) teilhat.

6. Zusammenfassung der Ergebnisse

Nishida und Nishitani praktizierten selber Zen-Meditation und nahmen gelegentlich an amida-buddhistischen Feiern teil. Tanabe sagt von sich zwar, er habe den Buddhismus nur aus Büchern kennengelernt. Aber wie wir gesehen haben, hat er sich sehr gründlich mit Dōgens und Shinrans Hauptwerken auseinandergesetzt.

Allen drei Denkern ging es aber nicht um ein Bekenntnis zum Buddhismus und zu Buddha, sondern um ein neues Denken der Wirklichkeit, d.h. mit einem heute in Mißkredit gekommenen Terminus gesagt: um eine Ontologie. Es ging ihnen um das »Dasein«, nicht um das »Buddhasein«. Aber im Endergebnis stellt sich ihnen das Dasein als buddhahaft, d.h. dharmahaft, d.h. als Selbstverneinung, als kenotische Liebe, als *agape* dar.

Alle drei Denker entwickeln ihr Denken als Dialektik des individuellen Bewußtseins. In diesem Sinn steht bei allen drei das Individuum im Mittelpunkt. Trotzdem handelt es sich nicht um dreimal das gleiche Denken. Bei Nishida kann man eine Betonung der Beziehung des Genus (z.B. als *deus sive natura*) zum Individuum als eines der unendlich vielen *kobutsu*

(»natürlichen Einzeldinge«) finden bzw. eine Betonung des Subjekts der Transformation der Natur in Kultur. Bei Tanabe finden wir die Betonung der Beziehung der verschiedenen Spezies einerseits zum Genus und andererseits zum Individuum als dem politisch-ethischen Subjekt, und bei Nishitani rotiert alles um das Individuum als religiöser bzw. mystischer Existenz.

Alle drei verstehen sich nicht als buddhistische Philosophen im konfessionellen Sinn, sondern als Philosophen schlechthin.[6]

Die Bedeutung des Buddha aus feministischer Perspektive

Haruko Okano

Die Thematik dieses Beitrags enthält zwei wichtige Begriffe, nämlich die »feministische Perspektive« und die »Bedeutung des Buddha«. Mit dem ersten ist jene Perspektive gemeint, wie sie entstanden ist aus den Reflexionen der Feministinnen und Feministen, die sich bewußt und erlebnishaft mit der vorgefundenen patriarchalischen Struktur ihrer engeren Gemeinschaft oder der Gesellschaft ihres Landes auseinandersetzen. Freilich sind hierzu verschiedene Stellungnahmen denkbar, von der radikal ablehnenden bis zur kompromißbereiten Art, je nach der sozialen und psychischen Konstellation der Betroffenen. Aber in jedem Fall bezeugen sie eine kritische Haltung gegenüber den bisherigen Traditionen. Bei dem zweiten Begriff, der »Bedeutung des Buddha«, wird die Auseinandersetzung mit der Frage wichtig, ob überhaupt – oder inwieweit – die Persönlichkeit des historischen Buddha und die anderen erlösenden Buddha-Gestalten, die buddhistische Lehre und die traditionellen Interpretationen des Buddha für das Leben und vor allem für die Spiritualität von Frauen von Bedeutung sind.

Bei meinen Reflexionen zu dieser Thematik habe ich mit Erstaunen festgestellt, wie unterschiedlich die Stellungnahmen der Feministinnen in Japan und im Westen sind. Das Hauptanliegen der japanischen Feministinnen tendiert eher dahin, die androzentrische Struktur der jeweiligen buddhistischen Organisation und die Wirkungsgeschichte des negativen Frauenbildes in den Sūtren radikal zu kritisieren. Denn beides stellt akute Probleme für sie dar. Sie äußern sich aber kaum über die Bedeutung des Buddha für ihr spirituelles Leben als Feministinnen. Ob sie überhaupt weiterhin an der Bedeutung des Buddha festhalten oder nur Reformulierungen der Lehre Buddhas konzipieren wollen, ist noch offen. Und die Buddhistinnen Japans – seien es Nonnen oder Laien –, von denen klar ist, daß sie ihre spirituellen Energien aus der Lehre des Buddha schöpfen wollen, sind in der Regel nicht feministisch orientiert. Ob sie keine Widersprüche zwischen ihrem Frausein und der patriarchalischen Realität ihrer buddhistischen Umwelt finden, bleibt bislang ebenfalls dahingestellt.

Hingegen antworten europäische und amerikanische Buddhistinnen der verschiedenen Richtungen auf diese Frage eindeutig positiv. Denn sie setzen sich auch kritisch mit den androzentrischen Aussagen und Praktiken in den Traditionen des Buddhismus auseinander. Einige westliche Frauen, die die Frauenbewegungen der sechziger und siebziger Jahre sowie das Engagement gegen den Vietnamkrieg und andere Bewegungen miterlebt haben und die wohl vergebens nach ihrer Identität im Christentum suchten, finden heute im Buddhismus bessere Möglichkeiten, um neue Lebensmodelle, neue Denkweisen und ein neues Verständnis der Umwelt zu entwerfen. Ich habe den Eindruck, daß gerade die Frauen eine wesentliche Rolle für die Gestaltung des europäischen und amerikanischen Buddhismus spielen.

Darüber hinaus sollten wir nicht übersehen, daß in der chinesischen Volksrepublik und in Taiwan seit Ende der siebziger Jahre innerhalb des Buddhismus neue – und zwar sozial engagierte – Bewegungen entstanden sind, zu deren aktivsten Trägern die Nonnen gehören. Im kommunistischen China, wo trotz der negativen Wirkung der Ideologie der Gedanke der Egalität von beiden Geschlechtern – sei es auch nur *pro forma* – gut durchgesetzt worden ist, finden sich im neubelebten Buddhismus viele ihrer eigenen Berufung bewußte Nonnen. Auch in Taiwan sind die Aktivitäten jener Nonnen bekannt, die sich im Bereich der Wohltätigkeit stark einsetzen. Aber im Rahmen dieses Beitrags konzentriere ich mich auf die Stellungnahmen der Japanerinnen und der westlichen Frauen bzw. Buddhistinnen.

1. Das Bild und die Stellung der Frau im Buddhismus – ein kurzer Überblick

Das Verhältnis des Buddha zu den Frauen

Als zentraler Punkt des Buddhismus gilt das Erwachen bzw. die Erleuchtung. Erwachte oder Erleuchtete werden »Buddha« genannt. Nach der asketischen Botschaft des Urbuddhismus sollte eigentlich aller Besitz in der diesseitigen Welt abgelegt und in Hauslosigkeit die Buddhaschaft angestrebt werden.

Die Einstellung des Gautama Buddha zu den Frauen ist ambivalent. Einerseits werden frauenverachtende Worte im Pāli-Kanon, der wichtigsten urbuddhistischen Quelle (2.–1. Jh. v. Chr.), auch dem Gautama Buddha zugeschrieben. Zum Beispiel antwortete Buddha auf die Frage des Lieblingsjüngers Ānanda, warum die Frauen an den öffentlichen Veranstaltungen nicht teilnehmen und keinem außerfamiliären Gewerbe nachgehen dürfen, mit einer Aufzählung der negativen Merkmale der Frau: weil sie leicht zu verärgern ist, weil sie eifersüchtig, weil sie geizig ist ... (Aṅguttara-Nikāya 4, 80).

Andererseits betrachtete Buddha die Frau als heilsbedürftig und erlösungsfähig, so daß er schließlich Frauen in seine ordensähnliche Gemeinschaft aufnahm. In den zur Lebenszeit des Gautama Buddha oder kurz danach entstandenen Liedern der Nonnen, den *Therīgāthā,* kristallisiert sich die Freude der ersten buddhistischen Nonnen, die nach innerer Freiheit und seliger Erleuchtung suchten und hierbei Gautama Buddha als ihr großes Vorbild priesen. Ein im *Āgama-Sūtra* überliefertes Wort des Gautama Buddha gilt als Beleg für seine egalitäre Anschauung:

Wer dieses Fahrzeug nimmt, sei es ein Mann oder eine Frau, gelangt zum Heil, zum Nirvāṇa.

Vermutlich mußte Gautama Buddha einen Konflikt überwinden, der in der Intention seiner Lehre begründet ist. Zielte diese auf einen völligen Verzicht auf vitales Leben ab, so sah er in der Frau aufgrund ihrer Mutterschaft jene Lebensmächte verkörpert, die den Lebenswillen und »Werdedurst« hervorrufen und zum Kreislauf der Existenzen, also zum Unheil, antreiben. Dementsprechend fordert er seine Jünger immer wieder dazu auf, sich von Frauen fernzuhalten. Auch Buddha selbst hatte der Versuchung durch die schönen Töchter des Māra (eines Dämons) zu widerstehen. Den Frauen legte der Buddha bei ihren religiösen Initiationsriten außer den acht grundlegenden Geboten noch 348 weitere Gebote auf, während es für die Mönche lediglich 250 weitere Gebote gab. So müssen Frauen die Schwierigkeit auf sich nehmen, *die Weiblichkeit zu überwinden*, um buddhistische Ideale zu erfüllen. Allerdings sagen einige wenige Texte des Pāli-Kanons, wie Aṅguttara-Nikāya 1,1, aus, daß beide Geschlechter gegenseitig eine Versuchung füreinander darstellen.

Die Regeln für beide Ordensgemeinschaften, für die der Männer und die der Frauen, beziehen sich jedoch mehr auf die äußeren Angelegenheiten der Disziplin als auf das Wesentliche. Bei letzterem gibt es keine Unterschiede. Was die religiöse Übung im Tagesablauf angeht, so unterscheiden sich die Nonnen kaum von den Mönchen, wie die amerikanischen Buddhologinnen Isalin Blew Horner[1] und Renate Pitzer-Reyl[2] detailliert aufgezeigt haben. Das Leben der Nonnen ist wie das der Mönche voller Entsagung. Sie widmen sich dem Studium und der stillen Meditation. Die gemeinsamen Rezitationen oder sonstigen kultischen Handlungen, die der spätere Buddhismus kennt, sind ihnen freilich noch fremd.

Frauen in der buddhistischen Tradition

Während sowohl die Nonnen als auch die Mönche ihr religiöses Leben nur für sich allein leben, fällt den Laienfrauen (*upāsikā*) durch ihre karitative Tätigkeit eine größere Bedeutung für die Entwicklung des Buddhismus zu. Denn die Laienschaft, die sich zum Glauben an Buddhas Wort bekennt und diesen Glauben in Werken der Wohltätigkeit ausdrückt, ermöglicht erst das religiöse Leben der Gemeinschaft von besitzlos umherwandernden Mönchen und Nonnen. Laien können zwar nach frühbuddhistischer Lehre in der Regel nicht direkt ins Nirvāṇa eingehen, aber durch solche verdienstvolle Wohltätigkeit ist ihnen die Wiedergeburt als Bettelmönch versprochen. Im japanischen Amida-Buddhismus wurde sogar der Unterschied zwischen dem Mönchtum und dem Laientum völlig aufgehoben. Es gibt in dieser Tradition Priester und seit kurzem auch Priesterinnen, die kein monastisches Leben führen.

Im frühen Buddhismus wird Gautama Buddha lediglich als Lehrer und Wegweiser auf dem Heilsweg aufgefaßt, und alle, sowohl Mönche als auch Nonnen, konnten »Buddha«, also »Erwachte«, werden. Im Theravāda-Buddhismus wurde jedoch bald erklärt, daß nur Mönche die Buddhaschaft erlangen. Und im Lauf der Zeit ging im Theravāda die Tradition des weiblichen Mönchtums ganz verloren. Allerdings haben in unserer Zeit (1987) Ayya Khema und Frauen aus Ost und West gemeinsam die Assoziation buddhistischer Frauen »Śākyadhitā« (Töchter des Buddha) in Bodhgayā in Indien gegründet, um die verlorene Tradition des Nonnenordens wiederzubeleben.

Im Mahāyāna-Buddhismus, der um das 1. Jahrhundert v. Chr. im Gegensatz zum Theravāda als eine neue Bewegung aus dem Volk heraus entstand und mit seinem universalen Heilsangebot in China, Korea und Japan Fuß faßte, wurden dem Gautama Buddha übernatürliche Kräfte zugeschrieben, durch die er möglichst vielen Menschen zum Heil verhelfe. Grundsätzlich gelten die Erwachten und Erleuchteten zwar als übergeschlechtliche Wesen, aber im Prozeß der Vergöttlichung des Gautama Buddha gewinnt das Buddha-Bild 32 Merkmale, von denen eines ein im Körper verborgenes männliches Glied ist. So verfestigte sich die Idee, daß jeder, der Buddha wird, wie der historische Gautama Buddha ein männliches Wesen sei.

In einem bekannten Lotos-Sūtra (Kapitel XII: Devadatta) heißt es:

Der Körper der Frau ist unrein, so daß er nicht die Schale für den Empfang der heiligen Lehre sein kann. Außerdem haften der Frau fünf Hindernisse an.

Das wichtigste unter diesen Hindernissen besteht darin, daß sie als Frau nicht Buddha werden kann. Dadurch ergibt sich ein Widerspruch in der universalen Heilsidee des Mahāyāna, nämlich einerseits die Geschlechtsneutralität des für alle bestimmten Buddha-Ideals und andererseits die Auffassung, daß die Frau als Frau nicht Buddha werden kann. Um diesen Widerspruch zu lösen, rief man die Lehre von der »Umgestaltung der Frau zum Mann« ins Leben. So findet sich beispielsweise bis heute im japanischen Buddhismus die Anschauung, daß es keinen Buddha in weiblicher Gestalt oder keine Frauen im paradiesischen »Reinen Land« (*Jōdo*) gibt.

Der Mahāyāna-Buddhismus erbte viele negative Merkmale des Frauenbildes der alt-indischen Gesellschaft. So z. B. die altindische Anschauung, daß die Geburt eines Menschen als solche wegen ihrer Verbindung mit der Sinnlichkeit sündhaft sei, wie man es im »Kodex des Manu« nachlesen kann.[3] Dementsprechend wird die ideale Entstehung eines Menschen, der nicht durch einen Mutterleib geboren ist, im Lotos-Sūtra (Kapitel VIII) folgendermaßen beschrieben:

In diesem Buddha-Land gibt es weder Sünder noch Frauen. Diejenigen, die hier existieren, verdanken es ihrem Karma, daß sie aus der vergangenen Existenz hierher gelangt sind. Hier herrscht keine Sinnlichkeit.

Des weiteren findet sich eine negative Anschauung des Mutterleibs in einem der drei wichtigsten Sūtren des Amida-Buddhismus:

Ein Bodhisattva geht in den Leib der Mutter ein und geht aus der rechten Achselhöhle der Mutter hervor.[4]

Hier läßt sich deutlich eine Projektion der Sinnlichkeit auf das Frausein und die Dämonisierung der weiblichen Sexualität erkennen, wie sie sich ähnlich auch in der Geschichte des Christentums findet.

Allerdings impliziert die Lehre von der absoluten Leerheit (*śūnyatā*), die bereits bei Gautama Buddha angelegt und von Nāgārjuna theoretisch entfaltet worden ist, den Ansatz zu einer egalitären Metaphysik (sehr deutlich z. B. im Vimalakīrtinirdeśa). Denn nach dieser Lehre sind alle Existierenden substanzlose Scheinwesen, also auch Mann und Frau. Dadurch wird die Unterscheidung der Geschlechter sinnlos. In der Konsequenz dieses Denkens würde die Frau eigentlich die Umgestaltung zum Mann nicht nötig haben. Es wäre allenfalls an eine Umgestaltung zum vollkommenen Menschen zu denken, die beide Geschlechter betrifft. An diesem Gedankengut orientieren sich heute manche japanische und europäisch-amerikanische Buddhistinnen, die ihren Weg zur Buddhaschaft im feministischen Bewußtsein gehen.

Am Rande sei noch kurz darauf hingewiesen, daß im Rahmen des Volksglaubens in China und Japan der Bodhisattva Avalokiteśvara (chin.: *kwannin*, jap.: *kannon*) als Konkretisierung der Barmherzigkeit häufig in weiblicher Gestalt dargestellt wird und in dieser Gestalt ein Gegenstand der Andacht für hilfesuchende Frauen war und immer noch ist.

Frauen im japanischen Buddhismus

In der frühen Phase des japanischen Buddhismus, das heißt kurz nach seiner Einführung im 6. Jahrhundert n. Chr. und vor allem seit der Zentralisierung Japans im 7. Jahrhundert, gewannen die priesterlichen Funktionen von Mönchen und Nonnen zusätzliche Bedeutung, da der Buddhismus für das Tenno-Haus – und damit für das Land – durch die Übernahme besonderer Riten eine Schutzfunktion erhielt. Die Nonnen widmeten sich nicht allein dem Streben nach der Buddhaschaft, sondern führten den Haushalt für die Mönche, die sich ungeteilt den geistlichen Aufgaben zuwenden konnten – eine Arbeitsteilung, die das soziale Verhältnis beider Geschlechter widerspiegelt.

Im Lauf der Zeit entstand eine weitere bedeutsame Ungleichheit zwischen den Geschlechtern: Während nämlich die verschiedenen buddhistischen Denominationen allmählich (und dann offiziell im Jahr 1872, nach der Meiji-Restauration) dazu übergingen, dem Mann die Verbindung des priesterlichen Mönchtums mit dem Eheleben zu gestatten, ist den Frauen Entsprechendes in manchen Denominationen bis heute untersagt. Verheiratete Priesterinnen wurden als Menschen betrachtet, die ins weltliche Leben zurückgekehrt sind. Gegenwärtig ist dies ein Gegenstand der feministischen Kritik und wird als Folge einer androzentrischen Denkweise betrachtet.

Da Sūtren mit streng asketischer Prägung (z. B. das Lotos-Sūtra oder das kleine Sukhāvatīvyūha-Sūtra) bei der japanischen Rezeption des Buddhismus aus China und Korea eine besondere Bedeutung zukam, wurden auch die in diesen anzutreffenden Lehren von der Negativität und Sündhaftigkeit der Frau überliefert. Sie lassen sich durch die Geschichte hindurch sowohl bei männlichen als auch bei weiblichen Autoren wiederfinden – ein Sachverhalt der allerdings noch näherer Untersuchung bedarf, insofern die Vorstellung, daß die Frau eine sündhafte und unreine Form des Menschseins ist, lange Zeit auch als ein Bescheidenheitstopos von Frauen galt.

Was nun das Bluttabu betrifft, so scheint es hierbei wechselseitige Einwirkungen von der japanischen Volksreligion, dem Shintō, auf den Buddhismus und umgekehrt gegeben zu haben. Seit dem Mittelalter entwickelte der japanische Buddhismus eigenartige Rituale, um alle Frauen aus einer (allerdings nicht notwendig als endgültig gedachten) Hölle zu retten, in die sie geraten sind, weil sie durch die Menstruation und den Gebärakt Flüsse, die Erde und heilige Mönche verunreinigt haben. Die mit der Idee der Unreinheit und Sündhaftigkeit des Frauseins verbundene Frauenfeindlichkeit des japanischen Buddhismus gipfelte schließlich in dem Verbot für Frauen, bestimmte Tempel oder Berge zu betreten. Für einzelne Berge besteht dieses Verbot noch heute.

Unter der Voraussetzung des in dieser Weise bestimmten Frauseins gab es in bezug auf das Heil von Frauen drei Möglichkeiten:

1. Das Mann-Werden (in der zukünftigen Wiedergeburt), worauf manche Sūtren hinweisen.
2. Den Rückzug ins klösterliche Leben, der vor allem vom Zen-Buddhismus als Aufhebung von Geschlechtlichkeit erklärt und gefordert wird.
3. Die Mutterschaft durch die Geburt eines Sohnes, dessen Verdienst der Mutter zum Heil gereicht.

Mit letzterem ist folgendes gemeint: Die Mutter eines Sohnes, die ihm in der Hoffnung, daß er sich zum Mönchtum entschließt, zur Lehrerin wird, wird nicht mehr als weibliches Wesen angesehen und kann durch die Verdienste des Sohnes erlöst werden. Nach diesem Glauben gehen die Verdienste des Sohnes im Grunde auf jede Mutter über. Hier ist der sexistische Heilsbegriff als Angewiesenheit des weiblichen auf das männliche Geschlecht ebenso deutlich wie bei dem Glauben an die Notwendigkeit des Mann-Werdens der Frau. Erst heute wird durch die Frauenforschung in Japan in vollem Ausmaß entdeckt, wie der japanische Buddhismus gemeinsam mit den anderen Religionen Japans nicht nur sexistische Ansichten legitimiert, sondern diese auch in den entsprechenden Institutionen selbst realisiert hat, wovon noch die Rede sein wird.

2. Die gegenwärtige Auseinandersetzung der Feministinnen mit dem Buddhismus

Wie einleitend bereits angedeutet wurde, haben europäische und amerikanische Feministinnen die Bedeutung des Buddha wiederentdeckt, insofern sie nämlich davon überzeugt sind, daß sich Feminismus und Buddhismus auf ideale Weise miteinander vereinbaren lassen. Rita M. Gross, eine amerikanische Feministin und Vajrayāna-Buddhistin, vertritt sogar die aus ihren Meditationserfahrungen herrührende Überzeugung, daß der Feminismus den Buddhismus brauche, um sanfter zu werden.[5] Bevor ich nun auf die Frage eingehe, wie und warum gerade westliche Feministinnen von Buddha angezogen sind, werde ich zunächst kurz einige umstrittene Probleme ansprechen, die sich aus feministischer Sicht im Hinblick auf Jesus Christus innerhalb der christlichen Theologie stellen.

Feministische Problemstellungen im Hinblick auf die traditionelle Christologie

Der Name Jesus Christus bzw. die Aussage, Jesus ist der Christus, das bedeutet der verheißene Messias, artikuliert ein Bekenntnis, das bis heute für die meisten Christen das Fundament ihres christlichen Glaubens bildet. Nach diesem Bekenntnis wird dem Mann Jesus von Nazareth eine absolute und universale Bedeutung für das Gottesverständnis sowie für das Heil der Menschheit zugeschrieben. Für feministische Christinnen ist aber die Lehre von Jesus als männlich geprägtem Christus problematisch geworden. Anhand des »Wörterbuchs der Feministischen Theologie«[6] möchte ich kurz einen Blick auf die feministische Kritik an dieser traditionellen Christologie werfen. Nach dieser Kritik wurde

1. durch die einmalige Menschwerdung Gottes in Gestalt eines Mannes die Norm des Menschseins sexistisch geprägt, so daß die Frau geschichtlich und theologisch marginalisiert

wurde und wird, wie es sich bei der Debatte um das weibliche Priestertum in der katholischen Kirche zeigt.

2. Der Dualismus zwischen Gott und Menschheit, vor allem die einseitige Akzentuierung der Göttlichkeit Jesu und die damit implizierte Entwertung des Menschen, haben nach dieser Kritik in der Praxis dazu geführt, daß die Frauen Christus als männlichen Gott idolisierten, statt wie Jesus in der Welt durch liebendes und gerechtes Handeln Gott zu inkarnieren.

3. Die Vorstellung von Jesus Christus als der einzigen Inkarnation Gottes, vor allem als der Norm des erlösten Menschseins, hat nach dieser Kritik »nicht nur alle anderen Religionen abqualifiziert und die imperialistische Bekehrung von Völkern und Kulturen zum christlichen Glauben legitimiert, sondern ebenso Rassismus und Sexismus sanktioniert«.[7]

Abgesehen von der Tatsache, daß Buddha im Mahāyāna-Buddhismus männlich vorgestellt wird, scheint die Gestalt des Buddha von ähnlichen Einwänden wie den feministisch-theologischen nicht betroffen zu sein. Warum? Auf Grund der Lehre von der *śūnyatā* (»Leerheit«) lehnt der Buddhismus einen Dualismus von Buddhaschaft und allgemeinem Menschsein, der letzteres entwerten würde, radikal ab. Ferner wird im Unterschied zu dem den traditionellen Christologien zugrundeliegenden Anspruch der Einzigartigkeit und Letztgültigkeit Jesu Christi im Buddhismus noch mit anderen Buddhas vor und nach dem historischen Gautama Buddha gerechnet, so daß die Heilsmöglichkeit nicht auf einen bestimmten Raum und eine bestimmte Zeit eingeengt ist. Auch gibt es keine verbindliche Institution zur Heilsvermittlung wie die Kirche. Dafür erhebt der Buddha den Absolutheitsanspruch auf den Dharma, seine Lehre, die aber angesichts der Wahrheitserfahrung, also der Erleuchtung, zugleich wiederum relativiert wird. Der Buddha ermahnt nämlich die Schüler, selbst an der Lehre nicht festzuhalten. So vergleicht er die Lehre mit einem Floß, das nach der Überfahrt über den Fluß überflüssig wird.

Wenden wir uns nun jedoch der Frage zu, wie gegenwärtig westliche Frauen in der Lehre des Buddha ihre befreiende Selbstverwirklichung erleben.

Die Bedeutung des Buddha für westliche Frauen

Sieht man einmal von den wenigen Ausnahmen weiblich darge-
stellter Buddhas, wie sie sich vor allem im tibetischen Buddhismus als Ausdruck der als weiblich vorgestellten Energie der
Buddhaschaft finden, ab, dann ist die Ansicht, daß die Buddhaschaft Männlichkeit voraussetzt, auch heute noch in buddhistischen Ländern weit verbreitet. Somit steht dieses Problem
auch bei westlichen Buddhistinnen aktuell zur Debatte.

Ven. Vajramālā, die Leiterin des westeuropäischen Ordens-
zweiges des *Ārya Maitreya Maṇḍala* versucht die Frauen zu
ermuntern und kommentiert die negativen Aussagen, die die
Sūtren über das Frausein enthalten, folgendermaßen: Wir sollten

darüber weder betroffen noch entmutigt sein, sondern vielmehr eifrig
das Dharma studieren. Denn dabei werden wir so manchen Hinweis
dafür finden, daß das Frausein auch mit ganz anderen Augen betrachtet werden kann.[8]

Indem sie sich auf die Madhyamaka-Philosophie von Nāgārjuna, dem eigentlichen Begründer der Mahāyāna-Philosophie,
stützt, weist sie alle Meinungen und Ansichten über die Vor-
und Nachteile des einen oder des anderen Geschlechts als nur
bedingt oder relativ zurück, weil sich alle Phänomene dieser
Welt im Bereich der Schein-Wirklichkeit nur gegenseitig be-
dingen. Sie fordert, von der Absolutsetzung der Begriffe abzu-
lassen und zu erkennen, daß Begriffe – wie wichtig sie auch für
die Kommunikation sein mögen – nicht die Wahrheit selbst
sind. Durch diesen Erkenntnisprozeß durchschaut man sich
selbst gerade in den Augenblicken, in denen man sich für eine
innere Entwicklung frei macht, die eines Tages so umfassend
sein wird, daß sie über das Mannsein und Frausein weit hin-
ausgeht, so daß man in sich alle Möglichkeiten des Geistes und
damit seines Wesens erfährt. Vajrāmāla fährt fort:

Dann können wir auch den Wunsch aufgeben, die Menschheit in
Klassen einzuteilen und diese dann voneinander abzugrenzen oder
Teile von ihr auszuschließen.[9]

Die deutsche Dharma-Lehrerin Ayya Khema, die das Buddha-
Haus im Allgäu betreut, betont hingegen für den Weg zur
Ganzheit die Bedeutung einer Ausgeglichenheit von männli-

cher und weiblicher Seite, die den zwei Gehirnhälften jedes Menschen entsprechen. So hält sie zwar noch an der Ansicht fest, daß Frauen spontan leicht Zugang zu Liebe und Mitgefühl haben und daß Männer primär die Vernunft und das logische Denken besitzen. Aber sie fordert zugleich beide Geschlechter auf, sich von diesen Charaktereigenschaften zu lösen.[10]

Aus dem gleichen Grund hält auch die amerikanische Buddhistin Rita M. Gross das Konzept der Androgynität für wichtiger als das der Geschlechtsneutralität des Buddhaseins, und sie betrachtet es sogar als die Aufgabe und als das Erbe der Buddhisten im Westen, einen solcherart androgynen Buddhismus zu schaffen. So interpretiert Rita M. Gross die negativ erscheinenden Aussagen über Frauen im traditionellen buddhistischen Schrifttum folgendermaßen:

In den Sūtren wird gesagt, eine Wiedergeburt in einem weiblichen Körper sei eine Folge von schlechtem Karma, das man in der Vergangenheit angesammelt habe. Da jedoch nach Rita Gross in den buddhistischen Zentrallehren, wie den Lehren von der Egolosigkeit, der Leerheit und der Buddha-Natur, keine Geschlechterhierarchie begründet sei, meint sie, daß die scheinbar frauenfeindlichen Aussagen weder mit den Ängsten der Männer vor dem asketischen Weg noch mit Frauenfeindlichkeit zu tun haben. Ihres Erachtens verhalte es sich eher so, daß die Verfasser dieser Sūtren das Frausein als eine ungünstige Bedingung auf dem Weg zur Buddhaschaft ansahen, nicht aber als etwas Böses oder Minderwertiges. Sie ist der Ansicht, daß diese Verfasser Mitleid und Mitgefühl für das harte Leben der Frau empfanden und ihren Wunsch nach einer besseren Existenz der Frau durch die Verheißung ausdrückten, daß als Folge guter Werke eine männliche Wiedergeburt erreicht werden könne.[11] Diese Interpretation erinnert mich an jene Auffassung der historisch-kritischen Bibelexegese, wonach die sogenannte Strafe Gottes gegenüber der Frau, von der in Genesis 3 die Rede ist, nicht als Folge des Sündenfalls zu verstehen sei, sondern eher so, daß der Verfasser hiermit die Situation der Frau in seiner patriarchalen Zeit erklären wolle.

Selbstverständlich sind westliche Buddhistinnen besonders sensibel für weibliche Symbole im Buddhismus, da die männlichen Gottes- und Christus-Symbole eine negative Wirkung in bezug auf das Frausein hinterlassen haben. Das Sūtra vom

»Löwengebrüll der Königin Śrīmālā«, dessen Titel – was im Buddhismus einmalig ist – den Namen einer weiblichen Bodhisattva trägt, handelt beispielsweise von der Potenzialität der Buddhaschaft, das heißt dem *tathāgatagarbha*, was wörtlich »Keim des Buddha« im kosmisch verstandenen Uterus bedeutet. Dieser Keim ist in allen Lebewesen vorhanden, wird jedoch von ihren Trübungen wie Gier, Haß und Nichtwissen verdeckt, von denen die nach der Erleuchtung Strebenden befreit werden müssen.[12] Ferner gilt ein weiterer mahāyānistischer Zentralbegriff, nämlich *prajñāpārāmita*, das heißt die Vollkommenheit der transzendenten Weisheit, als Verkörperung des Weiblichen schlechthin. Aus der Weisheit geht *karuṇā*, die Barmherzigkeit, hervor, die ebenfalls teilweise weiblich vorgestellt wird.

Interessant ist darüber hinaus auch die Feststellung, daß westliche Buddhistinnen durch die Lehre Buddhas zu einer Anerkennung und Wertschätzung des Körpers kommen, wie dies beispielswiese bei der deutschen Meditationslehrerin Ruth Denison oder bei der Amerikanerin Joanna Macy der Fall ist. Im Christentum, das eine gewisse Abneigung gegen den Körper tradiert hat, haben Frauen darunter gelitten, daß das Frausein mit dem Körper, das Mannsein hingegen mit dem Geist identifiziert wurde.

Besonders wichtig und herausfordernd sind für den japanischen Feminismus und Buddhismus einige Gesichtspunkte der »Befreiungsbuddhologie« von Joanna Macy, die in den USA als Lehrerin und Feministin im ökologischen und sozialen Bereich tätig ist. Sie stellt Buddhas zentrale Lehre des *pratītyasamutpāda* (jap.: *engi*), die Lehre vom wechselseitig bedingten Vergehen und Entstehen, in den Vordergrund. Hierbei geht es um die Erkenntnis, daß alle Dinge untereinander zusammenhängen. Macy versteht unter dieser Lehre nicht – wie es oft mißdeutet wurde – einen passiven Determinismus, wonach das Karma eines Menschen durch die vergangenen Handlungen wie in Beton gegossen und geformt wäre. Sie bezieht die Lehre vom wechselseitig bedingten Entstehen vielmehr auf den reziproken Prozeß zwischen den alle Lebewesen bedingenden Faktoren. Diese sind so geartet, daß man den Prozeß an einer Stelle verändern kann und daraufhin alles wie ein Kartenhaus einstürzt.

Unter Rückgriff auf das Bodhisattva-Ideal des Mahāyāna-Buddhismus spricht Joanna Macy weniger von einer Aufhebung des Selbst, sondern befaßt sich eher mit der Erfahrung seiner immer umfassender werdenden Ausweitung und Vereinigung mit anderen Wesen. Wie die Form der Phänomene von der Leere (śūnyatā) durchdrungen ist, so steht für Macy die Meditation in Einheit mit dem Handeln. Aus dieser Auffassung heraus verbindet sie ihre Meditation und ihre Deutung des *pratītyasamutpāda*, des wechselseitig bedingten Entstehens, mit ihrem sozialen Engagement.

Nach der »ersten Drehung des Rads der Lehre«, das heißt nach der ursprünglichen Lehrverkündigung des Buddha, und nach der »zweiten Drehung«, der Entstehung des Mahāyāna-Buddhismus, antizipiert Joanna Macy eine kommende »dritte Drehung«, die sie folgendermaßen umschreibt:

Vielleicht können wir in der Errichtung der Gemeinschaft das Prinzip der wechselseitigen Entwicklung erkennen und unsere Wahrnehmung eines isolierten Selbst verlieren.[13]

In der Lehre des Buddha findet Joanna Macy eine ideale Verbindung des autonomen Selbst mit dem Gemeinsinn. Und was bei ihrer Einstellung außerdem noch relevant ist: Sie zieht aus der Buddha-Lehre der wechselseitigen Entwicklung die Konsequenz einer Verantwortung für die noch nicht Geborenen. Das ist die feste Basis für ihre Ökologie-Bewegung, die auch für die japanische Ökologie-Bewegung inspirierend sein kann.

Die Bedeutung des Buddha bei japanischen Feministinnen

Jene befreienden Elemente der Lehre Buddhas, die von den westlichen Frauen aufgegriffen worden sind, finden sich faktisch auch in den Schriften[14] und Meinungsäußerungen der japanischen Feministinnen wieder. Aber erstaunlicherweise stoßen solche Gedanken bei den Japanerinnen auf keine große Resonanz. Die zentralen Punkte der Kontroverse scheinen für sie woanders zu liegen als für die westlichen Feministinnen, da die Erfahrungen der Frauen – sei es befreiender oder unterdrückender Art – nicht nur vom ideellen Gut der Religion, sondern auch von der sozialen Konstellation ihrer Umwelt bedingt sind.

Ein Gegenstand der feministischen Kritik[15] am japanischen Buddhismus ist sein Dualismus. Eigentlich vertritt der Buddhismus mit der Idee der *śūnyatā* einen strikten Monismus. Doch in der Praxis hat der japanische Buddhismus widersprüchlicherweise einen gewissen Dualismus eingeführt, der zwei Gesichter trägt: zum einen das offizielle Gesicht des Sollens, das heißt das Streben nach dem Mahāyāna-Ideal, zum anderen das inoffizielle Gesicht der Realität, nämlich den Mahāyāna-Buddhismus gemäß der japanischen Wertordnung zu realisieren.

Aus der Kluft zwischen diesen beiden Gesichtern erwuchsen den Frauen einige für Japan spezifische Probleme. Zum Beispiel wurden und werden den Ehefrauen und Töchtern der verheirateten buddhistischen Priester weder volle Anerkennung als Persönlichkeit noch Religionsfreiheit zuerkannt, da die Priesterehe als etwas gilt, das eigentlich nicht sein sollte. Sie wird zwar seit langer Zeit geduldet – aber eben nur *geduldet*. Außerhalb Japans entfällt dieses Problem, weil es dort keine Ehe der buddhistischen Priester gibt.

Sogar die Nonnen und Priesterinnen haben in Japan auf Grund des traditionellen negativen Frauenbildes und des androzentrischen Systems der jeweiligen religiösen Organisationen lediglich eine bedingt akzeptierte Stellung und genießen eine geringere Achtung. Demgegenüber ist die Stellung der Nonnen in anderen mahāyāna-buddhistischen Ländern, wie in Süd-Korea und Taiwan, hoch angesehen.

Neben dem Streben nach der Buddhaschaft und dem Gebet für das Land obliegt den japanischen Mönchen und Priestern, verheirateten wie unverheirateten, traditionell auch die Durchführung der Rituale für die Totenzeremonien. In der neueren Zeit ist diese Aufgabe sogar zu ihrer Hauptsache geworden. In dieser Hinsicht wird von Feministinnen gegenwärtig besonders der Kult für die abgetriebenen und totgeborenen Kinder kritisiert, und zwar mit dem Argument, daß der Buddhismus durch eine Mißdeutung des Karma-Gesetzes die betroffenen Frauen in zusätzliche Angst und Not versetzt.

Mit der Duldung der Priesterehe, der Funktion des Gebets für das Land und der die Priester voll in Anspruch nehmenden

Beschäftigung mit den Totenzeremonien hat sich der japanische Buddhismus vom eigentlichen Geist des Gautama Buddha entfernt. So tendierten und tendieren die japanischen Buddhologen dazu, sich nur mehr auf die wissenschaftliche Interpretation und Auslegung der Berge von Sūtren zu beschränken, ohne an das konkrete Leben zu denken. Aus feministischer Sicht ist der japanische Buddhismus insgesamt vor allem mit der Apologetik seiner Existenz und den rein theoretischen Interessen beschäftigt, so daß er kaum mehr eine befreiende Kraft ausstrahlt.

Abschließend möchte ich dieser Bestandsaufnahme der gegenwärtigen Situation der Lehre Buddhas in Japan ein Zitat aus einem Brief hinzufügen, den mir Harue Ozawa, eine feministische Priesterin der Nichiren-Denomination, zur Thematik dieses Beitrags eigens geschickt hat:[16]

Über die gegenwärtige Situation des japanischen Buddhismus samt der Nichiren-Denomination war und bin ich gar nicht glücklich, weil die Priester an bestimmten Stellen der Sūtren und der Worte Nichirens an einer Auslegung im Sinne eines bloßen Moral-Kodex festhalten, ohne über den eigentlichen Sinn zu reflektieren, und weil sie nur Wert darauf legen, wie würdig und ästhetisch sie die Sūtren rezitieren können. Im Laufe der Geschichte, während der sich der Buddhismus der besonderen Protektion durch die politischen Machthaber erfreute, ist der tiefe Sinn des ›Buddha-Werdens‹ oder des ›Erwachens‹ für das Leben der Menschen in Vergessenheit geraten. Außerdem wird sicherlich die willkürliche Deutung der Idee der Leerheit »śūnyatā« zur Pervertierung des Wesens des japanischen Buddhismus beigetragen haben, anstatt den dynamischen und revolutionären Geist des Buddha zu realisieren. Es ist meiner Überzeugung nach auch Nichiren, jener ehrwürdige Gründer der Nichiren-Denomination, gewesen, der den befreienden Geist des Buddha für den japanischen Kontext wiederentdeckt hat.

Lange Zeit fühlte ich mich unterdrückt und ohnmächtig als Priesterin, aber durch die Begegnung mit dem Feminismus, vor allem mit den Buddhisten und Buddhistinnen aus anderen asiatischen Ländern, bin ich zu der Überzeugung gekommen, daß gerade die Unterdrückten, einschließlich der Frauen, in der Lage sind, eine gewisse ›Befreiungsbuddhologie‹ zu konzipieren. Wir sind dabei, ein ›Frauen-Netzwerk‹ mit japanischen sowie anderen asiatischen Buddhistinnen aufzubauen. Ich bin froh und dankbar, daß mir so jetzt die Gelegenheit gegeben wurde, über das Thema ›Die Bedeutung des Buddha aus feministischer Perspektive‹ zu reflektieren.«

Auch ich bin dankbar, daß ich auf diese Weise frische Energien und befreiende Konzeptionen von westlichen Buddhistinnen kennengelernt habe, damit der Buddhismus wieder wie zur Lebenszeit des Buddha eine befreiende Kraft ausstrahlt. Zwischen buddhistischer und christlicher feministischer Theologie zeigen sich so wesentliche Parallelen.

Der Buddha und seine Lehre im Urteil des Hinduismus

Wilhelm Halbfass

1. Antibuddhistische Polemik

Die hagiographische und weitgehend legendarische Überliefe-rung vom Leben des großen Hindu-Philosophen Śaṅkara (8. Jh.) berichtet, daß der Gott Śiva selbst beschlossen habe, als die Plage des Buddhismus unerträglich geworden und die hei-lige vedische Tradition vom Untergang bedroht gewesen sei, auf die Erde herabzusteigen und dem Unheil Einhalt zu gebie-ten. Und zwar sei er als Śaṅkara erschienen, um durch seine Lehrtätigkeit und seine Kommentare zu den heiligen Texten die Buddhisten ein für allemal intellektuell und spirituell zu besiegen. Śivas Sohn Skanda, inkarniert als der große ortho-doxe Mīmāṃsa-Philosoph Kumārila, habe ihn dabei unter-stützt. Kumārila begnügt sich freilich nicht damit, die Buddhi-sten mit den Waffen des Geistes, durch Exegese und Argu-mentation zu bekämpfen: Er überträgt seinen Kampf auch in die politische Arena. Es gelingt ihm, den König Sudhanvan als Bundesgenossen zu gewinnen. Dieser Sudhanvan ist von der absoluten Heiligkeit und Unfehlbarkeit des Veda schließlich so überzeugt, daß er den Entschluß faßt, die buddhistischen Feinde des Veda und der brahmanisch-hinduistischen Tradi-tion nicht nur zu vertreiben, sondern zu eliminieren: Er be-fiehlt, »die Buddhisten mitsamt Greisen und Kindern« im ge-samten Subkontinent, vom Himalaya-Gebirge bis hin zur Südspitze, zu töten.[1]

Wir sollten den historischen Quellenwert solcher Überlie-ferungen nicht überschätzen; die Darstellung ist, wie gesagt, weitgehend mythisch und legendarisch. Eine systematische, gesamtindische Verfolgung und Ausrottung der Buddhisten hat es mit Sicherheit nicht gegeben; auch im regionalen Be-reich dürfte sich dergleichen kaum ereignet haben. Es handelt sich offensichtlich um brahmanisches Wunschdenken. Gleich-wohl sind die Berichte aufschlußreich und symptomatisch. Sie zeigen, wie sehr die Buddhisten den Brahmanen der späteren

Zeit verhaßt waren, und sie belegen darüber hinaus, daß die Rede von »indischer Toleranz« gewisser Einschränkungen bedarf und keineswegs verallgemeinert werden kann.

Mögen sich Śaṅkara und Kumārila auch nicht an blutigen Buddhistenverfolgungen beteiligt haben, so kann doch an ihrer grundsätzlich feindseligen Haltung kein Zweifel bestehen. Dies gilt nicht nur für den großen Polemiker Kumārila. Auch Śaṅkara, der sonst als großer universaler Geist und Harmonisierer gilt, argumentiert und polemisiert nicht nur gegen den Buddhismus und die Buddhisten, er beschimpft auch den Buddha selbst.

Ganz allgemein zeigen Śaṅkara und die übrigen brahmanischen Gegner des Buddhismus keinerlei Bereitschaft, von ihrer Kritik buddhistischer Lehren den Buddha selbst auszunehmen bzw. eine positive Bewertung des Lehrers und Menschen Siddhārta Gautama, des Buddha, auch nur in Erwägung zu ziehen. Der Buddha, so meint Śaṅkara in seinem Hauptwerk, dem *Brahmasūtrabhāṣya*, habe wirre und widersprüchliche Lehren vorgetragen. Daraus sei zu entnehmen, daß er ein geschwätziger Narr gewesen sei, der nicht verstand, was er sagte, oder aber ein böswilliger Verführer, der die Menschen mit Absicht in Konfusion und Irrglauben geführt habe.[2] Das buddhistische Argument, daß die vermeintliche Verschiedenheit von Lehrinhalten in Wahrheit auf eine pädagogische Anpassung an verschiedene Stufen des Verstehens hinauslaufe, läßt er nicht gelten.

Kumārila, den die legendarische Überlieferung in mancherlei biographische Verbindungen mit den Buddhisten bringt, namentlich mit dem großen Logiker Dharmakīrti, hat sicherlich gründlichere Kenntnisse der buddhistischen Philosophie gehabt als Śaṅkara. Kumārila, so will es die Legende, habe in Verkleidung und falscher Identität bei den Buddhisten gelebt, um ihr Denken möglichst gut zu verstehen und ihnen im Redekampf gewachsen zu sein. Dann habe er, um sich von der Befleckung zu reinigen, rituellen Selbstmord durch langsame Selbstverbrennung begangen.[3] Dies ist gewiß nur Legende – und doch wiederum aufschlußreich und symptomatisch. Jedenfalls ist Kumārila zweifellos einer der größten und einflußreichsten Gegner des Buddhismus, der, wie auch Śaṅkara, seine Kritik der buddhistischen Lehre mit herabsetzenden

Äußerungen über die Person des Buddha verbindet. Insbesondere präsentiert sich Kumārila als Anwalt des vedischen Dharma und der in ihm enthaltenen rituellen, sittlichen und sozialen Normen und Pflichten. Die ethische Orientierung der Buddhisten und die Lebensführung des Buddha selbst gefährden diesen Dharma und sind entschieden zurückzuweisen. Daß in der buddhistischen Ethik Selbstkontrolle, Mitleid, Freigebigkeit und dergleichen eine maßgebliche Rolle spielen, bedeutet überhaupt nicht, daß der Buddha als Dharma-Lehrer oder als großer und exemplarischer Mensch anzuerkennen ist. Im Gegenteil – der extreme Altruismus, der sich in der Bereitschaft des Bodhisattva, das Leid aller Wesen auf sich zu nehmen, ausdrückt, wird von Kumārila als Verletzung des Dharma bezeichnet. Und wie kann der als Kṣatriya, als Angehöriger der Kriegerkaste geborene Buddha, der durch Anmaßung brahmanischer Lehrbefugnisse seinen kastenmäßigen Dharma mißachtet und bei der Verbreitung seiner Lehren auf den Kastenstatus seiner Zuhörer keine Rücksicht nimmt, überhaupt als Lehrer des Dharma ernst genommen werden?[4] Ganz besonders wendet sich Kumārila gegen die Berufung der Buddhisten und anderer »Irrlehrer« auf das Prinzip des »Nicht-Verletzens« (ahiṃsā) und gegen ihre Kritik an den vedischen Opferriten. Ahiṃsā darf nicht universalisiert und gegen den Veda ausgespielt werden. In Wahrheit ist die Lehre von der ahiṃsā selbst im Veda verwurzelt, und die Buddhisten und andere Häretiker verdanken sie dieser Quelle. Sie haben ihre Rolle jedoch mißverstanden und ihre Bedeutung verfälscht.[5]

Wir können hier darauf verzichten, weitere Stellenhinweise zur antibuddhistischen Polemik bei Śaṅkara, Kumārila und anderen führenden Vertretern der orthodoxen, am Veda orientierten hinduistischen Philosophie zu geben. Im Nyāya und Vaiśeṣika wären etwa Uddyotakara und Udayana zu nennen. Die Polemik ist besonders intensiv in der zweiten Hälfte des 1. Jahrtausends n. Chr. Neben der Verteidigung des Veda gegen die Kritik der Buddhisten geht es dabei in erster Linie um das zentrale Thema des »Selbst« (ātman) und um die Frage seiner Existenz oder Nichtexistenz. An keinem anderen Thema haben sich hinduistisch-buddhistische Kontroversen im gleichen Maße entzündet.[6]

Exemplarisch ist die Behandlung des Buddhismus auch in den hinduistischen, vom Vedānta inspirierten Doxographien. Hier werden die behandelten Systeme in der Regel in hierarchischer Anordnung vorgeführt, deren höchste Stufe im Vedānta erreicht wird. Der Buddhismus erscheint zumeist als eines der ersten, folglich niedrigsten Systeme, in unmittelbarer Nähe des Materialismus.[7] Auch in dem literarischen Genre philosophischer bzw. »doxographischer« Dramen, deren bekanntestes Beispiel der wohl um 1100 von Kṛṣṇamiśra verfaßte *Prabodhacandrodaya* ist, spielen die Buddhisten in der Regel eine recht klägliche Rolle. Etwas anders steht es nur in dem um 900 entstandenen *Āgamaḍambara* des kaschmirischen Nyāya-Philosophen Jayantabhaṭṭa.[8] Zu dieser Zeit ist der Buddhismus in seinem indischen Mutterland bereits im Niedergang begriffen. Nach 1200 kann von einer lebendigen buddhistischen Tradition in Indien und von aktuellen philosophisch-religiösen Debatten zwischen Hindus und Buddhisten kaum noch die Rede sein. Gleichzeitig gilt jedoch, daß der Buddhismus seinen Siegeszug durch andere Bereiche Asiens – Ostasien, Zentralasien, Südostasien –, der bereits seit Jahrhunderten im Gange ist, fortsetzt. Wie, wenn überhaupt, wirkt sich dies auf die Einschätzung des Buddha und des Buddhismus im hinduistischen Indien aus?

In der philosophischen Literatur des Hinduismus und in der Sanskrit-Literatur überhaupt werden die außerordentlichen Missionserfolge des Buddhismus außerhalb Indiens kaum je explizit zur Kenntnis genommen; seine Annahme durch zahllose nicht-indische »Barbaren« (*mleccha*) spricht nach orthodoxer Auffassung ja keineswegs für, sondern viel eher gegen den Buddhismus. Bemerkenswert ist in diesem Zusammenhang eine durch ihre lakonische Kürze und Beiläufigkeit symptomatische, mit gewissen Variationen wiederholt vorkommende Äußerung bei Vācaspatimiśra (9./10. Jh.). Dieser in Indien außerordentlich geschätzte und einflußreiche Denker und Polyhistor sagt über die Lehren des Buddha und dergleichen, sie seien, da sie lediglich von gewissen Gruppen wie den Mleccha usw., also dem Abschaum der Menschheit, der den Tieren nahesteht, akzeptiert worden seien[9], keineswegs als Aussagen eines autoritativen Lehrers anzusehen.[10]

179

Müssen wir aus solchen negativen Stellungnahmen, denen zahlreiche entsprechende Äußerungen aus anderen Bereichen der theoretisch-normativen Sanskrit-Literatur, namentlich aus den »Gesetzestexten« (*Dharmaśāstra*), an die Seite gestellt werden können, den Schluß ziehen, daß es im hinduistischen Verhältnis zum Buddhismus positive Aspekte überhaupt nicht gegeben habe? Ist das Bild ein ganz und gar negatives? Es wäre gewiß sehr unvorsichtig und verfehlt, in den expliziten und programmatischen Äußerungen brahmanischer Philosophen und Ideologen eine adäquate Darstellung der vollen historischen Wirklichkeit finden zu wollen. Von dem jahrhundertelangen Miteinander buddhistischen und hinduistischen Lebens und Denkens, von den mannigfaltigen Formen gegenseitiger Durchdringung im kulturellen Bereich, von der Einschätzung des Buddha und seiner Lehre durch nicht-brahmanische Kreise lassen die zitierten Äußerungen kaum etwas ahnen. Wir wollen hier nun keineswegs versuchen, ein möglichst umfassendes, alle gesellschaftlichen Bereiche gleichmäßig berücksichtigendes Bild hinduistischer Einstellungen zum Buddhismus zu zeichnen. Die historische Quellenlage, in der nun einmal die literarischen Träger und Hüter der Tradition, das heißt die Brahmanen, den Vorrang haben, läßt ein solches Unterfangen kaum zu. Aber selbst dann, wenn wir uns vor allem an die in Sanskrit vorliegenden Quellen halten, ist deutlich, daß die expliziten und zumeist explizit ablehnenden Äußerungen gegenüber dem Buddhismus auch innerhalb dieses Bereichs nur ein unvollständiges und einseitiges Bild bieten: Sie lassen nicht erkennen, in welchem Maße die brahmanischen, theoretisch-normativ orientierten Gegner des Buddhismus doch zugleich auch dem Buddhismus verpflichtet sind.

2. Rezeption buddhistischen Gedankenguts

Grundsätzlich ist zunächst an das Ausmaß historischer Gemeinsamkeit von Buddhismus und Hinduismus zu erinnern. Siddhārtha Gautama, der Buddha, ist im brahmanisch-hinduistischen Milieu aufgewachsen. Auch wo er sich kritisch abgrenzt, nimmt er doch zugleich an der Entfaltung dieses Milieus und an der Weiterführung und Selbstdeutung der darin wirksamen Traditionen teil – durch Neudeutung und Umdeutung, aber auch durch Aufnahme und kontinuierliche Entwicklung traditioneller Motive. Radikale Brüche gibt es hier nicht. Umgekehrt rezipiert und transformiert der sich nun erst aus seiner vedisch-brahmanischen Vorgeschichte entfaltende Hinduismus so manche aus dem Buddhismus stammenden Motive, mag solche Rezeption auch nicht als solche anerkannt oder sogar durch mancherlei Formen der Ablehnung oder Polemik verdeckt sein.

Einige Beispiele mögen die jahrhundertelange hinduistische Rezeptivität gegenüber dem Buddhismus belegen. Wir beschränken uns dabei im wesentlichen auf den philosophischen bzw. religiös-philosophischen Bereich. Grundsätzlich wichtige Anstöße sind zunächst von der soteriologisch-therapeutischen Orientierung des Buddhismus ausgegangen. Im Zusammenhang damit ist an die buddhistischen Beiträge zur Konsolidierung und Ausgestaltung der Karmalehre zu erinnern, die nunmehr im Sinne eines viel strikteren Kausalitätsbegriffs verstanden wird. Der Begriff des »Welttreibens« (*saṃsāra*) gewinnt dadurch neue Konturen. Die Lehre vom »abhängigen Entstehen« (*pratītyasamutpāda*) und die Konzeption zyklisch wiederholter Kausalketten hat in den hinduistischen philosophischen Systemen deutliche Spuren hinterlassen, namentlich im Nyāya und Yoga.[11] Die zuerst im Buddhismus entfaltete, insbesondere mit der Schule des Nāgārjuna assoziierte Lehre von der »doppelten Wahrheit«, das heißt der provisorisch-pragmatischen und der absoluten, ist für die Schule Śaṅkaras, des großen Gegners der Buddhisten, ebenso wichtig geworden wie der Gedanke des »Leeren« (*śūnya*). Śaṅkaras Vorgänger Gauḍapāda ist bekanntlich dem Werk Nāgārjunas direkt verpflichtet.[12] Auf buddhistisch inspirierte Argumentationstechniken und Methoden der begrifflichen Auseinandersetzung, die von den Hindus sodann gegen das buddhistische Denken eingesetzt wurden, können wir hier nicht näher eingehen. Besonders durchlässig, ja fließend sind die Grenzen zwischen Hinduismus und Buddhismus in manchen Bereichen des Tantrismus gewesen. Hier ist auch eine gewisse Empfänglichkeit für außerindische Ideen und Praktiken zu finden.[13]

Offenheit und Rezeptivität hat es, jedenfalls zeitweilig, in vielen Bereichen der indischen kulturellen Tradition gegeben.[14]

Selbst wenn man sich auf den theoretisch-philosophischen Bereich beschränkt, sind die buddhistischen Spuren im einzelnen kaum zu zählen. Dies gilt namentlich dann, wenn man auch negative Reaktionen, Formen der Auseinandersetzung, hinduistische Antworten auf buddhistische Herausforderungen einbezieht. Hier ist vor allem an die beständige, jahrhundertelang wirksame Herausforderung des Hinduismus durch die buddhistische Lehre vom »Nichtselbst« (*anātman*) zu erinnern. Schärfere Formen der Polemik, der Selbstbehauptung, der gegenseitigen Abgrenzung und Ausgrenzung im Verhältnis von Buddhismus und Hinduismus setzen sich freilich seit der Mitte des ersten nachchristlichen Jahrtausends immer entschiedener durch. Die Buddhisten erscheinen nun nicht nur als intellektuelle Gegner, sondern als gefährliche Feinde der religiösen und sozialen Tradition schlechthin, die mit allen Mitteln bekämpft werden müssen. Wie schon bemerkt, sind diese Entwicklungen innerhalb der hinduistischen Philosophiegeschichte vor allem mit solchen Namen wie Kumārila, Śaṅkara, Uddyotakara, Vācaspati und Udayana assoziiert.

Innerhalb des Hinduismus selbst, das heißt in der Auseinandersetzung hinduistischer Schultraditionen miteinander, kann es nun geschehen, daß man den Gegner dadurch zu diskreditieren versucht, daß man seinen Standpunkt in die Nähe buddhistischer Lehren rückt. Das ist namentlich im Falle Śaṅkaras, gewiß eines der größten und einflußreichsten Widersacher der Buddhisten, geschehen. Śaṅkara selbst hat sich zweifellos mit großer Entschiedenheit gegen den Buddhismus abgegrenzt. Aber diese Selbstabgrenzung, diese aggressive Selbstbehauptung auch in Bereichen, wo sein eigener Standpunkt von dem der Buddhisten gar nicht so weit entfernt ist, erscheint zuweilen forciert und übersteigert; und wir erhalten den Eindruck, Śaṅkara habe sicherstellen wollen, daß man ihn selbst nicht buddhistischer Einflüsse oder geradezu eines impliziten Buddhismus bezichtigen könne. Aber eben dies ist in den folgenden Jahrhunderten wiederholt geschehen. Sein *brahman* wird von seinen *hinduistischen* Gegnern in die Nähe der buddhistischen »Leerheit« gerückt; ihm selbst werden buddhistische Tendenzen vorgeworfen, oder er wird als »verkleideter Buddhist« (*pracchannabauddha*), der sein Bekenntnis zum Veda nur vortäuscht, bezeichnet.[15]

3. Beispiele eines inklusivistischen Paradigmas

Im gegenseitigen Umgang zwischen Hindus und Buddhisten hat es auch mancherlei Manifestationen und Varianten des von Paul Hacker so genannten »Inklusivismus« gegeben. Inklusivismus ist für Hacker die »dem indischen Geiste besonders gemäße Weise«, fremde Lehren mit der eigenen unterordnend zu identifizieren bzw. sie als Vorstufen des eigenen Standpunkts relativierend anzuerkennen und zugleich im eigenen System aufzuheben.[16]

Auf buddhistischer Seite ist dieses Verfahren z. B. in der durch Nāgārjuna begründeten Madhyamaka-Tradition zu finden, und zwar im Hinblick auf buddhistische wie auch hinduistische Schulen. Die Vedānta-Lehre vom *brahman* erscheint hier als nicht konsequent durchgeführte Variante der Lehre vom »Leeren« (*śūnya*).[17] Umgekehrt haben hinduistische Schulen versucht, buddhistische Ideen als in der eigenen Tradition enthalten oder durch sie vorweggenommen zu deuten. Dabei ist jedoch zu beachten, daß die Inklusion in der Regel eine lediglich partielle ist und von entschiedener Ablehnung und Exklusion begleitet wird. So sind z. B. nach Kumārilas Ansicht, die vielleicht durch die Philosophie Bhartṛharis inspiriert ist, auch die Buddhisten »Kinder des Veda«, die von den heiligen Texten maßgebliche Belehrung empfangen haben, z. B. über die Ethik des Nicht-Verletzens (*ahiṃsā*). Sie sind jedoch sozusagen undankbare Kinder, die nicht eingestehen mögen, was sie den Eltern verdanken, und die zudem die empfangenen Lehren entstellen und verfälschen (z. B. indem sie das Prinzip der *ahiṃsā* aus seinem vedischen Kontext lösen und in den Dienst der Veda-Kritik stellen).[18] Für Śaṅkaras Schüler Suresvara ist das buddhistische analytische Denken, namentlich die radikale reduktive Analyse des Selbst (*ātman*), eine potentielle Vorbereitung auf das Verständnis des absoluten und überpersönlichen Ātman, sozusagen eine *praeparatio vedantica*. Die Buddhisten selbst jedoch verfehlen das wahre Potential ihres eigenen Denkens und verfallen der Irrlehre vom »Nicht-Selbst«, indem sie sich der vedisch-upaniṣadischen Botschaft, die allein die durch ihre Analysen geschaffene Leere und Offenheit mit Inhalt zu füllen vermag, radikal verweigern.[19]

Besonders kompliziert und ambivalent ist Śaṅkaras Umgang mit dem Inklusivismus. Śaṅkara weist ein im Ansatz inklusivistisches Denkmodell, das er bei den Buddhisten findet, ausdrücklich zurück – die Ansicht nämlich, daß im Sarvāstivāda und Vijñānavāda letztlich dasselbe gelehrt werde wie im Śūnyavāda, daß aber die Darstellung an geringere Grade der Aufnahmefähigkeit angepaßt sei und daß diese Systeme somit didaktisch untergeordnete Vorstufen zum Śūnyavāda seien. Śaṅkara, der offenbar sieht, daß solche didaktisch-inklusivistischen Stufenordnungen für sehr verschiedene Lehren beansprucht werden können, führt diese vorgeblich didaktisch motivierte Auffächerung der buddhistischen Lehre auf bloße »Geschwätzigkeit« des Buddha oder gar auf seinen bewußten Versuch, die Menschen irrezuführen, zurück.[20] In der Folge werden entsprechende Schemata sehr geläufig in der indischen philosophischen Literatur, insbesondere im späteren Advaita-Vedānta und in den von ihm inspirierten hierarchisch angelegten und zum Vedānta hinführenden Doxographien. Śaṅkara selbst, dem die in diesem Sinn angelegte Doxographie *Sarvasiddhāntasaṃgraha* fälschlich zugeschrieben worden ist, vermeidet eine solche umfassende Unterordnung anderer Lehren oder Weltanschauungen (*darśana*) unter sein als Auslegung des Veda verstandenes System des Vedānta.

Freilich, in anderer Perspektive gilt auch für Śaṅkara, daß es in allen Lehren, auch in denen, die sich nicht der Autorität des Veda unterstellen und die er im übrigen entschieden bekämpft, letztlich um die eine identische Realität und Wahrheit geht, nämlich das im Veda geoffenbarte Selbst oder *brahman*. Auch die Leugner des Selbst, die Buddhisten und Materialisten, meinen in einem von ihnen selbst nicht durchschauten Sinne letztlich den *ātman* des Vedānta und erkennen zugleich implizit an, was sie explizit leugnen.[21]

Die »Einstimmigkeit aller philosophischen Systeme« (*sarvadarśanaikavākyatā*) ist ein vor allem in der Spätzeit der traditionellen hinduistischen Systeme, z. B. bei den im 16. Jahrhundert tätigen Autoren Vijñānabhikṣu, Madhusūdana Sarasvatī und Appayadīkṣita, hervortretendes Motiv. Der wohl repräsentativste Harmonisierungstext dieser Art ist Madhusūdanas *Prasthānabheda*. Es ist freilich bezeichnend, daß Madhusūdana ebenso nachdrücklich, wie er die innere Einstimmigkeit der orthodoxen hinduistischen Wissenszweige und Philosophien behauptet, die Ausdehnung seines Verfahrens auf die Buddhisten und andere Heterodoxe (ganz zu schweigen von den außerindischen »Barbaren«) zurückweist. Ihren Lehren wird nicht einmal im vorbereitenden Sinn ein Erkenntnis- oder Erlösungswert zuerkannt: Wer den Veda nicht anerkennt, hat dieser Auffassung zufolge nicht einmal auf inklusivistische, relativierende und unterordnende Beachtung und Anerkennung Anspruch.[22]

Augenfälliger und einprägsamer als in der hinduistischen Philosophie, jedoch keineswegs weniger ambivalent, ist die inklusivistische Behandlung des Buddha und seiner Lehre in der Mythologie der Purāṇas. Hier wird der Buddha als eine Inkarnation des großen Hindu-Gottes Viṣṇu (der seinen Anhängern als der einzig wahre Gott gilt) präsentiert. Viṣṇu erscheint als der Buddha, zuweilen auch in der Gestalt anderer Irrlehrer, um »Lehrbücher der Verblendung« (*mohanaśāstra*) zu verbreiten und mit ihrer Hilfe an sich schon verworfene und verblendete Wesen wie die Asura und Daitya weiter zu verwirren und zu verderben. Auch dies ist noch eine Anwendung der Idee didaktischer Anpassung an den Erkenntnis- und Bereitschaftsgrad von Schülern, wenn auch eine im wesentlichen negative. Als inkarnierte Gottheit in positivem oder zumindest neutralem Sinne erscheint der Buddha übrigens nirgendwo in den Purāṇas und nur sehr selten in der übrigen hinduistischen Literatur.[23] Es wird offenbar vorausgesetzt, daß die Buddhisten, die sich von Viṣṇu in seiner Rolle als göttlicher Verführer haben betören lassen, es nicht besser verdienen. Sie aktualisieren und manifestieren ihre verderblichen Neigungen und Anlagen eben dadurch, daß sie sich zum Buddhismus bekennen. Dabei wird zugleich auch sichergestellt, daß sie aus dem Veda keine Kraft und Wahrheit mehr zu schöpfen vermögen.

Dieses im wesentlichen negativ-inklusivistische Grundschema gibt uns nun aber keineswegs ein vollständiges Bild der Rolle, die der Buddha in der religiösen Mythologie des Hinduismus, namentlich der Purāṇas, spielt. Im folgenden soll versucht werden, das Grundschema durch einige exemplarische oder zumindest bemerkenswerte Details zu ergänzen und mit Inhalt zu füllen.[24]

Zunächst ist zu erwähnen, daß der Buddha in den weitaus meisten der großen viṣṇuitischen Purāṇas genannt wird; als beachtenswerte Ausnahme erscheint vor allem das offenbar relativ alte Mārkaṇḍeya-Purāṇa. In der Liste der zehn hauptsächlichen Inkarnationen (*avatāra*) Viṣṇus nimmt der Buddha seit dem Ausklang des 1. Jahrtausends eine im wesentlichen feste und reguläre Position ein. Die Avatāra-Listen beginnen in der Regel mit der Inkarnation als Fisch (*matsya*) und enden mit der für die Zukunft zu erwartenden Inkarnation als Kalkin, der, als eine Art apokalyptischer Reiter, die heraufziehende Zerstörung der Welt anzeigen wird. Der Buddha erscheint zumeist als neunter, uns zeitlich am nächsten stehender Avatāra. Vor ihm kommt Balarāma oder Kṛṣṇa. Die persönlichen Merkmale, die dem Buddha zugeschrieben werden, sind insbesondere die eines Asketen oder Yogins. Es heißt, er trage ein rötliches oder rotbraunes Gewand; dies darf gewiß als ein Hinweis auf die traditionellen Gewänder buddhistischer Mönche verstanden werden. Die körperliche Erscheinung des Buddha wird im übrigen durchaus positiv und respektvoll beschrieben. Als Name begegnet uns nicht nur das Wort »Buddha«, das heißt der »Erwachte«, »Erleuchtete«, sondern auch »Buddhadeva« oder »Buddharūpa«; daneben erscheint »Siddhārtha«, der Name, den der Buddha vor seiner Erleuchtung trug und den ihm seine Eltern gegeben hatten. Auch die pejorative Bezeichnung »Māyāmoha« (»trügerische Verblendung«) findet sich.

Als Name des Vaters wird, ganz im Einklang mit der buddhistischen Tradition, Śuddhodana angegeben, der Name eines Fürsten aus dem Śākya-Stamm. Die Mutter heißt Māyā oder Māyādevī. Die Ehefrau und der Sohn des künftigen Buddha, von denen in den buddhistischen Texten die Rede ist, spielen in den Purāṇas keine Rolle. Bemerkenswert ist, daß nicht nur die Purāṇas, sondern auch bereits das große Epos Mahābhārata gelegentlich erklären, der Buddha habe nicht in Sanskrit, sondern in der Māgadhī-Sprache gelehrt.

Was den Inhalt der Lehre angeht, so haben wir bereits festgestellt, daß es grundsätzlich um die Betörung und Verführung derjenigen Zuhörer geht, die es verdienen, von der heiligen vedischen Tradition und dem wahren Gottesglauben ausgeschlossen zu werden. In diesem Sinne lehrt Viṣṇu als göttlicher Verführer, das heißt als Buddha, die Nichtexistenz der Seele und eines absoluten Gottes, und er leugnet die Autorität des Veda. Hervorgehoben wird dabei die buddhistische Kritik der vedischen Opferriten, die der brahmanisch-hinduistischen Orthodoxie traditionell als besondere Herausforderung gilt.

Von der Mythologie der Purāṇas kehren wir nun noch einmal zur philosophisch-argumentativen Überlieferung zurück. Hier lebt eine grundsätzliche Kenntnis der buddhistischen Lehren lange nach dem Niedergang des indischen Buddhismus weiter. Eindrucksvoll bezeugt wird dies durch das sehr detailreiche Buddhismus-Kapitel im *Sarvadarśanasaṃgraha* des Mādhava-Vidyāraṇya, einer aus dem 14. Jh. stammenden umfassenden Doxographie indischer philosophischer Lehren.[25] Nach einigen grundsätzlichen und durchaus relevanten Beobachtungen zur buddhistischen Logik und Erkenntnistheorie, zur Klassifikation buddhistischer philosophischer Lehrtraditionen usw. konzentriert sich Mādhava ganz besonders auf die Lehre von der Momentanheit (*kṣaṇikatva*) alles Seienden und, spezieller noch, auf die seit dem großen Logiker Dharmakīrti unternommenen Versuche, diese radikale Unbeständigkeit des Seienden aus dem Begriff des Seins selbst, das heißt aus seiner Definition als kausale Wirkkraft und Zweckerfüllung (*arthakriyā*), abzuleiten. Dabei wird unter anderem der wichtige spätbuddhistische Logiker Jñānaśrīmitra (um 1000), ein Vertreter der Dharmakīrti-Schule, zitiert. Auch solche Themen wie die buddhistische Leugnung realer Universalien werden behandelt.

Freilich, der Buddhismus wird hier, in diesem ganz am orthodoxen Advaita-Vedānta orientierten Werk des Mādhava-Vidyāraṇya, zwar relativ ausführlich diskutiert. Letztlich bleibt aber doch kein Zweifel daran, daß er als ein überaus niedriges, der Wahrheit fernes System gilt, das transzendiert und überwunden werden muß. In der Hierarchie der sechzehn im *Sarvadarśanasaṃgraha* behandelten Lehrtraditionen steht er an zweiter, das heißt zweitniedrigster Stelle. Selbst die gleichfalls heterodoxe Tradition der Jainas ist ihm noch übergeordnet.

Eine lebendige Kraft und Herausforderung ist der Buddhismus zur Zeit Mādhavas nicht mehr. Seine große Vergangenheit in Indien gerät in Vergessenheit. Seine außerordentlichen Erfolge außerhalb Indiens werden nicht zur Kenntnis genommen oder mit Schweigen übergangen. Es bedarf eines neuen Zeitalters, der Heraufkunft der Moderne, einer neuen Offenheit für die außerindische Welt, um hier eine grundsätzliche Änderung herbeizuführen. Erst im 19. Jahrhundert beginnen die Inder, weitgehend unter westlichem Einfluß und im Anschluß an die rasch voranschreitende historische Erschließung des Buddhismus durch Europäer, sich wiederum auf die vergangene Größe des indischen Buddhismus und seine ungebrochene Präsenz außerhalb der Grenzen Indiens zu besinnen.

4. Moderne Entwicklungen

Die Wiederentdeckung des Buddhismus im 19. Jahrhundert hat für das neuhinduistische Selbstbewußtsein erhebliche Bedeutung erlangt. In der Periode der kolonialen Unterwerfung war sie geeignet, neues Selbstvertrauen zu vermitteln. Indien, so erwies sich nun, hatte einmal über eine religiöse und kulturelle Dynamik verfügt, die ihm erlaubte, weite Bereiche Asiens auch ohne militärische Eroberung zu durchdringen und zu verwandeln. Daran wurde nicht selten die Forderung geknüpft, das moderne Indien müsse seine lang anhaltende Selbstisolierung überwinden: Es müsse anknüpfen an die innere Kraft und Dynamik früherer Jahrhunderte, wie z.B. Rabindranath Tagore im Vorwort des 1926 erschienenen ersten Bandes des *Journal of the Greater India Society* erklärt.

Trotz des neu erwachenden Stolzes auf die einstige religiös-kulturelle Ausstrahlung und Ausbreitung Indiens ist die Einstellung gegenüber dem Buddhismus im neuzeitlichen Hinduismus eher ambivalent geblieben. Ich möchte dies am Beispiel Vivekanandas (1863–1902) illustrieren, der zuweilen als »Apostel des Hinduismus« bezeichnet wird und der zugleich mit Nachdruck und Entschiedenheit den Buddhismus in sein indisches Selbstbewußtsein und Kulturbewußtsein einbezog.[26] Grundsätzlich ist Vivekananda bekanntlich dem Advaita-Vedānta verpflichtet; immer wieder bezieht er sich auf Śaṅkara, den wir als rigorosen Gegner des Buddhismus kennengelernt haben. Śaṅkara gilt ihm als großes Vorbild, weil er der indischen Welt ihre »ursprüngliche Reinheit« *(pristine purity)* habe zurückgeben wollen. Es wird beklagt, daß der einzig maßgebliche Veda in seiner Geltung durch Purāṇas und Tantras, Dokumente zunehmender geschichtlicher Degeneration, überschattet worden sei. In diesem Zusammenhang werden schwere Vorwürfe gegen den Buddhismus erhoben, den Vivekananda in erheblichem Maß für die Degeneration des Hinduismus, namentlich des Tantrismus und der »brahmanischen Idolatrie«, verantwortlich macht. Nach seiner Meinung hat der Buddhismus im Verlauf seiner eigenen Degeneration den Hinduismus sozusagen infiziert.

Diesen buddhismusfeindlichen Äußerungen, deren Negativität angesichts der Orientierung Vivekanandas am Veda und Vedānta nicht überraschen kann, stehen jedoch zahlreiche ganz andere Aussagen gegenüber: Sie bestimmen den Buddhismus geradezu als Erfüllung des Hinduismus und als Quelle der Kraft und Inspiration für ihn, und sie postulieren eine unaufhebbare Partnerschaft von Buddhismus und Hinduismus: »Hinduism cannot live without Buddhism nor Buddhism without Hinduism« (»Weder kann der Hinduismus ohne den Buddhismus leben noch der Buddhismus ohne den Hinduismus«).[27] Für die Auflösung bzw. Aufklärung dieses Widerspruchs ist zunächst daran zu erinnern, daß Vivekananda mehrfach sehr nachdrücklich zwischen dem Buddha selbst, als großem Lehrer und Praktiker der Vernunft und des Mitleids, und den Irrtümern und Verfehlungen seiner Anhänger unterscheidet. Die Lehren des Buddha könne der Hindu sehr wohl akzeptieren, nicht aber die der Buddhisten.[28] Daneben ist jedoch auffällig und symptomatisch, daß die freundlichen und rühmenden Stellungnahmen zumeist vor westlichem, namentlich amerikanischem Publikum abgegeben werden, während Kritik und Warnungen vor allem in Indien geäußert werden.

Vivekanandas Äußerungen, in Indien wie auch im Westen, stehen offenkundig im Zeichen seiner Auseinandersetzung mit der westlichen Welt und seines gebrochenen und apologetischen Verhältnisses zu seiner eigenen Tradition. Gegenüber seinen indischen Landsleuten weist er nicht so sehr den Buddhismus als solchen zurück, sondern westliche Versuche, den Buddhismus gegen den Hinduismus auszuspielen. Gegenüber seinen westlichen Zuhörern dient ihm andererseits der Buddhismus dazu, die universalistische Weite und inklusivistische Kraft des Hinduismus zu demonstrieren. Der hinduistische Umgang mit dem Buddhismus wird als Beispiel einer erfolgreich vollzogenen Absorption und Aufhebung einer großen missionarischen Religion präsentiert. Der Buddhismus, das »gigantische Kind« *(gigantic child)* des Hinduismus, mag sich weit über die außerindische Welt ausgebreitet haben; in Indien selbst ist das Kind sozusagen in den Leib seiner Mutter zurückgekehrt.[29]

Wiederholt betont Vivekananda, der Buddhismus sei die älteste und erfolgreichste aller missionierenden Religionen, und er habe sich frühzeitig über die damals »zivilisierte Welt« – »von Lappland bis zu den Philippinen« – ausgebreitet. Für Indien selbst aber habe diese weltumspannende Religion letztlich nicht mehr als die Bedeutung einer »Sekte« gewonnen. Die impliziten Bezüge auf das Christentum sind hier stets deutlich; und es bleibt auch keineswegs nur bei impliziten Bezügen: Mehrfach wird unter Berufung auf westliche Quellen versucht, die Grundlehren des Christentums und seinen missionarischen Impetus auch historisch aus dem Buddhismus abzuleiten.

Später hat z. B. Sarvepalli Radhakrishnan (1888–1975), der neben Aurobindo Ghose bekannteste und international wirksamste Vertreter des neuhinduistischen Denkens im 20. Jahrhundert, zur Wiedergewinnung des Buddhismus für das indische Selbstverständnis beigetragen. Abgesehen von der Darstellung des Buddhismus in Radhakrishnans zahlreichen und vielgelesenen Veröffentlichungen zur indischen Philosophie- und Religionsgeschichte, ist besonders seine kommentierte Übersetzung des *Dhammapada* zu erwähnen, eines der populärsten Texte aus dem buddhistischen Pāli-Kanon. Diesen Text stellt er seinen zuvor erschienenen Ausgaben und Übersetzungen der wichtigsten *Upaniṣads*, der *Bhagavadgītā* und des *Brahmasūtra* an die Seite und ergänzt dadurch die traditionelle, zumal für den Vedānta maßgebliche Dreiergruppe hinduistischer heiliger Texte *(prasthānatraya)* durch einen vierten, buddhistischen Text.[30]

Die Einbeziehung des Buddhismus in von Indern verfaßte Darstellungen zur indischen Religions-, Geistes- und Kulturgeschichte ist mittlerweile zur Selbstverständlichkeit geworden. Die buddhistischen Beiträge werden voll anerkannt,[31] und namentlich wird auch der Buddha selbst durchweg in positivem Licht gezeigt. Auch im staatlichen und politischen Bereich und im öffentlichen Leben Indiens hat der Buddhismus wiederum seinen Platz, werden buddhistische Ideen und Symbole oft zitiert und beschworen. Das buddhistische Rad (*cakra*) erscheint heute auf der indischen Nationalflagge. Das Löwenkapitell des buddhistischen Herrschers Aśoka ist ein wichtiges nationales Emblem. Jawaharlal Nehru, einer der Begründer des modernen und unabhängigen Indien, wollte die fünf Grundgebote der buddhistischen Moral (*pañcaśīla*) in Leitlinien politischen Handelns umsetzen.

Abgesehen von der religiös-philosophischen Bewertung des Buddhismus und seiner Rolle im politischen Leben und der politischen Rhetorik des modernen Indien, gibt es zahlreiche Bearbeitungen buddhistischer Themen (zumal Episoden aus der Jātaka-Literatur oder den legendären Biographien des Siddhārtha Gautama) in der modernen indischen Literatur, und zwar in einer Vielzahl indischer Sprachen sowie auch im Englischen. Wir finden hier sowohl historisierende Darstellungen, Erzählungen und Romane als auch Bühnenstücke. Der Buddha ist nicht zuletzt in diesem Sinne als literarische Gestalt und namentlich auch als Bühnenfigur in das moderne indische Kultur- und Geistesleben zurückgekehrt.[32] Als bemerkenswerte Einzelheit sei hier erwähnt, daß die Geschichte des Caṇḍāla-Mädchens Prakṛti und seiner Liebe zu Ānanda, dem Schüler des Buddha, mehrfach in modernen indischen Sprachen bearbeitet wurde, u.a. von Rabindranath Tagore in Bengali und dem angesehenen Malayalam-Dichter Kumaran Asan; die Vorlage hierfür findet sich in dem zur Legendensammlung *Divyāvadāna* gehörenden *Śārdūlakarṇāvadāna*. Diese Legende, in der es um die Spiritualisierung und Transzendierung körperlicher Leidenschaft geht, wollte bekanntlich Richard Wagner in seiner geplanten, aber nicht ausgeführten Oper »Die Sieger« behandeln.[33]

All dies bedeutet freilich nicht, daß der Buddhismus in Indien wieder zum Leben erwacht und Indien selbst wieder ein buddhistisches Land geworden wäre. Die Zahl der Inder, die sich zum Buddhismus bekennen und sich um eine buddhistische Lebensführung bemühen, ist seit dem Wiedererwachen des Interesses im 19. Jahrhundert klein geblieben. Zunächst sind die demographisch freilich äußerst begrenzten Wirkungen zu erwähnen, die von der *Mahabodhi Society* ausgegangen sind. Diese Gesellschaft zur Wiederbelebung des indischen Buddhismus und zur Pflege seiner heiligen Stätten (insbesondere der Stätte der Erleuchtung des Buddha, Bodh Gayā) wurde 1891 von dem ceylonesischen Patrioten und Erneuerer des Theravāda-Buddhismus, Anagarika Dharmapala (eigentlich David Hewavitarne, 1864–1933) gegründet. Eine wichtige Rolle haben in diesem Zusammenhang Helena Blavatsky und Henry S. Olcott gespielt, die sich, nachdem sie 1875 in New York die Theosophische Gesellschaft ins Leben gerufen hatten, zu längeren Aufenthalten nach Indien und Ceylon (heute Sri Lanka) begaben. Ihre ausdrücklich bekundete Bereitschaft, von Asien und vom Buddhismus zu lernen, war für die Zeitgenossen durchaus ungewöhnlich und für das neu erwachende buddhistische Selbstbewußtsein und Selbstvertrauen sehr wichtig. Olcott, der nicht nur einen in zahlreichen Auflagen verbreiteten »Buddhistischen Katechismus« verfaßte, sondern sich auch persönlich zum Buddhismus bekannte, war Mitbegründer der Mahabodhi Society und wichtigster Berater Dharmapalas.

Inder haben in der Gründungsphase der Mahabodhi Society keine Rolle gespielt. Erst später traten eine Reihe indischer Intelektueller und Gelehrter der Gesellschaft bei, darunter solche wichtigen Vertreter des modernen indischen Geisteslebens wie Anand Kausalyayana, Jagdish Kashyap und Rahula Sankrityayana. Direkt oder indirekt haben sich die Aktivitäten der Gesellschaft auch im akademischen Leben ausgewirkt. Dies ist besonders deutlich im Falle des ersten Pāli-Lehrers (seit 1912) an der University of Calcutta, D. D. Kosambi. Buddhistische Studien werden zunehmend in das indische Universitätsleben integriert; nahe der alten buddhistischen Universität von Nalanda in Bihar wird wiederum ein buddhistisches Forschungszentrum eingerichtet, das später offiziell in den Rang einer Universität erhoben wurde. In der indischen Bevölkerung hat der Buddhismus der Intellektuellen und Akademiker nur wenig Widerhall gefunden. Für diese Intellektuellen ist der Buddhismus vor allem eine ethische Lehre, und er wird mit Humanismus und Rationalismus assoziiert. Für die religiöse Dimension besteht in diesen Kreisen nur eine geringe Bereitschaft.[34]

Eine ganz andere Form buddhistischer Präsenz in Indien ist durch die tibetischen Gemeinschaften gegeben, die nach der chinesischen Besetzung Tibets in Indien Zuflucht gesucht haben. Auch hier ist es freilich nicht zu bedeutsamen Einflüssen auf den Hinduismus selbst und das hinduistische Verständnis des Buddhismus gekommen, und es besteht für uns kein Anlaß, im Detail auf dieses Phänomen einzugehen. Statt dessen soll nun, zum Abschluß unseres knappen und skizzenhaften Überblicks, von dem wohl bemerkenswertesten Versuch die Rede sein, den Buddhismus als eine politische Kraft und als ein Mittel gesellschaftlicher Reform einzusetzen: Gemeint ist die von Bhimrao Ramji Ambedkar (1891–1956) gegen Ende seines Lebens begründete neubuddhistische Bewegung, die gegenwärtig etwa vier Millionen Anhänger hat. Auch Ambedkar selbst trat kurz vor seinem Tod im Jahre 1956 offiziell dem Buddhismus bei, hatte jedoch seit vielen Jahren bereits für ihn geworben. Selbst einer Familie von »Unberührbaren« entstammend, hatte er das Vertrauen in die Fähigkeit des Hinduismus, die ihm inhärenten sozialen Strukturen umfassend zu transformieren und zu überwinden, frühzeitig verloren. Nach seiner akademischen Ausbildung in den USA und England wurde er zum Führer der »Scheduled Castes« und zum ersten Justizminister des unabhängigen Indien.[35]

Die wichtigste Funktion des Buddhismus bestand für ihn darin, den Kastenlosen bzw. Unberührbaren eine gesellschaftliche und politische, in geringerem Maße auch religiöse Heimat und Identität zu geben. Von der Tradition buddhistischer Gelehrsamkeit und Philosophie ist bei Ambedkar kaum etwas übriggeblieben; ihm geht es im wesentlichen nur um das ethische und soziale Potential des Buddhismus. Der Buddha erscheint hier als ein Lehrer und Vertreter ethischer Ideale, als ein großer Humanist, ja geradezu als ein Sozialrevolutionär; daß Ambedkar der Gedankenwelt der europäischen Aufklärung und der amerikanischen Unabhängigkeitserklärung verpflichtet ist, ist kaum zu übersehen. Nähere Kenntnis buddhistischer Lehren wird von den neubuddhistischen Anhängern Ambedkars nicht erwartet; sie sollen vor allem mündige Bürger werden.

Man mag die Herablassung, Arroganz oder auch Feindseligkeit, mit der höherkastige Hindus dem Neubuddhismus Ambedkars nicht selten begegnen, bedauern. Soviel ist jedoch sicher, daß von einem Wiedererwachen der buddhistischen Tradition oder von einer Rückkehr Indiens zum Buddhismus hier kaum die Rede sein kann.

Buddhismus und Islam

Von der Vergangenheit bis zur Gegenwart – Begegnungen und interreligiöse Lektionen

David Scott

(übersetzt von *Perry Schmidt-Leukel*)

In der Welt von heute schließen die meisten interreligiösen Konstellationen das Christentum mit ein. Das Christentum ist hierbei eingespannt in einen fruchtbaren Dialog mit den anderen kulturübergreifenden, (in Ermangelung eines besseren Ausdrucks:) »universalistischen« Religionen des Islam und des Buddhismus sowie mit den eher »partikularistischen« Religionen des Hinduismus und des Judentums. Allerdings sind die dialogischen Beziehungen zwischen den Religionen bisher etwas einseitig, insofern nämlich die dialogischen Beziehungen unter den nicht-christlichen Religionen tendenziell weitaus weniger hervorstechen. Dies mag an politischen Faktoren liegen wie etwa bei den Beziehungen zwischen Judentum und Islam oder an historischen Gründen wie im Fall von Hinduismus und Buddhismus oder an einer relativen Unvertrautheit wie bei Judentum und Buddhismus. Innerhalb des Dreiecks der drei »universalistischen« Traditionen sind die Beziehungen zwischen Buddhismus und Islam bisher weitgehend unerforscht geblieben, sowohl in konkreter interreligiöser als auch in akademischer Hinsicht. Die Absicht dieses Beitrags besteht darin, einige signifikante Beziehungen aus der Vergangenheit vorzustellen. Zugleich soll versucht werden, einen gewissen Sinn dafür zu entwickeln, wohin diese beiden Traditionen bei ihren gegenwärtigen Begegnungen steuern. Dies könnte zugleich auch weitergehende Implikationen für die interreligiöse Dialog-Bewegung insgesamt enthalten. Wenden wir uns dem nun der Reihe nach zu, und halten wir uns dabei vor Augen, daß jedes Sprechen über Reaktionen einen wechselseitigen Prozeß betrifft, der sich auf verschiedenen Ebenen abspielt und der nicht immer für die Nachwelt aufgezeichnet worden ist.

1. Traditionelle Muster

Unmittelbar nachdem der Islam das Reich der Sassaniden besiegt hatte und sich in die ost-iranischen Länder jenseits des Oxus auszubreiten begann, stieß er auf stark buddhistisch geprägte Gemeinwesen. Von diesen iranischen Ländern aus drang der Islam während der nächsten zehn Jahrhunderte allmählich weiter vor, entlang solcher Handelsstädte an der Seidenstraße wie Kashgar, bis er schließlich im chinesischen Milieu seine Stoßkraft verlor. Während dieser Zeit stellte sich die religiöse Landkarte Asiens insgesamt so dar, daß der Buddhismus allmählich vor dem Islam zurückwich, abgesehen von einigen zeitweiligen Umkehrungen unter den Mongolen. In vielerlei Hinsicht war diese Begegnung für den Islam eindrucksvoll. Besonders deutlich ist die Tatsache, daß der Islam in seiner Begegnung mit dem Buddhismus die Grenzen des traditionellen muslimischen Universums überschritt. Der Koran, der Fels des Islam, bezeugt eine gewisse Wahrnehmung und Kenntnis von Christentum, Judentum und Zoroastrismus, aber von nichts, was weiter östlich wäre. Während es also eine autoritative koranische Grundlage dafür gab, Christentum, Judentum und Zoroastrismus auf eine bestimmte Weise, nämlich als »Leute des Buches« zu behandeln, gab es folglich keine vergleichbare Grundlage für den Umgang mit dem Buddhismus oder auch dem Hinduismus. So entstand die Überzeugung, Polytheisten seien vor die Wahl zwischen Konversion, Ausreise oder Tod zu stellen. Dennoch gibt es wohl einige Aspekte, die sich genauer markieren lassen, nämlich die traditionellen Muster der Konfrontation, der Annäherung und der mystischen Beziehung.

Konfrontation

Ganz offensichtlich war der Aufprall des Islam auf den Buddhismus anfangs äußerst heftig. Ein Beispiel hierfür ist die islamische Eroberung und Plünderung Nalandas, des zentralen Sitzes buddhistischer Bildung in Nordindien, am Ende des 12. Jahrhunderts. Die regelmäßig vom Hindukush herunterkommenden Streifzüge durch Mahmud von Ghazna führten zur Plünderung der buddhistischen Klöster (*vihāras*) in Kabul und in anderen Zentren. Allerdings ist hier insofern eine gewisse Vorsicht im Urteil angeraten, als, wie Ling gut begründet hat, diese muslimischen Aktionen für sich genommen nicht der Grund für das Verschwinden des Buddhismus in Indien waren; vielmehr war der Buddhismus bereits im Untergang begriffen, bevor ihm der Islam den letzten Schlag versetzte.[1]

Buddhistische Texte bezeugen selbst, daß man die Ankunft der islamischen Armeen wahrnahm und mit Sorge betrachtete. Schon für das Jahr 751 ist belegt, daß der koreanische Pilger Ou-'kong auf seinem Weg von Zentralasien nach Indien die bereits eroberten islamischen Gebiete Afghanistans meidete. Ein sehr deutliches Beispiel zunehmender Sorge stellt das tibetische *Kālacakra Tantra* (9. Jh.) dar. Es spricht von einem Mann aus Baghdad, »Madhumati« (d.h. Muhammad), der ein betrügerischer Hochstapler sei und Verwüstung über die buddhistische Welt bringe.[2] Ein weiteres Beispiel sind Texte aus Khotan, die vom zukünftigen Untergang buddhistischer Güter durch die Ankunft persischer Truppen, d.h. durch den Islam, sprechen.[3]

Im 13. Jahrhundert ließ die mongolische Expansion Islam und Buddhismus aufeinanderprallen, insofern sich hierbei Gelegenheiten für eine größere, westwärts gerichtete Ausbreitung des Buddhismus in die islamischen Gebiete Persiens und sogar Kleinasiens hinein ergaben. Umgekehrt bestand für den Islam die Hoffnung, in östlicher Richtung in den buddhistischen Gebieten weitere Unterstützung zu gewinnen. Nachdem Juvainī buddhistische Gebiete im Tarim Becken besucht hatte, beklagte er:

Die Uiguren haben den Götzendienst (*but-parastī*) zu ihrer Religion gemacht, und die meisten anderen Stämme folgten ihrem Beispiel. Und niemand unter den Götzendienern ist fanatischer als die im Osten und niemand feindlicher gegen den Islam als diese.[4]

Umgekehrt findet sich in dem post-mongolischen uigurischen *Insadi-sūtra* aus dem späten 14. Jahrhundert eine buddhistische Anklage gegen den Islam, wobei Muhammad als böse beschrieben und sogar die messianische Hoffnung ausgedrückt wird, Maitreya, der zukünftige Buddha, möge bald erscheinen und den Sieg über das Königreich von Baghdad (*bagdat*) bringen.[5]

Vermutlich lag der Grund für die Heftigkeit dieses ersten Kontakts darin, daß der Islam die Auffassung vertrat, der Buddhismus leide an den beiden Zwillingsübeln des Götzendienstes – wegen seiner Verwendung von reich verzierten Standbildern und Malereien – und des Atheismus – weil im Zentrum seines religiösen Systems kein theistischer Gott steht. Das Anprangern des dem Buddhismus unterstellten Götzendienstes war bei frühen islamischen Schriftstellern ein besonders markanter Zug – so stark, daß bereits das bloße Wort *buddha* ins Persische einging als *but*, wo es, wie die Studie von Melikian-Chirvani nachgewiesen hat, zum Allgemeinbegriff für »Götze« wurde.[6] Folglich war es möglich, die Buddhisten in Analogie zu den *kafirs*, jenen »Ungläubigen«, von denen im Koran die Rede ist, zu sehen, denen man tatsächlich nur die Wahl zwischen Bekehrung, Vertreibung oder Hinrichtung lassen konnte. Allem Anschein nach wurde dem Buddhismus ursprünglich nicht jene offizielle Toleranz als »Leute des Buches« gewährt, d. h. jener Status, den man dem Christentum, dem Judentum und dem Zoroastrismus gab. Der tantrische Buddhismus, mit seiner expliziten und sichtbaren Akzeptanz der Sexualität, konnte einem strengeren Islam kaum anders denn als ein dekadentes Verfallsprodukt erscheinen.

In einem solchen Kontext war es möglich, daß der *jihad*, die »Anstrengung«, sein martialisches Gesicht als »Heiliger Krieg« annahm. Ein spätes, aber dafür um so eindeutigeres Beispiel dieser Geisteshaltung gibt das *Tā'rikh-i-Rashidi* (17. Jh.), in dem Mirza Haydar die Taten des damaligen Herrschers Sa'id Khan erörtert:

Seit langem schon trug sich der Khan mit Plänen für einen heiligen Krieg (*ghazāt*) herum, und schließlich faßte er einen Entschluß. Zwischen Khotan und China (*Khitaī*) gab es eine ungläubige Rasse, die Sārigh Uiguren, und er machte sich daran, gegen diese Leute Krieg zu führen … Der heilige Krieg ist eine der Stützen des Islam und eine generelle Pflicht. Der Khan entschloß sich, diese Glaubenspflicht zu erfüllen.[7]

Mit diesen Taten folgte er der Linie von Khizr-Khoja, der gegen die buddhistischen Zentren von Turfan Krieg geführt hatte. Im *Tā'rikh-i-Rashidi* heißt es: »Der Khan führte einen heiligen Krieg (*ghazāt*) gegen China (*Khitaī*). Er leitete persönlich den Angriff und eroberte Karakhoja und Turfan ... und ihre Einwohner zwang er, Muslime zu werden, so daß die Gegend derzeit Dār al-Islām genannt wird.«[8] In einer solchen Situation wäre für jeden, der vom Islam zum Buddhismus hätte zurückkehren wollen, jener Gesetzesfall der *Shari'a* eingetreten, wonach Abfall vom Islam ein Kapitalverbrechen ist.

Annäherung

Während die bisher angeführten Details Beispiele einer von offener Feindseligkeit geprägten Wahrnehmung sind, lassen sich auch Fälle einer flexibleren und positiven Annäherung benennen. Ein diesbezüglich recht deutliches Beispiel stellen einige islamische Überlegungen dar, ob die Buddhisten (wie auch die Hindus) nicht durchaus ebenfalls als »Leute des Buches« angesehen werden können, denen sich daher ein gewisser Grad an Legitimität zuerkennen lasse.[9] Ein weiteres Zeichen für eine gewisse islamische Annäherung betrifft die Gestalt des Buddha. Hier läßt sich ein komplexer, aber sehr interessanter Prozeß zurückverfolgen, der die Erzählungen vom Leben des Buddha betrifft. Schon recht bald begannen die muslimischen Schriftsteller Notiz von jener indischen Gestalt und von jenen religiösen Anhängern zu nehmen, die sich auf *al-budd* und auf *Būdāsf* – es sind Wiedergaben von Buddha und Bodhisattva – zurückführen. Merkwürdig ist nur, daß man, wie es die französische Studie von Gimaret festgestellt hat, beide Gestalten häufig nicht als zur selben Tradition gehörend identifizierte.[10] Außerdem enthalten die Darstellungen von Schriftstellern wie al-Nadīm, Istakhrī, al-Bīrūni usw. fantastische und nebulöse Anteile. Eine etwas umfassendere, spezifisch islamische Form der Buddha-Legende hat sich in der *Kitāb Balawhar wa-Būdāsf* bewahrt. Zudem hat der schiitische Theologe Ibn Bābūya (10. Jh.), in seine Exzerpte dieses Werkes noch drei weitere Geschichten integriert. In einer von diesen (»Die Geschichte von des Königs grauem Haar«) klingt das *Makhadeva Jātaka* an. In einer weiteren Geschichte (»Der Prinz, der aus seinem Heim flieht«) spiegelt sich jener alte Prototyp wider, bei dem Buddha als Prinz dem Tod, dem Alter und der Krankheit begegnet.[11]

Allerdings stoßen wir erst bei al-Shahrastānī (ca. 1076–1153) zum erstenmal auf präzise und zutreffende Beschreibungen indischer Traditionen bezüglich des Buddha (*al-budd*). Seine Darstellung des Buddhismus ist in der Tat, wie es Gimaret ausgedrückt hat, »bemerkenswert« in ihrer Genauigkeit und stellt eigentlich so etwas wie die Wiedergabe eines buddhistischen Katechismus dar:

Der erste Buddha (*budd*), der in der Welt erschien, wurde Śākyamuni (*Shākman*) genannt, was »edler Herr« bedeutet ... Auf einer niedrigeren Stufe als derjenigen der Buddhas, so sagen sie, steht der Bodhisattva (*Būdīsfiya*).[12]

Den buddhistischen Weg stellt al-Shahrastani recht positiv dar: als eine »Suche nach der Wahrheit«, bei der es auf Geduld, Freigebigkeit und Anhaftungslosigkeit ankommt. Dann folgt in der Form von Gebots-Tafeln eine Liste von zehn »Irrtümern, die es zu vermeiden gilt« und zehn »Tugenden, die zu praktizieren sind«, d.h. eine Version der buddhistischen *śīlas* (Moralvorschriften) und *pārāmitas* (»Vollkommenheiten«). Besonders beeindruckend ist al-Shahrastānīs Bemerkung, daß jene Lehren »den Lehren der Sufis sehr nahe stehen können«. Rückblickend erscheint es signifikant, daß es gerade dieser herausragende Sufi war, bei dem wir das am meisten spezifische, genaueste und zudem ziemlich wohlwollende Bild von der Botschaft des Buddhismus finden. Dieser Umstand könnte durchaus weitergehende und moderne Implikationen besitzen.

Mystik

Hier gibt es zwei Bereiche, bei denen es sich lohnt, sie etwas näher zu betrachten: zum einen Ibrāhīm ibn Adham von Balkh und die nachfolgenden zentralasiatischen Schulen sufistischer Mystik, zum anderen solche Begriffe wie *fana'*.

Einer der frühesten erwähnten Sufis ist (Prinz) Ibrāhīm ibn Adham von Balkh (gest. ca. 777). Einige der Geschichten, die sein Leben umgeben, haben eindeutig buddhistische Anklänge. So berichtet eine davon, wie er einst einen Fuchs jagte und dann eine Stimme vernahm, die ihm sagte, Gott habe ihn nicht dazu erschaffen, andere Lebewesen zu verfolgen. Natürlich ist die theistische Überlagerung unübersehbar, doch die Betonung des Nicht-Tötens erinnert an das erste der buddhistischen Hauptgebote. Eine andere, noch bezeichnendere Episode betrifft den Anfang von Ibrāhīms Reisen. Die Szene beginnt zunächst in Ibrāhīms Palast, dann sieht er einen Bettler, der ihm das spirituelle Wanderleben anpreist und der Ibrāhīm dazu bewegt, seinen Palast zugunsten eines solchen Lebens zu verlassen. Es scheint sich hierbei um nicht weniger als um eine Neufassung der Lebensgeschichte Buddhas zu handeln. Daß diese frühen Sufis durchaus ihre buddhistischen Vorgänger bewußt zur Kenntnis nahmen, scheint deutlich genug aus einer Bemerkung des Shaḳīḳ al-Balkhi hervorzugehen, die er über seine Handelsreise in türkische Städte gemacht hat: »Eines Tages besuchte ich einen buddhistischen Tempel und traf einen ihrer Diener, die sie in der Sprache Chinas (Khitaī) *toyīn* und in Indien *sthavira* nennen. Sein ganzes Haupt war geschoren, und er trug purpurfarbene Kleidung.«[13] Es dürften wohl solche Situationen sein, an die Idries Shah – ein moderner Sufi aus Afghanistan – denkt, wenn er schreibt: »Es gibt Legenden über chinesischen Zen und Indien, und die Sufi Tradition versichert, daß die frühen klassischen Sufis spirituellen Kontakt mit den Anhängern des *bodd* (Buddha) hatten.«[14] In Balkh selbst lag das wichtigste buddhistische Zentrum westlich des Hindukush.

In der Zeit als sich der Islam über die Turk-Länder Zentralasiens ausbreitete, lassen sich feine und in gewisser Weise positive Anzeichen islamisch-buddhistischer Beziehungen erkennen, die um den Sufismus kreisen. In dem im Jahre 1068 in Kashgar von Yusuf Khas Hadjib verfaßten *Kutadgu-bilig* wird der gelehrte muslimische Mystiker Ogdurmīš wie ein buddhistischer Einsiedler dargestellt: in einer Höhle, mit Almosenschale (*revke*) und Stab (*tayak*) versehen. Allerdings trägt er nach dieser Beschreibung anstelle des roten Gewandes der früheren türkischen buddhistischen Meister die weiße Tracht der Sufi-Anhänger.[15] In Turfan wurden später die uigurischen buddhistischen Höhlentempel von Toyuq zum Sitz der muslimischen Qalandar-Derwische, nach deren Auffassung es sich bei diesen Höhlen um den Wohnort der »Sieben Schläfer« aus der islamischen Hagiographie handelte.[16] Außerdem wurde der Begriff *eren* (»erhabener Heiliger«) sowohl für die früheren buddhistischen als auch für die späteren muslimischen Einsiedler verwendet, und kunstvolle Mandalas wurden transponiert.[17] Mit der Ankunft der Mongolen in Persien und Anatolien ergeben sich weitere Beispiele für ein vielsagendes Echo zwischen uigurischen buddhistischen und islamischen Gestalten. So zum Beispiel bei Baba Baraq (gest. 1307), bei dem sich neben solchen Zügen wie einem geschorenen Haupt und Kinn, in seinen Praktiken und Schriften auch Anklänge an eine tantrisch geprägte Ekstase finden.[18] Für das Tarim-Becken läßt sich ein solches Nebeneinander von sufistischen und buddhistischen Gruppen sogar im wortwörtlichen Sinn aufzeigen, nämlich mit dem Bericht der Gesandtschaft von Shah Rukh nach China (von 1419–1422), in dem vermerkt ist, daß sich in Hami der buddhistische Konvent und der Sufi *tekkē* (»Sufi-Kloster«; P.S.-L.) Seite an Seite befinden.[19]

Wenn man die sufistischen Begriffe näher betrachtet, dann legen sich vor allem zwei spezielle Themen nahe, nämlich der Vergleich zwischen der buddhistischen »Erleuchtung« und der sufistischen *itlaq*. Diese Resonanz wird noch verstärkt durch die Analogien zwischen dem mahāyāna-buddhistischen Begriff *śūnyatā* (»Leerheit«) und dem sufistischen Begriff *fanā'* (»Verlöschen«), mit dem dieser verglichen worden ist. Wenn *fanā'* außerdem das Verlöschen des Ego bedeutet, dann bietet sich darin wiederum ein Ausgangspunkt für einen Bezug zu dem grundlegenden buddhistischen Begriff *anātman* (»Nicht-Selbst«). Freilich ist eine gewisse Vorsicht hinsichtlich weitverbreiteter, aber oberflächlicher Vergleiche angeraten. Allerdings besteht vielleicht wirklich jene signifikante Entsprechung, die Gelehrte wie Trimingham beim Vergleich zwischen den frühen westlichen und den östlichen Formen des Sufismus ausgemacht haben.[20] Bis zu einem gewissen Grad haben anscheinend der östliche Strang (Ost-Iran, Transoxanien) mehr *fanā'* und die westlichen Richtungen eher »Liebe« hervorgehoben – was sich möglicherweise jeweils dem früheren christlichen bzw. buddhistischen Einfluß in diesen Regionen verdankt.

2. Moderne Situationen

Zwei moderne Themenfelder sind in dieser Hinsicht zu erwähnen, nämlich zum einen der geographische Hintergrund
und zum anderen die Dialog-Beziehungen.

Geographischer Hintergrund

Bei diesem Thema lassen sich zwei große Bereiche unterscheiden. Zum einen wäre hier der Bereich jener geographischen
Situationen, die Buddhismus und Islam am stärksten miteinander in Kontakt bringen, nämlich Sri Lanka, Bangladesch/
Burma, Süd-Thailand und Malaysia.[21] Die Lage in China ist
unklar, aufgrund der Hülle, die der chinesische Kommunis-
mus über Islam und Buddhismus ausgebreitet hat. Zum anderen tritt neben diese traditionellen Gebiete die moderne Situation der Begegnung wie sie im Westen, zum Beispiel in Großbritannien, entstanden ist.

Was nun die traditionellen Gebiete betrifft, so ist die Situation durchaus gemischt. In Malaysia stand die mehrheitlich
buddhistische chinesische Gemeinschaft unter einem gewissen Druck durch die Bumiputra-Politik, wie sie seit den sechziger Jahren die Mahathir-Regierung verfolgt und bei der
malayisch mit muslimisch gleichgesetzt wird. Neben diesem
Programm zur ökonomischen Anpassung – es sollte eine öko-
nomische Chancengleichheit zwischen der ärmeren malayi-
schen und der wohlhabenderen chinesischen Gemeinschaft
herbeiführen – ist auch ein gewisser islamischer Druck entstanden. Dies zeigte sich teilweise unabhängig von der Regierung in der Entstehung der islamischen Partei, PAS, teilweise
aber auch in der Tendenz der Regierung, deutlicher eine islamische Politik zu verfolgen, was mit dem Aufstieg von
Ibrāhīm Anwar innerhalb der regierenden UMNO Partei verbunden ist. In Burma scheint die Situation dagegen eher umgekehrt, insofern muslimische Minderheiten unter dem Druck
der autoritären burmesischen Politik nach Bangladesch geflo-
hen sind. Obwohl die Regierung von Burma eher militärisch
als spezifisch buddhistisch geprägt ist, entsteht doch für den
Islam immer noch das Bild einer muslimischen Minderheit,
die hier in einem Land mit buddhistischer Mehrheit verfolgt

wird. Eine demgegenüber ruhigere Situation ist anscheinend in Süd-Thailand gegeben, wo eine kooperative Politik seitens der von Buddhisten unterstützten Thai-Regierung in den muslimischen Süd-Provinzen kaum sichtbare Unzufriedenheit hervorgerufen hat. Eine interessante Situation findet sich in Sri Lanka. Inmitten des verheerenden Bürgerkriegs neigte die tamilisch-muslimische Gemeinschaft bisher dazu, es angesichts der Forderungen ihrer ethnischen (hinduistischen) Volksgenossen eher mit der Position der singhalesischen (buddhistischen) Mehrheit zu halten. Ein seltsames Beispiel lokaler Beziehungen stellt hier das gemeinsame Interesse an der Pilgerschaft auf den buddhistischen heiligen Berg Siripāda dar, den die Muslime als Adam's Peak kennen.

Die Begegnung im Westen ist interessant, doch zugleich ungewöhnlich. Ein Faktor ist das leichte Ungleichgewicht. Zwar hat der Islam einige westliche Konvertiten angezogen, wie beispielsweise Cat Stevens (Yusuf Ali). Aber dennoch bleibt er eine weitgehend ethnisch gestützte Tradition, wobei die meisten aus dem indischen Subkontinent stammen. (*Anm. des Übers.*: Scott bezieht sich in diesem Abschnitt vorwiegend auf die Situation in Großbritannien.) Der Buddhismus ist dagegen eine stärker gemischte Gemeinschaft, sowohl hinsichtlich der verschiedenen Ethnien (Chinesen, Tibeter, Vietnamesen, Sri Lanker) als auch hinsichtlich eines höheren Anteils an westlichen Anhängern. Gemeinsame ethnische Anliegen können als eine Brücke zwischen beispielsweise sri lankischen Buddhisten und pakistanischen Muslimen dienen, doch haben sie keine solche Relevanz bezüglich der »weißen westlichen« Anhänger. Andererseits schafft das Anwachsen moderner, aus dem Sufismus herkommender Gruppen (zu einem gewissen Grad im Schatten der explosionsartigen Entwicklung von New-Age-Bewegungen) einige engere Verbindungen zwischen den beiden Traditionen, und zwar angesichts dessen, daß in dieser Facette des Islam ein höherer Anteil an Westlern involviert ist als in den eher orthodox/exoterischen Formen.

»Dialog«-Beziehungen

Was die inhaltlichen Fragen ihrer Lehren betrifft, so ist die Situation, oberflächlich betrachtet, ziemlich blank, bestehen hier doch einige ganz klare Barrieren. Aus der Sicht des Buddhismus sind die islamische Vorstellung, daß der Koran die einzige volle und genaue göttliche Offenbarung ist, das islamische *naskh*-Prinzip, das heißt die »Abrogation« (Sure 2,106) der früheren Traditionen, die Anwendung des Gesetzes der Sharī'a und natürlich überhaupt der theistische Standpunkt des Islam problematisch. Umgekehrt bildet freilich der nicht-theistische Ansatz des Buddhismus eine Hauptbarriere für den Islam. Allerdings haben islamische und buddhistische »Theologen« bislang auch noch keine wirklich tiefergehenden systematischen Erforschungen über die jeweils andere Religion angestellt, die denen vergleichbar wären, wie sie im Verhältnis zwischen Christentum und Judentum oder Christentum und Buddhismus entwickelt wurden. Eine solche Entwicklung wird erschwert durch den schwächer zentralisierten institutionellen Rahmen des Islam, denn dadurch bleibt unklar, wer eigentlich für wen »sprechen« kann.

Ein interessantes Modell wäre jene Art von theologischer Erkundung des Buddhismus, wie sie der christliche Prozeß-Theologe John Cobb vorgenommen hat. Masao Abes buddhistische Antwort auf Cobb bringt übrigens auch den Islam ins Spiel, und zwar durch die Anwendung der traditionellen *trikāya*-Lehre des Mahāyāna, die »drei Leiber (Ebenen) des Buddha«, im Rahmen folgender Gleichsetzung:[22]

Unbegrenzte Offenheit	Dharma-kāya	Formlose/unbegrenzte Wirklichkeit der Leerheit
Gott	Saṃbhoga-kāya	Allah/Amida
Herr	Nirmāṇa-kāya	Muhammad/Śākyamuni

»Obwohl ›Unbegrenzte Offenheit‹ unterschiedliche Formen von ›Gott‹ und ›Herr‹ als deren letzter Grund umfaßt, stellt dies«, so Abe, »nicht deren blinde Übernahme, sondern eine kritische Anerkennung dar.«[23] Abe kann dies deshalb sagen, weil für ihn Gott (d. h. Allah) und »Leerheit« auf zwei verschiedenen Ebenen stehen, während Muhammad und Śākyamuni Buddha derselben (ontologischen) Ebene zugeordnet werden. Die Bedeutung von »Leerheit« entfaltet Abe dann im Hinblick auf das Thema der »Selbstentäußerung« (*kenosis*) Gottes sowie der dynamischen Implikationen von *śūnyatā* (»Leerheit«). Freilich wurde diese Deutung im Kontext des Dialogs und der Wechselrede mit christlichen Theologen vorgenommen, und islamische Interpreten haben bislang noch nicht die darin enthaltenen Implikationen aufgegriffen.

Ein fesselndes Beispiel für eine metaphysische Untersuchung findet sich bei Cleary. Für ihn »könnten Buddhismus und Islam unter dem Aspekt ihrer lehrmäßigen Gestalt einander so unähnlich erscheinen wie es Religionen überhaupt zu sein vermögen ... Doch wenn man gewisse tiefer liegende Elemente näher betrachtet, dann finden sich Ähnlichkeiten.«[24] Er hat mehrere solcher tiefer liegenden Konvergenzen herausgestellt: islamische Auffassungen, wonach *die* Wirklichkeit jenseits der Worte liegt (Idries Shah); daß das, was wir als Welt wahrnehmen, in Wahrheit von unserem Geist und der Sinneswahrnehmung abhängig ist (Ibn al-'Arabī und Shah); daß sich das Universum in einem Prozeß beständiger Schöpfung, Zerstörung und erneuter Schöpfung befindet ('Abd al-Karīm Jīlī); die wechselseitige Bezogenheit und Abhängigkeit aller Dinge (al-Ghazāli, Rūmī); und das geschickte Mittel in der äußeren Form der Lehrdarlegung (Rūmī, Shah). Es ist kein Zufall, daß die hier aufgeführten Vertreter allesamt Sufis sind.

Die Mystik des islamischen Sufismus und der Buddhismus konvergieren in mehreren Bereichen, nicht nur hinsichtlich ihrer metaphysischen Lehren, sondern auch in ihrer praktischen Übung. Cleary deutet diesbezüglich auf folgende ähnliche Grundzüge hin:

»Sowohl im Buddhismus als auch im Islam wird Meditation als wichtig für die spirituelle Entwicklung betrachtet. Es gibt Gegenstände der Meditation, die beiden gemeinsam sind, darunter die Ohnmacht und Nichtigkeit des Selbst, die Unvermeidlichkeit des Todes, die Unbeständigkeit aller Phänomene und die Unbegreifbarkeit der Wahrheit. Zusätzlich zur schweigenden Meditation finden Rezitation und Anrufung – mit Heiligen Schriften, Gebeten und Litaneien – eine breite Verwendung unter Buddhisten und Muslimen. In der auf die spirituellen Hilfsmittel bezogenen Literatur finden sich zwei spezielle Techniken – im mystischen Islam als »Scat« und »Stoß« (»impact«) bekannt –, die ebenfalls ein gemeinsames Charakteristikum buddhistischer und islamischer Praxis darstellen.«[25]

Nichtsdestoweniger ist dieses Gebiet bisher immer noch ziemlich wenig erforscht. Das mag besonders angesichts dessen überraschen, daß es gerade auf dieser Ebene frühe Anzeichen einer recht positiven Beziehung zwischen Sufis und ähnlichen buddhistischen Strömungen gibt. Es überrascht auch angesichts der fruchtbaren Beziehungen, die in der Gegenwart zwischen Christen und Buddhisten auf dieser Ebene der Kontemplation und Meditation bestehen. Doch das Potential ist ganz klar vorhanden.

Auf islamischer Seite hat zumindest Idries Shah gezeigt, daß er sich dessen bewußt ist. Dieser moderne Sufi hat »eine Ähnlichkeit zwischen den Gedanken und Praktiken der Sufis und dem fremdartigen, angeblich typisch buddhistischen Zen-Kult, wie er in Japan praktiziert wird,« anerkannt, »die von großem Interesse ist ... Die Ähnlichkeiten, die zwischen Zen und Sufismus bestehen – sowohl in ihrer Terminologie, als auch in ihren Erzählungen und den Taten ihrer Meister –, sind beträchtlich. Aus der Sicht des Sufi ähnelt die Zen-Praxis, so wie sie allgemein in der Literatur beschrieben wird, unbezweifelbar einem Teil der Technik des ›Stoßes‹ (*zarb*) im Sufismus.« Dies bringt Shah dazu, von »einem gemeinsamen Nenner mit den Mystikern« des Buddhismus zu sprechen.[26]

Ein weiteres fruchtbares Gebiet liegt anscheinend im Bereich des ethisch-sozialen Handelns. Die größere Wahrnehmung der sozialen Dimension (»Engagierter Buddhismus«) und die egalitäre innerweltliche Stoßrichtung des Islam bilden hier eine verheißungsvolle Brücke. Befreiungstheologen wie Aloysius Pieris haben auf das verwiesen, was sie als die »ethisch-soziale« Brücke zwischen Christentum und Buddhismus bezeichnen. Könnte man nicht zweifellos auch zwischen Islam und Buddhismus eine ähnliche Brücke bauen und die offensichtlichen lehrmäßigen Divergenzen in den Hintergrund treten lassen? Ironischerweise hat gerade ein Werk wie Mirza Haidars *Tā'rikh-i-Rashidi*, das randvoll ist mit Auslassungen über die heiligen Kriege (*ghazāt*), die von den islamischen Herrschern gegen die Buddhisten Zentralasiens geführt wurden, seine viel positiveren Untertöne, die sich durchaus noch erkennen lassen, wie z. B. seine Feststellung:

In einigen Geschichtsbüchern wird Shakā Muni (d. h. Śākyamuni Buddha) unter die Propheten Indiens gerechnet, und einige vertreten, daß er ein Lehrer (*hakim*) gewesen sei. Es findet sich bei ihnen auch die Auffassung, daß niemand durch das bloße Annehmen von Glaube und Religion in den Himmel komme, sondern nur aufgrund seiner Taten. Wenn ein Muslim gute Werke verübt hat, dann kommt er in den Himmel; wenn er schlecht gehandelt hat, dann fährt er zur Hölle. Dies gelte auch für (jene) Ungläubigen. Der Prophet wird hier durchaus in hohem Ansehen gehalten, doch daß die ganze Menschheit seiner Religion angehören solle, sehen sie nicht als eine unabweisbare Pflicht an. Vielmehr sagen sie: ›Eure Religion ist wahr, und unsere ist es auch. In jeder Religion muß man sich gut verhalten.‹[27]

Erst kürzlich hat Sophie Gilliat solche impliziten Möglichkeiten explizit vorgeschlagen. Sie hat sozial-ethische Fragen direkt als eine besonders angemessene Brücke zwischen Islam und Buddhismus hervorgehoben und spricht diesbezüglich von »verborgenen Lehren« wie beispielsweise »dem Wunsch, das Leben zu bewahren, dem sozialen Anliegen und dem Kampf gegen menschliche Ungerechtigkeit«.[28] Das Engagement des »London Buddhist Vihara« in der Kampagne »Faith, Asylum, Refugees« (»Religion, Asyl, Flüchtlinge«) kann als Zeichen für eine solche Kooperation bei gemeinsamen Anliegen gelten. Ein weiteres Anzeichen ist das Gespräch, das muslimische Repräsentanten des Dialogs wie Hasan Askari, in Verbindung mit Christen wie John Hick und Hans Küng über die Entwicklung eines echten Welt-Ethos führen.[29]

Natürlich begegnen sich die beiden religiösen Traditionen auch in interreligiösen Kontexten, die stärker organisiert sind. In Großbritannien gibt es auf lokaler Ebene zahlreiche »interreligiöse Gruppen« und auf nationaler Ebene Organisationen wie beispielsweise das »Inter-Faith Network« (»Interreligiöses Netzwerk«), das ebenfalls als ein Bindeglied zwischen den beiden Gemeinschaften funktioniert. Darüber hinaus finden sich auch einige Anzeichen eines mehr unmittelbaren Kontakts beider Traditionen. Ein kleines, aber wertvolles Beispiel ist der alljährliche Besuch des »Muslim College« durch Vajiragnana, den Haupt-Mönch des »London Buddhist Vihara«. Dort am »Muslim College« findet sich auch ein interessantes

Beispiel für die Möglichkeit einer akademischen Horizonterweiterung, nämlich der religionsvergleichende Kurs über »Religiösen Fundamentalismus«, den Professor Hamid gibt.

Schlußfolgerungen

Zwei Fragen lassen sich hier in Betracht ziehen: Erstens, wie wird sich die islamisch-buddhistische Begegnung voraussichtlich weiter entwickeln? Zweitens, besitzt dies weitergehende Implikationen für die Dialog-Bewegung insgesamt?

Was die erste Frage betrifft, so scheint es klar, daß die mystische und die ethische Brücke in der Tat die beiden fruchtbarsten Bereiche darstellen, obwohl ein Fortschritt im theologisch-begrifflichen Bereich ebenfalls nicht unmöglich ist (so etwas wie ein Echo der »Prozeß-Theologie« am fernen Horizont). Allerdings ist in diesen Bereichen eines möglichen Fortschritts kaum mit der Hilfe durch islamische »Fundamentalisten« oder eben durch ihre buddhistischen Gegenstücke zu rechnen. Freilich ist es gefährlich, solche weitgefaßten und damit unausweichlich schwammigen Begriffe zu verwenden. Dennoch zeichnen sich in dem, was man »Fundamentalismus« nennt, einige hinreichend deutliche Tendenzen ab, wie insbesondere die stärkste Autorität, mit der die zentrale Schrift versehen wird (verbunden mit einer im allgemeinen wortwörtlichen Auslegung), und die Bereitschaft, diese auf andere in der Gesellschaft anzuwenden bzw. sie diesen aufzuzwingen. Dem wohnt zugleich die Tendenz inne, jeden Wert herunterzuspielen, den man außerhalb der eigenen Tradition erblickt.

Was die Zukunft der Dialog-Bewegung insgesamt betrifft, so gibt es eine ganze Reihe interessanter Implikationen. Erstens könnte es durchaus der Fall sein, daß der mystische und der ethische Ansatz überhaupt die wirkungsvollsten Brücken sind. Dies spiegelt natürlich eine ziemlich pragmatische Auffassung wider. Doch wenn wir von einer mehr grundsätzlichen Warte aus Religion letztlich im Sinne ihrer Wirkung und nicht ihrer begrifflichen Beschreibungen verstehen, dann sind es exakt jene instrumentalen/transformatorischen Bereiche der Praxis und des Handelns, die es zu entwickeln gilt, wohingegen die Lehre in spiritueller Hinsicht jedenfalls nicht mehr länger die eigentlich zentrale Sache sein muß. Vielleicht wäre es sinnvoll, ein solches instrumentalistisches Kriterium für den interreligiösen Dialog weiter zu erkunden.

An dieser Stelle fallen einem zuletzt zwei weitergehende Botschaften aus Islam und Buddhismus ein. Die eine, die 1991 Badawi lakonisch formuliert hat, lautet: »Wenn es um moralische Werte und praktische Projekte geht, dann findet sich gemeinsamer Grund.«[30] Die zweite ist die Botschaft, die im Februar 1994 an die Versammlung des »Weltparlaments der Religionen« gerichtet wurde. In einem offenen Brief plädierte Venerable Samu Sunim:

Heute stehen wir, die religiösen Führer und Lehrer in der Welt, sowohl vor noch nie dagewesenen neuen Chancen für unsere gemeinsame Zukunft in einem ›global village‹, als auch vor ernsten Herausforderungen durch die säkulare Welt. Wenn wir diese Chancen für unsere gemeinsame Zukunft ergreifen wollen, dann müssen wir uns ändern. Wir müssen uns von unseren traditionellen religiösen Einstellungen verabschieden und unser Herz öffnen, um in der Weltgemeinschaft ein neues religiöses Bewußtsein und die Vision von Frieden, Glück und ökologischer Gerechtigkeit herbeizuführen.[31]

Dies scheint ein geeigneter Augenblick zu sein, um das Thema der islamisch-buddhistischen Beziehung in Vergangenheit und Gegenwart abzuschließen, nämlich mit einem durchaus praktischen, doch zugleich hoffnungsvollen Blick auf die Zukunft.

Der Buddha aus atheistischer Sicht
Atheistische Positionen im Buddhismus
Gregor Paul

1. Die Problematik

Gibt es einen Gott? Gibt es einen allmächtigen und allgütigen Gott? Welche Gründe sprechen dafür, daß es einen Gott gibt? Welche Gründe sprechen dagegen? Wie auch immer man solche Fragen beantworten mag: Sie berühren Probleme von existentieller Relevanz. Sich mit ihnen auseinanderzusetzen ist deshalb nicht nur wichtig und sinnvoll, sondern auch ein Gebot reflektierter, bewußter Lebensführung. Um so unbefriedigender ist es dann, wenn es dabei nicht um die Sache geht, sondern wenn sich eine Diskussion letztlich in bloßem Wortstreit erschöpft. So sei von vornherein klargestellt, daß es im folgenden nicht darum geht, wie Wörter wie »Religion« und »Gott« gebraucht werden sollten. Und auch nicht darum, wie etwa das Sanskritwort *deva*, das häufig mit »Gott« wiedergegeben wird, übersetzt werden sollte. Wenn ich im folgenden von einem Gott oder Göttern rede, dann meine ich ausschließlich Wesen, denen mindestens eine der folgenden Eigenschaften zugesprochen wird: (1.) das Universum und/oder die Lebewesen geschaffen zu haben, (2.) ewig zu existieren und (3.) allmächtig oder allwissend zu sein. Außerdem (4.) sollen sie prinzipiell fähig und willens sein, in guter oder böser Weise in menschliches Schicksal einzugreifen bzw. zu lohnen oder zu strafen. Um es klar zu sagen: Man braucht diesen Gottesbegriff nicht zu akzeptieren. Stichhaltigkeit, Überzeugungskraft oder Fragwürdigkeit meiner Ausführungen bleiben davon unberührt.

Doch mag es hilfreich sein, einige Gründe explizit zu machen, die meinen Wortgebrauch bestimmen. Erstens trifft der gewählte Begriff auf jüdische, muslimische und christliche Gottesvorstellungen zu. Außerdem trifft er auf die in buddhistischen Schriften angegriffenen Vorstellungen von Brahman und Īśvara zu. Zweitens ist er geeignet, klar zwischen einem Gott einerseits und etwa Geistern, Dämonen und Engeln andererseits zu unterscheiden. Und drittens bleibt mit ihm klar erkennbar, worauf sich die größten Hoffnungen unzähliger Menschen in der Tat richten und welche Probleme dies womöglich aufwirft.

Noch eine terminologische Klärung ist unumgänglich. Es macht keinen Sinn, von *dem* Buddhismus zu reden. Es gibt Hunderte verschiedener buddhistischer Lehren, Schulen und Strömungen. Einige von ihnen widersprechen sich selbst in fundamentalen Lehrstücken. So schließen die Formulierungen des achtfachen Pfades im *Pāli-Kanon* die linkstantristische Überzeugung, daß der Sexualverkehr der beste Weg zur Erleuchtung sei, aus. Und auch in der Frage, ob es einen Gott gebe, unterschieden und unterscheiden sich die buddhistischen Schulen. So ist es unmöglich, in signifikanter Weise zwischen dem Glauben an den Buddha des *Lotos-Sūtra* und einem Gottesglauben zu unterscheiden. Dies gilt selbst dann, wenn man, Glasenapp folgend, der Auffassung ist, daß die Existenz dieses Buddha jedenfalls einen Anfang habe.

Nun ist es freilich unmöglich, die Einwände, die in der langen Geschichte des Buddhismus gegen Gottesvorstellungen vorgebracht wurden, in einer Art historischem Überblick oder in einem historischen Durchgang zu referieren. Das Material ist zu umfangreich. Dagegen bietet sich ein systematisches Vorgehen an. Von zentralen Lehrstücken bestimmter buddhistischer Texte ausgehend, lassen sich die Vorbehalte nach ihren Inhalten und Argumentationsstrukturen geordnet zusammenstellen. Die Texte dürfen dabei als mehr oder weniger exemplarische Darlegungen von Hypothesen gelten, die in gewissen Schulen und Strömungen bis auf den heutigen Tag als gültig angesehen werden. Wie im einzelnen deutlich werden soll, sind das Orientierungen, die auf die argumentativen, weniger Meditation als Erkenntnis thematisierenden Passagen des *Pāli-Kanons* und auf die buddhistische Scholastik (Abhidharma und einzelne Formen des Madhyamaka und Vijñānavāda) zurückgehen und sich in scharfer kritischer Auseinandersetzung mit brahmanischen, hinduistischen und christlichen Gottesvorstellungen artikulierten und artikulieren. Buddhistische Gelehrte von Indien über China bis Japan haben immer wieder versucht, den Glauben an Brahman, Īśvara oder den christlichen (und insbesondere den katholischen)

Gott ad absurdum zu führen, als gefährlich auszuweisen und der Lächerlichkeit preiszugeben.

2. Buddhistische Kausalitätsbegriffe

Einwände gegen die Annahme von Schöpfergottheiten, ewigen und allmächtigen Göttern

Schon der *Pāli-Kanon* enthält mehrere Formulierungen von Kausalitäts-Konzepten und -Theorien, die die Existenz ewiger, substantieller und allmächtiger Entitäten ausschließen. Denn diese Passagen besagen, daß nichts ohne Ursache, nichts aus sich selbst und nichts aus Nichts entstehe oder geschehe. So heißt es z.B.:

Wenn dieses ist, wird jenes. Infolge der Entstehung von diesem entsteht jenes. Wenn dieses nicht ist, wird jenes nicht. Durch die Aufhebung von diesem wird jenes aufgehoben.[1]

Weiter ins einzelne gehende Stellen fassen bzw. beschreiben dieses allgemeine Kausalitätsverhältnis als eine Beziehung abhängigen (Ko-)Entstehens.[2]

Diese Kausalitätstheorien dürften auf folgenden, ebenfalls schon im *Pāli-Kanon* formulierten Erfahrungen gründen: Alles, was wir wahrnähmen, sei vergänglich. Und zwar deshalb, weil es, genauer betrachtet, aus sich ständig verändernden Kombinationen von Elementen zusammengesetzt sei.[3] Damit sei es denn auch von anderem abhängig und durch anderes bedingt. Da – im Kontext der einschlägigen Stellen – kein Grund gesehen wird, irgendeine Entität auszunehmen, führt diese Beobachtung zu einer konsequenten, empirisch-induktiv begründeten Theorie (mehr oder weniger) kontinuierlichen Werdens, derzufolge alles, was existiert, in seinem Sein und seinen Charakteristika von anderem abhängig ist.[4]

Substantialität – Selbstsein oder gar ewiges Selbstsein – ist danach in der Tat ausgeschlossen. Und a fortiori kann es kein anfangslos existierendes und/oder selbstgeschaffenes oder von allem anderen unabhängiges und also allmächtiges Wesen geben.

Darüber hinaus gewinnt diese Kausalitätstheorie noch insofern an Stärke, als sie auch – und dies ebenfalls schon im Pāli-

Buddhismus – eine Theorie moralischer Kausalität sein soll bzw. von einer solchen Theorie begleitet wird. Diese Karma-Theorie – wonach jede Handlung notwendiger- und gesetzmäßiger Weise Vergeltung (Lohn oder Strafe) nach sich zieht – verstärkt und verdichtet das Netz der behaupteten Abhängigkeiten und Bedingungen noch.

Spätere scholastisch-philosophische buddhistische Texte und Schulen verschärften die anti-eternalistischen und anti-substantialistischen Lehrstücke des *Pāli-Kanons* weiter. Ihnen zufolge sind auch die Elemente, die *dharmas*, die letztlich alles Seiende konstituieren, keine selbständig bestehenden Faktoren, sondern, wie es mit dem buddhistischen Terminus technicus heißt, leer. Das Seiende wird so nur noch als Ganzheit faßbar: als ein einziges anfangs- und endloses, in vielfältiger Weise durch interne Abhängigkeiten bestimmtes, dynamisches Geflecht ohne im präzisen Sinn gegeneinander abgegrenzte und abgrenzbare einzelne Entitäten. Schlagwortartig spricht man von der »doppelten Leere« bzw. von »der Leere von Ich und *dharmas*«, wobei freilich zu beachten ist, daß sich das Wort »*dharmas*« dabei nicht immer auf die Daseinselemente, sondern oft auch einfach auf alles Seiende, das (konventionell-pragmatisch gesprochen) »Nicht-Ich« ist, beziehen soll. Im gegebenen Zusammenhang ist es weder möglich noch erforderlich, auf die diffizilen und von Schule zu Schule divergierenden Einzelheiten einzugehen.[5] Es reicht, auf Schriften wie die Nāgārjuna (um 200) zugeschriebenen *Strophen über die Mitte* und das *Śāstra der zwölf Tore* sowie Xuan Zangs (600–664) *Lehre vom bloßen Bewußtsein* hinzuweisen[6], die (auch) im sino-asiatischen Raum außerordentlich einflußreich waren, und erneut die explizite Konsequenz zu ziehen, daß solche Theorien jede Annahme der Existenz eines anfangslosen, selbstursächlichen und/oder allmächtigen Wesens ausschließen.

Einige leicht verständliche Belege aus dem *Śāstra der zwölf Tore* seien freilich zitiert, um nicht gänzlich abstrakt zu bleiben:

> Wirkung wird durch Bedingungen hervorgebracht.
> (Aber) Bedingungen sind nicht selbstexistent.
> Wenn Bedingungen nicht selbstexistent sind,
> wie können Bedingungen Wirkungen erzeugen?[7]

Wenn er (sc. Īśvara) selbstexistent ist, sollte er nichts benötigen. Wenn er etwas benötigt, sollte er nicht selbstexistent genannt werden. Wenn er nichts benötigt, warum bewirkte er Veränderung und schuf die Zehntausend Dinge, einem kleinen Jungen gleich, der sich im Spiel vergnügt? Weiterhin. Wenn Īśvara die Lebewesen schuf, wer wiederum schuf jenen Īśvara? Daß Īśvara sich selbst schuf, kann nämlich nicht sein; denn nichts kann sich selbst schaffen. Wenn er aber von einem anderen Schöpfer gewirkt wäre, sollte er nicht selbstexistent heißen.[8]

Wenn das Hervorgebrachte noch nicht hervorgebracht ist, wie kann es sich selbst hervorbringen? Wenn es bereits hervorgebracht ist und sich dann selbst hervorbringt, warum sollte es Hervorbringung benötigen?[9]

Auf einen Gott bezogen, lautete das Argument etwa: Falls Gott zu einer bestimmten Zeit noch nicht existierte, wie konnte er sich zu dieser Zeit schaffen? Falls er aber zu jener Zeit bereits existierte, warum brauchte er sich dann noch zu schaffen? *Tertium non datur* (d. h. eine dritte Möglichkeit gibt es nicht). Der Fall, nach dem Gott selbst geschaffen wäre, führte überdies zu einem – nach buddhistischer Argumentationstheorie unzulässigen – infiniten Regreß.

Das *Śāstra* fährt fort:

Weiterhin. Wenn Īśvara der (allmächtige) Schöpfer wäre, so sollte es in der Schöpfung keine Hindernisse geben; er könnte (alles) in nur einem Augenblick schaffen. (Aber) das »Sūtra über Īśvara« sagt: »Īśvara wollte die Zehntausend Dinge schaffen. Er vollzog verschiedene asketische Übungen und brachte dann alle kriechenden Insekten hervor. Erneut vollzog er asketische Übungen und brachte dann alle fliegenden Vögel hervor. Erneut vollzog er asketische Übungen und brachte dann alle Menschen und Devas hervor.« Wenn es ein Ergebnis asketischer Übungen war, daß die kriechenden Insekten zuerst hervorgebracht wurden, die fliegenden Vögel dann hervorgebracht wurden und die Menschen und Devas danach hervorgebracht wurden, dann sollten wir erkennen/wissen, daß die Lebewesen von den Karma-Ursachen-und-Bedingungen hervorgebracht wurden, nicht aber von Īśvara, der asketische Übungen vollzog.[10]

Anders gesagt: Wenn die Askese zur Hervorbringung erforderlich ist, so ist sie eine zusätzliche Schöpfungsbedingung neben Īśvara, und dieser ist folglich nicht allmächtig. Die Bedingung muß dann nach dem *Tertium non datur* Teil oder Funktion des Karmas sein.

3. Das Kriterium der Widerspruchsfreiheit

Einwände gegen die Annahme (all)mächtiger und (all)gütiger Gottheiten

Besonders scharf, ja oft spöttisch war und ist die buddhistische Kritik an der Annahme eines (all)mächtigen und (all)gütigen Gottes. Das Theodizeeproblem, die Frage, wie der Glaube an einen solchen Gott zu rechtfertigen sei, trat denn auch im Buddhismus nie auf. Der fundamentale logische Widerspruch, den etwa der Gottesbegriff der traditionellen katholischen Dogmatik impliziert, wurde (soweit ich weiß) stets als hinreichend angesehen, um einen solchen Glauben von vornherein absurd erscheinen zu lassen. Einschlägige kritische Lehrstücke finden sich – um nur wenige, freilich sehr einflußreiche Beispiele zu nennen – im *Pāli-Kanon*, dem *Abdhidharmakośa* (aus dem 5. Jahrhundert, dem wichtigsten Werk der Scholastik überhaupt), im *Śāstra der zwölf Tore*, sowie in zahlreichen chinesischer- und japanischerseits verfaßten Schriften, die gegen die von christlichen Missionaren verbreiteten Gottesvorstellungen gerichtet sind. Zitate sagen hier mehr als jedes Referat:

> Ist Brahma Herr auf diesem Erdenrund
> Und aller Wesen letzter Daseinsgrund,
> Warum wird Unglück dieser Welt zuteil
> Und nicht Freude, Seligkeit und Heil?

> Warum herrscht Lüge, Trug und Schlechtigkeit
> Und Einbildung und Ungerechtigkeit,
> Warum erschuf er nur ein menschliches Geschlecht,
> Das unentwegt verletzt die Sitte und das Recht?[11]

Daß die Dinge durch eine einzige Ursache, durch Gott, Mahādeva oder Vāsudeva, erzeugt sind, ist aus mehreren Gründen unzulässig: (...) willst du sagen, daß Gott Befriedigung darin finde, die Geschöpfe, die er geschaffen hat, all den Leiden der Existenz ausgeliefert zu sehen, die Foltern der Höllen eingeschlossen? Ehre diesem Gott! Wahrhaftig gut gesagt, die volkstümlichen Verse: »Er heißt Rudra, weil er verbrennt, weil er erregt, wild, schrecklich ist, Fleisch, Blut und Mark verschlingt.«[12]

Im *Śāstra der zwölf Tore* findet sich die Feststellung:

Wenn Īśvara die Lebewesen erzeugt hätte, hätte er ihnen kein Leiden gegeben.

Dem von der christlichen Mission in China propagierten Gottesbegriff begegnete der buddhistische Gelehrte Zhi Xu (1599–1655) u.a. mit dem trockenen Hinweis:

Warum hat der Himmelsherr den Luzifer, den er erschuf, speziell mit so großen Kräften und Talent ausgestattet? Wenn er ihn so ausstattete und dabei nicht wußte, daß er darob stolz werden würde, so ist dies ein Mangel an Wissen. Wenn er aber wußte, daß er darob stolz werden würde, und ihn dennoch so ausstattete, dann ist das ein Mangel an Güte (chin. *ren*). Daß er weder wissend noch gütig ist, man ihn aber dennoch Himmelsherr nennt, ist (…) Inkohärenz.[13]

Nachdem sich das Shogunat (die japanische Regierung) 1614 dafür entschieden hatte, das Christentum in Japan auszurotten, setzte es neben grausamster Folter und Hinrichtungen auch ideologische Mittel ein. Dabei bediente es sich besonders gern gebildeter Abtrünniger. Einer von ihnen, der brillante japanische Gelehrte Fabian Fucan, verfaßte 1620 die Streitschrift *Ha daiusu* (»Der zerstörte Deus«). In ihr schreibt er:

D[eus] (…) schuf Menschen zahlloser als die Sandkörner des Ganges und wirft sie nun in die Hölle. Und ist es die Hölle für nur einen Tag oder einen Monat? Oh nein! Es ist die Hölle für alle Ewigkeit. Und ihn, der fortfährt, Folter auf Qual zu häufen, müssen wir den allbarmherzigen, allmitleidsvollen D nennen! [Dabei] sollte doch nur der allbarmherzig und allmitleidsvoll genannt werden, der das Leid austilgt und Freude gewährt!
(…)
Aber sagtest du nicht, daß D sapientissimus sei, Weisheit, die die Drei Welten [Vergangenheit, Gegenwart und Zukunft] durchdringe? Wenn das so ist und er seine Engel schuf, dann konnte er in der Tat nicht anders, als zu wissen, daß die Engel sogleich in Sünde fallen würden. Wenn er das nicht wußte, dann ist es völliger Unsinn, ihn als die die Drei Welten umfassende Weisheit zu bezeichnen. Und wenn er wußte, daß sie in Sünde fallen würden und sie nichtsdestoweniger schuf, dann beging er die ruchloseste Grausamkeit. Wenn er der allmächtige D ist, warum nur stellte er nicht sicher, daß die Engel nicht

der Hölle verfallen würden – warum schuf er sie nicht sündlos [so, daß sie nicht sündigen würden]? Sie zufrieden in Sünde fallen zu lassen, hieß letzten Endes, eine Bande von schaurigen Dämonen zu schaffen. Was für ein Handeln ist diese Schöpfung nutzloser Teufel, diese Überproduktion verschlagener Hindernisse? Aber vielleicht verpfuschte D die Aufgabe der Schöpfung?

(...)

Nicht nur schuf D den Teufel Luzifer und überließ ihn dessen eigenen Machenschaften, sondern er sah auch nonchalant zu, als dieser Teufel daran ging, Adam und Eva zu umgarnen, und er bot ihnen keinen Schutz, als sie in Sünde fielen. D sah zu und lachte, als Adam und Eva die Kaki-Frucht [d. h. den Apfel] aßen, und warf sie darauf umgehend aus dem Erdenparadies. Und nun will er nicht nur Adam und Eva, sondern jedes menschliche Wesen in die Hölle stecken! Ganz nach Ds Art, nicht wahr? Aber wieweit entspricht es der Vernunft? Wußte D denn nicht, daß Adam sein [sc. Ds] Gesetz brechen würde? Wenn er es nicht wußte, so ist er nicht die die Drei Welten umfassende Weisheit [d. h. nicht allwissend]. Und wenn er es wußte, dann hätte er Adam und Eva in seiner Gnade und seinem Mitleid notwendigerweise die Entschlossenheit lehren müssen, nicht in Sünde zu fallen. So oder so, die Erklärungen der Anhänger von Deus sind plumpe Erfindungen und rundum abscheulich.[14]

4. Epistemische Kriterien

Einwände gegen die Annahme von Offenbarungen als Erkenntnisquellen

Zu den frühen, in Scholastik und Philosophie wiederholten und ausgearbeiteten buddhistischen Einwänden gegen die Annahme eines Gottes gehören auch erkenntnistheoretische Vorbehalte. Sie richten sich vor allem gegen Versuche, Gottesglauben auf Offenbarung und/oder Überlieferung zu gründen. Damit einher geht oft eine massive Kritik am Wunderglauben. Freilich sind die erkenntnistheoretischen Bedenken nicht so klar und unstrittig faßbar wie die aus Kausalitätstheorien, Prozeßontologien und Theodizee-Kritik resultierenden Einwände. Insbesondere die buddhistischen Glaubensbegriffe verdienten eine eigene, detaillierte Erörterung. Was sie angeht, so sei deshalb lediglich festgehalten, daß auch entsprechende Ausdrücke, die bereits im *Pāli-Kanon* vorkommen, als Begriffe einer auf Erkenntnis – und eben nicht auf Offenbarung oder gar bloßer Überlieferung – gegründeten Überzeugung verstanden werden können. Buddhistischer- und buddhologischerseits sind dies durchaus gängige[15], wenn auch nicht immer unbestrittene Interpretationen. Gerade in diesem Punkt ist zu unterstreichen, daß der *Pāli-Kanon* keine einheitliche Auffassung vermitteln dürfte.

Die Problematik wird noch komplexer, zieht man in Betracht, daß manche späteren, explizit erkenntnistheoretischen Lehren die Überlieferung (Tradition) ausdrücklich als legitimes Erkenntnismittel anführen. Erst mit der von Dignāga (im 6. Jahrhundert) kanonisierten Form der Begründungs- oder Argumentationstheorie (skt. *hetu-vidyā*, chin. *yin ming*, jap. *immyō*) galten allein »unmittelbare Wahrnehmung« und »Schlußfolgerung« als Erkenntnisquellen bzw. unmittelbare Erfahrung und logische Konsistenz als Wahrheitskriterien.[16] Und wenn sich auch, soweit ich weiß, im *Pāli-Kanon* keine entsprechenden expliziten Feststellungen finden, so durfte sich doch auch die Begründungstheorie auf ihn berufen; denn er enthält jedenfalls Stellen genug, die die begründungstheoretische Epistemologie implizieren.

Summa summarum dürfte somit gelten, daß es zwar einige, durchaus einflußreiche buddhistische Lehren und Schulen gab und gibt, die die Annahme der Existenz eines Gottes aus epistemologischen Gründen zurückweisen, doch dürfte dies nicht für alle gelten, die sie aus kausalitätstheoretischen, prozeßontologischen und rein logischen Gründen bestreiten. Erneut seien nähere Hinweise gegeben und einige Belege zitiert:

Den Pantheismus und insbesondere die brahmanische Doktrin von der Identität von *brahman*, ewigem, universalem, allumfassendem Sein, und *ātman*, ewigem Selbst, nennt Buddha nach dem *Majjhima-Nikāya* »eine vollkommene Narrenlehre«, die durch nichts zu bestätigen sei.[17] Glasenapp weist weiter darauf hin, daß Buddha darüber hinaus die Ansicht kritisiert habe, »daß Gott unerkennbar, unfaßbar und unerforschlich sei«[18].

Die Brahmanen (...) lehren mithin: »Zu dem, den wir nicht kennen und nicht sehen, zur Gemeinschaft mit ihm weisen wir den Weg, und das ist der einzig gerade Weg zur Erkenntnis.«
Das ist ebenso, als ob jemand auf einem Platze eine Treppe bauen

wollte, die zu dem obersten Stock eines Palastes führen soll, den er nie gesehen hat und von dem er nicht weiß, wie groß er ist.[19]

Der bereits zitierte Zhi Xu kritisierte, daß die Christen an einen »Himmelsherrn« glauben würden, »den niemand gesehen noch gehört« habe.[20]

Wie angesprochen, kritisierte Buddha auch vedischen Opferkult, Magie, Aberglauben, Zauberei, »Afterwissenschaft«, Astrologie und Wahrsagung.[21]

5. Die Auffassung, daß Kult, Verehrung oder Anbetung Buddhas in keiner Weise zum eigenen Heil beitragen können

Ein Gott, und sei es ein Schöpfergott, dessen Existenz – vom Faktum des bloßen Ursprungs der Menschheit abgesehen – nicht den mindesten, noch so entfernten Einfluß auf Leben und Tod des Menschen hat, dessen Vorhandensein uns sozusagen nicht im mindesten berührte und zu berühren brauchte, wäre kaum Gegenstand menschlichen Interesses. Aber er wäre auch schwer vorstellbar; ist es doch fraglich, ob es so etwas wie ein Faktum bloßen Ursprungs überhaupt geben kann. Selbst wenn wir alle auf rein natürliche bzw. naturgesetzliche Weise entstanden sind, sind wir in bestimmter Weise, mit bestimmten Eigenschaften entstanden, die unauflöslich mit dem Entstehen verbunden sein dürften. D. h., wären wir Geschöpfe eines Gottes, so hätte er uns jedenfalls nicht nur einfach geschaffen, sondern in bestimmter Weise geschaffen. Schon damit dürfte die Frage unabweisbar werden, warum etwa so und nicht anders. In der Tat werden z. B. Jehovah, der christliche Gott, Allah, Brahman, Īśvara und viele andere Gottheiten, ja selbst Geister und Dämonen von ihren Gläubigen als Wesen angesehen, die auf sie Einfluß nehmen und, wichtiger noch, die sie, die Gläubigen, selbst im Sinne ihrer Wünsche und Hoffnungen beeinflussen können.

Entsprechende Auffassungen gibt es auch im Buddhismus, und zwar seit Entstehen der sogenannten mahāyānistischen Systeme, in deren Zentren die kultische Verehrung und Anbetung von Buddhas und Bodhisattvas steht. Das extremste Beispiel bilden die japanischen Sekten des Reinen Landes, die von Hōnen und Shinran im 11. und 12. Jahrhundert begründeten buddhistischen Orientierungen. Ihrer zentralen – auf Sūtren-Offenbarungen gestützten – Doktrin zufolge ist der Mensch prinzipiell unfähig, aus eigener Kraft (jap. *jiriki*) Heil zu erlangen. Er muß sich vielmehr auf die »andere Kraft« (jap. *tariki*) des Buddhas Amida (skt. Amitābha) verlassen, um »erlöst« zu werden. Er kann und soll es auch, denn Amitābha hat in seiner grenzenlosen Anteilnahme gelobt, letztlich alle Lebewesen zum Heil zu führen; er besitzt die Macht dazu, und er löst sein Gelöbnis ein. Zumindest viele »normale« Anhänger der Reinen-Land-Sekten sehen damit in Amida einen allmächtigen und gnädigen, oft überdies auch ewigen Gott, und sein Reines Land, in das sie nach dem Tod hineingeboren werden möchten, ist für sie ein Paradies. Es wäre Beckmesserei, bestreiten zu wollen, daß all dies eine Vergöttlichung Buddhas dokumentiert.

Erneut jedoch gilt, daß viele einschlägige Stellen des *Pāli-Kanons* und die – bewußt oder unbewußt, explizit oder implizit – daran anschließenden scholastischen und philosophischen Richtungen Buddha als einen Menschen charakterisieren, der über die Formulierung seiner Lehre hinaus keinerlei Beitrag zum Heil anderer leisten konnte und der vielfach selbst jeden Personenkult ablehnte.

Während ich also zunächst auf die atheistischen Positionen des Buddhismus eingegangen bin, die sich, sofern Namen ins Spiel kamen, auf Gestalten bezogen, die außerhalb des Buddhismus als Götter galten oder gelten, wende ich mich mit dem Letztgesagten und dem Folgenden der innerbuddhistischen Frage nach dem Charakter bzw. dem Status Buddhas oder der Buddhas und Bodhisattvas zu.

Zwar schließt der *Pāli-Kanon* Passagen ein, die die Biographie Buddhas mit den Zügen einer Heiligenlegende schmücken, Abschnitte, die Buddha als Überwinder Māras darstellen und ihn selbst Brahman überlegen erscheinen lassen, ja Passagen, die ihn »allwissend« nennen, doch stehen ihnen andere Stellen entgegen. So ist in diesen Gegensätzlichkeiten zunächst nur ein weiteres Indiz für die inhaltliche Uneinheitlichkeit und die unterschiedliche Entstehungszeit von Teilen des *Kanons* zu sehen. Außerdem dürfte sich die angesprochene »Allwissenheit« im allgemeinen, wenn nicht stets, allein auf heilsrelevantes Wissen beziehen. Ich halte es jedenfalls für plausibel, auch in der Frage nach der Person Buddhas zwischen mindestens zwei Pāli-Lehren zu unterscheiden. Der Buddha, der als in mancherlei Hinsicht übermenschliches Wesen gezeichnet ist und als Gegenstand (fast) kultischer Verehrung erscheint, dürfte dabei das Resultat einer späteren Konzeption sein, die freilich ihre Anfänge bereits in dem Stūpa-Kult besaß, der mit dem Tod Buddhas einsetzte.[22] Selbst dieses spätere Buddha-Konzept ist freilich – anders als dann im *Lotos-Sūtra* – noch kein Begriff eines Gottes: Es bleibt das Konzept eines Sterblichen, dessen Kräfte, wie groß sie immer sein mögen, nicht ausreichen, mehr zum Heil anderer beizutragen, als sie zu belehren.

Eine wichtige, oft zitierte Passage aus dem *Pāli-Kanon* lautet:

Es gibt ein Nirvāṇa und einen Weg, der zum Nirvāṇa führt, und ich bin hier als Ratgeber. Doch unter meinen Schülern (...), die ich diesen Weg lehre, erreichen einige das höchste Ziel, Nirvāṇa, andere erreichen es nicht. Was kann ich (sc. Buddha) dabei tun (...)? Der Tathāgata (d.h. Buddha) ist nur ein Wegweiser.[23]

6. Zur sachlichen Relevanz des buddhistischen Atheismus

Wie ich meine, sind die skizzierten buddhistischen Kausalitätstheorien konsequenter und in diesem Sinn plausibler als Theorien, die solche Ausnahmen wie die Existenz von ewigen, allmächtigen und/oder selbstverursachten Wesen einräumen. Ihre empirische Basis trägt weiter zu ihrer Plausibilität bei. Und im übrigen überzeugen sie auch insofern, als – wie in buddhistischen Texten ebenfalls hervorgehoben – die Existenz eines allmächtigen Gottes die Idee menschlicher Verantwortung problematisch erscheinen läßt. Wäre nicht solch ein Gott, so die kritische Frage etwa im *Śāstra der zwölf Tore*, letztlich für alles verantwortlich zu machen? Auch die buddhistische Theodizee-Kritik erscheint mir prinzipiell gültig. Gewiß ist es christlichen Theologen des 20. Jahrhunderts gelungen, den (?) Gottesbegriff der Bibel so zu interpretieren oder, wie ich persönlich meine, umzudeuten, daß er sich widerspruchsfrei auf einen in seinen Möglichkeiten so eingeschränkten Gott bezieht, daß ihn der Vorwurf, das menschliche Dasein so grausam gestaltet zu haben, daß dies durch nichts zu erklären und zu rechtfertigen wäre, gar nicht mehr trifft. Ich halte nur als persönliche Hypothese fest, daß mit solchen Unternehmen der Boden des Katholizismus verlassen wird und daß sie derart spitzfindig sind, daß schon ihre Spitzfindigkeit gegen sie spricht. Denn wie soll man an einen Gott glauben, dessen Existenz auch nur halbwegs zu begreifen Schulung in raffiniertestem Raisonnement verlangt? Das, so meine ich, kann nicht Absicht eines auch nur halbwegs gnädigen Gottes gewesen sein, der den Menschen überdies mit der Gabe der Vernunft ausstattete. Anders ausgedrückt: Ich halte es für unglaubhaft, daß ein gnädiger Gott die Einsicht in seine Existenz zu einer Aufgabe machen würde, zu deren Lösung man – wie geschehen – womöglich die Wahrscheinlichkeitsrechnung einsetzen muß. Auch die grob skizzierten epistemologischen Bedenken erscheinen mir in gewissem Maß plausibel. Für sich genommen, vermögen sie freilich keinen Atheismus zu rechtfertigen, sondern nur einen entsprechenden Agnostizismus zu begründen. Außerdem läßt sich nicht bestreiten, daß unsere Erkenntnis de facto auch metaphysische Züge – d.h. weder durch Erfahrung noch durch Logik allein fundierte Merkmale – besitzt. Aber sie kann zumindest widerspruchsfrei sein und Wunderglauben – d.h. den Glauben an Phänomene, deren Ereignis naturgesetzwidrig wäre – ausschließen.

Wie jedoch die skizzierten buddhistischen Kausalitätstheorien und Prozeßontologien auf Aporien führen, so ist auch der begründungstheoretische Begriff der »unmittelbaren Wahrnehmung« problematisch. Erstere machen es, streng genommen, unmöglich, plausible Konzepte personaler Identität und einen überzeugenden Begriff persönlicher Verantwortung zu formulieren, oder sie führen letztendlich doch wieder auf einen (wenn auch uneingestandenen) Substantialismus, mögen die Substanzen auch quasiatomaren Charakter besitzen. Das Konzept »unmittelbarer Wahrnehmung« aber weist meines Erachtens dieselben Schwächen auf wie das einer reinen Erfahrung im Neopositivismus. Ich bin nämlich nicht der Ansicht, daß eine derartige »theoriefreie« bzw., im präzisen Sinn, völlig konzeptionslose Wahrnehmung oder Erfahrung möglich ist. Gegen buddhistische Überzeugungen ist sie, wie ich meine, auch in einer Meditation unmöglich, denn selbst meditative Erfahrung bleibt menschliche und insofern durch Bedingungen menschlicher Wahrnehmung *geprägte* Erfahrung.

Dennoch sprechen die referierten buddhistischen Lehrstücke wohl eher für als gegen einen Atheismus, und dies eben einfach deshalb, weil der Theismus an sich – wie die Argumente zeigen – noch erheblich problematischer ist als sie. Der erkenntnistheoretische Agnostizismus erscheint mir (soweit so etwas überhaupt möglich ist) ohnehin gesichert, die skizzierten Kausalitätstheorien (wie gesagt) allemal konsistenter und erfahrungsnäher als jeder Theismus. Dazu kommt ein gewichtiger Gesichtspunkt, der sich als äußeres Kriterium ins Spiel bringen läßt. Ich bin der Meinung, daß jeder Theismus *aus ihm inhärenten Gründen heraus* eine potentielle Quelle der Unmenschlichkeit ist und sich insofern aus pragmatischer Sicht ad absurdum führt. Dies ist, dessen bin ich mir bewußt, eine für gläubige Christen provokative Einschätzung. Aber die schlichte Überlegung, die sich übrigens auch in späteren Formen des Buddhismus findet, daß die durch die Gottheit geoffenbarte Heilswahrheit schon deshalb zu realisieren sei, weil man dem ungläubigen – und deshalb im Extremfall gar zu ewiger Qual verurteilten – Mitmenschen soviel Gutes bzw. sowenig Böses wie möglich zuteil werden lassen sollte, kann Folter und Mord rechtfertigen, und sie hat es getan.[24]

Wer ist Buddha für Christen?

Michael von Brück

1. Vorbemerkungen

Das Thema setzt eine Abgrenzung: Buddha bzw. Buddhismus und Jesus bzw. Christentum stehen einander gegenüber; das Eine ist dem Anderen gegenüber das zunächst Fremde. Historisch gesehen ist dies eine Selbstverständlichkeit. Gautama und Jesus waren historische Persönlichkeiten, die zu unterschiedlichen Zeiten an verschiedenen Orten in jeweils anderen Sprachen und Kulturzusammenhängen gelebt und gelehrt haben. Später sind die Bewegungen, die sich auf ihre Wirkungen zurückführen, aufeinandergetroffen. Es hat Konfrontationen, Synthesen, partiell auch gegenseitige Abhängigkeiten gegeben. Das ist religions- und kulturgeschichtlich interessant. Aber dies ist nicht unser Thema.

Wir sind es, die nach der Bedeutung des Buddha für Christen fragen, und damit ist stillschweigend eine Perspektive bzw. eine Entscheidung vorausgesetzt: Wir fragen aus der Erkenntnis der eigenen Dürftigkeit und wohl auch Bedürftigkeit heraus nach dem Anderen, das Besserung und vielleicht gar Heilung verspricht. Oder wir fragen aus Angst – vor Identitätsverlust, vor Konkurrenz usw. Integration also, bei aller Distanz und dem Wunsch nach Identitätsbehauptung. Christen oder solche, die es waren oder möglicherweise auch wieder gern wären, wollen sich verändern, sie sind auf der Suche nach neuen Ufern. Von Religion wird etwas erwartet, und damit ist der Blick nicht neutral.

Das ist keineswegs selbstverständlich. Man kann Religionen wie einen Text lesen, mit sehr verschiedenen Möglichkeiten der Grundeinstellung. Was macht den Text interessant? Das eigene Interesse. Da es beim Buddhismus wesentlich um Geistesschulung, beim Christentum wesentlich um die Praxis der Gottesliebe im Medium der Nächstenliebe geht, kann der Blick kaum distanziert ausfallen. Es wird also nicht möglich sein, daß wir uns historisierend zurückziehen auf einen bloß phänomenologischen Vergleich der beiden Gestalten.

Die Methodik des hier vorgegebenen Themas ist aus zwei Gründen schwierig.

Erstens: Es geht um Gautama, den man den Buddha, den Erwachten genannt hat, weil er eine einzigartige Erfahrung gemacht hat, die schon zu seinen Lebzeiten mit dem Erwachen aus dem Schlaf verglichen wurde. Aber wir wissen über den historischen Gautama wenig, vielleicht noch weniger, als wir über Jesus erkannt zu haben meinen. Die ältesten schriftlichen Quellen (einige Sanskrit-Fragmente und der Pāli-Kanon) sind frühestens 200 Jahre nach seinem Tod niedergelegt worden, wenngleich sie auf einer langen und vermutlich recht präzise tradierten mündlichen Überlieferung beruhen. Der Charakter und Stil der Texte läßt einen relativ langen Überlieferungsprozeß vermuten, denn Systematisierungen, Abstraktionen, Korrekturen beherrschen das Bild. Eine Rekonstruktion der Vita oder gar des Selbstverständnisses des Buddha ist ebensowenig möglich wie eine Rekonstruktion des Lebens Jesu. In beiden Fällen dürfen einige historische Grundgegebenheiten als ziemlich gesichert gelten; aber das so gewonnene Material genügt nicht, um unser heutiges Interesse zu begründen.

Zweitens: Der Ausdruck »für Christen« ist eine Abstraktion. Denn sofort wäre zu fragen: Für welche Christen, und noch weiter: Wer ist ein Christ? Wenn wir das Buddhabild solcher Autoren der letzten 150 Jahre betrachten, die sich christlich nannten, werden wir eine Fülle an Deutungen, Verständnissen, Mißverständnissen, Projektionen und Theorien erkennen können, die eins gemeinsam haben: Sie spiegeln jeweilige Interessen und Intentionen. Frei nach dem Motto: Was ein Autor über den historischen Gautama oder den im Saṃgha verehrten Buddha geschrieben hat, sagt mehr über den Autor als über den Buddha. So könnte und wird es wohl auch diesen Betrachtungen ergehen: Sie sagen zumindest ebensoviel über den Autor und den von ihm vermuteten Zeitgeist wie über den historischen Gegenstand. Will sagen: Die Aus- und Ineinandersetzung mit einer Gestalt wie dem Buddha ist ein Dialog zwischen realen und/oder fiktiven Partnern. In dieser Begegnung verändert sich der Buddha bzw. das Buddhabild ebenso wie der fragende Zeitgenosse. Schließlich sagen wir, was wir sagen, in der deutschen Sprache. Und die ist geprägt von einer Ideen- und Sprachgeschichte, die sich wesentlich an christlichen Erfahrungen gebildet, abgebildet und abgearbeitet hat. Unserer expliziten Frage nach dem Buddha für Christen geht also schon ein implizites Begegnungsmuster voraus, das zu durchschauen für jede gelingende »Übersetzung« eine *conditio sine qua non* ist. Soviel als Vorbemerkung.

2. Historische Bemerkungen

Die Frage, wer der Buddha für Christen sei, ist nicht neu. Bereits in der alten Kirche hatte man von ihm gehört. Clemens von Alexandrien erwähnt den Buddha bewundernd ob seiner philosophischen Tiefe und der asketische Strenge der buddhistischen Mönche.[1] Möglicherweise hat es eine Gruppe von Buddhisten in Alexandrien gegeben. Wieweit der Einfluß des Buddhismus auf das frühe Christentum des 1. und 2. Jahrhundert n.Chr. geht, wissen wir nicht genau.[2] Daß es wechselseitige Beeinflussung gab, ist wahrscheinlich. Immerhin haben in Nordwest-Indien bereits um 200 n.Chr. christliche Gemeinden bestanden, und eine Begegnung mit der buddhistischen Welt ist auch dort wahrscheinlich. Das Vorbild religiöser Orden, der von Christen verwendete Rosenkranz sowie andere Aspekte des christlichen Mönchtums sind vermutlich buddhistischen Ursprungs. Zu einer wirklichen Begegnung beider Religionen, die über sporadische Kontakte hinausgegangen wäre, ist es in hellenistischer Zeit wohl nicht gekommen.

Zentralasien und China sind die Schauplätze der Begegnung von Franziskanern, Kapuzinern und später auch der Jesuiten mit dem Buddhismus seit dem 13. Jahrhundert gewesen. In Südasien eroberten die Portugiesen 1505 Sri Lanka, aber sie waren nicht fähig, den Buddhismus wahrzunehmen, geschweige denn die Frage nach der Bedeutung des Buddha zu stellen. Während der Epoche des europäischen Kolonialismus kam es kaum zu fruchtbaren Begegnungen, denn die Nachrichten und Urteile waren fast immer von Macht, Rechtfertigung der Gewalt und Mißverständnissen geprägt. Einzelheiten zu berichten, ist hier nicht der Ort.[3] Erst im 19. Jahrhundert ist der Buddhismus durch die Übersetzungen Eugène

Burnoufs in Paris, des Ehepaares Rhys Davids in London, Karl Eugen Neumanns in Wien und anderer wirklich bekannt geworden. Schopenhauer vor allem war es, der den Buddhismus zu begreifen suchte. Sein Verständnis bzw. Mißverständnis der Lehre Śākyamunis hat das Buddhismusbild im Westen nachhaltig bis heute geprägt. Schopenhauer glaubte, die große Ähnlichkeit zwischen Buddhismus und Christentum in der radikalen Weltverneinung und der pessimistischen Anthropologie der beiden Religionen sehen zu können. Nietzsche übernahm dieses Urteil, um dann aber im Gegensatz zu Schopenhauer genau aus diesem Grund sowohl Buddhismus als auch Christentum anzugreifen und den »Willen zur Macht« jenem angeblichen Verzicht auf den Willen in den beiden »nihilistischen« Religionen entgegenzusetzen. Es ist wichtig, diese geistesgeschichtliche Konstellation zur Kenntnis zu nehmen, denn die Religionskritik des 19. Jahrhunderts, und besonders Nietzsche, war zunächst gegen beide Religionen gemeinsam angetreten, und zwar wegen der Frustration am Christentum, die man auch auf den Buddhismus übertrug. Das Verdikt des Pessimismus und der Weltverneinung blieb am Buddhismus haften und verstellt teilweise bis heute eine sachgemäße Auseinandersetzung.[4]

Kein Ereignis war für die Kenntnis des Buddhismus in christlichen Kreisen so bedeutend wie das Weltparlament der Religionen in Chicago 1893. Zu jener Zeit, als es noch kaum Buddhisten in Amerika gab und der durchschnittliche Amerikaner nur das Christentum kannte und seinen Wahrheitsanspruch für selbstverständlich hielt, war die Idee, ein Treffen mit anderen Religionen in Chicago zu veranstalten, auf dem alle gleichberechtigt sein sollten, eine Provokation, und scharfe Kritik aus verschiedenen Kirchen blieb nicht aus. Doch das Parlament wurde unterstützt von zahlreichen amerikanischen Intellektuellen und Geschäftsleuten. Der presbyterianische Pastor John Henry Barrows (1847–1902) wurde zum Sekretär ernannt. Barrows berief sich in seiner Grußadresse auf den Glauben, daß *ein* Gott hinter allen Religionen stehe, was nicht nur seine liberale theologische Haltung offenbart, sondern auch die Unkenntnis darüber, daß z.B. die Buddhisten dieser Voraussetzung eigentlich nicht zustimmen können. Barrows selbst sah in diesem Weltparlament »den

Morgenstern des 20. Jahrhunderts«, der den Geist der Liebe ausstrahlen und Verstehen zwischen den Religionen fördern würde.[5]

Die Buddhisten waren zahlreich vertreten, ihre Hauptsprecher waren der Laie Anagārika Dharmapāla aus Ceylon und der Mönch und Zen-Meister Shaku Sōen aus Japan. Außerdem war noch ein Vertreter des Reinen-Land-Buddhismus zugegen. Dharmapāla sprach über die Grundgebote, Shaku Sōen über das Gesetz von Ursache und Wirkung im Buddhismus.[6] Liest man seine Ausführungen heute, so ist erstaunlich, daß der Buddhist keine direkte Kritik am Theismus – und damit an der Ideologie des Parlaments – vortrug. Eine solche Kritik blieb Shaku Sōens persönlichem Sekretär, Daisetsu T. Suzuki, für später vorbehalten.

Bis heute ist es für Christen immer noch ungeheuerlich, wie der Buddhist bzw. der Buddha selbst einen persönlichen Gott sowie die Unsterblichkeit der Seele leugnen und doch eine ethisch hochstehende Religion hat verkünden können. Daß der Buddhismus weder Pessimismus noch Nihilismus ist, hat sich unter Christen herumgesprochen, denn schließlich hat der Buddhismus eine weltgestaltende Kraft entfaltet, die sich in hohen kulturellen Leistungen dokumentiert. Ob der Buddha aber für Christen ein interessanter Gesprächspartner, ein Vorbild, gar eine Alternative sein könnte, ist höchst fraglich und umstritten. Kein Geringerer als Romano Guardini hatte bereits 1937 die Bedeutung des Buddha für Christen erkannt und markant formuliert:[7]

…was der Mensch wirken kann, sind nur Wirkungen innerhalb der Welt. Er kann gegebene Möglichkeiten entwickeln; Zustände des Seienden ändern und gestalten – an die Welt als Ganzes rührt er nicht … Über das Sein als solches und dessen Charakter hat er keine Macht … Ein einziger hat ernsthaft versucht, Hand ans Sein selbst zu legen: Buddha. Er hat mehr gewollt, als nur besser zu werden oder, von der Welt ausgehend, den Frieden zu finden. Er hat das Unfaßliche unternommen, im Dasein stehend das Dasein als solches aus den Angeln zu heben. Was er mit dem Nirvāṇa gemeint hat, mit dem letzten Erwachen, mit dem Aufhören des Wahns und des Seins, hat christlich wohl noch keiner verstanden und beurteilt. Der das wollte, müßte in der Liebe Christi vollkommen frei geworden, aber zugleich jenem Geheimnisvollen im sechsten Jahrhundert vor der Geburt des Herrn mit tiefer Ehrfurcht verbunden sein.

3. Gautama und Jesus

Maßstab für das Gültige ist in beiden Religionen die Gestalt des Gründers. Der Buddha hat zwar keine absolute Autorität für sich beansprucht, sondern gefordert, daß seine Einsichten im Lichte der Vernunft und durch die Bewährung in der Praxis geprüft werden sollten, aber dennoch hat die historische Rückfrage nach dem Gründer auch im Buddhismus als Legitimationsinstanz spätestens seit Ende des 19. Jahrhunderts Einzug gehalten.[8]

Wenn wir nach dem *Besonderen* von Gautama und Jesus fragen, ist damit auch die je besondere *Wirkungsgeschichte* gemeint. Denn wie wir gesehen haben, sind der Charakter oder das Selbstverständnis des historischen Gautama und des historischen Jesus kaum zu ermitteln. Die Wirkung beider hat die verschiedenen Weltreligionen Christentum und Buddhismus hervorgebracht. Vergleiche zwischen Jesus und Gautama bzw. zwischen dem Christus und dem Buddha sind nicht neu. Je nach Interessenlage des Interpreten treten mehr Ähnlichkeiten oder mehr Unterschiede hervor. Die Ähnlichkeiten seien dann entweder durch historische Beeinflussung oder durch parallele Entwicklungen zu erklären. Letztere gelten als zufällig oder als Archetypen des Menschlichen. Für die Frage, wer der Buddha für Christen sein könne, sind solche phänomenologischen Studien nützlich, aber sie sind ungenügend. Denn für gegenwärtiges Verstehen sind beide Gestalten Vor-bild, das notwendige Korrektiv für den gegenwärtigen Zustand der Religionen und damit das Potential zur Erneuerung, zur Lebendigkeit der Religionen. Wie aber schauen diese Gestalten aus?

Eine phänomenologische Antwort

Man kann einzelne Charakterzüge miteinander vergleichen. So erscheinen bestimmte Ähnlichkeiten zwischen Buddha und Christus, bei deren Wahrnehmung die Perspektive des Betrachters eine nicht geringe Rolle spielt. So hat man im 19. Jahrhundert teils aus Unkenntnis, teils wider besseren Wissens, dem Buddhismus Atheismus und Materialismus, Selbsterlösung und Heilsindividualismus, Passivität und Kulturfeindlichkeit und überhaupt eine misanthropische Haltung vorgeworfen, wogegen sich die christliche Nächstenliebe, der personale Gottesglaube und die Tatkraft des Christentums um so strahlender abheben sollten.[9] Buddhisten gaben die Polemik unter umgekehrten Vorzeichen zurück und bemängelten die Wundergläubigkeit, den »Mischmasch aus Irrtum und Gewalt« (Goethe) im Christentum. Kurz, man projizierte auf den jeweils anderen die eigenen Untugenden, deren Maßstab das Ethos des 19. Jahrhunderts gewesen war, und geflissentlich las man diese Projektionen in die Gründergestalten hinein. Dabei übersahen viele, daß der Buddha zwar die anhaftende oder besitzergreifende Liebe (*kāma*) überwinden wollte, nicht aber die barmherzige liebende Hinwendung zu allen anderen Wesen (*maitrī*).[10] Die buddhistische Leidenschaftslosigkeit bedeutet ja nicht Passivität, sondern Überwindung des Egozentrismus. Schließlich ist *die* Grundtugend des Buddhismus – neben der Weisheit (*prajñā*) – die Barmherzigkeit (*karuṇā*), und zwar nicht erst im Mahāyāna. Das buddhistische Verhältnis von *kāma* zu *maitrī*/*karuṇā* ist nicht unähnlich dem christlichen Verhältnis von *eros* zu *agapé*.

Im Leben Gautamas und Jesu gibt es Parallelen hinsichtlich ihrer *Stellung in der Gesellschaft*. Zwar unterscheiden sie sich in bezug auf ihre jeweilige soziale Herkunft: Gautama entstammt einem fürstlichen Haus, Jesus einer Handwerkerfamilie. Beide aber verlassen ihr Zuhause und werden Wanderprediger, was ihre Verwandten zunächst mißbilligen. Dies hängt zusammen mit ihrer *Stellung zur Religion*: Beide sind zutiefst mit ihrer Tradition verbunden, radikalisieren aber ihren Anspruch in unerhörtem Maße. Gautama lehnt nicht nur den Opferkult ab, sondern stellt die hierarchisch herausgehobene Stellung der Brahmanen in Frage. Jesus relativiert die Bedeutung des Tempels und stellt die in der damaligen Gesellschaft Diskriminierten unter den besonderen Schutz Gottes. Gautama verheißt durch *kompromißlose Bewußtseinsdisziplin* ein Ende des Leidens. Jesus fordert die *radikale Umkehr von Herz und Geist (metanoia)*, weil er das Reich Gottes nahe glaubte. Beide leisten Widerstand gegen Vorurteil, Dogmatismus und Scheinheiligkeit in der Religion. Beide brechen die Religionsgrenzen auf und verkünden ihre Wahrheit und Befreiung für die ganze Welt, unabhängig von Rassen-, Religions-, Kasten- und Geschlechtergrenzen. Beide bringen demnach eine Befreiungsbotschaft. Beide wirken *in* der Geschichte, aber was sie verkünden, ist der Einbruch einer *transhistorischen Kraft* in die Geschichte.

Beider Wege verlaufen bald parallel, bald in getrennte Richtungen. Gautama zeigt einen *Versenkungsweg*, der das *Bewußtsein* zähmt. Jesus lebt in einer innigen *personalen Gottesbeziehung*, die eine vollkommene *Hingabe des Herzens* fordert. Beide appellieren dabei an den *Willen* zur Umkehr. Das Streben Gautamas zielt auf das *nirvāṇa*, das ein *Bewußtseinszustand* ist, der bereits *in* dieser Welt erlangt werden kann. Jesus hingegen erwartet ein *neues Zeitalter* der Gottesherrschaft, das in unmittelbarer Zukunft anbrechen wird und die bisherige Geschichte aufhebt. Treffend hat Aloysius Pieris[11] den Unterschied beschrieben: Gautama geht den *gnostischen* Weg (Erkenntnis), Jesus geht den *agapéischen* Weg (Liebe). Das je andere Element fehlt bei beiden nicht, aber ihre Botschaft kreist jeweils um das primäre Zentrum, so daß sich unterschiedliche Grundhaltungen ergeben, die man komplementär aufeinander zuordnen kann: die *psychologische* Gautamas[12], die *geschichtlich-existentielle* Jesu.

Verschieden ist auch der Tod beider: Gautama stirbt, obgleich möglicherweise aus Eifersucht vergiftet, einen friedvollen Tod in meditativ ruhendem Bewußtsein, der für seine Schüler *vorbildhaft* werden sollte. Jesus stirbt, hingerichtet als Verbrecher am Kreuz, einen qualvollen Tod, der von seinen Schülern als *Opfertod* mit *Heilsbedeutung* interpretiert wird und erst durch die Auferstehung einen tieferen Sinn bekommt. Für Gautama ist das Grundübel die *Unwissenheit* und die daraus folgende *Begierde* bzw. *Haß*, die alles Leid verursachen. Für Jesus ist das Grundübel die *Sünde*, die der *Vergebung* bedarf. Gautamas Botschaft will von *der Angst* um das Ich, Jesu Botschaft will von *Schuld* befreien.

Das Weltbild beider, der *Mythos*, in dem ihr Denken und Handeln wurzelt, sind verschieden: Für *Gautama* ist die Welt ein nach den Gesetzen des *karman* selbstverursachtes System gegenseitiger Abhängigkeiten; für *Jesus* ist die Welt eine Schöpfung aus dem Willen Gottes, die vom Schöpfer abhängig ist.

Gautama spricht von *mentalen Verunreinigungen* (*kleśa*), Jesus bezieht sich auf eine *metaphysische Realität*. Daraus ergibt sich folgender Unterschied: Zwar zeigen beide einen Weg zur Überwindung des menschlichen *Egozentrismus*, aus dem sich die Angst der Einsamkeit speist. Für Gautama ist *duḥkha* (Leid) die Frustration, die aus Unwissenheit (*avidyā*) entsteht, wenn der Mensch seinem nur illusionären Ich (*anātman*) durch Projektionen Dauer verleihen möchte. Das mißlingt, und so reagiert der Mensch mit Begierde, wenn er sich Objekte zur Selbststabilisierung einverleiben kann, bzw. mit Haß, wenn sich ihm diese Objekte entziehen. Für Jesus ist die *Sünde* der Inbegriff der Auflehnung gegen Gott, die darin besteht, das wirkliche aber von Gott abhängige Ich aufzublähen und an die Stelle Gottes zu setzen, so daß ebenfalls Gier und Haß alle kreatürlichen Beziehungen vergiften. Nur Gottes unbedingte Liebe kann den Sünder annehmen und ihn durch diese Annahme verwandeln.

Ein weiterer Vergleichspunkt wird gern gewählt, um den Unterschied von Buddha und Christus zu verdeutlichen: Der Buddha sei letztlich nur Lehrer, der dem Menschen helfe, zu seiner eigenen Buddha-Natur zu erwachen, d.h., er lehre die *Selbsterlösung*; Christus hingegen sei als »wahrer Mensch und wahrer Gott« dem Menschen zwar ähnlich, aber zugleich auch transzendent, er sei die inkarnierte *Erlösung durch Gott*. Doch dem muß man entgegenhalten: Einerseits ist in *beiden* Religionen der Buddha/die Buddha-Natur bzw. Gott/Christus das innerste Wahre Selbst, »das, was mir näher ist als ich mir selbst bin« (Augustinus, Luther u.a.). Andererseits ist die Buddha-Natur dem empirischen Ich transzendent. Selbsterlösung und Fremderlösung sind Abstraktionen: In den meisten Formen des Buddhismus erscheint das Selbst gerade erst dann, wenn das Ich losgelassen ist; und in den meisten Gestaltungen des Christentum wird die Gnade erst dann wirksam, wenn ihr der Mensch in Freiheit antwortet.

Nicht zu übersehen ist die traurige Erfahrung, daß diese Freiheit selten geleuchtet hat, daß der Mensch sich bald als Knecht, bald als Büttel der selbstverschuldeten Unfreiheit wiederfindet. Hier haben nun beide Gestalten, Jesus Christus und Śākyamuni Buddha, einen wesentlichen Perspektivenwechsel vollzogen, der bleibendes Erbe ist: die *Vergegenwärtigung* der Erwartung. Für Jesus blieb das Heil nicht ans Ende der Tage aufgeschoben, sondern er kündigte hier und jetzt das Gottesreich an, eine Umwertung der Werte in einer Gesellschaft, die sich durch Gesetz, Religion und Abgrenzungen von sich selbst getrennt hatte. Hier und jetzt war inmitten und trotz der Widersprüche des Lebens der direkte Einbruch der göttlichen Kraft spürbar geworden, wenn man sich ihr nur öffnen wollte. So auch Śākyamuni: Nicht durch Riten oder Askese, die zukünftig eine bessere Geburt hätte ermöglichen können, sondern durch Einsicht in das Wesen des Geistes war hier und jetzt das Erwachen zum unbedingt Realen möglich geworden. Weder Resignation noch verschleiernde Euphorie, sondern gezielte Übung und Einsicht sind die Grundmelodie des Buddhismus, eine Einsicht in die Soheit, die wahre Natur des Menschen, die von Erleuchtung gezeichnet ist. Der Buddha hat den Weg der Verwandlung praktikabel gewiesen, er führt damit Christen zum Ursprung der eigenen Erfahrung, d. h. der Lebenswirklichkeit Jesu Christi. Das ist es, was der Buddha für Christen ist bzw. sein kann.

Einen prinzipiellen Gegensatz zwischen Buddhismus und Christentum kann man wohl kaum konstruieren, auch wenn die Schwergewichte jeweils verschieden verteilt sind und innerhalb der jeweiligen Entfaltung von Buddhismus und Christentum noch einmal höchst komplex durchmischt wurden. Beide Religionen enthalten beide Seiten, die sich komplementär zueinander verhalten. Kann also der Buddha für Christen – und umgekehrt auch der Christus für Buddhisten – eine Ergänzung sein, ein Spiegel, in dem die Möglichkeit zu einer Praxis sichtbar wird, die sich vor verbalen Radikalismen hütet und den Weg zur befreienden Gestaltung wagt? Wir wollen dies an einem Beispiel prüfen.

Eine analytische Antwort

Im Sāmaññaphalasutta[13] wie an vielen anderen Stellen des Pāli-Kanons werden vier Gestalten der Meditation unterschieden, die einen Stufenweg in die innere Abgeschiedenheit markieren, die so universal sind, daß sie für christliche Praxis überaus bedeutsam sind. Als Vorstufe für jede Übung der Geistesschulung bezeichnet der Buddha zunächst das angemessene Verhalten (*śīla*), das unerläßlich ist, damit das Begehren nicht ständig neu entfacht wird. Hier werden ausdrücklich die fünf Hindernisse (*nivāraṇa*) genannt, die aus egozentrischer Verkapselung resultieren: sinnliche Begierde, Haß, Trägheit, Egozentrierung, Zweifel. Als Gegenmittel empfiehlt der Buddha die Kultivierung von Ruhe, Barmherzigkeit und Achtsamkeit. Ohne diese Übungen wäre der Meditierende ortsunkundig und Gefahren ausgesetzt, denn er könnte sich im Gelände versteigen wie eine Gebirgsziege, die aus Übermut und Neugier in unwegsame Regionen getrieben wird, aus denen sie nicht zurückfindet.[14] Erst wenn der Übende hinreichend vorbereitet ist, soll die meditative Versenkung beginnen. Der Meditationsprozeß wird verglichen mit der Genesung von einer Krankheit (der falschen Wahrnehmung), dem Abtragen von karmischer Verunreinigung (Schuld), der Befreiung aus einem Gefängnis. Aus dieser Freiheit folgt ein Bewußtsein der Ruhe. Das wiederum läßt Freude aufkommen, die sich zu Konzentration sammelt.

Die vier Stufen möchte ich unterteilen in
– zwei Stufen psychischer Integration und
– zwei Stufen spiritueller Transformation.

1. *Abgeschiedenheit von Begierden*: Dies ist der Eintritt in die Versenkung, in der es noch eine Vorstellung von Objekten gibt, d.h. die Dualität von Subjekt und Objekt ist noch da. Das Bewußtsein unterscheidet noch zwischen »gut« und »nicht gut«, es übt sich in ethischen Urteilen und richtet seine Aufmerksamkeit auf das, was es als heilsam (*kusala*) erkennt.

2. *Abgeschiedenheit von Objekten*: Dies ist der Eintritt in eine ungegenständliche Wahrnehmung, d.h. der Beginn eines nicht-dualistischen Bewußtseins, das sich ganz im Augenblick findet. Charakteristisch für diesen Bewußtseinszustand ist die Einswerdung aller Empfindungen, d.h. die vollkommene psychische Integration. Das Bewußtsein braucht weder Fremdes zur eigenen Stabilisierung, noch muß es Aspekte des Eigenen abspalten. Der Text vergleicht diesen Zustand mit einem See, der sich aus eigenem Quellwasser speist und erneuert. Damit ist die psychische Integration abgeschlossen.

3. *Abgeschiedenheit von inneren Objekten der Freude*: Hier beginnt die spirituelle Transformation. Bisher hatte sich das Bewußtsein in das Innen zurückgezogen, indem es eine innere Freude entwickelt hat, die nicht von äußeren Stimuli

abhängig war. Nun aber gibt es auch kein inneres Unterscheiden und Wünschen mehr, auch kein spirituelles Verlangen nach »Heil«, sondern alles ist spontane ununterschiedene gleich-mütige Glückseligkeit (*upekṣā*). Der Zustand ist vollkommene vorbewußte Einheit, er wird verglichen mit einer Lotosblüte, die sich noch nicht über die Wasseroberfläche emporgehoben hat, so daß sie ganz vom Wasser (der vorbewußten Einheits-Energie) durchdrungen ist.

4. *Abgeschiedenheit von der Abgeschiedenheit*: Hier ist auch die innere Abgeschiedenheit losgelassen in eine spontane Seligkeit, die voll bewußt ist und keinerlei Gegenbild mehr kennt. Es ist die unaussprechliche Integration aller Gegensätze. Darum wird der Zustand verglichen mit einem, der vollkommen in Weiß gekleidet ist.

Der Buddhismus unterscheidet noch weitere Stufen, die dann dem Bereich der formlosen Meditation (*arūpa-dhyāna*) zugerechnet werden. Dies wie auch die kosmologischen Entsprechungen, die zu diesen Bewußtseinsintensitäten hergestellt werden, brauchen uns hier nicht weiter zu beschäftigen. Auffällig ist die Ähnlichkeit zu den Versenkungsstufen in der dominikanischen Mystik (besonders bei Eckhart und Seuse) wie auch bei Teresa von Avila. Wie weit diese Ähnlichkeit gehen mag oder nicht – die Nicht-Dualität als Bewußtseinsübung kann eine wesentliche Hilfe sein, um zu erfassen, was es heißt, »in Christus« bzw. ganz von ihm, als dem ursprünglichen *Logos* der Welt, durchdrungen zu sein. Wenn nicht mehr ich lebe, sondern Christus in mir, wie Paulus im Galaterbrief sagt (Gal 2,20), so ist eine Dynamik der gegenseitigen Durchdringung angesprochen, die in der Tat eine »Abgeschiedenheit« vom alten Adam voraussetzt. Der Buddha wäre hier für Menschen jeder Sprache und Religion, mithin auch für Christen, der Pädagoge, der zum wahren Menschsein anleitet, das Christen als gott-menschliche Einheit erwarten, als Theosis.

Eine intuitive Antwort

Aber auch in anderer Hinsicht kann der Buddha für Christen eine Gestalt von imaginativer Kreativität sein, die im Wortsinn not-wendig ist. Eine solche Begegnung ist subjektiv und biographisch angelegt, sie kann sich aber durchaus intersubjektiv mitteilen und daher gesellschaftliche Bedeutung gewinnen. Ein einziges Beispiel sei hier genannt: Die Amerikanerin Carrin Dunne schrieb 1975 ein Buch, in dem Jesus und Gautama einander in fiktiven Gesprächen begegnen. Ihre Themen kreisen um Fragen heutiger Menschen. Es geht also darum, was der Buddha für Menschen (Buddhisten wie Christen und Menschen ohne jede Religionsbindung) heute bedeuten kann.[15] Jesus und Gautama erscheinen als Freunde, aber die Polarität und Gegensätzlichkeit ihrer Positionen wird keineswegs aufgelöst. Sie sind Aspekte des seelischen Erlebens eines jeden Menschen, d. h., für Dunne sind die Gespräche Begegnungen zwischen ihrem »inneren Jesus und inneren Gautama«[16]. In christlicher Perspektive erscheint der Buddha als Vorläufer Christi, in buddhistischer Perspektive erscheint Christus als wahrer Nachfolger des Buddha.[17] Die Dialoge in dem Buch ereignen sich in einem ständigen Wechsel dieser Perspektiven, wodurch die Wahrheitssuche als offenes Abenteuer des Menschlichen erscheint.

Im ersten Gespräch stehen sich das *Schweigen* Gautamas angesichts der Frage nach Gott und die *Warnungen* Jesu an die Pharisäer gegenüber: Beides sind unterschiedliche Antworten auf die Arroganz des Menschen, der über die Letzte Wirklichkeit verfügen möchte – durch selbstdachte Begriffe (die Idolatrie des Denkens) bzw. durch eine rigorose Frömmigkeit. Während Jesus in der Metapher des Reiches Gottes mehr vom Ziel spricht, begnügt sich Gautama mit einer Beschreibung des Weges. Weg und Ziel könnten aber nicht getrennt werden. So läßt die Autorin Jesus sagen: »Gautama betont die Vorbereitung des Bodens, während ich dem Säen mehr Aufmerksamkeit widme. Aber es kann nichts aufgehen, wenn nicht beides zusammenkommt.«[18]

Das zweite Gespräch dreht sich um die *Wunder* Jesu, vor denen Gautama warnt, denn solche Äußerlichkeiten würden die Menschen nur vom Wesentlichen ablenken und könnten das Anhaften an ich-bezogenen Wünschen verstärken. Jesus erfülle weltliche Wünsche, und so löse er bei den Menschen *Freude* aus. Gautama hingegen weist darauf hin, daß jedes menschliche Streben letztlich enttäuscht werde. Er vermittele also Einsicht, und darum sei seine Gabe primär *Frieden*. Es geht um das Ganze des Lebens. Jesus kritisiert, daß Gautama dieses Ganze auf den gegenwärtigen Augenblick reduziere, während doch Erfüllung im gesamten Verlauf der Zeit in Vergangenheit, Gegenwart und Zukunft gesucht werden müsse. Dies aber sei nur möglich, wenn der Mensch seine Sünde bekenne, was Gautama wiederum für unnötig hält: Der Mensch leide schon genug, warum ihm also auch noch diese Last aufbürden? Jesus entgegnet: Erst wenn der Mensch den Mut habe, die Sünde als die je eigene Sünde zu erkennen, werde er zu dem Realismus befreit, der den Grund legt zu der Verantwortung und dem Einsatz für die Freiheit der anderen.

In einem dritten Gespräch nimmt Jesus seine Beschreibung des *Reiches Gottes* wieder auf. Gautama kritisiert die emotional aufgeladene Sprache und die Vorstellung, daß für Jesus die »Fülle des Seins« eine Person (Gott) sei. Jesus erwidert, daß es für ihn streng genommen überhaupt nur diese einzige Person gebe. Außerdem, so hält er Gautama entgegen, wäre ja auch die Verneinung der Person noch an die Vorstellung der Person gebunden. Die erfüllte Person, so Jesus, sei der Triumph der Liebe über das Gericht, und dies sei hier und jetzt zu erfahren. Dem pflichtet Gautama bei.

Im vierten Gespräch bemängelt Gautama, daß Jesus seine *Botschaft* mit seiner *Person* vermenge, weshalb es für die Menschen schwieriger würde, die Botschaft zu akzeptieren. Jesus erwidert: Genau weil es schwieriger sei, müsse es wohl der richtige Weg sein. Denn andernfalls könnten Menschen verführt werden, ihr stolzes Ich mit dem göttlichen Funken in ihnen zu verwechseln, und dies wäre das größte Übel. Zuerst müsse Demut gelernt werden, und genau dazu diene der Glaube an ihn, Jesus. Gautama beurteilt die Differenz zu Jesus so: »Du zeigst den Weg der großen Bejahung, ich weise den Weg der großen Verneinung.«[19] Beides sei notwendig, aber letztlich seien beide Sprachformen unzureichend, und es komme auf die Erlösung aus der Hölle der Ich-Verfallenheit an. Jesus sagt dazu: »Das einzige, was letztlich zählt, ist die Liebe.«[20]

Jesus fragt nun, warum die Menschen ihn, nicht aber Gautama verfolgen würden. Gautama antwortet: Vielleicht, weil er, Gautama, an die Unwissenheit erinnere und damit die Sprache spräche, die die Menschen verstünden. Jesus hingegen spreche »aus dem Inneren des Hauses« die Sprache der Erfüllung, die für die meisten Menschen eine Provokation sei, da sie noch nicht ihrer Lebenswirklichkeit entspräche. Darum der Haß – aus Abwehr also.

Das fünfte Gespräch dreht sich um die *Bedeutung* des *Todes*. Für beide geht es nicht nur um den individuellen Tod, sondern um seine Einbettung in ein kosmisches Geschehen. Gautama betont die Kette der Wiedergeburten, die nur der Erleuchtete erkennen könne, während Jesus auf die kosmischen Zeichen bei seiner Geburt und seinem Tod hinweist, um zu verdeutlichen, daß der Tod des einzelnen aufgehoben ist in einen göttlichen Willen, der den Kosmos regiert. Für Gautama ist Gott der Spiegel, in dem der Mensch sein eigenes Antlitz schaut, mit all seiner Schönheit und Häßlichkeit. Jesus ist darüber entsetzt, denn für ihn ist Gott nicht ein schweigender Spiegel, sondern aktive Liebe, durch die der Mensch, der in den Spiegel schaut, verwandelt wird. Was die Menschen voneinander unterscheide, seien nicht so sehr die Inhalte ihres Lebens, als vielmehr die unterschiedlichen Haltungen, die sie zu diesen Inhalten einnähmen. Dies wiederum klingt in Gautamas Ohren keineswegs fremd.

Die Wege Jesu und Gautamas erscheinen in Carrin Dunnes Imagination als sehr ähnlich, aber doch verschieden. Gautama opfert alles, was der Tod nehmen könnte, bereits in diesem Leben durch Entsagung und meditative Vorwegnahme des eigenen Todes. So wird er frei von Angst. Jesus hingegen verneint weder die Welt noch die Sprache noch die Gottesbilder, sondern umarmt sie alle. Verneinung und Bejahung gehen bei ihm so eng Hand in Hand wie Gott und Mensch, ohne daß sie identisch würden. Für Gautama ist der Tod die höchste Erfüllung der Wahrheit, für Jesus ist er die höchste Erfüllung der Liebe. Das Ergebnis dieses Dialoges ist für Carrin Dunne: Gautama hat den Tod entwaffnet, Jesus hat den Tod durch die Liebe bis zum Tod verwandelt.[21]

Das sechste Gespräch ist eingekleidet in einen Rahmen *transpersonaler Erscheinungen* und Schauungen.[22] Jesus hat in Gethsemane eine letzte Vision. Er hat Angst. Verschiedene Propheten wie Moses, Abraham und der Ben Adam, der ursprüngliche Menschensohn, erscheinen und klagen ihn an, daß er versagt habe. Jesus weigert sich, sie als wahre Propheten anzuerkennen, denn sie ermangelten der Liebe und Barmherzigkeit. Er hält ihnen entgegen, entdeckt zu haben, was es heiße, als Mensch unter Menschen in deren ganzer Zerbrechlichkeit und Angefochtenheit zu leben. Er wisse, daß er durch eine Kraft geführt werde, die nur in der Tiefe des Herzens vernehmbar sei. Schließlich verschwinden die Erscheinungen und lösen sich in Licht auf. Jesus hört dann die geliebte Stimme Gautamas. Gautama spricht ihn als Maitreya an, den zukünftigen Buddha, der den ganzen Kosmos erfüllt. Am Ende dieser Vision wird Jesus vom Licht durchstrahlt, das aus ihm selbst stammt und sich ausbreitet. In der Linken hält er den Lotos, in der Rechten die geleerte Schale seines Leidens.

Es gibt hier keine logische Aufhebung der Spannung zwischen Jesus und Gautama in einer theologischen Abstraktion, sondern nur die Auflösung in das alles durchflutende Licht der Liebe. Die imaginative Begegnung verweist auf das innere Gespräch im Herzen jedes Menschen, der nach authentischem Leben sucht. Es geht um die Einheit in der Verschiedenheit, die im Erwachen der tiefsten Tiefen des Geistes für jeden Menschen gnadenhaft aufleuchten kann. Dies ist ein buddhistisch-christliches Gespräch, in dem Vergangenheit, Gegenwart und Zukunft zusammenfallen.

4. Schluß

Wer ist der Buddha für Christen? Der, dem man wirklich in der Tiefe des Geistes begegnet. Er ist ein Spiegel, nicht des individuell verkrümmten Ego, sondern des wahren Menschseins, zu dem jeder Mensch berufen ist. Der Buddha und der Christus sind, in christlicher Sprache, Gaben auf dem Altar des einen Gottes, die für jeden Menschen Bedeutung gewinnen können, unabhängig davon, ob sie religiös in der einen oder anderen Gemeinschaft beheimatet sind oder nicht. Der Buddha ist für Christen eine stabile und erprobte Brücke an das andere Ufer, das wir noch nicht kennen, dem wir uns aber nähern, wenn wir, wie Guardini sagt, »in der Liebe Christi vollkommen frei geworden« und dem Buddha »mit tiefer Ehrfurcht verbunden« sind.

Anmerkungen und Literaturhinweise

Perry Schmidt-Leukel: Einführung

[1] Vgl. *Die Söhne Gottes. Aus den Heiligen Schriften der Menschheit.* Auswahl und Einleitungen von Gustav Mensching. Wiesbaden o.J., S. 9 ff.

[2] Vgl. K. Jaspers: *Die maßgebenden Menschen. Sokrates, Buddha, Konfuzius, Jesus.* München, Zürich (1964) [11]1990.

[3] »Einen Einzigen gibt es, der den Gedanken eingeben könnte, ihn in die Nähe Jesu zu rücken: Buddha. Dieser Mann bildet ein großes Geheimnis. (...) Was er christlich bedeutet, hat noch keiner gesagt.« R. Guardini: *Der Herr. Betrachtungen über die Person und das Leben Jesu Christi* (1937). Mainz-Paderborn [16]1997, S. 367.

[4] Ursprünglich aus den Reden des Lin-chi (*Rinzairoku*), Rede Nr. 18.

[5] Majjhima-Nikāya 22.

[6] »*There is no suffering, nor origination, nor stopping, nor path*«. *Perfect Wisdom. The Short Prajñāpāramitā Texts.* Translated by Edward Conze. (London 1973). Sharpham North 1993, S. 143.

[7] Saṃyutta-Nikāya 22, 87.

[8] Vgl. Dīgha-Nikāya 16,6,1.

[9] Dīgha-Nikāya XVI,5,27. Zitiert nach: Dīghanikāya: *Das Buch der Langen Texte des buddhistischen Kanons.* In Auswahl übers. von R. Otto Franke. Göttingen, Leipzig 1913, S. 240.

[10] Aṅguttara-Nikāya 1, 25.

[11] Hilindapañha. Die Frage des Königs Milinda. Interlaken (CH) 1985, S. 227 f.

[12] Ebd., S. 228

[13] Ebd., S. 229

[14] Die vier Hauptrichtungen, die vier Zwischenrichtungen plus Nadir und Zenit.

[15] *Vimalakīrti-Nirdeśa 1. Das Sūtra Vimalakīrti.* Übers. von Jakob Fischer und Yokota Takezo. Tōkyō 1944, 6ff.

[16] Für diesen feministischen Kalauer siehe E. Gößmann: *Die streitbaren Schwestern. Was will die Feministische Theologie?* Freiburg i. Br. 1981, S. 16.

[17] Im zeitgenössischen Islam findet sich eine solche Würdigung Buddhas beispielsweise im Werk von Seyyed Hossein Nasr. Vgl. hierzu: S. H. Nasr: *Ideal und Wirklichkeit des Islam.* München 1993; ders.: *Die Erkenntnis und das Heilige.* München 1990.

[18] D. Scott: »Buddhism and Islam: Past to Present Encounters and Interfaith Lessons«. In: *Numen* 42 (1995), S. 141–151.

Konrad Meisig: Der historische Buddha. Geschichte und Legende des Siddhārtha Gautama

1. iyaṃ salila-nidhane budhase bhagavate sakiyanaṃ sukiti-bhatinaṃ sabhaginikanaṃ saputa-dalanaṃ. Vgl. Ulrich Schneider: *Der Buddhismus. Eine Einführung.* Unveränderter Nachdruck der 3., durchgesehenen Auflage 1992, ursprünglicher Titel: *Einführung in den Buddhismus* [¹1980], Darmstadt ⁴1997, S. 21. Abgebildet sind die Funde in R. Pischel: *Leben und Lehre des Buddha.* 2. unveränderter Abdruck der 3. Aufl., durchgesehen von H. Lüders, Leipzig, Berlin 1921, S. 43 f., Abbildung gegenüber dem Titelblatt.

2. Vgl. Heinz Bechert: »Die Datierung des Buddha als Problem der Weltgeschichte«. In: *Saeculum* 39 (1988), S. 24–34. Sieglinde Dietz: »Die Datierung des historischen Buddha in der abendländischen Forschungsgeschichte bis 1980«. In: H. Bechert (Hrsg.): *The Dating of the Historical Buddha. Die Datierung des historischen Buddha*, Teil 2 (Symposien zur Buddhismusforschung, IV,2). Göttingen 1992, S. 11–83.

3. Vgl. auch U. Schneider: *Der Buddhismus*, a.a.O., S. 52.

4. Majjhimanikāya I 20²⁷–21¹⁹, Übersetzung: Kurt Schmidt: *Buddhas Reden. Majjhimanikāya.* Die Sammlung der mittleren Texte des buddhistischen Pāli-Kanons. Berlin 1978, S. 24.

5. Ebd.

6. Vgl. Konrad Meisig: *Das Śrāmaṇyaphala-Sūtra.* Synoptische Übersetzung und Glossar der chinesischen Fassungen verglichen mit dem Sanskrit und Pāli (*Freiburger Beiträge zur Indologie*, Bd. 19). Wiesbaden 1987, S. 30 f., S. 118 ff.

7. Thomas Oberlies: Stand und Aufgaben der Jātaka-Forschung I. In: *Bulletin d'Études Indiennes*, 11–12, 1993–94.

8. Abgekürzt von hier an als LV. Ed. S. Lefmann, 2 Bde., Halle 1902, 1908 (Reprint Tōkyō 1977); hrsg. v. P. L. Vaidya. Darbhanga 1958 (*Buddhist Sanskrit Texts*, Bd. 1). Editio princeps von Rajendralal Mitra. Calcutta 1877 (Reprint Osnabrück 1980). Gwendolyn Bays: *Lalitavistara. The Voice of the Buddha: The Beauty of Compassion*, 2 Bde., Berkeley 1983, hat Foucaux's französische Übersetzung (Paris 1847, 1848) der tibetischen Version ins Englische übertragen (Suzuki, Daisetz T. [Hrsg.]: *The Tibetan Tripiṭaka*, Peking Edition, Kept in the Library of the Otani University, Kyōto. Catalogue and Index. Tôkyô: Suzuki Research Foundation. 1962, Nr. 763, 110). Es existieren außerdem zwei chinesische Fassungen, im Band 5 der Taishō-Ausgabe, Nr. 186 und 187. Der LV entstammt der Sarvāstivāda-Schule. Nach É. Lamotte: *Histoire du bouddhisme Indien, des origines ş l'ère Śaka* (2. Aufl.: Publications de l'institut Orienaliste de Louvain, 14. Université de Louvain, Institut Orientaliste. Louvain-la-Neuve 1976. Reproduction anastatique de l'édition originale), S. 691; U. Schneider: *Der Buddhismus.* a.a.O., S. 51; E. Frauwallner: *The Earliest Vinaya and the Beginnings of Buddhist Literature* (Serie Orientale Roma, VIII). Roma 1956, S. 50. Die Legenden sind umfassend dargestellt von Ernst Waldschmidt: *Die Legende vom Leben des Buddha.* In Auszügen aus den

heiligen Texten. Aus dem Sanskrit, Pāli und Chinesischen übersetzt und eingeführt von Ernst Waldschmidt. Berlin 1929. Ein Standardwerk ist auch: A. Foucher: *La vie du Bouddha. D'après les textes et les monuments de l'Inde.* Paris 1949.

9   LV 556-10, Übersetzung E. Waldschmidt: *Die Legende vom Leben des Buddha*, a.a.O., S. 34.

10   Vgl. etwa die Darstellung eines Gandhāra-Schieferreliefs in: Museum für Indische Kunst Berlin: *Kunst der Welt in den Berliner Museen*, Museum für Indische Kunst, Staatliche Museen Preußischer Kulturbesitz, Verfasser der Texte zu den Abbildungen: H. Härtel, W. Lobo, V. Moeller, R. Weber, M. Yaldiz. Stuttgart und Zürich 1980, S. 14 f.

11   Es handelt sich um lunare Monate, die kürzer sind als Sonnenmonate.

12   Übersetzung: Helmuth von Glasenapp: *Pfad zur Erleuchtung. Buddhistische Grundtexte*. Köln 1956, Neuausgabe 1974, S. 27 f.

13   LV 2063 ff., Übers.: E. Waldschmidt: *Die Legende ...*, a.a.O., S. 102.

14   Vgl. z.B. die Darstellung in David L. Snellgrove: *The Image of the Buddha*. Paris, Tōkyō 1978, S. 307, Abb. 231.

15   Übersetzung: H. v. Glasenapp: *Pfad ...*, a.a.O., S. 28 f.

16   LV 322 f., Übers.: E. Waldschmidt: *Die Legende*, a.a.O., S. 161.

17   Vgl. zum folgenden U. Schneider: *Der Buddhismus*, a.a.O., S. 26 ff., wo die umfangreiche Forschung zum Tode des Buddha resümiert und abschließend bewertet ist.

18   Vgl. dazu K. Meisig: *Klang der Stille – Der Buddhismus*. Freiburg i. Br. ²1997 (¹1995), S. 21–92.

Claudia Weber: **Der Buddha nach der Lehre des Theravāda**

1   Mahāvagga 1,1ff (= Vinaya I); Dīgha-Nikāya 16; Majjhima-Nikāya 26; 36; 85.

2   Dīgha-Nikāya 14.

3   Dīgha-Nikāya 26,25.

4   Majjhima-Nikāya 56.

5   Cullaniddesa 307, S. 173.

6   Aṅguttara-Nikāya 4,36 II, 37ff.

7   Nyanatiloka: *Die Lehrreden des Buddha aus der Angereihten Sammlung (Aṅguttara-Nikāya).* Aus dem Pali übersetzt. Überarbeitet und herausgegeben von Nyanaponika. Braunschweig 5. Aufl. 1993. Bd. II, S. 43.

8   *Buddha-anussati.*

9   Diese Übersetzung lehnt sich an die von Ilse-Lore Gunsser an: *Reden des Buddha.* Stuttgart 1957, 13f.

10   Puggala-Paññatti 1,28, S.14.

11   Die Wahrheit über das Leid (*dukkha*), seine Ursache, die Überwindung seiner Ursache und den Weg, der zu dieser Überwindung führt.

12   Puggala-Paññatti 1,28, S. 14 liest *phala*. Dies ist wahrscheinlich ein Hörfehler. Im Kommentar ist von *balas* die Rede.

13   Ausführlich werden die Eigenschaften, die ein Buddha mit anderen Menschen teilt, bei Claudia Weber: *Wesen und Eigenschaften des Buddha in der Tradition des Hinayana-Buddhismus* (Studies in Ori-

ental Religions 30, Wiesbaden 1994, in Kapitel 4 dargestellt. Die 32 Merkmale eines großen Mannes finden sich S. 41ff.

[14] Z. B. Vimānavatthu-Atthakathā, 323. Eine vollständige Liste finden wir Ende des 12. Jahrhunderts bei Guruḷogōmī, in dem Werk Dharmapradīpikāva Mahābodhivaṃśaparikathā. In der Sanskrit-Literatur sind die 80 Nebenmerkmale schon viel früher bekannt. Siehe auch bei Franklin Edgerton (*Buddhist Hybrid Sanskrit Dictionary*, 1953) s.v. *anuvyañjana*.

[15] Kathāvatthu 4,7 I, S. 283ff.

[16] Sumaṅgalavilāsinī, Komm. zum Dīgha-Nikāya, II, S. 573; Sāratthappakāsinī, Komm. zum Saṃyutta-Nikāya, II S. 43f; Paramatthadīpanī, Komm. zum Udana, S. 403; Sammohavinodanī, Komm. zum Vibhanga, S. 397.

[17] Majjhima-Nikāya 91.

[18] Majjhima-Nikāya 89.

[19] Majjhima-Nikāya 4.

[20] Dīgha-Nikāya 11,3ff I, S. 212ff.

[21] Hierzu ausführlich Weber, a.a.O., Kapitel 6.1, S. 65ff.

[22] Majjhima-Nikāya 12 I, S. 69ff.

[23] Aṅguttara-Nikāya 6,64 III, S. 417ff.

[24] Paṭisambhidāmagga 1,55,7, S. 133.

[25] Majjhima-Nikāya 12 I, S. 71.

[26] Dīgha-Nikāya 33,1,10,30 III, S. 217 bzw. Aṅguttara-Nikāya 7,55,1–2 IV, S. 82.

[27] Majjhima-Nikāya 137 III, S. 221.

[28] Cullaniddesa, S. 235.

[29] Von *mahā-karuṇā* ist Paṭisambhidāmagga 1,54,1 I, S. 126, die Rede. In den Kommentaren findet sich der Begriff z. B. in der Vimānavatthu-Atthakathā (S. 1) und in der Dhammapada-Atthakathā (I, S. 367).

[30] Kathāvatthu 18,3 II, S. 561f.

[31] Z. B. Dīgha-Nikāya 16,3,50 II, S. 119.

[32] Mahāvagga 1,6,7–9 Vinaya I, S. 8.

[33] Suttavibhaṅga 1,2,1 Vinaya III, S. 6.

[34] Majjhima-Nikāya 71 I, S. 482f.

[35] Majjhima-Nikāya 76 I, S. 519ff.

[36] Majjhima-Nikāya 90 II, S. 127.

[37] Aṅguttara-Nikāya 4,24 II, S. 25.

[38] Paṭisambhidāmagga 1,1,55 I, S. 131 ff.

[39] Shwe Zan Aung, [C.A.F.] Rhys Davids: *Points of Controversy or Subjects of Discourse. Being a translation of the Kathā-Vatthu from the Abhidhamma-Pitaka*. Pali Text Society 1915. Reprint Oxford 1993.

[40] Dīgha-Nikāya 14 II, S. 1ff.

[41] Kathāvatthu 21,5 II, S. 608.

[42] Kathāvatthu 21,6 II, S. 608f.

[43] Kathāvatthu 4,8 I, S. 286ff.

[44] Ghaṭīkāra Sutta = MN II, S. 46f; Buddhavaṃsa.

[45] Kathāvatthu 18,1 II, S. 559f.

[46] Kathāvatthu 2,10 I, S. 221ff.

[47] Kathāvatthu 18,2 II, S. 560f.

48 Kathāvatthu 18,4 II, S. 563.
49 Saṃyutta-Nikāya 22,87,12–13 III, S. 120.
50 Kathāvatthu 21,4 II, S. 606ff.
51 Kathāvatthu 23,3 II, S. 623ff.
52 Kathāvatthu 13,4, S. 480.
53 Der Terminus technicus *niyāma* (fest bestimmtes Schicksal) gilt in erster Linie für Vatermörder, Muttermörder usw., die mit Sicherheit in einer Hölle wiedergeboren werden, und für die vier Stufen der Heiligkeit (Stromeintritt, Einmalwiederkehr, Niewiederkehr und Heiligkeit).
54 Er kommentiert Kathāvatthu 4,6 I, S. 281ff.
55 Kathāvatthu 3,1 I, S. 228ff.
56 Saṃyutta-Nikāya 5,8,2 V, S. 304f.
57 Kathāvatthu 3,2 I, S. 232ff.
58 Dabei geht der Verfasser des Kathāvatthu-Textes davon aus, daß die edlen Gegebenheiten ein dreifaches Objekt besitzen: die Leerheit (*suññatā*), das Von-Kennzeichen-Freie (*animitta*) und das Nicht-Ersehnte (*appaṇihita*). Es handelt sich um drei Formen der Erlösung. Dieses dreifache Objekt findet sich nach Ansicht des Theravāda bei der zehnten Kraft (Wissen um die Auslöschung der Triebe, *āsava*), aber nicht bei den übrigen neun Kräften. Vgl. Nyanatiloka: *Buddhistisches Wörterbuch*. Buddhistische Handbibliothek 3. Konstanz 3. Aufl. 1983, s.v. *vimokkha* I.
59 Dīgha-Nikāya 16,5,11 II, S. 142.
60 Das ist das Pāli-Wort für Stūpa.
61 Majjhima-Nikāya 72 I, S. 483ff.
62 Mahāparinirvāṇa-Sūtra 25,20.
63 Kathāvatthu 17,10 II, S. 555.
64 André Bareau: *Les sectes bouddhiques du Petit Véhicule* (Publications de l'École Française d'Extrême-Orient 38). Paris 1955, S. 185, Nr. 21.

Monika Zin: Der Wandel des Buddha-Bildes im Buddha-Bildnis.
Zu den Anfängen der Buddha-Darstellung

Auswahlbibliographie:
Coomaraswamy, A.K.: »Origin of the Buddha Image«. In: *The Art Bulletin*, 9,4, New York, 1927, S. 287–328 (repr. als Buch: Calcutta 1970).
Foucher, A.: *The Beginnings of Buddhist Art*. London 1918 (repr. Varanasi 1972); besonders Artikel IV: »The Greek Origin of the Image of Buddha«, s.111ff.
Foucher, A.: *L'art greco-bouddhique du Gandhara*. Paris 1905–55.
Grünwedel, A.: *Buddhistische Kunst in Indien*. Berlin 1900 (mehrere repr.).
Krishan; Y.: *The Buddha Image, its Origin and Development*. New Delhi 1995.
Van Lohuizen-de Leeuw, J.E.: *The »Scythian« Period*. Leiden 1949.
Plaeschke, H.+I.: *Frühe indische Plastik*. Leipzig 1988.
Schlingloff, D.: »Die Bedeutung der Symbole in der altbuddhistischen

Kunst«. In: *Hinduismus und Buddhismus.* Festschrift für U. Schneider, Freiburg 1987, S. 309–28.

Seckel, D.: *Jenseits des Bildes. Anikonische Symbolik in der buddhistischen Kunst* = Abhandlungen der Heidelberger Akademie der Wissenschaften. Heidelberg 1976.

Margareta von Borsig: Das Buddha-Bild des Lotos-Sūtra

[1] Charles Eliot und Joachim Wach, zit. nach Werner Kohler im Klappentext von: *Lotos-Sūtra: Sūtra von der Lotosblume des wunderbaren Gesetzes.* Nach dem chin. Text von Kumārajīva ins Deutsche übersetzt und eingeleitet von Margareta von Borsig; Geleitwort von Heinrich Dumoulin. Gerlingen 1992.

[2] Wing-tsit Chan: »The Lotos Sūtra.« In: Theodory de Bary (Hg.): *Approaches to the Oriental Classics.* New York 1959, S. 153.

[3] Vgl. Heinrich Dumoulin: *Geschichte des Zen-Buddhismus,* Band I: *Indien und China.* Bern 1985, S.43. Vgl. weiter zum Lotos-Sūtra: Heinrich Dumoulin: *Spiritualität des Buddhismus.* Mainz 1995, S. 222f.

[4] Vgl. Hajime Nakamura: *Indian Buddhism.* Tōkyō 1980, S. 186.

[5] Vgl. Margareta von Borsig: *Leben aus der Lotosblüte. Nichiren Shōnin, Zeuge Buddhas, Kämpfer für das Lotos-Gesetz, Prophet der Gegenwart.* Freiburg i. Br. 1976, S.51f und Tafel IIIa.

[6] Vgl. Heinrich Dumoulin, Geleitwort in: *Lotos-Sūtra,* a.a.O., S. 12.

[7] Vgl. Daisetsu Teitaro Suzuki: *Essays in Zen-Buddhism,* Second Series. London 1970, S. 16 mit Tafel.

[8] Vgl. *Lotos-Sūtra,* a.a.O. S.46.

[9] Vgl. Hans-Joachim Klimkeit: »Buddha als Vater«. In: *Fernöstliche Weisheit und christlicher Glaube* (FS Heinrich Dumoulin), hrsg. von Hans Waldenfels und Thomas Immoos. Mainz 1985, S. 252 u. S. 239.

[10] Vgl. *Lotos-Sūtra,* a.a.O. S. 103ff.

[11] Vgl. Heinirch Dumoulin: *Spiritualität des Buddhismus,* a.a.O., S. 38.

[12] Vgl. Julia Ching: »Truth and Expediency in the Lotos Sūtra«. In: *Wege der Theologie: an der Schwelle zum dritten Jahrtausend* (FS Hans Waldenfels). Paderborn 1996, S.725ff.

[13] Vgl. *Lotos-Sūtra,* a.a.O., S. 124ff.

[14] Heinz Kruse: »The Return of the Prodigal. Fortunes of a Parable on its Way to the Far East«. In: *Orientalia* NS 47 (1978), Pontificium Institutum Biblicum, Rom, S. 163–214.

[15] Hans-Joachim Klimkeit: »Buddha als Vater«. In: *Fernöstliche Weisheit und christlicher Glaube,* a.a.O. S. 236.

[16] Heinrich Dumoulin: *Spiritualität des Buddhismus,* a.a.O., S. 225.

[17] Vgl. Margareta von Borsig: J*uwel des Lebens. Buddhas erleuchtetes Erbarmen, aus dem Lotos-Sūtra* (Texte zum Nachdenken 1309). Freiburg i.Br. 1986. S. 51ff.

[18] Vgl. hierzu die Aussage im Philipper-Brief des Neuen Testaments (Phil 2,7) und den feinsinnigen Vergleich zum Christentum bei Julia Ching: »Truth and Expediency in the Lotos-Sūtra«, a.a.O., S. 733 (»self-emptying of Jesus Christ«).

19 Claudia Lenel: *Lotosblüten im Sumpf* (Texte zum Nachdenken 1048). Freiburg i. Br. 1983, S. 27.
20 Angelus Silesius: *Cherubinischer Wandersmann,* hrsg. von Louise Gnädinger. Stuttgart 1984, Spruch 8, S. 28.
21 Neues Testament, Brief an die Galater (Gal 2,20).
22 Vgl. *Lotos-Sūtra,* a.a.O., S. 143ff.
23 *Lotos-Sūtra,* a.a.O., S. 149.
24 Vgl. M. v. Borsig: *Juwel des Lebens,* a.a.O., S. 78.
25 *Lotos-Sūtra,* a.a.O., S. 148.
26 Vgl. *Lotos-Sūtra,* a.a.O., S. 144ff.
27 Vgl. *Lotos-Sūtra,* a.a.O., S. 177.
28 Ebenda.
29 Gayā: Eine Stadt in Magadha, heutiges Bihar, Indien. Śākyamuni wurde Buddha unter dem Bodhi-Baum, der ungefähr 10 km von Gayā entfernt ist. Vgl. auch Hermann Oldenberg: *Buddha, sein Leben, seine Lehre, seine Gemeinde.* 13. Aufl., Stuttgart 1959, S. 119ff.
30 Vgl. *Lotos-Sūtra,* a.a.O., S. 78.
31 Das heißt die »sechs Existenzformen« im Rahmen des Wiedergeburtenkreislaufs: Höllenbewohner, Hungergeister, Tiere, Dämonen, Menschen und Götter.
32 Das sind: Reichtum, Essen, Geschlecht, Ruhm und Schlaf.
33 Vgl. *Lotos-Sūtra,* a.a.O., S. 188.
34 Vgl. *Lotos-Sūtra,* a.a.O., S. 282ff.
35 Vgl. M. v. Borsig: *Leben aus der Lotosblüte,* a.a.O., S. 15. Vorwort von Karlfried Graf Dürckheim.
36 Vgl. *Lotos-Sūtra,* a.a.O. S. 285.
37 Brief von Bundespräsident Richard von Weizsäcker an Herrn Thomas Bleicher, Verlag Lambert Schneider, aus Bonn, 18.3.1993.

Helmut Tauscher: Die Buddha-Wirklichkeit in den späteren Formen des mahāyānistischen Buddhismus

Folgende bibliographischen Abkürzungen werden in den Anmerkungen verwendet:

D Edition von Derge = Sde dge Tibetan Tripiṭaka, Bstan gyur – preserved at the Faculty of Letters, University of Tōkyō. Ed. J. Takasaki, Z. Yamaguchi, Y. Ejima. Tōkyō 1977 –.
P Edition von Peking = The Tibetan Tripitaka. Peking Edition. Reprinted under the supervision of the Otani University, Kyoto. Hrsg. v. D.T. Suzuki, 168 Bde. Tōkyō und Kyoto 1955–1961.

1 Exemplarisch sei auf folgende neuere Arbeiten zu diesem Thema verwiesen:
Nagao, Gadjin: »On the Theory of Buddha-Body (Buddha-kāya)«. In: *The Eastern Buddhist,* New Series 6/1 (1973) S. 25–53 [= *Mādhyamika and Yogācāra: A Study of Mahāyāna Philosophies.* Transl. L.S. Kawamura. New York 1991, S. 103–122];
Kajiyama, Yūichi: »Stūpa, the Mother of Buddhas and Dharmabody«. In: *New Paths in Buddhist Research.* Ed. A.K Warder. Durham

1984, 9–16 [= *Studies in Buddhist Philosophy (Selected Papers)*. Ed. K. Mimaki et al. Kyoto 1989, S. 45–52];

Makransky, John J.: »Controversies over Dharmakāya in India and Tibet: A Reappraisal of its Basis. Abhisamayālaṃkāra Chapter 8.« In: *The Journal of the International Association of Buddhist Studies* 12/2 (1989), S. 45–78;

Harrison, Paul: »Is the Dharma-kāya the Real ›Phantom Body‹ of the Buddha?« In: *The Journal of the International Association of Buddhist Studies* 15/1 (1992), S. 44–93.

Sakuma, Hidenori S.: »The Classification of the Dharmakāya Chapter of the Abhisamayālaṃkāra by Indian Commentators: The Threefold and Fourfold Buddhakāya Theories.« In: *Journal of Indian Philosophy* 22 (1994), S. 259–297.

² Divyāvadāna. Ed. P.L. Vaidya, Darbhanga 1959 (*Buddhist Sanskrit Texts* No. 20), S. 225, 28f.

³ »Buddhas Persönlichkeit wie sie im Dharma oder in der Dharma-Natur gesehen wird.« Nagao 1991 (siehe Anm. 1), S. 104.

⁴ Khanda-Saṃyutta 87.7 (Saṃyutta-Nikāya Vol. III. Ed. M.L. Feer. London [Pali Text Society] ³1975, 120); vgl. Nagao *loc.cit.*

⁵ Kāyatrayāvatāramukha v. 31 und 32 (D 3890, fol.3a3f.). Zu dem anderweitig unbekannten Autor Nāgamitra siehe Demieville, Paul: »Nāgasena«. In: *Bulletin de l'École française d'Extrême Orient* 24 (1924) S. 46–67.

⁶ Kāyatrayāvatāramukha v. 34 (D 3890, fol. 3a5).

⁷ Z.B. Suzuki, Daisetz T.: *Studies in the Lankavatara Sutra.* London 1930, S. 308ff.; Murti, T.R.V.: *The Central Philosophy of Buddhism.* London 1955, S. 280ff.

⁸ Diesen Umstand betont besonders Harrison 1992 (siehe Anm. 1).

⁹ Satyadvayavibhaṅga (hrsg. und übers. in: Eckel, Malcolm D.: *Jñānagarbha's Commentary on theDistriction Between the Two Truths.* Albany, N. Y., (1987) v. 41.

¹⁰ Diese Beschreibung der Buddhas findet sich wörtlich nahezu gleichlautend in Kāyatrayāvatāramukha v. 6 (D 3890, fol. 2a2).

¹¹ D.h. für die Aufhebung des Leides und den Weg, der dazu führt. Das entspricht den beiden letzten der vom Buddha Śākyamuni gelehrten »Vier Edlen Wahrheiten«, *nirodhasatya* und *mārgasatya.*

¹² Vgl. Nobel, Johannes: *Suvarṇaprābhasottamasūtra. Das Goldglanz-Sūtra, ein Sanskrittext des Mahāyāna-Buddhismus.* 2 Bde., Leiden 1958. Bd.1, S. 29; 46f.; 61–63. – Anhand des tibetischen Textes (Bd.2) frei modifiziert.

¹³ Siehe dazu den Beitrag von Schmidt-Leukel im vorliegenden Band.

¹⁴ Siehe auch Klimkeit, Hans-Joachim: »Buddha als Vater«. In: *Fernöstliche Weisheit und Christlicher Glaube* (Festschrift für H. Dumoulin SJ). Mainz 1985, S. 235–259.

¹⁵ Vgl. Nobel 1958 (siehe Anm. 12), S. 28f.

¹⁶ Candrakīrti: *Madhyamākavatārabhāṣya (Madhyamākavatāra par Candrakīrti. Traduction Tibétain.* Publiée par Louis de La Vallée Poussin. St.-Pétersbourg 1907–1912), 306,19–307,7 in einem Zitat aus dem Ratnameghasūtra (P 897) fol. 105b3ff.

17 Mūlamadhyamākakārikā (*Mūlamadhyamakakārikās de Nāgārjuna avec la Prasannapadā Commentaire de Candrakīrti.* Publiée par Louis de La Vallée Poussin. St.-Pétersbourg 1903–1913) XXIV, 18.

18 Mūlamadhyamakakārikā (siehe Anm. 17) XXIV, 8 und 10.

19 Nach der Erklärung von Candrakīrti, Prasannapadā (siehe Anm. 17) S. 492,10–12.

20 Madhyamakāvatārabhāṣya (siehe Anm. 16), S. 291,18f.

21 rTsa śe ṭik chen [= dBu ma rtsa ba'i tshig le'ur byas pa ces bya ba'i rnam bśad Rigs pa'i rgya mtsho] (P 6153) fol. 353a1.

22 Diese Interpretation folgt speziell den Erklärungen von Tsoṅ kha pa.

23 Siehe Madhyamakāvatāra (siehe Anm. 16) VI,23.

24 Diese dreifache Erklärung geht auf Bhāvaviveka (6. Jh.) zurück und wird nur in der Sub-Schule des Svatantrika-Madhyamaka anerkannt; für das auf Buddhapalita (∼ 500) und Candrakīrti zurückgehende Prasaṅgika-Madhyamaka ist nur die erste Erklärung gültig. Zu diesem Thema siehe Tauscher, Helmut: *Die Lehre von den Zwei Wirklichkeiten in Tsoṅ kha pas Madhyamaka-Werken.* Wien 1995, S. 269ff.

25 Bhāvaviveka: Mūlamadhyamakavṛtti Prajñāpradīpa (D 3853) fol. 228a5f.

26 Vgl. Mūlamadhyamakakārikā (siehe Anm. 17) XV,1–2 und Madhyamakāvatārabhāṣya (siehe Anm. 16) S. 304, 19ff.

27 Madhyamakāvatārabhāṣya S. 307,9–308,5.

28 Nag dbaṅ dpal ldan: Grub mtha' bźi'i lugs kyi kun rdzob daṅ don dam pa'i don rnam par bśad pa Legs bśad dpyid kyi dpal mo'i glu dbyaṅs (Moderner Blockdruck, s.l., s.a.) fol. 184,7ff.

29 Eine Ausnahme stellt Laṅkāvatārasūtra v.192 dar; vgl. Tauscher 1995 (siehe Anm. 24), Anm. 548.

30 Nāgārjuna: Yuktiṣaṣṭikā (hrsg. und übers. in: Scherrer-Schaub, Cristina A.: *Yuktiṣaṣṭikāvṛtti. Commentaire à la soixantaine sur le raisonnement ou Du vrai enseignement de la causalité par le Maître indien Candrakīrti.* Bruxelles 1991) v.35.

31 Prasannapadā (siehe Anm. 17) S. 351,11–14 mit einem Zitat von Āryadeva, Catuḥśataka XII,23.

32 dBu ma la ›jug pa'i rgya cher bśad pa dGoṅs pa rab gsal (P 6143) fol. 240a4–6.

33 Ebd., fol. 264a7ff.

34 Im Prāsaṅgika-Madhyamaka ist dieser Ausdruck ein Synonym für »in absolutem Sinn existent« und daher für alles Existente abzulehnen.

35 Vasubandhu: Madhyāntavibhāgaṭīkā (in: Anacker, Stefan: *Seven Works of Vasubandhu.* Delhi [usw.] (1984), S. 441, 1–5.

36 Das impliziert, daß kein Lebewesen von der Erlösung ausgeschlossen ist. Dem widerspricht die für den Buddhismus eigentümlich anmutende Vorstellung von den sogenannten *icchantika*, den »Ewigverdammten« (?), die in einigen wenigen Sūtren, in erster Linie im Mahāparinirvāṇasūtra, vertreten wird. In diesem wird ihnen konkret auch die Buddhanatur abgesprochen.
Allerdings sind weder das Wort noch der Begriff und seine Entwicklung eingehend erforscht und klar. Es ist nicht auszuschließen, daß hier verschiedene Vorstellungen, vielleicht auch Begriffe, verschmol-

zen sind. Nach einer linguistisch problematischen, aber inhaltlich nicht ganz von der Hand zu weisenden Theorie handelt es sich bei dem Terminus um eine Ableitung aus *itthaṃtvika (»zu dieser Welt gehörend«) [siehe Edgerton: Buddhist Hybrid Sanskrit Dictionary und Suzuki 1930 (siehe Anm. 7), S. 219]. Allgemein wird jedoch angenommen, daß es eine Ableitung aus icchā (»Begierde, Verlangen«) bzw. dem entsprechenden Präsenspartizip icchant darstellt; dafür würde auch die tibetische Übersetzung 'dod chen (po) (»jemand von großer Begierde«) sprechen. Es ist jedoch auffallend, daß die Begierde bei der Beschreibung der icchantika keine prominente Rolle spielt. Generell werden sie als Menschen dargestellt, welche die »Wurzel des Heilvollen« (kuśalamūla) verlassen haben, konkret zum einen als solche, die in hohem Maße alles verkörpern, was im Buddhismus übel und sündhaft ist, zum andern aber auch als abtrünnige Buddhisten, die jedes Interesse am Heilsweg verloren haben und grundlegende Lehren wie etwa das abhängige Entstehen oder das Wirken des karman in Abrede stellen. Suzuki loc. cit. hält die erste Alternative linguistisch für möglich und plädiert »psychologically« für die zweite, übersetzt aber nicht entsprechend, sondern gibt den Terminus stets als »those who are destitute of the Buddha-nature« wieder.

Was nun die Möglichkeit oder Unmöglichkeit einer Erlösung für diese icchantika betrifft, sind die Aussagen der Texte keineswegs einheitlich. Während in einigen Kapiteln des Mahāparnirvāṇasūtra eine solche ausgeschlossen wird, ist sie nach anderen Kapiteln durchaus möglich [siehe dazu Liu, Ming-Wood: »The Problem of the Icchantika in the Mahāyāna Mahāparinirvāṇa Sūtra«. In: The Journal of the International Association of Buddhist Studies 7/1 (1984), S. 57–81].

Das Laṅkāvatārasūtra (ed. B. Nanjio, Kyoto 1956, S. 65–67; übers. Suzuki, D.T.: The Lankavatara Sutra, A Mahayana Text. London 1932, [7]1978, S. 58–59) nennt als markantes Merkmal eines icchantika die Tatsache, daß er kein Verlangen nach Erlösung hat. Dafür gibt es zwei mögliche Gründe: das Verlassen der »Wurzel des Heilvollen« und frühere Gelübde, die Lebewesen zur Erlösung zu führen. Der zweite trifft selbstverständlich für die Bodhisattvas zu; aufgrund ihres Gelübdes »gehen sie den icchantika-Weg«. Lediglich sie gehen nicht in das endgültige Parinirvāṇa ein. Für jene icchantika hingegen, welche die »Wurzel des Heilvollen« verlassen haben, besteht durchaus die Möglichkeit, unter dem Einfluß der Lehre eines Buddha zur Erlösung zu finden.

[37] Zu diesem Thema sei verwiesen auf:
Takasaki, Jikido: A Study on the Ratnagotravibhāga (Uttaratantra), Being a Treatis on the Tathāgatagarbha Theory of Mahāyāna Buddhism. Roma 1966, speziell S. 32–45,
sowie auf die Arbeiten von David Seyfort Ruegg:
Seyfort Ruegg: »On the dGe lugs pa theory of the tathāgatagarbha«. In: Pratidāna. Indian, Iranian and Indo-European Studies Presented to Franciscus Bernardus Jacobus Kuiper on his Sixthieth Birthday. The Hague 1967, S. 500–509;
ders.: La Theorié du Tathāgatagarbha et du Gotra. Études sur la Sotériologie et la Gnoséologie du Bouddhisme. Paris 1969;

ders.: *Le Traité du Tathāgatagarbha de Bu ston rin chen grub. Traduction du De bźin gśegs pa'i sñiṅ po gsal źiṅ mdzes par byed pa'i rgyan.* Paris 1973;

ders.: *Buddha-nature, Mind and the Problem of Gradualism in a Comparative Perspective. On the Transmission and Reception of Buddhism in India and Tibet.* London 1989. Kapitel 1 (zusammengefaßt in:) »The Buddhist Notion of an ›Immanent Absolute‹ (tathāgatagarbha) as a Problem in Hermeneutics«. In: *The Buddhist Heritage.* Ed. T. Skorupski. Tring 1989, S. 229–245.

[38] Nach Seyfort Ruegg 1989/2 (siehe Anm. 37), S. 222f.

[39] D. h. konkrete tantrische Übungen.

[40] »Mantrayāna« ist eine alternative Bezeichnung für Tantrayāna oder Vajrayāna; »Prajñāpāramitāyāna« (oder auch »Sūtrayāna«) bezeichnet das nicht-tantrische Mahāyāna.

[41] Lam gyi rim pa mdo tsam du bstan pa (P 6077) fol.162a5-b3; Brief an dKon mchog tshul khrims, Abt des Klosters gSaṅ bu Ne'u thog in Zentraltibet.

[42] In der europäischen Literatur findet sich seit Brian Hodgson in der ersten Hälfte des vorigen Jahrhunderts für diese immer wieder die Bezeichnung »Dhyānibuddhas«. Seine Grundlage für diesen Ausdruck ist nicht klar, es steht jedoch fest, daß er in den Original-Texten nicht vorkommt.

[43] Den Hinweis darauf verdanke ich dem Vortrag von Lambert Schmithausen über »Heilsvermittelnde Aspekte der Natur im Buddhismus« im Rahmen des Symposiums »Raum-Zeitlichkeit als Dimension der Vermittlung von Transzendenzerfahrung«, Wien 1996.

[44] Madhyamakāvatārabhāṣya (siehe. Anm. 16) S. 359, 20–360,4.

[45] Bodhicāryāvatāra X,37; Übersetzung von Steinkellner, Ernst: *Śāntideva, Eintritt in das Leben zur Erleuchtung.* Düsseldorf, Köln 1981.

[46] Siehe Anm. 43; das Zitat ist nach Klimkeit, Hans-Joachim: »Apokryphe Evangelien in Zentral- und Ostasien«. In: *Manichean Studies* 1 (1991), S. 158.

[47] Dazu siehe Huber, Toni: »Traditional Environmental Prodectism in Tibet Reconsidered«. In: *The Tibet Journal* 16/3 (1991), S. 63–77, und ders.: »Can the Dharma Fight Degradation? Buddhism and Our Concern for the Natural Environment«. In: *World Religions and the Environment.* Ed. J. Veitch. Auckland 1993.

[48] Siehe z. B. Kaschewsky, Rudolf: *Das Leben des Lamaistischen Heiligen Tsongkhpa Blo-bzaṅ-grags-pa.* Wiesbaden 1971. 1.Teil: Übersetzung und Kommentar, S. 131.

[49] Die Unhaltbarkeit einer theistischen Deutung des Ādibuddha zeigt auch Grönbold, Günter: »Zwei Ādibuddha-Texte«. In: *Sanskrit-Texte aus dem Buddhistischen Kanon: Neuentdeckungen und Neueditionen II.* Bearbeitet von J.-U. Hartmann, K. Wille, C. Vogel, G. Grönbold. Göttingen 1992, S. 111–161.

Perry Schmidt-Leukel: Gautama und Amida-Buddha.
Das Buddha-Bild bei Shinran Shōnin

[1] Beide finden sich gemeinsam mit dem dritten Haupttext, dem Amitā-yur-Dhyāna-Sūtra, in englischer Übersetzung in: E. B. Cowell (Hrsg.): *Buddhist Mahāyāna Texts* (SBE XLIX), Teil II, (1894), Nachdruck New York 1969.

[2] Vgl. K. Mizuno: *Buddhist Sūtras. Origin, Developement, Transmission.* Tōkyō 1982, S. 71; D. Lingwood: *Das Buddha Wort. Das Schatzhaus der ›heiligen Schriften‹ des Buddhismus – eine Einführung in die kanonische Literatur.* Bern-München-Wien 1992, S. 225; L. Gomez: »Buddhism in India«. In: M. Eliade (Hrsg.): *Encyclopedia of Religion,* Bd. II. London – New York 1987, S. 351–385, S. 367.

[3] Kenneth Tanaka zählt unter Berufung auf Kotātsu Fujita 31 Sanskrit-Texte und über hundert chinesische und tibetische Übersetzungen, in denen auf Amida oder auf Sukhāvatī, das mit Amida assoziierte westliche Paradies, Bezug genommen wird. Vgl. K.K. Tanaka: *The Dawn of Chinese Pure Land Buddhist Doctrine.* New York 1990, S. 12.

[4] Zur sino-japanischen Entwicklung des Amida-Buddhismus vgl. K. Ch'en: *Buddhism in China: A Historical Survey.* Princeton 1972; K.K. Tanaka: *The Dawn of Chinese Pure Land Buddhist Doctrine.* New York 1990; V. Zotz: *Der Buddha im Reinen Land. Shin-Buddhismus in Japan.* München 1991; E. Zürcher: »Amitābha«. In: M. Eliade (Hrsg.): *Encyclopedia of Religion,* Bd. I. London – New York 1987, S. 235–237.

[5] A. Schweitzer: *Die Weltanschauung der indischen Denker. Mystik und Ethik.* München 1982, S. 121.

[6] V. Zotz: *Der Buddha im Reinen Land,* a.a.O., S. 120. Ausführlichere Angaben bei Norihiko Kikumura: *Shinran: His Life and Thought.* Los Angeles 1972, S. 110.

[7] Für eine ausführliche Darstellung der Lehren Shinrans vgl. meine Ausführungen in: P. Schmidt-Leukel: *»Den Löwen brüllen hören« – Zur Hermeneutik eines christlichen Verständnisses der buddhistischen Heilsbotschaft.* Paderborn 1992, S. 605–654. Wertvolle Einsichten verdanke ich insbesondere der Shinran-Deutung Yoshifumi Uedas. Vgl. hierzu Y. Ueda: »The Mahāyāna-Structure of Shinran's Thought«. In: *The Eastern Buddhist* (NS) Bd. XVII (1984), No. 1, 57–78, No. 2, 30–54; ders.: *Mahāyāna Buddhism, An Approach to Its Essence.* Los Angeles 1989.

[8] Die älteste Biographie Shinrans stammt von seinem Urenkel Kakunyo (1270–1351). Eine englische Übersetzung findet sich in: D.T. Suzuki: *Collected Writings on Shin Buddhism.* Kyōto 1973, S. 165–190. Zur Diskussion der offenen Fragen hinsichtlich Shinrans Biographie vgl. N. Kikumura: *Shinran: His Life and Thought,* a.a.O.; Alfred Bloom: *The Life of Shinran Shōnin: The Journey to Self-Acceptance.* Leiden 1968. Für einen deutschsprachigen Überblick über Shinrans Leben siehe: V. Zotz: *Der Buddha im Reinen Land,* a.a.O., S. 89–122.

[9] Vgl. H. Kiyomoto: »Avalokiteśvara Bodhisattva *(Kannon)* in Shin Buddhism«. In: *The Pure Land* (NS) 8/9 (1992), 206–218.

[10] Zitiert nach V. Zotz: *Der Buddha im Reinen Land,* a.a.O., 101. Zur

Diskussion um dieses Erlebnis vgl. H. Kiyomoto: »Shinran's Rokka-kudo Experience: Reconsideration«. In: *The Pure Land* N.S. 6 (1989) S. 185–195.

[11] Es wird auch die Möglichkeit diskutiert, ob Shinran in Kyōto schon einmal mit einer anderen, unbekannt gebliebenen Frau erstmals ver-heiratet war.

[12] Siehe Kyōgyōshinshō VI, 117. Für das Kyōgyōshinshō wurden fol-gende englische Übersetzungen benutzt: *The True Teaching, Practice and Realization of the Pure Land Way*, 5 Bde. Hrsg. v. Y. Ueda. Kyōto 1983–90 (vollständige Übersetzung); *The Kyōgyōshinshō, übersetzt v. D.T. Suzuki*, hrsg. v. The Eastern Buddhist Society. Kyōto 1973 (Teil-übersetzung); *The Kyō Gyō Shin Shō. The Teaching, Practice, Faith, and Enlightenment* (Ryukoku Translation Series V). Kyōto 1983 (Teil-übersetzung).

[13] Es wird jedoch spekuliert, daß er mit der Ausarbeitung des Kyōgyō-shinshō schon früher begonnen hatte und dieses erst in Kyōto fertig-stellte.

[14] Zur Idee des Buddha-Landes vgl. T. Arai: »The World of the Larger Sūtra«. In: *The Pure Land* (NS) 10/11 (1994) S. 149–160.

[15] Die verschiedenen erhaltenen Textvarianten enthalten jedoch unter-schiedliche Zählungen, so daß das Ur-Gelübde teilweise auch als das neunzehnte Gelübde erscheint.

[16] Nach älterer buddhistischer Auffassung sind dies: (1) Vatermord, (2) Muttermord, (3) Mord an einem Arhat, (4) Spaltung des Saṃgha, (5) Verursachung einer blutigen Verletzung an einem Buddha. Nach einer Mahāyāna-Tradition (*Mahā-satyaka-niganthaputra-nirdeśa-Sūtra*) handelt es sich um: (1) Zerstörung buddhistischer Kulturgüter, (2) Verleumdung der Lehren der drei Fahrzeuge; (3) Behinderung der reli-giösen Praxis des Ordens; (4) die fünf schweren Vergehen der älteren Tradition; (5) Leugnung der karmischen Folgen und konstantes Ver-üben karmisch unheilsamer Taten. Shinran führt in seinem Hauptwerk *Kyōgyōshinshō* beide Traditionen auf. Vgl. *The True Teaching, Practice and Realization of the Pure Land Way*, Bd. II, a.a.O., S. 319ff.

[17] Mahā-Sukhāvatīvyūha-Sūtra 11.

[18] Aus dem *Ishi Koshōku*; zitiert nach: V. Zotz: *Der Buddha im Reinen Land.*, a.a.O., S. 107f.

[19] Sie findet sich im *Honganji Shōnin Shinran Denne 7* und im Nachwort des *Tannishō*. Außerdem ist eine Anspielung auf diese Episode im *Chokushū Goden*, einer Schrift der Jōdo-shū, erhalten. Vgl. N. Kiku-mura: *Shinran*, a.a.O., S. 103ff.

[20] Übersetzt nach dem Zitat in N. Kikumura, a.a.O., 104f. Vgl. auch den englischen Text in D.T. Suzuki: *Collected Writings on Shin Buddhism.* Kyōto 1973, S. 169–190; hier S. 174f.

[21] Vgl. hierzu bes. Shinrans Kyōgyōshinshō III, 18–71 und Jōdo monrui jushō.

[22] »Shinjin, because it is none other than the mind of great compassion, is altogether free of doubt.« Y. Ueda (Hrsg.): *Passages on the Pure Land Way. A Translation of Shinran's Jōdo monrui jushō.* Kyōto 1982, S. 51.

[23] »This mind is the mind of great enlightenment. The mind of great

253

enlightenment is true and real shinjin. True and real shinjin is the aspiration for Buddhahood. The aspiration for Buddhahood is the aspiration to save all beings. The aspiration to save all beings is the mind that grasps sentient beings and brings them to birth in the Pure Land of happiness. This mind is the mind of ultimate equality. It is great compassion. This mind attains Buddhahood. This mind is Buddha.« Y. Ueda (Hrsg.): *Passages on the Pure Land Way,* a.a.O., S. 53. Vgl. auch Kyōgyōshinshō III, 66–69.

[24] » ... foolish people caught in the cycle of birth-and-death – beings turning in transmigration – never awaken shinjin, never give rise to a mind that is true.« Y. Ueda (Hrsg.): *Passages on the Pure Land Way,* a.a.O., S. 56f. Vgl. auch die ungeschminkte, ja drastische Schilderung in Shinrans Yuishinsho-mon'i: »All beings lack a true and sincere heart, mock teachers and elders, disrespect their parents, distrust their companions, and favor only evil; hence, it is taught that everyone, both in secular and religious worlds, is possessed of ›Heart and tongue at odds‹, and ›Words and thoughts both insincere‹. The former means that what is in the heart and what is said are at variance, and the latter means that what is spoken and what is thought are not real. Real means ›sincere‹. People of this world have only thoughts that are not real, and those who wish to be born in the Pure Land have only thoughts of deceiving and flattering. Even those who renounce this world have nothing but thoughts of fame and profit. Hence, know that we are not good men, nor men of wisdom; that we have no diligence, but only indolence, and within, the heart is ever empty, deceptive, vainglorious, and flattering. We do not have a heart that is true and real.« Y. Ueda (Hrsg.): *Notes on ›Essentials of Faith Alone‹.* Kyōto 1979, S. 49f.

[25] So Shinran im Anschluß an T'an-luan in Kyōgyōshinshō IV, 17.

[26] »This self (...), who has no claim even for little deeds of love and compassion ...«. Shuji. In D.T. Suzuki: *Collected Writings on Shin Buddhism,* a.a.O., S. 120–128; hier S. 122f.

[27] Tan-ni-shō. *Die Gunst des Reinen Landes.* Von Ryogi Okochi und Klaus Otte. Bern 1979, S.61.

[28] Vgl. Saṃyutta-Nikāya 1, 41, Mahāvagga 1, 21.

[29] Vgl. Lotos-Sūtra, 3. Kapitel.

[30] » ... true and real shinjin, ... is given by Amida Tathāgata.« Y. Ueda (Hrsg.): *Notes on the Inscriptions on Sacred Scrolls. A Translation of Shinran's Songō shinzō meimon.* Kyōto 1981, S. 70.

[31] Vgl. Tannishō 13: » ... wenn die Zeit kommt und die jeweiligen karmischen Bedingungen es veranlassen, wird jeder alles Mögliche begehen können!« *Tan-ni-shō. Die Gunst ...* a.a.O., S. 46.

[32] » ... these words make us realize that all the sentient beings throughout the ten quarters, without a single exception, will be born in the Pure Land.« Y. Ueda (Hrsg.): *Notes on the Inscriptions on Sacred Scrolls,* a.a.O., S. 35.

[33] Vgl. Shinrans Vorwort zum Kyōgyōshinshō.

[34] Vgl. hierzu den Beitrag von H. Tauscher in diesem Band, S. 249f. Anm. 36.

[35] Tannishō (Nachwort). *Tan-ni-shō. Die Gunst ...,* a.a.O., S. 60.

36 » ... it reveals the boundlessness of great love and great compassion«.
Y. Ueda (Hrsg.): *Notes on Once-calling and Many-calling. A Translation of Shinra's Ichinen-tanen mon'i.* Kyōto 1980, S. 41.

37 Vgl. Y. Ueda (Hrsg): *Notes on the Inscriptions on Sacred Scrolls,* a.a.O., S. 50.

38 Vgl. Tannishō VIII. *Tan-ni-shō. Die Gunst ...,* a.a.O., S. 33.

39 »›Then they attain birth‹ means that when a person realizes shinjin, he is born immediately. (...) ›immediately‹ means without any passage of time and without any passage of days.« Y. Ueda (Hrsg.): *Notes on ›Essentials of Faith Alone‹. A Translation of Shinran's Yuishinshō-mon'i.* Kyōto 1979, S. 34f. Vgl. auch Y. Ueda (Hrsg.): *Notes on Once-calling and Many-calling. A Translation of Shinran's Ichinen-tanen mon'i.* Kyōto 1980, S. 32f.

40 Vgl. hierzu auch: P. Schmidt-Leukel: »Shinran, Hui'neng and the Christian-Buddhist Dialogue«. In: *The Pure Land* (NS) 5 (1988), S. 20–34.

41 »This shinjin is the very cause for the attainment of the supreme enlightenment.« Y. Ueda (Hrsg.): *Notes on the Inscriptions on Sacred Scrolls,* a.a.O., S. 70.

42 »Know that shinjin is the seed of enlightenment, the seed for realizing the supreme nirvana.« Y. Ueda (Hrsg.): *Notes on the Inscriptions on Sacred Scrolls,* a.a.O., S. 63.

43 »This is also called the attainment of the equal of perfect enlightenment.« Y. Ueda (Hrsg.): *Notes on ›Essentials of Faith Alone,* a.a.O., S. 35.

44 Vgl. hierzu die luziden Ausführungen bei Y. Ueda: *The Mahāyāna Structure of Shinran's Thought,* a.a.O. (Anm. 7).

45 »In the attainment of shinjin, the Pure Land which is always the future is also the present, without ceasing to be the future.« K. Nishitani: »The Problem of Time in Shinran«. In: *The Eastern Buddhist* (NS) Bd. XI, No. 1 (1978), S. 13–26, hier S. 24.

46 Shōshinge 82f. Shinran Shōnin: *Shōshin Nembutsu Ge. Hymne über das wahre Vertrauen in das Nembutsu.* Herausgegeben von E. Sasaki u. H. Nishi. Kyōto 1984, S. 26.

47 Mūlamadhyamakakārikā 25,19. Zu meiner Interpretation Nāgārjunas vgl. P. Schmidt-Leukel: »Mystische Erfahrung und logische Kritik bei Nāgārjuna«. In: A. Kreiner, P. Schmidt-Leukel (Hrsg.): *Religiöse Erfahrung und theologische Reflexion.* Paderborn 1993, S. 371–393.

48 Vgl. bes. Y. Ueda (Hrsg.): *Notes on ›Essentials of Faith Alone‹,* a.a.O., S. 32.

49 Kōsō Wasan 39b u. 40. Shinran Shōnin: *Kōsō Wasan. Hymnen über die Patriarchen.* Herausgegeben von E. Sasaki. Kyōto 1988, S. 73.

50 »I have not once said that we may do evil because it makes no difference to birth in the Pure Land.« Goshōsokushū 5. Kosho Yamamoto: *The Private Letters of Shinran Shōnin.* Tōkyō 1956, S. 67.

51 Vgl. hierzu bes. Y. Ueda (Hrsg.): *Letters of Shinran. A Translation of Mattōshō.* Kyōto 1978, S. 56ff (Brief 19 und 20).

52 »Moreover, since shinjin which aspires for attainment of birth arises through the encouragement of Śākyamuni and Amida, once the true and

255

real mind is made to arise in us, how can we remain as we are, possessed of blind passions?« Y. Ueda (Hrsg.): *Letters of Shinran,* a.a.O., S. 62.

53 »One must seek to cast off the evil of this world and to cease doing wretched deeds; *this* is what it means to reject the world and to live the nembutsu. When people who have pronounced the nembutsu for many years abuse others in word or deed, there is no indication of rejecting the world.« Ebd. S. 52.

54 »When a person attains this enlightenment, with great love and great compassion immediately reaching their fullness in him, he returns to the ocean of birth-and-death to save all sentient beings ...«. Y. Ueda (Hrsg.): *Notes on ›Essentials of Faith Alone‹,* a.a.O., S. 33f.

55 Die Interpretation, daß sich nach Shinran die Rückkehr analog zur Hingeburt ebenfalls bereits im Akt des Glaubens vollzieht, ist innerhalb des Jōdo-Shin umstritten (*Für* diese Deutung spricht sich z.B. V. Zotz in: *Der Buddha im Reinen Land,* a.a.O., S. 133, aus; für eine gegenteilige Stellungnahme vgl. beispielsweise T. Shigaraki: »Shinjin and Social Action in Shinran's Teachings«. In: *The Pure Land* (NS) 8/9 (1992), S. 219–249.) Meines Erachtens lassen sich die Interpretationsprobleme, die von den Gegnern dieser Deutung benannt werden, dann lösen, wenn man bedenkt, daß die Analogie zwischen Hingeburt und Rückkehr zur Gänze durchgeführt werden muß: das heißt, daß die Rückkehr sich schon jetzt ereignet, *wenn* und *indem* sie (wie auch die Hingeburt) im Vertrauen auf Amida als noch ausstehend erwartet wird. Vor allem scheint mir aber für diese Interpretation der Umstand zu sprechen, daß Shinran Menschen, die wie sein Lehrer Hōnen im Vertrauen die Hingeburt als etwas Zukünftiges erwarteten, als Inkarnationen Amidas deutet. Vgl. dazu die folgenden Ausführungen im Haupttext.

56 »Second is Amida's directing of virtue for our return to this world. This is the activity we participate in in the field of benefiting and converting others.« Y. Ueda (Hrsg.): *Passages on the Pure Land Way,* a.a.O., S. 37.

57 Vgl. hierzu auch: M. Tokunaga: »›Shinjin‹ as a Mahāyāna Bodhisattva Path«. In: *The Pure Land* (NS) 6 (1989), S. 15–28; N.K. Nomura: »Mahāyāna Bodhisattva Way in Shinjin«, ebd. 29–44.

58 Vgl. M. Pye: »Tradition and Authority in Shin Buddhism«. In: *The Pure Land* (NS) 3 (1986), S. 37–48.

59 Vgl. Kōsō Wasan 114.

60 Jōdo Wasan 88. Shinran Shōnin: *Jōdo Wasan. Hymnen über das Reine Land.* Herausgegeben von E. Sasaki. Kyōto 1986, S. 75.

61 Vgl. H.W. Schumann: *Buddhismus. Stifter, Schulen und Systeme.* Überarb. Neuausgabe, München 1993, S. 153–160; G.M. Nagao: »On the Theory of Buddha-Body (Buddhakāya)«. In: Ders.: *Mādhyamika and Yogācāra.* New York 1991, S. 103–122. Zur Trikāya-Lehre siehe auch den Beitrag von H. Tauscher in diesem Band.

62 Vgl. hierzu M. Pye: *Skilful Means. A concept in Mahāyāna Buddhism.* London 1978.

63 Zitiert nach Shinrans Kyōgyōshinshō (Suzuki-Ausgabe), S. 189.

64 Vgl. Y. Ueda (Hrsg.): *Notes on Once-calling and Many-calling,* a.a.O., S. 46.

[65] »Dharmakāya-as-suchness has neither color nor form; thus, the mind cannot grasp it nor words describe it. From this oneness was manifested form, called dharmakāya-as-compassion. Taking this form, the Buddha proclaimed his name as Bhikṣu Dharmākara and established the fortyeight great Vows that surpass conceptual understanding.« Y. Ueda (Hrsg.),: *Notes on ›Essentials of Faith Alone‹*, a.a.O., S. 43. Die englischen Übersetzungen der »Shin Buddhism Translation Series« übersetzen »*hōben-hosshin*« durchgängig mit »dharmakāya-as-compassion«. Das japanische »*hōben*« (chin. »*fang-pie*«) geht jedoch auf den Sanskrit-Terminus »*upāya*« zurück, der in der mahayana-buddhistischen Philosophie seine feste Bedeutung als »(geschicktes) Mittel« (»*upāya(-kauśalya)*«) besitzt. Daher habe ich in der deutschen Übersetzung des obigen Zitats die Übersetzung »Dharmakāya als Geschicktes Mittel« gewählt.

[66] Vgl. Mattōshō 5: »The supreme Buddha is formless, and because of being formless is called *jinen*. (…) In order to make us realize that the true Buddha is formless, it is expressly called Amida Buddha; so I have been taught. Amida is the medium through which we are made to realize *jinen*.« Y. Ueda (Hrsg.): *Letters of Shinran*, a.a.O., S. 30.

[67] »Even saintly people who observe these various Mahāyāna and Hīnayāna precepts can attain birth in the true fulfilled land only after they realize the true and real shinjin of Other Power.« Y. Ueda (Hrsg.): *Notes on ›Essentials of Faith Alone‹*, a.a.O., S. 38. »Thus, the reason that the Buddhas appear in the world age after age is that they desire to bless and save all sentient beings by teaching the power of Amida's Vow.« Y. Ueda (Hrsg.): *Notes on Once-calling and Many-calling*, a.a.O., S. 45.

[68] Vgl. Dīgha-Nikāya 27,9: »Vasettha, in wen Glaube an den Tathāgata Eingang gefunden, in wem er Wurzel geschlagen und festen Stand gewonnen hat, in wem er unerschütterlich geworden ist, und wem er von keinem Samana, Brahmanen, Gott, Māra, Brahmā oder irgend jemandem in der Welt mehr geraubt werden kann, der darf sagen: ›Ich bin der eigene Sohn des Erhabenen, aus seinem Munde geboren, aus der Lehre (?) gezeugt, durch die Lehre geschaffen, Erbe der Lehre‹. Wieso? Weil man den Tathāgata bezeichnen kann als den, dessen Körper die Lehre ist, der den Körper Brahmā's hat, der mit der Lehre und mit Brahmā wesensgleich ist.« *Dīghanikāya. Das Buch der langen Texte des buddhistischen Kanons.* In Auswahl übersetzt von R.O. Franke. Göttingen, Leipzig 1913, S. 276.

[69] »Know that Śākyamuni, our loving father, and Amida, our compassionate mother, guide us to shinjin as our own parents.« Y. Ueda (Hrsg.): *Notes on ›Essentials of Faith Alone‹*, a.a.O., S. 47; ähnlich ebd. S. 33.

[70] Damit soll jedoch weder ausgeschlossen sein, daß die buddhistische Tradition auch in anderen Zweigen vergleichbare, aber anders gelagerte End- und Höhepunkte gefunden hat. Noch soll damit die Möglichkeit weiterer gedanklicher Entwicklungen ausgeschlossen werden, wie sie sich z.B. durch die wechselseitige Beeinflussung der großen Weltreligionen in Zukunft ergeben könnten.

[71] Vgl. hierzu den stereotypen Beginn eines sehr alten, mehrfach im Pāli-

Kanon belegten Heilswegschemas: »Da erscheint der Vollendete in der Welt, der Heilige, vollkommen Erleuchtete (...). Er verkündet die Lehre, die am Anfang schön ist, in der Mitte schön ist und am Ende schön ist (...). Diese Lehre hört ein Hausvater (...). Nachdem er diese Lehre gehört hat, faßt er gläubiges Vertrauen zum Vollendeten.« Z.B. Dīgha-Nikāya 2 und 3, Majjhima-Nikāya 27 und 38. Siehe auch das Zitat in Anm. 68.

72 Itivuttaka 43; Udāna 8, 3. Zitiert nach K. Seidenstücker: *Udāna, das Buch der feierlichen Worte des Erhabenen.* München-Neubiberg (ohne Jahr), S. 94.

73 Vgl. hierzu auch: Moti Lal Pandit: »Nirvāṇa as the Unconditionend«. In: Ders.: *Being as Becoming. Studies in Early Buddhism.* New Delhi 1993, S. 312–339.

74 »Insofern man diese restlose Erlöschung der Gier erfährt, die restlose Erlöschung des Hasses und der Verblendung erfährt, ist das Nirvāṇa klar sichtbar, unmittelbar wirksam, einladend, zum Ziele führend, den Verständigen, jedem für sich verständlich.« Aṅguttara-Nikāya 3, 56.

75 Und nicht einmal auf diese Weise abbildbar ist. Vgl. hierzu den Beitrag von M. Zin in diesem Band.

76 Vgl. Aṅguttara-Nikāya 4, 36.

77 Vgl. hierzu den Beitrag von C. Weber in diesem Band. Sowie dies.: *Wesen und Eigenschaften des Buddha in der Tradition des Hīnayāna-Buddhismus.* Wiesbaden 1994.

78 Transzendent ist diese Wirklichkeit, insofern sie das radikal andere des Saṃsāra ist; immanent ist sie, insofern sie von den saṃsārischen Wesen in der Erleuchtung erfahren werden kann und die verborgene Triebkraft ihres Strebens nach Befreiung bildet. So heißt es in Aṅguttara-Nikāya 10, 58, das Nirvāṇa sei »der wahre Zweck aller Erscheinungen, worin sie münden und enden.« Vgl. auch Aṅguttara-Nikāya 9, 14 und Itivuttaka 44.

79 Vgl. hierzu den Beitrag von M. von Borsig in diesem Band.

80 Vgl. hierzu nochmals die Literaturangaben in Anm. 61.

81 Daß Buddha nach seiner Erleuchtung ein weltzugewandtes Leben als Wanderprediger führte, war im damaligen indischen Kontext keineswegs selbstverständlich. Denn von einem wirklich Erleuchteten wurde vielfach erwartet, daß er sich schweigend aus der Welt zurückzieht. Die Buddhisten sahen sich daher mit dem Vorwurf konfrontiert, Buddhas Leben als Wanderprediger belege, daß er in Wahrheit kein Erleuchteter gewesen sei. Auf buddhistischer Seite hielt man dem entgegen, die Erleuchtung schließe die Vollkommenheit an Weisheit *und* Mitleid ein. Während nun vollkommene Weisheit aufgrund der Unaussprechlichkeit der höchsten Erkenntnis in der Tat zum Schweigen führe, so dränge doch andererseits die Vollkommenheit des Mitleids dazu, andere Menschen durch Wort und Tat ebenfalls auf den Weg des Heils zu geleiten (vgl. zu dieser Verteidigung im Rahmen der buddhistischen Apologetik: T. Vetter: *Erkenntnisprobleme bei Dharmakīrti.* Wien 1964, S. 33). Im Pāli-Kanon wird diese Argumentation explizit thematisiert in Saṃyutta-Nikāya 10, 2. Sie dürfte aber auch den eigentlichen Hintergrund jener beiden Episoden bilden, in denen unmittel-

bar nach der Erleuchtung Buddhas einmal Brahmā auftritt und Buddha zur Verkündigung der Lehre bewegt (Majjhima-Nikāya 26), und ein andermal Māra als der Versucher bemüht ist, Buddha von dem Gedanken, die Lehre zu verkünden, abzubringen (Dīgha-Nikāya 16,3, 34f). In beiden Episoden tritt das Mitleid als das einzige Motiv der Aktivitäten Buddhas in Erscheinung.

[82] Japanischer Name für Shan-tao (613–681), einen der chinesischen Patriarchen des Jōdo-Shin.

[83] Tannishō II. Übersetzung aus: *Tan-ni-shō. Die Gunst des Reinen Landes,* a.a.O., S. 26

[84] Ebd., S. 25f.

Johannes Laube: Der Buddha in der modernen japanischen Philosophie

[1] Nach japanischem Brauch wird der Nachname dem Vornamen vorangestellt, so daß es eigentlich heißen müßte: Nishida Kitarō, Tanabe Hajime, Nishitani Keiji usw. Für diese Publikation wurde die westliche Namensordnung gewählt.

[2] Nishida Kitarō Zenshū, Bd. 11, S. 422–424.

[3] Nishida Kitarō Zenshū, Bd. 11, S. 371–464.

[4] Tanabe Hajime Zenshū, Bd. 5, S. 483.

[5] Nishitani, Keiji: *Was ist Religion?* Frankfurt a.M. 1982, S. 391ff. Gesperrte Hervorhebungen ebd.; kursive Hervorhebungen J.L.

[6] Anders verhält es sich beispielsweise mit Shin'ichi Hisamatsu (1889–1981), auf den ich kurz hinweisen möchte. Hisamatsu ist der Gründer des internationalen zen-buddhistischen F.A.S. Instituts (F = Formless Self, A = All Mankind, S = Superhistorical History). Er verstand sich als buddhistischer Lehrmeister, der den Buddhaweg einerseits als »Weg des formlosen Selbst«, andererseits aber auch als »Weg des absoluten Subjekts« bzw. als »Weg der absoluten Aktivität« lehrte. Mit anderen Worten: Hisamatsu praktizierte, was Nishitani im Anschluß an Rinzai das »Selbstvertrauen des Daseins auf sich selbst« genannt hat. Vgl. z.B. Hisamatsu, Shin'ichi: *Die Fülle des Nichts: vom Wesen des Zen.* Stuttgart ⁵1994.

Haruko Okano: Die Bedeutung des Buddha aus feministischer Perspektive

[1] Isalin Blew Horner: *Women under primitive Buddhism.* London 1930, S. 268–294.

[2] Renate Pitzer-Reyl: *Die Frau im frühen Buddhismus.* Berlin 1984.

[3] Vgl. Nagata, Mizu: »Butten ni miru Bosei-kan (Mütterlichkeitsbegriff in den Sūtren)«. In: Wakita Haruko (Hrsg.): *Bosei o tou (Diskussion um die Mutterschaft).* Bd. 1, Kyōto Jinbun-shoin 1986, S. 267f.

[4] Zitiert bei Nagata, Mizu (Anm. 3), S. 275f.

[5] Vgl. Rita M. Gross: »Feminism from the Perspective of Buddhist Practice«. In: *Buddhist-Christian Studies* 1 (1981), S. 73–82.

⁶ Vgl. Elisabeth Gössmann u.a. (Hrsg.): *Wörterbuch der Feministischen Theologie.* Gütersloh 1991, Art.: »Jesus Christus«.

⁷ Ebd., S. 201.

⁸ Ven. Vajrāmāla: »Dem Weiblichen Raum geben ...« In: *Deutsche Buddhistische Union* (DBU) (Hrsg.), *Lotosblätter* 4/1989, 1/1991, S. 21.

⁹ Ebd.

¹⁰ Vgl. Ayya Khema: »Frauen und Spiritualität.« In: *Lotosblätter* 4/1989, 1/1990, 5ff. Vgl. hierzu auch den Beitrag: Ayya Khema: »Kann eine Frau Nibbana erreichen? Zur Stellung von Nonnen und Laienanhängerinnen im Buddhismus«. In: *Dialog der Religionen* 2 (1992), S. 177–185.

¹¹ Vgl. Rita M. Gross: »The Buddhadharma has no Gender«. In: *Vajradhatu Sun*, August-September 1988, und in: Jean Holm (Hrsg.): *Women in Religion.* London 1994, S. 1–29.

¹² Vgl. Diana Mary Paul: *The Buddhist Feminine Ideal. Queen Śrīmālā and the Tathāgatagarbha* (American Academy of Religion, Diss. Series No. 30). Missoula 1980; Ven. Vajrāmāla, a.a.O. (Anm. 7), S. 21.

¹³ Die dritte Umdrehung des Rades. Ein Gespräch mit Joanna Macy.In: *Lotosblätter* 4/1989, 1/1990, S. 33.

¹⁴ Vgl. Haruko Okono: »Die Stellung der Frau in der japanischen Religionsgeschichte«. In: E. Gössmann (Hrsg.): Japan – *ein Land der Frauen?* München 1991, S. 34–55; Tachibana, Maki: *Josei no tameno Bukkyō Nyūmon (Einführung in den Buddhismus für Frauen).* Tōkyō 1989.

¹⁵ Vgl. Ōgoshi, Aiko/ Minamoto, Junko: *Josei to Tōzai-shisō (Frauen in der Philosophie von Ost und West).* Kyōto 1989; Okuda, Akiko/ Okano, Haruko: *Shūkyō no nakano Josei-shi (Frauengeschichte in den Religionen).* Tōkyō 1993.

¹⁶ Übersetzt von Haruko Okano.

Wilhelm Halbfass: Der Buddha und seine Lehre im Urteil des Hinduismus

¹ Vgl. P. Deussen: *Allgemeine Geschichte der Philosophie: Die nachvedische Philosophie der Inder.* Leipzig ⁴1922, S. 188 (aus dem *Śaṅkaradigvijaya*).

² Vgl. W. Halbfass: *Tradition and Reflection.* Albany 1991, S. 57.

³ Die Kumārila-Legende wird in der Regel in den legendären Śaṅkara-Biographien mitbehandelt.

⁴ Vgl. hierzu W. Halbfass: *Indien und Europa.* Basel – Stuttgart 1981, S. 381.

⁵ Vgl. Halbfass: *Tradition and Reflection,* a.a.O., S. 96.

⁶ Eine umfassende Darstellung und Analyse hierzu bietet C. Oetke: »*Ich« und das Ich. Analytische Untersuchungen zur buddhistisch-brahmanischen Ātman-Kontroverse.* Stuttgart 1988.

⁷ Diese Anordnung findet sich z.B. im *Sarvadarśanasaṃgraha* des Mādhava-Vidyāraṇya und in dem *Sarvasiddhāntasamgraha*, der dem Śaṅkara fälschlich zugeschrieben wurde.

⁸ Hrsg. mit Einleitung von V. Raghavan und A. Thakur. Darbhanga 1964.

9 »*kaiścid eva mlecchādibhir manuṣyāpasadaiḥ paśuprāyaiḥ parigra-hād...*«.

10 Halbfass: *Indien und Europa*, a.a.O., S. 214. Das Zitat findet sich in mehreren Werken Vācaspatis.

11 Vgl. z.B. Vyāsas Kommentar zu *Yogasūtra* IV,11 sowie Gautamas *Nyāyasūtra* I, 1,2 mit der zugehörigen Kommentarliteratur.

12 Dies gilt vor allem für das vierte Kapitel von Gauḍapādas *Māṇḍūkya-kārikā*.

13 Vgl. Halbfass: *Indien und Europa*, a.a.O., S. 217f. Vgl. auch M. Meisig: *Die »China-Lehre« des Śaktismus.* Wiesbaden 1988; die Buddha-In-karnation Viṣṇus spielt hier eine deutlich andere Rolle als in den Purāṇas.

14 Vgl. L. M. Joshi: *Studies in the Buddhistic Culture of India.* Delhi 1967, S. 331–370.

15 Besonders feindselig ist die von Madhva (13. Jh.) begründete dualisti-sche Vedānta-Schule. Aber auch in der Schule Rāmānujas, z.B. in Vedāntadeśikas *Śatadūṣaṇī*, findet sich der Ausdruck *pracchanna-bauddha*.

16 Vgl. hierzu: G. Oberhammer (Hrsg.): *Inklusivismus. Eine indische Denkform.* Wien 1983 (mit Beiträgen von P. Hacker, W. Halbfass, A. Wezler und G. Oberhammer).

17 Vgl. O. Quarnström: *Hindu Philosophy in Buddhist Perspective.* Lund 1989, S. 101ff. Was im Vedānta akzeptabel ist, ist nach der Meinung des Madhyamaka-Autors Bhavya geradezu aus dem Buddhismus ent-lehnt.

18 Vgl. Halbfass: *Tradition and Reflection*, a.a.O., S. 95f.

19 Vgl. ebd., S. 174ff.

20 Siehe oben Anm. 2; sowie Śaṅkara: *Brahmasūtrabhāṣya* II, 2, 32 (deut-sche Übersetzung von P. Deussen. Leipzig 1887; Nachdruck Hildes-heim 1966).

21 Der vorangegangene Abschnitt basiert auf meinem Beitrag zu G. Ober-hammer (Hrsg.): *Inklusivismus. Eine indische Denkform*, a.a.O., S. 48f.

22 Vgl. Halbfass: *Indien und Europa*, a.a.O., S. 414f.

23 Vgl. ebd. 417f. Anders ist die Situation in einigen Regionen (nament-lich in Nepal), in denen Hinduismus und Buddhismus voll miteinan-der koexistieren oder sich synkretistisch miteinander verbinden. Im *Nepālamāhātmya* sind Śiva, Viṣṇu und der Buddha mehr oder weniger gleichrangig.

24 Einen nützlichen und detailreichen Überblick über die Darstellung des Buddha in den Purāṇas bietet R. S. Bhattacharya: »Buddha as Depicted in the Purāṇas«. In: *Purāṇa* 24 (1982) S. 384–404.

25 Deutsche Übersetzung bei P. Deussen, a.a.O. (siehe Anm. 1), S. 204–230.

26 Die folgenden Beobachtungen über Vivekanandas Einstellung zum Buddhismus und zum Buddha selbst sind z.T. wörtlich aus Halbfass: *Indien und Europa*, a.a.O., S. 264ff., übernommen.

27 Diese Aussage hat Vivekananda vor amerikanischem Publikum (1893 in Chicago) gemacht. Weitere Hinweise und Belege gibt: Halbfass: *In-dien und Europa*, a.a.O., S. 498, Anm. 79ff.

261

28 »What Buddha taught, the Hindu believes, but what the Buddhists teach, we do not accept«, siehe: Halbfass: *Indien und Europa*, a.a.O., S. 498, Anm. 80.

29 »But in India this gigantic child was absorbed, in the long run, by the mother that gave it birth, and today the very name of Buddha is almost unknown all over India«, siehe: Halbfass: *Indien und Europa*, a.a.O., S. 265.

30 S. Radhakrishnan: *The Dhammapada*. With introductory essays, Pāli text, English translation and notes. London 1950 (und mehrere Nachdrucke).

31 Vgl. z. B. das oben in Anm. 14 genannte Werk von L. M. Joshi.

32 Vgl. hierzu: J. Parthasarathi (Hrsg.): *Buddhist Themes in Modern Indian Literature*. Madras 1992. Das Werk geht auf Entwicklungen in allen wichtigen indischen Landessprachen und im indischen Englisch ein.

33 Vgl. C. Suneson: *Richard Wagner und die indische Geisteswelt*. Leiden 1989, S. 69–86; S. 117–121.

34 Vgl. hierzu A. M. Fiske: »Buddhistische Bewegungen in Indien«. In: H. Dumoulin (Hrsg.): *Buddhismus der Gegenwart*. Freiburg 1970, S. 72–88; T. Ling: *Buddhist Revival in India*. London 1980. Nützliche Hinweise zum Verständnis des Buddhismus im modernen wie im traditionellen Hinduismus gibt auch: K. Klostermaier: »Hindu Views of Buddhism«. In: R. C. Amore (Hrsg.): *Developments in Buddhist Thought: Canadian Contributions to Buddhist Studies*. Waterloo, Ont. 1979, S. 60–82; die Angaben in diesem Artikel sind jedoch nicht durchweg zuverlässig.

35 Eine kurzgefaßte Biographie Ambedkars bietet W. N. Kuber: *B. R. Ambedkar*. New Delhi 1978. Zum Überblick über das Gesamtphänomen vgl.: D. Kantowsky: »Buddhisten in Indien heute: Ein Literaturbericht insbesondere über die Neo-Buddhisten«. In: *Bauddhavidyāsudhākaraḥ. Studies in Honour of Heinz Bechert on the Occasion of His 65th Birthday*. Hrsg. v. P. Kiefer-Pülz and J.-U. Hartmann. Swisttal-Odendorf 1997, S. 360–396.

David Scott: Buddhismus und Islam: Von der Vergangenheit bis zur Gegenwart – Begegnungen und interreligiöse Lektionen

1 T. Ling: *Buddhist revival in India. Aspects of the Sociology of religion*. London 1980, Kap. 3.

2 H. Hoffmann: »Kālacakra Studies. I. Manichaeism, Islam, and Christianity in the Kālacakra Tantra«. In: *Central Asiatic Journal* 13 (1969), S. 52–73.

3 F. Thomas: »Buddhism in Khotan: its decline according to two Tibetan accounts«. In: *Sir Asutosh Mookerjee Silver Jubilee Volume*, Bd. III, Teil 3. Kalkutta 1927, S. 30–52.

4 Juvaini: *The History of the World Conqueror (Ta'rīkh-i jahān qushā)*, übers. von J. Boyle. Manchester 1958, S. 60.

5 Das uigurische Insadi-Sūtra, übers. von S. Tezcan. Berlin 1974, 71. Vgl. auch die Kommentare bei H. Klimkeit: »Christians, Buddhists and

Manichaeans in medival Central Asia«. In: *Buddhist-Christian Studies* 1 (1981), S. 46–50, 47.

⁶ A. Melikian-Chirvani: »L'évocation du Bouddhisme dans l'Iran Musulman«. In: *Le Monde Iranien et l'Islam* 11 (1974), S. 1–72.

⁷ *A History of the Moghuls of Central Asia. Being the Tarikh-i-Rashidi of Mirza Muhammad Haidar: Dughlat.* Übers. von E. Denison Ross, hrsg. von N. Elias. London 1895, S. 348.

⁸ Ebd., S. 52.

⁹ A. Hamid: *Islam: the Natural Way*, London 1989, S. 147.

¹⁰ D. Gimaret: »Bouddha et les Bouddhistes dans la tradition Musulmane«. In: *Journal Asiatique* 257 (1969), S. 273–316.

¹¹ *Three unknown Buddhist stories in an Arabic version.* Übers. von S. Stern und S. Walzer. Oxford 1971.

¹² Zitiert nach Gimaret, a.a.O., S. 277f.

¹³ Awfi-Text zitiert nach E. Esin: »The Turkish Bakši and the painter Muhammad Kalam«. In: *Acta Orientalia* 32 (1970), S. 81–114, hier S. 84, Anm. 9. Für einen frühen Vergleich der Ibrāhīm Erzählungen mit jenen älteren Prototypen des Buddha siehe: T. Duka: »The influence of Buddhism on Islam«. In: *Journal of the Royal Asiatic Society* (1904), S. 125–141.

¹⁴ I. Shah: *The Sufis.* London 1969, S. 363.

¹⁵ Vgl. Esin, a.a.O., S. 101.

¹⁶ E. Esin: »An Aspect of Turkish mediacy in the westward transmission of Eastern culture, in the case of mysticism«. In: *Proceedings of the 31st international Congress of Human Sciences in Asia and North Africa.* Tōkyō-Kyōto 1983. Hrsg. v. Y. Tatsuro. Tōkyō 1974, S. 378–379.

¹⁷ Ebd.

¹⁸ Esin: »The Turkish bakši …«, a.a.O., S. 102.

¹⁹ Ein Auszug aus Mirkhonds Bericht findet sich in: H. Yule (Hrsg.): *Cathay and the Way Thither.* London 1915–1916, S. 272.

²⁰ J. Trimingham: *The Sufi Orders of Islam.* Oxford 1971, S. 16, 51–66, 90–92.

²¹ Ein nützlicher Überblick findet sich bei B. Matthews: »Islam as a minority religion in some Theravāda states of South and South-East Asia«. In: R. de Koninck, J. Nadau (Hrsg.): *Ressources, problèmes, et défis de l'Asie du Sud-Est.* Québec: Les Presses de l'université Laval 1986, S. 43–52. Vgl. auch S. Suksamran: *Buddhism and Political Legitimacy, Chulalongkorn University Research Papers Series.* Bangkok, no. 2, 1993.

²² Masao Abe: »A dynamic unity in religious pluralism: A proposal from the Buddhist point of view«. In: J. Hick, H. Askari (Hrsg.): *The Experience of Religious Diversity.* Aldershot 1985, S. 163–190, hier S. 186 Diagramm II.

²³ Ebd.

²⁴ T. Cleary: »Buddhism and Islam«. In: *Transactions of the International Conference of Orientalists in Japan* 27 (1982), S. 31–38.

²⁵ Ebd., S. 37.

²⁶ Shah, a.a.O., S. 363.

²⁷ *A History of the Moghuls of Central Asia …*, a.a.O. (s. Anm. 7), S. 415.

[28] S. Gilliat: »Islamic and Buddhist doctrines of personhood: some reflections for interfaith dialogue«. In: *World Faiths Encounter* 6 (1993), S. 28–32.

[29] Essays zum interreligiösen Dialog finden sich in H. Askari: *Spiritual Quest: An Interreligious Dimension.* Pudsey 1991. Siehe auch H. Küng, K.-J. Kuschel (Hrsg.): *A Global Ethic. The Declaration of the World's Religions.* New York 1993; J. O'Connor: »Does the Global Village Warrant a Global Ethic (An analysis of ›A Global Ethic‹, the Declaration of the 1993 Parliament of World Religions)?«. In: *Religion* 24 (1994), S. 155–164.

[30] Badawi in dem Artikel: »Presenting God for all to see«. In: *The Month*, Sept./Okt. 1991, zitiert nach: Gilliat, a.a.O., S. 371.

[31] Sunims Brief »Message from Buddhists to the Parliament of the World Religions«. In: *World Faiths Encounter*, Feb. 1994, 53–54. Der Brief wurde geschrieben, um gegen die theistischen Voraussetzungen zu protestieren, die bei einigen Konferenz-Statements durchscheinen, schlägt jedoch zugleich einen anderen gemeinsamen Grund vor.

Gregor Paul: **Der Buddha aus atheistischer Sicht. Atheistische Positionen im Buddhismus**

[1] *Majjhima-Nikāya* XXXVIII, *Übers.:* K. Schmidt: *Buddhas Reden: Majjhimanikaya.* Berlin 1978, S. 130f; *Saṃyutta-Nikāya* XII, *Übers.:* H. v. Glasenapp: *Der Pfad zur Erleuchtung. Buddhistische Texte.* Düsseldorf, Köln 1956, S. 78; *Udāna* I, 3, *Übers.:* I.-L. Gunsser: *Reden des Buddha.* Stuttgart 1973, S. 41f.

[2] Vgl. D. Kalupahana: *Nāgārjuna. The Philosophy of the Middle Way.* Albany 1986, S. 10f; H. Oldenberg: *Buddha.* Hrsg. v. H. v. Glasenapp, Stuttgart o.J., S. 239f; E. Frauwallner: *Die Philosophie des Buddhismus.* Berlin 1956, S. 39f; I.-L. Gunsser, a.a.O., S. 41f; K. Mylius (Hrsg.): *Die vier edlen Wahrheiten.* 2. Aufl. Leipzig 1985, S. 201ff; Nyanatiloka: *Buddhistisches Wörterbuch.* 2. rev. Aufl. Konstanz 1976, S. 162–173; O. Rosenberg: *Die Probleme der buddhistischen Philosophie.* Heidelberg, Leipzig 1924, S. 210–219. Vgl. insbesondere *T* (= Taishō shinshū daizōkyō [The Tripiṭaka in Chinese], hrsg. von J. Takakusu und K. Watanabe, Tōkyō) 301, II: 85c; *KIK* (= Kokuyaku issaikyō, Tōkyō [Daitō shuppansha], Agonbu I, S. 295 und 299; G. Paul: *Philosophie in Japan.* München 1993, S. 74ff.

[3] *Majjhima-Nikāya* XXII, *Übers.:* K. Schmidt, a.a.O., S. 76; Nyanatiloka, a.a.O., S. 220f; *Saṃyutta-Nikāya* IV, 1, *Übers.:* H. Oldenberg, a.a.O., S. 228; G. Paul. *Philosophie ...*, a.a.O., S. 66ff.

[4] Das Nirvāṇa ist danach dann erreicht, wenn die Ursachen für weiteres Leiden und eine weitere Existenz *beseitigt sind bzw. fehlen.*

[5] Vgl. dazu die ausführlichen Darstellungen und Erörterungen in: G. Paul: *Philosophie ...*, a.a.O. und G. Paul: »Das ›Śāstra der zwölf Tore‹ und dessen Kritik an Gottesvorstellungen«. In: *Hōrin* 2 (1995).

[6] Vgl. ebenda.

[7] Vgl. ebenda.

[8] Vgl. Hsueh-li Cheng: *Nāgārjuna's ›Twelve Gate Treatise‹.* Dordrecht

1982, S. 93, 94 u. 96f, dem ich in meiner Übertragung weitgehend folge. Vgl. außerdem *KIK*, a.a.O., S. 373f.

9 Vgl. Cheng, a.a.O., S. 76 und *KIK*, a.a.O., S. 359.

10 Hier folge ich Cheng, a.a.O., S. 97. Im *KIK*, a.a.O., S. 374, findet sich die Übertragung *kugyo yori aru ni arazu*, »nicht aber von asketischen Übungen«.

11 *Jataka* 543 VI, *Übers.:* H. v. Glasenapp: *Der Pfad ...*, a.a.O., S. 63. Chinesische Übertragung (*T* III) in narazeitlichem Verzeichnis aufgeführt (Kimoto: Y, *Nara-chō tenseki shosai bussho kaisetsu sakuin.* Tōkyō 1989, S. 200).

12 Nach der englischsprachigen Übersetzung von L. M. Pruden: *Abhidharmakośabhyāśam.* 4 Bde., Berkeley 1988ff, Bd. 1, S. 306f. Zitat aus *Mahābhārata.*

13 Zitiert nach der Übers. von Iso Kern: *Buddhistische Kritik am Christentum im China des 17. Jahrhunderts.* Frankfurt a.M. u.a. 1992, S. 226.

14 *Ha daiusu.* Z.B. in *Nihon shisō taikei*, Bd. 25, hrsg. von Ebisawa Arimichi u.a. Tōkyō 1970. Zitiert nach der englischsprachigen Übersetzung von George Elison: *Deus Destroyed.* Harvard University Press 1988, S. 271, 273, 275 und 282.

15 Vgl. dazu die detaillierte Erörterung in Gunapala Dharmasiri: *A Buddhist Critique of the Christian Concept of God.* Antioch, California 1988, S. 235–258.

16 Vgl. G. Paul: *Philosophie ...*, a.a.O., S. 164–193.

17 *Majjhima-Nikāya* XXII, *Übers.:* H. v. Glasenapp: *Der Pfad ...*, a.a.O., S. 62, K. Schmidt, a.a.O., S. 75f.

18 H. v. Glasenapp: *Der Pfad ...*, a.a.O., S. 64.

19 *Dīgha-Nikāya* XIII, *Übers.:* H. v. Glasenapp: *Der Pfad ...*, a.a.O., S. 1956, S. 64. Buddhayasas (jap. Butsudayasha) und Zhu Fo Nians chinesische Version aus den Jahren 412–13(?) (jap. *Jō-agon-gyō, T* I, 1) war schon Gelehrten der frühen Nara-Zeit bekannt (vgl. Kimoto, a.a.O., S. 198).

20 Zitiert nach I. Kern, a.a.O., S. 251. Mit leichten Veränderungen.

21 *Dīgha-Nikāya* II, *Übers.:* K. Mylius, a.a.O., S. 73–78; vgl. auch H. v. Glasenapp: *Der Pfad ...*, a.a.O., S. 115–118. Das heißt freilich nicht, daß Buddha dem *Pāli-Kanon* zufolge *jeden* Wunderglauben und *jede* Art übermenschlicher Fähigkeit bezweifelt hätte.

22 Vgl. G. Paul: »Zur Rolle des Rituals bei der Etablierung religiöser Gemeinschaften«. In: *Rituale und ihre Urheber – »Invented Traditions« in der japanischen Religionsgeschichte.* Hrsg. von Klaus Antoni, Hamburg 1997.

23 *Majjhima-Nikāya* III, zitiert nach: E. Lamotte: *History of Indian Buddhism.* Louvain-la-Neuve 1988, S. 644. Vgl. auch ebenda S. 644ff. Vgl. weiterhin K. Mylius, a.a.O., S. 34, A. Hirakawa: *A History of Indian Buddhism.* Honolulu 1990, S. 270; G. Dharmasiri, a.a.O., S. 249ff, sowie G. Paul: »Zur Rolle ...«, a.a.O.

24 Näheres bei G. Paul: *Mythos, Philosophie und Rationalität.* Frankfurt a.M. 1988. Gegenargumente bei P. Schmidt-Leukel (Hrsg.): *Berechtigte Hoffnung. Über die Möglichkeit, vernünftig und zugleich Christ zu sein.* Paderborn 1995, S. 249ff.

Michael von Brück: Wer ist Buddha für Christen?

[1] Clemens von Alexandrien: Stromateis I, 71,6: »Unter den Indern folgen einige den Anweisungen des Buddha, den sie wegen seiner ungewöhnlichen Heiligkeit (*hyperbolê semnotês*) als Gott (*hôs theon*) verehrt haben.«

[2] Daß die Geburtsgeschichte Jesu, viele seiner Gleichnisse, die Wundererzählungen, das Motiv der Höllenfahrt Christi usw. buddhistischen Ursprungs seien, hat (in Weiterführung der diesbezüglich eher skeptischen Studien des Indologen Richard Garbe von 1914) in jüngster Zeit erneut Zacharias Thundy vertreten. Vgl. Z.P. Thundy: *Buddha and Christ. Nativity Stories and Indian Traditions.* Leiden 1993, bes. S. 147ff. Für einen größeren Einfluß des Buddhismus auf das frühe Christentum plädiert auch R.C. Amore: *Two Masters – One Message.* Nashville 1978; dagegen hält N. Klatt: *Literarkritische Beiträge zum Problem christlich-buddhistischer Parallelen.* (*Arbeitsmaterialien zur Religionsgeschichte* 8) Köln 1982, den Einfluß für gering.

[3] Ausführlich M.v.Brück/W.Lai: *Buddhismus und Christentum.* München 1997.

[4] Als Beispiel für diese Haltung sei hier nur Albert Schweitzer genannt, dessen Urteil großen Einfluß auf den deutschen Protestantismus hatte: Er bewundert zwar die reformerische menschliche Leistung des Buddha (Parallele zu Luther!) sowie seine ethisch hochstehende Persönlichkeit, glaubt aber im ursprünglichen Buddhismus nur Weltverneinung erkennen zu können, weshalb spätere Entwicklungen im japanischen Mahāyāna (bes. bei Shinran) prinzipielle Umdeutungen seien, weil man den Atheismus und Pessimismus des Buddha nicht mehr habe ertragen können. Vgl. A.Schweitzer: *Die Weltanschauung der indischen Denker. Mystik und Ethik (1935).* Zit. nach der Ausgabe: *Ausgewählte Werke in fünf Bänden.* Berlin 1971, Bd.2, S. 508ff. Dazu auch H. de Lubac: *La rencontre du bouddhisme et de l'occident.* Paris 1952, S. 253.

[5] J.H. Barrows: »Words of Welcome«. In: R.H. Seager (Hrsg.): *The Dawn of Religious Pluralism. Voices from the World's Parliament of Religions 1893.* LaSalle 1993, S. 23ff.

[6] Die Reden sind abgedruckt bei Seager, a.a.O., S. 406ff.

[7] R. Guardini: *Der Herr. Betrachtungen über die Person und das Leben Jesu Christi.* Würzburg [13]1964, S. 361.

[8] V.Brück/Lai: *Buddhismus und Christentum,* a.a.O., Kap. II.1.1.

[9] Eine Analyse der einzelnen Vorwürfe findet sich bei P. Schmidt-Leukel: *Den Löwen brüllen hören. Zur Hermeneutik eines christlichen Verständnisses der buddhistischen Heilsbotschaft.* Paderborn 1992, S. 36ff.

[10] So F. Otto Schrader: *Wille und Liebe in der Lehre Buddhas.* Berlin [2]1905.

[11] Zu Pieris vgl. v.Brück/Lai, a.a.O., Kap. II.3.2., und Schmidt-Leukel, a.a.O., S. 222ff.

[12] So hat Anagarika Govinda von einer »psychologischen Grundhaltung« der frühbuddhistischen Philosophie gesprochen. Vgl. den

gleichnamigen Titel seines Buches: *The Psychological Attitude of Early Buddhist Philosophy.* Patna 1938 (London 1961, dt. Übers.: *Die psychologische Grundhaltung der frühbuddhistischen Philosophie.* Zürich 1962). Auf die psychologische Haltung Gautamas hat auch Erich Frauwallner verwiesen (*Geschichte der indischen Philosophie,* Bd. 1. Salzburg 1953, S. 242) Das Thema wurde wieder aufgenommen von Anthony Fernando: *Buddhism and Christianity. Their Inner Affinity.* Colombo ³1983 (dt. Übers.: *Zu den Quellen des Buddhismus.* Mainz 1987) und Shanta Ratnayaka: *Two Ways of Perfection. Buddhist & Christian.* Colombo 1978.

[13] Dīgha Nikāya 2; abgedruckt in der Übersetzung von Paul Dahlke in: *Buddha. Die Lehre des Erhabenen.* München 1986, S. 272ff.

[14] Aṅguttara Nikāya IV, 418, abgedruckt in der Übersetzung Nyanatilokas/Nyanaponikas in: *Die Lehrreden des Buddha aus der Angereihten Sammlung* IV.7–9. Freiburg 1984, S. 221ff.

[15] C. Dunne: *Buddha and Jesus. Conversations.* Springfield 1975, dt.: *Buddha und Jesus. Gespräche.* München 1990. Ausführlich dargestellt sind diese Zusammenhänge in: v. Brück/Lai: *Buddhismus und Christentum,* a.a.O., Kap. II.1. (Jesus Christus – Gautama, der Buddha).

[16] Dunne, a.a.O., S. 5

[17] Dunne, a.a.O., S. 8

[18] Dunne, a.a.O., S. 25

[19] Dunne, a.a.O., S. 64

[20] Dunne, ebenda

[21] Dunne, a.a.O., S. 79

[22] Sie erinnern an die *saṃbhogakāya*-Theophanien des Avataṃsaka-Sūtra, das von unzähligen Gestalten dieser Dimension der Buddha-Wirklichkeit berichtet. (Vgl. Th. Cleary: *The Flower Ornament Scripture. The Avatamsaka-Sūtra,* 3 Bde. Boulder 1984–1987, sowie die Erläuterungen zu diesem Sūtra in M.v. Brück: *Weisheit der Leere.* Zürich 1989, S. 101ff.)

Glossar

Kursiv gesetzte Worte im Erklärtext verweisen auf andere Stichworte dieses Glossars.

ABKÜRZUNGEN:
chin.: chinesisch,
gr.: griechisch,
jap.: japanisch,
p.: pali,
skt.: sanskrit.

Abhidharma (skt.), *abhidhamma* (p.): Wtl. »was den Dharma betrifft«; im weiteren Sinn Bezeichnung für die buddhistische Scholastik, im engeren Sinn (Abhidhamma-Piṭaka) für den dritten Teil des *(Pāli-)Kanons*, der gegenüber den beiden ersten Teilen jüngere, vor allem scholastisch-dogmatische Abhandlungen enthält.

Ādibuddha (skt.): »Ur-Buddha«; im buddhistischen *Tantrismus* Bezeichnung für die letzte, absolute Wirklichkeit.

Advaita-Vedānta (skt.): »Nicht-Zweiheit-Vedānta«; eine der drei Schulen des hinduistischen *Vedānta*-Systems. In dieser wird auf besonders radikale Weise die Non-Dualität von *ātman* und *brahman* vertreten.

Āgama-Sūtra (skt.): Bezeichnung für die außerhalb des *Pāli-Kanons* bestehenden Varianten der Pāli-Nikāyas, d.h. der Sammlungen im zweiten Teil des Kanons.

Agapé (gr.): »Liebe«, im christlichen Umfeld vor allem Bezeichnung für die göttliche Liebe im Unterschied zu Freundesliebe und erotischer Liebe.

Amida (jap.): Japanischer Name für den Buddha *Amitāyus* bzw. *Amitābha*.

Amida-Buddhismus: In Indien entstandener, vor allem aber im sinojapanischen Raum weiterentwickelter Zweig des *Mahāyāna*, bei dem die Verehrung *Amidas* im Mittelpunkt steht.

Amitābha (skt.): Wtl. »von unermeßlichem Licht«, einer der fünf *tathāgatas* des *samboghakāya*; zentrale Figur im *Amida-Buddhismus*.

Amitāyus (skt.): Wtl. »von unermeßlichem Leben«, anderer Name des Buddha *Amitābha*.

Andhaka: Eine den *Mahāsāṇghika* nahestehende vor-mahāyānistische Schule des *Hīnayāna*, in deren Lehren sich aber bereits Tendenzen des späteren *Mahāyāna* abzeichnen.

Arhat, *arhant* (skt.), *arahat*, *arahant* (p.): Nach dem älteren Buddhismus die höchste Heiligkeitsstufe. Sie wird mit der Erleuchtung erreicht.

Aśoka (3. Jh.v.Chr.): Großherrscher im indischen Subkontinent, der nach seiner Konversion zum Buddhismus dessen bedeutendster Protagonist wurde.

Asura: Im Buddhismus eine niedere Götterklasse, in den jüngeren Zweigen des Hinduismus eine Klasse böser Dämonen.

Ātman (skt.), *atta* (p.): Wtl. »ich« oder »selbst«; im Hinduismus (*Upaniṣaden*) Bezeichnung für den mit dem göttlichen *brahman* identischen Kern des Menschen.

Avalokiteśvara: Ein hochverehrter *Bodhisattva*, der im *Mahāyāna* allgemein in besonderer Weise als Verkörperung des Mitleids gilt und im *Amida-Buddhismus* als fester Begleiter *Amidas* angesehen wird.

Avatamsaka-Sūtra (skt.): Wtl. »Blumenkranz-Sūtra« (chin.: Hua-yen-king; jap.: Kegon-kyō), umfangreiche Sammlung von *Mahāyāna*-Sūtren, die vor allem um das Thema der *Buddha-Natur* und der wechselseitigen Durchdringung aller Dinge kreisen.

Avatāra (skt.): Wtl. »Herabkunft«, hinduistische Bezeichnung für die Inkarnation einer Gottheit in einer irdischen, aber nicht unbedingt menschlichen Gestalt.

Bhagavadgītā: Wtl. »Gesang des Erhabenen«, in Versen geschriebenes kleines Kompendium hinduistischer Lehren; Teil des indischen Nationalepos Mahābhārata.

Bhakti (skt.): Liebevoll verehrende Hingabe, Bezeichnung für den primär devotional geprägten Strang hinduistischer und buddhistischer Frömmigkeit.

Bodhisattva, oder: *Bodhisatva* (skt.), *bodhisatta* (p.): Wtl. ein »Erleuchtungswesen« oder »zur Erleuchtung hingeneigt«, in allen buddhistischen Schulen die Bezeichnung für einen Buddha *vor* Erlangung seiner Buddhaschaft, im *Mahāyāna* Ausdruck des religiösen Ideals, die Erleuchtung bzw. Buddhaschaft ausschließlich aus altruistischen Motiven zu erstreben.

Bodhi (skt., p.): Erleuchtung bzw. wtl.: »Erwachen«.

Bodhi-Baum: Der Baum, unter dem Buddha der Legende nach seine Erleuchtung erfuhr.

Bon-Religion: Stark schamanistisch geprägte, vorbuddhistische Religion Tibets.

Brahman (skt.): Im Hinduismus Bezeichnung für die alles durchdringende, mit dem *ātman* identische göttliche Wirklichkeit.

Brahmā: In Hinduismus und Buddhismus Bezeichnung für eine bestimmte Götterklasse oder deren oberste Gottheit (Mahā-Brahmā).

Brahmanen: Angehörige der Priesterkaste, der obersten Kaste der klassischen indischen Vier-Stände-Gesellschaft.

Brahmasūtra: Eine kurze Sammlung von vor allem aus den *Upaniṣaden* stammenden Zitaten; Basistext des hinduistischen *Vedānta*-Systems.

Buddhaghoṣa (5. Jh.): Herausragender Gelehrter der *Theravāda*-Schule auf Ceylon, Verfasser zahlreicher Kommentare zum *Pāli-Kanon*.

Buddha-Natur (skt.: buddhatā): Im Sinne der *tathāgatagarbha*-Lehre Bezeichnung für die letzte, buddhaförmige Wirklichkeit, an der alle Wesen partizipieren und dadurch die Potentialität zur Buddhaschaft in sich tragen.

Cakravartin (skt.), *cakkavattin* (p.): Im älteren indischen Buddhismus Bezeichnung für einen Weltenherrscher, der einerseits in einer mythologischen Parallele zum Buddha (als dem geistigen Herrscher) steht und andererseits das Ideal des buddhistischen Königs symbolisiert.

Candrakīrti (6./7. Jh.): Indischer Vertreter der *Madhyamaka*-Schule, Kommentator *Nāgārjunas*.

Ch'an-Buddhismus: Bezeichnung für den chinesischen *Zen-Buddhismus*.

Daitya: Im Hinduismus eine Klasse kämpferischer Dämonen.

Deva (skt.): Sammelbezeichnung für die Götterwesen in den himmlischen Welten, bei denen es sich nach buddhistischer Auffassung allerdings um sterbliche, in den *Saṃsāra* eingebundene Existenzformen handelt.

Dhammapada (p.): Wtl. »Dharma-Verse«, in Versform geschriebenes, zum *Pāli-Kanon* gehörendes kleines Kompendium ethisch-spiritueller Lehren des älteren Buddhismus.

Dharma (skt.), *dhamma* (p.): Lehre, Gesetz, aber auch einfach »Dinge«, »Partikel« usw.

Dharmākara: Der *Bodhisattva* Dharmākara ist der spätere Buddha *Amida* zu dem Zeitpunkt, als er seine 48 Bodhisattva-Gelübde ablegte.

Dharmakāya (skt.): Wtl. »Dharma-Körper«, im Rahmen der *mahāyānistischen Trikāya*-Lehre die höchste Wirklichkeitsform des Buddha und in diesem Sinn eine Bezeichnung für die absolute Wirklichkeit schlechthin.

Dharmakīrti (7. Jh.): Einer der Hauptvertreter der buddhistischen *Yogācāra*-Schule, der sich vor allem mit Fragen der Logik und Erkenntnistheorie, aber auch mit der Verteidigung der buddhistischen Lehre befaßte.

Dignāga (5./6. Jh.): Herausragender Vertreter der buddhistischen *Yogācāra*-Schule, vor allem bekannt für seine Abhandlungen zur Logik.

Dōgen (1200–1253): Begründer des japanischen Sōtō-*Zen-Buddhismus*.

Doketismus: Bezeichnung für Lehren, die eine gewisse Wirklichkeit als Scheinwirklichkeit deuten, z. B. die menschliche Natur Jesu oder die menschliche Natur Śākyamunis.

Doppelte Wahrheit: Im *Mahāyāna*, vor allem in der *Madhyamaka*-Schule, vertretene Lehre, wonach der begrifflich strukturierten Form der Wirklichkeitserfassung bestenfalls eine relative Wahrheit zukommt, wohingegen die absolute Wahrheit jegliche begriffliche Faßbarkeit übersteigt; siehe auch *saṃvṛtisatya* und *paramārthasatya*.

Drei-Leiber-Lehre: Siehe *trikāya*.

Duḥkha (skt.), *dukkha* (p.): »leidhaft«, »unbefriedigend«; buddhistischer Terminus technicus für den leidvollen und unbefriedigenden Charakter unerlöster Existenz. Wesen und Ursache von *duḥkha* sowie die Möglichkeit und der Weg zu seiner Überwindung sind das Thema der *Vier Edlen Wahrheiten*.

Eisai (1141–1215): Begründer des japanischen Rinzai-*Zen-Buddhismus*.

dGe lugs pa: »Gelbmützen«, auf die Reformen *Tsoṅ kha pas* zurückgehende Schule des tibetischen Buddhismus.

Geschicktes Mittel: Siehe *upāya*.

Hīnayāna (skt.): Wtl. »kleines« bzw. »geringes Fahrzeug«; pejorative Sammelbezeichnung des *Mahāyāna* für die älteren nicht-mahāyānistischen buddhistischen Schulen.

Hōben (jap.): Siehe *upāya*.

Hōnen Shōnin (1133–1212): Begründer der *Jōdo-shū* des japanischen *Amida-Buddhismus*, Lehrer *Shinrans*.

Huayen-Buddhismus: In China entstandene, eigenständige Schulrichtung des *Mahāyāna*, die sich primär auf die Lehren des *Avatamsaka-Sūtra* stützt.

Icchantika (skt.): In einigen Teilen des *Mahāyāna* Bezeichnung für eine Gruppe von Menschen, die in radikaler Weise von allen Wurzeln des Guten abgeschnitten sind. Die Frage ihrer Erlösungsunfähigkeit bzw. Teilhabe an der Buddha-Natur war Gegenstand kontroverser Diskussionen.

Īśvara (skt.): Im hinduistischen Umfeld Bezeichnung für den zumeist personal gedachten Schöpfergott.

Jāla (skt.): Wtl. »Netz«, im Zusammenhang der buddhistischen Ikonographie eines der körperlichen Merkmale Buddhas, das zunächst wohl ein bestimmtes Lineament auf den Händen bedeutete, später jedoch als »Schwimmhaut« zwischen den Fingern verstanden wurde.

Jātaka (skt.): Literarische Gattung des buddhistischen Schrifttums. In den *Jātakas* werden Geschichten aus den früheren Leben eines späteren Buddha, d. h. aus seiner Zeit als *Bodhisattva*, erzählt.

Jinismus oder *Jainismus*: Dem frühen indischen Buddhismus in vielem verwandte, bis heute existierende indische Erlösungsreligion.

jiriki (jap.): Wtl. »eigene Kraft«, im *Amida-Buddhismus* Bezeichnung für die auf das »Ich« gestützte religiöse Anstrengung.

Jñānagarbha (7./8. Jh.): Vertreter der *Madhyamaka*-Schule, besonders bekannt für sein Werk über die *Doppelte Wahrheit*.

Jōdo-shin-shū (jap.): »Wahre Schule vom Reinen Land«, die sich auf die Lehren *Shinrans* stützende Richtung des japanischen *Amida-Buddhismus*.

Jōdo-shū (jap.): »Schule vom Reinen Land«, die sich auf *Hōnen* stützende Richtung des japanischen *Amida-Buddhismus*.

Kalpa (skt.): Ein Weltzeitalter (Periode von der Entstehung bis zum Untergang einer Welt), in seiner genauen Länge unterschiedlich bestimmt.

Kamma (p.): Siehe *Karma*.

Kaniṣka (1. oder 2. Jh.): Mächtiger indo-skythischer Herrscher, Förderer des Buddhismus.

Karma, *karman* (skt.): Wtl. »Tat«, Terminus technicus für die Rückwirkungen der in Gedanken, Worten und Werken vollzogenen Handlungen auf das Handlungssubjekt, die dessen spirituelle Entwicklung steuern und die Form der Wiedergeburt bestimmen.

Karuṇā (skt.): Mitleid, Erbarmen.

Kathāvatthu (p.): Schrift aus dem *Abhidhamma* des *Pāli-Kanons*, die aus der Sicht des *Theravāda* die dogmatischen Streitfragen der frühen buddhistischen Schulen behandelt.

Kegon-Buddhismus: Japanische Bezeichnung für *Huayen-Buddhismus*.

Kenotisch: Auf die *Kenosis* bezogen.

Kenosis (gr.): Im christlichen Kontext die Lehre von der Selbsterniedrigung bzw. Entäußerung Gottes im Zuge der Inkarnation, das heißt der Menschwerdung Gottes in Jesus.

Kōan (jap.): Literaturgattung innerhalb des *Zen-Buddhismus*, die zumeist rätselhafte, paradoxe Episoden oder Aussprüche umfaßt, welche auch als Gegenstand der meditativen Betrachtung dienen.

Kṛṣṇa (skt.), *Krishna* (eingedeutscht): Sagenhafter, in seiner Historizität vielfach bezweifelter Held indischer Epen; im Hinduismus als Inkarnation *Viṣṇus* verstanden.

Kṣānti (skt.): Geduld, Nachsicht – eine der Tugenden des *Bodhisattva*.

Kṣatriya: Kaste der »Krieger« bzw. Adligen; eine der klassischen vier Hauptkasten des älteren Hinduismus. Ihr entstammt der Buddha.

Kumārila (7./8. Jh.): Bedeutender Philosoph des hinduistischen *Mīmāṃsā*-Systems.

Lalitavistara (skt.): Stark legendarisch geprägte Buddha-Biographie, die vermutlich der *Sarvāstivāda*-Schule entstammt.

Leerheit, Leere: Siehe *śūnyatā*.

Lin-chi (chin.), *Rinzai* (jap.) (9. Jh.): Chinesischer Zen-Meister, auf dessen Lehren und Praxis sich besonders die chinesische Lin-chi-Schule bzw. die japanische *Rinzai*-Schule stützen.

Logos (gr.): »Wort« oder »Vernunft«. Im christlichen Kontext Bezeichnung für die zweite Person des trinitarischen Gottes, die sich in Jesus inkarniert hat.

Lotos-Sūtra, Saddharmapuṇḍarīka-Sūtra (skt.): Eines der zentralen Sūtren des *Mahāyāna*, in dem vor allem die Vorstellung von der Ewigkeit des transzendenten Buddha entfaltet wird.

Madhyamaka (skt.): Philosophische Richtung des *Mahāyāna*, die sich in Indien im Anschluß an die Philosophie *Nāgārjunas* entwickelt hat und sich insbesondere auf die *śūnyatā*-Lehre sowie die Lehre von der *Doppelten Wahrheit* konzentriert.

Mahāsāṅghika (skt.): »Große Gemeinde«, durch die Spaltung auf dem zweiten buddhistischen Konzil entstandene Richtung des älteren, vormahāyānistischen Buddhismus, in deren Lehren sich allerdings bereits zahlreiche Entwicklungen des *Mahāyāna* abzeichnen.

Mahā-Vairocana (skt.): Anderer Name für den *Ādi-Buddha*.

Mahāyāna (skt.): »Großes« bzw. »Erhabenes Fahrzeug«, eine der Selbstbezeichnungen der zwischen dem 1. Jahrhundert v.Chr. und dem 2. Jahrhundert n.Chr. entstandenen Reformbewegung des indischen Buddhismus, in der es zu erheblichen Weiterbildungen der älteren buddhistischen Lehre sowie zu Radikalisierungen und teilweise auch Umgestaltungen buddhistischer Ideale kam.

Mahīśāsaka (p.): Eine der älteren, nicht-mahāyānistischen Schulen des indischen Buddhismus.

Maitreya (skt.): Nach traditioneller Vorstellung der dem Buddha Gautama folgende, für die Zukunft erwartete nächste Buddha.

Mantrayāna (skt.): Anderer Name für *Vajrayāna*.

Māra: In der buddhistischen Mythologie Gottheit der Sinnenwelt und des Todes, die vor allem als Versucher und Widerpart Buddhas auftritt.

Metteyya (p.): Siehe *Maitreya*.

Mīmāṃsā (skt.): Eines der sechs orthodoxen, d.h. *Veda*-treuen, philosophischen Systeme des Hinduismus. Hauptthema des Mīmāṃsā sind Fragen der religiös-rituellen Theorie und Praxis.

Mudrā (skt.): Handstellung in unterschiedlichen Varianten mit jeweils relativ festgelegter ikonographischer Bedeutung.

Mūlamadhyamakakārikā (skt.): Knappe philosophische Schrift *Nāgārjunas*, die zu einem der grundlegenden Texte der *Madhyamaka*-Schule wurde.

Nāgārjuna (2.–3. Jh.): Einer der bedeutendsten und einflußreichsten Philosophen des *Mahāyāna*, auf dessen Werke sich insbesondere die *Madhyamaka*-Schule stützt. Wichtigstes Thema seiner Philosophie ist die *śūnyatā*-Lehre.

Nansen (748–834): Japanischer Name des Nan-ch'üan P'u-yüan, eines chinesischen Zen-Meisters, der ein Schüler des großen Ma-tsu und Lehrer des Chao-chou war.

Nembutsu (jap.): Bezeichnung für die Anrufung *Amidas* mit den Worten »Namu Amida Butsu« (»Verehrung dem Buddha Amida«).

Nibbāna (p.): Siehe *Nirvāṇa*.

Nichiren (1222–1282): Begründer einer japanischen Richtung des Buddhismus, die das *Lotos-Sūtra* über alle anderen Schriften stellt.

Nirmāṇakāya (skt.): Wtl. »Verwandlungskörper«; im Rahmen der *trikāya*-Lehre Bezeichnung für die irdische bzw. menschliche Erscheinungsform des Buddha.

Nirvāṇa (skt.), *nibbāna* (p.): Wtl. »Verwehen«, »Verlöschen«; Gegenstück zum *Saṃsāra*, dem unheilvollen Kreislauf der Geburten, als solches das Heilsziel des Buddhismus. Das Nirvāṇa gilt als eine unbedingte (asaṃskṛta) Realität, die dem vergänglichen und bedingten Sein enthoben ist. Es wird erreicht in der Erleuchtung.

Nyāya (skt.): Eines der sechs orthodoxen, d.h. *Veda*-treuen, philosophischen Systeme des Hinduismus. Als Schwerpunkt des Nyāya gelten vor allem Fragen der Logik.

Pacceka-Buddha (p.): Siehe *Pratyeka-Buddha*.

Pāli: Ursprünglich vermutlich ein Dialekt des westlichen Zentralindiens. In dieser Sprache ist der *Pāli-Kanon* abgefaßt sowie fast alle weiteren klassischen Werke der Theravāda-Schule. Im Theravāda wird Pāli für die Sprache des historischen Buddha gehalten und fungiert als eine Art ›Kirchensprache‹.

Pāli-Kanon: Die kanonische Sammlung der *Theravāda*-Schule, eingeteilt in die drei Teile des Vinaya-Piṭaka (»Korb der Ordensdisziplin«), des Sutta-Piṭaka (»Korb der Lehrreden«) und des »Abhidhamma-Piṭaka« (»Korb des *Abhidhamma*«).

Paramārtha (skt.): Das Vollkommene, das Absolute.

Paramārthasatya (skt.): Im Rahmen der Lehre von der *Doppelten Wahrheit* die Wahrheit bzw. Wirklichkeit im höchsten, absoluten Sinn.

Pāramitā (skt.): Vollkommenheit, Tugend.

Parinirvāṇa (skt.): Wtl. »vollkommenes Erlöschen«, häufig, aber nicht immer, als Bezeichnung für das Ableben Buddhas verwendet.

Prajñā (skt.): »Weisheit«, im Buddhismus Terminus technicus für die höchste, in der Erleuchtung zugängliche Erkenntnis.

Prajñāpāramitā-Sūtra (skt.): Wichtige Sammlung von relativ frühen *Mahāyāna*-Texten, in denen besonders die *śūnyatā*-Lehre und das *Bodhisattva*-Ideal entfaltet werden.

Pratītyasamutpāda (skt.): Prinzip des »bedingten Entstehens«; ursprünglich ein mehr oder weniger feststehendes Schema von (meist) zwölf miteinander verknüpften Ursachen der leidvollen Existenz, das – durch Aufhebung der Ursachen – den Weg zur Erlösung verdeutlicht. In der Philosophie des *Mahāyāna* wird der *pratītyasamutpāda* häufig zum Synonym für die ontologisch und/oder epistemologisch verstandene Interdependenz aller Gegebenheiten.

Pratyeka-Buddha (skt.): »Einzelbuddha«, Bezeichnung für einen Buddha, der zwar erleuchtet ist, jedoch keine Gemeinde begründet und daher hinter dem Buddha im vollen Sinn (*samyaksambuddha*) zurücksteht.

Purāṇa (skt.): In Dialog- und Versform geschriebene heilige Texte des Hinduismus, die religiös-philosophische und mythologische Themen behandeln und jeweils um verschiedene Gottheiten kreisen.

Reines Land: Siehe *sukhāvatī*.

Rinzai: Siehe *Lin-chi*.

Rūpakāya (skt.): Wtl. »formhafter« bzw. »stofflicher Körper«, im Rahmen der *trikāya*-Lehre andere Bezeichnung für den *nirmāṇakāya*.

Sakkamuni (p.): Siehe *Śākyamuni*.

Śakti: Neben *Viṣṇu* und *Śiva* eine der Hauptgottheiten des Hinduismus. Die weibliche und unter verschiedenen Namen auftretende Śakti ist die Hochgottheit des hinduistischen Śaktismus.

Śākyamuni (skt.): Bezeichnung für den historischen Buddha; wtl. der »Weise aus dem Geschlecht der Śākya«.

Saṃboghakāya (skt): Wtl. »Körper des Genießens«, im Rahmen der *trikāya*-Lehre Bezeichnung für die zwischen der menschlichen (*nirmāṇakāya*) und der absoluten (*dharmakāya*) Wirklichkeitsweise stehende, quasi halb-transzendente Wirklichkeitsweise des Buddha, die zwar einerseits jenseits der menschlich-körperlichen Erscheinungsweise liegt, aber andererseits im Unterschied zum *dharmakāya* noch formhaft personale Züge trägt. Die Wirklichkeit des *saṃboghakāya* gilt dabei hauptsächlich als die Frucht des vom *Bodhisattva* geschaffenen religiösen Verdienstes.

Saṃvṛtisatya (skt.): Im Rahmen der Lehre von der *Doppelten Wahrheit* die Wahrheit bzw. Wirklichkeit im konventionellen bzw. relativen Sinn, die zur Erkenntnis der höchsten Wahrheit (*paramārthasatya*) hinführen soll.

Saṃsāra (p., skt.): Der Kreislauf der Wiedergeburten, im Buddhismus und Hinduismus Terminus technicus zur Bezeichnung der unerlösten Daseinsweise.

Śaṅkara (8. Jh.): Indischer Philosoph, Begründer der hinduistischen Schule des *Advaita-Vedānta*.

Śāntideva (7./8. Jh.): Indischer Vertreter der *Madhyamaka*-Schule, dessen erhaltene Werke sich vorwiegend mit dem *Bodhisattva*-Ideal befassen.

Sarvāstivāda: Ältere, dem *Hīnayāna* zuzurechnende und einst sehr einflußreiche buddhistische Schule.

Shan-tao (613–681): Einer der chinesischen Patriarchen des Amida-Buddhismus.

Shingon-shū (jap.): Japanische Schule des buddhistischen *Tantrismus*.

Shinjin (jap.): Vertrauen (auf *Amidas* Gelübde), zugleich die mitleidvolle Gesinnung *Amidas*.

Shinran Shōnin (1173–1261): Japanischer *Amida*-Buddhist, Schüler *Hōnens*. Auf die Lehren Shinrans stützt sich die *Jōdo-shin-shū*.

Shōbōgenzō (jap.): Wichtigstes Werk des japanischen Zen-Buddhisten *Dōgen*.

Śiva: Neben *Viṣṇu* und *Śākti* einer der Hauptgötter des Hinduismus bzw. die Hochgottheit des śivaitischen Zweigs.

Śivaismus: Zweig des Hinduismus, in dem *Śiva* als Hochgott verehrt wird.

Skandha (skt.): »Gruppe«, nach der buddhistischen Anthropologie setzt sich der Mensch aus fünf *skandhas* zusammen: die Leiblichkeit und vier geistige »Gruppen« (Empfindung, Wahrnehmung, geistige Formkräfte, Bewußtsein).

Soheit: Siehe *tathatā*.

Śrāvaka (skt.): Wtl. »Hörer«, im *Mahāyāna* gebräuchliche, abschätzige Bezeichnung für die Anhänger der nicht-mahāyānistischen Schulen mit dem Sinn: diejenigen, die sich damit begnügen, als Hörer Buddhas die Erleuchtung bzw. die *Arhat*schaft zu erlangen, und die nicht danach streben, selber Buddha zu werden.

Stūpa (skt.): Buddhistischer Reliquienschrein bzw. Kultstätte.

Sufismus: Mystisch-kontemplative Richtung islamischer Frömmigkeit.

Sukhāvatī (skt.): Wtl. »glückliches Land«, auch »Reines Land« genannt, die durch die karmischen Verdienste von *Amida* geschaffene jenseitige Welt, in der alle Wesen mühelos das *Nirvāṇa* erreichen können.

Sukhāvatīvyūha-Sūtra (skt.): *Amida*-buddhistische Texte indischen Ursprungs. Es existieren ein »Längeres Sukhāvatīvyūha-Sūtra« und ein »Kleineres Sukhāvatīvyūha-Sūtra«, die beide die Lehre über *sukhavati*, das durch *Amida* geschaffene »Reine Land«, zum Gegenstand haben.

Śūnyatā (skt.): Wtl. »Leerheit«, einer der Grundbegriffe des *Mahāyāna*, der zunächst in den *Prajñāpāramitā-Sūtren* und dann in der Philosophie *Nāgārjunas* hervortritt. Seine Bedeutung ist vielfältig und umfaßt insbesondere: (a) die Leerheit aller Dinge von einem substantiellen Wesenkern, (b) die Unfähigkeit der Begriffe, die Wirklichkeit zu erfassen, (c) die Wirklichkeit in ihrem absoluten, das menschliche Begreifen übersteigenden Charakter.

Śūnyavāda (skt.): »Schule des Leeren«, anderer Name für die *Madhyamaka*-Schule.

Sutta (p.): siehe *Sūtra*.

Sūtra (skt.), *sutta* (p.): Buddhistischer, meist dem Buddha selbst zugeschriebener Lehrtext.

T'an-luan (476–542): Chinesischer, ursprünglich aus der Sanlun-Schule, dem chinesischen *Madhyamaka*, stammender Patriarch des *Amida-Buddhismus*.

Tan-ni-shō: Kompilation von Aussprüchen *Shinrans*, wichtiges Werk der *Jōdo-shin-shū*.

Tantrismus: Hinduismus – und Buddhismus – übergreifende, teilweise stark esoterisch geprägte religiöse Strömung. Auf der Grundlage des *Mahāyāna* bildet sich im Buddhismus eine tantristische Richtung mit eigenem religiösem Schrifttum (*tantras*), besonderen kultischen Praktiken und einer die Ideen des Mahāyāna weiterführenden Philosophie heraus. Besonders einflußreich ist der Tantrismus im tibetischen Buddhismus.

Tao-ch'o (562–645): Chinesischer Patriarch des *Amida-Buddhismus*.

Tariki (jap.): Wtl. »andere Kraft«, die vom *Amida*-Buddhisten in Anspruch genommene, heilssuffiziente Kraft *Amidas*; Gegenteil zu *jiriki*.

Tathāgata (skt.): Wtl. »der so Gegangene«, anderer Ehrentitel für einen »Buddha«.

Tathāgatagarbha (skt.): Wtl. »Keim« oder »Embryo« des »Tathagatha«, die in jedem Wesen angelegte Potentialität zur Verwirklichung der Buddhaschaft.

Tathatā (skt.): Wtl. »Soheit«, Bezeichnung für die wahre, alles begriffliche Erfassen transzendierende Natur der Wirklichkeit.

Tendai-shū (jap.): Japanischer Ableger der chinesischen Tientai-Schule, in deren Lehren das *Lotos-Sūtra* eine besondere Rolle spielt.

Theosis (gr.): »Vergöttlichung«, besonders in den christlichen Ostkirchen (Orthodoxie) verbreitete Bezeichnung für die heilshafte Umgestaltung des Menschen von der bloßen Gottebenbildlichkeit zur inneren Gottähnlichkeit.

Theravāda: »Die Lehre der Alten« – die einzige der *vor-mahāyānistischen* Schulen, die sich bis in die Gegenwart erhalten hat und heute vor allem in Sri Lanka, Burma, Thailand, Laos und Kambodscha beheimatet ist.

Thūpa (p.): Siehe *Stūpa*.

Trikāya (skt.): Wtl. »Drei-Leiber«. Aus älteren Wurzeln hervorgegangen, entwickelt sich im späteren Mahāyāna die *trikāya*-Lehre als eine umfassende Systematisierung von drei unterschiedlichen Wirklichkeitsformen bzw. Wirklichkeitsebenen oder auch Wirkungsweisen des Buddha. Siehe auch *dharmakāya, saṃbhogakāya, nirmāṇakāya*.

Tuṣita-Himmel: In der buddhistischen Mythologie eine der himmlischen *deva*-Welten, in der sich unter anderen der jeweils nächste Buddha aufhält.

Tsoṅ kha pas (1357–1419): Herausragender Gelehrter und Reformer des tibetischen Buddhismus, Begründer der *dGe lugs pas*.

Upaniṣaden: Eine Gruppe von Schriften, die als jeweils letzter Teil den einzelnen *Veden* angehängt sind und in denen vor allem die *brahman-ātman*-Lehre ausgeführt wird.

Upāya (skt.), *upāyakauśalya* (skt.), *hōben* (jap.): Wtl. »Mittel« bzw. »geschicktes Mittel«. Im *Mahāyāna* gilt die Anwendung von »geschickten

Mitteln« als eine der wichtigsten Fähigkeiten von Buddhas und *Bodhi-sattvas*, mit deren Hilfe sie die Wesen auf dem Weg zur Erleuchtung voranbringen. Im Zusammenhang mit der Lehre von der *Doppelten Wahrheit* steht das geschickte Mittel häufig in Parallele zu *saṃvṛtisatya*.

Ūrṇā (skt.): In der buddhistischen Ikonographie die Locke zwischen den Augenbrauen; eines der körperlichen Merkmale eines Buddhas.

Uṣṇīṣa (skt.): In der buddhistischen Ikonographie die Haarkrone oder nach oben zeigende Kopfauswölbung; eines der körperlichen Merkmale eines Buddhas.

Uttarāpathaka (p.): Ältere, vor-mahāyānistische Schule, in deren Lehren sich einige Entwicklungen des späteren *Mahāyāna* abzeichnen.

Vairocana (skt.): Wtl. der »Sonnengleiche«, einer der fünf *Tathāgatas* des *saṃboghakāya*; im buddhistischen *Tantrismus* als *Mahā-Vairocana* häufig auch mit dem *Ādi-Buddha* identifiziert.

Vaiśeṣika (skt.): Eines der sechs orthodoxen, d. h. *Veda*-treuen, philosophischen Systeme des Hinduismus. Im Mittelpunkt stehen vor allem ontologische und naturphilosophische Fragen.

Vajrayāna (skt.): »Diamantfahrzeug«; Bezeichnung für den buddhistischen *Tantrismus*.

Vasubandhu (4./5. Jh.): Zum einen einer der herausragenden Vertreter der *Sarvāstivāda*-Schule (Autor des Abhidharmakośa), zum anderen neben Asaṅga Mit-Begründer der *Yogācāra*-Schule. Ob es sich bei beiden – wie es ein Teil der Tradition sagt – um dieselbe historische Person handelt, ist umstritten.

Vāsudeva: Ältere vedische Gottheit, später Name des Vaters des *Kṛṣṇa*, aber auch anderer Name für *Kṛṣṇa* selbst.

Vedānta (skt.): Eines der sechs orthodoxen, d. h. Veda-treuen philosophischen Systeme des Hinduismus. Das System des Vedānta (wtl.: »Ende des Veda«) beruht im wesentlichen auf den *Upaniṣaden*, also den Schlußstücken der einzelnen *Veden*. Es unterteilt sich in die drei kontroversen Richtungen des Advaita-, des Viśiṣṭādvaita- und des Dvaita-Vedānta.

Veda (skt.), *Veden*: Grundlegender Kanon der heiligen Schriften des Hinduismus; eingeteilt in Ṛgveda, Sāmaveda, Yajurveda und Atharvaveda.

Vetullaka (p.): Ältere vor-*mahāyānistische* Schule des indischen Buddhismus.

Vier (Edle) Wahrheiten: Eines der zentralen Lehrstücke des Buddhismus, in denen es (1) um die Erscheinungsformen, (2) die Ursache, (3) die Überwindung und (4) den Weg zur Überwindung von Leid bzw. *duḥkha* geht. Buddha soll diese Lehre in der ersten Predigt nach seiner Erleuchtung verkündet haben.

Vihāra (skt., p.): Ursprünglich einfach der Aufenthaltsort buddhistischer Mönche während der Regenzeit, bald jedoch Bezeichnung für das buddhistische Kloster.

Vijñānavāda (skt.): Anderer Name für die *Yogācāra*-Schule.

Viṣṇu: Neben Śiva und Śākti einer der Hauptgötter des Hinduismus bzw. die Hochgottheit des viṣṇuitischen Zweigs.

Yakkha (p.), *yakṣa* (skt.): Niedere Götterklasse bzw. glückbringende Genien im älteren indischen Volksglauben.

Yoga (skt.): Eines der sechs orthodoxen, d.h. *Veda*-treuen philosophischen Systeme des Hinduismus, dessen Schwerpunkt auf Fragen der religiösen Erkenntnis und der Meditation liegt.

Yogācāra (skt.): Neben dem *Madhyamaka* wichtigste philosophische Schule des indischen *Mahāyāna*-Buddhismus, deren Lehren eine gewisse Spielart des absoluten Idealismus darstellen.

Xuan Zang (600–664): Chinesischer Mönch und Mitbegründer der chinesischen *Yogācāra*-Schule; einer der bedeutenden Übermittler (Dharma-Pilger, Übersetzer) des indischen Buddhismus nach China.

Zen-Buddhismus: Eine sich im 8. Jahrhundert in China zur eigenständigen Richtung entwickelnde Form des *Mahāyāna*-Buddhismus, die im gesamten sino-japanischen Raum sehr einflußreich wurde. Die Bezeichnung »Zen« (jap.) bzw. »Ch'an« (chin.) geht auf »dhyāna« (skt.) = »Meditation, Versenkung« zurück. Dementsprechend steht im Mittelpunkt dieser Schule die meditative Praxis. Philosophisch basieren die Zen-Lehren sowohl auf der *Madhyamaka*- als auch auf der *Yogācāra*-Schule.

Die Autoren

Dr. Margareta von Borsig, Japanologin, Dissertation in München mit der Arbeit: »Leben aus der Lotosblüte. Nichiren Shônin«, Freiburg i. Br. 1976. Übersetzung der chinesischen Version (*Kumārajīva*) des Lotos-Sūtra ins Deutsche: »Lotos-Sūtra. Sūtra von der Lotosblume des wunderbaren Gesetzes«. Gerlingen 1992.

Prof. Dr. Michael von Brück, Theologe und Religionswissenschaftler, Professor für Religionswissenschaft an der Universität München. Zahlreiche Veröffentlichungen zum Dialog des Christentums mit Hinduismus und Buddhismus, darunter: »Einheit der Wirklichkeit. Gott, Gotteserfahrung und Meditation im hinduistisch-christlichen Dialog«. München ²1987; (zus. mit W. Lai) »Christentum und Buddhismus«. München 1997.

Prof. Dr. Wilhelm Halbfass, Indologe und Philosoph, Professor für Indische Philosophie an der University of Pennsylvania. Zahlreiche Veröffentlichungen zu Fragen der traditionellen und modernen indischen Philosophie und der indisch-europäischen Geistesbeziehungen, darunter die Trilogie: »India and Europe«. Albany 1988; »Tradition and Reflection«. Albany 1991; »On Being and What There Is«. Albany 1992.

Prof. Dr. Johannes Laube, Japanologe und Religionswissenschaftler, Professor für Japanologie an der Universität München. Zahlreiche Veröffentlichungen zur Geistes- und Religionsgeschichte Japans mit dem Forschungsschwerpunkt der modernen japanischen Philosophie, darunter: »Dialektik der absoluten Vermittlung. Hajime Tanabes Religionsphilosophie als Beitrag zum ›Wettstreit der Liebe‹ zwischen Christentum und Buddhismus«, Freiburg i. Br. 1984. Als Hrsg. und Übersetzer: »Neureligionen: Stand ihrer Erforschung in Japan. Ein Handbuch«. Wiesbaden 1995.

Prof. Dr. Konrad Meisig, Professor für Indologe an der Universität Mainz. Zahlreiche wissenschaftliche Veröffentlichungen zur Lehre des ältesten Buddhismus. Darunter: »Das Sūtra von den vier Ständen. Das Aggañña-Sutta im Licht seiner chinesischen Parallelen« (Freiburger Beiträge zur Indologie 20). Wiesbaden 1988; »Klang der Stille. Der Buddhismus«. Freiburg i. Br. 1995.

Prof. Dr. Haruko Okano, Religionswissenschaftlerin, Studien in Tōkyō und Bonn, Assistenzprofessorin an der Jissen-Frauenuniversität in Tōkyō, mehrere Auslandslehraufträge, darunter in Frankfurt a.M., Salzburg und Bonn. Veröffentlichungen zur Frauenfrage in der Vergleichenden Religionswissenschaft: »Die Stellung der Frau im Shintô«. Wiesbaden 1976; »Die Stellung der Frau in der japanischen Religionsgeschichte«. In: E. Gössmann (Hrsg.): »Japan – ein Land der Frauen?«. München 1991.

Prof. Dr. Gregor Paul, Philosoph, lehrt am Institut für Philosophie der Universität Karlsruhe. Zahlreiche Veröffentlichungen zur Rationalitätstheorie und interkulturellen Philosophie, darunter: »Mythos, Philosophie und Rationalität«. Bern, Stuttgart 1989; »Aspects of Confucianism«. Frankfurt a.M., New York 1990; »Philosophie in Japan«. München 1993; »Das *Śāstra der zwölf Tore* und dessen Kritik an Gottesvorstellungen«. In: »Hôrin« 2 (1995).

Dr. habil. Perry Schmidt-Leukel: Theologe und Religionswissenschaftler, z. Zt. wissenschaftlicher Oberassistent an der Universität München. Zahlreiche Veröffentlichungen zum christlich-buddhistischen Dialog, darunter: »›Den Löwen brüllen hören‹ – Zur Hermeneutik eines christlichen Verständnisses der buddhistischen Heilsbotschaft«. Paderborn 1992. Habilitation mit der Arbeit: »Theologie der Religionen. Probleme, Optionen, Argumente«. München-Neuried 1997.

Prof. Dr. David A. Scott: Religionswissenschaftler, lehrt z. Zt. an der Brunel-University, London. Promotion in Lancaster mit einer Arbeit über ost-westliche Begegnungen in Afghanistan von 250 v. Chr. – 750 n. Chr. Zahlreiche Fallstudien zur interreligiösen Interaktion im zentralasiatischen Raum.

Prof. Dr. Helmut Tauscher, Tibetologe, Assistenzprofessor am Institut für Tibetologie der Universität Wien. Promotion über die Philosophie der Madhyamaka-Schule. Habilitation mit der Arbeit: »Die Lehre von den zwei Wirklichkeiten in Tsoṅ kha pas Madhyamaka-Werken« (Wiener Studien zur Tibetologie und Buddhismuskunde 36). Wien 1995.

Dr. Claudia Weber, Religionswissenschaftlerin, z.Zt. tätig am Religionswissenschaftlichen Seminar der Universität Bonn. Studien in Berlin und Uppsala, Promotion in Bonn mit der Arbeit: »Wesen und Eigenschaften des Buddha in der Tradition des Hīnayāna-Buddhismus«. Wiesbaden 1994.

Dr. Monika Zin, Indologin, wissenschaftliche Mitarbeiterin am Institut für Indologie und Iranistik der Universität München. Promotion in München mit einer Arbeit über klassisches indisches Drama, wissenschaftliche Veröffentlichungen zur buddhistischen Kunstgeschichte, darunter: »Representations of architectural elements in the oldest murals of Ajanta«. In: »Majumdar Commemorial Volume«, hrsg. v. D. Mitra. Calcutta 1996; »Der Elefant mit dem Schwert«. In: »Festschrift Dieter Schlingloff«, hrsg. von F. Wilhelm. Reinbek 1996. Z.Zt. Habilitation über Ajanta Malerei.